lonely planet

BRÉSIL

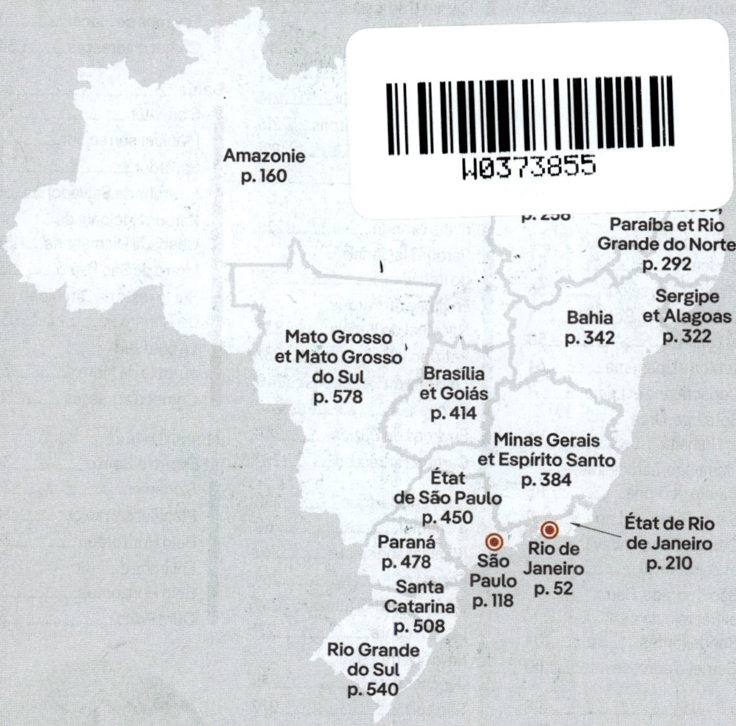

Kathleen Anaza, Stuart Butler, Victoria Gill,
Michael Grosberg, Trent Holden, Marisa Paska,
Kevin Raub, Brendan Sainsbury, Madelaine Triebe

SOMMAIRE

Préparer son voyage

Sur la route

Grenouille arboricole, Amazonie (p. 160)

MAURICIO GRAIKI/SHUTTERSTOCK ©

Danseuse au Sambódromo, Rio de Janeiro (p. 101)
(p. 101)

Carnet pratique

Comprendre

MARCOS CAMPOS/SHUTTERSTOCK ©

Praia da Joaquina (p. 518), Florianópolis

BRÉSIL

LE VOYAGE COMMENCE ICI

Enfant, au Royaume-Uni, le Brésil se résumait pour moi à un carnaval endiablé, aux fêtes de plage sur fond de samba, à Frank Sinatra chantant *The Girl from Ipanema* et à un Pelé torse nu sur les épaules de ses coéquipiers après sa victoire lors de la Coupe du monde en 1970. Cette image romantique et simpliste du cinquième plus grand pays au monde m'est longtemps restée.

J'ai pu satisfaire en partie mes envies de Brésil lors d'un bref séjour à Rio au début des années 2000 mais ce n'est que récemment que j'ai commencé à avoir une vision plus large de ce pays et à réaliser qu'il y a, au-delà de Copacabana, des centaines de plages tout aussi belles et, derrière feu le roi Pelé, des milliers d'autres footballeurs virtuoses. Après 20 ans passés à l'étudier, j'ai l'impression de tout juste commencer à comprendre le Brésil. Une autre vie supplémentaire m'aurait sans doute été nécessaire.

Brendan Sainsbury
@sainsburyb

Mon expérience préférée La Praia da Joaquina, mélange de soleil, de sable et de ballon de foot dont savent se délecter les habitants de Florianópolis. Impossible de ne pas se joindre à eux !

SUR LE TERRAIN

Nos auteurs présentent les lieux qui, pour eux, incarnent le mieux le Brésil.

RTZSTUDIO/SHUTTERSTOCK ©

La beauté de la **Chapada Diamantina** et la vitalité et la créativité de ses villages m'ont transformée. Ses cascades revigorantes (photo) m'ont rappelé le rôle prioritaire que la nature devrait tenir dans ma vie. Ici, les communautés afro-indigènes montrent la voie en matière de protection de l'environnement. Leurs savoirs ancestraux et leur souci de l'écologie ont eu sur moi un impact auquel je ne m'attendais pas.

Kathleen Anaza écrit sur les voyages à travers le prisme de la culture, des médias et du droit. *@KathleenAnaza*

NIDO HUEBL/SHUTTERSTOCK ©

Identifier une destination représentative dans un pays aussi vaste et dynamique que le Brésil est aussi difficile que de donner sa recette favorite de tel ou tel plat. Mais après avoir exploré en profondeur 20 des 26 États brésiliens (et Brasília), c'est **Fernando de Noronha** (photo) qui représente à mes yeux l'incarnation du paradis. Ses plages idylliques presque vides, sa faune marine exceptionnelle et son environnement protégé forment pour moi le tiercé gagnant.

Kevin Raub, auteur de voyage basé à Bologne et ancien résident brésilien, a collaboré à plus de 110 guides Lonely Planet sur quatre continents. *@ raubontheroad*

À GAUCHE : VITORMARIGO/SHUTTERSTOCK ©
À DROITE : VITORMARIGO/SHUTTERSTOCK ©

Petit (pour le Brésil), le **Parque Nacional do Itatiaia** (photo) est à des années-lumière de la côte surpeuplée : avec ses habitants généreux, ses sentiers peu fréquentés, ses ascensions difficiles, ses cascades cachées et ses bassins naturels où se baigner, c'est un véritable joyau, un lieu où décompresser, se reconnecter avec soi-même et savourer toute la beauté du Brésil.

Madelaine Triebe nourrit une passion pour les chevaux, l'Argentine et le Brésil. Elle a cosigné plusieurs guides de voyage.
@mymaddytravel

L'association entre la nature et la ville fait la singularité de **Rio de Janeiro**. Envahis par la forêt tropicale, les bâtiments coloniaux acquièrent une beauté nouvelle, et les immeubles accrochés à flanc de colline offrent un spectacle merveilleux vus d'en haut. Monter au sommet des Dois Irmãos (photo) pour admirer la forêt tropicale est pour moi l'essence même de Rio.

Marisa Paska, spécialisée dans les voyages, se passionne pour le patrimoine culturel, les destinations lointaines et le carnaval.
@_marisamegan

À GAUCHE : MARCIO JOSE BASTOS SILVA/SHUTTERSTOCK ©
À DROITE : ROBERTO TETSUO OKAMURA/SHUTTERSTOCK ©

Une balade dans les rues pavées de **Recife Antigo** (photo), où s'établirent les premiers colons portugais au début du XVIe siècle, est l'occasion de réfléchir au destin des Empires. La ville fit face aux visées françaises, fut un temps la capitale du Brésil hollandais et fit la guerre à sa voisine Olinda. Il subsiste quelques vestiges des demeures élégantes d'autrefois mais la chaleur et le temps y ont laissé leur marque.

Michael Grosberg a coécrit plus de 60 guides de voyage et couvert une bonne partie de l'Amérique latine.

Le **Pantanal** (photo) est un concentré de ce que j'aime : des espaces sauvages, une faune abondante et toutes sortes de manières de les découvrir. Féru de marche à pied, qui est pour moi la meilleure façon d'explorer une région, j'apprécie aussi une sortie en bateau au coucher du soleil. Un conseil : ne vous laissez pas guider par la seule envie d'entrapercevoir des jaguars.

Stuart Butler, auteur et photographe primé, est spécialisé dans le touriste durable, l'observation de la faune, la marche et l'écologie.
stuartbutlerjournalist.com

Fleuve de tous les superlatifs, insaisissable et changeant, l'**Amazone** constitue une source de vie pour l'Amazonie mais aussi, en partie, pour la planète. J'ai aimé franchir les rapides qui barrent le cours supérieur du Rio Negro (photo) et descendre celui-ci jusqu'à l'Encontro das Águas (la Rencontre des Eaux), où il se mêle au Rio Solimões pour former le puissant Amazone.

Victoria Gill a travaillé pour des revues internationales, des suppléments du dimanche et des magazines de mode.
@Vis4victoria

Pour l'amoureux des grandes métropoles que je suis, plus une ville est immense et bouillonnante, mieux c'est. Inutile de dire que j'aime **São Paulo** (photo) et son incomparable soif de vivre. Musique, art, cuisine, sport, vie nocturne ou loisirs au grand air, les Paulistanos saisissent la moindre occasion d'embrasser la vie.

Trent Holden, auteur pour Lonely Planet depuis 2008, a couvert des métropoles comme Beijing, Manille, Séoul ou Jakarta et des pays allant de l'Afrique à l'Australie.
@hombreholden

Parque Nacional da Tijuca (p. 61), Rio De Janeiro

São Gabriel da Cachoeira
Petite ville authentique sur le Rio Negro, à la culture amérindienne bien présente (p. 184).
Pantanal
Zones humides idéales pour observer la faune sauvage du Brésil (p. 596).
São Paulo
Culture, gastronomie et vie nocturne étourdissante (p. 118).
Chutes d'Iguaçu
Chutes d'eau spectaculaires au cœur de la forêt tropicale (p. 500).
Porto Alegre
La capitale des churrascarias – restaurants de grillades (p. 546).
VENEZUELA
GUYANA
SURINAME
COLOMBIE
PÉROU
BOLIVIE
PARAGUAY
ARGENTINE
CHILI
URUGUAY
OCÉAN PACIFIQUE
Boa Vista
Terra Indígena Yanomami
Rio Branco
Serra Tumucumaque
Rio Jari
São Gabriel da Cachoeira
Rio Negro
Mamirauá Reserve
Parque Nacional do Jaú
Rio Amazonas
Santarém
Alter do Chão
Fonte Boa
Tefé
Rio Solimões
Manacapuru
Manaus
Maués
Leticia
Rio Juruá
Terra Indígena Vale do Javari
Amazon Basin
Rio Iriri
Rio Purus
Humaitá
Rio Teles Pires
Cruzeiro do Sul
Porto Velho
Rio Madeira
Rio Branco
Brasiléia
Guajará-Mirim
Alta Floresta
Rio Tapajós
Rio Xingu
Costa Marques
Vilhena
Planalto de Mato Grosso
Cuiabá
Cáceres
Poconé
Le Pantanal
Coxim
Campo Grande
Dourados
Ponta Porã
Cascavel
Foz do Iguaçu
Rio Uruguai
Uruguaiana
Santa Maria
0
500 km

GUYANE FRANÇAISE
Oiapoque
Manaus
Une ville aux portes de la jungle amazonienne (p. 166).
São Luis
Une ville qui vit au rythme du reggae (p. 279).
Parque Nacional dos Lençóis Maranhenses
Dunes irréelles et lagons saisonniers (p. 285).
Macapá
Ilha de Marajó
Salinópolis
Belém
São Luís
Parnaíba
Sobral
Fortaleza
Marabá
Imperatriz
Teresina
Mossoró
Natal
Olinda
Jolie ville historique, à l'intense vie culturelle (p. 307).
Carolina
Picos
João Pessoa
Juazeiro do Norte
Olinda
Recife
São Raimundo Nonato
Rio Araguaia
Rio Tocantins
Juazeiro
Palmas
Maceió
Xique-Xique
Aracaju
Estância
Barreiras
Feira de Santana
Conde
Brasília
Capitale moderne à l'architecture époustouflante (p. 420).
Bom Jesus da Lapa
Cachoeira
Salvador
Valença
Vitória da Conquista
BRASÍLIA
Ilhéus
Pirenópolis
Montes Claros
Goiânia
Pirapora
Porto Seguro
Jataí
Ilha Grande
Île où la forêt tropicale est reine (p. 224).
Diamantina
Uberlândia
São Mateus
Tres Lagoas
Uberaba
Belo Horizonte
Ouro Preto
Vitória
Araçatuba
Ribeirão Preto
Juiz de Fora
Rio de Janeiro
Cidade Maravilhosa : surf, plages de rêve, samba et panoramas inouïs (p. 52).
Londrina
Campinas
São Paulo
Rio de Janeiro
Curitiba
Paranaguá
Joinville
Blumenau
Blumenau
Ville de culture germanique, pourvue de la meilleure bière du Brésil (p. 530).
Florianópolis
Porto Alegre
OCÉAN ATLANTIQUE
Ilha de Santa Catarina
Plages de surf et vie nocturne endiablée (p. 514).
Pelotas

PLAISIRS BALNÉAIRES

Outre leur beauté sublime, les plages brésiliennes séduisent par leur ambiance à la fois décontractée et animée, insouciante et pleine d'énergie. Faites du surf ou une virée en buggy, lancez-vous dans un match de volley ou de foot, lézardez devant une caïpirinha ou un bol d'açaï. Ici, les plages sont des lieux de rencontre bon enfant où se mêlent des Brésiliens de tous horizons.

Manger sur la plage

Des vendeurs ambulants proposent *pão de quejo* (gougère au fromage), baies d'açaï, glaces et autres en-cas. Des cabanes ouvertes servent des plats plus substantiels.

Les mains vides

Les Brésiliens se chargent très peu pour aller à la plage, car ils peuvent louer ou acheter sur place tout ce dont ils ont besoin, des transats aux lunettes de soleil.

Accessoire indispensable

N'oubliez pas votre *canga* (paréo), qui sert aussi bien à se couvrir qu'à s'allonger sur le sable. Les serviettes de plage sont pour les touristes !

Praia da Joaquina (p. 518)

NOTRE SÉLECTION

Mettez votre paréo et gagnez la **plage d'Ipanema ❶**, épicentre de la vie balnéaire, de la gastronomie et de la mode à Rio. (p. 68)

Gagnez la plus belle des 42 plages de Florianópolis, la **Praia da Joaquina ❷**, célèbre pour ses spots de surf. (p. 518)

Choisissez l'une des plages tranquilles, élégantes et décontractées de l'île d'**Ilhabela ❸**, dont la grande variété pourra satisfaire toutes vos envies. (p. 456)

Découvrez la plus belle plage d'eau douce au monde à **Alter do Chão ❹**, en Amazonie. (p. 197)

Savourez le charme discret de la **Praia da Pipa ❺**, perle du Nordeste, avec ses hautes falaises et ses eaux peuplées de dauphins. (p. 317)

MAGIE ANIMALE

Mammifères terrestres, reptiles, amphibiens, oiseaux et vie marine : le Brésil est un des meilleurs pays au monde pour observer des animaux. C'est aussi celui où la biodiversité est la plus exceptionnelle. Pour voir la faune dans son habitat naturel, rien ne vaut les grands espaces dégagés du Pantanal, une région souvent négligée. Peut-être aurez-vous la chance d'apercevoir un jaguar. Plus faciles à observer sont les caïmans, les baleines, les dauphins roses, les fourmiliers et les tapirs.

DE GAUCHE À DROITE : JURRA8/SHUTTERSTOCK ©, LUCAS LEUZINGER/SHUTTERSTOCK ©, WALTER MARIO STEIN/SHUTTERSTOCK ©

Espèces menacées

Le site Web de The Nature Conservancy (nature.org) présente les principaux écosystèmes du Brésil et fournit des informations sur les espèces menacées.

Meilleur moment

La meilleure période va de juin à septembre. C'est la saison sèche dans le Pantanal : les animaux se réunissent autour des points d'eau et les routes sont bien praticables.

Habitat protégé

Presque aussi étendue qu'un pays comme le Venezuela, la *mata atlântica* (forêt tropicale atlantique) est la plus grande réserve de biosphère de l'Unesco au monde.

Un jaguar au Pantanal (p. 596)

NOTRE SÉLECTION

Essayez d'apercevoir un jaguar dans le **Pantanal** ❶, paradis de la faune. (p. 596)

Visitez le **Parque das Aves** ❷, un centre de protection des oiseaux près des chutes d'Iguaçu. (p. 500)

Immergez-vous dans la nature presque vierge du **Parque Nacional do Jaú** ❸, en Amazonie, sanctuaire pour des oiseaux, des reptiles et des mammifères menacés. (p. 180)

En juillet et août, rejoignez **Arraial do Cabo** ❹, au sud-ouest de Búzios, pour la migration des baleines à bosse vers les eaux fraîches de l'Antarctique. (p. 249)

Gagnez la **réserve naturelle privée du Rio Cristalino** ❺, au Mato Grosso, un des meilleurs lieux d'Amazonie pour observer oiseaux et mammifères rares. (p. 593)

Dunes onduleuses et lagunes dans les Lençóis Maranhenses (p. 285)

NOTRE SÉLECTION

Admirez un des joyaux du Brésil, les **chutes d'Iguaçu** ❶. (p. 500)

Contemplez un paysage de dunes onduleuses et de lagunes turquoise dans les **Lençóis Maranhenses** ❷. (p. 285)

Découvrez les eaux bleu sombre du Rio Negro à l'**Encontro das Águas** ❸. (p. 170)

Voyez par vous-même si le mythique **Pão de Açúcar** ❹, à Rio, mérite sa célébrité. (p. 82)

Explorez les cascades, les bassins cristallins et les sentiers accidentés de la **Chapada Diamantina** ❺. (p. 363)

TRÉSORS NATURELS

Commencez par la forêt tropicale amazonienne, couvrant 40% de la superficie du Brésil, et finissez par les gigantesques chutes d'Iguaçu, sans oublier les pics montagneux, les dunes géantes, les grottes profondes et la plus vaste plaine alluviale au monde. Vous êtes ici dans le cinquième pays le plus grand de la planète : attendez-vous à être émerveillé.

Sites de l'Unesco

Plusieurs sites sont classés au Patrimoine mondial, dont le Parque Nacional Iguaçu, l'Aire de conservation du Pantanal et le complexe de conservation de l'Amazonie centrale.

Circuits organisés

Pour trouver un prestataire fiable, consultez Abeta (abeta.tur.br), un collectif de tour-opérateurs spécialisés dans l'écotourisme et le tourisme d'aventure.

Quartier du Pelourinho, Salvador (p. 349)

VILLES EN TOUT GENRE

Avec la quatrième plus grande ville au monde en nombre d'habitants, São Paulo, et plusieurs métropoles, dont Rio et Belo Horizonte, le Brésil offre son lot de découvertes, de la jolie Salvador à la très urbaine Recife. Une rivalité intense oppose ses cités les plus célèbres, Rio et São Paulo, entre Cariocas accros à la plage et Paulistanos réputés travailleurs.

Sécurité

Les quartiers d'affaires peuvent être dangereux le samedi et plus encore le dimanche, quand les rues se vident. Allez-y plutôt en semaine.

Qualité de vie

Ses soins de santé, sa sécurité, ses transports en commun et son air peu pollué placent Curitiba en tête de la quasi-totalité des enquêtes sur la qualité de vie.

NOTRE SÉLECTION

À **Rio de Janeiro** ❶, alternez journée à la plage et découverte des délices gastronomiques le soir. (p. 53)

Passez une soirée à **São Paulo** ❷, la cité des rêves : cuisine délicieuse et vie nocturne. (p. 118)

Découvrez **Recife** ❸, décrépite mais d'une incroyable diversité, et ses vieux quartiers chargés d'histoire. (p. 302)

Visitez **Salvador** ❹, capitale de la culture afro-brésilienne, de l'architecture coloniale et de la cuisine de rue africaine. (p. 348)

Explorez **Curitiba** ❺, un modèle de planification urbaine et de lutte contre la pollution. (p. 484)

CAP SUR LA FORÊT

Nul besoin de présenter l'Amazonie, "le poumon de la Terre". Couvrant une grande partie du Brésil, elle fournit bois, eau et nourriture aux populations locales et sert de puits de carbone à la planète entière. Aussi riche en biodiversité mais moins connue, la *mata atlântica*, une forêt côtière qui s'étend du Rio Grande do Norte au Rio Grande do Sul, attire les amoureux de la nature avec les possibilités de randonnées qu'elle ménage, sa flore et sa faune.

Jours de pluie

Dans le bassin amazonien, la pluie tombe entre 130 et 250 jours par an, en fonction de l'endroit où l'on est. Août est le mois le plus sec.

Richesse naturelle

C'est dans une zone de la *mata atlântica* de l'État de l'Espírito Santo (ci-dessus) qu'on a recensé le plus grand nombre d'espèces d'arbres différentes sur un hectare, soit 476.

Code forestier

Cette loi controversée oblige les propriétaires terriens d'Amazonie à conserver 80% de la végétation d'origine sur leurs terres. Son application effective reste difficile.

Parque Nacional da Tijuca (p. 61)

NOTRE SÉLECTION

Faites une croisière fluviale dans le **Parque Nacional de Anavilhanas** ❶ à travers une jungle fourmillant d'animaux. (p. 179)

Visitez le **Parque Nacional da Tijuca** ❷, à Rio, qui abrite la plus grande forêt urbaine au monde. (p. 61)

Grimpez aux arbres près de **Manaus** ❸, où vous attendent des tyroliennes, des cordes, des hamacs et des plateformes où camper la nuit. (p. 173)

Randonnez dans le **Campos do Jordão** ❹, l'une des dernières forêts d'araucarias (pins du Paraná) du Brésil. (p. 470)

Profitez des palmiers pinots, des restaurants sur pilotis et de l'ombre des gigantesques *samauma* sur l'île de **Combú** ❺, près de Belém. (p. 188)

Ouro Preto (p. 397), Minas Gerais

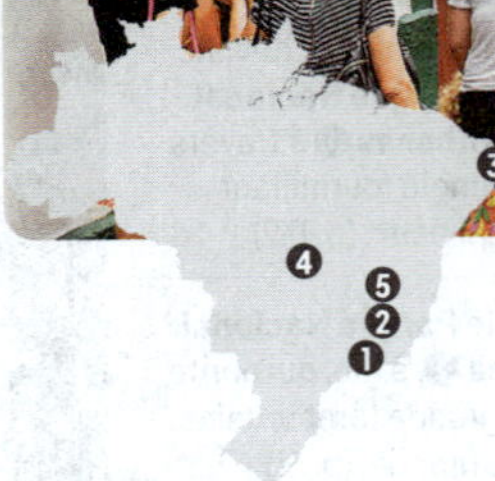

NOTRE SÉLECTION

Plutôt que la bruyante Rio, voyez **Paraty** ❶, son architecture coloniale et sa beauté naturelle. (p. 216)

Explorez les rues pentues et les églises baroques d'**Ouro Preto** ❷. (p. 397)

Arpentez les rues et les places d'**Olinda** ❸ et succombez à son charme bohème. (p. 307)

Dégustez une glace à **Cidade de Goiás** ❹, aux rues pavées bordées de maisons coloniales. (p. 440)

Visitez **Diamantina** ❺, une des villes coloniales les mieux préservées du pays. (p. 363)

VILLES HISTORIQUES

Malgré ses côtés sombres, la colonisation a légué au Brésil des villes pleines de charme qui sont distinguées par l'Unesco et continuent de susciter l'intérêt des touristes et des érudits. Beaucoup de leurs bâtiments témoignent de l'influence portugaise : églises chaulées, azulejos bleu et blanc finement peints, maisons de couleurs vives et balcons en fer forgé.

Patrimoine mondial

L'Unesco a classé les centres historiques de six villes brésiliennes : Salvador, São Luís, Diamantina, Goiás, Olinda et Ouro Preto.

Modèles coloniaux

L'architecture coloniale a prévalu ici pendant plus de 300 ans, jusqu'aux années 1830, et a réclamé le travail des esclaves et l'usage de matériaux locaux.

Vale dos Vinhedos (p. 555), Rio Grande Do Sul

VIN, BIÈRE ET CACHAÇA

Vous n'êtes sans doute pas venu au Brésil pour ses vins. Ils se bonifient pourtant peu à peu et les œnophiles fileront vers le Rio Grande do Sul, où des générations d'immigrés italiens ont recréé une mini-Toscane. La bière suscite un engouement national, le sud du pays excellant particulièrement dans la *cerveja* artisanale (mention spéciale pour la ville de Blumenau).

Les bières les plus appréciées

Schornstein Kneipe, Bierland et Das Bier sont à découvrir à Blumenau, berceau brassicole du Brésil, et dans le Vale Europeu voisin.

La meilleure région viticole

Dans le Rio Grande do Sul, la Serra Gaúcha, réputée pour ses blancs pétillants, concentre 90% de la production viticole brésilienne.

NOTRE SÉLECTION

Suivez les amateurs de houblon vers **Blumenau** ❶, si possible durant l'Oktoberfest. (p. 530)

Goûtez la cachaça, un alcool de canne à sucre, à l'**Adega Pérola** ❷, un bar animé de Rio. (p. 74)

Rendez-vous dans le **Vale dos Vinhedos** ❸ pour une sortie tranquille dans des paysages émaillés de vignobles. (p. 555)

Visitez la plus ancienne brasserie du pays, à **Petrópolis** ❹. (p. 237)

Passez de bistrot en bistro à **Belo Horizonte** ❺, la "capitale brésilienne des bars". (p. 390)

DIEGO GRANDI/SHUTTERSTOCK ©

Palácio da Alvorada (p. 422), Brasília

ÉTONNANTE ARCHITECTURE

Des églises baroques aux musées d'art futuristes, l'architecture brésilienne englobe un large éventail de styles. Les centres-villes coloniaux d'Ouro Preto et de Salvador et les édifices avant-gardistes de Brasília, Rio et São Paulo en sont les joyaux, mais des surprises vous attendent partout, comme un théâtre somptueux au cœur de l'Amazonie.

NOTRE SÉLECTION

Découvrez **Brasília** ❶ et ses bâtiments aux lignes incurvées et futuristes. (p. 420)

Offrez-vous une soirée mémorable à l'opéra dans le grandiose **Teatro Amazonas** ❷ de Manaus. (p. 169)

Voyez l'un des plus beaux monuments baroques du Brésil, l'**Igreja São Francisco de Assis** ❸. (p. 399)

Admirez l'architecture éclectique du **Theatro Municipal** ❹ de São Paulo. (p. 134)

Flânez dans le **Pelourinho** ❺, à Salvador, un quartier classé par l'Unesco. (p. 349)

Icône architecturale

Dans les années 1930, Oscar Niemeyer utilisa le verre et l'acier pour créer des édifices minimalistes et élégants. Devenu célèbre dans le monde entier, il passe pour un des pionniers du modernisme.

Protection patrimoniale

L'IPHAN (iphan.gov.br) est un organisme gouvernemental chargé de la protection des bâtiments, monuments et structures d'importance historique et culturelle. Plus de 1 000 sites sont concernés.

Sentier côtier à Ubatuba (p. 463), État de São Paulo

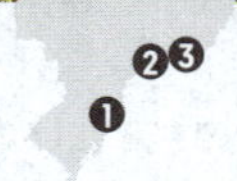

À PIED

Si la marche est moins prisée au Brésil qu'au Pérou ou au Chili, on trouve ici une communauté d'amoureux du grand air et un réseau croissant de sentiers longue distance qui font découvrir des paysages d'une incroyable variété. Les amateurs resteront près de la côte, les plus chevronnés s'aventureront sur les hauts plateaux et dans les jungles de l'intérieur.

Treks de plusieurs jours

La Chapada Diamantina, dans l'État de Bahia,et Ilha Grande, près de Rio, sont de bonnes bases pour des randonnées de longue durée.

Site Web

Le Rede Brasileira de Trilhas (redetrilhas.org.br/w3) est un excellent portail Web sur le réseau de sentiers : données sur les parcours, descriptions, cartes et possibilités de bénévolat.

NOTRE SÉLECTION

Arpentez les vallées boisées du **Cânion da Fortaleza** ❶ près de Cambará do Sul. (p. 565)

Empruntez la **Trilha das Sete Praias** ❷ au fil d'un chapelet de plages, près d'Ubatuba. (p. 466)

Choisissez un sentier proche de la côte à travers la forêt tropicale d'**Ilha Grande** ❸. (p. 224)

Explorez le **Vale do Patí** ❹, dans le Parque Nacional da Chapada Diamantina. (p. 367)

Dans le Parque Nacional da Chapada dos Veadeiros, suivez les 23 km de la **Travessia das Sete Quedas** ❺. (p. 431)

Ruines d'une mission jésuite, São Miguel Arcanjo (p. 568)

NOTRE SÉLECTION

Ne manquez pas le **Museu Xingu ❶** de São Paulo et sa collection exceptionnelle d'artefacts amazoniens. (p. 129)

Voyez comment vivaient les Guarani dans les missions jésuites du sud du Brésil, à **São Miguel Arcanjo ❷**. (p. 568)

Découvrez les peuples indigènes du Mato Grosso au **Museu das Culturas Dom Bosco ❸**. (p. 615)

Rendez-vous à **São Gabriel da Cachoeira ❹**, où vivent plus de 20 groupes ethniques. (p. 183)

Visitez plus de 20 sites rupestres dans le **Parque Estadual de Monte Alegre ❺**, près de Santarém. (p. 202)

CULTURE INDIGÈNE

La culture indigène a contribué à façonner le Brésil moderne, ses légendes, ses danses et sa musique. Le pays compte 305 groupes ethniques réunissant près de 900 000 personnes, dont plus des deux tiers vivent en Amazonie. Découvrez-les à travers leur artisanat, des musées, des villes et des sites historiques marqués de leur empreinte.

Aliments et boissons

Nombre d'aliments et boissons indigènes, comme le tapioca, le manioc, les patates, le *maté* et le guarana (baie aux effets stimulants) sont devenus des produits de base.

Tribus isolées

Selon la FUNAI (Fondation nationale de l'Indien), il existerait en Amazonie au moins huit tribus n'ayant jamais eu de contact avec le monde extérieur.

Fernando de Noronha (p. 298)

ESCAPADES INSULAIRES

Beaucoup des îles qui émaillent les rivières et les côtes constituent de paisibles refuges séparés du continent par d'étroits canaux ou, dans le cas de Fernando de Noronha, par des kilomètres d'océan. De Marajó, grande comme la Suisse, à l'Ilha do Mel (27 km²), leur ambiance et leur superficie varient fortement.

Îles sans voitures

Plusieurs îles brésiliennes ont interdit les véhicules à moteur. Morro de São Paulo, l'Ilha Grande et l'Ilha do Mel sont ainsi particulièrement tranquilles.

Densité de population

Malgré sa petite superficie pareille à celle de la Barbade, l'Ilha de Santa Catarina possède plus d'habitants que l'île de Marajó, pourtant aussi grande que la Suisse.

NOTRE SÉLECTION

Rêvez auprès de la forteresse et du phare de l'**Ilha do Mel** ❶. (p. 492)

Roulez dans les paysages volcaniques de **Fernando de Noronha** ❷, au sein d'un archipel de 21 îles à 350 km des côtes brésiliennes. (p. 298)

Savourez les plages, les palmiers, les pics et les couchers de soleil de la bien nommée **Ilhabela** ❸. (p. 456)

Logez près d'un lac et alliez surf et vie nocturne à Florianópolis, sur l'**Ilha de Santa Catarina** ❹. (p. 514)

Détendez-vous sur l'**Ilha de Itamaracá** ❺, au nord de Recife, entre hamacs, palmiers et plages. (p. 308)

ERICA CATARINA PONTES/SHUTTERSTOCK ©

Festival à São Luis (p. 279)

NOTRE SÉLECTION

Découvrez le musée du reggae ou une fête de rue aux accents caribéens à **São Luís** ❶. (p. 279)

Renseignez-vous sur la culture afro-brésilienne au **Museu Afro-Brasil** ❷ de São Paulo. (p. 142)

Suivez le **Circuito de Herança Africana** ❸ pour tout savoir sur l'histoire noire de Rio. (p. 100)

Visitez la **Mina do Chico Rei** ❹ à Ouro Preto, ancienne mine d'or d'un roi africain réduit en esclavage. (p. 398)

Voyez le **Museu Afro-Brasileiro** ❺ consacré à l'esclavage et aux traditions culturelles, à Laranjeiras. (p. 333)

CULTURE AFRO-BRÉSILIENNE

L'influence de la culture africaine est omniprésente au Brésil, surtout dans le Nordeste. Les esclaves amenés dans le pays par les Portugais apportèrent avec eux leur religion, leur musique et leur cuisine, devenues des éléments clés de l'identité brésilienne qui trouvent leur expression dans la samba, le carnaval, le candomblé et la capoeira.

Un héros populaire

Un des grands héros populaires brésiliens est Chico Rei. Ce roi africain expédié comme esclave au Brésil parvint à racheter sa liberté, puis celle de sa tribu.

Les quilombos

Ces communautés utilisent leurs racines afro-brésiliennes et leur attachement à leur terre pour renforcer leur identité, défendre l'environnement et combattre le racisme.

Chutes d'Iguaçu (p. 500), Paraná

À L'EAU !

Au Brésil, on n'est jamais loin d'une rivière, d'une cascade ou d'une plage. Le surf fait figure de sport national. Le bateau est le principal mode de transport dans le bassin amazonien. Les espèces marines abondent, des baleines franches australes sur les côtes du Santa Catarina aux dauphins roses et aux lamantins en Amazonie.

Voyage en bateau

Pour une croisière fluviale en Amazonie, emportez un hamac, une corde et un drap léger. La plupart des embarcations comptent quelques cabines privées mais à ce prix, autant prendre l'avion.

Location de surf

Louer une planche peut être difficile en dehors des zones touristiques. Si vous voulez pratiquer le surf dans les régions peu fréquentées, vous devrez apporter votre équipement.

NOTRE SÉLECTION

Initiez-vous au kitesurf (ou améliorez-vous) dans les eaux venteuses de **Jericoacoara** ❶. (p. 271)

Faites une sortie en bateau au plus près des **chutes d'Iguaçu** ❷. (p. 500)

Chevauchez les vagues à **Guarda do Embaú** ❸, village à l'ambiance bobo et réserve mondiale de surf. (p. 523)

Essayez le *planasub*, du snorkeling tracté par un bateau, à **Fernando de Noronha** ❹. (p. 298)

Plongez sur les récifs au large de **Maragogi** ❺, l'endroit idéal pour admirer une faune sous-marine riche et colorée. (p. 339)

VILLES ET RÉGIONS

Composez votre voyage selon vos envies.

Amazonie

FÔRET DE TOUS LES IMAGINAIRES

Pagayer sur un canot à travers une forêt inondée, somnoler dans un hamac sur un bateau qui remonte le fleuve, se faire réveiller par le cri saisissant des singes hurleurs... Qui n'a jamais rêvé de flotter sur le réseau de voies d'eau de la jungle amazonienne ?

p. 160

Mato Grosso et Grosso do Sul

LA PLUS GRANDE RÉSERVE DE FAUNE SAUVAGE D'AMÉRIQUE DU SUD

L'un des écosystèmes les plus importants et les plus fragiles de la planète, le Pantanal est une formidable destination pour observer la vie sauvage au Brésil. À l'extrême nord, le *cerrado* ("savane") devient l'Amazonie ; dans le sud, la Serra da Bodoquena des environs de Bonito est un monde d'eau merveilleux.

p. 578

Brasília et Goiás

LE CŒUR POLITIQUE ET GÉOGRAPHIQUE DU BRÉSIL

On salue l'architecture futuriste de Brasília et sa conception avant-gardiste. Région la moins fréquentée du pays, le Goiás est couvert de collines ondulées avec une savane boisée spectaculaire, et parsemé de jolies villes coloniales.

p. 414

Ceará et Maranhão

PAYSAGES FORGÉS PAR LES ÉLÉMENTS ET PLAGES BATTUES PAR LES VENTS

Tout se concentre autour de la côte, entre la splendide mosaïque des dunes et les lagunes des Lençóis Maranhenses, l'animation urbaine de Fortaleza et les villages de bord de mer du bout du monde, comme Atins. Vous pouvez vous adonner à toutes les activités sur l'eau possibles et imaginables, dont le kitesurf.

p. 258

Pernambuco, Paraíba et Rio Grande do Norte

HISTOIRE ET PLAGES TROPICALES

Les 1 000 km de côte qui ourlent le coin nord-est du Brésil sont une succession de plages de sable fin, bordées d'une eau tropicale irrésistible, idéale pour la baignade, le snorkeling, le surf et le kitesurf. En période de carnaval, direction Recife et Olinda pour une explosion de musique et de fête.

p. 292

Sergipe et Alagoas

L'ENCLAVE OUBLIÉE DE LA CÔTE DU NORDESTE

Le Sergipe compte plusieurs jolies villes coloniales assoupies, des églises du XVIIe siècle chargées d'histoire et un littoral bordé de marécages, de mangroves et de bandes de sable.

p. 322

Bahia

GRANDE RICHESSE CULTURELLE ET PAYSAGES IDYLLIQUES

L'État de Bahia est associé à la ville coloniale tentaculaire de Salvador, avec ses églises dorées, ses rues pavées et ses festivals animés. Il compte aussi 900 km de côte et un magnifique Parque Nacional da Chapada Diamantina aux multiples chutes d'eau et paisibles sentiers de randonnée.

p. 342

Minas Gerais et Espírito Santo

CUISINE TRADITIONNELLE ET HABITANTS CHALEUREUX

Découvrez des villes chargées d'histoire ; contemplez de belles formations naturelles dans la Serra do Espinhaço et dégustez d'étonnantes saveurs régionales.

p. 384

Sud du Brésil
p. 28

Paraná

PORTE D'ENTRÉE VERS LE SUD PROSPÈRE DU BRÉSIL

Le Paraná a de puissants atouts à faire valoir : la splendeur naturelle du Brésil, avec les chutes d'Iguaçu ; sa plus extraordinaire construction humaine, avec le barrage d'Itaipú ; et le projet de développement durable urbain le plus ambitieux, avec la ville de Curitiba.

P. 478

Santa Catarina

PLAGES DE RÊVE ET PARADIS POUR SURFEURS

Ici se cachent les plus belles étendues de sable, qui sont aussi les plus sauvages et les plus adaptées au surf du Brésil. Dans les terres, Blumenau et le Vale Europeu rappellent l'histoire des pionniers venus d'Allemagne et d'Italie.

p. 508

Rio Grande do Sul

LE BERCEAU DE LA CULTURE GAUCHO AU BRÉSIL

État à la grande indépendance d'esprit et un des plus diversifiés du pays, le Rio Grande do Sul a de quoi satisfaire tous goûts : plages pour le surf, canyons grandioses, viticulture, héritage allemand et passion italienne.

P. 540

VILLES ET RÉGIONS

Composez votre voyage selon vos envies.

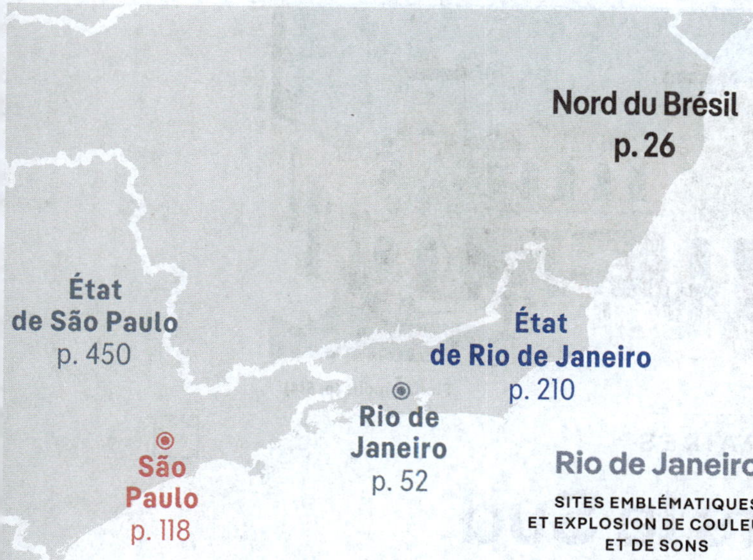

São Paulo

MÉGALOPOLE BRÉSILIENNE RICHE D'UNE EXCEPTIONNELLE DIVERSITÉ

Grandiose, élégante, dynamique, immense et, surtout, décontractée – autant de qualificatifs pour cette ville gigantesque dont les Paulistanos peuvent être fiers. Le voyageur en visite pour la première fois ne peut qu'être intimidé et en prendre plein la vue.

P. 118

État de São Paulo

LÀ OÙ LA JUNGLE RENCONTRE L'OCÉAN

Contrastant avec le béton et la cacophonie de sa ville homonyme, l'État de São Paulo est une succession de plages, de forêts tropicales atlantiques peuplées d'oiseaux et de montagnes aux sommets pointus. Au large des côtes, Ilhabela constitue une échappée insulaire et cosmopolite depuis São Paulo.

p. 450

Rio de Janeiro

SITES EMBLÉMATIQUES ET EXPLOSION DE COULEURS ET DE SONS

Rio ! Ses plages de sable doré et ses montagnes luxuriantes, sa vie nocturne au son de la samba et ses matchs de football, Copacabana et le Corcovado : bienvenue dans la *Cidade Maravilhosa* !

p. 52

État de Rio de Janeiro

PLAGES, MONTAGNES ET ÎLES LUXURIANTES

Les roches d'Itatiaia et les sommets de la Serra dos Órgãos sont le rendez-vous des amateurs d'escalade au Brésil. Sur la Costa Verde, l'architecture du XVIIIe siècle de Paraty et le paradis insulaire d'Ilha Grande valent le détour.

p. 210

Florianópolis (p. 514)

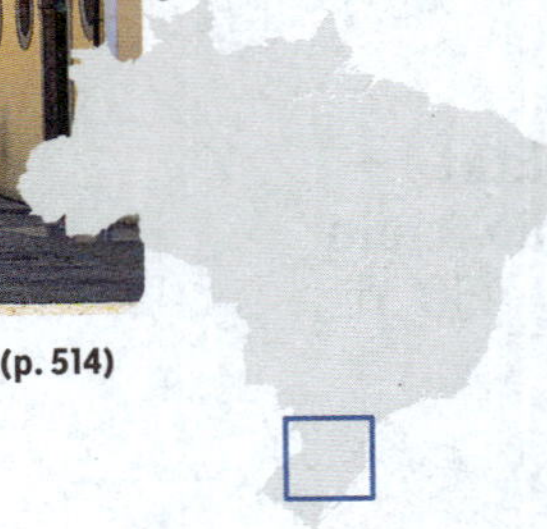

ITINÉRAIRES

Vers le Sud

Durée : 18 jours **Distance :** 1 450 km

Au programme : îles boisées, plages de surf, canyons profonds, villes de style bavarois et une des plus grandes merveilles naturelles du monde. La région est bien développée sur le plan économique et dispose d'un bon réseau routier ainsi que de transports publics fiables.

1

FOZ DO IGUAÇU 3 JOURS

Impossible d'anciciper toute la démesure des **chutes d'Iguaçu** (p. 500), merveille naturelle qui se trouve à la frontière du Brésil et de l'Argentine. Après avoir profité des chutes, prenez le temps d'admirer les oiseaux rescapés du Parque das Aves et les complexités techniques du barrage d'Itaipú.

2

CURITIBA 2 JOURS

Bien classée parmi les villes du monde les plus durables, **Curitiba** (p. 484) impressionne par ses parcs, ses initiatives urbaines audacieuses et sa fascinante architecture mêlant néoclassique et Art nouveau. Son jardin botanique et son musée d'art futuriste vous ouvriront de nouveaux horizons.

Détour : *Montez à bord de l'élégant* Serra Verde Express *pour sillonner en train les montagnes jusqu'à* Morretes. *1 jour*

3

BLUMENAU 3 JOURS

Impossible de visiter le Santa Catarina sans passer par **Blumenau** (p. 530), ville à l'influence allemande indéniable. Séjournez près de la Rua XV de Novembro, avec ses bâtiments à colombages, ses musées et ses nombreux bars et restaurants. Ne ratez le très original Parque Vila Germânica.

Détour : *Imprégnez-vous de culture germano-italienne dans le bucolique Vale Europeu. 1 jour*

4

FLORIANÓPOLIS ⏱5 JOURS

Floripa (p. 514), comme l'appellent les habitants, est une ville insulaire dont les différents quartiers donnent sur une série de plages époustouflantes (42 au total). Il y en a pour tous les goûts : plages nudistes, plages de surf, plages isolées ou festives. Vous pourrez aussi profiter de nombreux sentiers côtiers tranquilles et découvrir l'effervescence de la vie nocturne, que n'éclipse que Rio.

5

CAMBARÁ DO SUL ⏱2 JOURS

Cambará (p. 562) est une petite ville frontalière à l'ambiance gaucho (cow-boy). Elle est un haut lieu de l'écotourisme et le point de départ d'excursions dans les imposants canyons environnants. Un petit réseau de sentiers de randonnée offre des vues à couper le souffle. Vous pouvez aussi opter pour des balades à cheval ou à vélo.

6

PORTO ALEGRE ⏱3 JOURS

Vedette discrète du Sud, **Porto Alegre** (p. 546) est le cœur de la culture gaucho brésilienne. Posez-vous ici pour découvrir les *churrascarias*, ses musées d'art et pour goûter à l'énergie de la ville, qui s'apprécie mieux après la tombée de la nuit dans le quartier bobo de Cidade Baixa.

Détour : *Prévoyez une journée pour découvrir les villes de Gramado et de Canela, réputées pour leur bière, leur chocolat et leurs hortensias.* ⏱ *1 jour*

FOTOS GE/SHUTTERSTOCK ©, CELLI07/SHUTTERSTOCK ©, CABUSCAA/SHUTTERSTOCK ©

MARCIO PASCALE/SHUTTERSTOCK ©

Ilhabela (p. 456)

ITINÉRAIRES

Rio et le Sud-Est

Durée : 2 semaines **Distance :** 1 350 km

Plages au sable blanc, îles enveloppées de forêt tropicale, villes historiques et cités hédonistes émaillent cet itinéraire passant par les États de Rio et de São Paulo, et par le Minas Gerais, ancien cœur de l'exploitation aurifère. Louer une voiture vous fera gagner du temps.

1

RIO DE JANEIRO 3 JOURS

Passez quelques jours à absorber l'ambiance de **Rio** (p. 52). Faites du surf à Ipanema, dribblez avec un ballon de foot à Copacabana et bronzez à Leblon avant de ganer les hauteurs du Pain de Sucre et du Corcovado. S'il vous reste un peu d'énergie, faites une randonnée à Floresta da Tijuca avant de vous rendre à Lapa pour une tournée des bars sur fond sonore de samba.

2

PARATY 2 JOURS

Sur la pittoresque Costa Verde, **Paraty** (p. 216) est une des escapades favorites des Cariocas. Les superbes plages et le magnifique arrière-plan montagneux n'ont ici d'égal que les charmes vibrants du quartier historique du XVIIIe siècle. Profitez en toute quiétude du farniente, d'une caïpirinha rafraîchissante, d'un toboggan naturel ou de l'un des élégants restaurants que compte la ville.

3

ILHABELA 2 JOURS

L'île d'**Ilhabela** (p. 456), d'une superficie de 35 000 hectares, doit son nom ("belle île") à ses pics volcaniques, ses plages magnifiques, sa dense forêt tropicale et ses quelque 360 cascades. Le Parque Estadual de Ilhabela, parc d'État nommé réserve de biosphère par l'Unesco, couvre près de 85% de l'île. On y recense une remarquable profusion de plantes et d'animaux.

T PHOTOGRAPHY/SHUTTERSTOCK ©, GUAXINIM/SHUTTERSTOCK ©, FABIANA PRESOTO FERNANDES/SHUTTERSTOCK ©

4

SÃO PAULO 3 JOURS

Rivalisant avec le rythme effréné de New York, le modernisme de Tokyo et les prix de Moscou en un seul lieu, la ville de **São Paulo** (p. 118) abrite un vivier de 22 millions de gastronomes potentiels, d'amateurs de cocktails et de clubbers, et près de 30 000 restaurants, bars et boîtes de nuit pour les rassasier. De quoi facilement remplir trois semaines, même si vous n'avez que trois jours.

5

OURO PRETO 2 JOURS

La route est longue, mais elle en vaut la peine ! De toutes les villes coloniales au charme suranné disséminées dans le Minas Gerais, **Ouro Preto** (p. 397) est la plus belle. Actrice historique dans la ruée vers l'or et la politique, elle fut le théâtre du premier mouvement d'indépendance du Brésil. Imprégnée d'histoire, elle reste aujourd'hui un centre culturel et artistique de premier ordre.

6

BELO HORIZONTE 2 JOURS

Terminez votre séjour à **Belo Horizonte** (p. 390), ville aux multiples facettes. Arpentez les rues du quartier de Savassi le samedi soir, mangez dans un des restaurants raffinés du quartier de Lourdes, flânez parmi les étals du Mercado Central, assistez à l'exubérante foire de rue du week-end le long du Parque Central, et assistez à un concert au Palácio das Artes.

ALF RIBEIRO/SHUTTERSTOCK ©, ALEXANDRE ROTENBERG/SHUTTERSTOCK ©, YAN LUCA/SHUTTERSTOCK ©

Carnaval à Salvador (p. 348)

ITINÉRAIRES

Bahia et le Nordeste

Durée : 18 jours **Distance :** 2 580 km

C'est dans le Nordeste que se cache la véritable âme du Brésil. Sa musique, son histoire, sa culture et ses paysages naturels spectaculaires en font une destination incontournable. Au programme : kitesurf, buggy dans les dunes et villes vivant au rythme des traditions afro-brésiliennes.

1

SÃO LUÍS ⏱ 2 JOURS

Prenez l'avion pour **São Luís** (p. 279), capitale brésilienne du reggae, pour découvrir édifices du XVIIIe siècle, restaurants de fruits de mer et vie nocturne trépidante. La ville est marquée par son héritage afro-brésilien ; planifiez votre séjour autour de l'un de ses nombreux festivals. La vieille ville, classée au Patrimoine mondial, arbore rues pavées, musées, galeries d'art et boutiques d'artisanat.

2

PARQUE NACIONAL DOS LENÇÓIS MARANHENSES ⏱ 2 JOURS

Cap sur les spectaculaires **Lençóis Maranhenses** (p. 285), 70 km de hautes dunes ressemblant à des *lençóis* (draps). De mars à septembre, les dunes se parent de milliers de lagunes d'eau douce formées par l'accumulation d'eau de pluie. L'endroit peut se visiter en 4x4 ou en bateau sur le Rio Preguiças, bordé par la forêt tropicale.

3

JERICOACOARA ⏱ 5 JOURS

Blottie entre un parc national et la mer, **Jeri** (p. 271) ravit les voyageurs par son emplacement reculé, ses paysages côtiers époustouflants, ses activités palpitantes, ses hôtels et restaurants de qualité, ainsi que par sa vie nocturne animée. La Lagoa do Paraiso et la Lagoa Azul se prêtent à la détente autour d'un verre au cours d'une excursion en buggy.

4

PRAIA DA PIPA 4 JOURS

Envisagez une pause à Fortaleza avant d'entreprendre le long voyage vers le sud jusqu'à Pipa, une des destinations les plus magiques du Brésil. Attendez-vous à des plages immaculées bordées de hautes falaises, à des lagons paradisiaques, des conditions de surf parfaites et des eaux peuplées de dauphins, ainsi qu'à un grand choix de *pousadas*, de restaurants et de lieux de vie nocturne.

5

OLINDA 2 JOURS

Continuez vers le sud pour atteindre **Olinda** (p. 307), ville inscrite au Patrimoine mondial, où l'on trouve certains des bâtiments historiques les mieux préservés du Brésil. La ville est parsemée de ruelles sinueuses et tranquilles, d'églises coloniales et de galeries d'art. Son riche patrimoine prend vie à l'occasion du carnaval, avec certaines des festivités de rue les plus débridées du Brésil.

6

SALVADOR 3 JOURS

Le périple s'achève à **Salvador** (p. 348), à l'énergie et à la beauté sans artifice inégalées. Autrefois grandiose capitale de la colonie portugaise, Salvador est aujourd'hui le cœur battant de la communauté afro-brésilienne du pays. Cidade Alta abonde de sites impressionnants, mais vous trouverez aussi des musées intéressants à Vitória, ainsi qu'un phare pittoresque à Barra.

MONTELUCCA/SHUTTERSTOCK ©, DIEGO GRANDI/SHUTTERSTOCK ©, THALESANTONIO/SHUTTERSTOCK ©

Forêt tropicale dans le Pantanal (p. 596)

ITINÉRAIRES

Amazonie et Pantanal

Durée : 21 jours **Distance** : 4 670 km

Peu d'endroits enflamment l'imagination comme l'Amazonie, plus grande forêt tropicale du monde abritant le premier fleuve de la planète et accueillant une grande variété de plantes et d'animaux. Continuez dans le Pantanal, une zone moins connue à la biodiversité tout aussi variée.

1

BELÉM 4 JOURS

Commencez par **Belém** (p. 185), une ville culturellement riche située à l'embouchure du grand fleuve. Explorez le front de mer avec ses musées et ses bateaux de pêche. Visitez son marché, dégustez des plats amazoniens hauts en couleur et assistez à une représentation au somptueux Teatro da Paz.

Détour : *Explorez la luxuriante Ilha de Marajó, avec ses habitants accueillants et ses céramiques anciennes.* *2 jours*

2

SANTARÉM 4 JOURS

Santarém (p. 195), ville fluviale alanguie, ravit les visiteurs avec sa promenade au bord de l'eau, ses parcs et ses restaurants de qualité. C'est un excellent point de chute pour découvrir l'Amazonie. Admirez des céramiques anciennes au musée João Fona et faites le plein de provisions dans les nombreuses boutiques de la ville.

Détour : *Prenez le bus jusqu'à Alter do Chão et profitez de délicieux fruits de mer et de plages d'eau douce.* *1 jour*

3

MANAUS 4 JOURS

Continuez à remonter le fleuve jusqu'à **Manaus** (p. 166), la plus grande ville d'Amazonie et capitale régionale des arts. Visitez son opéra, son marché, ses musées et ses parcs. Dégustez des fourmis géantes et faites une croisière jusqu'à l'Encontro das Águas, où se rencontrent le Rio Solimões et le Rio Negro.

Détour : *Prenez un bus pour Presidente Figueiredo et profitez de ses nombreuses et jolies cascades.* *1 jour*

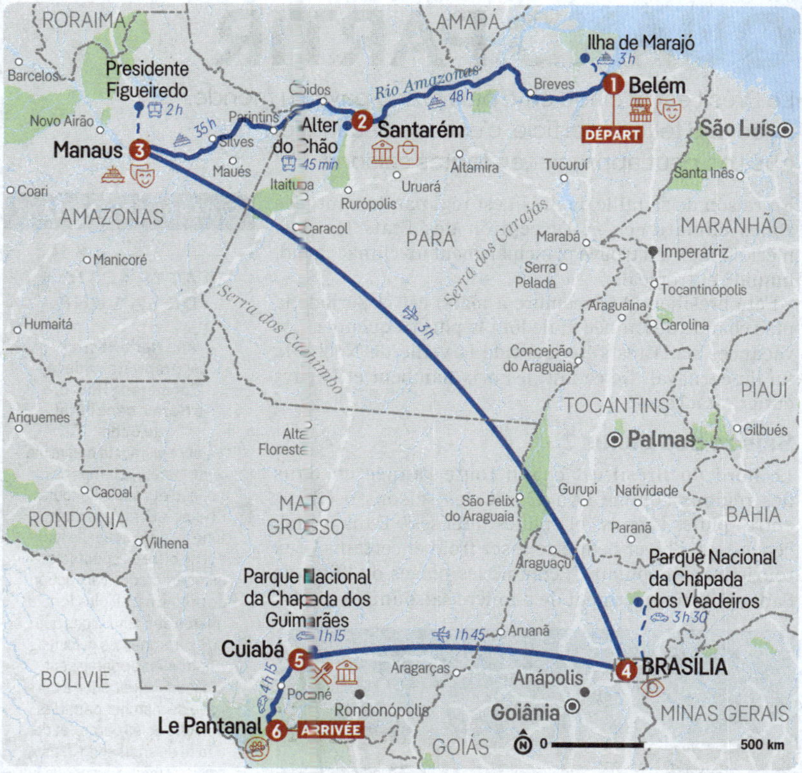

4

BRASÍLIA ⏱ 3 JOURS

Après tant de nature sauvage, direction **Brasília** (p. 420), la capitale brésilienne, pour un bref intermède urbain. Admirez les places baignées de soleil, les églises aux allures d'OVNI et les bâtiments de béton modernistes aux traits voluptueux, devenus la signature de la ville.

Détour : *Détour par le Parque Nacional da Chapada dos Veadeiros pour une randonnée d'une journée au milieu des canyons et des cascades du Rio Preto. ⏱ 2 jours*

5

CUIABÁ ⏱ 2 JOURS

Prenez un vol depuis Brasília pour **Cuiabá** (p. 591), une ville animée dotée d'une scène gastronomique dynamique et d'une belle architecture coloniale autour de sa place principale. C'est un excellent point de départ pour des excursions vers le Pantanal et la Chapada dos Guimarães.

Détour : *Rendez-vous au Parque Nacional da Chapada dos Guimarães pour randonner, plonger en eau douce et observer les oiseaux. ⏱ 1 jour*

6

LE PANTANAL ⏱ 4 JOURS

Peu d'endroits sur Terre peuvent rivaliser avec la vie sauvage du **Pantanal** (p. 596), une zone humide merveilleusement isolée au cœur du Mato Grosso. La vie animale y est foisonnante et remarquablement facile à observer. Depuis Cuiabá, organisez un circuit avec un opérateur local comprenant le transport, l'hébergement et les guides.

QUAND PARTIR

Le Brésil est le cinquième plus grand pays du monde. Avec une telle superficie, c'est une destination que l'on peut apprécier en toutes saisons.

En raison de sa taille, le Brésil est régi par de multiples zones climatiques. À l'exception des États les plus méridionaux, on trouve principalement un climat chaud, humide et tropical.

L'été brésilien (de décembre à mars) est la période la plus chaude de l'année et de loin la plus fréquentée. Les vacances scolaires s'étendent de la veille de Noël à la fin du carnaval. De ce fait, les prix flambent et le pays entier est à l'arrêt.

Saison des pluies ?

Le nord du Brésil est chaud toute l'année et, dans des régions comme l'Amazonie, les saisons oscillent entre "pluies légères" et "pluies intenses". Dans le sud, cependant, l'hiver peut être assez froid et certains lieux touristiques populaires, comme les plages de l'État de Santa Catarina, ferment de manière saisonnière.

Lençóis Maranhenses (p. 285)

À GAUCHE : MMPOP/SHUTTERSTOCK © ; À DROITE : HANS WAGEMAKER/SHUTTERSTOCK ©

PAROLE D'HABITANT

L'ATTRACTION DE LA LUNE

Ana Maria Bastick est propriétaire de la Boomerang House, à Maraú, dans l'État de Bahia.

"Là où je vis, sur la péninsule de Maraú, le temps est chaud et ensoleillé toute l'année. Lors de la pleine lune ou de la nouvelle lune, l'île offre un spectacle unique. Lorsque l'attraction de la lune est au plus fort, la marée descend si bas que de surprenantes piscines naturelles apparaissent. C'est une expérience à part que de marcher parmi les rochers et les coraux et de faire du snorkeling dans l'eau cristalline avant que la marée ne remonte."

LAGUNES INTERDUNAIRES

Juillet et août sont les mois parfaits pour visiter le parc national des Lençóis Maranhenses. Après les fortes pluies, les dunes de sable se remplissent d'eau pour former les lagunes désertiques qui font sa renommée.

La météo au fil des mois (Rio de Janeiro)

JANVIER	FÉVRIER	MARS	AVRIL	MAI	JUIN
Temp. max. moyenne : **30 °C**	Temp. max. moyenne : **31 °C**	Temp. max. moyenne : **30 °C**	Temp. max. moyenne : **28 °C**	Temp. max. moyenne : **26 °C**	Temp. max. moyenne : **25 °C**
Jours de pluie : 12	Jours de pluie : 8	Jours de pluie : 9	Jours de pluie : 7	Jours de pluie : 6	Jours de pluie : 5

CARIBE DA AMAZÔNIA

Il est souvent recommandé de visiter l'Amazonie lorsque les rivières sont à leur apogée (juin à août), mais lorsqu'elles sont basses (novembre à février) c'est l'époque idéale pour profiter des célèbres plages de sable blanc d'Alter do Chão.

Carnaval, Gay Prides et autres célébrations

Le carnaval est célébré dans tout le Brésil. Les carnavals les plus connus se déroulent à **Rio de Janeiro** (p. 52), dans la rue et au Sambódromo ; à **Salvador** (p. 348), où règnent en maître la musique et les traditions afro-brésiliennes ; à **Olinda** (p. 307) et à **Recife** (p. 302). **Février** ou **mars**

Les Gays Prides sont légion au Brésil, les plus importantes ayant lieu **à São Paulo** (p. 118) et à João Pessoa, suivis par **Rio de Janeiro** (p. 52). **Juin** et **septembre**

Les **Festas Juninas** (p. 297) sont les fêtes des saints Santo Antônio, São João et São Pedro. Très populaires dans le Nordeste, les festivités mettent à l'honneur la nourriture, la danse et la musique typiques de ces régions. **Juin**

Le **festival de Iemanjá** est la plus grande célébration religieuse de Bahia. Dans le quartier de Rio Vermelho, à Salvador, les adeptes du candomblé célèbrent cette *orixá*, divinité de la Mer. **Février**

Festivals culturels, folkloriques et religieux

Le **festival folklorique de Parintins** (p. 183), aussi appelé Boi-Bumbá (ou Bumba Meu Boi, la fête du Bœuf), se déroule dans la ville du même nom, en Amazonie. Le festival vit le jour au XVIIIe siècle. C'est un des plus reconnus du Brésil pour ses danses folkloriques. **Juin**

Premier festival littéraire du Brésil, la **Festa Literária Internacional de Paraty** (p. 215) attire éditeurs et auteurs de tous les pays dans la charmante ville balnéaire du même nom. **Juillet**

Le **Círio de Nazaré** est célébré chaque année à Belém, le deuxième dimanche d'octobre. Près de 2 millions de catholiques viennent vénérer Notre-Dame de Nazareth au cours de l'une des plus grandes processions religieuses au monde. **Octobre**

Deux semaines d'opéra par des troupes de tout le Brésil lors du **Festival Amazonas de Ópera** de Manaus (p 169). Spectacles organisés dans toute la ville et dans son théâtre emblématique. **Mars** et **mai**

PAROLE D'HABITANT

ÉCHAPPER À LA CHALEUR DE L'ÉTÉ

Catherina Godeghesi est chef de projet marketing à Rio de Janeiro.

"L'été, les villes et les côtes sont prises d'assaut et la chaleur y est écrasante. Je me réfugie toujours dans les collines de Teresópolis, où il fait frais et où l'on est entouré de toutes parts de nature. Les aliments locaux y sont mis à l'honneur, ce qui n'est pas toujours le cas en ville, et le calme et la tranquillité ambiants offrent un contrepoint agréable au chaos de la côte."

Jaguar dans le Pantanal (p. 596)

À LA RECHERCHE DU JAGUAR

Le Pantanal abrite une faune variée, dont le célèbre jaguar. Entre juillet et novembre, pendant la saison sèche de la région, vous pourrez en apercevoir en train de lézarder au soleil au bord de la rivière.

JUILLET	AOÛT	SEPTEMBRE	OCTOBRE	NOVEMBRE	DÉCEMBRE
Temp. max. moyenne : **25 °C**	Temp. max. moyenne : **25 °C**	Temp. max. moyenne : **26 °C**	Temp. max. moyenne : **27 °C**	Temp. max. moyenne : **28 °C**	Temp. max. moyenne : **29 °C**
Jours de pluie : 5	Jours de pluie : 5	Jours de pluie : 8	Jours de pluie : 8	Jours de pluie : 10	Jours de pluie : 12

Plage d'Ipanema (p. 68)

AVANT DE PARTIR AU BRÉSIL

Nos recommandations pour bien se préparer.

Dans sa valise

En ville : À Rio, Salvador, Fortaleza et Florianópolis, on peut s'habiller aussi décontracté en ville qu'à la plage. Si vous prévoyez un séjour à São Paulo, emportez des tenues plus élégantes – les discothèques et restaurants chics n'acceptent pas les tongs.

À la campagne : Dans le Pantanal et en Amazonie, pantalons et manches longues sont indispensables pour se protéger des moustiques. Dans les régions au sud de São Paulo, vous aurez besoin de pantalons et de vestes en hiver.

À la plage : Tous les hommes, quel que soit leur âge, portent des *sunga* (boxers de bain), et les *canga* (paréos) sont omniprésents. Pour les femmes, le bikini est de rigueur mais prenez de quoi vous couvrir pour retourner en ville après la plage.

À savoir

Les Brésiliens sont très chaleureux, et il est normal de saluer les gens dans la rue.

Les échanges de politesse vont bien au-delà du temps qu'il fait, aussi ne vous inquiétez pas si quelqu'un vous raconte sa vie dans l'ascenseur. Plus l'endroit est rural, plus la conversation dure.

Siffler pour appeler le serveur n'a rien d'impoli au Brésil.

LIRE

Le Dépotoir (Carolina Maria de Jesus ; 1960). Journal d'une habitante d'une favela dans les années 1950.

Mémoires posthumes de Brás Cubas (Machado de Assis ; 1881). Les maux de l'humanité, par le premier romancier afro-brésilien du pays.

Capitaines des sables (Jorge Amado ; 1937). L'histoire d'une bande de gamins des rues, signée du plus célèbre écrivain bahianais.

Rouge Brésil (J.-C. Rufin, 2001). La première conquête du Brésil par les Français au XVIe siècle. Prix Goncourt 2001.

Tristes Tropiques (Claude Lévi-Strauss 1955). Livre le plus connu de l'anthropologue français : une remarquable étude sur les Indiens du Brésil.

Écoute, jolie Márcia (Marcello Quintanilha, 2001). Fauve d'or du meilleur album du festival d'Angoulême.

Genesis (Sebastião Salgado 2013). Chef-d'oeuvre du photographe franco-brésilien : une ode à la nature et aux communautés humaines préservées de la modernité. Toute une partie est dédiée à l'Amazonie et au Pantanal.

En quelques mots

Olá *(o-laa)* signifie "bonjour", et oi *(oï)* "salut".
Tudo bem *(toudo bèn)*, littéralement "tout bien", est à la fois une question (*"comment ça va ?"*) et une réponse (*"très bien"*).
E ai *(i-aï)*, littéralement "et là-bas", sert aussi à demander à quelqu'un comme il va.
Bom dia *(bon dia)* ou "bonjour" permet de saluer les gens dans la rue. L'après-midi, dites **boa tarde** *(boa tar-dji)*.
Obrigada/o *(o-bri-ga-dou/o-bri-ga-da)* veut dire "merci". La signification littérale est "je vous suis obligé/e", c'est pourquoi la terminaison dépend de votre genre : -o (masculin) ou -a (féminin). En cas de doute, utilisez le masculin.
De nada *(de na-da)* signifie "de rien".
Por favor *(porr fa-vorr)* veut dire "s'il vous plaît".
Moço/a *(mo-sso/mo-ssa)*, ou "homme/femme", est utilisé pour appeler un serveur ou poser une question à quelqu'un dans la rue.
Senhor/a *(sen-ior/sen-io-ra)* est une manière courtoise de s'adresser aux personnes de tous âges et toutes classes sociales.
Licensa *(li-sen-sa)*, ou "excusez-moi", sert à interrompre quelqu'un ou se frayer un chemin dans une rue bondée.
Posso pedir... *(po-sso pi-dir)* qui signifie "puis-je demander" est un moyen simple et poli de commander un plat ou une boisson.
Foi um prazer *(foï oun pra-zir)* signifie littéralement "ce fut un plaisir".

VOIR

Le Garçon et le monde (Alê Abreu ; 2013 ; photo). Film d'animation muet qui met en lumière les inégalités sociales.

La Cité de Dieu (Kátia Lund, Fernando Meirelles ; 2002). La vie dans une favela violente de Rio.

Une seconde mère (Anna Muylaert ; 2015). La vie d'une domestique, de ses employeurs et de la fille qu'elle a délaissée.

Favelas (Stephen Daldry, Christian Duurvoort ; 2014). Trois ados face à la corruption.

Tatuagem (Hilton Lacerda ; 2013). Une romance LGBTQI+ située à Recife sous la dictature.

ÉCOUTER

Chega de Saudade (João Gilberto ; 1959). Le premier album du père de la bossa-nova a révolutionné la musique brésilienne.

Nó na Orelha (Criolo ; 2011). Mêlant rap, afrobeat, reggae, hip-hop et samba, cet album a rendu Criolo célèbre.

AmarElo (Emicida ; 2019). Hip-hop militant par un poids lourd du rap, en collaboration avec d'autres artistes.

Fa-Tal – Gal a Todo Vapor (Gal Costa ; 1971). Premier album *live* d'une des voix les plus célèbres du Brésil.

À GAUCHE : BONCHAN/SHUTTERSTOCK © ; À DROITE : BY BRAZIL/SHUTTERSTOCK ©

Moqueca, ragoût de poisson brésilien

À TABLE !

Avec ses ingrédients qu'on ne trouve nulle part ailleurs, la cuisine brésilienne est riche en saveurs et d'une grande diversité.

Un jus de mangue épais et onctueux, des smoothies détox à l'açaï, quelques *pão de queijo*, ces délicieuses boules de pain au fromage tout juste sorties du four pour accompagner votre café du matin au pied des montagnes : la cuisine du Brésil est à l'image du pays, très variée et aux multiples influences.

Les ingrédients principaux sont le riz, les haricots, le manioc, le maïs, les fruits, la viande et le poisson. Naturellement, chaque région a ses spécialités. Les États du nord sont inspirés par les indigènes et ceux de la côte est mêlent traditions culinaires africaines et portugaises. Des immigrés italiens, français, allemands, libanais et même japonais ont influencé la cuisine des villes du sud. Enfin, les régions de l'arrière-pays, plus agricoles, préfèrent les repas copieux et rustiques. Au Brésil, vous trouverez des tables d'exception et une richesse culinaire qui n'a d'égale que l'ambiance chaleureuse qui règne dans les restaurants.

Les denrées du Brésil

Le riz et les haricots sont les aliments de base pour la plupart des Brésiliens, excepté en Amazonie, où le manioc est la denrée principale. Cette association du riz avec les haricots a commencé au début du XIXe siècle. Les rizières de l'État de Bahia sont alors en plein essor et la famille royale, arrivée du Portugal, souhaite que le riz soit ajouté au régime de ses soldats. Ces derniers partagent leurs quartiers avec des esclaves, qui se nourrissent de haricots avec du maïs ou de la farine de manioc. Les restes sont bien

Les essentiels

MOQUECA
Riche ragoût de produits de la mer composé de poisson ou de crevettes.

FEIJOADA
Ragoût de haricots noirs avec des épices et de la viande, souvent du porc.

BOBÓ DE CAMARÃO
Soupe de crevette épaisse et crémeuse, servie avec du riz.

PIRARUCU DE CASACA
Poissons frits avec tranches de banane plantain.

souvent mélangés ensemble, et le mariage du riz et des haricots fait l'unanimité. On les trouve parfois accompagnés de viande séchée, de fromage frais et de bacon, qui composent le *baião de dois*. Quelquefois, on délaisse le riz pour une *feijoada* (ragoût de haricots et de viande) ou un *feijão tropeiro* (salade de haricots avec des saucisses, du bacon et des crudités).

Au nord du pays et dans l'Amazonie, on préfère le manioc. On retrouve des traces de culture du manioc datant de plus de 4 000 ans, bien avant l'existence du Brésil actuel. Après l'arrivée des Portugais, ce tubercule très résistant s'est également implanté dans le continent africain, suite au passage des ces colons.

Le manioc se cuisine dans presque tous les plats : gâteaux, desserts, purées... La farine de manioc est d'ailleurs un ingrédient incontournable pour de nombreuses spécialités brésiliennes, comme le *pão de queijo* (gougère au fromage). À noter qu'elle est sans gluten. Une fois râpé, le manioc peut être transformé en *farinha* ("farine"), consommée parfois sur des tartines (*farofa*) ou en tapioca. Sur les plages de Rio, on sert des *pão de queijo* et les célèbres *biscoito de polvilho* de la marque Globo, qui contiennent tous deux de l'amidon de manioc.

WHASTENGGE/SHUTTERSTOCK ©

Biscoito de Polvilho

Végétariens et végans

D'après une étude menée en 2022 par la Sociedade Vegetariana Brasileira (Société brésilienne des végétariens), près de 7 millions de Brésiliens déclarent être végans (soit 3,2% de la population). En 2018, une étude similaire révélait que 14% de la population se considérait végétarienne. Vous pourrez donc manger végétarien ou végan sans trop de difficultés, selon la région. Dans les grandes villes, les restaurants végans sont devenus

ÉVÉNEMENTS CULINAIRES

Festival de Cultura e Gastronomia, Tiradentes (p. 402). D'une durée de 10 jours, ce festival se tient tous les ans au mois d'août pour célébrer la cuisine du Minas Gerais.

Festival da Cachaça, Abaíra (p. 368). Chaque année, au mois de septembre, la coopérative des producteurs de cachaça (alcool de canne à sucre) d'Abaira dans l'État de Bahia organise un festival de musique et des dégustations.

Oktoberfest (photo ; p. 530). La bière coule à flots à Blumenau, lorsque les festivaliers dansent et se régalent de choucroute (*sauerkraut*) et d'escalopes (*schnitzel*) pour célébrer ensemble l'héritage germanique de la ville au mois d'octobre.

Festival da Mandioca (p. 336). Au mois de juin, dans le Sergipe, les Brésiliens dansent au rythme du *forró* et du *sertanejo* pour célébrer le manioc.

Festival do Camarão, Ilhabela (p. 456). Le festival d'Ilhabela, sur toute la durée du mois d'août, célèbre la crevette.

PEIXE NA FOLHA DE BANANEIRA
Poisson cuit dans des feuilles de bananier.

RABADA
Soupe de queue de bœuf.

CASQUINHA DE SIRI
Mélange de chair de crabe crémeuse et braisée dans la carapace.

PATO NO TUCUPÍ
Canard cuit dans du *tucupi*, un liquide jaune extrait des racines de manioc.

POLVILHO
Biscuits brésiliens à l'amidon de manioc

Spécialités

Des desserts à la cuisine de rue.

Desserts

Canjica (Mugunzá) Porridge de maïs blanc, servi dans les festivals au mois de juin.
Rapadura Sucre de canne brut, s'achète en petits blocs.
Paçoquinha Bonbons à base d'arachides, de sucre et de sel.
Cocada Friandise à la noix de coco râpée.
Brigadeiro Boulettes de lait concentré et de chocolat, très populaires durant les fêtes des enfants.
Bolo de fubá Gâteau à base de maïs, généralement servi au petit-déjeuner.

Salgados (en-cas salés)

Coxinha Croquettes de poulet (frites ou cuites au four).
Empada Petites tourtes au poulet, à la viande ou aux légumes.
Bolinha de bacalhau Boulettes de morue frites, un plat hérité du Portugal.
Pão de queijo Gougère au fromage avec de la farine de manioc (sans gluten).

Dans les bars

Carne de sol Viande bovine très salée et séchée.

Rapadura

Aipim frito Manioc frit servi à la place de pommes de terre
Farofa Farine de manioc grillée, souvent tartinée, ou pour garnir tous types de plats.

Cuisine de rue

Pastel-de-feira com caldo de caña Feuilleté rectangulaire farci avec de la viande ou du fromage, puis frit. Souvent accompagné avec du *caldo de caña* (jus de canne à sucre).
Acarajé Pâte à base de haricots frite dans de l'huile de palme et farcie avec du *vatapá* (une pâte à pain crémeuse avec du lait de coco) et du *caruru* (gombo, oignons et noix grillées) puis recouverte de crevettes cuites. Spécialité de l'État de Bahia.

TABLES D'EXCEPTION

Origem (p. 355) Une ode salvadorienne à la cuisine de l'État de Bahia. La carte fait la part belle aux ingrédients de toute la région.
D.O.M. (p. 129) Réputé à São Paulo, le chef Alex Atala brise les codes et propose une cuisine gastronomique originale ; fourmis amazoniennes au menu.
O Naturalie (p. 83) Cuisine végane très savoureuse servie dans une vieille bâtisse de Rio de Janeiro, aménagée en bistrot.
A Casa do Porco (p. 135) Une déclaration d'amour à la viande de porc. Avec ses plats raffinés et ses nombreux en-cas, l'endroit est devenu une véritable institution à São Paulo.
Xapuri (www.xapuri restaurante.com.br) Le meilleur de la cuisine du Minas, préparée au feu de bois dans la ferme familiale des Trombino à Belo Horizonte.

SE NOURRIR AU FIL DES SAISONS

PRINTEMPS

La période idéale pour des légumes frais comme le potiron, l'aubergine et le chou frisé, qui accompagnent à merveille les poissons à chair blanche des régions côtières.

ÉTÉ

C'est la saison des fruits ! Profitez-en pour goûter du jus de graviola, de pomme cajou ou de mangaba. Ces fruits sont très rares en dehors du Brésil.

AUTOMNE

En automne, la *pinhão* est à l'honneur. Ce pignon de pin géant assaisonne de nombreux plats, mais on peut également le manger grillé ou cuit à la vapeur pour grignoter.

HIVER

Pour se réchauffer, rien de tel qu'un ragoût traditionnel – *feijoada* ou *moqueca*. Pour un plat plus léger, optez pour une soupe de haricots noirs ou une *caldo de mandioca* (soupe de manioc) avec du bacon.

très chics, à l'instar de Teva ou O Naturalie à Rio, ou de Congolinária à São Paulo.

Les campagnes ne sont pas en reste et proposent aussi des alternatives véganes, en remplaçant la viande ou le poisson par de la *banana da terra* (banane plantain) ou la *carne de jaca* (la chair du fruit du jacquier). La *moqueca de banana da terra* (ragoût végétarien) est un plat typique et délicieux.

Certaines régions, comme le Vale do Capão dans l'État de Bahia, sont réputées pour leur cuisine végane et revisitent les plats traditionnels avec des produits végétaux. Ici, la plupart des spécialités contiennent du lait de coco. Si vous commandez sans poisson, ni fruits de mer, il n'y aura aucun produit d'origine animale dans votre plat.

Pour les végétariens, c'est encore plus simple. La plupart des plats servis dans la rue sont à base de fromage et de légumes, qu'il s'agisse de *pastel* (beignets farcis), de *pão de queijo* ou d'*empada* (petites tourtes). Si vous ne trouvez rien de végétarien, vous pouvez toujours vous rendre dans un restaurant au kilo. Présents dans tout le Brésil, ils proposent des buffets où vous choisissez la composition de votre assiette. Il y a des dizaines d'ingrédients disponibles, dont beaucoup de légumes. Attention toutefois pour les végans, certaines préparations comportent parfois du lait ou du beurre.

Sinon, vous trouverez toujours du riz, des haricots ou du manioc. Même dans les régions les plus reculées et modestes, il vous sera proposé un plat de riz, des haricots, de la salade, des bananes, de l'*aipim frito* (manioc frit), ou du tapioca avec des œufs, du fromage ou de l'avocat.

Les saveurs de l'Amazonie

Énormément d'ingrédients uniques se trouvent au Brésil, dont beaucoup proviennent d'Amazonie.

Prenez le *tucupi* par exemple, un liquide jaune extrait de la racine de manioc par les indigènes depuis des générations. Il s'agit d'un ingrédient très répandu dans la cuisine amazonienne, même s'il est toxique cru. On en trouve dans le fameux *pato no tucupi*.

Il y a également le *jambú*, une plante aromatique qui, une fois ingérée, provoque une sensation d'engourdissement. Elle est utilisée dans plusieurs préparations mais surtout connue pour l'alcool fabriqué à partir de ses fleurs, le *cachaça de jambú*.

Pão de queijo

Naturellement, le poisson frais est fréquemment au menu de cette région. Le *tambaqui*, par exemple, un poisson gras avec peu d'arêtes, est un des plus populaires avec le *tucunaré*, un poisson blanc à chair ferme, souvent frit. Le maître des eaux reste néanmoins le *pirarucu*, qui peut atteindre près de 3 m de long et peser jusqu'à 200 kg à l'âge adulte. De quoi nourrir toute une tribu pendant plusieurs jours. Les Amazoniens utilisent également sa langue comme une râpe et s'en servent pour transformer les graines de guarana en une poudre comestible. Les fruits de guarana, qui ressemblent étrangement à des yeux, contiennent de la *guaraína*, un stimulant naturel qui aurait de nombreuses vertus sur la santé physique et mentale. Le sirop de *guaraína* s'exporte pour faire des boissons énergisantes ou sans alcool.

Envie de sucré ? Le *cupuaçu* est une cabosse ronde qui renferme des fèves, dont les Amazoniens font une sorte de chocolat, le *cupulate*. La pulpe, plutôt sucrée, fait d'excellents jus ou smoothies, accompagnée d'açaï, une des plantes les plus exportées de la région. L'açaï est une petite baie violette présente dans tout le Brésil, qui a acquis une renommée mondiale en tant que superaliment. Elle est consommée en sorbet dans les États du Sud, avec quelques fruits, des bonbons ou du lait concentré. En Amazonie et dans les régions du Nord, l'açaï est servie pure, ou accompagnée de perles de tapioca.

Surf à Florianópolis (p. 514)

ACTIVITÉS DE PLEIN AIR

Avec sa myriade de forêts tropicales, de canyons et de plages, le cinquième plus grand pays du monde ne manque pas d'opportunités d'activités de plein air, ni de prestataires associés. Alors foncez !

Le littoral allongé du Brésil (7 500 km), ses immenses forêts et son intérieur montagneux forment un vaste terrain d'aventures en plein air.

Les plages de l'Atlantique sont balayées par de sublimes vagues, les vastes *chapadas* (plateaux) sont un nirvana pour les randonneurs, tandis que le Pantanal et l'Amazonie comptent quelques-unes des plus belles possibilités au monde d'observation de la faune et de la flore. Escalade, canyoning, parapente et plongée sont également des activités très prisées.

Et bien sûr, un voyage au Brésil ne saurait être complet sans avoir participé à une partie de *futebol* improvisée au moins une fois.

Surf

Le Brésil semble avoir été conçu pour le surf. Ici, les vagues de l'Atlantique viennent s'écraser sans relâche sur le long littoral. Pas surprenant donc que ce sport soit très populair et que plusieurs surfeurs brésiliens figurent régulièrement dans le top 20 des classements mondiaux.

Si la quasi-totalité de la côte Atlantique se prête au surf, le Sud y est plus enclin encore. Les plages de surf les plus belles et les plus fiables se trouvent dans l'État de Santa Catarina. C'est d'ailleurs là, sur la Praia da Joaquina, sur l'Ilha de Santa Catarina, que se déroulent les championnats brésiliens. L'Ilha do Mel, sur la côte située

Le plein d'adrénaline et de plaisirs sportifs

ESCALADE DE ROCHERS
Escaladez des voies au milieu de pics escarpés à **Itatiaia** (p. 231), dans l'État de Rio, ou optez pour des escalades guidées dans la ville elle-même.

PLONGÉE ET SNORKELING
Plongée dans l'abondante vie marine de **Fernando de Noronha** (p. 298), ou faites du snorkeling près de **Bonito** (p. 608).

VOLLEY-BALL ET FOOTVOLLEY
Sur nombre de plages de ville, il y a fort à parier que vous trouviez des filets de **volley-ball** (p. 70) ou de *futevôlei* (footvolley).

EN FAMILLE

Faites le plein d'adrénaline à **Balneário Camboriú (p. 524)**, station balnéaire dotée d'un téléphérique, de plages et de montagnes russes, le tout à proximité du parc d'attractions Beto Carrero World.
Mettez le cap sur l'**Ilha Grande (p. 224)**, près de Rio, une île recouverte de forêt tropicale, avec excursions en bateau à la clé, snorkeling, jolies plages et singes hurleurs.
Contemplez la splendeur des **chutes d'Iguaçu (p. 500)**, puis profitez des atouts de Foz do Iguaçu : son parc ornithologique, sa grande roue, ses spectacles folkloriques, ses activités nautiques...
Visitez le Parque Lage (p. 60) à Rio, un espace luxuriant avec de courts sentiers de randonnée, des grottes artificielles et un aquarium. C'est aussi un endroit idéal pour observer les singes.

immédiatement à l'ouest de Rio, Saquarema (à 100 km à l'est de Rio) et l'archipel de Fernando de Noronha, n'ont cependant rien à lui envier. Dans l'ensemble, le pays est surtout connu pour ses excellentes beach-breaks. À l'exception de l'extrême Nord, c'est pendant l'hiver brésilien (de juin à août) que les vagues sont les meilleures.

Randonnée

Presque aussi grand que l'Europe et abritant 73 parcs nationaux ainsi que de nombreuses autres zones de conservation, le Brésil dispose d'une capacité illimitée en matière de randonnée. Les possibilités sont variées : tour de l'Ilha Grande en une semaine, randonnée guidée dans les canyons du Rio Grande do Sul, excursion hors des sentiers battus dans les grottes et les sites archéologiques de l'État du Minas Gerais...

La randonnée au Brésil se pratique de préférence pendant les mois les plus frais, d'avril à octobre. Pendant l'été, le soleil chauffe la roche, générant des températures insupportables, et transformant les jungles en saunas. Si vous prévoyez de faire de la randonnée en Amazonie, privilégiez les saisons où le niveau de l'eau est bas (environ d'août à décembre).

Kayak dans les forêts inondées (p. 592)

Observer la faune et la flore

Le Brésil est le pays le plus riche en biodiversité de la planète, avec une grande variété de mammifères, d'oiseaux, de reptiles et d'amphibiens. Pour une observation optimale, répartissez votre temps entre la forêt amazonienne, les *cerrados* (savanes) du Sud et de l'Est, le vaste Pantanal du Mato Grosso (la plus grande zone humide tropicale au monde), les forêts humides d'araucarias des États du Sud et les écosystèmes aquatiques de la côte.

Gardez l'œil bien ouvert pour les "cinq grands" mammifères brésiliens, à savoir le tamanoir, le jaguar, la loutre géante, le tapir et le loup à crinière. Les connaisseurs pourront entrevoir des capybaras (plus grand rongeur du monde), des caïmans et quelques singes. Voir le muriqui (un primate), en voie de disparition, relèverait du miracle.

ÉQUITATION
En selle dans le berceau de la culture gaucho du Rio Grande do Sul, à travers les plateaux et les canyons de **Cambará do Sul** (p. 565).

DELTAPLANE ET PARAPENTE
Envolez-vous depuis **Pedra Bonita** (p. 109) à Rio de Janeiro, ou lancez-vous à **Balneário Camboriú** (p. 524).

KAYAK ET PIROGUE
Vous ne trouverez pas mieux que les eaux de l'**Amazone** (p. 160) pour une expérience en pirogue à travers la forêt inondée.

KITESURF
Prenez l'obsession nationale du surf, ajoutez-y une voile et des vents forts, et direction **Jericoacoara** (p. 271) dans le Nordeste.

COLOMBIE
VENEZUELA
GUYANA
SURINAME
Boa Vista
Terra Indígena Yanomami
Rio Branco
Serra Tumucumaque
São Gabriel da Cachoeira
Rio Negro
Mamirauá Reserve
Rio Solimões
Fonte Boa
Tefé
Manacapuru
Manaus
Rio Amazonas
Maués
Santarém
Alter do Chão
Leticia
Rio Juruá
Terra Indígena Vale do Javari
Amazon Basin
Rio Purus
Humaitá
Rio Teles Pires
Cruzeiro do Sul
PÉROU
Porto Velho
Rio Madeira
Rio Branco
Brasiléia
Guajará-Mirim
Rio Tapajós
Alta Floresta
Costa Marques
Vilhena
Planalto do Mato Grosso
Cuiabá
Cáceres
Poconé
BOLIVIE
Le Pantanal
Coxim
Campo Grande
Dourados
Ponta Porã
PARAGUAY
Cascavel
Foz do Iguaçu
ARGENTINE
CHILI
Rio Uruguai
Uruguaiana
Santa Maria
URUGUAY
OCÉAN PACIFIQUE
0
500 km
Parcs nationaux
1 Parque Nacional da Chapada Diamantina (p. 363)
2 Parque Nacional do Iguaçu (p. 498)
3 Parque Nacional de Aparados da Serra (p. 563)
4 Parque Nacional da Chapada dos Veadeiros (p. 430)
5 Parque Nacional de Anavilhanas (p. 179)
6 Parque Nacional do Itatiaia (p. 231)
7 Parque Nacional Marinho de Fernando de Noronha (p. 298)
8 Parque Nacional dos Lençóis Maranhenses (p. 285)
Animaux/vie sauvage
1 Le Pantanal (p. 596)
2 Arraial do Cabo (p. 249)
3 Parque Nacional do Jaú (p. 180)
4 Réserve naturelle privée du Rio Cristalino (p. 593)
5 Ilha de Marajó (p. 192)

LES MEILLEURS SPOTS

Notre sélection d'activités de plein air.

Surf

1. Florianópolis (p. 514)
2. Guarda do Embaú (p. 523)
3. Saquarema (p. 251)
4. Ilha do Mel (p. 492)
5. Arpoador (p. 65)
6. Praia do Rosa (p. 522)
7. Fernando de Noronha (p. 298)

Marche/randonnée

1. Trilha do Rio do Boi (p. 564)
2. Vale do Pati (p. 367)
3. Ilha Grande (p. 225)
4. Trilha das Sete Praias (p. 466)
5. Travessia Petrópolis-Teresópolis (p. 241)
6. Trilha dos Cânions e Cariocas (p. 432)
7. Circuito das Cachoeiras (p. 587)

BRÉSIL

SUR LA ROUTE

Les chapitres de cette partie s'organisent autour des sites essentiels, qui pourront vous servir de base pour partir à la découverte des environs. Vous y trouverez toutes nos recommandations ainsi que des conseils d'habitants de la région pour vivre des expériences uniques.

Danseurs lors de la semaine folklorique de Laranjeiras (p. 85), Rio De Janeiro

LEO AVILA FOTOGRAFIAS/SHUTTERSTOCK ©

WIRESTOCK CREATORS/SHUTTERSTOCK ©

Ci-dessus : carnaval à Santa Teresa (p. 91) ; ci-contre : Cristo Redentor (p. 59)

SITES PRINCIPAUX

GÁVEA, JARDIM BOTÂNICO ET LAGOA
Galeries et jungle.
p. 58

LEBLON ET IPANEMA
Gastronomie, mode et plage. p. 64

COPACABANA ET LEME
Traditions et tourisme.
p. 71

BOTAFOGO, URCA ET HUMAITÁ
Vie étudiante, bars et gastronomie.
p. 78

RIO DE JANEIRO

SITES EMBLÉMATIQUES ET EXPLOSION DE COULEURS ET DE SONS

Jungle vivante, bouillonnement artistique et ambiance multiculturelle : bienvenue dans la “Ville merveilleuse” !

Avant 1502, Rio était habitée par des indigènes de langue tupi qui avaient migré du bassin amazonien vers la Baía de Guanabara et baptisé celle-ci *A terra sem males* (“la terre sans mal”). Ce nom demeura, du moins jusqu'à l'arrivée des Portugais.

Pour beaucoup de ses habitants (les Cariocas), Rio fait toujours figure de jardin paradisiaque. C'est l'une des rares grandes métropoles bâties au sein d'une forêt tropicale – au demeurant, la plus vaste forêt urbaine du monde. Des singes courent sur les lignes électriques, des plantes exotiques tapissent les vieux bâtiments et des chenilles rampent sur les branches des arbres au-dessus de la circulation. Ce mélange unique de ville et de forêt a été classé par l'Unesco en 2012 pour son paysage urbain et pour l'art qu'il inspire.

Ici, l'art fait partie intégrante de la vie. *La Cidade Maravilhosa* a inspiré d'innombrables chansons, comme *Samba do Avião*, de Tom Jobim, ode à Rio vue d'un avion, et *Rio Eu Te Amo* (“Rio, je t'aime”) de Gilberto Gil. Depuis les fresques colorées couvrant les murs de béton aux *rodas de samba* (“rondes de samba”) organisées sur les places principales presque chaque jour de la semaine, tout témoigne de ce foisonnement artistique.

Rio est issue du métissage entre une myriade de cultures. Les livres d'histoire parlent des Portugais, mais une grande partie de la ville a été bâtie par des esclaves africains, des juifs fuyant les persécutions religieuses, des Français, des Argentins et les nombreux autres immigrants qui s'y sont installés.

Leurs héritages constituent la trame de la ville et leurs traditions sont à l'origine du *Carioca* d'aujourd'hui – ce mot qui signifie “homme blanc” en langue tupi est aujourd'hui utilisé avec fierté pour désigner tout habitant de Rio, qu'il soit *da gema* (de naissance) ou *da alma* (d'âme).

Que ce soit en pédalant le long de la lagune sur la piste cyclable traversée par les capybaras ou en écoutant le cri des singes hurleurs sur le chemin du Cristo Redentor, contemplez les merveilles qui vous entourent et vous comprendrez pourquoi les Tupi appelaient Rio la “terre sans mal”.

S'orienter

Dans une ville où l'on ne parle quasiment que le portugais, trouver son chemin est parfois difficile. Toutefois, les Cariocas sont tellement accueillants qu'ils vous accompagneront souvent jusqu'à votre destination.

DEPUIS L'AÉROPORT

Depuis l'aéroport international (GIG), Rio est accessible en taxi, en bus ou en VTC. Si vous ne parlez pas le portugais, réservez un taxi officiel à l'intérieur de l'aéroport. Les bus stationnent devant le terminal principal. Le bus 2018 traverse la Zona Sul le long du front de mer.

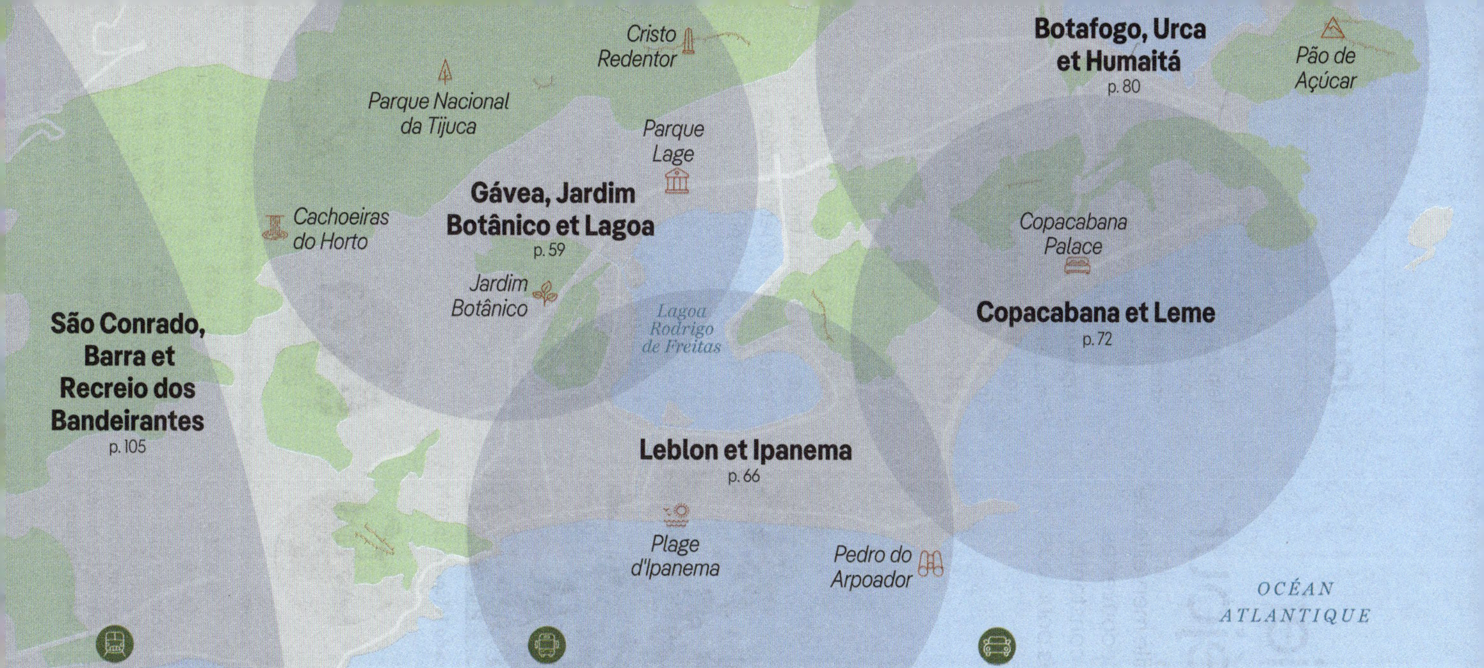

TRANSPORTS PUBLICS

Les transports publics ne sont pas parfaits mais ils fonctionnent. Le métro va de Barra de Tijuca à la Zona Norte, sur deux lignes. Le réseau de bus est très grand mais accuse souvent du retard. Achetez des forfaits de transport dans le métro ou sur l'application Giro.

KOMBI ET MOTO-TAXI

Les Kombi sont des bus non officiels qui circulent sur le front de mer ou dans les quartiers en altitude. Les motos-taxis se trouvent dans les secteurs escarpés, comme Santa Teresa ou la plupart des favelas. Prévoyez des petits billets pour payer la course.

VTC ET VÉLO EN LIBRE-SERVICE

On trouve plusieurs applications de VTC, dont la plus utilisée est Uber. Le système Itaú permet de louer des vélos en libre-service dans presque toute la ville, à condition d'avoir un smartphone muni d'une carte SIM locale.

Planifier son séjour

Jour et nuit, la "Ville merveilleuse" offre son lot de découvertes. L'animation y est constante, avec des activités pour tous les goûts.

Pedra do Telégrafo (p. 109)

Jour 1

Matin

- Levez-vous tôt et gagnez la plage pour surfer, faire du sport ou marcher. Rafraîchissez-vous dans l'océan puis prenez un petit-déjeuner avec vue au bar-restautant l'ARP de l'**Hotel Arpoador** (p. 69). Immergez-vous ensuite dans la végétation tropicale du **Jardim Botânico** (p. 61), avant de vous régaler d'une pâtisserie à **La Bicyclette** (p. 63).

Après-midi

- Grimpez jusqu'aux **Cachoeiras do Horto** (p. 60) pour vous baigner, prenez un déjeuner tardif à **Prana Vegetariano** (p. 62) et flânez dans le **Parque Lage** (p. 60).

Soir

- Retournez à **Arpoador** (p. 69) pour un coucher de soleil spectaculaire, puis rendez-vous à Lapa pour boire un verre et danser la samba à **Vaca Atolada** (p. 96).

Vous aimerez aussi...

Rio est si riche en attractions incontournables que vous serez facilement tenté de prolonger votre séjour.

GOÛTER LA CACHAÇA

La cachaça est un alcool de canne à sucre, à boire pur ou dans une caïpirinha. Découvrez-la à l'**Adega Pérola** (p. 74).

VISITER UNE ÉCOLE DE SAMBA

Pendant les préparatifs du carnaval, visitez une école de samba pour vous mettre dans l'ambiance.

PÉDALER AUTOUR DE LA LAGOA

Louez un vélo et parcourez la piste de 7,5 km qui longe la **Lagoa** (p. 63) en admirant la vue.

Jour 2

Matin

- Commencez à Santa Teresa avec un copieux petit-déjeuner au **Cafe do Alto** (p. 96). Admirez la vue depuis le **Parque das Ruínas** (p. 94), faites les boutiques et descendez l'**Escadaria Selarón** (p. 93) vers le Centro.

Après-midi

- Visitez le **Museu do Amanhã** (p. 100), déjeunez à **Lilia** (p. 102), puis découvrez l'histoire afro-brésilienne de Rio en suivant un **Circuito de Herança Africana** (p. 100).

Soir

- Dînez au **Cafe Téro** (p. 102) dans le quartier de Morro da Conceição et, si c'est un lundi, allez danser la samba à **Pedra do Sal** (p. 101). Sinon, cap sur **Gafieira Estudantina** (p. 102) dans le Centro pour un concert de *forró*, ou sur **Bar Dellas** (p. 103) à Gamboa pour faire la fête comme un vrai Carioca.

Jour 3

Matin

- Montez à **Pedra Bonita** (p. 109) pour une vue saisissante sur la ville, puis descendez à **Pura Rio** (p. 109) pour petit-déjeuner en bord de canal.

Après-midi

- Passez à **Praça Duó** (p. 106), le skatepark de Barra da Tijuca et partez à l'ouest vers la **plage de Grumari** (p. 106). Lézardez sur le sable, savourez les fruits de mer de **Bira de Guaratiba** (p. 108), à Guaratiba, puis montez à **Pedra do Telégrafo** (p. 109) pour le coucher du soleil.

Soir

- Faites un tour à la **Small Riders Surf House** (p. 109) et retournez dans la Zona Sul pour finir la soirée dans une boîte gay de Copacabana ou devant un festin au **Cervantes** (p. 76).

VOIR RIO DE HAUT

Grimpez en haut d'une montagne, montez dans un hélicoptère ou faites une sortie en parapente.

MANGER DES BAIES D'AÇAÏ

Ce fruit amazonien se déguste en smoothie, souvent mélangé à des fruits et du miel ou du sirop de guarana.

PLONGER DANS L'ART

Suivez un circuit **Street Art Tour** (p. 95) ou visitez l'une des nombreuses galeries d'art de Rio.

VOIR LES ÎLES

Par mer calme, prenez un bateau au départ d'Urca (p. 78) vers les **Ilhas Cagarras** (îles Cagarras), un sanctuaire de biodiversité.

GÁVEA, JARDIM BOTÂNICO ET LAGOA

PARCS ET GALERIES D'ART

Adossés au Parque Nacional da Tijuca, la plus grande forêt urbaine du monde, les quartiers aisés de Gávea, Jardim Botânico et Lagoa débordent de végétation luxuriante, de fleurs parfumées et de *macaquinhos* (petits singes) courant sur les lignes de téléphone. Promenez-vous dans les rues arborées de ces quartiers huppés, loin de la foule et de l'agitation du front de mer. Avec leurs maisons et leurs vastes espaces verts, ces trois secteurs ressemblent plus à de petites bourgades qu'à des quartiers d'une métropole géante.

Que vous flâniez dans le jardin botanique ou que vous buviez un café à l'ombre d'un figuier, admirez le mélange unique entre ville débridée et nature époustouflante. Au bout de quelque temps, ces quartiers, les plus verdoyants de la Zona Sul (Zone Sud), vous donneront envie de prolonger le séjour.

Pour les infos pratiques, voir le Carnet d'adresses p. 110

À SAVOIR

Dans le Parque Nacional da Tijuca, le circuit Cachoeiras do Horto passe par plusieurs cascades où vous pouvez vous baigner dans des eaux cristallines et laver votre peau du sel de mer : le lieu idéal pour se soustraire à la foule et trouver un peu de fraîcheur.

Lagoa Rodrigo de Freitas

INCONTOURNABLES
1 Jardim Botânico
2 Parque Lage
3 Parque Nacional da Tijuca

VOIR
4 Carpintaria
5 Casa Bicho
6 Jockey Club
7 OM.art

ACTIVITÉS, COURS ET CIRCUITS ORGANISÉS
8 Sociedade Hípica Brasileira

SE LOGER
9 Gávea BNB
10 Pouso Verde

SE RESTAURER
11 Arataca
12 Bica
13 Empório Jardim
14 Grado Restaurante
15 La Bicyclette
16 Plage Café
17 Prana Vegetariano
voir 14 Sud o Pássaro Verde

PRENDRE UN VERRE ET FAIRE LA FÊTE
18 Baixo Bar
19 Bosque Bar
voir 18 Dumont Arte Bar

Cristo Redentor

LA LÉGENDAIRE STATUE DU CORCOVADO

La statue Art nouveau du Christ Rédempteur se dresse à 709 m d'altitude au sommet du Corcovado. Symbole de Rio depuis son inauguration en 1931, ce monument attire chaque année près de 2 millions de visiteurs. L'impressionnante statue (1 145 tonnes) est haute de 38 m. La réalisation du projet fut confiée à l'ingénieur brésilien Heitor da Silva Costa (1873-1947) et au sculpteur français Paul Landowski, qui réalisa dans ses ateliers de Boulogne une maquette en plâtre haute de 4 m, ainsi que la tête (3,75 m) et les plats (3,20 m). On peut le rejoindre en voiture, en taxi, en train, dans le cadre d'un circuit organisé ou même à pied depuis le Parque Lage (par une montée de deux heures). Détail insolite : selon l'Institut national de recherches spatiales, la statue est frappée par la foudre en moyenne 6 fois par an.

Cachoeiras do Horto

Cachoeiras do Horto

DES CASCADES D'EAU DOUCE

Le secteur de Horto possède plusieurs chutes d'eau qui vous débarrasseront du sel sur votre peau. Empruntez la route qui longe le Jardim Botânico et mène au Parque Nacional da Tijuca : à droite, vous verrez l'entrée des Cachoeiras do Horto (cascades Horto). Certains sentiers sont abrupts et nécessitent un peu d'escalade ; d'autres sont plus faciles mais vous aurez besoin d'un guide ou d'un ami qui connaît le chemin. Emportez une serviette et un maillot de bain. La baignade vous requinquera après une chaude journée à Rio.

Parque Lage

ÉCOLE D'ART ET PALAIS ROMAIN DANS LA FORÊT

Le Parque Lage était la résidence de Henrique Lage et de sa femme, la chanteuse lyrique Gabriella Besanzoni. L'architecte italien Mario Vodret y conçut en 1920 la réplique parfaite d'un *palazzo romano* au beau milieu de la forêt tropicale atlantique de Rio. Classé en 1957 au patrimoine culturel et environnemental, le site abrite aujourd'hui l'Escola de Artes Visuais do Parque Lage, une école d'arts visuels. On peut visiter librement et sans réservation les galeries et le parc agrémenté de grottes artificielles, de tourelles et d'un petit aquarium. Pour entrer dans le palais, réservez sur Internet (gratuit) ou allez prendre un verre au café au bord de la piscine.

Parque Lage

Casa Bicho

ARTISTES INDÉPENDANTS DANS UNE ANCIENNE MAISON ABANDONNÉE

Autrefois laissée à l'abandon, cette maison de 850 m² au pied du Corcovado a été rénovée et rouverte en 2019 comme espace artistique et culturel autonome. Avec ses 28 pièces réparties sur quatre étages et ses vues panoramiques sur la ville, la Casa Bicho est aujourd'hui un atelier et un lieu d'expositions et de manifestations dont l'objectif est d'offrir aux artistes sous-représentés et marginalisés un havre de créativité, et de contribuer ainsi à démocratiser la scène artistique de Rio.

Parque Nacional da Tijuca

Parque Nacional da Tijuca

LA PLUS GRANDE FORÊT URBAINE DU MONDE

Le Parque Nacional da Tijuca englobe la plus vaste forêt urbaine du monde, avec plus de 350 espèces animales et 1 600 espèces végétales parmi lesquelles 48% n'existent nulle part ailleurs. Avec plus de 200 km de sentiers, il offre aussi de superbes randonnées avec des points de vue exceptionnels, tel le Pico da Tijuca. Vous n'êtes pas marcheur ? Prenez un taxi jusqu'à la Vista Chinesa et la Mesa do Imperador avant de rejoindre la statue du Christ Rédempteur.

Jardim Botânico

JARDIN TROPICAL ET CENTRE DE RECHERCHE

Officiellement baptisé “Institut de recherche du jardin botanique de Rio de Janeiro”, le Jardim Botânico est l'un des plus importants centres de recherche au monde sur les plantes et la protection de la biodiversité. Fondé en 1808 par Dom João VI pour acclimater des plantes du monde entier, ce jardin de 54 ha abrite près de 6 500 espèces végétales et animales, dont certaines sont menacées d'extinction. Il est accessible librement et sans réservation moyennant un droit d'entrée modique. Des visites guidées sont proposées.

Jardim Botânico

LES MEILLEURES TABLES DE GÁVEA, JARDIM BOTÂNICO ET LAGOA

Sud o Pássaro Verde
Dans une salle évoquant une demeure privée, Roberta Sudbrack crée une cuisine novatrice servie sans prétention et sans réservation. $$$

Arataca
Ses succulentes spécialités ravissent ceux qui apprécient les saveurs amazoniennes. $$

Prana Vegetariano
Met à l'honneur les producteurs locaux, les produits artisanaux et le mouvement *slow food* avec des plats végétariens délicieux. $$

Grado Restaurante
Le chef italo-brésilien Nello Garaventa prépare une vraie cuisine italienne dans une atmosphère familiale. Prix raisonnables. $$

DIEGO GRANDI/ALAMY ©

Jardim Botânico (p. 61)

ÉGALEMENT À GÁVEA, AU JARDIM BOTÂNICO ET À LAGOA

Un jour aux courses

DES CHEVAUX DANS LA VILLE

Entre Gávea et la Lagoa Rodrigo de Freitas, se cache un discret hippodrome simplement appelé Jockey Club. Depuis son inauguration en 1938, il accueille des courses de pur-sang et peut aussi être loué pour d'autres manifestations. D'une superficie de 640 000 m², il accueille l'événement phare du calendrier hippique, le Grand Prix du Brésil (généralement en juin). Le reste de l'année, des courses ont lieu le dimanche à 14h et les lundi et jeudi à 18h. L'entrée est gratuite et les paris démarrent à 2 R$: de quoi passer un après-midi amusant sans se ruiner.

OÙ SE LOGER À GÁVEA, AU JARDIM BOTÂNICO ET À LAGOA

Gávea Tropical Boutique Hotel
Déco de style asiatique, vues magnifiques et spa, en haut d'une colline. $$

Gávea BNB
Un B&B cosy et coloré : chambres spacieuses avec balcon et espaces communs décontractés. $$

Pouso Verde
B&B simple, propre et chaleureux, petits-déjeuners copieux, tout près du Jardim Botânico. $$

Un peu plus loin sur la rive de la Lagoa Rodrigo de Freitas (lagune) qui s'étend dans le quartier du Jardim Botânico, les amateurs de chevaux pourront s'arrêter à la **Sociedade Hípica Brasileira** (Société hippique brésilienne), le plus vieux club hippique de la ville. Comme un club classique, ses services sont réservés aux membres, mais ses cours d'équitation sont ouverts à tous. Les prix sont élevés (c'est le seul centre équestre dans le sud de la ville), mais les amoureux des chevaux seront conquis par les installations impeccables et la qualité des cours.

À la découverte des galeries d'art

DE L'ART À FOISON

L'art est roi dans cette partie de Rio, qui comprend certaines des institutions artistiques les plus importantes de la ville. Dans le Jockey Club, la **galerie d'art Carpintaria**, annexe de la galerie Fortes D'Aloia & Gabriel, représente plus de 40 artistes, connus ou non, et organise plus de 15 expositions annuelles ; voyez aussi la galerie **OM.art**, récemment ouverte par le designer et artiste Oskar Metsavaht, créateur de la marque brésilienne Osklen ; l'**Instituto Moreira Salles**, une référence dans l'univers de la culture brésilienne, notamment en matière de photographie, de musique, de littérature et d'iconographie, sera pour sa part toujours fermé pour rénovation au moment de votre passage (pas de réouverture prévue avant 2027). Si vous tombez au bon moment, le **Circuito das Artes** (circuitodasartes.com.br) est une manifestation annuelle durant laquelle les artistes ouvrent leurs ateliers pour des visites et des expositions, avec en parallèle des animations et un itinéraire gastronomique.

Cafés

LES DÉLICES DU BRUNCH

Le quartier du Jardim Botânico est l'un des meilleurs de Rio pour le brunch. Le dimanche matin, pensez à réserver car les cafés sont souvent bondés. Les adresses les plus connues comprennent le très populaire **La Bicyclette**, un café de style français situé face aux studios de télévision Globo ; le charmant **Bica** qui sert des options sans gluten dans un bâtiment d'angle au décor vintage ; et l'**Empório Jardim**, dont le petit-déjeuner a été élu à deux reprises le meilleur de Rio (l'enseigne a depuis ouvert deux succursales). Le **Plage Café** mérite aussi une mention pour son cadre fabuleux, au bord d'une piscine, dans la cour de la demeure du Parque Lage. Les Cariocas ont tendance à manger tard. En arrivant tôt, vous avez toutes les chances d'avoir une table.

LE PARADIS DES CYCLISTES

Pédaler sur les montagnes du Parque Nacional da Tijuca est un passe-temps apprécié des Cariocas. Les samedi et dimanche matin, un flot incessant de vélos sillonne le parc, où plusieurs bars et boutiques s'adressent à cette clientèle spécifique. Louez un vélo et partez à l'assaut des sommets ou contentez-vous de la belle piste plate qui fait le tour de la Lagoa (lagune). Vous pouvez même suivre les pistes cyclables rouges qui mènent du Jardim Botânico à la plage. Faites cependant attention aux automobilistes, qui ne sont pas toujours respectueux des cyclistes.

OÙ PRENDRE UN VERRE À GÁVEA, AU JARDIM BOTÂNICO ET À LAGOA

Baixo Bar
Une jeune adresse appréciée du secteur de Gávea pour sa bière fraîche, sa nourriture et ses cocktails. **$**

Dumont Arte Bar
La musique, la danse et les cocktails attirent une clientèle d'un certain âge. À Gávea. **$$**

Bosque Bar
Dans le Jockey Club, ce bar animé propose une longue liste de boissons. **$$$**

LEBLON ET IPANEMA

GASTRONOMIE, MODE ET PLAGE

En écrivant *A Garota de Ipanema* (repris en anglais dès 1963 sous le titre *The Girl from Ipanema*), Tom Jobim et Vinícius de Moraes ne se doutaient pas que ce tube ferait d'une plage de 3,5 km une destination internationale. Cœur de la vie balnéaire, de la gastronomie et de la mode, Ipanema et Leblon ont des adresses parmi les plus convoitées de Rio.

Aller à la plage est un rituel quotidien pour les résidents. Vendeurs ambulants, propriétaires de *quiosques* et loueurs de matériel sportif vivent de cette manne, sous l'œil des maîtres-nageurs qui effectuent souvent plusieurs sauvetages quotidiens (dans la langue des Indiens tupi-guarani, Ipanema signifie "eaux dangereuses").

Arpentez les rues sur les traces de la célèbre *Garota de Ipanema*, entrez dans les boutiques de mode, louez un transat et un parasol et commandez une *água de coco* (eau de coco) ou une caïpirinha : en bref, vivez comme un vrai Carioca.

Pour les infos pratiques, voir le Carnet d'adresses p. 110

À SAVOIR

Levez-vous tôt pour profiter de la plage avant l'arrivée de la foule. Vous ne serez pas seul – au petit matin, on croise des gens qui promènent leur chien ou font du sport –, mais ces moments paisibles d'Ipanema sont parfaits pour débuter la journée.

Plage d'Ipanema (p. 68)

Le coucher de soleil à Arpoador

UN SPECTACLE FÉERIQUE

De nombreux Cariocas viennent à la Pedra do Arpoador regarder le soleil se coucher. Après une journée sur la plage, on se réunit sur cette vaste pointe rocheuse à l'extrémité d'Ipanema en buvant des caïpirinhas pour voir le soleil descendre sur l'Atlantique sous les applaudissements, avec les emblématiques pics des Dois Irmãos ("Deux Frères") en toile de fond. Si la période s'y prête, tournez-vous de l'autre côté pour voir la pleine lune se lever sur Copacabana.

Pedra do Arpoador

Marché hippie de la Praça General Osório

UN MARCHÉ D'ART ET D'ARTISANAT

Marché hippie

Le dimanche, la Praça (place) General Osório à Ipanema accueille la Feira Hippie, un marché sans prétention où artisans et artistes locaux viennent vendre leurs créations. Jadis fréquenté uniquement par les Cariocas, l'arrivée de routards à la fin des années 1960 a transformé ce marché en une sorte de galerie bohème en plein air. C'est le lieu idéal pour acheter cadeaux artisanaux, peintures ou objets déco, et pour déguster de délicieux plats brésiliens. Ne manquez pas les femmes vêtues de blanc qui servent de la cuisine de rue salvadorienne.

Vidigal et Chácara do Céu

FAVELAS TOURISTIQUES ET VUES DE RÊVE

À l'extrémité de Leblon, sur les pentes de la colline des Dois Irmãos, les deux favelas (communautés informelles) de Vidigal et Chácara do Céu sont parmi les plus fréquentées de la ville. De nombreux restaurants et pensions y accueillent les touristes. Prenez un verre au **Bar da Laje** ou à **Alto Vidigal** en admirant les plus belles vues sur Rio. Le restaurant **Flor do Céu**, à Chácara do Céu, prépare une succulente cuisine "italienne-façon-sud-américaine". Pour dormir sur place, réservez un lit à **Varandas do Vidigal** ou au **Sol e Mar Hostel**, ou visez un hébergement plus haut de gamme à **Mirante do Arvrão**. Pour des informations sur la visite des favelas, voyez p. 638.

LEBLON ET IPANEMA

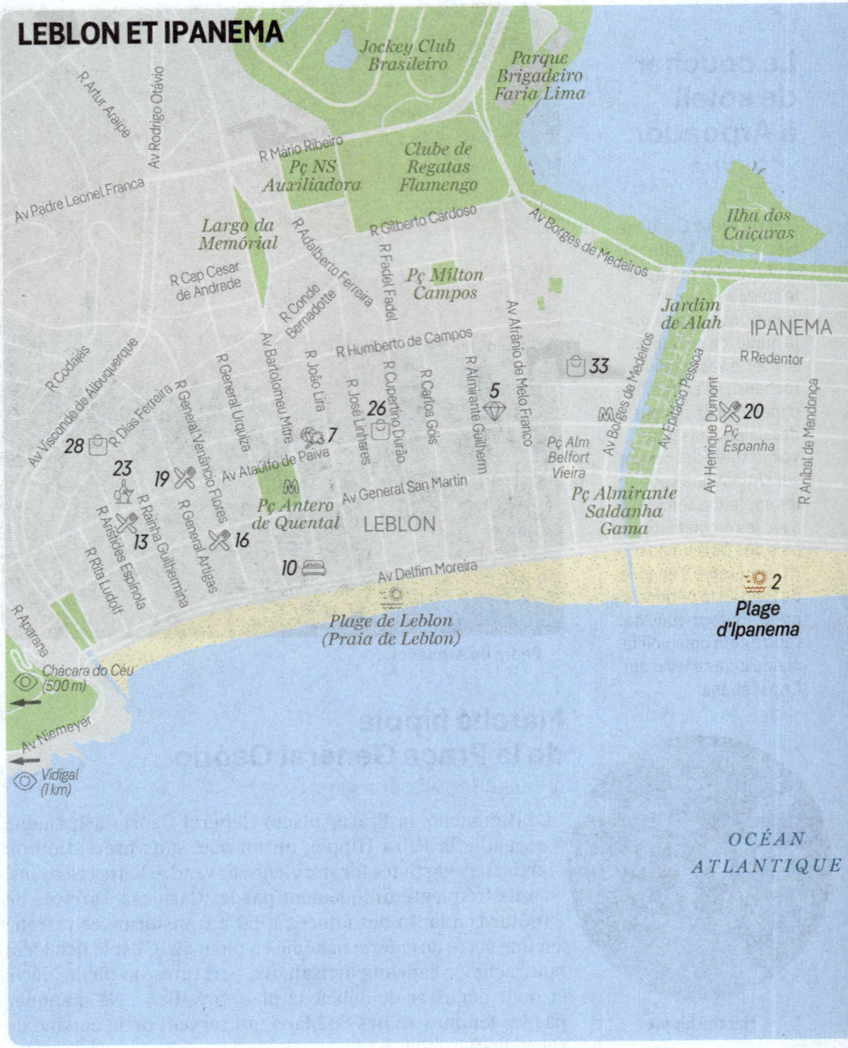

INCONTOURNABLES
1 Pedra do Arpoador
2 Plage d'Ipanema

VOIR
3 Plage d'Arpoador

ACTIVITÉS, COURS ET CIRCUITS ORGANISÉS
4 Estúdio Casinha
5 Salon de coiffure Laces and Hair
6 Spa Maria Bonita
7 Studio de yoga Saraswati
voir 5 Vidya Yoga

SE LOGER
8 Hotel Arpoador
9 Ipanema Beach House
10 Janeiro Hotel
11 L'Homme de Rio
12 Mango Tree Hostel

SE RESTAURER
13 BB Lanches
14 Broth
15 Le Pulê
16 Oro
17 Pizza Canastra
18 Spaziano
19 Talho Capixaba
20 Teva Ipanema
21 Zazá Bistrô

PRENDRE UN VERRE ET FAIRE LA FÊTE
22 Aussie Coffee
23 Jobi

SORTIR
24 Casa de Cultura Laura Alvim

SHOPPING
25 Blue Man
26 Cantão
27 Fabrikafro
28 Haight Clothing
29 Lenny Niemeyer
30 Marché hippie de la Praça General Osório
31 Osklen
32 Redley
voir 5 Salinas
33 Totem

Plage d'Ipanema

UNE PLAGE POUR TOUS

À Rio, la plage est un monde en soi et vous pourrez choisir selon vos goûts l'endroit qui vous convient. Les plages sont divisées en *postos* ("postes") numérotés. Ipanema et Leblon s'étendent du poste 7 d'Arpoador (rendez-vous des surfeurs) au poste 12 de Leblon où se côtoient riches Cariocas et habitants de la favela de Vidigal. Le poste 11 attire les familles. Le poste 10, en face des dunes, est l'une des zones les plus calmes. Les célébrités et les influenceurs se pavanent autour du poste 9 et le poste 8, un peu plus loin, est le fief des homosexuels.

Tous les 50 m environ, on trouve une *barraca* (stand) qui loue des transats et des parasols et vend des boissons fraîches. Ces stands sont facilement repérables car numérotés.

La plage d'Ipanema est bondée, surtout le week-end, aussi faut-il surveiller ses affaires. N'hésitez pas à demander à un gentil voisin de garder un œil sur votre sac pendant que vous allez piquer une tête *(um mergulho)*.

Plage d'Ipanema

Mode carioca

TÁ NA MODA ("SOYEZ À LA MODE")

Loin des défilés chics de São Paulo, le style carioca correspond au mode de vie de la "Ville merveilleuse". Les vêtements, colorés, décontractés et adaptés à toutes les situations, permettent de passer directement de la plage à une soirée en ville. Les marques célèbres telle **Osklen** ou plus récentes comme **Haight Clothing** incarnent parfaitement cet esprit, de même que **Cantão**, **Redley** et **Totem**. Pour les bikinis, rien n'est plus typique de Rio que les créations colorées de **Blue Man** et de **Salinas** ou, dans un style plus classique, de **Lenny Niemeyer**. Le collectif **Fabrikafro**, à Ipanema, vend des vêtements d'inspiration africaine.

IAN TROWER/ALAMY STOCK PHOTO ©

Séance de yoga sur la plage

ÉGALEMENT À LEBLON ET IPANEMA

Une vie saine

VIVE LE SPORT

Ipanema et Leblon sont tournés vers le bien-être ; le sport y est roi et ces deux quartiers fourmillent de studios de yoga et de Pilates, de salons de coiffure et de spas.

Pour le Pilates, essayez l'**Estúdio Casinha**, un charmant centre de bien-être dans une rue tranquille d'Ipanema. Les yogis s'adresseront au **studio de yoga Saraswati**, ou à **Vidya Yoga** pour une séance de Hot Yoga. Le **Spa Maria Bonita** prodigue d'excellents massages à prix raisonnables. Si vos cheveux ont souffert après un excès de plage, offrez-vous un soin au salon **Laces and Hair**, à Leblon.

OÙ SE LOGER À LEBLON ET IPANEMA

L'Homme de Rio
Un boutique-hôtel avec de grandes chambres et une belle vue, près de la favela Cantagalo-Pavão-Pavãozinho. **$$**

Hotel Arpoador
Sur le front de mer : piscine sur le toit, spa et sans doute le meilleur petit-déjeuner du coin. **$$$**

Ipanema Beach House
Au cœur d'Ipanema, hébergement sans prétention de style auberge de jeunesse, doté d'une piscine. **$$**

Mango Tree Hostel
À une rue de la plage, dans une maison coloniale. Auberge très appréciée pour son ambiance conviviale. **$**

Janeiro Hotel
Cadre luxueux pour ce boutique-hôtel chic sur le front de mer de Leblon. **$$$**

LES MEILLEURS BARS ET CAFÉS DE LEBLON ET IPANEMA

Talho Capixaba
Depuis 1958, ce traiteur-boulanger favori des Cariocas sert pains artisanaux, petits-déjeuners et sandwichs. **$$**

Jobi
L'un des pubs les plus traditionnels de Leblon. Jobi mêle les cultures portugaise et brésilienne. **$$**

BB Lanches
Nommé en l'honneur de Brigitte Bardot, BB Lanches offre le plus grand choix de jus de fruits frais de Rio. **$**

Ipanema et Leblon attirent les passionnés de fitness, auxquels vous aurez certainement envie de vous joindre. Courez le long du front de mer à toute heure du jour ou de la nuit ou faites de la musculation en plein air sur la page d'**Arpoador**. Vous préférez un sport ? Tous les matins, vous verrez des amateurs jouer au beach-volley et au beach-tennis et faire de la natation, de la pirogue et du paddle – demandez à l'un d'eux de vous indiquer où louer du matériel et prendre des cours.

Les surfeurs, confirmés ou novices, se rendront à la plage d'Arpoador, haut lieu du surf à Rio depuis l'engouement du Brésil pour cette activité dans les années 1950 et 1960. On trouve les meilleures vagues dans la Zona Oeste, mais il existe de nombreuses écoles dans la Zona Sul au niveau du poste 7, où vous pouvez louer du matériel, suivre un cours ou dénicher un photographe qui immortalisera vos exploits. **Surf Glória** et **Team Bispo** sont deux adresses fiables pour les débutants de tous âges.

Pour une activité plus informelle, joignez-vous à une partie d'*altinha* (jeu collectif dans le sable, consistant à s'envoyer un ballon au pied sans le faire tomber), de *frescobol* (jeu de raquettes) ou de *futevôlei* (footvolley). Ces sports nés sur les plages de Rio dans les années 1950 et 1960 font partie intégrante de la culture carioca.

Un havre pour les arts

CASA DE CULTURA

Le front de mer d'Ipanema abrite l'un des principaux centres culturels de la ville, la **Casa de Cultura Laura Alvim**. Laura Alvim rêvait d'être actrice mais, sa famille l'en empêchant, elle consacra sa vie à soutenir les arts. Elle aménagea ainsi une scène à l'arrière de sa maison d'Ipanema pour que ses amis et d'autres artistes puissent s'y réunir et répéter. Six mois avant sa mort en 1983, elle légua cette demeure aux autorités de Rio pour que perdure ce projet. Ouverte en 1986, la Casa de Cultura Laura Alvim compte un théâtre, un cinéma, un auditorium, trois salles où se tiennent des cours relatifs à l'art et à la culture, et une galerie utilisée pour des expositions et des lancements de livres et de disques. Le lieu est accessible du mardi au dimanche, et presque tous les événements et les spectacles qui s'y tiennent sont ouverts au public.

LE TOP DES RESTAURANTS À LEBLON ET IPANEMA

Teva Ipanema
Végan, durable, bio et très chic, Teva séduit les amateurs de cuisine saine. **$$**

Zazá Bistrô
Ce bistrot tropical éclectique sert des plats brésiliens aux accents asiatiques dans une maison de couleur bleu roi. **$$**

Oro
Avec deux étoiles au Michelin, le chef Felipe Bronze met à l'honneur la cuisine brésilienne dans un cadre élégant. **$$$**

Le Pulê
Sur la Praça General Osório, un bistrot chic de style français. **$$**

Spaziano
Buffet végan bon marché et délicieux, dans le Spa Maria Bonita. **$**

LES MEILLEURS BARS ET CAFÉS DE LEBLON ET IPANEMA

Pizza Canastra
Pizzas, vins, fromages et cocktails dans une ambiance informelle et un cadre sans prétention. **$$**

Aussie Coffee
Tenu par l'Australien Daniel Hobbs à Ipanema, c'est sans doute le seul café de la ville où siroter un vrai *flat white*. **$$**

Broth
Pour déjeuner, cet établissement d'Ipanema sans chichis sert des plats maison vendus au poids. **$**

COPACABANA ET LEME

TRADITIONS ET TOURISME

Pour les infos pratiques, voir le Carnet d'adresses p. 112

Copacabana a été pendant une grande partie du XXe siècle le cœur du Rio chic et branché, berceau de la bossa-nova et lieu de tournage de films. Avant 1880, ce n'était qu'un village de pêcheurs. La construction d'un tunnel le relia au reste de la ville, puis on aménagea l'Avenida Atlântica et son célèbre trottoir noir et blanc sur le front de mer de Copacabana et Leme. Quelques années plus tard, l'ouverture du Copacabana Palace transforma à jamais le visage du quartier.

Devant l'afflux des touristes, la plage fut artificiellement agrandie, passant de 20 m à 70 m de large. Copacabana reste le quartier le plus connu du Brésil mais il a perdu son atmosphère glamour. Avec le secteur voisin de Leme, c'est aujourd'hui un lieu décontracté, riche en traditions et toujours très touristique. Pour beaucoup de gens, Copacabana continue d'incarner le Rio d'autrefois.

À SAVOIR

Morro da Babilônia et Chapéu Mangueira, sans doute les deux favelas les plus sûres de la ville, offrent de belles randonnées, de délicieux restaurants et des panoramas exceptionnels. Si vous avez envie de visiter une favela et de rencontrer et soutenir ses habitants, grimpez l'escalier qui part derrière Leme.

Plage de Copacabana

COPACABANA ET LEME

INCONTOURNABLE
1 Copacabana Palace

VOIR
2 Beco das Garrafas
3 Forte de Copacabana
4 Morro da Babilônia
5 Plage de Copacabana
6 Rasta Beach
7 Revolusolar

SE LOGER
8 Eco Pousada Estrelas da Babilônia
9 Pura Vida Hostel
10 Selina Copacabana

SE RESTAURER
11 Amir
12 Azumi
13 Bardana Cozinha Natural
14 Ellas
15 Estação Sabor
16 Gaia Art & Café
voir 1 Mee
voir 13 Temperarte

PRENDRE UN VERRE ET FAIRE LA FÊTE
17 Adega Pérola
18 Bar Bip Bip
19 Bar do David
20 Belmonte
21 Boteco da Garrafa
22 Cervantes
23 Pavão Azul
24 QG Pub

SORTIR
25 Black Cat
26 Pink Flamingo

Bar à tapas Adega Pérola

Adega Pérola

UNE LONGUE TRADITION DE TAPAS IBÉRIQUES

Ce petit bar très apprécié propose la plus vaste sélection de tapas de la ville. Situé derrière la station de métro Siqueira Campos, il sert depuis 65 ans des spécialités portugaises et espagnoles en portions de 100 g, à arroser d'une bière bien fraîche ou d'une cachaça (alcool de canne à sucre). On peut choisir entre 56 sortes de tapas exposées derrière un comptoir vitré. Cet établissement a été repris par d'anciens clients qui en ont préservé les moindres détails.

Morro da Babilônia

UNE FAVELA RICHE EN DÉCOUVERTES

Morro da Babilônia est à la fois une zone de forêt tropicale protégée et une favela. Passant pour l'une des plus sûres de la ville, comme sa voisine Chapéu Mangueira, elle abrite le Mural Babilônia, une mosaïque de 140 m de long à l'origine, qui continue de s'agrandir. On trouve ici de nombreuses auberges de jeunesse et pensions, de belles possibilités de marche, certains des meilleurs *botecos* (bars) de Rio et le siège de l'ONG **Revolusolar**, qui œuvre au développement durable des quartiers défavorisés en installant des panneaux solaires (bénévoles acceptés pour des missions administratives).

Morro da Babilônia

Copacabana Palace

L'HÔTEL EMBLÉMATIQUE DE COPACABANA

Cet hôtel-casino de facture Art déco changea à jamais le caractère de Copacabana lorsqu'il fut bâti au début des années 1920 pour attirer ici les touristes. Il brilla de tous ses feux jusque dans les années 1970, avant d'être éclipsé par de nouveaux établissements. Sauvé de la démolition en 1985, il fut racheté quatre ans plus tard par le groupe Orient-Express (aujourd'hui Belmond) qui le modernisa tout en conservant son aspect originel. Même si vous n'y logez pas, vous pouvez manger dans l'un de ses trois restaurants : le pan-asiatique **Mee** (une étoile), l'italien **Cipriani** (deux étoiles) et le plus décontracté **Pérgola**, ouvert pour le petit-déjeuner, le déjeuner et le dîner.

Rasta Beach, Leme

DRAPEAUX JAMAÏCAINS ET MOMENTS FESTIFS

Sur la plage de Leme, la *barraca* 20, baptisée Rasta Beach, célèbre la culture afro-brésilienne. Tenue par les frères Derik et Andrey Machado, cette cabane arbore des drapeaux jamaïcains, accueille des événements et des soirées improvisées au coucher du soleil, et réunit des personnes de tous horizons (genre, situation sociale, orientation sexuelle et couleur de peau). Les deux frères, qui vivent à Morro da Babilônia, ont ouvert cette *barraca* il y a sept ans. Aujourd'hui c'est le lieu le plus fréquenté de la plage de Leme.

Forte de Copacabana

Boteco da Garrafa

Tournée des bars traditionnels

BISTROTS À L'ANCIENNE

Les *botecos* (ou *botequins*) sont des petits bars souvent tenus en famille qui servent des boissons, des en-cas et parfois des repas. Ce sont surtout de véritables institutions, qui permettent aux habitants de se retrouver et de bavarder dans une ambiance décontractée. La ville de Rio a inscrit 26 *botecos* au patrimoine culturel carioca et a même créé un registre officiel des bars et *botequins* traditionnels. Copacabana compte nombre de ces établissements sélectionnés pour leur importance historique et la préservation de leur décor originel. Faites la tournée de ces lieux emblématiques, parmi lesquels figurent le **Belmonte**, le **Pavão Azul**, le **Bar Bip Bip**, le **Cervantes** et le **Boteco da Garrafa**.

Forte de Copacabana

UN FORT ET UN CAFÉ

Ce fort, qui se tient sur une petite péninsule rocheuse entre Copacabana et Ipanema, fut édifié en 1914 sur le site de l'ancienne chapelle Notre-Dame de Copacabana. Il fut l'une des premières constructions défensives de Rio. C'est aujourd'hui une zone militaire et on ne peut accéder au site et à ses points de vue magnifiques qu'en achetant un billet d'entrée. Sur place, un musée retrace l'histoire militaire du Brésil depuis l'époque coloniale. Le point fort du lieu est cependant le Café 18, situé à l'intérieur de la forteresse : l'une des meilleures adresses de Rio pour savourer un brunch copieux en contemplant la vue sur l'océan.

Rio Pride

LES CHAMPIONS DU BEACH-VOLLEY

Dans les années 1930, un nouveau sport, importé de Californie, arriva au Brésil et fit rapidement fureur à Copacabana : Rio s'enflamma pour le **volley-ball de plage** (ou beach-volley) et les Cariocas s'imposèrent rapidement sur la scène internationale. Aujourd'hui, beaucoup de duos champions du monde viennent du Brésil et les équipes professionnelles de 11 pays travaillent sous la houlette d'entraîneurs brésiliens. Certains des plus grands tournois de volleyball de plage continuent à se dérouler sur la plage de Copacabana, dans la Copacabana Arena, une enceinte démontable installée chaque fois que se tient une compétition internationale. Si vous êtes à Rio à ce moment-là, le spectacle vaut le détour.

ÉGALEMENT À COPACABANA ET LEME

La principale destination gay d'Amérique du Sud

COMMUNAUTÉ LGBTQI+

L'une des villes les plus gay-friendly au monde, Rio de Janeiro abrite une scène LGBTQI+ florissante. Copacabana est à la fois une plage particulièrement fréquentée par cette communauté (notez les multiples drapeaux arc-en-ciel) et le centre de la vie nocturne gay. Apprécié aussi bien des homosexuels que des lesbiennes, des bisexuels, des transsexuels et des drag-queens, l'incontournable **QG Pub** est un bar décontracté où on peut manger, boire, danser et flirter. L'animation augmente à mesure que les heures passent mais, pour une véritable soirée clubbing, essayez le **Black Cat**, une boîte de nuit sur deux étages près de la plage côté Leme, ou le **Pink Flamingo,** l'un des clubs gays les plus populaires de Rio (depuis la fermeture de The Week), avec sa musique gérée par des drag-queens ; même si les portes ouvrent tôt, la fête ne commence vraiment que bien après minuit. Citons aussi l'immanquable **Rio Pride**, qui réunit

OÙ SE RESTAURER ET PRENDRE UN VERRE À COPACABANA ET LEME

Cervantes
Sert de copieux sandwichs et des bières glacées de 12h à l'aube, depuis près de 70 ans. **$**

Bar do David
Deux fois médaillé au concours Comida di Buteco, un *must* pour les amateurs de cuisine de bistrot. **$**

Azumi
Le restaurant japonais le plus traditionnel de la ville, avec de vrais sashimis qui fondent dans la bouche. **$$**

chaque septembre des milliers de participants venus du monde entier pour célébrer la diversité et la tolérance sur le front de mer de Copacabana.

Le berceau de la bossa

L'"ALLÉE DES BOUTEILLES"

La bossa-nova est née dans une allée de Copacabana à la fin des années 1950. Cette samba stylisée influencée par le jazz américain est développée au fil du temps par de jeunes musiciens dans les bars de la Rua Duvivier, où certains des plus grands noms actuels de la bossa-nova ont donné leurs premiers concerts. Ce nouveau style musical ne plaisait pas à tout le monde : les clients éméchés lançaient des bouteilles aux artistes pour les chasser de la scène. C'est pourquoi le journaliste culturel Sérgio Porto surnomma cette rue *beco das garrafadas*, qui devint ensuite la **Beco das Garrafas** ("allée des bouteilles"). Depuis, les bars de Beco das Garrafas ont été rénovés, mais ils continuent d'accueillir des concerts et, même s'ils ont perdu en popularité, ils sont considérés comme faisant partie du patrimoine intangible de la ville.

LGBTQI+ DANS LA VILLE

Il n'y a pas qu'à Copacabana qu'on trouve des bars tournés vers la clientèle LGBTQI+. Voyez notamment le **Sacadura 154** (p. 102) dans le Centro, qui organise régulièrement des soirées gays survoltées.

Un repas dans un *por kilo*

DÉLICES DES FINES BOUCHES

Une grosse faim ? Essayez un restaurant *por kilo*. Le principe consiste à choisir les plats que vous souhaitez et les payer – vous avez deviné – au kilo. Un conseil : délaissez les plats lourds et bon marché tels le riz et les haricots, en faveur de mets plus légers et plus coûteux. Copacabana foisonne de restaurants au kilo, notamment **Estação Sabor**, **Ellas** et **Temperarte**. Certains, comme **Bardana Cozinha Natural**, sont même spécialisés dans la cuisine végane.

Autre option : les *rodízios*. Dans ces établissements, vous payez un prix fixe pour déguster à volonté des plats apportés directement à votre table par des serveurs qui font le tour de la salle. La plupart des *rodízios* ont une spécialité : pizzas ou sushis, par exemple, mais aussi *churrasco* (viande grillée). Servez-vous de salade et d'accompagnements au comptoir, puis attendez que les serveurs viennent vous présenter des plateaux de plats chauds et froids ou, dans le cas du *churrasco*, des morceaux de viande sur d'énormes brochettes.

Vous aurez souvent un disque bicolore sur votre table. Laissez-le sur vert tant que vous avez faim, puis mettez-le au rouge quand vous avez l'estomac plein.

SE LOGER À COPACABANA ET LEME

Eco Pousada Estrelas da Babilônia
Pension familiale et restaurant en haut de Morro da Babilônia. Vue superbe. $

Copacabana Palace
Ce mythique hôtel aux chambres immenses et aux prestations luxueuses vous laissera un souvenir mémorable. $$$

Selina Copacabana
Auberge de jeunesse colorée près de la plage, bar sur le toit et restaurant avec vue sur l'océan. $$

Pura Vida Hostel
Basique mais festive, une auberge de jeunesse très proche de la plage. $

Amir
Les plats délicieux de ce restaurant libanais méritent largement l'attente. $$

Mee
Offrez-vous un repas spectaculaire dans ce bistrot asiatique étoilé du Copacabana Palace. $$$

Gaia Art & Café
Un café pittoresque à Leme, avec aliments sains et écolo, café de qualité, culture et durabilité. $

BOTAFOGO, URCA ET HUMAITÁ

VIE ÉTUDIANTE, BARS ET GASTRONOMIE

Botafogo, Urca et Humaitá comptent parmi les plus vieux secteurs de Rio. De fait, la ville est née à Urca. Depuis, cette minuscule enclave où se dresse le célèbre Pão de Açúcar (Pain de Sucre) a changé de visage, mais elle a conservé son atmosphère de petite bourgade et reste essentiellement résidentielle. C'est l'un des quartiers les plus sûrs de Rio. Presque aussi anciens, Botafogo et Humaitá datent du milieu du XVIe siècle. Relativement calme, Humaitá compte de nombreuses demeures anciennes, tandis que Botafogo est un secteur étudiant connu pour ses bars animés et son équipe de football. Son nom, tiré des mots *bota* (mettre) et *fogo* (feu) et signifiant "boutefeu", était autrefois le surnom d'un navire de guerre portugais évoluant dans la zone.

Pour les infos pratiques, voir le Carnet d'adresses p. 113

À SAVOIR

Grimpez sur le Morro de Urca, voisin du Pain de Sucre. L'entrée est libre, la randonnée facile et toutes les informations vous attendent au départ du sentier – pour le trouver, suivez la Pista Cláudio Coutinho jusqu'au bout. Vous pourrez redescendre en téléphérique.

DENI WILLIAMS/SHUTTERSTOCK ©

Botafogo

Como Coworking

UN LIEU DOUILLET OÙ COTRAVAILLER

Comme partout ailleurs, la vague du coworking s'est abattue sur Rio. Depuis l'ouverture en 2019 du premier espace de coworking brésilien pour artistes et créateurs, O Templo (devenu depuis la pandémie une société de consulting), d'autres lieux ont poussé comme des champignons dans toute la ville. L'un d'eux est le charmant Como Coworking, à Botafogo, avec des espaces intérieurs et extérieurs inondés de lumière et verdoyants. Il propose des forfaits à la journée, à la semaine ou au mois pour les travailleurs indépendants et les petites entreprises.

Un espace de coworking

Mirante Dona Marta

Mirante Dona Marta

LA PHOTO IDÉALE

Le Mirante Dona Marta passe, à juste titre, pour l'un des lieux les plus photogéniques de Rio. Il offre une vue dégagée sur le Pain de Sucre et la baie de Guanabara, le Christ Rédempteur, le stade Maracanã et la Lagoa Rodrigo de Freitas. Il se trouve en surplomb de la favela Dona Marta, à Botafogo, et on peut y accéder en traversant cette favela ou en prenant un taxi à partir du quartier de Cosmo Velho, par la route menant au Corcovado. En journée, le Mirante est considéré comme sûr. Pour y aller au crépuscule ou y rester après la tombée de la nuit, mieux vaut se faire accompagner par un guide.

Rua Capitão Salomão

UN BAR APRÈS LA PLAGE

Après une bonne journée sur la plage, un verre sera le bienvenu : pour trouver l'ambiance *pós-praia* (post-plage) idéale, suivez la foule en direction du quartier de Botafogo.

Le croisement entre les rues Visconde de Caravelas et Capitão Salomão se transforme en mini-fête en plein air, avec les clients qui débordent sur les trottoirs depuis les bars alentour (nous avons un faible pour le **Fuska**).

Bavardez, buvez, riez et faites-vous de nouveaux amis. Ici, l'animation bat son plein jusque tard dans la nuit, surtout le week-end.

BOTAFOGO, URCA ET HUMAITÁ

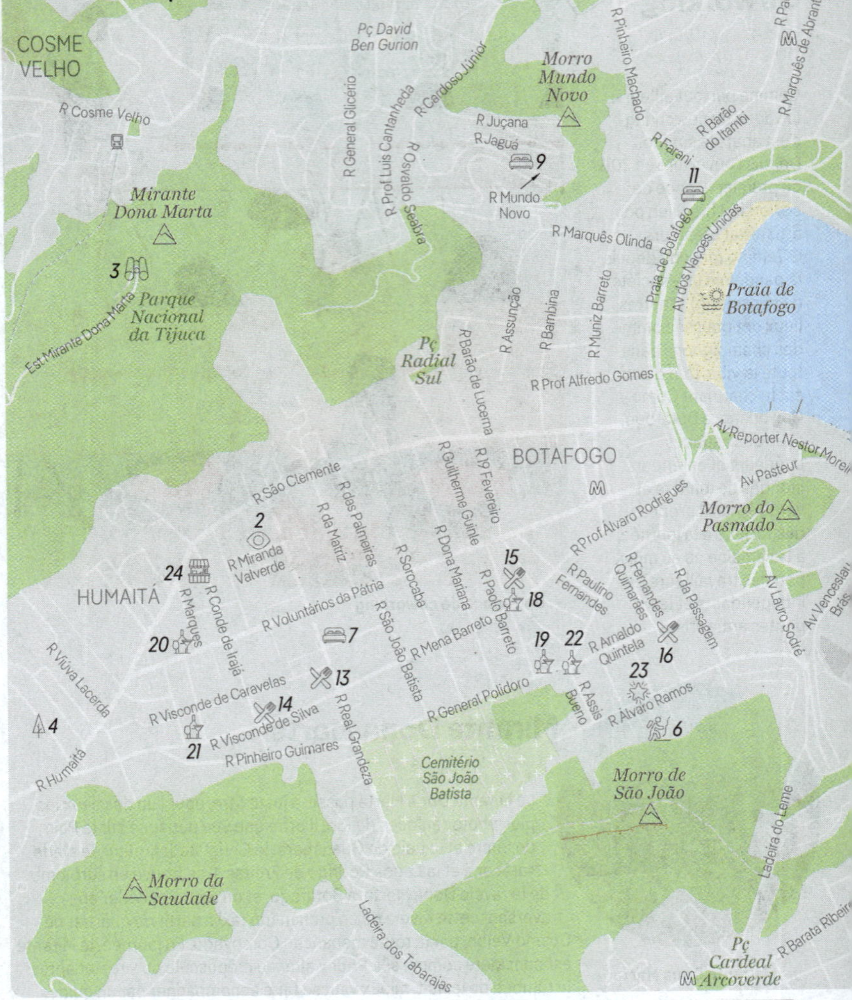

INCONTOURNABLE
1 Pain de Sucre

VOIR
2 Como Coworking
3 Mirante Dona Marta
4 Parque do Martelo
5 Praia Vermelha

ACTIVITÉS, COURS ET CIRCUITS ORGANISÉS
6 Evolution Indoor Climbing

SE LOGER
7 Farfalla Guest House
8 Hotelinho Urca
9 O Veleiro Bed & Breakfast
10 Urca Hotel
11 Yoo2 Hotel

SE RESTAURER
12 Garota da Urca
13 O Naturalie
14 Oteque
15 Refeitório Orgânico
16 Sorvetes Hoba

PRENDRE UN VERRE ET FAIRE LA FÊTE
17 Bar Urca
18 Boteco Cabidinho
19 Chanchada Bar
20 Cobal do Humaitá
21 Fuska
22 Quartinho Bar

SORTIR
23 Bukowski

SHOPPING
24 Junta Local

0
1 km
Baía de Guanabara
Parque do Flamengo
Av Osvaldo Cruz
Morro da Viúva
Av Rui Barbosa
Av Infante Dom Henrique
Morro Cara de Cão
Praia de Fora
Alameda Floriano
17
Av João Luís Alves
R Cândido Gaffrée
Av São Sebastião
URCA
Enseada de Botafogo
Praia da Urca
12
1
Pão de Açúcar
R Marechal Cantuária
8
Morro da Urca
Av Portugal
Av Pasteur
10
Pista Claudio Coutinho
Universidade Rio de Janeiro
Pç General Tibúrcio
5
Morro da Babilônia
Morro do Urubu
Morro da Babilônia
LEME
Pç A Júlio de Noronha
Morro do Leme
R Gustavo Sampaio
Av Atlântica
Plage de Leme (Praia do Leme)

Praia Vermelha

UNE PLAGE TRANQUILLE

Longue de 200 m, la Praia Vermelha (plage rouge) est l'une des plus calmes et des plus belles de la ville. Nichée dans le paisible quartier d'Urca, elle s'étend entre le Pain de Sucre et le Morro da Babilônia dans un décor de carte postale. La sécurité y est assurée grâce à la présence d'un club militaire. C'est l'endroit parfait pour s'éloigner de la foule ou faire une pause après un trajet en téléphérique. Pour finir la journée en beauté, prenez un verre au **Bar Urca**, non loin.

Praia Vermelha

Bukowski

LA PASSION DU ROCK

Plus vieille boîte rock de la ville, le Bukowski draine les amateurs depuis 1997. Installé dans une immense demeure historique au cœur de Botafogo, ce club comporte trois pistes où des DJ passent jusqu'à l'aube tous les styles de rock imaginables. Il y a également un espace couvert à l'extérieur et trois bars qui permettent à la fête de se poursuivre toute la nuit. Les généreux propriétaires ne font pas payer l'entrée aux professeurs des universités publiques, comme l'UFRJ (Universidade Federal do Rio de Janeiro), basée à Urca.

Pão de Açúcar

Pão de Açúcar

L'EMBLÉMATIQUE PAIN DE SUCRE

Le Pain de Sucre est un site emblématique de Rio et ses *bondinhos* (téléphériques) attirent les touristes depuis plus de 100 ans. À leur inauguration en 1912, ils acheminaient 17 passagers à la fois sur 528 m, jusqu'en haut de la colline d'Urca en six minutes. Quelques mois plus tard, on acheva le tronçon de 750 m entre la colline d'Urca et le Pain de Sucre. Aujourd'hui, les *bondinhos* emmènent 65 passagers au sommet en trois minutes en offrant une vue magnifique. Il y a toujours une longue file d'attente, mais la visite en vaut la peine, surtout au coucher du soleil. Sinon, les sportifs peuvent grimper la colline d'Urca à pied ou même escalader le Pain de Sucre et redescendre en téléphérique.

DONATAS DABRAVOLSKAS/SHUTTERSTOCK ©

ÉGALEMENT À BOTAFOGO, URCA ET HUMAITÁ

Achetez local

SOUTENEZ LES PETITS COMMERCES

Rio est une ville d'entrepreneurs où de petits commerces et de nouvelles marques apparaissent constamment. Beaucoup font leurs débuts sur les marchés de rue, qui les font connaître et les aident à se développer. Ces marchés itinérants sont des marques à part entière, rassemblant plus ou moins les mêmes vendeurs mais se déplaçant sur différents lieux à travers la ville.

L'un des plus courus est la **Junta Local**, où on trouve des produits bio, végans et sans gluten, des aliments et alcools artisanaux, et de petites marques locales et écologiques. Si beaucoup de stands vendent de la nourriture – citons notamment Mate do JhonJhon, Don Choripan et Cerveja Sem Rotolo –, on trouve aussi des produits non alimentaires. Les sacoches pour vélos Piola, de production locale et durable, sont particulièrement appréciées, de même que les produits de beauté Biorigin Organic Cosmetics. Pour des vêtements ou des objets déco, voyez plutôt le Babilônia Feira Hype, un marché

SE RÉGALER À BOTAFOGO, URCA ET HUMAITÁ

Garota da Urca
Ce *boteco* (bar) classique sert des plats brésiliens, italiens et portugais, avec vue sur la baie de Guanabara. $$

O Naturalie
Ce bistrot chic décline les grands classiques de la cuisine brésilienne sur le mode végétarien. $$

Refeitório Orgânico
Restaurant végétarien au kilo dans une vieille maison. Bonne cuisine et prix abordables. $

Oteque
Le restaurant doublement étoilé d'Alberto Landgraf. Depuis votre table donnant sur la cuisine ouverte, admirez les cuisiniers au travail. $$$

Sorvetes Hoba
Le meilleur glacier végan de la ville possède désormais une boutique à Botafogo. $

OÙ PRENDRE UN VERRE À BOTAFOGO, URCA ET HUMAITÁ

Quartinho Bar
Ce bar aussi branché que sa clientèle sert une cuisine délicieuse et des boissons énergisantes.

Boteco Cabidinho
Un bar traditionnel parfait pour terminer la soirée.

Chanchada Bar
Fréquenté par les branchés, avec une déco sur le thème de la musique. On s'arrache les tables sur le trottoir.

en plein air à Lagoa qui expose de jeunes créateurs cariocas. Essentiellement tourné vers la mode, le design et la déco, avec aussi quelques stands d'alimentation et d'art, ce marché aide les petites marques à se faire un nom depuis près de 30 ans.

Un parc méconnu

PARQUE DO MARTELO

Dans le quartier d'Humaitá se cache une petite oasis dont même la majorité des Cariocas ignorent l'existence, le **Parque do Martelo** (parc du Marteau). Géré par l'association des habitants du quartier, il couvre 1,6 hectare de forêt dense ponctuée de clairières abritant notamment des aires de jeux ou de pique-nique, un jardin collectif et des équipements de sports de plein air. Récupéré par l'association après une bataille de 30 ans contre des promoteurs immobiliers, ce parc fait aujourd'hui office de centre communautaire prônant une vie saine, avec cours de yoga et d'art, et un marché de produits bio les jeudis. Au milieu de l'agitation urbaine, il règne ici un calme étonnant et on peut admirer une vue exceptionnelle sur le Christ Rédempteur.

Le paradis des grimpeurs

PRENDRE DE L'ALTITUDE

Rio de Janeiro est un rêve pour les fous d'escalade, avec de nombreuses voies marquant les flancs des collines de granit. Des débutants aux grimpeurs confirmés, chacun y trouvera son bonheur. Pour vous aider, voyez l'agence **Climb in Rio** : ses instructeurs certifiés proposent des sorties dans toute la ville, notamment sur les pics les plus célèbres, comme le Corcovado ou le Pain de Sucre. Les bénéfices sont reversés au **C.E.U.** (Centro de Escalada Urbana), une association sans but lucratif qui offre des cours d'escalade gratuits aux jeunes de la favela de Rocinha.

Si vous voulez vous entraîner, vous occuper par un jour de pluie ou échapper à la chaleur de midi, mettez le cap sur **Evolution Indoor Climbing.** Cette salle d'escalade, la plus grande de Rio, occupe un vaste entrepôt à la lisière de Botafogo. Elle possède deux grands murs d'escalade, de 3 m et 5 m de haut, ainsi qu'un mur dédié au grimper encordé et une salle de développement de la résistance. Situé au bout d'une rue résidentielle, à une courte distance à pied de la station de métro Botafogo, le lieu jouit de plus d'une belle vue sur le Corcovado.

LE TOP DES HÉBERGEMENTS À BOTAFOGO, URCA ET HUMAITÁ

Yoo2 Hotel
Hôtel moderne et belle vue sur le Pain de Sucre et le Corcovado depuis le bar sur le toit et la piscine. **$$**

O Veleiro Bed & Breakfast
B&B dans une maison charmante pleine de verdure. Chambres confortables, petit-déjeuner succulent et hôtes chaleureux. **$$**

Farfalla Guest House
Chambres simples et propres très bien situées à Botafogo. Excellent rapport qualité-prix. **$**

Hotelinho Urca
Mini-pension avec des chambres propres et spacieuses et un appartement. **$$**

Urca Hotel
Cette pension chic accepte les animaux de compagnie. Six suites dans une jolie rue résidentielle. **$$$**

OÙ PRENDRE UN VERRE À BOTAFOGO, URCA ET HUMAITÁ

Fuska
Un petit endroit avec des tables installées sur le trottoir autour desquelles se presse une foule amusante.

Cobal do Humaitá
Dans un ancien dépôt de tramways, ce lieu bohème regroupe de nombreux bars gastronomiques.

Bar Urca
Inscrit au patrimoine culturel carioca, le *must* pour une bière au coucher du soleil en rentrant du Pain de Sucre.

FLAMENGO, LARANJEIRAS, CATETE ET GLÓRIA

POLITIQUE, PARCS ET MARCHÉS DE RUE

Les quartiers de Flamengo, Laranjeiras, Catete et Glória vous feront entrevoir un Rio authentique. Des lieux méconnus vous attendent le long de leurs rues particulièrement verdoyantes : *catete* signifie "forêt immense" dans la langue des Indiens tupi. Jusqu'à l'inauguration de la capitale fédérale Brasília, en 1960, Catete était le siège de la présidence de la République depuis 1896 et Laranjeiras la mairie du district fédéral depuis 1946. C'est aussi à Catete que le *chorinho* (musique instrumentale avec improvisation) a acquis sa popularité. Écoutez les musiciens qui jouent sur la Praça São Salvador ; allez ensuite au Parque Guinle, où vous oublierez que vous êtes en pleine ville.

Pour les infos pratiques, voir le Carnet d'adresses p. 114

À SAVOIR

Le marché du samedi de la Rua General Glicério diffuse du *choro*. Le dimanche, la Feira da Glória est connue pour ses concerts de samba.

Marché de rue à Glória

FLAMENGO, LARANJEIRAS, CATETE ET GLÓRIA

INCONTOURNABLES
1 Feira da Glória
2 Museu de Arte Moderna

VOIR
3 Aterro do Flamengo
4 Largo do Boticário
5 Largo do Machado
6 Marina da Glória
7 Maze
8 Museu da República
9 Igreja Nossa Senhora da Glória
voir 11 Palácio das Laranjeiras
10 Palácio Guanabara
11 Parque Guinle

SE LOGER
12 Casa Caminho do Corcovado
13 Discovery Hostel Rio
14 Hey, Rio! Hostel
voir 4 Jo&Joe Largo do Boticario
15 Villa 25

SE RESTAURER
16 Mamma Rosa Italian
17 Maya Café
18 Symposium Bistro
19 Taberna 564
20 Tacacá do Norte
21 Tasca do Edgare

PRENDRE UN VERRE ET FAIRE LA FÊTE
22 Armazém Cardosão

SHOPPING
23 Feira da General Glicério
24 Jacaré Livros
25 Sebo Beta de Aquarius

The Maze

The Maze

DES MOSAÏQUES AVEC VUE

En haut du Morro de Tavares Bastos, une petite favela située derrière Catete, The Maze a été fondé par l'artiste anglais Bob Nadkarni, qui vit à Rio depuis plus de 40 ans. Ce petit bijou a fait office de centre culturel, de B&B, de galerie, de bar et de club de jazz jusqu'à sa fermeture en 2019. En 2022, ses terrasses ont été rouvertes aux visiteurs, qui peuvent admirer ses mosaïques et sa vue fantastique. Le B&B et le club de jazz sont toujours fermés, mais l'endroit mérite la visite.

EN HAUT : RAFAEL BAUER/SHUTTERSTOCK © ; EN BAS : ANTHONY CORREIA/SHUTTERSTOCK ©

Feijoada (ragoût traditionnel)

Armazém Cardosão

FEIJOADA ET SAMBA

À son ouverture en 1954, l'Armazém Cardosão servait d'épicerie et de bar. Modernisé en 2019, il a perdu son épicerie mais a conservé intact son charme bohème et bucolique. Dans une rue verdoyante au cœur de Laranjeiras, ce bar à l'angle de deux rues propose, le mardi soir, des concerts de samba et de jazz parmi les plus sympathiques de la ville et de la *feijoada* (ragoût traditionnel à base de porc et de haricots noirs) le samedi et le dimanche. Les autres soirs, on peut y savourer une délicieuse cuisine de bistrot et une boisson fraîche.

Museu de Arte Moderna

MUSÉE D'ART CONTEMPORAIN ET ESPACE ÉVÉNEMENTIEL

Le Museu de Arte Moderna (MAM ; musée d'Art moderne) expose près de 15 000 œuvres brésiliennes modernes de toutes sortes et accueille des manifestations variées : conférences sur le changement climatique ou le rôle des modes de vie indigènes dans la société actuelle, projections de films tirés de sa cinémathèque ou encore soirées. Dessiné dans les années 1950 par l'architecte brésilien Affonso Eduardo Reidy, le bâtiment est un bel exemple d'architecture moderne dont les lignes contrastent avec les collines de la ville. Aujourd'hui, les codirecteurs artistiques, Kenya Eleison et Pablo Lafuente, s'efforcent d'intégrer des œuvres d'artistes noirs et indigènes, de combler le vide historique laissé par un incendie dans les années 1970 et de rendre le musée accessible aux Brésiliens de toutes classes sociales.

Museu de Arte Moderna

Aterro do Flamengo

OU PARQUE BRIGADEIRO EDUARDO GOMES

Vaste parc urbain de bord de mer, cet Aterro (du portugais *aterrar*, qui signifie "remblai") a été créé dans les années 1960 pour élargir le front de mer de Flamengo, construire une voie rapide entre le sud et le centre de Rio, et aménager un vaste espace vert pour les activités de plein air moins aisément pratiquées dans les autres parcs de l'époque, alors excessivement urbanisés. D'une superficie de plus de 120 hectares, ce parc s'étend de l'aéroport Santos-Dumont à la plage de Flamengo. Il est l'œuvre du paysagiste Roberto Burle Marx, à qui l'on doit aussi la promenade de Copacabana. Comme pour les fronts de mer de Copacabana et d'Ipanema, la route qui le longe est interdite aux voitures le dimanche, laissant le champ libre aux piétons. Il accueille deux musées : le Museu de Arte Moderna (p. 87) et le Monumento Nacional aos Mortos da II Guerra Mundial (mémorial de la Seconde Guerre mondiale).

Aterro do Flamengo

Feira da Glória

MARQUES ÉMERGENTES ET SAMBA LE DIMANCHE

La Feira da Glória est devenue le rendez-vous incontournable du dimanche matin, un lieu où l'on vient pour voir et être vu. On peut aussi découvrir de nouvelles marques (vêtements, cosmétiques naturels, aliments artisanaux…) ou simplement acheter fruits, légumes, poisson et pâtisseries aux marchands locaux. Situé juste à la sortie de la station de métro Glória, au pied de Santa Teresa, c'est, selon ses organiseurs, le plus grand marché en plein air de Rio. Ouvert de 8h à 14h le dimanche. Attardez-vous pour profiter des concerts de samba.

PABST_ELL/GETTY IMAGES ©

Pastel da feira (feuilletés farcis)

ÉGALEMENT À FLAMENGO, LARANJEIRAS, CATETE ET GLÓRIA

Marchés de rue

À LA DÉCOUVERTE DES FEIRAS

Rio compte de nombreux supermarchés, mais rien ne vaut les *feiras* de quartier pour s'approvisionner en fruits et légumes. La culture de la ville fait la part belle à ces marchés où l'on trouve aliments, vêtements et produits artisanaux.

La plupart se tiennent chaque semaine et offrent aussi bien des légumes et des fruits exotiques que de la viande et du poisson ultrafrais. Chaque quartier possède une *feira* et, si vous séjournez quelque temps au même endroit, vous finirez par connaître ceux des alentours. Certains marchés proposent uniquement des produits bio : pour les trouver, consultez le site Web d'Abio RJ (abiorj.org).

Les marchés du week-end sont une attraction touristique à part entière. Parmi les immanquables figurent la **Feira da General Glicério**, qui a lieu tous les samedis matin, et la **Feira da Glória** (page ci-contre) les dimanches. Ces grands

FANS DE LECTURE

Au Brésil, les livres sont des produits relativement chers. Les coûts d'impression sont élevés, ce qui se répercute sur le prix de vente, et il n'est pas toujours facile de trouver des livres d'occasion. C'est pourquoi un endroit comme **Sebo Beta de Aquarius**, à Catete, est un véritable paradis. Cette oasis pour bibliophiles propose aussi bien de vieux recueils européens que de la littérature brésilienne et étrangère, ainsi que des ouvrages sur l'art, la science et la philosophie. Ses plus de 10 000 titres neufs ou d'occasion permettent de faire le plein sans se ruiner. Si vous ne trouvez pas ce que vous cherchez, essayez la librairie **Jacaré Livros** à Laranjeiras.

OÙ SE RESTAURER ET PRENDRE UN VERRE À FLAMENGO, LARANJEIRAS, CATETE ET GLÓRIA

Tasca do Edgar
Très typique. Bière glacée et délicieuse cuisine de bistrot de style portugais. **$**

Mamma Rosa Italian
Restaurant italien doté d'une charmante terrasse et d'une atmosphère familiale. **$$**

Tacacá do Norte
Sert des spécialités du Nordeste. C'est aussi une excellente adresse si vous aimez les baies d'açaï. **$**

LE TOP DES HÉBERGEMENTS À FLAMENGO, LARANJEIRAS, CATETE ET GLÓRIA

Jo&Joe Largo do Boticario
Mi-hôtel, mi-auberge de jeunesse, dans des maisons néoclassiques qui étaient jadis une attraction touristique. $$

Villa 25
Auberge de jeunesse et restaurant, dans une maison historique. Beaux espaces extérieurs, chambres petites mais propres. $$

Hey, Rio! Hostel
Auberge de jeunesse pour voyageurs à petit budget, bien située et chaleureuse. $

Casa Caminho do Corcovado
Superbe B&B verdoyant aux chambres spacieuses, avec tout le confort. $$

Discovery Hostel Rio
Une auberge de jeunesse où on se sent chez soi. Personnel attentif, ambiance détendue et emplacement central. $

marchés vendent des produits alimentaires artisanaux et des marques locales, mais aussi des en-cas appréciés : *pastel da feira* (feuilleté frit fourré à la viande, au fromage ou aux légumes), *caldo de cana* (jus de canne à sucre) et *acarajé* (beignets bahianais traditionnels, à base de haricots noirs et de crevettes séchées, frits à l'huile de palme).

Les marchés du week-end sont également connus pour leurs concerts de l'après-midi. Le *choro* (un style de musique syncopé au rythme rapide, proche de la samba) tient ainsi la vedette à la Feira da General Glicério. La Feira da Glória est centrée sur la samba : des musiciens se produisent tous les dimanches et, le troisième dimanche du mois, on peut assister à la Gloriosa Roda de Samba, l'une des *rodas de samba* les plus traditionnelles de la ville. Si vous avez la chance d'être à Rio à ce moment-là, n'en manquez pas le spectacle.

Une promenade dans l'histoire

PARCS ET PALAIS

Ces quatre quartiers centraux sont si riches en sites historiques qu'il est presque impossible de tous les citer. Féru d'histoire ou simple amateur de vieux bâtiments, partez les explorer. Arrêtez-vous au **Museu da República**, l'ancien palais présidentiel où le président brésilien resté le plus longtemps en exercice, Getúlio Vargas, se donna la mort. Le palais et son superbe parc vallonné sont devenus un musée ouvert aux visiteurs. Rejoignez ensuite le **Largo do Machado**, la place principale de Laranjeiras, dominée par l'église de style néoclassique **Nossa Senhora da Glória** ; tout près du train pour le Corcovado, voyez aussi le **Largo de Boticário**, célèbre place dont les maisons coloniales étaient jadis le centre de la société carioca (cet ensemble architectural est aujourd'hui un hôtel).

Ne manquez pas l'immense Parque Guinle, où la présence du majestueux **Palácio das Laranjeiras**, résidence officielle du gouverneur de l'État de Rio de Janeiro, vous garantira une après-midi tranquille. Faites une halte au **Palácio Guanabara**, ancien palais Isabel, où vivait la dernière souveraine du Brésil, la princesse Isabelle. Le Palácio Guanabara héberge aujourd'hui le gouvernement de l'État de Rio, malgré le combat infructueux mené durant près de 125 ans par la famille royale pour reprendre ses droits sur la propriété.

Avant de rentrer, passez par la **Marina da Glória**, principal port de plaisance de Rio, utilisé pour les épreuves de voile des Jeux olympiques de 2016. Regardez passer les bateaux ou admirez le coucher de soleil sur la baie de Guanabara.

OÙ SE RESTAURER ET PRENDRE UN VERRE À FLAMENGO, LARANJEIRAS, CATETE ET GLÓRIA

Maya Café
Café tout simple et confortable servant petits-déjeuners, brunchs et déjeuners. $$

Symposium Bistro
Cuisine de bistrot pour œnophiles, où les plats sont élaborés en fonction des vins qui les accompagnent. $$$

Taberna 564
Pizzas et grillades à prix raisonnables sur une vaste terrasse animée offrant une vue dégagée. $$

SANTA TERESA ET LAPA

STREET ART ET MUSIQUE

Pour les infos pratiques, voir le Carnet d'adresses p. 115

Quittez la plage, prenez le métro pour Glória et montez à Santa Teresa, le quartier le plus branché de Rio, où le mélange de glamour et de rusticité met à l'aise les gens de tous horizons. Santa, comme l'appelle ses habitants, était un quartier colonial, comme en témoignent ses vastes demeures. Aujourd'hui, c'est un repaire d'artistes et d'intellectuels. Des fresques ornent les murs et la samba s'échappe des bars où on danse et rit dans la lumière du soir.

Attablez-vous devant des saucisses grillées ou une *feijoada*, commandez une *chope* (bière à la pression), une *bem gelado* (bière glacée) et écoutez la musique. Descendez ensuite la colline vers Lapa, cœur de la culture afro-brésilienne et centre de la scène musicale carioca, où la samba se mêle au rap, au rock et au funk.

À SAVOIR

Tous les premiers samedis du mois, lors de la Feira do Rio Antigo (dans la Rua do Lavradio, et jusqu'à la Praça Tiradentes), les édifices coloniaux se transforment en boutiques et les rues se remplissent de stands tandis que des orchestres de samba se chargent de l'ambiance.

Concert de samba au Carioca da Gema (p. 96), à Lapa

INCONTOURNABLES
1 Bonde
2 Escadaria Selarón

VOIR
3 Parque das Ruínas

SE LOGER
4 Hostel Lapa 166
5 Hotel Santa Teresa
6 Mama Ruisa
7 Mambembe Hostel

SE RESTAURER
8 Bar do Mineiro
9 Bonde Boca
10 Cafe do Alto
voir 5 Térèze

PRENDRE UN VERRE ET FAIRE LA FÊTE
11 Bar do Gomez

SORTIR
12 Beco do Rato
13 Carioca da Gema
14 Circo Voador
15 Fundição Progresso
16 Teatro Municipal
17 Teatro Rival
18 Vaca Atolada

Le bonde

LES BIEN-AIMÉS TRAMWAYS JAUNES DE SANTA TERESA

WIRESTOCK CREATORS/SHUTTERSTOCK ©

Le *bonde*, célèbre tramway jaune, a commencé à sillonner les rues de Rio en 1859, d'abord tiré par des chevaux puis électrifié dans les années 1890. Soixante-dix ans plus tard, il fut retiré de la circulation, hormis à Santa Teresa, où il continua à monter et descendre la colline jusqu'à un tragique accident en 2011 qui fit 6 morts et 60 blessés. La ligne fut alors fermée malgré les protestations des habitants, puis remise en service en 2021. Le *bonde* demeure un symbole de ces quartiers pittoresques et un élément essentiel du réseau des transports en commun.

Un concert de Silversun Pickups au Circo Voador

Circo Voador

BERCEAU DU ROCK BRÉSILIEN

Située à côté de l'Arcos de Lapa (aqueduc), cette célèbre salle de concert a vu le jour dans les années 1980 sur la plage d'Arpoador, comme espace improvisé où des troupes de théâtre, de danse et de musique venaient répéter et donner des spectacles. Avec la création du projet Rock Voador, le Circo devint ensuite un lieu phare pour la jeunesse de l'époque et un tremplin pour le lancement du mouvement rock au Brésil. Déplacé à Lapa fin 1982, il resta ouvert jusqu'en 1996, année où le maire ordonna sa fermeture et sa démolition. En 2002, après une longue bataille juridique, ses partisans obtinrent le droit de le rebâtir, et c'est aujourd'hui l'une des salles de concert les plus prisées de la ville. Pour plus de détails sur l'histoire du Circo et le mouvement rock à Rio, lisez *Circo Voador – A Nave* de Maria Juçá ou regardez le documentaire *A Farra do Circo* de Roberto Berliner.

Escadaria Selarón

UN ESCALIER COLORÉ SIGNÉ DE L'ARTISTE SELARÓN

Les 215 marches aux couleurs vives qui montent de Lapa vers Santa Teresa ont été décorées à la main par le peintre et céramiste chilien Jorge Selarón, qui s'établit à Rio en 1983 après avoir voyagé dans plus de 50 pays. Selarón entreprit d'embellir l'escalier délabré situé à sa porte, vendant des tableaux pour financer ce chef-d'œuvre de 125 m de long qui comprend aujourd'hui plus de 2 000 carreaux de faïence en provenance de 60 pays, dont 300 peints par lui. Même après l'achèvement de son projet, Selarón continua à remplacer des carreaux jusqu'à sa mort en 2013. L'Escadaria Selarón est actuellement le troisième site touristique le plus visité de Rio.

Escadaria Selarón

Parque das Ruínas

UNE CONSTRUCTION ET UNE VUE REMARQUABLES

Il y a deux raisons pour aller au Parque das Ruínas : le bâtiment et la vue. Cette dernière est spectaculaire : le panorama embrasse la baie de Guanabara depuis le centre de Rio jusqu'au Pain de Sucre. Vous serez ébloui par le 1er étage. En montant, admirez l'ingéniosité dont a fait preuve l'architecte brésilien Ernani Freire pour transformer les ruines du Palacete Murtinho Nobre en un édifice digne du style *steampunk*. Le parc liste ses manifestations et expositions sur sa page Instagram.

EN HAUT : ANTONIOSOUZA97/SHUTTERSTOCK © ; EN BAS : IRINA274/GETTY IMAGES ©

Parque Das Ruínas

Fundição Progresso

UN CENTRE CULTUREL INDÉPENDANT

Dans une ancienne usine près de l'Arcos de Lapa (un aqueduc très photographié), la Fundição Progresso est un des plus grands centres culturels indépendants du Brésil, qui vise à créer un impact social positif en conjuguant art, culture, éducation et écologie. Fondé en 1999 par Perfeito Fortuna, l'endroit offre aux artistes un réseau de développement et un lieu de répétition et de spectacle pour les comédiens, artistes de cirque, danseurs et musiciens. Il y a aussi un jardin suspendu servant de laboratoire pour l'agriculture urbaine. Voyez le programme sur le site Web (www.fundicaoprogresso.com.br).

Fundição Progresso

A. M. TEIXEIRA/SHUTTERSTOCK ©

Musiciens de rue, Santa Teresa

ÉGALEMENT À SANTA TERESA ET LAPA

Art de rue

GRAFFITIS ET ATELIERS

Santa Teresa rime avec street art, et certains des artistes les plus réputés de la ville ont commencé en peignant les rues de ce quartier. Suivez un circuit **Rio Street Art Tour** pour plonger dans l'univers des tagueurs à l'origine de ce mouvement. Ces balades (en anglais et sur réservation) peuvent vous mener dans toute la ville pour vous faire découvrir des œuvres de Marcelo Ment, Toz, RafaMon, Osgemeos, Acme ou Di Couto. On peut même réserver un circuit spécial, accompagné par un artiste.

Si vous êtes à Rio en juillet ou en août, ne manquez pas le festival **Arte de Portas Abertas**, quand les artistes du quartier ouvrent leurs ateliers. Comme souvent à Rio, cette manifestation se transforme généralement en fête de rue.

Musique, danse classique et drag-queens

LES LIEUX PHARES

Le cœur de la scène musicale carioca bat à Santa et Lapa. De la samba au rock en passant par le *forró* et le funk, tous les genres sont représentés dans les rues décrépites et les lieux de sortie de ces deux quartiers.

POURQUOI J'AIME SANTA TERESA

Marisa Paska, autrice

Santa Teresa est comme une petite ville au milieu d'une métropole et a la plus grande concentration d'artistes, musiciens et intellectuels de Rio. Entrez dans un bar du Largo do Guimarães ou du Largo das Neves et vous finirez inévitablement par discuter avec un professeur d'université ou par vous lancer dans un concours de dessin avec des artistes de rue locaux. C'est un quartier animé par l'envie de promouvoir des changements positifs – l'engagement politique y est fort et les habitants se mobilisent pour faire aboutir leurs projets. Santa Teresa accueille aussi certains des carnavals les plus festifs de Rio, comme le traditionnel Céu na Terra. Il règne ici une énergie communicative à ne pas manquer.

OÙ SE RESTAURER ET PRENDRE UN VERRE À SANTA TERESA ET LAPA

Território Aprazível
Vue imprenable sur la ville et cuisine brésilienne haut de gamme servie sur des terrasses ombragées. **$$$**

Bonde Boca
Restaurant traditionnel chaleureux, où les plats copieux sont emplis de saveurs. **$**

Bar do Mineiro
Cette institution de Santa Teresa sert les meilleures spécialités du Minas Gerais à Rio. **$$**

LE TOP DES HÉBERGEMENTS À SANTA TERESA ET LAPA

Hotel Santa Teresa
Un des plus luxueux hôtels de la ville, il mérite que vous cassiez votre tire-lire. **$$$**

Mambembe Hostel
Chambres propres, personnel serviable, espaces communs sympathiques et superbe ambiance près de Lapa. **$**

Hostel Lapa 166
Derrière une façade décrépite, une auberge de jeunesse propre et bien tenue, au cœur de Lapa. **$**

Casa 48 Guesthouse
Il faut monter pour y accéder, mais ces charmantes suites avec des vues superbes en valent la peine. **$$**

Mama Ruisa
Un boutique-hôtel apprécié : situation centrale, grandes chambres et petit-déjeuner exquis. **$$$**

À Lapa, **Vaca Atolada** ou **Beco do Rato** permettent d'écouter des groupes de samba parmi les plus authentiques de la ville, au milieu d'une foule compacte. Pour une soirée samba plus calme, voyez **Carioca da Gema**, aménagé avec des places assises comme un club de jazz.

De grands concerts de toutes sortes se tiennent au **Circo Voador** (p. 93) et à la **Fundição Progresso** (p. 94) ; l'élégant **Teatro Municipal**, à Cinelândia, propose ballets, opéra et musique orchestrale. Non loin, le **Teatro Rival** offre un programme éclectique ; il est particulièrement connu pour les spectacles d'artistes transsexuels qu'il accueillait même à l'époque de la dictature.

Culture funk

UNE PASSION LOCALE

Depuis son apparition dans les années 1970, le **funk carioca** connaît un vif succès au Brésil et dans le monde. Popularisé en 1989 par l'album *Funk Brasil* du DJ Marlboro, ce genre musical intègre Miami bass, freestyle, hip-hop et rap. Au fil du temps, il a développé son rythme propre et acquis une réputation sulfureuse en raison de ses paroles débridées et de son volume sonore poussé au maximum. Aujourd'hui, c'est l'un des courants musicaux les plus populaires du pays, et certainement le plus controversé.

Les paroles sont parfois pornographiques ou évoquent ouvertement la consommation voire le trafic de drogue. Ses critiques pointent son manque de créativité ; ses adeptes soulignent que le funk fait entendre la voix des classes sociales marginalisées – les habitants des favelas et de la banlieue – et renforce leur identité particulière, les paroles ne faisant que refléter leur réalité quotidienne.

Les femmes *funkeiros* font partie intégrante de ce mouvement et ont même joué un rôle moteur dans sa promotion à l'étranger. Tati Quebra-Barranco en a été l'une des premières chanteuses célèbres, avec des paroles qui ont fait d'elle un symbole de l'émancipation féminine. *Injeção*, de Deize Tigrona, a inspiré à M.I.A son titre *Bucky Done Gun*.

La plupart des *bailes funk* (soirées funk), ont lieu dans les favelas des quartiers excentrés, mais on peut entendre du funk partout dans Rio. La Fundição Progresso, à Lapa, a mis sur pied un projet appelé **#EstudoFunk**, où les *funkeiros* en herbe apprennent à faire de leur art un métier.

OÙ SE RESTAURER ET PRENDRE UN VERRE À SANTA TERESA ET LAPA

Cafe do Alto
Ce café spécialisé dans la cuisine du Nordeste est célèbre pour son brunch gargantuesque. **$$**

Téréze
Haute cuisine française et vue fabuleuse. Idéal pour un verre au coucher du soleil ou un dîner inoubliable. **$$$**

Bar do Gomez
Un *boteco* traditionnel, accueillant et sympathique dans un entrepôt des années 1920. **$**

CENTRO, PORTO MARAVILHA ET ZONA NORTE

Pour les infos pratiques, voir le Carnet d'adresses p. 116

HISTOIRE ET VIE NOCTURNE

Fourmillant de musées, d'ateliers et de galeries, le centre de Rio ravira les amateurs d'art. Récemment rénové, le Porto Maravilha est devenu un pôle d'attraction, avec son street art, sa grande roue et son Pier Mauá réhabilité qui accueille des conférences sur la technologie, des semaines gastronomiques et des foires artistiques.

Les travaux de rénovation menés dans le port ont mis au jour plusieurs vestiges de l'histoire africaine de Rio. Désormais conservés au titre de patrimoine culturel, ils sont l'occasion de découvrir un Brésil occulté par le colonialisme.

À SAVOIR

Soirée samba à Pedra do Sal, concert de *forró* à Estudiantina ou sortie en boîte de nuit, le centre de Rio est une destination de choix pour danser jusqu'au bout de la nuit. Laissez vos objets précieux à l'hôtel, prenez un taxi et n'oubliez pas de vous hydrater.

Museu do Amanhã (p. 100)

CENTRO, PORTO MARAVILHA ET ZONA NORTE

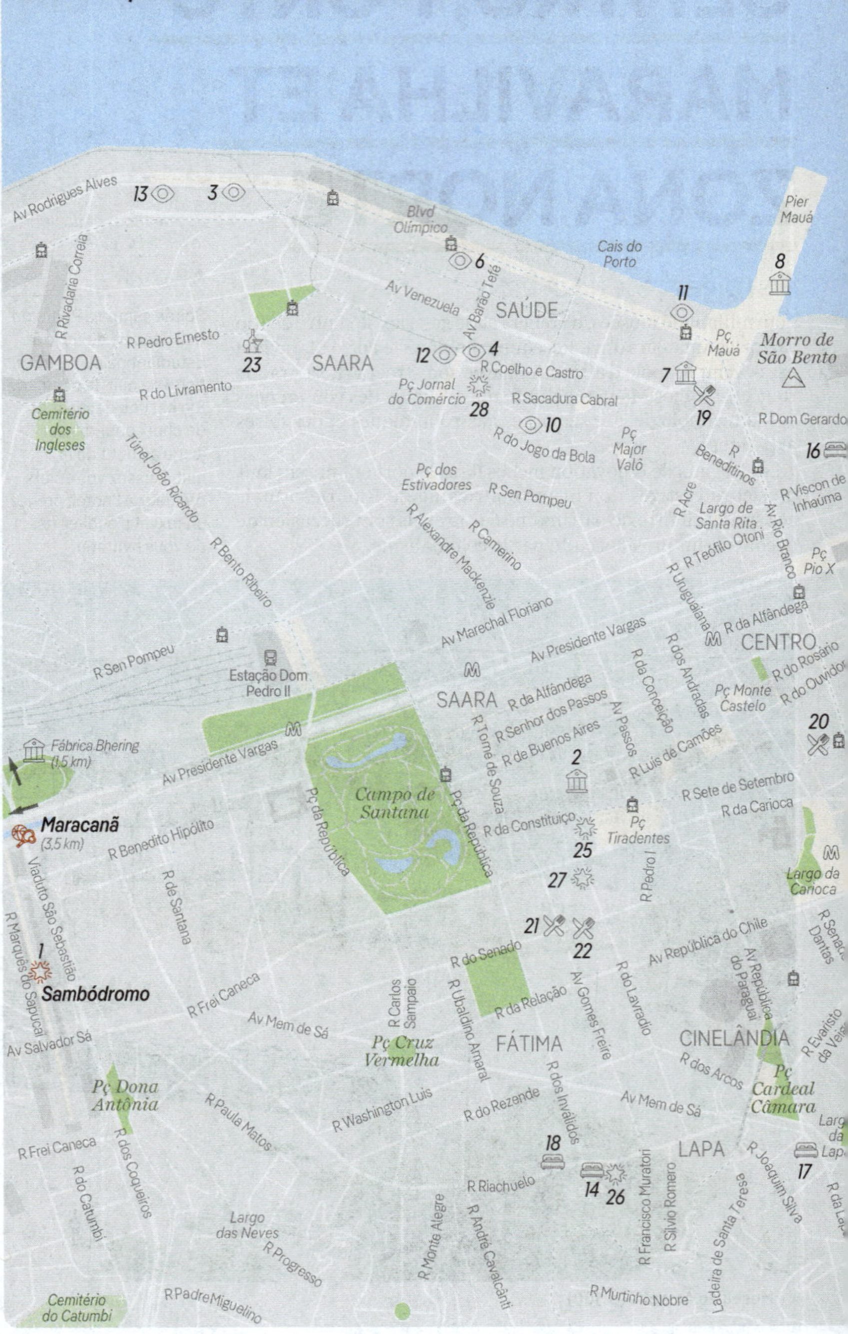

INCONTOURNABLE
1 Sambódromo

VOIR
2 A Gentil Carioca
3 AquaRio
4 Armazém Docas Dom Pedro II
5 Centro Cultural Banco do Brasil
6 Mural Etnias
7 Museu de Arte do Rio
8 Museu do Amanhã
9 Museu Histórico Nacional
10 Pedra do Sal
11 Pier Mauá
12 Quai de Valongo
13 Rio Star (grande roue)

SE LOGER
14 Casa Nova Hotel
15 Prodigy Santos Dumont
16 Sangha Urbana
17 Selina Lapa
18 Vila Galé Rio de Janeiro

SE RESTAURER
19 Cafe Téro
20 Confeitaria Colombo
21 Labuta Bar
22 Lilia
23 Bar Dellas

PRENDRE UN VERRE
24 Wells Beer & BBQ

SORTIR
25 Gafieira Estudantina
26 Heaven Club
27 Rio Scenarium
28 Sacadura 154

Museu do Amanhã

Museu do Amanhã

RÉFLÉCHIR À DEMAIN

Le Museu do Amanhã (musée de Demain) est un musée scientifique interactif qui se penche sur l'aspect qu'aura notre monde dans 50 ans. Les expositions permanentes et temporaires aident à comprendre l'impact de l'homme sur la nature et le rôle que nous pouvons jouer pour infléchir les choses. Joyau de la Praça Mauá récemment rénovée, son bâtiment original dessiné par l'architecte espagnol Santiago Calatrava est couvert de panneaux photovoltaïques et s'est vu décerner la certification LEED (un certificat de haute qualité environnementale) par le Green Building Council.

Pier Mauá

UN NOUVEAU VISAGE POUR LE CENTRE DE RIO

Réhabilité depuis peu, le Pier Mauá connaît un nouvel essor. Ses anciens entrepôts au bord de l'eau accueillent aussi bien des conférences technologiques que des foires artistiques ou des fêtes endiablées, le tout avec vue sur la baie de Guanabara. Les murs sont décorés d'œuvres de street art, tel le **Mural Etnias**, œuvre gigantesque de 3 000 m² de l'artiste brésilien Eduardo Kobra, entré dans le *Livre Guinness des records* et aisément accessible en tramway VLT. Vers l'extrémité du quai, l'aquarium **AquaRio**, la **grande roue Rio Star** et le débarcadère des navires de croisière s'inscrivent dans le projet de rénovation urbaine récemment achevé à Porto Maravilha.

Grande roue Rio Star

Circuito de Herança Africana

L'HISTOIRE AFRICAINE DE RIO

Ce *circuit du patrimoine africain* fait découvrir 12 lieux qui ont tenu un rôle central dans l'histoire noire du Brésil. Conçu par l'**Instituto de Pretos Novos** (IPN ; Institut des Nouveaux Noirs), il passe par des sites exhumés lors de la rénovation de Porto Maravilha et classés par la ville et l'ONU. On voit ainsi l'**Armazém Docas Dom Pedro II**, entrepôt bâti en 1871 par l'ingénieur et abolitionniste noir André Rebouças, qui refusa d'utiliser des esclaves pour sa construction ; et le **quai de Valongo**, qui fut l'un des plus importants lieux de débarquement d'esclaves au monde. Les sorties, gratuites et en portugais, ont lieu le samedi de 9h à 11h, avec un nombre minimum de participants. Circuit en anglais possible.

À GAUCHE, EN HAUT : ANTONIOSOUZA97/SHUTTERSTOCK © ; EN BAS : DONATAS DABRAVOLSKAS/SHUTTERSTOCK © ; CI-CONTRE À DROITE : CHRISTIAN ENDER/GETTY IMAGES ©

Une danseuse au Sambódromo

Sambódromo

CENTRE DU CARNAVAL

Le Sambódromo da Marquês de Sapucaí accueille les défilés de samba spectaculaires du carnaval de Rio. Bien qu'elle ne brille pas par son charme, cette avenue de 700 m de long est un symbole historique et architectural. Officiellement appelé Passarela Professor Darcy Ribeiro depuis 1997, le Sambódromo a été conçu par le célèbre architecte brésilien Oscar Niemeyer, qui a aussi signé le musée d'Art contemporain (MAC) de Niterói et le siège des Nations unies à New York. Achevé en 1984, il est construit à l'endroit où les écoles de samba organisaient déjà leur défilé annuel. Le lieu, où se tiennent aussi des concerts et des manifestations, abrite le musée de la Samba et a servi lors des Jeux olympiques de 2016. Allez-y en dehors de la saison du carnaval : à partir de décembre, les écoles de samba y font des répétitions les soirs de week-end, ce qui permet de s'immerger dans l'ambiance et même de se joindre aux danseurs.

Pedra do Sal

LE CŒUR DE LA CULTURE AFRICAINE

Berceau de la samba à Rio et même du premier *bloco* (carnaval semi-organisé), la Pedra do Sal était jadis le rendez-vous des dockers cariocas et le principal point d'accès au Morro da Conceição. Le lieu doit son nom ("Pierre de sel") aux cargaisons de sel qu'on débarquait des navires. Après la guerre de la Triple-Alliance contre le Paraguay dans les années 1860, le secteur vit affluer une communauté afro-brésilienne si nombreuse qu'il fut surnommé la Petite Afrique et devint le foyer de la culture africaine à Rio. Une *roda de samba* animée y a lieu tous les lundis soir.

A.RICARDO/SHUTTERSTOCK ©

Stade Maracanã

OÙ SE RESTAURER ET PRENDRE UN VERRE À CENTRO, PORTO MARAVILHA ET DANS LA ZONA NORTE

Lilia
Créative et chic sans prétention, cette adresse dans le centre-ville est appréciée au déjeuner. $$

Cafe Téro
Une oasis de charme dans le quartier de Morro da Conceição : pâtes maison et cocktails originaux, avec ou sans alcool. $$

Confeitaria Colombo
Sans doute la plus célèbre confiserie de la ville, connue autant pour son décor somptueux que pour ses gâteaux et pâtisseries. $

Labuta Bar
Cuisine de bistrot alléchante, à déguster façon carioca : sur un tabouret au bar ou sur une chaise à l'extérieur. $

ÉGALEMENT À CENTRO, PORTO MARAVILHA ET DANS LA ZONA NORTE

Le temple du football

UN MATCH AU MARACANÃ

Le foot est plus qu'une religion au Brésil : c'est un mode de vie. Le pays cesse quasiment de tourner lorsque l'équipe nationale joue en Coupe du monde. De même, Rio s'arrête quand ses principaux clubs s'affrontent et tous les yeux se tournent alors vers le **Maracanã**. Ce stade est le cœur et l'âme du football carioca. Inauguré le 16 juin 1950, c'était à l'époque le plus grand stade du monde avec une capacité de 200 000 spectateurs. Une semaine plus tard, il a accueilli son premier match de Coupe du monde, remporté par 4 à 0 par le Brésil face au Mexique. Modernisé avant le Mondial 2014 pour répondre aux critères de la Fifa, le Maracanã a remplacé les places debout par des places assises, réduisant la capacité à un peu moins de 80 000 spectateurs.

Le stade est facilement accessible en métro et les billets s'achètent sur Internet ou sur place, mais vous aurez plus de choix en vous y prenant à l'avance. Les *torcidas* (associations de supporters) se réunissent derrière les buts de leurs équipes respectives pour chanter, tambouriner et crier. La section ouest

OÙ FAIRE LA FÊTE À CENTRO, PORTO MARAVILHA ET DANS LA ZONA NORTE

Sacadura 154
Cet espace événementiel accueille des fêtes mémorables. Voyez le programme sur Instagram.

Wells Beer & BBQ
Dans le centre, ce bar sert bières artisanales et grillades, et organise soirées samba et fêtes de rue.

Gafieira Estudantina
Incontournable si vous aimez danser. Musique différente tous les soirs.

est relativement plus calme. Emportez de la crème solaire et de quoi acheter une bière.

Pour éviter les conflits potentiels, on assiste aux matchs avec les autres membres de sa *torcida*. Certains bars sont envahis par les supporters de Botafogo (en noir et blanc), d'autres par ceux de Fluminense (rouge et vert), mais on voit surtout les célèbres maillots rouge et noir de Flamengo, l'équipe qui compte le plus grand nombre de supporters à l'échelle nationale. Si vous ne savez pas quelle tenue mettre pour sortir le soir, n'hésitez pas à arborer le maillot de votre équipe.

Rio s'expose

OBJECTIF CULTURE

Regorgeant de galeries et de lieux d'exposition, le centre de Rio est parfait pour se former une vue d'ensemble sur l'univers artistique brésilien. Le **Centro Cultural Banco do Brasil** (CCBB) et le **Museu de Arte do Rio** (MAR, musée d'Art de Rio) organisent des expositions d'artistes brésiliens et étrangers et des animations pédagogiques. Le CCBB est installé dans un bâtiment néoclassique superbement conservé, dans le centre. Le MAR, bâti sur la **Praça Mauá** dans le cadre du projet de réhabilitation du quartier de Porto Maravilha, occupe le palais de Dom João VI et une ancienne gare routière, reliant les deux bâtiments par une passerelle et une terrasse. Les autres petites galeries du secteur, comme la galerie contemporaine **A Gentil Carioca**, fondée par trois artistes locaux, exposent des artistes émergents et sont des moteurs de la vie artistique. Ne manquez pas la **Fábrica Bhering**, un entrepôt qui abrite de nombreux ateliers d'artistes ouverts au public. C'est aussi un lieu de rencontre où il fait bon s'attarder quelques heures, avec un café au rez-de-chaussée, un toit-terrasse et même une librairie de livres d'occasion. Le quartier accueille aussi la plus grande foire artistique de la ville, **ArtRio**, organisée tous les ans en septembre, qui réunit des artistes du monde entier dans les entrepôts de Pier Mauá.

L'histoire à l'honneur

UN MUSÉE NATIONAL DÉDIÉ

Installé dans l'ancien arsenal (1764) autrefois partie prenante du fort de Santiago, point stratégique pour la défense de la ville, l'impressionnant **Museu Histórico Nacional** expose des pièces liées à l'histoire du Brésil, de sa fondation à ses débuts en tant que république. Au programme : d'opulentes voitures impériales, le trône de Dom Pedro II, d'imposantes peintures à l'huile représentant la terrible guerre avec le Paraguay (1865-1870) qui vit s'allier le Brésil à l'Uruguay et l'Argentine, et la réplique d'une pharmacie des années 1840.

LE TOP DES HÉBERGEMENTS À CENTRO, PORTO MARAVILHA ET DANS LA ZONA NORTE

Sangha Urbana
Auberge de jeunesse calme, confortable et propre avec studio de yoga et restaurant végétarien. $

Vila Galé Rio de Janeiro
Villa coloniale dans le centre, chambres spacieuses et grande piscine. $$

Prodigy Santos Dumont
Hôtel confortable, excellent petit-déjeuner et vue exceptionnelle sur la baie de Guanabara. $$

Casa Nova Hotel
Hôtel bien tenu au personnel sympathique. Piscine sur le toit. $$

Selina Lapa
Auberge de jeunesse appréciée, avec toit-terrasse et quelques chambres privées. $$

Rio Scenarium
Déco vintage et musique populaire sont les points forts de ce club débridé dans la Rua de Lavradio.

Bar Dellas
Un bar de quartier sans prétention où on est sûr de passer un bon moment devant une bière fraîche.

Heaven Club
Dans le centre, un club house et techno sur trois niveaux, avec deux pistes de danse. Apprécié des gays.

SÃO CONRADO, BARRA ET RECREIO DOS BANDEIRANTES

NATURE ET SPORTS

Connus sous le nom de Zona Oeste et moins urbanisés que d'autres quartiers, São Conrado, Barra da Tijuca (souvent appelé simplement Barra) et Recreio dos Bandeirantes rappellent souvent le Brésil rural. Les prix sont moins élevés, le service plus lent, et le principal sport est la conversation – même si l'on peut aussi faire du surf, du kitesurf, du skateboard, du parapente, du deltaplane, du paddle et de la marche. Les voyageurs en quête de détente apprécient les plages désertes, les restaurants rustiques en bord de mer et les superbes paysages.

Pour les infos pratiques, voir le Carnet d'adresses p. 116

À SAVOIR

Parapente et deltaplane se pratiquent depuis Pedra Bonita. Pour organiser un vol, contactez Xplora Crew (www.xploracrew.com).

Deltaplane au-dessus de la plage de São Conrado

VOIR
1 Ilha da Gigoia
2 Joatinga
3 Museu Casa do Pontal

ACTIVITÉS, COURS ET CIRCUITS ORGANISÉS
4 Pedra Bonita
5 Pedra da Gávea
6 Skatepark de Praça Duó
7 Small Riders Surf House

SE LOGER
8 Grand Hyatt Rio
voir 7 Longboard Paradise Hostel
9 More RJ Hostel
10 Pousada Barra Sol
voir 1 Pousada da Gigoia

SE RESTAURER
11 Ocyá
12 Pura Rio Vegan
13 Soga Beach Club

PRENDRE UN VERRE ET FAIRE LA FÊTE
voir 1 Bar Caiçara

Plage de Grumari

UN JOYAU PRÉSERVÉ

Entre Recreio et Barra de Guaratiba se cache la plage de Grumari, un petit bout de paradis au sable fin et à la végétation luxuriante qui vous transporte à des années-lumière de la ville. Immergez-vous dans cette nature magnifique en savourant une noix de coco fraîche achetée aux vendeurs ambulants. Tout au bout, côté Recreio, s'étend la praia de Abrico, seule plage nudiste de la région.

EN HAUT : RANIMIRO/SHUTTERSTOCK © ; EN BAS : FERNANDA BALSTER/FOTOARENA/ALAMY STOCK PHOTO ©

Ci-dessus : plage de Grumari ; ci-dessous : skatepark de Praça Duó

Skatepark de Praça Duó

LE MEILLEUR SKATEPARK DE RIO

Cet ancien amphithéâtre reconverti en skatepark au bord de l'eau est fréquenté par des Cariocas de tous âges. Situé à l'entrée de Barra, accessible à pied depuis la station de métro et gratuit, il est adapté aux pratiquants de tous niveaux. Il comprend une zone de street et un grand bowl éclairé la nuit. Plusieurs petites écoles de skate installées dans le parc proposent des cours. Venez passer un bon moment avec les habitants ou assister à l'une des compétitions organisées tout au long de l'année.

Ci-dessus : plage de Joatinga ; ci-dessous : Ilha da Gigoia

Joatinga

UNE PLAGE RETIRÉE AUX FALAISES SPECTACULAIRES

Entre São Conrado et Barra da Tijuca s'étend l'une des plus ravissantes petites plages de Rio, cachée au pied d'une résidence du quartier de Joá. Dominée par des falaises imposantes, cette minuscule étendue de sable de 300 m de long, qui disparaît presque à marée haute, se distingue par sa beauté exceptionnelle et sa tranquillité relative. Il faut entrer dans la résidence pour y accéder et les transports en commun sont assez rares, ce qui limite l'affluence. L'occasion d'une bonne journée de détente.

Ilha da Gigoia

ÎLES URBAINES

Entre les quartiers de Joá et Barra da Tijuca se trouve un secteur appelé Barrinha, où la rivière cerne neuf petites îles séparées par une série de canaux. Elles ne sont accessibles que par bateau-taxi, à prendre juste derrière la station de métro Jardim Oceânico. La plus connue est l'Ilha da Gigoia (ou Jibola), qui compte quelques milliers d'habitants, un petit nombre de cafés et de restaurants, et même une ou deux pensions où passer la nuit. Prenez un déjeuner ou une bière vespérale à la terrasse de l'un des restaurants en bord de canal. Le **Bar Caiçara** est un classique ; ou bien réservez à **Ocyá**, sur l'Ilha Primeira, pour une soirée spéciale.

Museu Casa do Pontal

MUSÉE D'ART POPULAIRE

Plus grand musée d'art populaire du pays, le Museu Casa do Pontal fait référence en matière de culture brésilienne. Son fondateur, le designer français Jacques Van de Beuque (1922-2000), en amassa les pièces sur près de 40 ans au cours de ses voyages à travers le pays. Selon l'Unesco, le musée offre aujourd'hui l'une des plus riches présentations anthropologiques du peuple brésilien. Situé au sein d'une réserve écologique dans le quartier de Recreio dos Bandeirantes, avec un jardin conçu pour s'intégrer dans le paysage et une salle d'exposition de 5 000 m², il propose un vaste programme de manifestations et des visites théâtralisées pour les écoliers et les touristes.

Ci-dessus : Museu Casa do Pontal ; en haut à droite : Pedra Bonita

Restaurant Bira de Guaratiba

UN LONG DÉJEUNER

Connu pour ses succulents poissons et fruits de mer, le restaurant Bira est une attraction touristique à part entière. Situé à Guaratiba, un secteur relativement peu développé à l'extrémité ouest de Rio, il donne l'impression d'être à la campagne. Ici, tout le monde sourit, personne n'est pressé et les assiettes sont assez copieuses pour trois. On vous sert des recettes traditionnelles perfectionnées au fil des ans, dans un cadre rustique au milieu de la mangrove. Attention : un déjeuner à Bira peut facilement durer toute la journée ! Ouvert du jeudi au dimanche et les jours fériés, sur réservation uniquement.

ÉGALEMENT À SÃO CONRADO, BARRA ET RECREIO DOS BANDEIRANTES

Randonnées en altitude

À L'ASSAUT DES MONTAGNES

Rio possède de nombreux sommets, dont les plus beaux se trouvent dans la Zona Oeste. **Pedra da Gávea** exige une montée ardue de 6 heures, avec à la clé un panorama de toute beauté et la possibilité de camper au sommet. À l'extrémité de la plage de Grumari, **Pedra do Telégrafo** est un superbe précipice digne des plus belles photos Instagram. **Pedra Bonita** est la randonnée la plus facile – environ 40 minutes et autant pour le retour – mais la vue est tout aussi fabuleuse. C'est aussi de Pedra Bonita que partent les adeptes du parapente et du deltaplane (voir aussi p. 104). Même si vous n'avez pas envie de les imiter, il est grisant de les voir s'élancer de la falaise.

En mode surf

CAP À L'OUEST

La Zona Oeste offre de longues plages peu fréquentées et d'excellentes vagues. Sans surprise, le surf y est florissant et les projets y abondent pour répondre au besoin de cette communauté. La Praia da Macumba, à Recreio dos Bandeirantes, fait le bonheur des longboardeurs, qui se réunissent à la **Small Riders Surf House**. Cette dernière compte un restaurant, un espace de coworking, une petite galerie d'art et une exposition de superbes planches de surf, notamment celles de Caio Teixeira. Il y a souvent des concerts et des animations le week-end ; renseignez-vous sur Instagram. Si vous cherchez une planche de surf sur mesure, contactez Suzana Till, créatrice de Mulheres Fazendo Pranchas, dont les planches élégantes font des envieux dans l'eau. Toujours côté féminin, voyez les Bailarinas do Mar, un groupe de longboardeuses. Elles sont sur Instagram.

OÙ SE LOGER À SÃO CONRADO, BARRA ET RECREIO DOS BANDEIRANTES

More RJ Hostel
Auberge de jeunesse paisible et impeccable, près de Barrinha, dans un cadre charmant. $

Longboard Paradise Hostel
Cette auberge de jeunesse en bord de plage à Macumba propose des cours de surf. $

Grand Hyatt Rio
Grand luxe, entre la Praia da Reserva et la lagune de Marapendi. $$$

Pousada da Gigoia
B&B informel et confortable sur l'île de Gigoia. $

Pousada Barra Sol
Propre et sans chichis, situation centrale à l'entrée de Barra da Tijuca. $

OÙ SE RESTAURER À SÃO CONRADO, BARRA ET RECREIO DOS BANDEIRANTES

Pura Rio Vegan
Petit restaurant végan décontracté à Barrinha, avec des plats créatifs et un personnel attentif. $

Soga Beach Club
Ce kiosque sur la plage de São Conrado est devenu le rendez-vous branché du dimanche après-midi. $$

Ocyá
Fruits de mer haut de gamme sur l'Ilha Primeira, une petite île de Barrinha accessible uniquement en bateau. $$$

Carnet d'adresses

GÁVEA, JARDIM BOTÂNICO ET LAGOA

Carpintaria – galerie d'art
Voir p. 63 (fdag.com.br ; Rua Jardim Botânico 971, Jockey Club ; 10h-19h mar-ven, 10h-18h sam)

Casa Bicho
Voir p. 60 (www.casabicho.com.br ; Rua Caio de Melo Franco 375)

Cristo Redentor
Voir p. 59 (Christ Rédempteur ; www.tremdocorcovado.rio ; station du train à crémaillère, Rua Cosme Velho 513 ; tarif plein/réduit 93,50/64 R$; 8h-19h)

Instituto Moreira Salles
Voir p. 63 (ims.com.br ; Rua Marquês de São Vicente 476 ; entrée libre)

Jardim Botânico
Voir p. 61 (www.gov.br/jbrj ; Rua Jardim Botânico 920 ; tarif plein/réduit 67/33,50 R$; 8h-17h jeu-mar)

Jockey Club
Voir p. 62 (Hipódromo da Gávea ; www.jcb.com.br ; Rua Jardim Botânico 1003 ; 18h-23h lun-mar, 14h-20h sam-dim)

OM.art
Voir p. 63 (www.om.art.br ; Rua Jardim Botânico 997 ; 10h-19h mar-ven, 10h-18h sam)

Parque Lage
Voir p. 60 (eavparquelage.rj.gov.br ; Rua Jardim Botânico 414 ; entrée libre ; 9h-17h avr-nov, 8h-18h déc-mars)

Parque Nacional da Tijuca
Voir p. 61 (parquenacionaldatijuca.rio)

Sociedade Hípica Brasileira
Voir p. 63 (21 2156-0156 ; shb.com.br ; Av. Lineu de Paula Machado 2448 ; 7h-21h mar-ven, 7h-19h sam-dim)

Gávea BNB
Voir p. 62 (21 98662-8288 ; www.gaveabnb.com ; Rua dos Oitis 39)

Gávea Tropical Boutique Hotel
Voir p. 62 (21 97547-0939 ; Rua Sérgio Porto 85)

Pouso Verde
Voir p. 62 (21 2529-2942 ; www.pousoverde.com ; Rua Caminhoá 14)

Arataca
Voir p. 62 (21 3280-0392 ; Rua Lopes Quintas 147 ; 11h-22h lun-sam, 11h-21h dim)

Bica
Voir p. 63 (21 3580-5723 ; Rua Jardim Botânico 585 ; 8h-20h mar-sam, 8h-17h dim)

Empório Jardim
Voir p. 63 (21 2535-9862 ; emporiojardimrio.com.br ; Rua Visconde da Graça 51 ; 8h-19h)

Grado Restaurante
Voir p. 62 (21 3253-3101 ; Rua Visconde de Carandaí 31 ; 19h-23h mar-ven, 12h30-17h et 19h-23h sam, 12h30-17h dim)

La Bicyclette
Voir p. 63 (21 3256-9052 ; www.labicyclette.com.br ; Rua Pacheco Leão 320 ; 8h30-21h lun-ven, 8h30-20h sam-dim)

Plage Café
Voir p. 63 (21 2535-7336 ; www.plagecafe.com.br ; à côté du Rua Jardim Botânico 414 ; 9h-17h)

Prana Vegetariano
Voir p. 62 (21 2294-9887 ; www.pranavegetariano.com ; Rua Lopes Quintas 37 ; 12h-16h)

Sud o Pássaro Verde
Voir p. 62 (21 3114-0464 ; Rua Visconde de Carandaí ; 18h-22h mar-ven, 12h-22h sam, 12h-17h dim)

Baixo Bar
Voir p. 63 (21 2239-7494 ; @baixo.bar ; Praça Santos Dumont 116 ; 17h-minuit mer et dim, 17h-2h jeu-sam)

Bosque Bar
Voir p. 63 (www.barbosquebar.com ; Av. Bartolomeu Mitre 1314 ; 19h-4h jeu-sam, 18h-2h dim)

Dumont Arte Bar
Voir p. 63 (21 3199-0151 ; www.facebook.com/dumontartebar ; Praça Santos Dumont 116 ; 16h-1h mar-jeu et dim, 16h-3h ven-sam)

LEBLON ET IPANEMA

Marché hippie de la Praça General Osório
Voir p. 65 (21 97676-7604 ; www.feirarteipanema.com ; Praça General Osório ; 8h-18h dim)

Estúdio Casinha
Voir p. 69 (21 97214-8172 ; www.estudiocasinha.com ; Rua Alberto de Campos 125 ; 7h-20h lun-ven)

Laces and Hair
Voir p. 69 (21 2249-2210 ; www.lacesandhair.com.br ; Av. Ataulfo de Paiva 270, Rio Design Leblon, 3e ét ; 10h-22h lun-ven, 14h-20h dim)

Spa Maria Bonita
Voir p. 69 (21 2513-4050 ; www.spamariabonita.com.br ; Rua Prudente de Morais 729 ; 9h-21h lun-ven, 9h-16h sam, 12h-16h dim)

Studio de yoga Saraswati
Voir p. 69 (21 2511-4896 ; www.saraswatistudio.com ; Av. Ataulfo de Paiva 706/201 ; 7h30-20h30 lun-ven)

Surf Glória
Voir p. 70 (21 99193-9572 ; www.facebook.com/surfgloria ; Posto 7, Arpoador ; à partir de 120 R$)

Team Bispo
Voir p. 70 (www.facebook.com/teambispo)

Vidya Yoga
Voir p. 69 (21 2391-8937 ; vidyastudio.com.br ; Av. Ataulfo de Paiva 270, Rio Design Leblon, 3e ét ; 6h-22h lun-ven, 9h-15h sam-dim)

Hotel Arpoador
Voir p. 69 (21 2529-1000 ; www.hotelarpoador.com ; Rua Francisco Otaviano 177)

Ipanema Beach House
Voir p. 69 (21 3202-2693 ; www.beachhouseipanema.com ; Rua Barão da Torre 485)

Janeiro Hotel
Voir p. 69 (21 2172-1001 ; janeirohotel.rio ; Av. Delfim Moreira 696)

L'Homme de Rio
Voir p. 69 (21 3586-5042 ; Rua Saint Roman 222)

Mango Tree Hostel
Voir p. 69 (21 3281-3021 ; mangotreeipanema.com ; Rua Prudente de Morais 594)

Mirante do Arvrão
Voir p. 65 (21 99596-0338 ; mirantedoarvrao.com.br ; Rua Armando Almeida Lima 8, Vidigal)

Sol e Mar Hostel
Voir p. 65 (21 99863-1057 ; Rua Major Toja Martinez Filho 126, Vidigal)

Varandas do Vidigal
Voir p. 65 (21 98293-6982 ; Rua Madre Ana Coimbra 3, Vidigal)

THAIS NAGALLI / STOCK.ADOBE.COM ©
Parque Lage

BB Lanches
Voir p. 69 (21 2294-1397 ; bblanches.com ; Rua Aristides Espinola 64 ; 10h-1h lun, 8h-1h mar, 8h-2h mer, 8h-3h jeu-sam)

Broth
Voir p. 70 (21 97499-6618 ; Av. Rainha Elisabeth 480 ; 11h30-16h30 lun-ven, 11h30-17h sam-dim)

Flor do Céu
Voir p. 65 (21 98867-9243 ; flordoceu.com ; Rua Aperana 200, Alto Leblon/Chácara do Céu ; 12h-18h jeu-dim)

Le Pulê
Voir p. 70 (21 2523-2466 ; le-pule.business.site ; Rua Jangadeiros 10 ; 12h-1h)

Oro
Voir p. 70 (21 3190-4091 ; oro-restaurante.com.br ; Rua General San Martin 889 ; 19h-23h mar-ven, 13h-15h et 19h-23h sam)

Pizza Canastra
Voir p. 70 (21 3217-8360 ; Rua Jangadeiros 42G ; 18h30-minuit)

Spaziano
Voir p. 70 (21 2513-4050 ; @spazziano ; Rua Prudente de Morais 729 ; 12h-16h)

Talho Capixaba
Voir p. 69 (21 2512-8760 ; www.talhocapixaba.com.br ; Av. Ataúlfo de Paiva 1022 ; 7h-22h)

Teva Ipanema
Voir p. 70 (21 3253-1355 ; tevavegetal.com.br ; Av. Henrique Dumont 110, Loja B ; 12h-minuit mar-sam, 12h-22h dim)

Zazá Bistrô
Voir p. 70 (21 99530-7173 ; www.zazabistro.com.br ; Rua Joana Angélica 40 ; 18h-minuit lun, 12h-minuit mar-jeu, 12h-0h30 ven-sam, 12h30-minuit dim)

Alto Vidigal
Voir p. 65 (@altovidigalbrasil ; Rua Armando Almeida Lima 2, Vidigal ; 12h-20h lun-ven, 12h-minuit sam, 12h-22h dim)

EKATERINA BELOVA / STOCK.ADOBE.COM ©

Copacabana

Aussie Coffee
Voir p. 70 (☎ 21 99633-7972 ; Rua Visconde de Pirajá 98, Loja 2 ; 🕗8h-16h30 lun-sam)

Bar da Laje
Voir p. 65 (☎ 21 3323-5807 ; bardalaje.rio ; Rua Armando Almeida Lima 8, Vidigal ; 🕗12h-20h lun-ven, 12h-22h sam-dim)

Jobi
Voir p. 69 (☎ 21 2274-0547 ; www.jobileblon.com.br ; Av. Ataúlfo de Paiva 1166, Loja B ; 🕗11h-16h dim-jeu, 11h-6h ven-sam)

Casa de Cultura Laura Alvim
Voir p. 70 (☎ 21 2332-2016 ; www.casadeculturalauraalvim.rj.gov.br ; Av. Vieira Souto 176 ; 🕗13h-22h)

Blue Man
Voir p. 68 (☎ 21 2247-4905 ; www.blueman.com.br ; Rua Visconde de Pirajá 351 ; 🕗9h-20h lun-ven, 9h-18h sam)

Cantão
Voir p. 68 (☎ 21 3114-5491 ; www.cantao.com.br ; Av. Ataulfo de Paiva 566, Loja B ; 🕗9h-20h lun-sam)

Fabrikafro
Voir p. 68 (☎ 21 2143-2733 ; Rua Gomes Carneiro 132, Loja 104 ; 🕗12h-20h mer-sam)

Haight Clothing
Voir p. 68 (☎ 21 3085-8000 ; www.haight.com.br ; Rua Dias Ferreira 217 ; 🕗10h-22h lun-sam, 13h-21h dim)

Lenny Niemeyer
Voir p. 68 (☎ 21 2227-5537 ; www.lennyniemeyer.com.br ; Rua Garcia d'Ávila 149 ; 🕗10h-20h lun-ven, 10h-18h sam)

Osklen
Voir p. 68 (☎ 21 2227-2930 ; www.osklen.com ; Rua Maria Quitéria 85 ; 🕗9h-20h lun-ven, 10h-19h sam, 11h-17h dim)

Redley
Voir p. 68 (☎ 21 3841-2800 ; www.redley.com.br ; Rua Visconde de Pirajá 422 ; 🕗9h-20h lun-sam, 12h-17h dim)

Salinas
Voir p. 68 (☎ 21 2512-9734 ; www.salinas-rio.com.br ; Av. Ataulfo de Paiva 270, Rio Design Leblon ; 🕗10h-22h lun-sam, 15h-21h dim)

Totem
Voir p. 68 (☎ 21 2512 7818 ; www.totemstore.com.br ; Av. Afrânio de Melo Franco 290 ; 🕗10h-22h lun-sam, 13h-21h dim)

COPACABANA ET LEME

Copacabana Palace
Voir p. 74 (☎ 21 2548-7070 ; www.belmond.com ; Av. Atlântica 1702)

Forte de Copacabana
Voir p. 75 (angle Av. Atlântica et Rua Francisco Otaviano ; tarif plein/réduit 6/3 R$; 🕗10h-19h mar-dim)

Revolusolar
Voir p. 74 (revolusolar.org.br ; Ladeira Ary Barroso 66)

Copacabana Palace
Voir p. 74 (☎ 21 2548-7070 ; www.belmond.com ; Av. Atlântica 1702)

Eco Pousada Estrelas da Babilônia
Voir p. 77 (☎ 21 99935-5077 ; www.facebook.com/EstrelasDaBabilonia ; Mirante da Babilônia)

Pura Vida Hostel
Voir p. 77 (21 99028-6961 ; puravidahostel.com.br ; Rua Saint Roman 20)

Selina Copacabana
Voir p. 77 (21 3117-5141 ; www.selina.com ; Rua Almirante Gonçalves 5)

Amir
Voir p. 77 (21 2542-7039 ; www.amirrestaurante.com.br ; Rua Ronald de Carvalho 55 ; 12h-23h dim-jeu, 12h-minuit ven-sam dim)

Azumi
Voir p. 76 (21 2295-1098 ; Rua Ministro Viveiros de Castro 127 ; 19h-23h mar-jeu, 12h-15h et 19h-23h ven-dim)

Bardana Cozinha Natural
Voir p. 77 (21 2513-4852 ; bardananatural.com.br ; Rua Souza Lima 37 ; 11h-18h)

Café 18
Voir p. 75 (angle Av. Atlântica et Rua Francisco Otaviano ; 10h-19h mar-dim)

Cipriani
Voir p. 74 (21 2548-7070 ; www.belmond.com ; Copacabana Palace, Av. Atlântica 1702 ; 19h-tard)

Ellas
Voir p. 77 (21 2287-3879 ; Rua Almirante Gonçalves 29 ; 7h-2h)

Estação Sabor
Voir p. 77 (21 2547-8559 ; www.estacaosabor.com.br ; Av. Nossa Senhora de Copacabana 493 ; 11h-16h)

Gaia Art & Café
Voir p. 77 (21 97488-1744 ; gaia-art-cafe.negocio.site ; Rua Gustavo Sampaio 323, Loja A ; 10h-16h mer-ven, 10h-18h sam-dim)

Mee
Voir p. 74 (21 2548-7070 ; www.belmond.com ; Copacabana Palace, Av. Atlântica 1702 ; 19h-tard mar-dim)

Pérgola
Voir p. 74 (21 2548-7070 ; www.belmond.com ; Copacabana Palace, Av. Atlântica 1702 ; petit-déj 6h30-10h30 lun-ven, 7h-11h sam-dim, déj 12h-16h lun-ven, brunch 13h-16h dim, dîner 18h-minuit)

Temperarte
Voir p. 77 (21 2267-1149 ; Av. Nossa Senhora de Copacabana 1250 ; 9h-22h30)

Adega Pérola
Voir p. 74 (21 2255-9425 ; @adegaperola ; Rua Siqueira Campos 138 ; 11h-1h lun-sam)

Bar Bip Bip
Voir p. 75 (Rua Almirante Gonçalves 50 ; 20h-1h mar-jeu, 19h-1h dim)

Bar do David
Voir p. 76 (21 96483-1046 ; @bar_dodavid ; Ladeira Ari Barroso 66 ; 10h-20h mar-dim)

Belmonte
Voir p. 75 (21 2239-1649 ; www.facebook.com/botecobelmonte ; Av. Atlântica 514 ; 11h30-2h lun-jeu, 11h30-3h30 ven-sam, 11h30-1h dim)

Boteco da Garrafa
Voir p. 75 (21 3495-8208 ; Rua Bolivar 27 ; 15h-1h lun-ven, 12h-1h sam-dim)

Cervantes
Voir p. 72 (21 3085-6045 ; restaurantecervantes.com.br ; Rua Barata Ribeiro 7 ; 10h-5h)

Pavão Azul
Voir p. 75 (21 2236-2381 ; www.facebook.com/pavaoazuloficial ; Rua Hilário de Gouveia 71 ; 12h-minuit lun-sam, 12h-20h dim)

QG Pub
Voir p. 76 (@qgpubrio ; Av. Princesa Isabel 185 ; 22h-tard mer-dim)

Rasta Beach – Barraca 20
Voir p. 75 (Posto 1, Leme)

Black Cat
Voir p. 76 (www.facebook.com/blackcatrj ; Av. Princesa Isabel 21 ; 23h-6h jeu et jeu-dim)

Pink Flamingo
Voir p. 76 (@pinkflamingorj ; Rua Rodolfo Dantas 16 ; 20h-5h)

BOTAFOGO, URCA ET HUMAITÁ

Como Coworking
Voir p. 79 (comocoworking.com ; Rua Miranda Valverde 64 ; 8h-20h lun-ven)

Pão de Açúcar
Voir p. 82 (www.bondinho.com.br ; Av. Pasteur 520 ; tarif plein/réduit 160/80 R$; 9h-20h)

Parque do Martelo
Voir p. 84 (www.facebook.com/parquedomartelo ; Rua Miguel Pereira 41 ; 8h30-13h dim-ven, 8h30-18h sam)

Climb in Rio
Voir p. 84 (21 96924-9250 ; climbinrio.com ; Praça General Tibúrcio ; 7h-20h)

Evolution Indoor Climbing
Voir p. 84 (21 98894-0060 ; www.evolucaoindoor.com.br ; Travessa Dona Marciana 31 ; à partir de 36 R$; 13h-22h lun-ven, 10h-18h sam, 12h-18h dim)

Farfalla Guest House
Voir p. 84 (21 98728-6779 ; Rua Henrique de Novais 47)

Hotelinho Urca
Voir p. 84 (21 3449-8867 ; hotelinho.com ; Rua Marechal Cantuária 10)

O Veleiro Bed & Breakfast
Voir p. 84 (21 2554-8980 ; www.oveleiro.com ; Rua Mundo Novo 1440)

Urca Hotel
Voir p. 84 (21 97739-5202 ; www.urcahotel.com.br ; Rua Ramon Franco 67)

Yoo2 Hotel
Voir p. 84 (21 3445-2000 ; yoo2.com ; Praia de Botafogo)

Garota da Urca
Voir p. 83 (21 99567-0161 ; @restaurantesgarota ; Av. João Luiz Alves 56 ; 11h30-minuit)

O Naturalie
Voir p. 83 (21 2537-7443 ; @onaturalie ; Rua Visconde de Caravelas 5 ; 11h30-16h lun-sam)

Oteque
Voir p. 83 (☎ 21 3486-5758 ; www.oteque.com ; Rua Conde de Irajá 581 ; 19h-23h30 mar-sam)

Refeitório Orgânico
Voir p. 83 (☎ 21 2537-0750 ; Rua Dezenove de Fevereiro 120 ; 11h-15h lun-ven, 12h-15h sam)

Sorvetes Hoba
Voir p. 83 (☎ 21 98088-6041 ; @sorveteshoba ; Rua Fernandes Guimarães 49 ; h11h-21h)

Bar Urca
Voir p. 82 (☎ 21 2295-8744 ; barurca.com.br ; Rua Cândido Gaffrée 205 ; 9h-22h30)

Boteco Cabidinho
Voir p. 83 (☎ 21 2537-4258 ; www.facebook.com/BotecoCabidinho ; Rua Paulo Barreto 65 ; 24h/24)

Chanchada Bar
Voir p. 83 (Rua General Polidoro 164B ; 12h-minuit mar-ven, 12h-2h sam, 12h-22h dim)

Cobal do Humaitá
Voir p. 84 (Rua Voluntários da Pátria 446 ; 9h-20h lun-sam, 9h-18h dim)

Fuska
Voir p. 79 (☎ 21 2266-3621 ; www.facebook.com/fuskabar2.0 ; Rua Capitão Salomão 52 ; 8h-3h mar-dim)

Quartinho Bar
Voir p. 83 (☎ 21 2179-6447 ; @quartinhobar ; Rua Arnaldo Quintela 124 ; h18h-1h mar-jeu, 18h-2h ven-sam)

Bukowski
Voir p. 82 (☎ 21 97727-5715 ; barbukowski.com.br ; Rua Álvaro Ramos 270 ; 19h-5h ven-sam)

Babilônia Feira Hype
Voir p. 83 (www.babiloniafeirahype.com.br ; Av. Borges de Medeiros 1426, Lagoa, sam-dim 14h-22h)

Junta Local
Voir p. 83 (☎ 21 98462-2799 ; juntalocal.com)

FLAMENGO, LARANJEIRAS, CATETE ET GLÓRIA

Aterro do Flamengo
Voir p. 88 (Av. Infante Dom Henrique)

Museu da República
Voir p. 90 (museudarepublica.museus.gov.br ; Rua do Catete 153 ; 6 R$; 10h-17h mar-ven, 11h-17h sam-dim)

Museu de Arte Moderna
Voir p. 87 (mam.rio ; Av. Infante Dom Henrique 85 ; entrée libre, don 20 R$ apprécié ; 10h-18h mer-sam, 11h-18h dim)

Nossa Senhora da Glória
Voir p. 90 (www.nsdagloria.com.br ; Largo do Machado ; 7h-19h)

Palácio das Laranjeiras
Voir p. 90 (palaciodaslaranjeiras.rj.gov.br ; Rua Paulo César

Escadaria Selarón

de Andrade 407 ; 9h-17h lun-ven)

Palácio Guanabara
Voir p. 90 (www.palaciosdopovo.rj.gov.br ; Rua Pinheiro Machado ; visite 9h-17h sam)

The Maze
Voir p. 86 (21 2558-5547 ; mazerio.com.br ; Rua Tavares Bastos 414, Casa 66, Catete ; mer-dim 10h-17h)

Casa Caminho do Corcovado
Voir p. 90 (21 2265-2124 ; casacaminhodocorcovado.com.br ; Rua Filinto de Almeida 283)

Discovery Hostel Rio
Voir p. 90 (21 3449-0672 ; www.discoveryhostel.com ; Rua Benjamin Constant 26)

Hey, Rio! Hostel
Voir p. 90 (21 98881-4394 ; Rua das Laranjeiras 222)

Jo&Joe Largo do Boticario
Voir p. 90 (21 3235-2600 ; all.accor.com ; Beco do Boticário 26)

Villa 25
Voir p. 90 (21 3596-2069 ; villa25.com.br ; Rua Gago Coutinho 25)

Mamma Rosa Italian
Voir p. 89 (21 2285-3649 ; www.mammarosa.com.br ; Rua das Laranjeiras ; 11h-23h dim-jeu, 11h-0h30 ven-sam)

Maya Café
Voir p. 90 (21 98895-9280 ; www.mayacafe.com.br ; Rua Professor Ortiz Monteiro 15B ; 11h-22h)

Symposium Bistro
Voir p. 90 (21 2205-3122 ; www.symposiumbistro.com ; Rua Ipiranga 65 ; 18h-23h lun-sam)

Taberna 564
Voir p. 90 (21 3497-1165 ; Rua Cosme Velho 564 ; 11h-17h)

Tacacá do Norte
Voir p. 89 (21 2225-7329 ; Rua Barão do Flamengo 35R ; 9h-22h)

Tasca do Edgare
Voir p. 86 (21 2558-9447 ; Rua Alice 34, Loja A ; 11h30-23h)

Armazém Cardosão
Voir p. 87 (21 96491-7924 ; @armazemcardosao ; Rua Cardoso Júnior 312 ; 17h-tard mar-ven, 12h-tard sam-dim)

Feira da Glória
Voir p. 88 (Av. Augusto Severo, Glória ; 8h-14h dim)

Jacaré Livros
Voir p. 89 (21 99275-9929 ; jacarelivros.com.br ; Rua das Laranjeiras 21, Loja 18 ; 12h-19h mar-ven, 11h-16h sam)

Sebo Beta de Aquarius
Voir p. 89 (21 2556-1213 ; @sebobetadeaquarius ; Rua Buarque de Macedo 72 ; 9h-21h lun-ven, 9h-18h sam, 10h-18h dim)

SANTA TERESA ET LAPA

Bonde
Voir p. 92 (tramway ; www.bondesdesantateresa.rj.gov.br ; aller-retour 20 R$; 8h-17h lun-ven, 9h-16h sam-dim ; billets M Carioca)

Parque das Ruínas
Voir p. 94 (Rua Murtinho Nobre 169 ; entrée libre ; 9h-16h jeu-dim)

Rio Street Art Tour
Voir p. 95 (21 99762-8083 ; riostreetarttour.com ; visites 60-120 R$)

Casa 48 Guesthouse
Voir p. 96 (21 98351-5220 ; www.casa48-rio.com ; Rua Almirante Alexandrino 2023, Casa 48)

Hostel Lapa 166
Voir p. 96 (Av. Mem de Sá 166)

Hotel Santa Teresa
Voir p. 96 (21 3380-0200 ; www.santateresahotelrio.com ; Rua Almirante Alexandrino 660)

Mama Ruisa
Voir p. 96 (21 98885-0631 ; www.mamaruisa.com ; Rua Santa Cristina 132)

Mambembe Hostel
Voir p. 96 (21 3734-4553 ; www.mambembehostels.com ; Rua Joaquim Murtinho 251)

Bar do Mineiro
Voir p. 95 (21 2221-9227 ; bardomineiro.net ; Rua Paschoal Carlos Magno 99 ; 11h-23h mar-sam, 11h-22h dim)

Bonde Boca
Voir p. 95 (21 3563-6001 ; bonde-boca.negocio.site ; Rua Aarão Reis 20 ; 12h-17h lun-mar, 12h-23h mer-sam, 12h-19h dim)

Cafe do Alto
Voir p. 96 (21 2507-3172 ; Rua Paschoal Carlos Magno 143 ; 9h-16h mer-ven, 9h-17h sam-dim)

Térèze
Voir p. 96 (21 3380-0259 ; www.santateresahotelrio.com ; Hotel Santa Teresa, Rua Almirante Alexandrino 660 ; 12h-16h et 18h-22h)

Território Aprazível
Voir p. 95 (21 2507-1277 ; www.aprazivel.com.br ; Rua Aprazível 62 ; 12h-22h mar-sam, 12h-17h dim)

Bar do Gomez
Voir p. 96 (21 2232-0822 ; Rua Áurea 26 ; 12h-23h lun-sam, 12h-21h dim)

Beco do Rato
Voir p. 96 (21 97968-3670 ; becodorato.com.br ; Joaquim Silva 11 ; 17h-1h lun-mar, 17h-3h jeu-sam, 11h-22h dim)

Carioca da Gema
Voir p. 96 (21 98556-0834 ; www.barcariocadagema.com.br ; Av. Mem de Sá 79 ; 19h30-3h mar-jeu, 20h30-3h ven-sam)

Circo Voador
Voir p. 93 (21 2533-0354 ; www.circovoador.com.br ; Rua dos Arcos)

Fundição Progresso
Voir p. 94 (www.fundicaoprogresso.com.br ; Rua dos Arcos 24)

Teatro Municipal
Voir p. 96 (21 2332-9191 ; theatromunicipal.rj.gov.br ; Praça Floriano)

Teatro Rival
Voir p. 96 (21 2240-4469 ; teatrorival.com.br ; Rua Álvaro Alvim 33)

Vaca Atolada
Voir p. 96 (www.facebook.com/vacaatoladadalapa ; Av. Gomes Freire 533 ; 16h-4h mar-sam)

Feira do Rio
Voir p. 91 (Rua do Lavradio, Lapa ; 10h-18h 1er sam du mois)

CENTRO, PORTO MARAVILHA ET ZONA NORTE

A Gentil Carioca
Voir p. 103 (www.agentilcarioca.com.br ; Rua Gonçalves Lédo 17 ; 14h-18h mar-ven, 10h-16h sam)

AquaRio
Voir p. 100 (www.aquario-marinhodorio.com.br ; Praça Muhammad Ali ; tarif plein/réduit 110/75 R$; 9h-17h lun-ven, 9h-18h sam-dim)

Centro Cultural Banco do Brasil
Voir p. 103 (ccbb.com.br ; Rua Primeiro de Março 66 ; entrée libre ; 9h-21h lun et mer-sam, 9h-20h dim)

Fábrica Bhering
Voir p. 103 (www.facebook.com/fabricabhering ; Rua Orestes 28 ; 10h-17h lun-ven, 10h-19h sam)

Grande roue Rio Star
Voir p. 100 (yupstar.com.br ; Av. Rodrigues Alves 455 ; 79,90 R$; 10h-18h)

Instituto de Pretos Novos
Voir p. 100 (pretosnovos.com.br ; Rua Pedro Ernesto 32 ; tarif plein/réduit 20/10 R$, entrée libre mar ; 10h-16h mar-ven, 10h-12h sam)

Maracanã
Voir p. 102 (www.estadiodo-maracana.com.br ; Rua Professor Eurico Rabelo ; visite guidée tarif plein/réduit 60/30 R$; 9h-17h)

Museu de Arte do Rio
Voir p. 103 (museudeartedorio.org.br ; Praça Mauá 5 ; adulte/enfant 20/10 R$; 11h-17h mar-dim)

Museu do Amanhã
Voir p. 100 (museudoamanha.org.br ; Praça Mauá 1 ; tarif plein/réduit 30/15 R$; 10h-18h mar-dim)

Museu Histórico Nacional
Voir p. 103 (21 3299-0324 ; mhn.museus.gov.br ; Praça Marechal Âncora, près de l'Av. General Justo ; entrée gratuite au moment de notre passage ; 10h-17h mer-dim)

Pier Mauá
Voir p. 100 (www.piermaua.rio ; Av. Rodrigues Alves 10 ; 9h-18h lun-ven)

Sambódromo da Marquês de Sapucaí
Voir p. 101 (www.sambadrome.com ; Rua Marquês de Sapucaí)

Casa Nova Hotel
Voir p. 103 (21 3547-5241 ; casanovahotel.com.br ; Rua Riachuelo 105)

Vila Galé Rio de Janeiro
Voir p. 103 (21 2460-4500 ; www.vilagale.com ; Rua Riachuelo 124)

Prodigy Santos Dumont
Voir p. 103 (21 3478-4100 ; www.prodigyhotels.com.br ; Av. Almirante Silvio de Noronha 365)

Sangha Urbana
Voir p. 103 (21 99443-7880 ; sanghaurbana.com.br ; Rua Candelária 106)

Selina Lapa
Voir p. 103 (21 2506-7800 ; www.selina.com ; Rua Visconde de Maranguape 9)

Cafe Téro
Voir p. 102 (21 99246-6556 ; Ladeira Felipe Neri 11 ; 11h45-17h lun-jeu, 11h45-18h ven-dim)

Confeitaria Colombo
Voir p. 102 (21 2505-1500 ; www.confeitariacolombo.com.br ; Rua Gonçalves Dias 32 ; 11h-18h lun-sam)

Labuta Bar
Voir p. 102 (21 3148-2156 ; Av. Gomes Freire 256 ; 11h30-20h lun-sam)

Lilia
Voir p. 102 (21 3852-5423 ; @lilia.restaurante ; Rua do Senado 45 ; 11h30-15h lun-mer, 11h30-15h et 19h30-22h30 jeu-ven, 12h-16h sam)

Bar Dellas
Voir p. 103 (Rua Pedro Ernesto 5)

Wells Beer & BBQ
Voir p. 102 (21 98985-5233 ; www.facebook.com/wellsbeer50 ; Rua do Carmo 50 ; 11h-tard lun-ven)

Gafieira Estudantina
Voir p. 102 (21 2232-1149 ; www.facebook.com/CentroCulturalEstudantinaMusical ; Praça Tiradentes 79 ; 9h-18h lun, 20h-3h mar-sam)

Heaven Club
Voir p. 103 (21 98095-6132 ; heavenclub.com.br ; Rua Riachuelo 97 ; 23h-11h sam)

Rio Scenarium
Voir p. 103 (21 96550-0002 ; www.rioscenarium.com.br ; Rua do Lavradio 20 ; 19h-tard mer-ven, 12h-18h et 20h-tard sam)

Sacadura 154
Voir p. 102 (21 97084-8364 ; espaco154.com ; Rua Sacadura Cabral 154)

SÃO CONRADO, BARRA ET RECREIO DOS BANDEIRANTES

Museu Casa do Pontal
Voir p. 108 (www.museucasado-pontal.com.br ; Estrada do Pontal 3295 ; exposition permanente 12 R$, temporaire 4 R$, -6 ans gratuit ; 9h30-17h mar-dim)

Small Riders Surf House
Voir p. 109 (Estrada do Pontal 355)

Xplora Crew
(21 99676-1313 ; www.xploracrew.com ; Av. Niemeyer 90)

Grand Hyatt Rio
Voir p. 109 (21 3797-1234 ; www.hyatt.com ; Av. Lúcio Costa 9600)

Longboard Paradise Hostel
Voir p. 109 (21 97223-5623 ; longboardparadise.com.br ; Av. Paulo Tapajós)

More RJ Hostel
Voir p. 109 (21 99774-2562 ; Rua Itália Fausta 105)

Pousada Barra Sol
Voir p. 109 (21 2493-7377 ; www.pousadabarrasol.com.br ; Av. Grande Canal 301)

Pousada da Gigoia
Voir p. 109 (21 99985-4427 ; www.beachhousegigoia.com.br ; Al. das Casuarinas 45)

Bira de Guaratiba
Voir p. 108 (21 99864-6134 ; restaurantedobira.com.br ; Estrada da Vendinha 68 ; 12h-17h jeu-dim)

Ocyá
Voir p. 107 (21 97286-1250 ; ocya.com.br ; Ilha Primeira ; 12h-18h mer-jeu et dim, 12h-22h ven-sam)

Pura Rio Vegan
Voir p. 109 (21 96752-6304 ; www.purario.com ; Rua Maria luiza pitanga 163 ; 12h-17h mer-ven, 9h-17h sam-dim)

Soga Beach Club
Voir p. 109 (21 98234-1727 ; @soga_beach ; Av. Pref. Mendes de Morais 1500 ; 9h30-18h30 mar-ven, 9h30-22h sam-dim)

Bar Caiçara
Voir p. 107 (21 2484-7983 ; barcaicara.wixsite.com/barcaicara ; Rua Dr. Sebastião de Aquino 170 ; 12h-19h mer-jeu, 12h-22h ven-sam, 12h-20h dim)

Surfeur dans les rues de Rio

SÃO PAULO

MÉGAPOLE BRÉSILIENNE RICHE D'UNE EXCEPTIONNELLE DIVERSITÉ

Avec son lot d'expériences culinaires, sa scène artistique dynamique, sa vie nocturne trépidante et ses nombreux sites culturels, São Paulo est une ville palpitante à découvrir.

"Sampa" est une des villes les plus cool au monde. Voilà qui est dit. La mégalopole, qui compte 22 millions d'habitants, est la capitale brésilienne de la culture, de la gastronomie et de la vie nocturne... Les Paulistanos ne s'y trompent pas et clament haut et fort leur amour de la ville.

Cette cité moderne et cosmopolite a tout pour plaire : des gratte-ciel anciens et élégants rivalisant avec ceux de New York, une certaine majesté rappelant Rome, une scène culinaire aussi dynamique qu'à Tokyo, une énergie électrique digne de la ville de Bangkok, une communauté LGBTQI+ plus importante encore qu'à Amsterdam, une ambiance romantique et une vie nocturne qui n'ont rien à envier à Paris ou Berlin. Le tout sur fond de samba et arrosé de caïpirinha.

WIRESTOCK CREATORS/SHUTTERSTOCK ©

Il n'en demeure pas moins que la météo peut être capricieuse dans la "cité de la bruine" et que le béton est partout, que le trafic est intense et que la pauvreté est une dimension bien réelle de certains quartiers. Mais la joie de vivre légendaire des Brésiliens l'emporte malgré tout, et les habitants concèdent eux-mêmes qu'ils ne pourraient vivre ailleurs.

Bien avant que le terme "diversité" soit à la mode, São Paulo mélangeait déjà origines, religions, couleurs de peau et sexualités au quotidien. La ville accueille les plus grandes diasporas japonaises et italiennes, ainsi que de nombreux immigrés du Moyen-Orient et divers groupes ethniques au Brésil. C'est peu dire que la ville est "multiculturelle". Avant l'arrivée des Portugais, le peuple tupi, vécut dans cette zone pendant des milliers d'années. Aujourd'hui, les sujets de la colonisation et de l'esclavage reviennent sur le devant de la scène, alors que la ville revisite les heures sombres de son histoire.

São Paulo est non seulement la ville la plus progressiste d'Amérique du Sud, mais aussi un pôle culturel raffiné, avec une scène culinaire réputée – haute gastronomie brésilienne, bars à cocktails et *botecos* (bars de quartier) animés. Côté sport, le football déchaîne les passions des Paulistanos. Avec sa scène artistique reconnue à l'international, ses charmants espaces verts, de superbes œuvres d'art urbain et de nombreuses festivités, São Paulo est véritablement une ville épatante.

QUARTIERS PRINCIPAUX

AVENIDA PAULISTA, JARDINS ET ENVIRONS
Centre culturel et financier de Sampa.
p. 124

CENTRE-VILLE ET ENVIRONS
Centre-ville brut débordant de culture.
p. 131

PARQUE IBIRAPUERA ET ENVIRONS
Architecture moderniste et œuvres d'art en plein air.
p. 140

PINHEIROS, VILA MADALENA ET ENVIRONS
Paradis bohème des gourmets et des fêtards. p. 146

ALISON NUNES CALAZANS/SHUTTERSTOCK ©

Museu de Arte de São Paulo (p. 125)

S'orienter

À première vue, l'immensité de la ville de São Paulo peut intimider, mais grâce au vaste et efficace réseau de métro et aux nombreux taxis et VTC y circulant, on s'y déplace assez facilement… encore plus en dehors des heures de pointe.

DEPUIS L'AÉROPORT

Le GRU (www.gru.com.br), premier aéroport international de São Paulo, se trouve à 25 km au nord-est du centre-ville. Les services de taxi Guarucoop (guarucoop.com.br) ou de VTC Uber (www.uber.com ; courses prépayées) sont pratiques mais onéreux. L'Airport Bus Service (www.airportbusservice.com.br) est une bonne option. Autrement, un train relie l'aéroport à l'Estação da Luz, d'où vous pourrez prendre le métro. Il présente la solution la plus commode et la plus rapide.

MÉTRO ET TRAIN

Le métro de São Paulo (www.metro.sp.gov.br ; trajet 4,40 R$) est propre, sûr, rapide et bon marché. Il circule de 4h40 à minuit et dessert la plupart des sites d'intérêt. Il est relié au réseau de trains de banlieue CPTM (Companhia Paulista de Trens Metropolitanos ; www.cptm.sp.gov.br ; trajet 4,40 R$). Tickets disponibles au guichet. L'application dédiée permet de prévoir ses trajets en toute simplicité.

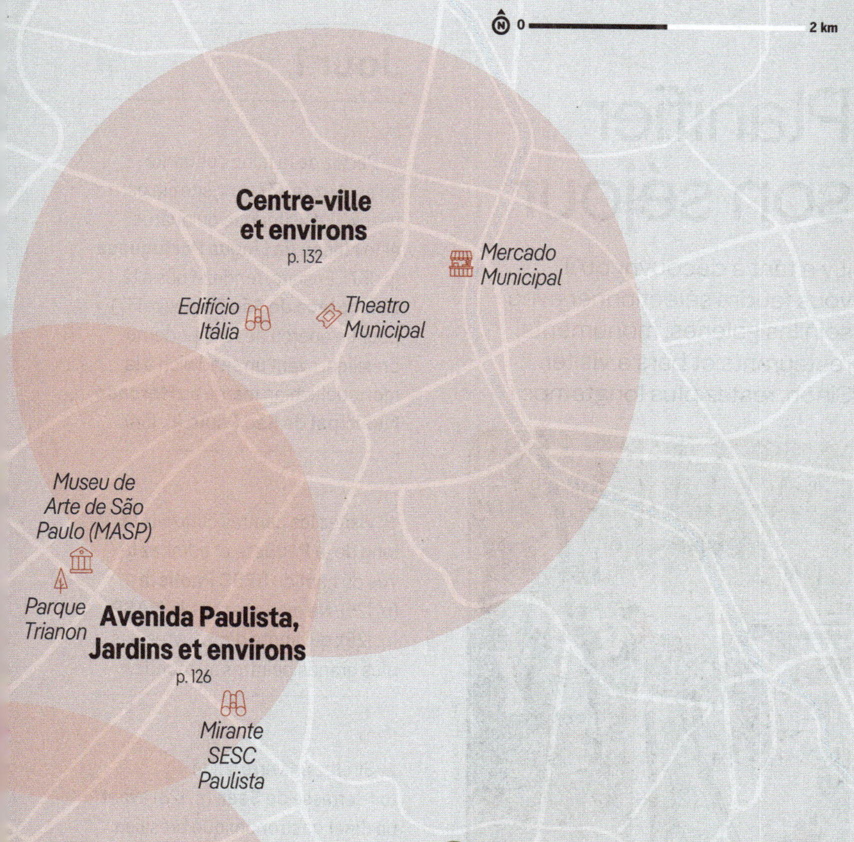

TAXI ET VTC

Les services VTC type Uber (www.uber.com) et 99 (99app.com) sont sûrs et peu onéreux. La nuit, ils sont particulièrement recommandés pour les touristes. Les taxis traditionnels sont généralement plus chers, mais ils sont autorisés à emprunter les voies de bus – ce qui est pratique et revient moins cher en pleine heure de pointe.

À PIED

Pour bien s'imprégner de l'ambiance de chaque quartier, rien de tel que de les découvrir en marchant. São Paulo se visite très bien à pied, combiné à quelques trajets en métro et en taxi. Cela dit, mieux vaut éviter de flâner la nuit, surtout dans le centre-ville.

Planifier son séjour

Il y a tant à découvrir qu'il vous faudra sélectionner avec soin les galeries, monuments, restaurants et bars à visiter. Sinon, restez plus longtemps !

RAFAEL TOMAZI/SHUTTERSTOCK ©

Mercado Municipal de São Paulo (p. 134)

Jour 1

Matin

- Partez de la mine culturelle qu'est **Luz** (p. 137) et visitez la gare ferroviaire historique du quartier et le **Museu da Língua Portuguesa** (p. 137). Ensuite, rendez-vous à la **Pinacoteca de São Paulo** (p. 137) pour un aperçu de l'art moderne brésilien, avant un sandwich à la mortadelle bien mérité au **Mercado Municipal de São Paulo** (p. 134).

Après-midi

- Visitez les centres culturels le long de la **Paulista** et admirez la vue du haut du **SESC Paulista** (p. 125). Ne manquez pas le **MASP** (p. 125), qui abrite des œuvres des plus grands peintres au monde.

Soir

- Sirotez un verre sur le toit-terrasse de **Seen** (p. 128) avant un dîner gastronomique brésilien à **D.O.M.** (p. 129). Pour finir, les bars animés de la **Rua Augusta** (p. 130) n'attendent que vous.

Vous aimerez aussi...

Dans une ville de cette taille, difficile de s'ennuyer : la vie épicurienne y est à l'honneur, mais pas que.

VOIR UN MATCH DE FOOT

Peu de supporters sont aussi passionnés que les Brésiliens. Vivez un match au stade ou visitez le **Museu do Futebol** (p. 128).

PARTICIPER À UN ÉVÉNEMENT

Du **carnaval** à la **Gay Pride** en passant par la **Biennale** (p. 144) et le **Grand Prix** (p. 145) de São Paulo, l'année est riche en événements.

FAIRE UNE PROMENADE À PIED

Découvrez les sites les plus connus de São Paulo **à pied** (p. 147) pour saisir la dimension culturelle qui nourrit la ville.

JO GALVAO/SHUTTERSTOCK ©, CRIS FAGA/SHUTTERSTOCK ©, VINICIUS BACARIN/SHUTTERSTOCK ©

Jour 2

Matin

● Dans le centre-ville, découvrez le quartier brut et les gratte-ciels modernistes de **República** (p. 135) où vous pourrez boire un traditionnel expresso avant de prendre un petit-déjeuner au **Cuia Café e Restaurante** (p. 135). Faites un tour Rua Augusta puis déjeunez à l'incontournable **A Casa do Porco** (p. 135).

Après-midi

● Traversez le pont qui mène au **centre-ville** (p. 135) et découvrez nombre de curiosités culturelles et architecturales. Entrez dans la **Galeria do Rock** (p. 136), haut lieu de la contre-culture.

Soir

● Réservez une table sur le toit-terrasse du **Notiê** (p. 137) avant de rejoindre le **Theatro Municipal** (p. 134) pour un cocktail au **Bar dos Arcos** avant un spectacle.

Jour 3

Matin

● Commencez par un bon café au **Coffee Lab** (p. 149), puis partez à la découverte du street art de Vila Madalena, au **Beco do Batman** (p. 147). Rejoignez le **Parque Ibirapuera** (p. 140) et baladez-vous à vélo au milieu de bâtiments modernistes, de musées et de galeries. Déjeunez en admirant une vue spectaculaire sur le toit-terrasse du **Vista** (p. 142).

Après-midi

● Si vous avez encore un peu d'énergie, le **Museu do Ipiranga** (p. 144), à 15 minutes en taxi, est un autre incontournable. Vous pouvez aussi visiter le quartier très japonais de **Liberdade** (p. 138).

Soir

● À **Pinheiros** (p. 146) goûtez la cuisine traditionnelle en sirotant une caïpirinha dans un *boteco*. Ensuite, enchaînez cocktails et clubs de samba jusqu'à l'aube.

SE RÉGALER DANS LA ZONA NORTE

Ne manquez pas les pépites gastronomiques de la Zone Nord, au **Mocotó** (p. 137) et au **Bar do Luiz Fernandes** (p. 137).

PLONGER DANS LA CULTURE LGBTQI+

Très présente à São Paulo, notamment dans les quartiers animés de **República** (p. 135) et dans la **Rua Frei Caneca** (p. 138).

SAVOURER DES BIÈRES ARTISANALES

La révolution de la **bière artisanale** (p. 148) ne fait que commencer à São Paulo.

GOÛTER LA PIZZA PAULISTANA

São Paulo abrite l'une des plus grandes communautés italiennes au monde ; pas étonnant que la **pizza paulistana** (p. 151) soit si connue.

AVENIDA PAULISTA, JARDINS ET ENVIRONS

Pour les infos pratiques, voir le Carnet d'adresses p. 152

CENTRE CULTUREL ET FINANCIER DE SAMPA

L'Avenida Paulista, inaugurée en 1891 sur le modèle des grandes avenues européennes, est le Times Square de São Paulo : à la fois l'épicentre touristique et le lieu de rassemblement de célébrations diverses, du Nouvel An à la victoire du Brésil à la Coupe du monde. Parcours des manifestations ainsi que de l'immense Gay Pride de la ville, l'avenue est un centre important de la démocratie et de la diversité.

Au-delà se trouvent certains des quartiers les plus luxueux de Sampa : Jardins, Higienópolis et Jardim Paulista, qui comptent nombre de restaurants, hôtels, galeries et boutiques chics. De nuit, le quartier vaut aussi le détour : la Rua Augusta est célèbre pour ses clubs hédonistes, tandis que la Rua Frei Caneca est le haut-lieu de la culture LGBTQI+.

À SAVOIR

Pour une expérience optimale, arpentez l'Avenida Paulista le dimanche : la rue est piétonne (7h-16h) et se peuple d'étals divers et d'artistes de rue, tandis qu'un marché d'antiquités se tient sous le MASP. Le métro passe sous l'avenue et trois stations vous permettront de la rejoindre à différents niveaux.

Marché d'antiquités, le dimanche au Museu de Arte de São Paulo

Parque Trianon

FORÊT PAISIBLE PEUPLÉE D'OISEAUX

Au milieu de la jungle bétonnée de l'Avenida Paulista se trouve une petite pépite, souvenir de la forêt tropicale atlantique brésilienne. Située en face du MASP, cette mini-forêt ombrophile (qui couvrait jadis quelque 133 millions d'hectares), aussi appelée Parque Siqueira Campos, est un vrai havre de paix en pleine ville. Le parc abrite 135 espèces végétales, dont les plantes locales telles que l'*araribá*, le palmier *juçara* et le *jequitibá* – les plus grands arbres de la forêt atlantique. Le long du chemin, vous passerez devant de nombreux oiseaux, ainsi que plusieurs sculptures. Vous pouvez vous balader sans crainte, des policiers assurent la sécurité.

Parque Trianon

Mirante SESC Paulista

ÉMOTION À L'HORIZON

Pour voir l'avenue prisée de Sampa sous un autre angle, montez au 17e étage du centre culturel SESC Paulista. Contrairement aux autres points de vue de la ville, l'entrée est gratuite et vous pourrez admirer la Paulista dans toute sa superbe, mais aussi la ville de São Paulo et ses gratte-ciel qui s'étendent à perte de vue. L'accès est fermé en cas de pluie ; on peut alors boire un verre ou déjeuner au **Café Terraço** et profiter de la vue depuis la terrasse.

Vue du Mirante SESC Paulista

Museu de Arte de São Paulo (MASP)

ART ET ARCHITECTURE MODERNES

Sans doute le monument culturel le plus connu de la ville, ce musée de qualité réunit tout le gratin du monde artistique sous un même toit, formant la collection d'art occidental la plus complète d'Amérique du Sud. Ici, les noms de Picasso ou Van Gogh, entre autres, sont indiqués au dos des œuvres de la collection permanente, lesquelles sont suspendues dans des parois en verre. L'art contemporain brésilien trouve aussi sa place dans le cadre d'expositions temporaires remarquables. Le bâtiment ne fait pas l'unanimité – structure de style brutaliste surélevée à l'aide de quatre piliers rouges signée Lina Bo Bardi et achevée en 1968, mais il vaut le détour. Entrée gratuite le mardi et le 1er jeudi du mois.

AVENIDA PAULISTA, JARDINS ET ENVIRONS

INCONTOURNABLES
1 Mirante SESC Paulista
2 Museu de Arte de São Paulo (MASP)
3 Parque Trianon

VOIR
4 Casa das Rosas
5 Instituto Moreira Salles
6 Japan House
7 Méqui 1000
8 Museu Judaico de São Paulo
9 Museu Xingu
10 Parque Augusta
11 Prédio da FIESP

ACTIVITÉS, COURS ET CIRCUITS ORGANISÉS
12 Escola de Samba Vai-vai

SE RESTAURER
13 Calçadão Urbanoide
14 Charco
15 D.O.M.
16 Frevo
17 Murakami
18 Pão de Queijo Haddock Lobo
19 Picchi
20 Restaurante Président
21 Taquería La Sabrosa
22 Z Deli Sandwiches

PRENDRE UN VERRE ET FAIRE LA FÊTE
23 Dogma
24 Presidenta
25 Soul Café

SORTIR
26 Centro Cultural Afrika
voir 24 Le Rêve Club
27 Selva

SHOPPING
28 Água de Coco
29 Galeria Melissa
30 Havaianas

O JOGO BONITO

Partie intégrante de l'identité nationale, le *futebol* est vital pour les Brésiliens et São Paulo compte certains des supporters les plus passionnés au monde. Même ceux qui n'aiment pas particulièrement le "beau jeu" – *Jogo bonito*, d'après une expression de Pelé – se doivent d'aller au stade ou de regarder un match au bar avec des Brésiliens, pour une expérience mémorable. Les équipes locales – Corinthians, Palmeiras, São Paulo et Santos, l'ancien club de Pelé – participent toutes au championnat brésilien de première division (d'avril à novembre).

Visitez le **Museu do Futebol**, sous les gradins colorés du stade du Pacaembu, pour saisir l'importance culturelle de ce sport et revivre les moments de gloire et d'échec de l'équipe nationale (dont ses cinq victoires en Coupe du monde).

CASA.DA.PHOTO/SHUTTERSTOCK ©

Méqui 1000

ÉGALEMENT DANS L'AVENIDA PAULISTA, À JARDINS ET DANS LES ENVIRONS

La facette culturelle de la Paulista

DIVERSITÉ ARTISTIQUE, HISTORIQUE ET CULTURELLE

L'Avenida Paulista a beau se trouver en plein quartier des affaires le plus en vue de São Paulo, les points d'intérêts culturels donnent vie à cette zone.

La **Casa das Rosas**, demeure de style français bâtie en 1935, vous transportera dans la Paulista d'autrefois. Aujourd'hui, elle abrite des expositions temporaires sur l'époque où les barons du café vivaient dans cette zone. Parmi les quelques bâtiments de style art nouveau qui subsistent, le **Méqui 1000** accueille le McDonald's le plus célèbre de la ville avec ses colonnades en façade.

Au début de l'avenue se trouve l'**Instituto Moreira Salles**, un beau centre culturel qui abrite des expositions photo d'envergure internationale, un cinéma d'art et essai, une terrasse panoramique et le restaurant chic Balaio IMS. À l'autre extrémité, la **Japan House**, dont la superbe façade de lattes de bois suspendues contraste avec ses voisines de béton et d'acier, est dédiée à la culture japonaise – un hommage à la communauté de la ville, la plus importante en dehors du Japon. À l'extérieur, la célèbre

OÙ BOIRE UN COCKTAIL DANS L'AVENIDA PAULISTA, À JARDINS ET DANS LES ENVIRONS

Seen
Bar tendance sur le toit de l'hôtel cinq-étoiles Tivoli Mofarrej. Idéal pour un cocktail au crépuscule.

Riviera Bar
Véritable institution au charme suranné. On y sirote son célèbre cocktail Fitzgerald installé au bar tout en courbes.

Bar Astor
Bar rétro à l'angle de la Rua Oscar Freire qui sert de savants mélanges. Terrasse à ciel ouvert.

fresque murale représentant Oscar Niemeyer (52 m de haut), œuvre du *street artist* Eduardo Kobra, rend hommage à l'illustre architecte moderniste brésilien.

Au milieu de l'avenue se dresse le **Prédio da FIESP**, connu pour son écran pyramidal de 92 m de haut qui afficha un hommage à Pelé à la mort du footballeur en 2022.

Juste à côté, le petit **Museu Xingu** abrite une fascinante collection d'objets amazoniens et une boutique d'artisanat issu du commerce équitable (magnifiques bijoux et souvenirs artisanaux). Le **Museu Judaico de São Paulo** retrace l'histoire des Juifs brésiliens dans une synagogue classée au patrimoine (1932) de la ville. **L'Escola de Samba Vai-vai** est une célèbre école de samba fondée sur les terres de l'ancien Quilombo da Saracura (communauté d'esclaves évadés) et le **Centro Cultural Afrika** est dédiée aux cultures noires (spectacles en soirée).

Vous trouverez à Higienópolis l'imposant **Museu de Arte Brasileira**, qui réunit plus de 2 000 œuvres d'art brésilien (1960-1990), et le **Paço das Artes**, installé dans un beau manoir. Dédié aux arts visuels, il propose une large programmation culturelle.

Vivre la grande vie dans la Rua Oscar Freire

RESTAURANTS RAFFINÉS ET BOUTIQUES DE LUXE

Quelques pâtés de maisons plus loin, la Rua Oscar Freire, bordée d'arbres, est l'autre rue célèbre de São Paulo. Véritable avenue des Champs-Élysées brésilienne, on y trouve les boutiques les plus luxueuses au monde. Traversant le quartier aisé de Jardins, la rue fait aussi la part belle aux tongs. On ne présente plus les **Havaianas**, dont vous trouverez ici la boutique vedette. Parmi les autres boutiques de marques brésiliennes figurent **Água de Coco**, qui vend des maillots de bain de stylistes locaux, et la **Galeria Melissa**, mecque des chaussures en plastique conçues par divers designers, de Vivienne Westwood et Zaha Hadid aux créateurs brésiliens renommés.

Qui dit shopping, dit pauses gourmandes : les adresses ne manquent pas dans les environs. Outre le restaurant chic **D.O.M**, le **Restaurante Président** sert la cuisine française haut de gamme du chef Érick Jacquin ; le restaurant médaillé **Murakami** propose des mets japonais ; **Picchi**, restaurant étoilé, ravira les amateurs de cuisine italienne, et **Charco** propose un menu dégustation de cuisine du sud du Brésil en neuf temps.

Pour une ambiance plus décontractée, vous trouverez un des meilleurs burgers de la ville à **Z Deli Sandwiches**. **Pão de Queijo Haddock Lobo** vend de délicieux *pão de queijo* (gougère au fromage) depuis 1968 et **Dogma** sera l'arrêt parfait pour les amateurs de bière.

LES MEILLEURS RESTAURANTS

D.O.M.
Cuisine contemporaine d'inspiration amazonienne par le célèbre chef Alex Atala. Réservation indispensable. **$$$**

Balaio IMS
Café-restaurant décontracté du chef Rodrigo Oliveira (restaurant Mocotó), où l'on sert des spécialités du Nordeste et des cocktails revisités. **$$**

Jiquitaia
Cuisine brésilienne contemporaine imaginée par Marcelo Corrêa Bastos. Superbe carte de boissons à base de cachaça. **$$**

Tordesilhas
Restaurant novateur qui donne une touche contemporaine aux plats régionaux brésiliens. **$$**

Kan Suke
Bar à sushis intimiste où l'on sert de délicieux plats préparés par le chef Keisuke Egashira. Une étoile au guide Michelin. **$$**

OÙ PRENDRE UN CAFÉ DANS L'AVENIDA PAULISTA, À JARDINS ET DANS LES ENVIRONS

Santo Grão
Bistrot où coule le meilleur café brésilien de la Rua Oscar Freire. Petit-déjeuner, brunch et cocktails.

Fechado
Plus qu'un bar, cette adresse accueillante propose des petits-déjeuners réconfortants et du café brésilien de qualité.

Padaria Bella Paulista
Tout près de la Paulista, célèbre boulangerie ouverte 24h/24 : petit-déjeuner, café, déjeuner et cocktails.

LE TOP DES HÉBERGEMENTS

Soul Hostel
Lieu cosy apprécié des baroudeurs, idéalement placé à une rue de la Paulista. $

Tapera Hostel
Jouxtant un *lanchonete* (snack-bar), ambiance plus locale et personnel très aimable. $

Pousada Zilah
Plongée dans le Sampa d'autrefois : mosaïques, vitraux et jardin. $$

Rosewood
Hôtel design branché dans une villa de style italien. Décoration élégante, piscine agréable, bars et restaurants. $$

Hotel Fasano
L'hôtel de luxe le plus huppé de la ville avec sa piscine sur le toit et ses chambres meublées selon le style moderniste. $$$

ALF RIBEIRO/SHUTTERSTOCK ©

Parque Augusta

Faire la fête dans la Rua Augusta

VIRÉE NOCTURNE EN VILLE

Véritable vitrine de la diversité de Sampa, la Rua Augusta et ses innombrables clubs font danser toute la ville jusqu'au petit matin. Jadis plutôt sordide, la zone s'est un peu gentrifiée mais conserve son âme hédoniste : rockeurs, gringos, emos, fêtards, artistes, trans, gays, jeunes et plus vieux s'y retrouvent pour faire la fête.

En journée, la Rua Augusta offre une image bien différente. Faute de plage, les habitants se donnent rendez-vous au **Parque Augusta** pour aller bronzer en maillot de bain lorsque le soleil pointe le bout de son nez. Pour la dose caféinée de rigueur, **Soul Café**, niché dans une ruelle, propose un délicieux café filtre à base de grains brésiliens. De l'autre côté de la rue, **Frevo** sert ses célèbres sandwichs depuis 1956 dans une ambiance à l'ancienne. Les amateurs de tacos se régaleront à la **Taquería La Sabrosa**. Si vous n'êtes pas encore inspiré, rendez-vous à **Calçadão Urbanoide** où vous trouverez plusieurs food-trucks de cuisine du monde et de burgers, ainsi que des bars.

Autour de 22 heures, le quartier prend véritablement vie et tout le monde s'y retrouve. Entrez dans quelques clubs et bars pour vous faire une idée de l'ambiance. Dans un bâtiment colonial, **Le Rêve Club** accueille des DJ de tous les styles. **Selva** attire une clientèle variée et joyeuse. Le bar underground **Presidenta** est, quant à lui, parfait pour qui cherche une ambiance calme et intimiste. Dans la rue, faites attention aux pickpockets et méfiez-vous des cyclistes qui frôlent les passants pour voler des téléphones à l'arrachée.

MUSIQUE LIVE DANS L'AVENIDA PAULISTA, À JARDINS ET DANS LES ENVIRONS

Blue Note
Sur la Paulista, bar musical chic à la new-yorkaise avec concerts de jazz, samba, blues et bossa-nova.

Rabo di Galo
Dans l'hôtel Rosewood, concerts de samba dans un bar agréable. Instruments disponibles pour les clients.

Baretto
Dans l'hôtel Fasano, bar connu pour ses concerts de jazz et de samba assurés par de talentueux musiciens.

CENTRE-VILLE ET ENVIRONS

UN CENTRE-VILLE BRUT DÉBORDANT DE CULTURE

Le centre-ville de São Paulo est fascinant. Il a connu des jours meilleurs, mais aussi des jours bien plus sombres et, ces dernières années, certains bars, restaurants et cafés les plus tendance de Sampa ont investi ce quartier qui s'embourgeoise peu à peu et devient un haut lieu de la vie épicurienne et nocturne. Avec nombre de bijoux architecturaux, musées et monuments historiques, les différentes zones du centre-ville – Luz, República, Sé, Liberdade, São Bento et Santa Cecília – valent le détour.

Les immenses églises et gratte-ciel voient défiler l'humanité dans toute sa diversité : employés de bureau, travailleurs du sexe, hipsters, touristes, drag-queens et chefs de renom vaquent à leurs activités. S'il est sans danger de se balader en journée, la pauvreté et la drogue sont très présentes. Évitez de marcher dans la rue en soirée et déplacez-vous plutôt en taxi.

Pour les infos pratiques, voir le Carnet d'adresses p. 153

À SAVOIR

Pour une visite optimale du centre-ville, faites une boucle à pied dans chaque zone. Comptez au moins deux jours pour bien arpenter le quartier, trois ou quatre si vous le pouvez. Attention aux pickpockets.

VINICIUS BACARIN/SHUTTERSTOCK ©

Mercado Municipal de São Paulo (p. 134)

INCONTOURNABLES
1 Edifício Itália
2 Mercado Municipal de São Paulo
3 Theatro Municipal

VOIR
4 Edifício Copan
5 Edifício Esther
6 Estação da Luz
7 Memorial da Resistência
8 Museu da Língua Portuguesa
9 Museu de Arte Sacra
10 Museu Histórico da Imigração Japonesa
11 Parque da Luz
voir 7 Pina Estação
12 Pinacoteca Contemporânea
13 Pinacoteca de São Paulo
14 Praça da República
15 Templo Busshinji

ACTIVITÉS, COURS ET CIRCUITS ORGANISÉS
16 Minhocão

SE RESTAURER
voir 4 Bar da Dona Onça
17 Cora Restaurante
voir 4 Cuia Café e Restaurante
18 Holy Burger
19 Johny's
20 Lamen Kazu
21 Restaurante Lamen ASKA
22 Tabuleiro do Acarajé

CENTRE-VILLE ET ENVIRONS

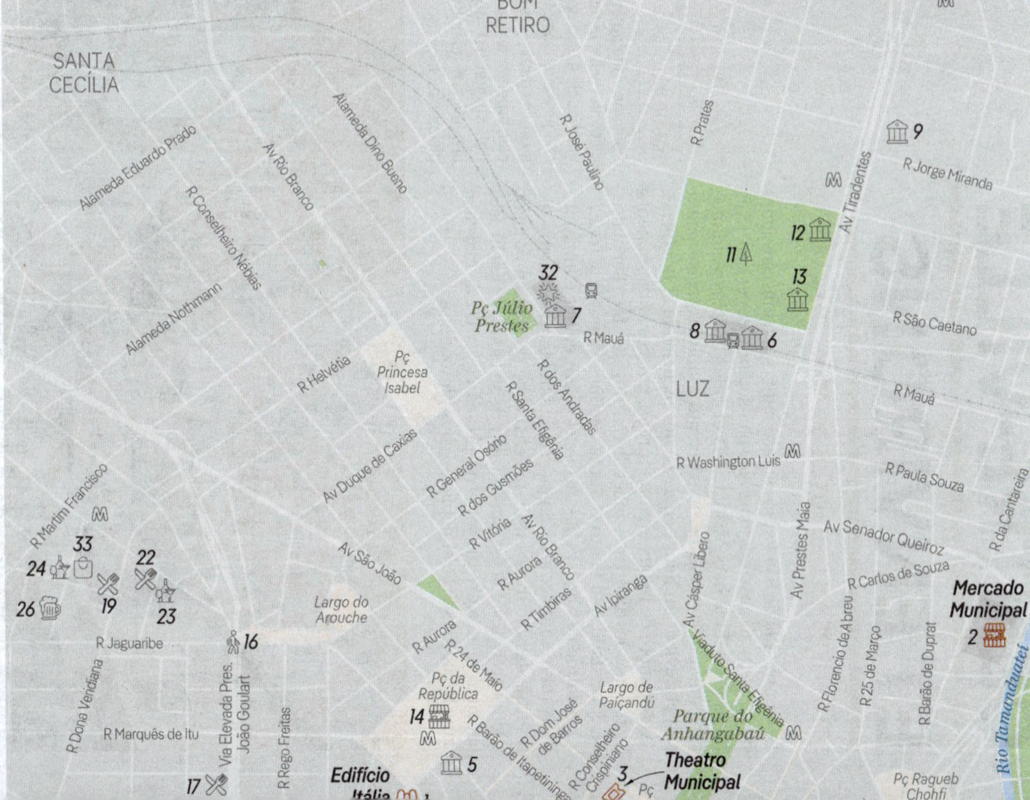

PRENDRE UN VERRE ET FAIRE LA FÊTE
23 Bar Bagaceira
24 Bar Moela
voir 4 Café Floresta
25 Chest of Wonders
26 Dogma
27 Drosophlya
voir 4 Fel
28 Izakaya Issa
29 Lekitsch
voir 4 Paloma
30 Papo, Pinga e Petisco Bar
31 Tap Tap

SORTIR
32 Sala São Paulo

SHOPPING
33 El Cabriton
34 Sogo Plaza Shopping

Edifício Itália
DADO PHOTOS/SHUTTERSTOCK ©

Edifício Itália

BIJOU D'ARCHITECTURE
ET POINT DE VUE VERTIGINEUX

Cet élégant gratte-ciel construit au milieu du XXᵉ siècle est aussi impressionnant d'en bas que d'en haut ! Un peu moins emblématique du quartier República que l'**Edifício Copan**, situé non loin de là, il remporte néanmoins sans conteste la palme de la plus belle vue. Au sommet de l'édifice de 165 m de hauteur (deuxième plus haut bâtiment de Sampa) se trouve un belvédère ou, encore mieux, le **Terraço Itália**, pour admirer un verre à la main la vue à 360° sur les gratte-ciel de la ville qui s'étendent jusqu'à l'horizon.

Theatro Municipal

CHEF-D'ŒUVRE ARCHITECTURAL, COCKTAILS ET SPECTACLES

Ce somptueux théâtre (1903) est l'un des édifices les plus remarquables de la ville. Sa façade est un superbe mélange de divers styles architecturaux. L'intérieur est tout aussi impressionnant : le foyer est richement décoré de lustres, dorures, vitraux et statues, sans oublier le majestueux escalier. Des visites guidées sont organisées à 13 h les mercredi, jeudi et vendredi, et à 11 h le samedi (réservation par e-mail). Vous pouvez aussi essayer d'assister à un spectacle de l'orchestre symphonique municipal de São Paulo ou boire un verre au **Bar dos Arcos**, un des meilleurs bars à cocktails de la ville.

R.M. NUNES/SHUTTERSTOCK ©

Theatro Municipal

Mercado Municipal de São Paulo

TEMPLE DES FINS GOURMETS

Sans doute le site le plus visité à São Paulo, ce marché alimentaire tentaculaire déborde de vendeurs, de clients et d'amateurs de bonne chère qui viennent y goûter les plats les plus typiques de la ville. L'immense bâtiment (1933) de style néo-baroque coiffé de dômes et orné de vitraux accueille des étals de vins et de fromage ainsi que des vendeurs de fruits proposant des dégustations "gratuites" – mieux vaut poser la question avant de goûter ! On y trouve des institutions culinaires, comme le **Bar do Mané**, célèbre pour ses énormes sandwichs à la mortadelle et au fromages, et le **Hocca Bar** qui sert des *pasteis* (chaussons garnis et frits) à la morue – qui vont à merveille avec une bière fraîche. Pour les becs marins, rendez-vous au stand populaire de **Casa das Ostras** ou à l'étage.

Le fameux sandwich bauru de Ponto Chic

ÉGALEMENT DANS LE CENTRE-VILLE ET SES ENVIRONS

Modernisme et tournée des bars à República

BARS, RESTAURANTS, GRATTE-CIEL DU MILIEU DU XXe SIÈCLE ET DIVERSITÉ

República respire la diversité avec sa forte communauté LGBTQI+ et la foule branchée et dynamique qu'il attire. Il abrite aussi certains des bars et restaurants les plus tendance de Sampa. Mais derrière cette élégance un peu fanée du milieu du XXe siècle, les inégalités sautent aux yeux : beaucoup de personnes vivent dans la rue et dans la misère. Au centre, la **Praça da República** accueille un kiosque d'information touristique le dimanche, un marché artisanal et des étals de nourriture en plein air.

En face, l'**Edifício Esther** (achevé en 1938), premier bâtiment moderniste à avoir été construit à São Paulo et ancien fief bohème, abrite un restaurant de cuisine française sur son toit. À l'angle se dressent l'immense **Edifício Itália** (page ci-contre) et le plus connu des gratte-ciel de Sampa, l'**Edifício Copan**. Conçu par l'architecte Oscar Niemeyer, expert du modernisme, et achevé en 1966, cet immeuble à la façade ondulée en forme de S est le plus grand immeuble d'habitation d'Amérique latine (plus de 1 000 appartements occupent ses étages). Outre la terrasse d'observation (fermée pour rénovation), on y trouve des bars et des restaurants au rez-de-chaussée : le **Cuia Café e Restaurante**

LE MEILLEURES PAUSES GOURMANDES À REPÚBLICA

A Casa do Porco
Adresse très branchée du centre-ville où le porc est à l'honneur. **$$**

Esther Rooftop
Bistrot français élégant de style moderniste qui surplombe la Praça da República. **$$$**

Cuia Café e Restaurante
Café tendance qui sert des plats brésiliens inventifs imaginés par la cheffe Bel Coelho. **$$**

Bar da Dona Onça
Bistrot populaire fréquenté par une clientèle bohème. Cuisine brésilienne contemporaine et cocktails à base de cachaça. **$$**

Lanches Estadao
Snack-bar ouvert 24h/24 célèbre pour son *pernil à brasileira* (sandwich au porc). **$**

Ponto Chic
Le sandwich *bauru* de Ponto Chic : iconique. **$**

OÙ SE LOGER DANS LE CENTRE-VILLE DE SÃO PAULO ET SES ENVIRONS

Novotel São Paulo Jaraguá
Hôtel emblématique du centre qui a vu passer du beau monde, de Youri Gagarine à la reine Élisabeth II. **$$**

Hostel Ipê
Chambres bon marché, tenues par une famille brésilienne d'origine japonaise dans une rue résidentielle. **$**

Hostelaria SP Boutique
Dortoirs confortables à deux pas des bars animés. Accueil chaleureux et possibilité de louer des vélos. **$**

T PHOTOGRAPHY/SHUTTERSTOCK ©

La caïpirinha (p. 148) : le cocktail national

ROCK 'N' ROLL GALLERY

Pour découvrir les nouveautés de la scène underground locale, direction la **Galeria do Rock**. Cet ancien centre commercial sur plusieurs étages réunit rock, punk, métal et toutes les sous-cultures sous un même toit. Lieu de rendez-vous des rockeurs depuis la fin des années 1970, on y trouve salons de tatouage, tenues en cuir de style bondage, boutiques de skate, bombes à graffiti, salons de coiffure afro-punk et quelques bars pour compléter le tout. Côté concerts, **Hangar 110** est la principale salle rock/punk/métal de São Paulo. Pour les amateurs de hip-hop, des battles ont lieu chaque samedi en fin d'après-midi dans l'espace en plein air devant le Mosteiro de São Bento (voir p. 139).

(p. 135) et le **Bar da Dona Onça** (p. 135), le bar à vins chic **Paloma**, le **Café Floresta** pour un expresso à l'ancienne, et le **Fel**, pour siroter des cocktails du siècle dernier.

Plus loin, près de la Praça Franklin Roosevelt (point de rendez-vous de la jeunesse branchée), une série de joyeux bars vous attendent : **Lekitsch** attire une clientèle alternative et LGBTQI+, et **Papo, Pinga e Petisco Bar** plaira aux amateurs de cachaça. Le week-end, les deux bars sont animés dès l'après-midi. Pour une ambiance plus paisible, dirigez-vous vers le **Drosophlya** avec son toit-terrasse et son *speakeasy*, dans une demeure coloniale qui abrite la São Paulo Urban Distillery et ses délicieux gins. Envie d'une bière artisanale ? **Tap Tap** se trouve à l'angle de la place.

Tournée des botecos à Santa Cecília

REPAIRE DES CITADINS BRANCHÉS

Au nord de República se trouve le "nouveau" repaire des Paulistanos branchés. Les élégants immeubles résidentiels désormais couverts de poussière et de graffitis confèrent un certain charme à Santa Cecília, où l'ambiance est généralement plus apaisée que dans les quartiers voisins. Le week-end, vous pourrez découvrir les bars pleins de vie et flâner sur le **Minhocão**, voie express surélevée de 3,4 km, au milieu d'immeubles décorés de magnifiques fresques. Cette route habituellement bondée est alors fermée à la circulation pour le plus grand bonheur des coureurs, skaters et cyclistes.

La balade devrait vous ouvrir l'appétit et tant mieux, car Santa Cecília déborde de bars et restaurants. Caché en bas de la Rua Jesuíno Pascoal, **Tabuleiro do Acarajé** sert des spécialités

OÙ BOIRE UN COCKTAIL DANS LE CENTRE-VILLE DE SÃO PAULO

Balsa Bar
Toit-terrasse branché mais sans prétention en plein centre. Belle vue sur la ville.

Bar do Cofre SubAstor
Cocktails originaux servis dans l'ancienne chambre forte d'une banque au sous-sol du Farol Santander.

Tokyo
À República, toit-terrasse à l'ambiance japonaise avec karaoké et cocktails.

bahianaises, dont les meilleurs *acarajé* (beignets frits farcis) de Sampa, accompagnés d'une bière ou d'un cocktail à base de cachaça. À l'angle de la rue, le **Bar Bagaceira**, élu meilleur *boteco* 2022 par le magazine *Veja SP*, est parfait pour siroter une bière en terrasse en grignotant des *torresmos de barriga de porco* (morceaux de porc croustillants). Quelques rues à l'ouest, la brasserie vedette de **Dogma** sert les meilleurs IPA de la ville. Tout près se trouvent aussi des *botecos* populaires comme **Bar Moela** et **Johny's** – deux excellentes adresses pour boire une bière fraîche ou une caïpirinha et déguster des plats brésiliens typiques (la *feijoada* chez Johny's est succulente). À deux pas, **El Cabriton** est connu pour ses T-shirts arborant des illustrations uniques d'artistes locaux. Plus chic, **Cora Restaurante** se trouve sur un toit-terrasse (pensez à réserver) et propose des assiettes raffinées à partager et des cocktails, avec un service soigneux. Un peu plus loin, **Holy Burger** sert ce qui est considéré par beaucoup comme le meilleur burger de la ville, à déguster accoudé sur son comptoir rétro.

Partir à l'exploration des musées de Luz

ZONE CULTURELLE ET HISTORIQUE

Véritable mine culturelle du centre-ville, Luz abrite à la fois des immeubles délabrés et de superbes bâtiments et musées de renommée internationale. Surnomée *Cracolândia* ("pays du crack"), cette zone est aussi marquée par la pauvreté. Soyez vigilant comme dans n'importe quelle grande ville, déplacez-vous en taxi la nuit et ne sortez pas trop des sentiers battus. Tous les centres d'intérêt sont proches de la station de métro Luz.

L'emblématique **Estação da Luz** (1901) est la plus belle gare ferroviaire brésilienne. Sa somptueuse structure, entièrement bâtie à partir de matériaux importés de Grande-Bretagne, est coiffée d'une tour horloge qui rappelle presque Londres. Au même endroit se trouve l'original **Museu da Língua Portuguesa**, qui propose des expositions interactives dernier cri sur les langues du Brésil, ses racines et ses influences.

En face, le **Parque da Luz** est le plus ancien parc de la ville. Un brin délabré, il garde un charme désuet avec ses kiosques, ses sculptures et ses sentiers bordés de palmiers. Accolée au parc, la **Pinacoteca de São Paulo**, située dans un étonnant bâtiment néoclassique (1905), abrite le plus ancien musée de Sampa – également l'un des plus captivants. La vaste collection recèle des chefs-d'œuvre d'artistes brésiliens du XIXe siècle à nos jours, et du courant moderniste. En remontant la rue, visitez également la nouvelle **Pina Contemporânea**. Place publique dédiée aux activités culturelles et artistiques, avec ses galeries d'expositions, son centre de documentation et sa bibliothèque, elle est le fruit de

DES CUISINES QUI VALENT LE DÉTOUR

Mocotó
Les fins gourmets n'hésitent pas à aller jusqu'à la Zona Norte pour déguster la cuisine du Nordeste et les cachaças proposées par Rodrigo Oliveira. $$

Bar do Luiz Fernandes
Autre incontournable de la Zona Norte, *boteco* animé où l'on savoure des *bolinhos* (croquettes) avec une bière glacée. $

Frangó
Bistrot élégant à Freguesia do Ó qui sert les meilleures *coxinhas* (croquettes au poulet) et propose la plus large sélection de bières artisanales de Sampa. $

Komah
À Barra Funda, restaurant coréen le plus connu de São Paulo qui propose des plats typiques avec une touche contemporaine. $$

OÙ SE RESTAURER DANS LE CENTRE-VILLE DE SÃO PAULO

Notiê
Sur le toit-terrasse d'un grand magasin rétro, charmant restaurant qui sert des plats brésiliens contemporains. $$

Casa Godinho
La plus ancienne épicerie de Sampa (ouverte en 1888) propose produits fins, vin et empanadas à emporter. $

Panificadora Santa Tereza
Institution servant des *coxa creme* (*coxinhas* à base de pilons de poulet). À l'étage, vue sur la Catedral da Sé. $

SÃO PAULO LGBTQI+

São Paulo accueille la plus importante communauté LGBTQI+ d'Amérique latine et la plus grande marche des fiertés au monde. República a longtemps été l'épicentre LGBTQI+ ; la station de métro abrite le **Museu da Diversidade Sexual** (musée de la Diversité sexuelle), qui mérite d'être visité pour ses expositions temporaires bien conçues. Ouverture prochaine d'une annexe à Jardim Paulista.

D'ailleurs, la communauté homosexuelle est aussi très présente à Jardins (autre nom du quartier Jardim Paulista) qui compte, dans la **Rua Frei Caneca**, nombre de bars et clubs ainsi que le **Shopping Frei Caneca**, un centre commercial apprécié. Parmi les incontournables : **Casa Fluida** (spectacles de drag-queens), **Bar da Lôca**, **Club Jerome**, **Barouche**, **Yacht Club** et, plus loin, l'immense club **Komplexo Tempo**.

l'agrandissement de la Pinacoteca de São Paulo, qu'elle consacre comme l'un des plus grands musées d'art d'Amérique latine.

À l'ouest, l'annexe **Pina Estação** présente des expositions temporaires d'art contemporain. Dans le même bâtiment, le **Memorial da Resistência** est un musée consacré aux opposants tués et torturés pendant la dictature militaire. L'immense salle de concert **Sala São Paulo**, dédiée à la musique classique, se trouve à deux pas. Installée dans l'ancienne gare ferroviaire Estação Júlio Preste (édifice néoclassique de 1925), son plafond mobile est ajusté à chaque performance pour obtenir la meilleure acoustique.

Au nord, à une courte distance de marche, le **Museu de Arte Sacra** est installé dans un monastère du XVIIIe siècle et expose des pièces ecclésiastiques datant du XVIIe au XXe siècle. En chemin, nombre de bons petits restaurants servent des spécialités des quatre coins du monde.

Le passé japonais de Liberdade

RAMEN, TEMPLES ZEN ET MANGAS

Quelque 1,6 millions de Paulistanos seraient d'origine japonaise : São Paulo abrite la plus importante diaspora japonaise au monde, très présente à Liberdade. *Torii* (portes) rouges, lampes ressemblant à des lanternes, restaurants de ramen et cafés Hello Kitty : on s'y croirait !

Avant l'arrivée des Japonais, les exécutions publiques des esclaves et prisonniers avaient lieu dans cette zone. Un jour, sur la Praça da Liberdade, une corde s'est détachée de la potence et un condamné a pu s'échapper sous les cris de la foule qui hurlait *liberdade !* ("liberté !"). Ainsi, la zone que l'on appelait Campo da Forca ("le champ des pendaisons") fut repabtisée Liberdade...

Le **Museu Histórico da Imigração Japonesa** est le meilleur endroit pour avoir un aperçu de l'histoire japonaise de São Paulo. Il abrite des maquettes de bateaux, des kimonos anciens et des épées de samouraïs, entre autres, qui vous éclaireront sur l'arrivée et l'intégration de la communauté nippone. À l'angle se trouve le **Templo Busshinji**, temple bouddhique zen ouvert en 1955.

On ne visite pas Liberdade sans manger japonais, bien sûr. Parmi les meilleures adresses figurent **Izakaya Issa**, le **Restaurante Lamen ASKA** et **Lamen Kazu**.

Pour une expérience originale, passez par **Chest of Wonders**, café *girly* où l'on boit des boissons pétillantes roses servies par des serveuses en *cosplay*. **Sogo Plaza Shopping** ravira les amateurs de mangas, de dessins animés et de pop japonaise.

Le dimanche, c'est jour de **marché** sur la Praça da Liberdade. La **statue de Madrinha Eunice**, mère du samba à São Paulo et militante pour les droits des Noirs, rend hommage aux racines africaines de Liberdade.

CUISINE DU MONDE DANS LE QUARTIER DE LUZ

Esfiharia Effendi
Restaurant de spécialités arméniennes. Les *esfihas* (pains plats garnis) sont à tomber. **$**

Amazo Cozinha Peruana
Délicieux plats péruviens authentiques. Mieux vaut s'y rendre en taxi. **$$**

Shoshana Delishop
Juste au nord de Luz, recettes de grands-mères ashkénazes un brin revisitées. **$**

À LA DÉCOUVERTE DU CENTRO HISTÓRICO

Après avoir admiré le **1 Theatro Municipal** (p. 134), traversez le **2 Viaduto do Chá** (XIXe siècle), au-dessus du Rio Anhangabaú, en observant les jardins peuplés de palmiers du **3 Vale do Anhangabaú**. De l'autre côté du pont se trouve **4 l'Edifício Matarazzo**, monolithe aux bas-reliefs détaillés.

Dirigez-vous vers la **5 Praça do Patriarca** et passez devant **6 l'Igreja de Santo Antônio**, une des plus anciennes églises de São Paulo. Descendez la Rua São Bento jusqu'à la **7 Paróquia São Francisco de Assis** (XVIIe siècle), près de la **8 Faculté de droit**.

Rejoignez la Praça da Sé où se dresse la **9 Catedral da Sé**, église phare de la ville. À l'intérieur, admirez les arches et les immenses colonnes de style gothique. En face, la **10 Caixa Cultural** abrite, dans un immeuble néoclassique, une galerie d'art et un musée dédié à la banque éponyme.

Continuez jusqu'au **11 Solar da Marquesa**, belle demeure rose du XVIIIe siècle, puis rejoignez le **12 Páteo do Collégio**, site où fut créé São Paulo en 1554. Passez devant le **13 Monumento Glória Imortal São Paulo** et explorez les jolies rues pavées jusqu'au **14 Centro Cultural Banco do Brasil São Paulo** (1929), grand centre culturel de style néoclassique. Plus loin se trouve le **15 Farol Santander**, gratte-ciel de 161 m de hauteur inspiré de l'Empire State Building. Admirez la vue depuis la plateforme puis faites un tour dans les espaces d'exposition, dans le skatepark le plus haut du monde et dans le bar à cocktails en sous-sol.

Passez devant **16 l'Edifício Martinelli** (1929), jadis plus grand gratte-ciel en dehors des États-Unis, et rejoignez le **17 Mosteiro de São Bento**, de style néogothique. Admirez l'intérieur avant d'acheter douceurs et bières préparées par les moines.

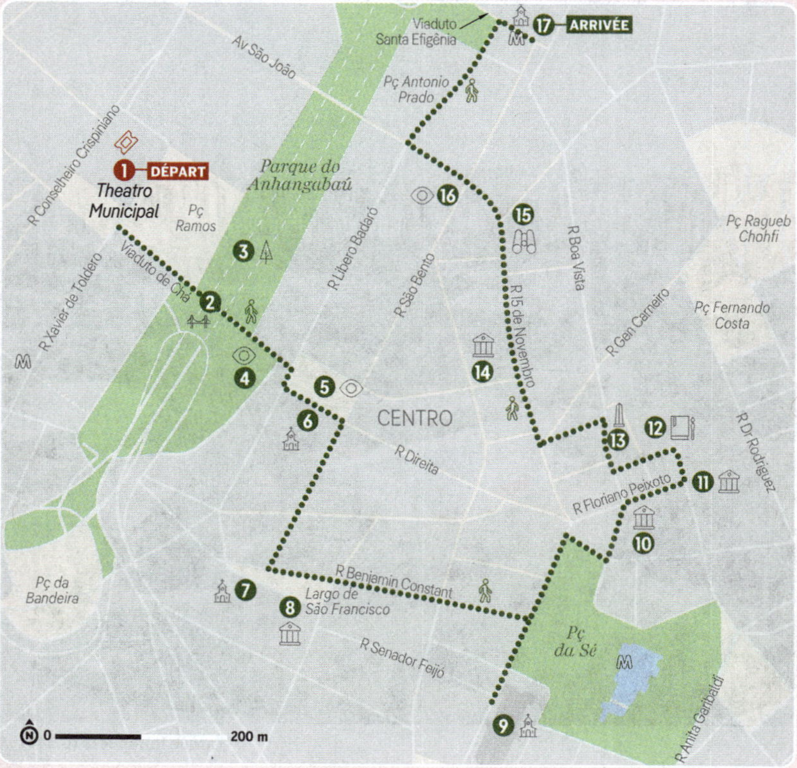

PARQUE IBIRAPUERA ET ENVIRONS

ARCHITECTURE MODERNISTE ET ŒUVRES D'ART EN PLEIN AIR

Qui a dit que São Paulo n'était qu'une vaste étendue de béton ? Le Parque Ibirapuera est le lieu parfait où s'évader en ville. Cet espace vert est aussi une destination culturelle débordant de sites incontournables – le Museu Afro-Brasil, le Museu de Arte Moderna et le Museu de Arte Contemporânea da Universidade de São Paulo ; il accueille en outre la très attendue Biennale de São Paulo. Les œuvres modernistes d'Oscar Niemeyer y raviront les férus d'architecture.

Tout près, le Museu do Ipiranga, qui vient de rouvrir après 10 ans de fermeture, raconte l'histoire de la ville. Dans les environs se trouvent aussi les quartiers aisés de Vila Mariana, Vila Olímpia et Moema, qui méritent d'être visités pour découvrir une facette plus huppée de Sampa.

Pour les infos pratiques, voir le Carnet d'adresses p. 156

À SAVOIR

Les stations de métro Paraíso et Brigadeiro sont à 2 km de marche ; il peut être intéressant de prendre un taxi. Le parc dispose d'une piste cyclable. Une borne de vélos en libre-service est située au nord (téléchargez l'application Bike Itaú).

Parque Ibirapuera (p. 143)

INCONTOURNABLES
1 Museu Afro-Brasil
2 Museu de Arte Contemporânea da Universidade de São Paulo (MAC-USP)
3 Museu de Arte Moderna (MAM)

VOIR
4 Instituto Biológico
5 Monumento às Bandeiras
6 Museu da Casa Brasileira
7 Oca
8 Parque Ibirapuera
9 Pavillon Ciccillo Matarazzo
10 Pavillon japonais

ACTIVITÉS, COURS ET CIRCUITS ORGANISÉS
11 Marquise do Ibirapuera

SE RESTAURER
12 Bar Veloso
13 Bráz Pizzaria
14 Casa Tucupi
15 Eataly
16 Foglia – Forneria Artigianale
17 Huto
18 Kinoshita
19 Mila
20 Pão com Carne Hamburgueria
21 Quintal deBetti
voir 6 Restaurante Capim
22 Ryo Gastronomia
23 Selvagem
24 Varanda

SORTIR
25 Auditorium d'Ibirapuera

SHOPPING
26 JK Iguatemi

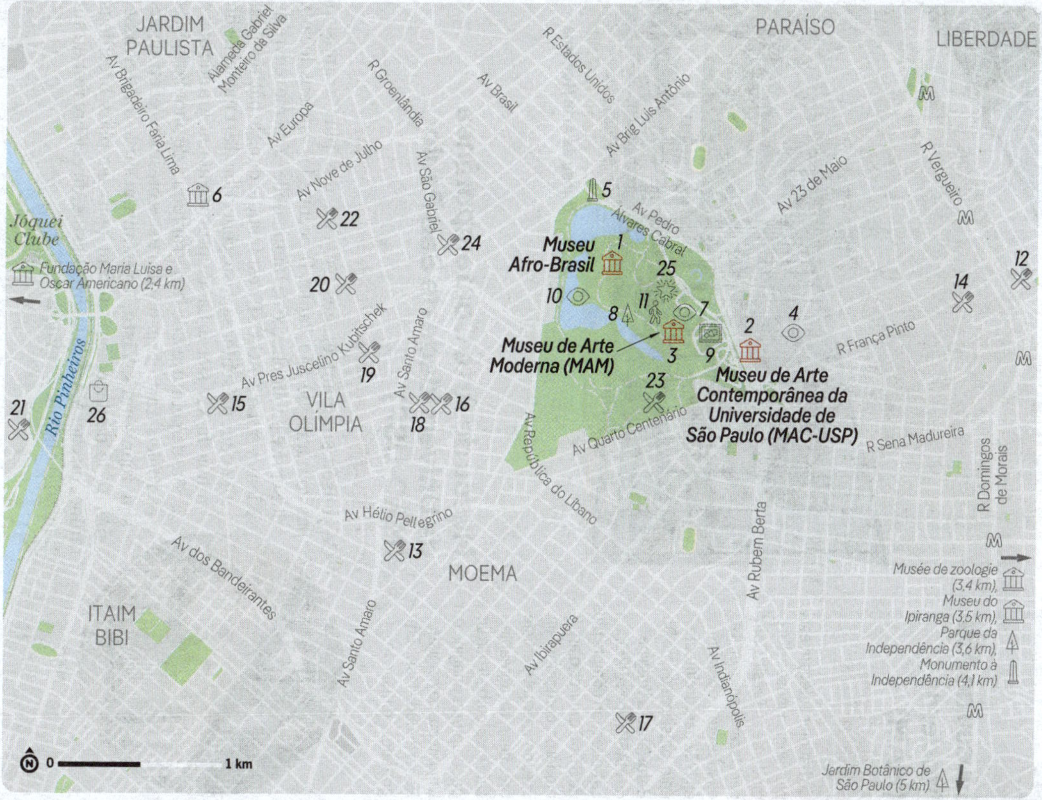

Museu de Arte Moderna (MAM)

ART MODERNE BRÉSILIEN

Ce bâtiment élégant est le plus ancien musée d'art moderne au Brésil. Conçu par Oscar Niemeyer, il a ensuite été modernisé en 1982 par l'architecte italo-brésilienne Lina Bo Bardi (aussi à l'origine du MASP ; voir p. 125). La collection compte plus de 5 000 œuvres d'art moderne, contemporain et expérimental d'artistes brésiliens. Un agréable café surplombe le jardin de sculptures imaginé par l'architecte paysagiste Roberto Burle Marx. Entrée gratuite le dimanche.

Museu de Arte Moderna

EN HAUT : ALF RIBEIRO/SHUTTERSTOCK © EN BAS : ALF RIBEIRO/SHUTTERSTOCK ©

Museu de Arte Contemporânea da Universidade de São Paulo (MAC-USP)

ART MODERNE, FINE CUISINE ET VUE SUR LA VILLE

Ce musée sur neuf étages est l'un des plus grands et passionnants de São Paulo. Il occupe les anciens locaux du service public chargé de l'automobile – énième œuvre de Niemeyer. Le MAC-USP s'est installé dans le bâtiment en 2012 pour présenter sa vaste collection d'art moderne du milieu du XXe siècle. La sculpture tient une grande place à côté de peintures, de l'art graphique, de photographies et d'objets d'art. . Nombre d'artistes brésiliens et étrangers sont représentés. **Vista**, le restaurant sur le toit-terrasse, mérite le déplacement, autant pour les plats brésiliens raffinés du chef Marcelo Corrêa Bastos (du célèbre restaurant Jiquitaia) que pour la vue à 360°.

MAC

Museu Afro-Brasil

PLONGÉE DANS LA CULTURE AFRO-BRÉSILIENNE

Cet important musée au nord du parc est consacré à la culture afro-brésilienne passée et présente. Dans un autre bâtiment créé par Oscar Niemeyer, vous découvrirez une sélection de quelque 8 000 œuvres en lien avec l'histoire, l'art et l'ethnologie. La collection permanente aborde les heures sombres de l'histoire, lorsque près de 5 millions d'esclaves furent transportés d'Afrique pour travailler dans les champs entre le XVIe et le XIXe siècles. Aux tristes témoignages relatant les épreuves et les traumatismes de cette époque répondent des exemples qui mettent en avant l'héritage dans la culture et l'innovation agricole du Brésil actuel.

Des expositions temporaires traitent de divers sujets poignants en lien avec l'art, la religion, la musique et la culture urbaine du XXIe siècle des Afro-Brésiliens. Entrée gratuite le mercredi.

LUCIANOSPAGNOLRIBEIRO/SHUTTERSTOCK ©

Parque Ibirapuera

POUR EN SAVOIR PLUS SUR NIEMEYER

São Paulo déborde d'œuvres de l'architecte et pourtant, la ville ne montre qu'une infime part du travail de ce génie. Pour en apprendre plus, rendez-vous au **Museu Oscar Niemeyer** (p. 487) à Curitiba.

ÉGALEMENT DANS LE PARQUE IBIRAPUERA ET SES ENVIRONS

Échappée dans le Parque Ibirapuera

EXPOSITION À CIEL OUVERT

Ce bijou moderniste a été inauguré en 1954 pour fêter le 400e anniversaire de la ville. Ses quelque 160 hectares renferment verdure, lacs, fontaines, immenses monuments et musées, et attirent jusqu'à 130 000 visiteurs le dimanche – pique-nique, vélo, skate, promenade du chien… tout prétexte est bon pour échapper à l'agitation de la ville.

Le Parque Ibirapuera est le fruit d'une collaboration entre le paysagiste Roberto Burle Marx et l'architecte moderniste Oscar Niemeyer, dont les pavillons sont incontournables. Outre les musées, ce dernier a aussi imaginé la **Marquise do Ibirapuera**, allée couverte en béton de 620 m de long dont le toit repose sur 121 colonnes et qui relie les sites phares du parc.

LE TOP DES VISITES GUIDÉES

São Paulo Free Walking Tour
Guides anglophones passionnés et drôles, intarissables sur le centre-ville, Vila Madalena et le Parque Ibirapuera.

Flavia Liz di Paolo
Visites guidées immersives et thématiques adaptées à vos centres d'intérêt.

Bike Tour SP
Promenades à vélo à travers la ville (tous niveaux, tous âges) contre 2 kg d'aliments non périssables, donnés à des associations caritatives de Sampa.

São Paulo Turismo
Visites thématiques de la ville à télécharger (LGBTQI+, culture afro-brésilienne, écotourisme, art urbain…).

OÙ SE LOGER DANS LES ENVIRONS DU PARQUE IBIRAPUERA

Hotel Unique
Hôtel de luxe dans un bâtiment en forme de bateau géant, œuvre du célèbre architecte Ruy Othake. $$$

Pullman Hotel
Établissement tout confort de la grande chaîne d'hôtels d'affaires, près du Parque Ibirapuera. $$

Nomad in Art & Hostel
Auberge de jeunesse animée appréciée des baroudeurs, à distance de marche du parc et de la Paulista. $

POURQUOI J'AIME LE PARQUE IBIRAPUERA

Trent holden, auteur

Dans une ville débordant de sites culturels, difficile de choisir son lieu préféré. Les immeubles Art déco du centre, les somptueux musées de Luz, le MASP sur la Paulista sont tous dignes d'intérêt. Mais pour moi, le Parque Ibirapuera a un petit quelque chose en plus. Peu de villes au monde ont l'idée de créer un lieu dédié aux arts sous la forme d'un magnifique parc de style moderniste. Je l'aime pour ses œuvres d'art, ses musées et des bijoux architecturaux de renommée internationale, mais aussi pour le parc en tant que tel. C'est un vrai havre de paix en pleine ville, où les Brésiliens de toutes origines se retrouvent le week-end pour profiter de la vie comme eux seuls savent le faire.

On lui doit aussi l'**auditorium d'Ibirapuera** et sa forme géométrique qui ne passe pas inaperçue, projet de 1950 qui a finalement vu le jour en 2005. La salle comporte 800 places assises mais, si l'on baisse la porte arrière, jusqu'à 15 000 personnes peuvent assister au spectacle depuis l'extérieur. Niemeyer a aussi conçu le **Pavillon Ciccillo Matarazzo** qui accueille la célèbre **Biennale de São Paulo** chaque année paire. Enfin, **Oca** est l'une de ses œuvres les plus caractéristiques, avec son dôme inspiré de l'architecture indienne sous lequel sont organisées des manifestations culturelles.

L'élégant **Pavillon japonais** – fait assez rare pour être précisé – n'a pas été imaginé par Niemeyer. Il s'agit d'un cadeau du Japon inspiré de la villa impériale de Katsura (Kyoto), dont chaque pièce a été importée en 1954. À l'entrée nord se dresse l'immense **Monumento às Bandeiras** (1953) de Victor Brecheret, érigé en l'honneur des premiers colons. Une œuvre controversée en raison de l'asservissement que subirent les peuples indiens et africains à la même époque.

Au sud du parc, les gourmets ne peuvent manquer **Selvagem** et son menu de spécialités brésiliennes (poisson et fruits de mer, barbecue et plats végans).

Leçon d'histoire au Museu do Ipiranga

BIJOU D'ARCHITECTURE ET HISTOIRE

Du bâtiment grandiose du **Museu do Ipiranga**, qui surplombe de somptueux jardins, on s'attendrait à voir sortir une famille royale. Après avoir fermé ses portes en 2013 pour rénovation et agrandissement, le musée a finalement rouvert en grande pompe.

Achevé en 1895, l'édifice n'était pas destiné à accueillir des résidents, mais fut pensé comme un monument célébrant l'indépendance du Brésil. Conçu par des architectes italiens qui se sont inspirés des palais de la Renaissance, le musée donne sur les jardins à la française du **Parque da Independência**, ornés de fontaines et de mosaïques, et sur le **Monumento à Independência**. À cet endroit (ou presque), l'empereur Pierre Ier proclama l'indépendance du pays en 1822.

L'intérieur est tout aussi impressionnant. Le somptueux hall d'entrée abrite des statues grandioses, des peintures à l'huile et un immense escalier orné de vases accueillant l'eau des grands fleuves brésiliens. Dans un décor clairement colonial, le musée a été conçu de façon à questionner les visiteurs sur la façon dont l'histoire est enseignée et à les inviter à voir le passé du point de vue des peuples indigènes.

Outre les expositions consacrées au bâtiment, le musée traite de la période précoloniale et post-indépendance, et conserve des vestiges culturels originaux du XXe siècle.

OÙ FAIRE LA FÊTE DANS LES ENVIRONS DU PARQUE IBIRAPUERA

Skye Bar
Bar prisé sur le toit-terrasse de l'Hotel Unique : cocktails au coucher du soleil et vue sur le Parque Ibirapuera.

Bardega
Enoteca unique en son genre : ici, on se sert pour goûter aux crus brésiliens et étrangers.

Bourbon Street Music Club
Bar de blues légendaire où ont joué BB King et Ray Charles, entre autres. Soirées salsa le dimanche soir.

Sur les 3 000 pièces exposées et interactives, le tableau épique intitulé *L'Indépendance ou la Mort* est la plus emblématique. N'oubliez pas de monter sur le toit pour admirer la vue.

Derrière l'édifice, une forêt urbaine s'étend jusqu'au **Musée zoologique** de l'Université de São Paulo, parfait pour les enfants. Au programme : une des plus vastes collections d'Amérique latine, dont des espèces amazoniennes et des fossiles de dinosaures.

Explorer les environs du Parque Ibirapuera

QUARTIERS CHICS, METS FINS ET CULTURE

Autour du Parque Ibirapuera se trouvent certains des quartiers les plus riches de la ville, comme Itaim Bibi, Vila Mariana, Vila Olímpia, Morumbi et Moema, et leurs restaurants et boutiques chics.

À Vila Mariana, le **Bar Veloso** est un des *botecos* gastronomiques les plus connus de Sampa ; on y déguste des *coxinhas* et des caïpirinhas aux fruits exotiques. Non loin de là, la **Casa Tucupi** est une superbe adresse pour découvrir la cuisine amazonienne. L'**Instituto Biológico** dispose de la plus grande exploitation urbaine de café au monde, un terrain d'un hectare créé dans les années 1950 (visites sur inscription).

Dans le quartier des affaires d'Itaim Bibi, ne manquez pas le **Museu da Casa Brasileira**, imposante demeure de style palladien bâtie dans les années 1940 qui abrite des expositions culturelles, ainsi que le **Restaurante Capim** et sa délicieuse cuisine brésilienne servie dans un vaste jardin.

Outre les viandes de **Varanda** et les burgers de **Pão com Carne Hamburgueria**, la gastronomie japonaise est bien représentée par les restaurants étoilés **Ryo Gastronomia** et **Kinoshita,** sans oublier **Huto** plus au sud, à Moema. Les amateurs de plats italiens authentiques se régaleront à **Mila**, **Foglia – Forneria Artigianale**, **Eataly** et **Bráz Pizzaria**.

Pour des exemples d'architecture du milieu du XXe siècle, prenez un taxi jusqu'à la **Fundação Maria Luisa e Oscar Americano**, dans le quartier de Morumbi, à l'est. Cette demeure moderniste du couple qui contribua au développement de ce quartier huppé et verdoyant est située au milieu d'un jardin abritant un salon de thé. Vous pourrez y admirer des peintures, sculptures et objets d'art du XVIIIe au XXe siècle. Plus loin se trouvent **Quintal deBetti**, restaurant de grillades branché, et **JK Iguatemi**, le centre commercial le plus luxueux du Brésil.

Enfin, n'hésitez pas à visiter le **Jardim Botânico de São Paulo**, à 10 km au sud. Ses 146 hectares de forêt atlantique abritent tatous, singes hurleurs, paresseux et toucans.

SAMPA N'OUBLIE PAS AYRTON SENNA

Ayrton Senna est à la Formule 1 ce que Pelé est au football. À l'orée du Parque Ibirapuera, sur la **Praça Ayrton Senna**, un mémorial est dédié au triple champion du monde entré dans la légende. Né à São Paulo, il y a aussi grandi et la ville compte plusieurs hommages au pilote qui trouva la mort si jeune. Repérez la **fresque dédiée à Senna** près de la Paulista, œuvre du célèbre artiste urbain Eduardo Kobra, ainsi que le **Monumento Ayrton Senna** sur la route de l'aéroport. Même la voie express porte son nom. Les plus grands fans peuvent aussi se recueillir sur sa tombe à Morumbi. Pour voir la génération actuelle de pilotes de F1, joignez-vous à la foule de spectateurs lors du **Grand Prix de São Paulo**, à Interlagos.

HAMBURGER ET BIÈRE DANS LES ENVIRONS DU PARQUE IBIRAPUERA

Pão com Carne Hamburgueria
Vous ne regretterez pas d'avoir fait la queue : il s'agit sans doute du meilleur burger en ville. **$**

Hamburguer do Seu Oswaldo
Institution à Ipiranga, ce restaurant sert des hamburgers depuis 1967. Le Beer Rock Club est à deux pas. **$**

Gorilla Beer House
Terrasse extérieure où il fait bon siroter une bière au milieu des cimes des arbres de Vila Mariana.

PINHEIROS, VILA MADALENA ET ENVIRONS

PARADIS BOHÈME DES GOURMETS ET DES FÊTARDS

Vila Madalena et Pinheiros montrent une autre facette de São Paulo : ici, pas de centres commerciaux ni de chaînes de restauration rapide, mais des boutiques de créateurs indépendants et des *botecos*. Fief des esprits intellectuels et créatifs qui ont l'intérêt collectif à cœur, ces quartiers voisins se ressemblent comme deux frères : Vila Madalena est plus agité, Pinheiros plus chic mais non moins fêtard.

L'âme hédoniste et nourrie de contre-culture qui y règne date de l'époque où étudiants, artistes et militants sociaux se retrouvèrent dans cette zone abordable et proche de l'université. Les prix de l'immobilier ont flambé, mais les quartiers ont conservé leur esprit libre et artistique.

Le week-end, les *botecos* sont bondés ; c'est le lieu idéal pour boire une bière sur le trottoir et côtoyer les habitants. Restaurants, clubs de samba, bars à cocktails et cafés... les bonnes adresses ne manquent pas.

Pour les infos pratiques, voir le Carnet d'adresses p. 158

À SAVOIR

Vila Madalena et Pinheiros sont accessibles en métro. Les deux quartiers se visitent très bien à pied ; vous tomberez alors sur des petites boutiques et peut-être sur votre nouveau bar préféré. Ceci dit, sachez que certaines rues de Vila Madalena sont très raides.

À GAUCHE : EUG PNG/SHUTTERSTOCK © ; À DROITE : ALF RIBEIRO/SHUTTERSTOCK ©

Bar, quartier de Vila Madalena

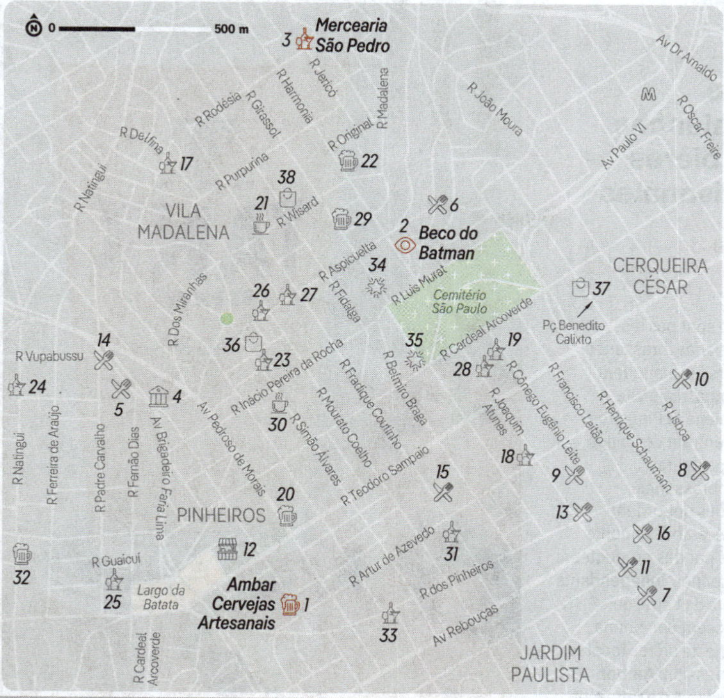

INCONTOURNABLES
1 Ambar
2 Beco do Batman
3 Mercearia São Pedro

VOIR
4 Instituto Tomie Ohtake

SE RESTAURER
5 Cabruca
6 Corrutela
voir 5 Dengo
7 Evvai
8 Jun Sakamoto
9 Kotori
10 La Borratxeria
11 Mani
12 Mercado Municipal de Pinheiros
13 Nou
voir 13 Piccolo
14 Pirajá
15 Preto
16 Z Deli Sandwiches

PRENDRE UN VERRE ET FAIRE LA FÊTE
17 Bar Astor
18 Bar do Mário
19 Boca de Ouro
20 Cervejaria Nacional
21 Coffee Lab
22 Croma Beer
23 Guarita Bar
24 Guilhotina
25 Pitico
26 Posto 6
27 Salve Jorge
28 Santana
29 São Paulo Tap House
30 Sensory Coffee Roasters
voir 17 SubAstor
31 Tan Tan
32 Tank Brewpub
33 Tantin

SORTIR
34 Bar do Baixo
35 Ó do Borogodo

SHOPPING
36 Casa do Giro
37 Feira Benedito Calixto
38 Patuá Discos

Beco do Batman

Beco do Batman

ART URBAIN ET CULTURE BOHÈME

Les ruelles couvertes de graffitis d'artistes locaux et internationaux sont le reflet de la sous-culture urbaine de Vila Madalena. Applaudies aujourd'hui, les fresques étaient encore passibles d'arrestation il n'y a pas si longtemps et nombre d'artistes urbains ont fait de la prison pour leurs œuvres subversives dénonçant les inégalités sociales. Tout commença dans les années 1980 par une fresque ordinaire représentant Batman… jusqu'à devenir un musée à ciel ouvert, au milieu de bars de quartier et de cafés végans. **São Paulo Free Walking Tour** (p. 143) propose des visites intéressantes de la zone.

Une avalanche de bières artisanales

BLONDES HOUBLONNÉES ET BIÈRES ACIDULÉES FRUITÉES

Ce ne sont pas les *cervejarias* (brasseries) et bars qui manquent à Sampa, mais Vila Madalena et Pinheiros concentrent certaines des meilleures microbrasseries. Les rues débordent de ces établissements gérés par des producteurs passionnés, indépendants et fiers de l'être, qui proposent une bonne dizaine de bières locales à la pression. **Ambar Cervejas Artesanais** et **Tank Brewpub** sont des exemples de réussite. Ces établissements sont tenus par un même couple qui y brasse de nombreux styles de bières, de celles de saison aux bières acidulées en passant par des IPA qui font fureur.

Bière, Tank Brewpub

Mercearia São Pedro

VERRES EN TERRASSE ET EN-CAS TRADITIONNELS

Les Français ont leurs bistrots, les Paulistanos ont leurs *botecos*, bars de quartier sans prétention devenus de véritables institutions. Ici, on en trouve à tous les coins de rue et on s'y rend pour boire une bière fraîche bon marché ou une caïpirinha en grignotant. Pour une expérience authentique, misez sur le moins chic possible. **Mercearia São Pedro**, bonne vieille adresse de Vila Madalena, attire une clientèle assez branchée, littéraire et rock. Nick Cave y passa beaucoup de temps dans les années 1990 et composa de nombreux titres de l'album *The Good Son*. Les *botecos* plus huppés sont fréquentés par des gourmets en quête de cuisine plus recherchée et de caïpirinhas originales. Que vous y alliez pour manger le midi, boire une bière en plein après-midi ou finir la soirée, installez-vous côté rue pour vous imprégner de la vie de quartier.

MKSUZUKI/SHUTTERSTOCK ©

Vila Madalena

ÉGALEMENT À PINHEIROS, À VILA MADALENA ET DANS LES ENVIRONS

Passer du bon temps à Vila Madalena

VIE NOCTURNE, BOTECOS ET ART URBAIN

Régulièrement cité parmi les endroits les plus cool au monde, ce quartier branché aux allures de village est prisé pour sa culture alternative, ses bars animés et ses petites boutiques de créateurs indépendants.

Rien de tel qu'un café pour commencer la journée : ça tombe bien, Vila Madalena compte certaines des meilleures adresses de Sampa. **Coffee Lab** sert un café filtre d'excellente qualité préparé avec soin. **Beco do Batman** (p. 147) est la principale curiosité touristique du quartier : jetez un coup d'œil aux fresques et boutiques environnantes. **Casa do Giro** est parfait pour trouver des cadeaux artisanaux issus du commerce équitable et **Patuá Discos** a une belle sélection de vinyles d'artistes brésiliens. De nombreux bars servent des bières artisanales, comme **Croma Beer** et **São Paulo Tap House**.

Le soir, cap sur la très fréquentée Rua Aspicuelta. Les bars débordent et les rues se remplissent d'une clientèle variée, attirée par les litres de bière et les cocktails à bas prix. **Salve Jorge** et **Posto 6** sont connus, mais vous pouvez aussi simplement entrer dans le bar de la rue qui vous tente le plus.

D'AUTRES SITES À NE PAS MANQUER

Museu das Culturas Indígenas
Pour en apprendre plus sur les cultures indiennes. Les artistes représentés viennent des quatre coins du Brésil.

Memorial da América Latina
Complexe architectural où se dresse notamment la célèbre main de 7 m de haut tachée de sang, œuvre d'Oscar Niemeyer symbolisant l'oppression de l'Amérique latine pendant les dictatures.

Praça Pôr do Sol
À l'ouest de Vila Madalena, point de vue prisé au coucher du soleil. Toute la contre-culture s'y retrouve dans la belle lumière de fin de journée.

Roda Rico
Pour une activité plus familiale, montez sur la plus haute grande roue d'Amérique latine qui a ouvert en décembre 2022 dans le Parque Villa Lobos.

OÙ SE LOGER À PINHEIROS ET VILA MADALENA

Guest Urban
Boutique-hôtel dans une demeure des années 1930 située au cœur de l'action à Pinheiros. Location de vélos sur place. $$

Selina Madalena
Hôtel design bon marché et bien placé. Bar décontracté. Chambres individuelles, lits-cabines et dortoirs. $

Uotel Vila Madalena
Studios équipés et tout confort dans une zone arborée de la ville. $$

L'ART PÉRILLEUX DU PIXAÇÃO

Sampa arbore des fresques impressionnantes, lesquelles transforment les zones les moins esthétiques de la ville en véritables musées à ciel ouvert. Le site Internet du musée d'art urbain **MAR360°**, (www.mar360.art.br) informe sur les œuvres actuelles et passées, notamment sur le travail d'artistes de renom comme Eduardo Kobra, Zezão et Cranio, qui ont puisé leur inspiration dans la scène new-yorkaise de street art des années 1980. La ville de São Paulo a aussi un style bien à elle, le *pixação*. Il s'agit d'une forme de protestation dénonçant les inégalités sociales, aux motifs à mi-chemin entre les hiéroglyphes et la police utilisée sur la jaquette d'un album de groupe de métal. Plus l'inscription se trouve dans un endroit difficile d'accès, plus l'artiste est respecté, plus les autres prennent des risques... et plus les chutes ont malheureusement le risque de devenir mortelles.

ALF RIBEIRO/SHUTTERSTOCK ©

Marché municipal de Pinheiros

Corrutela, classé parmi les 50 meilleurs restaurants d'Amérique latine, fait la part belle au durable, aux produits bio de saison et aux plats originaux (on apporte son vin). Cachés dans un coin arboré, le **Bar Astor** de style Art déco et son *speakeasy*, **SubAstor**, sont parfaits pour un verre en fin de soirée. Pour ceux qui ne sont pas encore fatigués, direction le **Bar do Baixo** et ses concerts de samba dans une ambiance cool et alternative.

Pinheiros la nuit

OFFREZ-VOUS UNE SOIRÉE EN VILLE

Niché entre la vie nocturne exaltante de Vila Madalena et la scène culinaire de Jardim Paulista, Pinheiros prend le meilleur de ses voisins pour faire honneur à sa réputation de quartier le plus branché de Sampa.

Pour une cuisine brésilienne originale, dirigez-vous au **Preto**, qui sert des plats bahianais contemporains dans une maison chic. Chez **Dengo**, découvrez le processus de fabrication du chocolat pure origine de la maison (créez votre tablette !) puis montez à l'étage, à **Cabruca**, pour déguster une *moqueca* (ragoût de poisson et fruits de mer) et autres plats typiques mettant à l'honneur le cacao cultivé dans la région.

Le restaurant étoilé **Mani** modernise des plats traditionnels ; **Nou** est aussi populaire pour sa cuisine brésilienne contemporaine variée. Autres bonnes adresses : **Evvai** et **Piccolo**, restaurants italiens étoilés, ou **Jun Sakamoto** et **Kotori**, pour des boissons de qualité et des yakitoris.

LES MEILLEURS HÔTELS DE PINHEIROS ET VILA MADALENA

Ô de Casa
Agréable pour se retrouver en journée et animé le soir, grâce à son bar populaire sur place. Personnel aimable. $

Garoa Hostel
Au milieu des bars de la Rua Guaicuí, au cœur de l'action. Vaste choix de chambres et personnel serviable. $

Viva Hostel Design
Adresse plus paisible et assez loin des bars pour être au calme, sans trop s'éloigner non plus. $

Et que serait Pinheiros sans ses bars à cocktails ? Le quartier accueille certains des meilleurs mixologues d'Amérique latine. Les bars médaillés **Tantin** et **Tan Tan**, ou **Santana** et **Guilhotina**, préparent de savants mélanges d'inspiration brésilienne. **Boca de Ouro** remporte la palme du meilleur bar de quartier avec sa belle carte des boissons et ses délicieux en-cas (le *bolovo*, un œuf pané, est la spécialité de la maison), à déguster dans une ambiance décontractée. Et pour une des caïpirinhas les moins chères en ville, direction **Guarita Bar**.

Les amateurs de bière artisanale trouveront leur bonheur à la brasserie **Cervejaria Nacional**, une des pionnières à São Paulo. Pour une ambiance plus festive, rendez-vous Rua Guaicuí où se trouve notamment **Pitico**, installé dans un conteneur. Enfin, **Ó do Borogodo** est un des meilleurs bars en ville pour des concerts de samba.

Pinheiros le jour

MARCHÉS, MUSÉES ET BONS PETITS PLATS

Pour se remettre d'une longue soirée, Pinheiros a tout ce qu'il faut. **Sensory Coffee Roasters** guérit les maux de tête avec ses cafés de spécialité brésiliens et son brunch copieux.

Le **Mercado Municipal de Pinheiros** est aussi un lieu agréable pour commencer calmement la journée. Au milieu des étals de produits frais, plusieurs restaurants chics raviront les gourmands : **Mocotó Cafe** (petit frère du célèbre restaurant de la Zona Norte avec une carte réduite) ou **Rainha do Mercado** et **Comedoria Gonzales**, qui servent des plats typiques brésiliens et sud-américains. Au rez-de-chaussée, le grand magasin culturel **Instituto Ata** a ouvert sous la houlette du chef Alex Atala (du restaurant D.O.M.) et vend de beaux cadeaux d'Amazonie, issus du commerce équitable. Si vous aimez les marchés, essayez aussi d'aller à la **Feira Benedito Calixto** un samedi après-midi. On y chine de l'artisanat et des antiquités au son d'un concert de *chorinho* (ou *choro*).

L'**Instituto Tomie Ohtake** rend hommage à l'illustre artiste du courant abstrait Tomie Ohtake. Le bâtiment a été imaginé par son fils, le célèbre architecte Ruy Ohtake. On y trouve des œuvres d'artistes brésiliens et étrangers ; des expositions y ont été consacrées à Frida Kahlo, Joan Miró ou encore Pablo Picasso.

Fidèles à leurs racines populaires, les *botecos* sont très fréquentés autour de la Rua dos Pinheiros. Pour une ambiance à la Rio de Janeiro, **Pirajá** et **Bar do Mário** – excellente *feijoada* (ragoût à base de porc et de haricots noirs) – sont deux lieux prisés. Vous trouverez aussi deux des meilleures adresses pour déguster un burger : l'incontournable **Z Deli Sandwiches** et **La Borratxeria**, restaurant argentin qui sert d'excellentes grillades et des bières artisanales.

PIZZA PAULISTANA

Speranza
Une des premières pizzerias dans le quartier italien de Bixiga (depuis 1958), célèbre pour sa traditionnelle margherita.

Bráz Pizzaria
Adresse prisée pour son *pão de calabresa* (pain au pepperoni servie à l'apéritif) et sa pizza au jambon fumé servi avec du fromage *Catupiry*.

Leggera Pizza Napoletana
Pizzas napolitaines cuites au feu de bois, on ne peut plus authentiques.

Carlos Pizza
Adresse incontournable de Vila Madalena qui sert des pizzas napolitaines dans une somptueuse ambiance tamisée.

Castelões Cantina & Pizzaria
Ouverte depuis 1924, cette pizzeria est la plus ancienne de São Paulo et reste l'une des meilleures.

LES MEILLEURES ADRESSES VÉGANES DE PINHEIROS ET VILA MADALENA

Congolinária
Restaurant congolais aux plats divins, comme la *feijoada* aux champignons, chou kale et sauce aux arachides. **$**

Banana Verde
À Vila Madalena, adresse connue pour ses plats aux saveurs traditionnelles du Minas Gerais. **$$**

Quincho Cozinha & Coquetelaria
Croquettes aux champignons, burgers végans et autres plats végétaux. **$**

Carnet d'adresses

AVENIDA PAULISTA, JARDINS ET ENVIRONS

Casa das Rosas
Voir p. 128 (www.casadasrosas.org.br ; Av. Paulista 37 ; entrée libre ; jardins 7h-22h)

Instituto Moreira Salles
Voir p. 128 (ims.com.br ; Av. Paulista 2424 ; entrée libre ; 10h-20h mar-dim)

Japan House
Voir p. 128 (www.japanhousesp.com.br ; Av. Paulista 52 ; entrée libre ; 10h-18h mar-ven, 9h-19h sam, 9h-18h dim)

Mirante SESC Paulista
Voir p. 128 (www.sescsp.org.br ; Av. Paulista 119 ; entrée libre ; 10h-21h mar-ven, 10h-18h sam-dim)

Museu de Arte Brasileira
Voir p. 129 (www.faap.br ; Rua Alagoas 903 ; entrée libre ; 10h-18h mer-lun)

Museu de Arte de São Paulo (MASP)
Voir p. 125 (masp.org.br ; Av. Paulista 1578 ; tarif plein/réduit/-10 ans 60/30 R$/gratuit, mar et 1er jeudi du mois entrée libre; 10h-20h mar, 10h-18h mer-dim)

Museu do Futebol
Voir p. 128 (museudofutebol.org.br ; Praça Charles Miller s/n ; tarif plein/réduit 20/16 R$, entrée libre mar ; 9h-18h mar-dim, 9h-20h 1er mar du mois)

Museu Judaico de São Paulo
Voir p. 129 (www.museujudaicosp.org.br ; Rua Martinho Prado 28 ; tarif plein/réduit 20/10 R$; 10h-19h mar-dim)

Museu Xingu
Voir p. 129 (www.casaamarela.art.br ; Rua José Maria Lisboa 838 ; entrée libre ; 11h-16h lun-ven)

Paço das Artes
Voir p. 129 (www.pacodasartes.org.br ; Rua Albuquerque Lins 1345 ; entrée libre ; 11h-19h mar-sam, 12h-18h dim)

Parque Trianon
Voir p. 125 (Rua Peixoto Gomide 949, Jardins ; h6h-18h)

Prédio da FIESP
Voir p. 129 (centrocultural.fiesp.com.br ; Av. Paulista 313 ; entrée libre ; 10h-20h mar-dim)

Escola de Samba Vai-vai
Voir p. 129 (11 97779-3476 ; www.vaivai.com.br ; Bixiga)

Hotel Fasano
Voir p. 130 (11 3896-4000 ; www.fasano.com.br ; Rua Vitório Fasano 88)

Pousada Zilah
Voir p. 130 (11 96211-4757 ; zilah.com ; Rua Minas Gerais 112)

Rosewood
Voir p. 130 (11 3797-0500 ; www.rosewoodhotels.com ; Rua Itapeva 435)

Soul Hostel
Voir p. 130 (11 2609-7221 ; soulhostel.com.br ; Rua São Carlos do Pinhal 461)

Tapera Hostel
Voir p. 130 (11 2368-6388 ; taperahostel.com.br ; Rua Correia Dias 304)

Balaio IMS
Voir p. 128 (11 2842-9123 ; balaioims.com.br ; Av. Paulista 2424 ; restaurant 12h-16h mar-jeu, 12h-16h et 19h-22h ven-sam, 12h-17h dim, café 12h-20h mar-dim)

Calçadão Urbanoide
Voir p. 130 (Rua Frei Caneca 1024 ; 16h-22h mer-jeu, 16h-1h ven, 12h-1h sam, 12h-23h dim)

Charco
Voir p. 129 (11 30630-360 ; @charcorestaurante ; Rua Peixoto Gomide 1492 ; 19h-23h mar-jeu, 13h-16h et 19h-23h ven, 13h-16h et 19h30-23h sam, 13h-16h dim)

D.O.M.
Voir p. 129 (11 3088-0761 ; domrestaurante.com.br ; Rua Barão de Capamena 549 ; 12h-15h et 19h-21h lun-ven, 19h-21h sam)

Frevo
Voir p. 130 (11 3082-3434 ; Rua Oscar Freire 588 ; 10h30-1h)

Jiquitaia
Voir p. 129 (11 3051-5638 ; jiquitaia.com.br ; Rua Coronel Oscar Porto 808 ; 12h-16h et 19h-23h mar-sam, 12h-16h30 dim)

Kan Suke
Voir p. 129 (11 3266-3819 ; Rua Manuel da Nóbrega ; 11h30-14h et 18h-22h lun-sam)

Murakami
Voir p. 129 (11 3064-8868 ; www.murakamimu.com ; Alameda Lorena 1186 ; 12h-15h et 19h-23h30 mar-sam)

Pão de Queijo Haddock Lobo
Voir p. 129 (11 3088-3087 ; paodequeijohaddocklobo.com.br ; Rua Haddock Lobo 1408 ; 8h-19h lun-sam, 9h-18h dim)

Picchi
Voir p. 129 (11 3065-5560 ; restaurantepicchi.com.br ; Rua Oscar Freire 533 ; 12h-15h et 19h-23h mar-sam, 12h-15h dim)

Restaurante Président
Voir p. 129 (11 3062-7169 ; @president_jacquin ; Rua da Consolação 3527 ; 12h-16h et 19h-23h30 lun-sam, 12h-17h dim)

Taquería La Sabrosa
Voir p. 130 (☎ 11 2925-6189 ; @taquerialasabrosa ; Rua Francisco Leitão 246 ; ⏲ 12h-15h et 18h-23h lun-jeu, 12h-15h et 18h-minuit ven, 12h-minuit sam, 12h-23h dim)

Tordesilhas
Voir p. 129 (☎ 11 3107-7444 ; www.tordesilhas.com ; Alameda Tietê 489 ; ⏲ 19h-22h30 mar-ven, 12h-17h et 19h-22h30 sam, 12h-17h dim)

Z Deli Sandwiches
Voir p. 129 (☎ 11 3083-0021 ; www.zdeli.com.br ; Rua Haddock Lobo 1386 ; ⏲ 12h-minuit dim-jeu, 12h-1h ven-sam)

Bar Astor
Voir p. 128 (☎ 11 2299-5332 ; www.barastor.com.br ; Rua Oscar Freire 163 ; ⏲ 12h-15h30 et 17h-23h lun-mer, 12h-15h30 et 17h-1h jeu, 12h-1h30 ven-sam, 12h-20h dim)

Dogma
Voir p. 129 (☎ 11 91094-6683 ; www.cervejariadogma.com.br ; Rua Dr. Melo Alves 347 ; ⏲ 17h-23h mar-ven, 12h-23h sam, 12h-20h dim)

Fechado
Voir p. 129 (@fechado.cafebar ; Rua Bela Cintra 676 ; ⏲ 11h30-23h30 mar-jeu, 11h30-0h30 ven-sam, 10h-17h30 dim)

Padaria Bella Paulista
Voir p. 129 (☎ 11 3214-3347 ; padariabellapaulista.com.br ; Rua Haddock Lobo 354 ; ⏲ 24h/24)

Presidenta
Voir p. 130 (www.facebook.com/presidentabar ; Rua Augusta 335 ; ⏲ 19h-6h mer-dim)

Riviera Bar
Voir p. 128 (☎ 11 94745-8063 ; Av. Paulista 2584 ; ⏲ 24h/24)

Santo Grão
Voir p. 129 (☎ 11 3062-9294 ; santograo.com.br ; Rua Oscar Freire 413 ; ⏲ 8h-23h30 lun-mer, 8h-minuit jeu-dim)

Seen
Voir p. 128 (☎ 11 3146-5923 ; seensp.com ; Hotel Tivoli Mofarrej, Alameda Santos 1437 ; ⏲ 19h-1h lun-sam)

Soul Café
Voir p. 130 (☎ 11 98544-4971 ; @soulcafesp ; Rua Augusta 1524, Loja 6 ; ⏲ 9h-18h30 lun-ven, 10h-18h sam)

Japan House

Baretto
Voir p. 130 (☎ 11 3896-4000 ; www.fasano.com.br ; Fasano, Rua Vitório Fasano 88 ; ⏲ 19h-2h30)

Blue Note
Voir p. 130 (☎ 11 94745-9694 ; bluenotesp.com ; Av. Paulista 2073 ; ⏲ 19h-23h)

Centro Cultural Afrika
Voir p. 129 (☎ 11 95973-7840 ; Rua Major Diogo 518 ; ⏲ 18h30-1h mer-jeu, 18h30-2h ven, 12h-2h sam)

Le Rêve Club
Voir p. 130 (☎ 11 3047-4410 ; lereveclub.com.br ; Rua Marquês de Paranaguá 329 ; ⏲ 22h30-tard sam)

Rabo di Galo
Voir p. 130 (☎ 11 3797-0500 ; www.rosewoodhotels.com ; Rosewood, Rua Itapeva 435 ; ⏲ 18h-1h dim-jeu, 18h-2h ven-sam)

Selva
Voir p. 130 (☎ 11 3120-4140 ; selva.club ; Rua Augusta 501 ; ⏲ 22h-tard ven-sam)

Água de Coco
Voir p. 129 (☎ 11 97547-0962 ; www.aguadecoco.com.br ; Rua Oscar Freire 1181 ; ⏲ 11h-19h lun-sam, 12h-18h dim)

Galeria Melissa
Voir p. 129 (☎ 11 3083-3612 ; www.melissa.com.br ; Rua Oscar Freire 827 ; ⏲ 10h-20h lun-sam)

Havaianas
Voir p. 129 (☎ 11 3081-0512 ; havaianas.com.br ; Rua Oscar Freire 1116 ; ⏲ 10h-20h lun-sam, 12h-18h dim)

CENTRE-VILLE ET ENVIRONS

Caixa Cultural
Voir p. 139 (www.caixacultural.gov.br ; Praça da Sé 111 ; entrée libre ; ⏲ 10h-18h mar-sam, 9h-17h dim)

Centro Cultural Banco do Brasil São Paulo
Voir p. 139 (ccbb.com.br ; Rua Álvares Penteado 112 ; entrée libre ; ⏲ 9h-20h mer-lun)

Edifício Copan
Voir p. 135 (www.copansp.com.br ; Av. Ipiranga 200 ; entrée libre ; ⏲ visite 15 minutes 10h30 et 15h30 lun-ven)

Edifício Esther
Voir p. 135 (Praça da República 32)

Edifício Itália
Voir p. 134 (www.edificioitalia.com.br ; angle Av. São Luís et Av. Ipiranga ; à partir de 30 R$; ⏲ 15h-19h lun-ven)

Edifício Martinelli
Voir p. 139 (www.prediomartinelli.com.br ; Rua São Bento 405 ; entrée libre ; ⏲ 11h-19h30)

Estação da Luz
Voir p. 137 (Praça de Luz ; 24h/24)

Farol Santander
Voir p. 139 (www.farolsantander.com.br ; Rua João Brícola 24 ; adulte/enfant 35/17,50 R$; 9h-20h mar-ven, 9h-19h sam-dim)

Memorial da Resistência
Voir p. 138 (memorialdaresistenciasp.org.br ; Largo General Osório 66 ; entrée libre ; 10h-18h mer-lun)

Mercado Municipal de São Paulo
Voir p. 134 (mercadao.mercadospspe.com.br ; Rua da Cantareira 306 ; 6h-18h lun-sam, 6h-16h dim)

Museu da Diversidade Sexual
Voir p. 138 (museudadiversidadesexual.org.br ; station de métro República ; entrée libre ; 10h-18h mar-dim)

Museu da Língua Portuguesa
Voir p. 137 (mlp.org.br ; Praça da Luz ; tarif plein/réduit 20/10 R$, entrée libre sam ; 9h-18h mar-dim)

Museu de Arte Sacra
Voir p. 138 (museuartesacra.org.br ; Rua Tiradentes 676 ; tarif plein/réduit 6/3 R$, entrée libre sam ; 9h-17h mar-dim)

Museu Histórico da Imigração Japonesa
Voir p. 138 (www.bunkyo.org.br ; Rua São Joaquim 381 ; tarif plein/réduit 16/8 R$, entrée libre mer ; 10h-17h mar-dim)

Páteo do Collégio
Voir p. 139 (www.pateodocollegio.com.br ; Praça Páteo do Colégio 2 ; tarif plein/réduit 8/4 R$; 9h-16h45 mar-sam)

Pina Estação
Voir p. 138 (pinacoteca.org.br ; Largo General Osório 66 ; tarif plein/réduit 30/15 R$; 10h-18h mer-lun)

Pinacoteca Contemporânea
Voir p. 137 (pinacoteca.org.br ; Av. Tiradentes 273 ; tarif plein/réduit 30/15 R$; 10h-18h mer-lun)

Pinacoteca de São Paulo
Voir p. 137 (pinacoteca.org.br ; Praça da Luz 2 ; tarif plein/réduit 30/15 R$; 10h-18h mer-lun)

Templo Busshinji
Voir p. 138 (sotozen.org.br ; Rua São Joaquim 285 ; 9h-16h)

Theatro Municipal
Voir p. 134 (11 3367-7200 ; theatromunicipal.org.br ; Praça Ramos de Azevedo ; billetterie 10h-19h lun-ven, 10h-17h sam-dim)

Novotel São Paulo Jaraguá
Voir p. 135 (11 2802-7000 ; all.accor.com ; Rua Martins Fontes 71)

Hostel Ipê
Voir p. 135 (11 97323-0321 ; www.hostelipe.com.br ; Rua Pandiá Calógeras 198)

Hostelaria SP Boutique
Voir p. 135 (11 99950-8100 ; hostelariasp.com.br ; Rua Pandiá Calógeras 44)

A Casa do Porco
Voir p. 135 (11 3258-2578 ; acasadoporco.com.br ; Rua Araújo 124 ; 12h-minuit lun-sam, 12h-17h dim)

Amazo Cozinha Peruana
Voir p. 138 (11 99560-4321 ; @amazoperuano ; Rua Guaianazes 1149 ; 12h-15h30 mar, 12h-15h30 et 19h-22h mer-sam, 12h-17h30 dim)

Bar da Dona Onça
Voir p. 135 (11 3257-2016 ; bardadonaonca.com.br ; Edifício Copan, Av. Ipiranga 200, Lojas 27/29 ; 12h-23h lun-sam, 12h-17h dim)

Bar do Luiz Fernandes
Voir p. 137 (11 2976-3556 ; www.bardoluizfernandes.com.br ;

VICTORABREU / STOCK.ADOBE.COM ©

Edifício Itália et Edifício Copan

Rua Augusto Tolle 610 ; 16h-23h45 mer-jeu, 12h-23h45 ven, 12h-21h sam, 12h-19h dim)

Bar do Mané
Voir p. 134 (11 3228-2141 ; Mercado Municipal de São Paulo, Rua da Cantareira 306 ; 5h30-17h lun-sam, 6h-15h dim)

Casa das Ostras
Voir p. 134 (11 3313-4824 ; acasadas-ostras.com.br ; Mercado Municipal de São Paulo, Rua da Cantareira 306 ; 8h-18h)

Casa Godinho
Voir p. 137 (11 3104-1520 ; www.merceariagodinho.com.br ; Rua Líbero Badaró 340 ; 7h-18h30 lun-ven)

Cora Restaurante
Voir p. 137 (11 3231-4561 ; @cora.sp ; Rua Amaral Gurgel 344, 6e ét ; 19h-23h mar, 12h-15h et 19h-23h mer-ven, 12h-16h et 19h-23h sam, 12h-17h dim)

Cuia Café e Restaurante
Voir p. 135 (11 95981-8555 ; belcoelho.com.br ; Edifício Copan, Av. Ipiranga 200, Lojas 48 ; 11h-23h mar-ven, 10h-23h sam, 10h-18h dim)

Esfiharia Effendi
Voir p. 138 (11 3228-0295 ; www.effendi.com.br ; Rua Dom Antônio de Melo 77 ; 10h-15h30 mar-sam, 10h-14h30 dim)

Esther Rooftop
Voir p. 135 (11 3256-1009 ; www.estherrooftop.com.br ; Edifício Esther, Rua Basílio da Gama 29 ; 12h-15h et 18h-23h lun-mer et ven, 12h-23h jeu, 12h-minuit sam, 12h-17h dim)

Frangó
Voir p. 137 (11 3932-4818 ; Largo da Matriz de Nossa Senhora do Ó 168 ; 11h-minuit mar-sam, 11h-19h dim)

Hocca Bar
Voir p. 134 (11 3227-6938 ; hoccabar.com.br ; Mercado Municipal de São Paulo, Rua da Cantareira 306 ; 8h-18h lun-sam, 8h-16h30 dim)

Holy Burger
Voir p. 137 (11 93740-2735 ; www.holyburger.com.br ; Rua Dr. Cesário Mota Júnior 527 ; 18h-minuit mar-ven, 12h-minuit sam, 12h-23h dim)

Johny's
Voir p. 137 (11 2495-4687 ; www.facebook.com/jhonysbar123 ; Rua Canuto do Val 20 ; 7h-minuit)

Komah
Voir p. 137 (11 3392-7072 ; komah-restaurante.com.br ; Rua Cônego Vicente Miguel Marino 378 ; 12h-15h et 18h30-23h30 lun-ven, 12h-16h et 19h-23h30 sam)

Lamen Kazu
Voir p. 138 (11 3277-4286 ; www.lamenkazu.com.br ; Rua Tomás Gonzaga 51 ; 11h-15h30 et 17h30-22h30 lun-sam, 11h-15h30 et 17h30-21h30 dim)

Lanches Estadao
Voir p. 135 (11 3257-7121 ; barelanchesestadao.business.site ; Viaduto Nove de Julho 193 ; 24h/24)

Mocotó
Voir p. 137 (11 2951-3056 ; mocoto.com.br ; Av. Nossa Senhora do Loreto 1100 ; 12h-23h lun-ven, 11h30-23h sam, 11h30-17h dim)

Notiê
Voir p. 137 (11 2853-0373 ; @espacopriceless ; Shopping Light, Rua Formosa 157 ; 19h-23h jeu-sam)

Panificadora Santa Tereza
Voir p. 137 (11 3111-1030 ; Praça Dr. João Mendes ; 6h-20h lun-ven, 6h-19h sam)

Ponto Chic
Voir p. 135 (11 3222-6528 ; www.pontochic.com.br ; Largo do Paissandú 27 ; 12h-20h lun-sam)

Restaurante Lamen ASKA
Voir p. 138 (11 3277-9682 ; Rua Galvão Bueno 466 ; 11h-14h et 18h-22h lun-dim)

Shoshana Delishop
Voir p. 138 (11 3227-3665 ; www.shoshana.com.br ; Rua Correia de Melo 206/212 ; 12h-15h lun-mer, 12h-15h et 18h-23h jeu-ven, 12h-16h et 18h-23h sam, 11h-16h dim)

Tabuleiro do Acarajé
Voir p. 136 (11 95374-6357 ; Rua Jesuíno Pascoal 30 ; 17h-21h30 mar-ven, 13h-17h30 sam)

Balsa Bar
Voir p. 136 (11 94177-7477 ; www.abalsa.org ; Rua Capitão Salomão 26, 2e et 4e ét ; 18h-minuit mer-ven, 15h-23h sam, 14h-20h dim)

Bar Bagaceira
Voir p. 137 (11 2691-1884 ; barbagaceira.com.br ; Rua Frederico Abranches 197 ; 12h-23h30 mar-sam, 13h-19h dim)

Bar da Lôca
Voir p. 138 (11 3256-1946 ; @bartozeoficial ; Rua Peixoto Gomide 106 ; 6h-1h dim-ven, 7h-1h sam)

Bar do Cofre SubAstor
Voir p. 136 (11 5555-0578 ; www.subastor.com.br ; Farol Santander, Rua João Brícola 24 ; 16h-minuit mer-jeu, 16h-1h ven, 14h-1h sam, 14h-20h dim)

Bar dos Arcos
Voir p. 134 (11 93453-5594 ; bardosarcos.com.br ; Theatro Municipal, Praça Ramos de Azevedo s/n ; 18h-1h mar-mer, 18h-2h jeu-ven, 18h-3h sam)

Bar Moela
Voir p. 137 (11 2385-2144 ; Rua Canuto do Val 136 ; 16h-23h lun, 14h-23h mar-ven, 12h-23h sam, 12h-18h dim)

Café Floresta
Voir p. 136 (11 3259-8416 ; cafefloresta.com.br ; Edifício Copan, Av. Ipiranga 200 ; 6h-22h30 lun-ven, 6h-23h sam, 8h-22h30 dim)

Casa Fluida
Voir p. 138 (@casafluida ; Rua Bela Cintra 569 ; 18h-1h jeu-sam)

Chest of Wonders
Voir p. 138 (chestmaids.carrd.co ; Rua Galvão Bueno 580 ; 11h-19h mar-dim)

Dogma
Voir p. 137 (11 99249-9887 ; www.cervejariadogma.com.br ; Rua Fortunato 236 ; 16h-22h30 mar-ven, 12h-22h30 sam, 14h-19h30 dim)

Drosophlya
Voir p. 136 (11 3120-5535 ; www.drosophyla.com.br ; Rua Nestor Pestana 163 ; 18h-minuit mar-mer, 18h-1h jeu-sam)

Fel
Voir p. 136 (☎ 11 3237-2215 ; @fel.sp ; Edifício Copan, Av. Ipiranga 200 ; h17h-minuit lun-jeu, 17h-1h ven, 12h-1h sam, 14h-22h dim)

Izakaya Issa
Voir p. 138 (☎ 11 3208-8819 ; @izakayaissa ; Rua Barão de Iguape 89 ; 11h-14h30 et 18h-22h lun-mar et jeu-ven, 11h-15h et 18h-22h sam-dim)

Lekitsch
Voir p. 136 (☎ 11 3151-6298 ; Praça Franklin Roosevelt 142 ; 17h-minuit lun, 17h-1h mar-jeu, 17h-2h ven, 14h-2h sam, 14h-minuit dim)

Paloma
Voir p. 136 (@paloma___sp ; Edifício Copan, Av. Ipiranga 200 ; 12h-minuit lun-jeu, 12h-1h ven-sam, 12h-18h dim)

Papo, Pinga e Petisco Bar
Voir p. 136 (☎ 11 3257-4106 ; Edifício São José, Praça Franklin Roosevelt 112 ; 17h30-1h mar-ven, 16h-1h sam, 16h-23h30 dim)

Tap Tap
Voir p. 136 (☎ 11 98522-9294 ; taptapsp.com.br ; Rua da Consolação 455 ; 15h-1h lun-jeu, 12h-2h ven-sam, 12h-22h dim)

Terraço Itália
Voir p. 134 (☎ 11 2189-2929 ; www.terracoitalia.com.br ; Edifício Itália, Av. Ipiranga 344, 41e étage ; 12h-minuit lun-jeu, 12h-1h ven-sam, 12h-23h dim)

Tokyo
Voir p. 136 (☎ 11 91118-5260 ; tokyo011.com.br ; Rua Major Sertório 110 ; 17h-5h mar-jeu, 17h-6h ven, 12h-6h sam, 12h-23h dim)

Club Jerome
Voir p. 138 (☎ 11 2614-6526 ; @club.jerome ; Rua Mato Grosso 398; 23h-6h mer-sam)

Hangar 110
Voir p. 136 (☎ 11 3229-7442 ; www.hangar110.com.br ; Rua Rodolfo Miranda 110)

Komplexo Tempo
Voir p. 138 (☎ 11 2272-7122 ; @komplexotempo ; Av. Henry Ford 511 ; 23h-8h sam)

Sala São Paulo
Voir p. 138 (☎ 11 3367-9500 ; www.salasaopaulo.art.br ; Praça Júlio Prestes 16 ; billetterie 10h-18h lun-ven, 10h-16h30 sam)

Yacht Club
Voir p. 138 (www.facebook.com/ClubYacht ; Rua Treze de Maio 703 ; 22h-4h jeu, 22h-6h ven, 21h-6h sam)

El Cabriton
Voir p. 137 (☎ 11 2193-3343 ; www.elcabriton.com ; Rua Fortunato 121 ; 10h-18h mar-sam, 11h-18h dim)

Galeria do Rock
Voir p. 136 (☎ 11 3331-1530 ; @galeriadorockoficial ; Av. São João 439 ; 9h-19h lun-ven, 9h-18h sam)

Shopping Frei Caneca
Voir p. 138 (☎ 11 3472-2075 ; www.freicanecashopping.com.br ; Rua Frei Caneca 569 ; 10h-22h lun-sam, 14h-20 dim)

Sogo Plaza Shopping
Voir p. 138 (☎ 11 3209-3604 ; sogoplaza.com.br ; Av. da Liberdade 363 ; lun-sam 9h30-19h30, 10h-19h dim)

PARQUE IBIRAPUERA ET ENVIRONS

Auditorium d'Ibirapuera
Voir p. 144 (☎ 11 3629-1075 ; ibirapuera.org ; Av. Pedro Álvares Cabral s/n, porte 3 ; billetterie 13h-22h ven-sam, 13h-20h dim)

Fundação Maria Luisa e Oscar Americano
Voir p. 145 (www.fundacao-oscaramericano.org.br ; Av. Morumbi 4077 ; tarif plein/réduit 20/10 R$; musée et café 10h-17h30 mar-dim)

Instituto Biológico
Voir p. 145 (www.biologico.sp.gov.br ; Av. Conselheiro Rodrigues Alves 1252 ; 8h-17h lun-ven)

Jardim Botânico de São Paulo
Voir p. 145 (jardimbotanico.com.br ; Av. Miguel Estefno ; tarif plein/réduit 19,90/9,95 R$; 9h-17h mar-dim)

Museu Afro-Brasil
Voir p. 142 (www.museuafrobrasil.org.br ; Av. Pedro Alvares Cabral s/n, porte 10 ; tarif plein/réduit 15/7,50 R$, entrée libre mer ; 10h-17h mar-dim)

Museu da Casa Brasileira
Voir p. 145 (mcb.org.br ; Rua Brigadeiro Faria Lima 2705 ; tarif plein/réduit 10/5 R$, entrée libre sam et dim ; 10h-18h mar-dim)

Museu de Arte Contemporânea da Universidade de São Paulo (MAC-USP)
Voir p. 142 (www.mac.usp.br ; Av. Pedro Álvares Cabral 1301 ; entrée libre ; 11h-21h mar-dim)

Museu de Arte Moderna (MAM)
Voir p. 142 (mam.org.br ; Av. Pedro Alvares Cabral s/n, porte 3 ; tarif plein/réduit 25/12,50 R$, entrée libre dim ; 10h-18h mar-dim).

Museu do Ipiranga
Voir p. 144 (museudoipiranga.org.br ; Parque da Independência, Rua dos Patriotas 20 ; tarif plein/réduit 30/15 R$; 11h-17h mar-dim)

Musée zoologique
Voir p. 145 (mz.usp.br ; Av. Nazaré 481 ; entrée libre ; 10h-17h mer-dim)

Oca
Voir p. 144 (Av. Pedro Álvares Cabral s/n, porte 2 ; entrée libre ; 9h-22h)

Pavillon Ciccillo Matarazzo
Voir p. 144 (☎ 11 5576-7600 ; bienal.org.br ; Av. Pedro Álvares Cabral s/n, porte 3 ; 8h-19h)

Pavillon japonais
Voir p. 144 (www.bunkyo.org.br ; Av. Pedro Álvares Cabral s/n, porte 10 ; tarif plein/réduit 15/7 R$, entrée libre jeu ; 10h-17h jeu-dim)

Bike Tour SP
Voir p. 143 (☎ 11 3213-2245 ; biketoursp.com.br ; Av. Paulista 2439 ; 8h-17h30)

Parque Ibirapuera

Flavia Liz di Paolo
Voir p. 143 (☎ 11 98119-3903 ; https://flavializ.com)

São Paulo Free Walking Tour
Voir p. 143 (www.saopaulofree-walkingtour.com ; Praça da República 143 ; pourboires bienvenus)

São Paulo Turismo
Voir p. 143 (☎ 11 2226-0400 ; cidadedesaopaulo.com ; Rua Boa Vista 280 ; 9h-18h lun-ven)

Hotel Unique
Voir p. 143 (☎ 11 3055-4700 ; www.hotelunique.com ; Av. Brigadeiro Luís Antônio 4700)

Nomad in Art & Hostel
Voir p. 143 (☎ 11 3567-2822 ; Rua Eça de Queiroz 414)

Pullman Hotel
Voir p. 143 (☎ 11 5088-4000 ; all.accor.com ; Rua Joinville 515)

Bar Veloso
Voir p. 145 (velosobar.com.br ; Rua Conceição Veloso 54 ; 17h-23h30 mar-ven, 15h-23h45 sam, 15h-22h dim)

Bráz Pizzaria
Voir p. 145 (☎ 11 5561-1736 ; www.brazpizzaria.com.br ; Rua Graúna 125 ; 18h30-23h30 dim-mer, 18h30-0h30 jeu-sam)

Casa Tucupi
Voir p. 145 (☎ 11 94241-2232 ; @casa-tucupi ; Rua Major Maragliano 74 ; 12h-16h30 et 18h30-21h30 mer-dim)

Eataly
Voir p. 145 (☎ 11 3279-3300 ; eataly.com.br ; Av. Presidente Juscelino Kubitschek 1489 ; 12h-23h)

Foglia – Forneria Artigianale
Voir p. 145 (☎ 11 3846-9695 ; foglia-forneria.com.br ; Rua Domingos Fernandes 548 ; 12h-15h et 18h-23h ven, 12h-16h et 18h-23h sam-dim)

Hamburguer do Seu Oswaldo
Voir p. 145 (Rua Bom Pastor 1659 ; 12h-22h lun-sam)

Huto
Voir p. 145 (☎ 11 5052-6804 ; grupohuto.com.br ; Av. Jandira 677 ; 19h-minuit lun-sam)

Kinoshita
Voir p. 145 (☎ 11 3849-6940 ; restaurantekinoshita.com.br ; Rua Jacques Félix 405 ; 12h-15h et 19h-23h lun-ven, 12h-16h et 19h-23h sam)

Mila
Voir p. 145 (☎ 11 2925-8442 ; @mila_sp ; Rua Bandeira Paulista 1096 ; 12h-15h et 19h-23h mar-ven, 13h-18h et 19h-23h sam, 13h-17h30 dim)

Pão com Carne Hamburgueria
Voir p. 145 (Rua Joaquim Floriano 595 ; 11h30-23h lun-sam)

Quintal deBetti
Voir p. 145 (☎ 11 3164-2264 ; debetti.com.br ; Rua Curumins 11 ; 12h-22h mar-dim)

Restaurante Capim
Voir p. 145 (☎ 11 3032-2277 ; www.restaurantecapimsanto.com.br ; Rua Brigadeiro Faria Lima 2705 ; 10h-18h mar-dim)

Ryo Gastronomia
Voir p. 145 (☎ 11 3881-8110 ; Rua Pedroso Alvarenga 665 ; 18h30-22h30 mar-mer, 19h-23h jeu-sam)

Selvagem
Voir p. 144 (☎ 11 5198-0844 ; selvagemibirapuera.com.br ; Av. Quarto Centenário 454, porte 5 ; 12h-16h et 19h-23h30 mar-ven, 12h-17h et 19h30-23h30 sam, 12h-17h dim)

Varanda
Voir p. 145 (☎ 11 3887-8870 ; www.varandagrill.com.br ; Rua General Mena Barreto 793 ; 12h-15h et 19h-22h lun-ven, 12h-16h et 19h-22h sam, 12h-17h dim)

Vista
Voir p. 142 (☎ 11 2658-3188 ; vistarestaurante.vistasaopaulo.com.br ; MAC-USP, Av. Pedro Álvares Cabral 1301 ; 12h-16h et 19h-23h mar-sam, 12h-17h dim)

Bardega
Voir p. 144 (☎ 11 2691-7578 ; bardega.com.br ; Rua Dr. Alceu de Campos Rodrigues 218 ; 18h30-1h mar-sam)

Bourbon Street Music Club
Voir p. 144 (☎ 11 5095-6100 ; bourbonstreet.com.br ; Rua dos Chanés 127 ; 20h30-tard mar, 21h-tard mer, 21h30-tard jeu, 22h-tard ven-sam, 19h30-tard dim)

Gorilla Beer House
Voir p. 145 (Av. Conselheiro Rodrigues Alves ; 17h-23h45 lun-jeu, 17h-0h45 ven, 12h-0h45 sam, 12h-22h45 dim)

Skye Bar
Voir p. 144 (☎ 11 3055-4702 ; www.hotelunique.com ; Hotel Unique, Av. Brigadeiro Luís Antônio 4700 ; bar 18h-0h30 lun-ven, 18h-23h30 dim)

JK Iguatemi
Voir p. 145 (☎ 11 4933-2216 ; iguatemi.com.br ; Av. Juscelino Kubitschek 2041 ; 10h-22h lun-sam, 14h-20h dim)

PINHEIROS, VILA MADALENA ET ENVIRONS

Beco do Batman
Voir p. 147 (Rua Gonçalo Afonso s/n, Vila Madalena ; 24h/24)

Instituto Tomie Ohtake
Voir p. 151 (www.institutotomie-ohtake.org.br ; Rua Brigadeiro Faria Lima 201 ; entrée libre ; 11h-20h mar-dim)

Memorial da América Latina
Voir p. 149 (memorial.org.br ; Av. Mário de Andrade 664 ; entrée libre ; 10h-17h)

Museu das Culturas Indígenas
Voir p. 149 (museudasculturas-indigenas.org.br ; Rua Dona Germaine Burchard 451 ; tarif plein/réduit 15/7,50 R$; 9h-18h mar-mer et ven-sam, 9h-20h jeu)

Roda Rico
Voir p. 149 (https://bileto.sympla.com.br/event/78537 ; Parque Cândido Portinari, Av. Queiroz Filho)

São Paulo Free Walking Tour
Voir p. 147 (www.saopaulofree-walkingtour.com ; Praça da República 143 ; pourboires bienvenus)

Garoa Hostel
Voir p. 150 (☎ 11 2729-7211 ; garoa-hostel.com.br ; Rua Guaicuí 72)

Guest Urban
Voir p. 149 (☎ 11 3081-5030 ; www.guesturbansp.com.br ; Rua Lisboa 493)

Ô de Casa
Voir p. 150 (☎ 11 3063-5216 ; odecasahostel.com ; Rua Inácio Pereira da Rocha 385)

Selina Madalena
Voir p. 149 (☎ 11 4934-3992 ; www.selina.com ; Rua Aspicuelta 237/245)

Uotel Vila Madalena
Voir p. 149 (uotel-vila-madalena.saopaulo-hotels.com/en ; Rua Girassol 1280)

Viva Hostel Design
Voir p. 150 (☎ 11 3812-9142 ; Rua Girassol 1262)

Banana Verde
Voir p. 151 (☎ 11 3814-4828 ; www.bananaverde.com.br ; Rua Harmonia 278 ; 12h-15h et 19h-22h lun-ven, 12h-22h sam-dim)

Bráz Pizzaria
Voir p. 151 (☎ 11 3037-7975 ; www.brazpizzaria.com.br ; Rua Vupabussu 271 ; 18h30-23h30 dim-mer, 18h30-0h30 jeu-sam)

Cabruca
Voir p. 150 (☎ 11 91077-8623 ; @cabrucarestaurante ; Dengo Chocolates, Av. Brigadeiro Faria Lima 196 ; 12h-20h mar, 12h-22h30 mer-sam, 12h-19h dim)

Carlos Pizza
Voir p. 151 (☎ 11 3813-2017 ; www.carlospizza.com.br ; Rua Harmonia 501 ; 18h-23h30 dim-jeu, 18h-minuit ven-sam)

Castelões Cantina & Pizzaria
Voir p. 151 (☎ 11 94721-3355 ; www.facebook.com/Casteloes1924 ; Rua Jairo Gois 126 ; 18h-23h30 mar-dim)

Comedoria Gonzales
Voir p. 151 (☎ 11 3813-8719 ; @comedoriagonzales ; Mercado Municipal de Pinheiros, Rua Pedro Cristi 89 ; 12h-17h lun-sam)

Congolinária
Voir p. 151 (☎ 11 3868-1884 ; congolinaria.com.br ; Av. Prof. Alfonso Bovero 382 ; 11h-22h mar-dim)

Corrutela
Voir p. 150 (☎ 11 3097-9490 ; Rua Medeiros de Albuquerque 256 ; 12h-15h et 19h-23h mer-sam, 12h-16h30 dim)

Dengo
Voir p. 150 (☎ 11 91018-9842 ; Av. Brigadeiro Faria Lima 196 ; 8h-20h lun-mar, 8h-22h mer-sam, 8h-19h dim)

Estação da Luz
IMAGO PHOTO / STOCK.ADOBE.COM ©

Evvai
Voir p. 150 (☎ 11 3062-1160 ; www.evvai.com.br ; Rua Joaquim Antunes 108 ; 19h-22h30 lun-sam)

Instituto Ata
Voir p. 151 (☎ 11 3032-0875 ; www.institutoata.org.br ; Mercado Municipal de Pinheiros, Rua Pedro Cristi 89 ; 8h-18h lun-sam)

Jun Sakamoto
Voir p. 150 (☎ 11 3088-6019 ; www.junsakamoto.com.br ; Rua Lisboa 55 ; 19h-23h lun-sam)

Kotori
Voir p. 150 (Rua Cônego Eugênio Leite 639 ; 19h-23h30 mar-ven, 12h-16h et 19h-23h30 sam, 12h-17h dim)

La Borratxeria
Voir p. 151 (@borratxeria ; Rua João Moura 541 ; 12h-15h30 et 18h30-22h30 mar-jeu, 12h-22h30 ven-sam, 12h-17h30 dim)

Leggera Pizza Napoletana
Voir p. 151 (☎ 11 3862-2581 ; www.pizzerialeggera.com.br ; Rua Diana 80 ; 18h-23h mar-jeu, 18h-23h30 ven-sam, 18h-22h dim)

Mani
Voir p. 150 (☎ 11 97473-8994 ; manimanioca.com.br ; Rua Joaquim Atunes 210 ; 12h-15h et 19h30-23h mar-ven, 13h-16h et 19h30-23h sam, 13h-16h30 dim)

Mercado Municipal de Pinheiros
Voir p. 151 (☎ 11 3814-6525 ; www.mercadomunicipaldepinheiros.com ; Rua Pedro Cristi 89 ; 8h-18h lun-sam)

Mocotó Cafe
Voir p. 151 (11 3530-1365 ; mocoto.com.br ; Mercado Municipal de Pinheiros, Rua Pedro Cristi 89 ; 8h-17h lun-sam)

Nou
Voir p. 150 (11 3064-0033 ; nou.com.br ; Rua dos Pinheiros 274 ; 12h-23h)

Piccolo
Voir p. 150 (11 3360-7718 ; Rua dos Pinheiros 266 ; 12h-16h et 18h30-22h30 lun-jeu, 12h-23h ven-dim)

Pirajá
Voir p. 151 (11 3815-6881 ; piraja.com.br ; Av. Brigadeiro Faria Lima 64 ; 12h-23h lun, 12h-minuit mar-mer, 12h-1h jeu, 12h-2h ven, 12h-19h dim)

Preto
Voir p. 150 (11991143539 ; @preto.cozinha ; Rua Fradique Coutinho 276 ; 12h-23h lun-jeu, 12h-1h ven-sam, 12h-18h dim)

Quincho Cozinha & Coquetelaria
Voir p. 151 (11 3815-8774 ; @quincho.sp ; Rua Mourato Coelho 1447 ; 12h-15h30 et 19h-23h mar-ven, 12h-17h et 19h-23h sam, 12h-17h dim)

Rainha do Mercado
Voir p. 151 (11 3813-2171 ; rainhado-mercado.com.br ; Mercado Municipal de Pinheiros, Rua Pedro Cristi 89 ; 8h-16h lun-sam)

Speranza
Voir p. 151 (11 3288-3512 ; pizzaria.com.br ; Rua Treze de Maio 1004 ; 18h-minuit)

Z Deli Sandwiches
Voir p. 151 (11 2305-2200 ; www.facebook.com/zdelisandwiches ; Rua Francisco Leitão 16 ; 12h-minuit lun-jeu, 12h-1h ven-sam)

Ambar Cervejas Artesanais
Voir p. 148 (11 3031-1274 ; Rua Cunha Gago 129 ; 12h-22h lun, 12h-23h45 mar-mer, 12h-0h45 jeu-sam)

Bar Astor
Voir p. 150 (11 5555-2351 ; www.barastor.com.br ; Rua Delfina 163 ; 12h-23h lun, 12h-minuit mar-mer, 12h-1h jeu, 12h-1h30 ven-sam, 12h-20h dim)

Bar do Mário
Voir p. 151 (11 3061-5865 ; Rua Artur de Azevedo 1162 ; 6h-1h lun-sam)

Boca de Ouro
Voir p. 151 (11 4371-3933 ; bocadeouro.com.br ; Rua Cônego Eugênio Leite 1121 ; 18h-minuit lun-mer, 18h-2h jeu-sam)

Cervejaria Nacional
Voir p. 151 (11 2609-3993 ; www.cervejarianacional.com.br ; Av. Pedroso de Morais 604 ; 17h-minuit lun-jeu, 17h-1h ven, 13h-1h sam)

Coffee Lab
Voir p. 149 (11 3375-7400 ; www.coffeelab.com.br ; Rua Fradique Coutinho 1340 ; 9h-18h)

Croma Beer
Voir p. 149 (11 3032-2061 ; www.cromabeer.com.br ; Rua Harmonia 472 ; 12h-0h30 mar-sam, 12h-22h dim)

Guarita Bar
Voir p. 151 (11 99880-6892 ; Rua Simão Álvares 952 ; 18h-23h30 mar-jeu, 18h-1h30 ven, 17h-1h30 sam, 17h-23h30 dim)

Guilhotina
Voir p. 151 (11 3031-0955 ; Costa Carvalho 84 ; 18h-1h mar-ven, 17h-1h sam)

Mercearia São Pedro
Voir p. 148 (11 3812-8144 ; Rua Rodesia 34 ; 11h-minuit lun-sam, 11h-18h dim)

Pitico
Voir p. 151 (11 3582-7365 ; Rua Guaicuí 61 ; 12h-23h mar-mer, 12h-1h jeu-ven, 13h-1h sam, 13h-23h dim)

Posto 6
Voir p. 149 (11 3812-4342 ; www.barposto6.com ; Rua Aspicuelta 644 ; 16h-2h mar-ven, 12h-2h sam, 12h-1h dim)

Salve Jorge
Voir p. 149 (11 98835-9084 ; www.barsalvejorge.com.br ; Rua Aspicuelta 544 ; 17h-1h mar-jeu, 17h-2h ven, 12h-2h sam, 12h-1h dim)

Santana
Voir p. 151 (11 99631-1026 ; Rua Joaquim Antunes 1026 ; 18h-minuit lun et mer-ven, 16h-minuit sam, 15h-21h dim)

São Paulo Tap House
Voir p. 149 (11 91319-3559 ; www.spth.com.br ; Rua Girassol 340 ; 18h-23h lun-mer, 18h-minuit jeu, 12h-1h ven-sam, 13h-22h dim)

Sensory Coffee Roasters
Voir p. 151 (11 3819-6286 ; @sensorycoffeeroasters ; Rua Simão Álvares 781 ; 9h-19h lun-sam, fermé 1er lun du mois)

SubAstor
Voir p. 150 (11 3815-1364 ; www.subastor.com.br ; Bar Astor, Rua Delfina 163 ; 17h30-minuit mer, 17h30-1h jeu, 17h30-2h ven-sam)

Tan Tan
Voir p. 151 (11 2373-3587 ; www.tantan.com.br ; Rua Fradique Coutinho 153 ; 19h-23h30 mar-ven et dim, 12h-16h et 19h-23h30 sam)

Tank Brewpub
Voir p. 148 (11 93208-2352 ; Rua Amaro Cavalheiro 45 ; 12h-15h lun, 12h-23h45 mar-mer, 12h-0h45 jeu-sam)

Tantin
Voir p. 151 (11 3034-3082 ; @tantinbar ; Rua dos Pinheiros 987 ; 12h-16h lun, 12h-16h et 18h-23h mar-jeu, 12h-15h et 18h-minuit ven, 12h-minuit sam, 12h-17h dim)

Bar do Baixo
Voir p. 150 (Rua Girassol 67 ; 18h-3h mer-jeu, 18h-5h ven, 16h-5h sam, 16h-2h dim)

Ó do Borogodo
Voir p. 151 (11 3813-5898 ; @borogodobar ; Rua Horácio Lane 21 ; 21h-2h mer-jeu, 22h-3h ven-sam, 19h-minuit dim)

Casa do Giro
Voir p. 149 (11 95962-1775 ; @casadogiro ; Rua Simão Álvares 986 ; 10h-18h mar-sam, 11h-16h dim)

Feira Benedito Calixto
Voir p. 151 (www.pracabeneditocalixto.com.br ; Praça Benedito Calixto ; 9h-19h sam)

Patuá Discos
Voir p. 149 (11 95310-7933 ; www.patuadiscos.com.br ; Rua Fidalga 516 ; 13h-20h lun-sam)

FEDOR SELIVANOV/SHUTTERSTOCK ©

Ci-dessus : un toucan en Amazonie ; à droite : Belém (p. 185)

AMAZONIE

FORÊT DE TOUS LES IMAGINAIRES

En Amazonie, cultures et légendes s'entremêlent comme les eaux des cours d'eau qui abreuvent l'incroyable faune d'une jungle faite pour l'aventure.

"Chacun, dès l'enfance, se forge son Amazonie idéale." Les mots de l'écrivain Euclides da Cunha, qui explora la région au tout début du XXe siècle, semblent se vérifier aujourd'hui encore. Le poumon vert de la planète couvre 40% du continent sud-américain et abrite pas moins d'un dixième de la faune mondiale. Située à 60% sur le territoire brésilien, l'Amazonie est aussi la région qui a fait pencher la balance en faveur de Lula aux dernières élections présidentielles.

SANDRA MORAES/SHUTTERSTOCK ©

Elle est irriguée de toutes parts par des cours d'eau prenant leur source en Bolivie, en Colombie, en Équateur, au Pérou ou au Venezuela, lesquels viennent se jeter dans celui qu'on surnomme ici le "fleuve-mer". De décembre à mai, à la saison des pluies, l'Amazone s'étale par endroits sur 50 km de largeur, inondant la forêt et forçant la faune à se révéler. C'est le moment idéal pour explorer les contrées particulièrement luxuriantes du haut bassin amazonien. À la saison sèche, des îles et des plages de sable ensoleillées se révèlent aux visiteurs du Pará, qui découvrent aussi dans cet État une culture riche, de superbes hôtels et une gastronomie reconnue par l'Unesco.

Depuis la pandémie de Covid-19, le tourisme a repris avec une nouvelle vigueur, et l'offre ne fait que s'étoffer pour les touristes en quête d'aventure.

S'il ne faut pas aller jusqu'à s'attendre à voir un jaguar derrière chaque arbre, la plus vaste jungle du monde n'en est pas moins assurément une terre empreinte de magie.

SITES PRINCIPAUX

MANAUS
Métropole au cœur de la jungle
p. 166

BASSIN DU RIO NEGRO
Forêt vierge et artisanat traditionnel
p. 177

BELÉM
La culture en héritage p. 185

SANTARÉM
Aventures sur l'eau et plages enchanteresses
p. 195

S'orienter

La forêt amazonienne recouvre les deux cinquièmes du territoire brésilien. De l'île de Marajó, sur la côte atlantique, à São Gabriel da Cachoeira, près de la frontière colombienne, chaque lieu bordant son fleuve est un bijou unique au cœur de la jungle.

AVION

Manaus et Belém sont les plaques tournantes de l'Amazonie. La plupart des voyageurs y arrivent par avion, grâce à une bonne desserte couvrant tout le Brésil et à de nombreux vols provenant de l'étranger. Manaus reçoit la presque totalité des vols internationaux, mais elle ne dispose que d'un service de bus limité, tandis qu'à Belém sont regroupés des bus desservant le Brésil entier.

BATEAUX LONGUE DISTANCE

Pour les trajets interrégionaux, vous trouverez des bateaux "rapides" (qui peuvent quand même mettre plus de 24 heures à relier deux ports) pourvus de sièges dignes de compagnies aériennes, ou de grands bateaux traditionnels sur lesquels vous dormirez plusieurs nuits en hamac.

BATEAUX LOCAUX

Pour les courtes distances entre deux sites, villages ou quartiers, les trajets se font aussi sur l'eau, à bord de canots à moteur, de bateaux-taxis, de *lanchas* (vedettes) ou de *balsas* (ferries).

VÉHICULES TERRESTRES

Villes amazoniennes, petites ou grandes, fourmillent de voitures, vélos et bus reliant le centre à la périphérie. Au-delà, l'état des routes traversant la jungle ne se prête pas aux trajets longue distance.

Manaus, p. 166

Au cœur de la jungle, la capitale de l'État de l'Amazonas, où convergent les principaux affluents de l'Amazone, est une formidable destination nature et culture.

Santarém, p. 195

Plages fabuleuses, excursions passionnantes, hébergements modernes et élégants en pleine forêt… Santarém, et sa voisine Alter do Chão, ont tous les atouts culturels et esthétiques pour devenir une grande destination balnéaire.

Belém, p. 185

À l'embouchure de l'Amazone, la capitale de l'État du Pará affiche des façades romantiques, une identité culinaire forte et des musées soulignant le rôle central de cette ville dans la colonisation de la région.

Bassin du Rio Negro, p. 177

Le long de la plus longue rivière aux eaux noires du monde, on découvre la forêt vierge, un remarquable patrimoine culturel et de véritables archipels émergeant des eaux opaques.

Planifier son séjour

La légendaire forêt amazonienne est une merveille à la frontière du réel. Offrez-vous-en un avant-goût dans sa ville principale, explorez ses cours d'eau à la découverte de la faune et faites escale à Santarém, nouveau joyau de la région.

ARNIKA GANTEN/SHUTTERSTOCK ©

Au confluent du Rio Solimões et du Rio Negro (p. 170)

Si vous avez peu de temps

- Rendez-vous directement à **Manaus** (p. 166). Imprégnez-vous de l'atmosphère du **Largo de São Sebastião** (p. 168), et faites le tour des galeries d'art et boutiques d'artisanat qui bordent cette place. Visitez le superbe **Teatro Amazonas** (p. 169) ou allez-y voir un spectacle le soir venu.

- Dans l'après-midi, prenez le bateau pour assister à l'**Encontro das Águas** (p. 170) avant de rejoindre le **Parque Ecologico Janauari** (p. 170). Arrêtez-vous pour déjeuner dans un restaurant flottant avant de vous enfoncer dans cette jungle aux portes de la ville. En soirée, flânez parmi les stands et divertissements de la **plage de Ponta Negra** (p. 171), puis goûtez à la cuisine traditionnelle amazonienne de **Banzeiro** (p. 170).

Au fil des saisons

La saison sèche dévoile des îles, des plages et des forêts au milieu des cours d'eau, avant que les paysages ne changent sous les crues de la saison des pluies.

JANVIER

Les eaux montent, submergeant îles et forêts ; la **faune** est alors plus visible dans les **igapós** (forêts inondées par les crues).

MARS

Des artistes lyriques du monde entier se retrouvent à Manaus durant les deux mois que dure le **Festival Amazonas de Ópera** (p. 169).

AVRIL

Le 19 avril, le **Dia dos Povos Indígenas**, qui célèbre les communautés indigènes, est fêté dans tout le pays, et surtout en Amazonie.

PARALAXIS/SHUTTERSTOCK ©, HANS DENIS SCHNEIDER/SHUTTERSTOCK ©, JOA SOUZA/SHUTTERSTOCK ©

En quelques jours

● Après une journée à Manaus, faites 200 km de route jusqu'à **Novo Airão** (p. 178), une bourgade fluviale aux portes du Rio Negro et du Parque Nacional de Anavilhanas. Jetez un coup d'œil à ses galeries d'artisanat, à ses boutiques et à sa plage, puis, après un déjeuner tardif au **Flor do Luar** (p. 178), louez un paddle ou un canoë pour explorer ses eaux opaques. Le soir, faites une **excursion nocturne** (p. 176) à la recherche de la faune amazonienne – sur les rives du Rio Negro, 80% des animaux ne se montrent que la nuit.

● Le lendemain, faites une **croisière** (p. 176) sur la rivière pour voir des loutres géantes, des lamantins ou encore des dauphins roses entre deux arrêts sur des plages ou à l'assaut de la jungle.

Si vous avez plus de temps

● Prenez un avion ou un bateau rapide jusqu'à **Santarém** (p. 195). Là, profitez des plages d'**Alter do Chão** (p. 197) en journée et, le soir, savourez les délices régionaux face à l'eau, dans des restaurants tels que la **Casa do Saulo** (p. 198). Diverses excursions vous révéleront l'histoire de la région : des peintures rupestres de **Monte Alegre** (p. 202) au projet avorté d'Henry Ford à **Belterra** (p. 201), en passant par les villages autochtones et la nature préservée de la **Floresta Nacional do Tapajós** (p. 200). Si vous le pouvez, ne manquez pas la **Quinta do Mestre** (p. 198), une soirée *carimbó* organisée chaque jeudi à Santarém.

JUIN

À Paratins, la grande fête traditionnelle de **Boi-Bumbá** (p. 183) n'a rien à envier aux défilés colorés du carnaval.

AOÛT

À l'occasion du **Festribal** (p. 183), les peuples du Haut Rio Negro mettent en lumière leurs cultures à São Gabriel da Cachoeira.

SEPTEMBRE

La saison sèche est à son apogée – le moment idéal pour **randonner** en forêt, se baigner et profiter des **plages** amazoniennes.

OCTOBRE

Inscrite au Patrimoine mondial, la procession religieuse du **Círio de Nazaré** (p. 189) attire à Belém des millions de fidèles.

MANAUS

C'est une métropole moderne en plein cœur de l'Amazonie. Manaus jouit d'une vie artistique dynamique et d'une histoire encore jeune. Centre névralgique de la ruée vers le caoutchouc, au XIXe siècle, elle devint rapidement l'une des villes les plus riches d'Amérique du Sud et fut l'une des premières localités du Brésil à recevoir l'électricité. "Manaus, le caoutchouc, l'emploi, le commerce, le tourisme... tout était en pleine expansion", comme le décrit Milton Hatoum dans *Orphelins de l'Eldorado* (Actes Sud, 2010)

Un siècle auparavant, pourtant, ce n'était qu'un village de 300 âmes. Les Portugais y bâtirent un port, là où le Rio Negro et le Solimões se rencontrent pour former l'Amazone, et la ville fut officiellement fondée en 1848, avant d'être proclamée capitale de l'État de l'Amazonas. Baptisée du nom des Manaós, qui vivaient autrefois sur ces terres, la cité que l'on découvre aujourd'hui poursuit sa propre légende.

Pour les infos pratiques, voir le Carnet d'adresses p. 204

À SAVOIR

L'Amazonie brésilienne couvre trois fuseaux horaires. Manaus (GMT -4 h) a une heure d'avance sur l'État du Pará. La plupart des sites touristiques ouvrent et ferment plus tôt qu'ailleurs dans le pays, et opèrent de 8h à 16h en moyenne. Réveillez-vous tôt pour en profiter au mieux !

CAVAN-IMAGES/SHUTTERSTOCK ©

Place du Teatro Amazonas (p. 169)

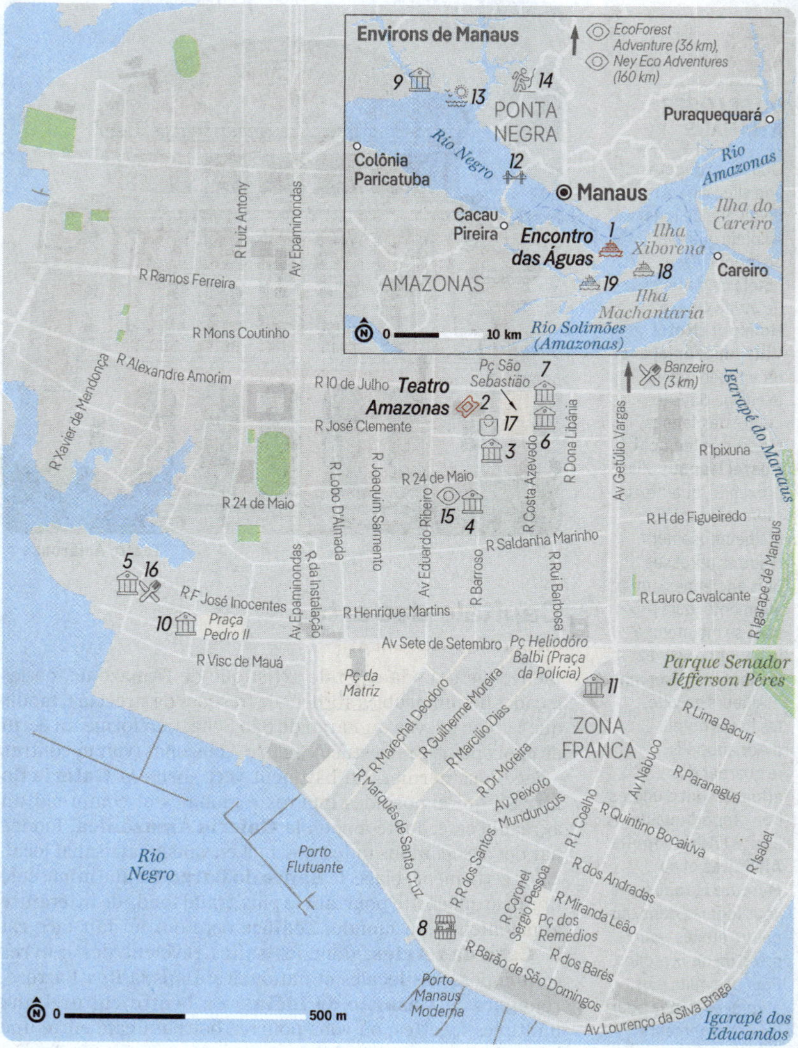

INCONTOURNABLES
1 Encontro das Águas
2 Teatro Amazonas

VOIR
3 Casa das Artes
4 Casarão de Idéias
5 Centro Cultural Óscar Ramos
6 Galeria Amazônica
7 Galeria do Largo
8 Mercado Municipal Adolpho Lisboa
9 Museu do Seringal Vila Paraíso
10 Paço da Liberdade
11 Palacete Provincial
12 Ponte Rio Negro
13 Praia da Lua

ACTIVITÉS
14 Amazon Tree Climbing
15 Jaguar Amazon Tours

SE RESTAURER
16 Biatüwi

SHOPPING
17 Banca do Largo

AU FIL DE L'EAU
18 Catalão (village flottant)
19 Parque Ecologico Janauari

OÙ SE LOGER À MANAUS

Quand on découvre une ville, il n'y a rien de tel que de loger en plein quartier historique. Deux hôtels cinq étoiles (le **Juma Ópera House** et l'**Hotel Villa Amazônia**) ont récemment élevé le niveau dans le centre de Manaus, tandis que le **Local Hostel Manaus** allie proximité, qualité et tarifs raisonnables. Malheureusement, d'autres adresses plus anciennes ont augmenté leurs prix sans se maintenir à la hauteur — soyez vigilants en réservant.

Ailleurs en ville, les hauts hôtels d'Adrianopólis, le quartier des affaires, sont d'un très bon rapport qualité-prix : à l'**Adrianopólis All Suites** et au **Mercure Manaus**, vous logerez dans des quatre étoiles pour le prix d'un deux étoiles. Pour des nuits plus atypiques, optez pour les hébergements *flutantes* (flottants) du Rio Tarumã, comme l'**Abaré Hostel**.

Teatro Amazonas

Capitale des arts

UN CENTRE-VILLE CRÉATIF

Bienvenue dans la capitale artistique de l'Amazonie, où les façades des immeubles s'ornent de fresques de street art, tandis que la place pavée du Largo de São Sebastião forme un écrin de choix pour le majestueux Teatro Amazonas (voir ci-contre).

Face à ce dernier, un bâtiment vert abrite la **Galeria do Largo**, qui expose des œuvres régionales et comprend un agréable café. Juste à côté, la **Galeria Amazônica**, fondée par des associations indigènes, met en valeur l'artisanat local.

Sur cette même place, la **Banca do Largo** est une minuscule librairie qui abrite pourtant le plus grand fonds de littérature amazonienne au monde. L'édifice ocre qui lui fait face est la **Casa das Artes**, dont les salles révèlent des œuvres contemporaines locales et nationales. Dans la Rua Barroso, rejoignez le **Casarão de Idéias**, un centre culturel aux multiples facettes, où vous pourrez boire un café entre une bibliothèque, une allée de néons et un cinéma d'art et d'essai.

Plus à l'ouest, sur la Praça Dom Pedro II, se trouve une fresque saisissante : l'*Aldeia da Memória Indígena de Manaus,* peinte en 2021 à l'occasion du Dia do Índio (jour de l'Indien devenu en

REPAS AVEC VUE À MANAUS

Caxiri
Cuisine amazonienne d'exception pour une élégante adresse donnant sur le Largo de São Sebastião. **$$$**

Abaré
Sur le Rio Tarumã, ce restaurant flottant (club à l'occasion) loue des paddles pour profiter du paysage. **$$**

Vista Rio Café
Ce joli café sert un sandwich typique de Manaus, le *caboquinho*, sur une terrasse dominant le Rio Negro. **$**

2023 Dia dos Povos Indígenas – jour des Peuples indigènes). Le bâtiment jaune au bout de la place est le **Paço da Liberdade**, qui propose des expositions diverses sur la botanique ou l'histoire de Manaus. En sortant, admirez, sur votre gauche, les maisons multicolores qui bordent l'une des plus vieilles rues de la ville, où se trouve le **Centro Cultural Óscar Ramos**.

Aujourd'hui fatiguée, la Praça da Polícia était animée, dans les années 1950, par les réunions du Clube da Madrugada, un collectif d'artistes et d'intellectuels. Le **Palacete Provincial** y propose sept expositions et le **Mercado Municipal Adolpho Lisboa**, inspiré des Halles de Paris, mérite le détour pour son architecture, son artisanat et sa vue sur le fleuve.

Une soirée à l'opéra

FACE À LA SCÈNE DU TEATRO AMAZONAS

Dominant le Largo de São Sebastião tel un *boto rosa* (dauphin rose) émergeant d'une lagune de pavés noirs et blancs, le **Teatro Amazonas** est l'un des plus beaux opéras du monde et certainement l'édifice le plus célèbre d'Amazonie. Les spectateurs n'hésitent pas à faire la queue dans la moiteur du soir pour assister à une représentation dans ce lieu des plus insolites.

Le Teatro Amazonas fut fondé durant l'âge d'or de Manaus, rendu extrêmement riche par le boom du caoutchouc. Les tuiles vernissées de sa coupole font référence au drapeau brésilien et sont taillées en forme d'écailles de poisson en hommage aux fleuves. À l'intérieur, le grand plafond fut commandé par l'ambitieux gouverneur Eduardo Ribeiro, qui y fit représenter la tour Eiffel vue d'en bas, entourée d'allégories évoquant les Arts. Lorsqu'il fut inauguré en 1896, l'opéra était le premier bâtiment d'Amazonie à être alimenté en électricité.

Aujourd'hui encore, chaque fois que se lève le rideau d'origine, sur lequel est peinte la Rencontre des eaux (voir p. 170), l'excitation est palpable. Dans ce lieu richement décoré, les balcons (d'où l'on ne voit pas grand-chose de la scène, à moins d'être au premier rang) donnent sur des dizaines de masques sculptés au-dessus de colonnes doriques. Et quand la lumière du lustre central s'atténue et que tous les regards se tournent vers l'avant-scène, on ne peut que s'abandonner à l'acoustique exceptionnelle de cette salle en forme de lyre.

La plupart des spectacles sont gratuits (premiers arrivés, premiers servis !), et des visites sont organisées toutes les heures dans différentes langues. Chaque année, de mars à mai, le lieu accueille le **Festival Amazonas de Ópera** (@festivalamazonasdeopera), l'un des grands rendez-vous culturels de Manaus.

HOMMAGE À MANAUS

"Face à l'Amazone, ma mémoire s'emballe", songe Arminto Cordovil, le héros d'*Orphelins de l'Eldorado*. Le grand auteur Milton Hatoum y décrit avec brio la vie quotidienne dans sa ville natale, Manaus. Les principaux sites naturels et culturels de la capitale de l'Amazonas y rythment poétiquement les journées de ses personnages, du Rio Negro au Mercado Municipal Adolpho Lisboa en passant par le Teatro Amazonas. Bien qu'il n'y vive plus (il a déménagé à Brasília à l'adolescence, puis à São Paulo), ses quatre romans – *Récit d'un certain Orient*, *Deux Frères*, *Cendres d'Amazonie* et *Orphelins de l'Eldorado*, tous traduits en français et publiés chez Actes Sud ou aux Éditions du Seuil – ont tous pour décor les rues de Manaus, et constituent de belles lectures pour qui souhaite découvrir la ville.

OÙ PRENDRE UN VERRE À MANAUS

Cabaret
Spectacles et stroboscopes toute la nuit dans ce club impeccable situé près du Largo de São Sebastião.

Old 88 Garage
Ce bar rock accueille des concerts (et abrite un salon de barbier) dans l'avenue principale d'Adrianopólis.

Juma Ópera Terrace
Sur la terrasse d'un hôtel cinq étoiles, on déguste des boissons raffinées avec vue sur le Teatro Amazonas.

PAROLE D'HABITANT : IDENTITÉS INDIGÈNES À MANAUS

Chermie Ferreira (*@wira_tini*) est artiste de rue et fondatrice du tout premier festival international de graffiti consacré aux femmes.

Les mouvements *Indigenous Lives Matter* et *Indigenous Identity* sont très forts au Brésil et tout particulièrement en Amazonie, où la jeunesse autochtone s'est trop longtemps sentie invisibilisée. Les réseaux sociaux ont permis de mettre en lumière les combats de ces communautés, et redonné à de nombreuses personnes le courage de se réapproprier leur identité culturelle. À Manaus, de plus en plus d'artistes s'inspirent désormais fièrement de leur héritage indigène, et exposent leurs œuvres dans des galeries et sur les façades du Centro.

Délice à six pattes

LE BIATŪWI, UNE TABLE SANS PAREIL

Depuis fin 2021, la famille Ramos fait connaître ses recettes ancestrales dans le tout premier restaurant de cuisine indigène de Manaus : le **Biatüwi**.

Ce lieu sobrement peint en blanc doit son succès à son ingrédient phare : de grosses fourmis rouges. Ces surprises croustillantes relèvent les poissons grillés et les soupes, tout en apportant de nombreux bienfaits nutritionnels. Les *redas* ont un goût citronné, tandis que les *maniwara* se rapprochent plutôt du pop-corn (et étaient victimes de leur succès lors de notre visite).

Le restaurant se double d'une boutique d'artisanat (ouverte aux heures du déjeuner du mercredi au dimanche) et se situe dans l'une des plus vieilles rues de Manaus, la très jolie Rua Ramos. Ailleurs à Manaus, vous trouverez également des fourmis au menu de **Banzeiro** (qui dispose d'un second restaurant à São Paulo), ainsi que dans les assiettes du restaurant étoilé D.O.M. (p. 129), à São Paulo.

Au fil de l'eau

EXCURSIONS AUTOUR DE MANAUS

Les nénuphars géants sont les stars du **Parque Ecologico Janauari**, même si écureuils, capucins et singes hurleurs tentent de leur voler la vedette en se donnant en spectacle dans la canopée. Vous emprunterez ici une passerelle juchée à plusieurs mètres du sol pour rejoindre le Lago Janauari. Si la jungle amazonienne était un banquet, ce lac situé près du canal d'Iranduba (qui relie le Rio Solimões au Rio Negro) en serait le hors-d'œuvre. Une fois arrivé, admirez le tableau qui s'offre à vous depuis l'un des restaurants flottants. On y vient entre novembre et juin ; si le niveau de l'eau est trop haut, l'accès est interdit.

Prenez ensuite un bateau pour assister à l'attraction emblématique de Manaus : l'**Encontro das Águas** (la “Rencontre des eaux”), où les eaux ocre et laiteuses du Rio Solimões finissent leur course commencée dans les Andes pour se joindre à celles, opaques et noires, du Rio Negro. La ligne de démarcation entre ces deux immenses rivières reste visible sur 6 km, avant qu'elles ne se marient complètement pour former l'Amazone. Vous pourrez même vous baigner dans cet étrange phénomène.

Direction ensuite le **village flottant de Catalão**, où vous naviguerez entre les terrasses des maisons colorées, des restaurants, d'une chapelle et même d'une boutique de

OÙ PRENDRE UN VERRE À MANAUS

Plage de Ponta Negra
Sirotez des cocktails à la terrasse de l'un des nombreux *botecos* (bars) de la plage la plus animée de Manaus.

Tambaqui de Banda
Une adresse idéale pour boire un verre en regardant les passants sur le Largo de São Sebastião.

Villa 948
N'y allez pas pour dîner, tout le charme de ce bar réside dans ses cocktails et son ambiance chaloupée.

DRONEX/SHUTTERSTOCK ©

Ponte Rio Negro

NÉNUPHARS STARS

Sur le **Canal do Jari** (p. 203) à Santarém, vous pourrez, certes, admirer une prairie de nénuphars géants, mais aussi les savourer cuisinés au menu du Jardim da Vitória Régia.

sucreries. Enfin, en rentrant à Manaus, vous ne pourrez pas manquer l'immense **Ponte Rio Negro**, qui enjambe depuis 2011 l'un des cours d'eau les plus larges d'Amazonie. En arrivant au port, jetez un coup d'œil à l'échelle mesurant le niveau de l'eau (depuis notre dernière visite, il y a trois ans, il a sensiblement augmenté). Là, vous pourrez contempler les navires de croisière sur lesquels vous poursuivrez peut-être votre aventure amazonienne.

La sève du passé

MUSÉE VIVANT DU CAOUTCHOUC

Depuis la marina Davi, il suffit de naviguer une demi-heure en passant devant une station-service flottante et la magnifique **Praia da Lua** pour revenir 150 ans en arrière. Au **Museu do Seringal Vila Paraíso**, vous suivrez un ancien *seringueiro* (récolteur de latex) qui vous guidera, équipé d'outils, d'un fusil et d'une *poronga* (lampe à acétylène) d'origine, à travers cette plantation d'hévéas ayant appartenu à un baron du caoutchouc. Il vous montrera comment recueillir la sève des arbres et la rouler entre vos mains pour obtenir une boule de latex.

SPECTACLES POUR TOUS

Plage de Ponta Negra
Musique, animations pour enfants et même un amphithéâtre pour les concerts : cap sur le "Copacabana de l'Amazonie"

Arena da Amazônia
Érigé pour la Coupe du monde de 2014, le plus grand stade d'Amazonie accueille des concerts d'envergure.

Amazonas Dragway
À Iranduba, ce circuit automobile voit s'affronter des voitures ordinaires et des bolides de course.

Manauara
Théâtre, concerts et cinéma sont au programme du plus grand centre commercial de la ville.

Sambódromo Manaus
Hors carnaval, ce lieu accueille des concerts et, surtout, la fête du Boi (bœuf), en octobre.

CIRCUITS ORGANISÉS À MANAUS

Real Amazon Experience
Guidé par "Jungle" James, on découvre la forêt sur plusieurs jours, en dormant sous tente ou dans des lodges.

Maia Expeditions
Cette grosse agence propose diverses excursions d'une journée et des treks autour du Lago Mamori.

Amazon Private Tours
Guide accrédité, Milton Fernandez mène de petits groupes dans la jungle autour de Manaus et au-delà.

JUNGLE URBAINE

Au sein de la plus vaste forêt urbaine au monde (le Jardim Botânico Adolpho Ducke), le **Museu da Amazônia** (MUSA) est un musée en plein air jalonné de sentiers, de panneaux explicatifs et d'installations présentant la flore et la faune régionales. Passez l'exposition poussiéreuse située à l'entrée et, équipé de chaussures fermées (pensez-y si vous ne voulez pas louer des bottes à l'accueil), partez à l'assaut de ses sept sentiers et d'une tour d'observation de 42 m de haut offrant une vue panoramique sur la ville. Les allées sont bordées d'informations sur la végétation alentour, l'Amazonie et les divers animaux visibles au cours de cette visite.

Vous visiterez aussi la chapelle, la demeure du propriétaire et le fumoir où vous assisterez à une démonstration. Vous verrez ensuite la cabane où vivait le *seringueiro*, qui dormait dans un hamac, avec son fusil de chasse, pour se prémunir des jaguars. Avec un peu de chance, vous croiserez aussi quelques singes ou paresseux lors de cette plongée captivante au cœur de l'histoire locale.

À l'assaut des géants de la forêt

GRIMPEZ EN BONNE COMPAGNIE

Se mesurer aux impressionnants *samaúmas* de la forêt amazonienne n'est pas de tout repos : certains de ces arbres centenaires culminent à plus de 70 m. Heureusement, vous pouvez compter sur des circuits guidés (comprenant le transport et tout l'attirail nécessaire) pour vous aider à grimper jusqu'à leur cime avant de contempler la vue depuis un hamac. **Amazon Tree Climbing** est une agence bien établie avec des instructeurs chevronnés, tandis qu'**EcoForest Adventure** dispose de tout un domaine jalonné de tyroliennes, de sentiers et de cabanes pour dormir dans les arbres.

Instinct de survie

SE FROTTER À LA JUNGLE

Les stages de survie enseignent aux intrépides tout ce qu'ils doivent savoir pour subsister dans l'un des milieux les plus inhospitaliers du monde. Initiez-vous aux techniques indigènes et découvrez toutes les astuces pour allumer un feu, reconnaître les plantes qui soignent, suivre une piste, manœuvrer une pirogue et vous repérer dans la jungle. Bien sûr, les amateurs d'émissions de survie et d'aventure savent que la forêt tropicale abonde en nourriture. Vous apprendrez donc à trouver des fruits, à pêcher au harpon, à extraire du sel, à imiter le cri des animaux et à fabriquer (et utiliser) une sarbacane. Les formules vont de la demi-journée d'excursion à l'immersion de quatre jours (vous fabriquerez votre abri à l'aide de branches et de feuilles de palmier). **Ney Eco Adventures** organise ses stages au bord du Rio Urubu ; **Jaguar Amazon Tours** s'aventure au-delà du Rio Mamori.

COMMENT S'Y RENDRE ET CIRCULER

Le principal aéroport de l'Amazonas, l'Aeroporto Internacional Eduardo Gomes (airport-manaus.com.br), se situe à 13 km au nord du centre-ville. Le bus 306 rejoint le centre-ville en 30 minutes environ pour un prix modique.

On peut se promener relativement sans crainte, jour et nuit, dans les principaux lieux touristiques de Manaus (le Largo de São Sebastião, la majeure partie du centre historique, Adrianopólis et la plage de Ponta Negra). Des bus circulent fréquemment dans le centre et le relient à la marina Davi, à Ponta Negra et au MUSA.

On peut facilement explorer le centre en marchant, mais une voiture peut être utile si vous logez à Adrianopólis ou que vous prévoyez de visiter les sites de la périphérie (ou les villes alentour). On trouve facilement des Uber et des taxis. Enfin, des bateaux d'excursion et des bateaux-taxis desservent le Museu do Seringal Vila Paraíso, l'Encontro das Águas et le Parque Ecologico Janauari.

Environs de Manaus

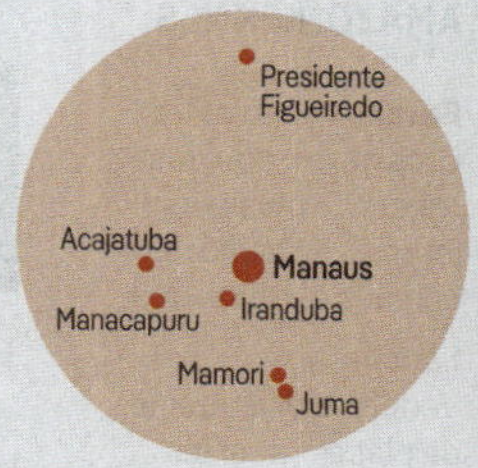

Le bassin inférieur du Rio Negro est le jardin de Manaus, une zone protégée où vivre des aventures en harmonie avec la nature.

Manaus vous ouvre en grand les portes de l'Amazonie. Tout autour de la ville, aventures écoresponsables et splendeurs naturelles s'allient dans une jungle foisonnante, où vivent encore des communautés traditionnelles et une faune abondante.

Depuis que le Ponte Rio Negro relie Manaus à Iranduba, au sud, les possibilités d'exploration autour de Manacapuru se sont multipliées, avec une offre croissante d'hébergements en pleine jungle. Les aventuriers trouveront dans cette partie du Mosaico do Baixo Rio Negro (aire protégée du Bas Rio Negro) une très belle gamme de services. Vers le nord, la bourgade baptisée Presidente Figueiredo donne accès à un terrain de jeu naturel ponctué de chutes d'eau.

Pour les infos pratiques, voir le Carnet d'adresses p. 205

À SAVOIR

En dehors des grandes villes de la région, si vous ne trouvez pas d'hébergement disponible sur les sites de réservation habituels, contactez directement les hôtels ou *pousadas* des environs : cela s'avère souvent plus efficace.

EUG PNG/SHUTTERSTOCK ©

Maison d'hôtes sur l'Amazone

EMBARCATIONS AMAZONIENNES

Bateau de croisière
Gros navire pour les trajets de plusieurs jours, avec hamacs, cabines et restaurant.

Lancha
Vedette d'une dizaine de places ; pour les distances moyennes.

Bateau "rapide"
Des sièges comme dans un avion ; trois fois plus rapide qu'un bateau de croisière.

Voadeira
Barque à moteur transportant 10 passagers maximum ; le voyage secoue parfois.

Canot à moteur
La voiture de l'Amazonie ; idéal pour les courts trajets.

Balsa
Ferry transportant passagers et véhicules d'une rive à l'autre d'un cours d'eau.

RETRATOS DO MUNDO/SHUTTERSTOCK ©

Cachoeira da Iracema

Terre de cascades

CURIOSITÉS DE PRESIDENTE FIGUEIREDO

Presidente Figueiredo est l'une des rares destinations accessibles par la route aux abords de Manaus. On peut s'y rendre à l'occasion d'une journée d'excursion organisée, ou par ses propres moyens, en voiture ou en bus, via la BR-174, qui y file tout droit sur 125 km. Fondée en 1981 seulement, cette agréable bourgade est surnommée "terre de cascades". De la **Cachoeira da Iracema**, agrémentée de grottes, de plongeoirs et de gros rochers, au **Parque Urubuí**, qui fait le bonheur des familles avec ses petits rapides, ses *botecos* (bars) et ses *churrascarias*

MERVEILLEUSES CASCADES

L'Amazonie est constellée de chutes d'eau. Vous pouvez en admirer de magnifiques, dans un écrin de jungle préservée, au sein du **Parque Nacional do Jaú** (p. 180).

OÙ SE LOGER À PRESIDENTE FIGUEIREDO

Amazon Emotions
Aux portes de la ville, cette adresse propose des tentes luxueuses, un lodge, et organise des expéditions. **$$$**

Pousada Paraíso do Calango Azul
Au bord d'un cours d'eau, des chambres propres et un agréable bar-restaurant. **$$**

Local Hostel Figueiredo
En plein centre de la ville, une auberge de jeunesse propre, colorée et chaleureuse, avec table de billard. **$**

(restaurants de grillades), on trouve ici pas moins d'une centaine de chutes d'eau pour tous les goûts.

Sur le site de la **Caverna do Maroaga**, on découvre des formations géologiques impressionnantes avant de se doucher sous un filet d'eau, à l'entrée de la splendide **Gruta da Judéia**. Une randonnée dans la forêt luxuriante mène à des cascades plus isolées, comme celle **das Araras**, près des chutes d'Iracema, ou celle de **Neblina** – un site magnifique où camper et faire du rappel au terme d'une marche de 6 km. La **Lagoa Azul** (lagune Bleue) invite, quant à elle, à la détente et à la baignade, avec son eau douce turquoise. La région se prête également au canyoning, à la tyrolienne, à la randonnée et à la pirogue. La plupart des cascades sont pourvues de stands de restauration ou de boissons, et d'un parking. Si vous avez du temps, passez une nuit ou deux dans la nature environnant cette charmante ville : Presidente Figueiredo vit principalement du tourisme, et les *pousadas*, campings, boutiques et restaurants n'y manquent pas.

Au pays des lodges

RETRAITES EN PLEINE NATURE AUTOUR DE MANAUS

Au sud de Manaus, aux alentours de la ville de Careiro, les rives luxuriantes du **lac Mamori** et du **Rio Juma** foisonnent d'hébergements. Faire la sieste dans un hamac, s'endormir bercé par un chœur de grenouilles, se réveiller au son des oiseaux et se repaître de mets traditionnel : voilà le programme de ces établissements conçus pour se fondre dans la jungle. Situés à trois heures de Manaus, ces lodges organiseront votre voyage depuis la ville : après la traversée du Rio Negro, vous prendrez la route jusqu'à un canot à moteur, qui vous mènera au havre de votre choix (avec, au passage, la forêt vierge à admirer dans toute sa splendeur).

Une fois arrivé, vous n'aurez plus qu'à vous détendre dans votre bungalow sur pilotis, chambre flottante, auberge au toit de chaume, cabane perchée ou dortoir (il y en a pour tous les budgets, mais l'authenticité est toujours au rendez-vous). Pagayez en pirogue, rencontrez les communautés locales, observez la faune diurne et celle qui n'émerge qu'à la nuit tombée. Découvrez les plantes médicinales, faites un stage de survie, pêchez, randonnez, campez, plantez des arbres ou grimpez jusqu'à leur cime, à l'occasion d'excursions allant de deux jours à une semaine. Lorsque vous comparerez les prix, gardez à l'esprit qu'il s'agit de séjours tout-en-un : excursions, repas, transport… tout est compris, afin que vous n'ayez plus qu'à profiter de la forêt Amazonienne.

PAROLE D'HABITANT : PROTÉGER L'AMAZONIE POUR SAUVER LE MONDE

Scientifique reconnu, **Philip Fearnside** travaille à l'Institut national de recherche en Amazonie, à Manaus.

Préserver l'Amazonie est un enjeu vital pour les populations locales, les pays voisins et le monde entier. La déforestation et la dégradation des habitats causée par l'exploitation forestière, la sécheresse et les feux mettent en péril l'équilibre de la forêt et la survie de ses habitants.

L'Amazonie est un rempart contre le réchauffement climatique. Si le CO_2 stocké dans ses arbres et son sol venait à se libérer dans l'atmosphère, la planète atteindrait en quelques années un point de non-retour. Il n'y a qu'en cessant de détruire cet écosystème que nous pourrons éviter une telle catastrophe.

LODGES ENCHANTEURS DANS LES ENVIRONS DE MANAUS

Juma Lodge
Luxueuses cabanes perchées, tour d'observation, musée et *tapiri* (hutte traditionnelle), le tout au bord du Lago Juma. **$$$**

Dolphin Lodge
Au bord de l'eau, des petits bungalows rustiques et des hébergements pour les groupes. **$$**

Caboclos House Eco Lodge
Un lodge authentique tenu par des natifs de la région, avec de charmants bungalows et des activités écoresponsables. **$**

Sur la rivière noire

À LA DÉCOUVERTE DU RIO NEGRO

Les lodges de la commune de Careiro ont, depuis peu, de la concurrence du côté du Rio Negro, où des établissements bordent désormais le **lac d'Acajatuba**, près de Manacapuru, à deux heures de Manaus. Aux abords de ces eaux sombres et envoûtantes, les cultures indigènes se sont bien préservées. La faune, en revanche, est moins abondante que sur les rives de l'Amazone, mais les insectes sont aussi moins nombreux.

Divers lodges bordent ainsi les rives du Rio Negro, de Manaus jusqu'au **Complexe de conservation de l'Amazonie centrale**, une zone protégée par l'Unesco. Ces hébergements proposent la gamme d'activités habituelles, avec, en prime, des cours de *carimbó* (danse et musique typiques de l'Amazonie) et des ateliers de cuisine, d'artisanat et de fabrication de savon. Les amateurs de bâtiments abandonnées pourront approcher des vestiges de l'**Ariaú**, un immense éco-lodge sur pilotis qui accueillit le roi Charles et Bill Gates. Enfin, le magnifique Parque Nacional de Anavilhanas (p. 179), ne se trouve qu'à une heure en amont de la rivière.

LE LÉGENDAIRE GUERRIER DE MANAUS

Chef des Manaós au début du XVIIIe siècle, le grand guerrier **Ajuricaba** organisa la résistance pour protéger les terres de son peuple (autour de l'actuelle Manaus) de l'arrivée de colons. Homme de guerre et diplomate, il parvint à fédérer sous ses ordres les Banibas, les Muras et les Barés face à l'envahisseur, et s'allia même plus tard aux Hollandais pour repousser les Portugais. Une ville du sud du pays et plusieurs rues de Manaus, Novo Airão et Barcelos, où il est né, portent aujourd'hui le nom de cette grande figure indigène.

Vision nocturne

OBSERVER LA FAUNE DE LA NUIT

Une fois le soleil couché, les forêts inondées de l'Amazonie sont plus vivantes que jamais. La faune du Rio Negro étant composée à 80% d'espèces nocturnes, les excursions de nuit (souvent appelées *red-eye tours* en référence aux yeux des caïmans, qui brillent d'un éclat rouge à la lumière des lampes torches) sont un incontournable pour les amateurs de nature. Les paresseux (chassés par la harpie féroce en journée, un des plus grands aigles du monde) sortent se nourrir, les *botos* (dauphins d'eau douce) s'égaient en profitant de l'accalmie du trafic fluvial, les poissons font des bonds, les boas traversent les cours d'eau, la clameur de la jungle monte dans la nuit, et l'aventure n'en est que plus excitante. La plupart des lodges incluent ce type de circuit dans leurs formules. Autrement, de nombreuses agences tels **Olimpio Carneiro**, **Maia Expeditions** et **Amazon Amazing Tours** proposent des sorties depuis Manaus, avec départ en bateau en fin d'après-midi et retour trois heures plus tard environ.

COMMENT S'Y RENDRE ET CIRCULER

Pour circuler autour de Manaus, mieux vaut avoir une voiture. Presidente Figueiredo est accessible via la BR-174, qu'empruntent aussi des bus qui partent de Manaus le matin et reviennent le soir. Une fois à Presidente Figueiredo, vous pourrez rallier différentes grottes et cascades (toutes pourvues de parking) en voiture ou à vélo, mais vous pouvez aussi choisir de réserver un circuit organisé ou d'engager un guide pour les découvrir.

Si vous prévoyez de dormir dans la région, votre hébergement organisera votre transfert depuis l'aéroport de Manaus, le centre-ville ou Adrianopólis. Manaus est reliée à Careiro par un *balsa* (ferry) et à Iranduba par le Ponte Rio Negro. Une fois là-bas, le reste du trajet se fait en bateau.

BASSIN DU RIO NEGRO

Le Rio Negro est le plus grand cours d'eau aux eaux sombres du monde. Quand les Portugais remontèrent pour la première fois l'Amazone, ils baptisèrent cet affluent "la rivière noire". C'est son lit sablonneux et très acide, façonné par des millions d'années d'érosion, qui donne à cette autoroute fluviale une envoûtante teinte opaque aux reflets scintillants.

Prenant sa source en Colombie, le Rio Negro rencontre le Rio Solimões à Manaus, serpente entre les deux plus grands archipels fluviaux de la planète, et abreuve la forêt vierge du Complexe de conservation d'Amazonie centrale, d'intrigants villages et des réserves protégées. Cette contrée reculée fut l'une des dernières à être explorées par les Européens. Plus on s'y enfonce, et plus on retrouve l'idée que l'on se fait de l'Amazonie véritable.

Pour les infos pratiques, voir le Carnet d'adresses p. 205

À SAVOIR

Les hôtels des villes, qui ont l'habitude des clients partant en excursion dans la jungle, offrent tous un service de consigne.

INCONTOURNABLES
1 Parque Nacional de Anavilhanas
2 Parque Nacional do Jaú

VOIR
3 Casa Rosa
4 Ilha do Sol
voir 3 Pedra Sanduíche

ACTIVITÉS
voir 4 Comunidade Areal
voir 4 Comunidade Mirim
voir 6 Flutuante dos Botos
voir 3 Grutas do Madadá
5 Serras Guerreiras

SE LOGER
6 Anavilhanas Jungle Lodge

SE RESTAURER
voir 6 Camu-Camu
voir 6 Flor do Luar
voir 4 La Cave du Conde

PRENDRE UN VERRE ET FAIRE LA FÊTE
voir 6 Alex Saloon

SORTIR
voir 4 Feira Tuyuca

SHOPPING
voir 4 AMIARN
voir 6 Associação dos Artesãos de Novo Airão
voir 4 Casa das Artes
voir 6 Fundação Almerinda Malaquais
voir 4 Mercado Municipal
voir 6 Waimiri Atroari

RENSEIGNEMENTS
voir 6 Associação Anavilhanas de Transporte Aquaviário e Turismo de Novo Airão (AATRA)

BIEN S'ÉQUIPER EN AMAZONIE

Vêtements
Des habits en coton, pour vous protéger des pieds à la tête, un maillot de bain et des chaussures d'eau, des chaussures de randonnées et des baskets, ainsi qu'une tenue de soirée élégante.

Accessoires
Des lunettes de soleil, un chapeau, une cape de pluie et des protections imperméables pour vos appareils électroniques.

Trousse à pharmacie
De la crème solaire, un antimoustique, un traitement antipaludique et vos médicaments si vous en prenez.

Distractions
Des jumelles pour observer la faune ; une lampe de poche et des livres pour les longs trajets et les séjours loin de tout.

ERICA CATARINA PONTES/SHUTTERSTOCK ©

Dauphin d'eau douce

Artisanat et dauphins : une journée à Novo Airão

DÉCOUVRIR LA VIE SUR LE RIO NEGRO

La paisible ville de Novo Airão s'ouvre sur le Parque Nacional de Anavilhanas et offre un bel avant-goût de la vie dans le bassin du Rio Negro. Le matin, faites le tour des échoppes d'artisanat qui constellent cette jolie bourgade en bord de rivière. L'atelier de la **Fundação Almerinda Malaquais** emploie l'incroyable palette de couleurs des bois amazoniens pour en faire des jeux, des objets et de la vaisselle en marqueterie. La boutique **Waimiri Atroari** vend des ouvrages de vannerie, et l'**Associação dos Artesãos de Novo Airão** (AANA), fondée il y a près de 30 ans pour soutenir les artisans de la région, dispose d'un atelier, d'un espace d'exposition et d'une boutique.

Déjeunez ensuite au **Flor do Luar**, un restaurant flottant qui fait le bonheur de ses habitués avec ses poissons fraîchement pêchés, tels le *pirarucu* géant grillé ou le ceviche au *tucupi* (jus de manioc). Faites un saut dans l'eau depuis sa terrasse,

OÙ SE LOGER À NOVO AIRÃO

Anavilhanas Jungle Lodge
Une retraite ultra luxueuse, offrant des excursions de deux à sept jours dans la forêt et à travers l'archipel. **$$$**

Pousada Bela Vista
Ce joli hôtel du centre-ville est apprécié pour ses chambres avec balcon, sa piscine et son service d'excursions. **$$**

Pousada Novo Airão
Cette *pousada* du centre, simple, propre et chaleureuse, avec piscine, propose des sorties dans l'archipel. **$**

puis rendez-vous au centre de sports nautiques situé à côté afin de réserver une excursion guidée en paddle ou louer un canoë pour explorer la baie. De retour sur la terre ferme, rendez-vous sur la plage, plus au nord, pour découvrir la **Flutuante dos Botos** (plateforme flottante des Dauphins ; fermée le lundi). Selon la légende (et la vidéo de présentation), une petite fille avait l'habitude de se rendre sur ce rivage pour nourrir les dauphins. Aujourd'hui adulte, elle anime la principale attraction de Novo Airão où elle invite les visiteurs à agiter leurs pieds dans l'eau pour attirer à eux les fameux dauphins roses.

Le soir, admirez la vue sur l'archipel fluvial et la jungle qui s'éveille, tout en dégustant une soupe traditionnelle yanomami et un délicieux *pirarucu* en croûte de sel, au **Camu-Camu**. Enfin, imprégnez-vous de l'ambiance nocturne du centre-ville autour d'un verre à l'**Alex Saloon**.

Croisière dans la jungle

D'ÎLE EN ÎLE DANS L'ARCHIPEL DES ANAVILHANAS

Plus de 400 îles composent le deuxième archipel fluvial du monde. Le **Parque Nacional de Anavilhanas**, qui s'étire sur 130 km au nord de Novo Airão, jusqu'au Parque Nacional do Jaú, est une zone protégée du Complexe de conservation d'Amazonie centrale. Ses terres et son ciel – exceptionnel au coucher du soleil – se reflètent sur les eaux sombres et iridescentes du Rio Negro. Ne vous y aventurez pas seul, car outre les perroquets, toucans, loutres, lamantins, ouakaris chauves, tatous géants et *botos* (dauphins d'eau douce) qui peuplent les environs, vous risqueriez aussi de croiser des caïmans noirs et des boas constricteurs, qu'il vaut mieux observer lors d'une excursion nocturne (et accompagnée) !

Dans ce monde incroyable, vous voguerez parmi les barques des pêcheurs et des autres habitants circulant sur l'autoroute qu'est le Rio Negro. Lors des promenades proposées à la saison sèche, vous découvrirez, dans la jungle verdoyante, d'immenses *macucu* (des arbres endémiques) avant de vous baigner dans l'eau noire depuis le sable blanc d'îles inhabitées. À la saison des crues, vous naviguerez entre les arbres de l'*igapó* (forêt inondée). C'est le meilleur moment de l'année pour observer la faune terrestre, qui se retrouve concentrée sur les hauteurs des îles. Quelle que soit la saison, l'archipel des Anavilhanas est un site unique où explorer la jungle amazonienne depuis l'un de ses plus grands cours d'eau.

DANS LES ÎLES DE MARIUÁ

Le plus grand archipel fluvial du monde, l'**archipel de Mariuá**, s'étend vers le nord du Parque Nacional de Anavilhanas jusqu'à Barcelos et Daracuá. Ses 700 îles forment une zone protégée au sein du Complexe de conservation de l'Amazonie centrale. L'offre touristique y est moins développée, mais la région est tout aussi belle et riche en expériences : observez ses loutres géantes, lamantins et aras ; visitez les villages traditionnels de ses îles et prélassez-vous sur ses plages de sable encadrées par la jungle et le Rio Negro.

FAUNE NOCTURNE

Le soir venu, **les yeux des caïmans** luisent d'un éclat rouge à la surface de l'eau, et la faune du Rio Negro, composée à 80% d'espèces nocturnes, s'éveille. Des excursions de nuit permettent de profiter de ce moment.

EXCURSIONS D'UNE JOURNÉE SUR LE RIO NEGRO

AATRA
À Novo Airão, cette station réunit taxis fluviaux et bateaux d'excursion pour explorer le cours inférieur du Rio Negro.

Em Cantos da Amazônia
Faune nocturne, découverte du Parque Nacional do Jaú... Cette agence propose tous types de sorties thématiques.

Táxi Fluvial Voadeiras
À Barcelos, rendez-vous à cette station de bateaux-taxis pour naviguer dans l'archipel de Mariuá.

L'ERMITE DE VELHO AIRÃO

L'"ermite de Velho Airão" est sûrement plus célèbre que les ruines sur lesquelles il veille. Il y a 20 ans, Shigeru Nakayama s'est installé dans ce qu'il restait de la toute première colonie bâtie sur le Rio Negro. Abandonnée dans les années 1950, après l'effondrement de l'économie du caoutchouc, **Velho Airão** s'est fait engloutir par la jungle. L'octogénaire, qui en est l'unique résident, consacre désormais sa vie à préserver ses vestiges et à les faire visiter. Située à la limite du Parque Nacional do Jaú, à 100 km en amont de Novo Airão, Velho Airão n'est accessible qu'en bateau.

Curiosités géologiques de la jungle

DANS LES GROTTES DE MADADÁ

Sur les rives du Rio Negro, entre Novo Airão et le Parque Nacional do Jaú, la **Casa Rosa**, un petit musée rose portant sur la vie au bord de la rivière, marque le point de départ de l'exploration des **Grutas do Madadá** (grottes de Madadá). Les étranges rochers de la **Pedra Sanduíche** (pierre-sandwich), qui semblent avoir été empilés sciemment à l'entrée du chemin, ne sont que la première curiorisité géologique de cette marche de 1 heure 30 qui vous mènera, à travers la jungle, jusqu'à un vaste réseau de galeries et de salles.

Cet ensemble de grottes vieux de 10 millions d'années aurait servi de refuge à des chefs indigènes lors des incursions portugaises. Aujourd'hui, c'est un royaume de chauves-souris et de formations minérales aux formes fantastiques. En ressortant, on émerge dans une forêt sauvage enveloppante et pleine d'animaux. La berge d'où part le sentier se trouve à une heure de bateau en amont de Novo Airão. Les deux établissements les plus luxueux de la ville n'ont d'ailleurs pas manqué d'investir les environs des grottes : l'**Anavilhanas Jungle Lodge** (p. 178) y dispose d'un lodge pour ses excursions, et le **Mirante do Gavião** est en train d'y construire l'hôtel de luxe le plus isolé des rives du Rio Negro, le Madadá Lodge. Espérons que ce site mystérieux ne se transforme pas alors en une véritable attraction touristique.

Immersion amazonienne

EXPLORER LE PARQUE NACIONAL DO JAÚ

Le **Parque Nacional do Jaú**, c'est l'Amazonie telle qu'on la fantasme tous depuis l'enfance. Cette jungle luxuriante a été inscrite au Patrimoine mondial en 2000. Deux ans plus tard, elle était rejointe par le Parque Nacional de Anavilhanas et les réserves d'Amanã et de Mamirauá au sein d'un nouvel ensemble d'aires protégées : le Complexe de conservation de l'Amazonie centrale, un territoire s'étirant sur 380 km le long du Rio Negro, de Novo Airão à Barcelos, et s'étalant sur 6 millions d'hectares jusqu'aux rives du Rio Solimões.

Il n'est pas rare d'y apercevoir des jaguars, mais ce parc national extrêmement riche en biodiversité est aussi un sanctuaire pour d'autres espèces menacées, tels l'ouakari à tête noire, le caïman jaune et la harpie féroce. Des croisières permettent de naviguer plusieurs jours sur les flots de deux rivières, le Jaú et l'Unini, en totale immersion dans cet univers sauvage.

CROISIÈRE FLUVIALE EN AMAZONIE

Une des plus belles façons d'explorer le Rio Negro est d'y faire une **croisière** (p. 179), bercé le soir, dans un hamac, par les mouvements des flots et les sons de la forêt.

EXCURSIONS D'UNE JOURNÉE SUR LE RIO NEGRO

Luane Turismo
Depuis Novo Airão, ces guides locaux vous mèneront dans l'archipel des Anavilhanas, aux Grutas do Madadá et ailleurs.

Amazon Amazing Tours
Au départ de Manaus, des circuits pour explorer la jungle et l'archipel des Anavilhanas.

Maia Expeditions
Cette agence de Manaus propose une journée d'escapade dans l'archipel des Anavilhanas et sur ses plages.

GUENTERMANAUS/SHUTTERSTOCK ©

Pedra Sanduíche (pierre-sandwich)

Les excursions d'une journée, au départ de Novo Airão sont également intéressantes. Pour cela, rendez-vous au siège de l'**Associação Anavilhanas de Transporte Aquaviário e Turismo de Novo Airão (AATRA)** avec vos papiers d'identité un jour ou deux à l'avance. Cet organisme vous trouvera un bateau et un guide, et vous obtiendra un permis d'accès au parc.

Une fois sur place, vous serez récompensé par une nature époustouflante. Durant la saison des pluies, vous pourrez pagayer en pirogue parmi les arbres de l'*igapó*. À la saison sèche, vous marcherez à la découverte de chutes d'eaux, de pétroglyphes laissés par les premiers habitants de ces contrées et de plages de sable blanc. Passer la nuit dans une tente à terre ou dans un hamac sur le bateau, au milieu des cris et chants de la jungle, est une aventure à part entière.

BELLES PRISES !

Les villes de **Barcelos** (la première capitale de l'Amazonas) et **Santa Isabel do Rio Negro** sont un paradis pour les amateurs de pêche, car depuis 2015 et l'autorisation du tourisme sur les terres indigènes du Rio Negro, il est possible de s'y livrer à la pêche sportive, pratiquée traditionnellement par les communautés locales.

Plus 700 espèces de poissons peuplent la zone – un record à l'échelle de la planète. De nombreuses agences et une poignée de *pousadas* proposent des sorties pour taquiner le *tucunaré* (poisson-paon ou *peacock bass*), le *pirarara* (poisson-chat à queue rouge) et le légendaire *pirarucu*, qui peut mesurer jusqu'à 3 m et peser 220 kg !

EXPÉDITIONS DE PLUSIEURS JOURS SUR LE RIO NEGRO

Tauá Tours
De bons bateaux avec cabines, pour voyager avec des guides locaux, de Manaus à Novo Airão ou au Parque Nacional do Jaú.

Lo Peix
Une agence réputée, avec laquelle remonter le cours inférieur du Rio Negro jusqu'au Parque Nacional do Jaú.

Expedição Katerre
Cette grande agence de Novo Airão a de belles embarcations et une longue expérience dans l'organisation d'expéditions.

PAROLE D'HABITANT : ÉCOTOURISME CHEZ LES YANOMAMI

José Mario Yanomami est le président de l'Associação Yanomami do Rio Cauaburis e Afluentes (AYRCA).

Pourquoi nous sommes-nous donné tant de mal pour développer le tourisme en territoire yanomami ? Parce que nous avons subi, par le passé, les invasions des mineurs et d'autres groupes venus contaminer nos sols et nos rivières. Si nous nous sommes tournés vers l'écotourisme, c'est parce que cela ne pollue ni la terre ni l'eau, ne menaçant ainsi ni la pêche ni la chasse. Nous avons travaillé avec de nombreux organismes et passé sept ans à nous préparer. Ce projet compte beaucoup pour notre peuple.

KAROL MORAES/SHUTTERSTOCK ©

Panier en osier du peuple baniwa

Guerrières des sommets

SÉJOURNER DANS LES MONTAGNES DU RIO NEGRO

À quatre heures de navigation en amont de Santa Isabel do Rio Negro, on peut voir et entendre la rivière noire depuis le sommet des **Serras Guerreiras**, les six "montages guerrières" veillant sur ses flots. Leurs sommets verdoyants sont animés par les chants d'oiseaux rares et les nuées de papillons vert et jaune. Les guides font une prière avant de gravir ces montagnes afin qu'elles protègent leurs invités – c'est là l'un des nombreux rituels qui vous seront présentés, comme l'interdiction de manger sur ces sentiers sans s'être lavé la bouche auparavant.

Les bassins moyen et supérieur du Rio Negro demeurent merveilleusement isolés. Ces terres légendaires, qui abritent des centaines de communautés autochtones, dont certaines n'ont jamais eu de contact avec l'extérieur, sont strictement protégées – lors de notre visite, il fallait 45 jours pour obtenir un permis d'accès.

La zone s'ouvre toutefois peu à peu au tourisme. Depuis peu, neuf communautés de culture nheengatu accueillent les visiteurs dans le cadre de l'initiative **Serras Guerreiras de Tapuruquara**, soutenue par la Federação das Organizações Indígenas do Rio Negro (FOIRN ; www.foirn.org.br). Découvrez leur sens de l'hospitalité, leur cuisine et leur musique en

EXPÉDITIONS DE PLUSIEURS JOURS SUR LE RIO NEGRO

Barco Angatu
Cette agence chevronnée, spécialisée dans la pêche, compte trois bateaux sur le cours moyen du Rio Negro.

Project Piaba
De Manaus à Barcelos, séjournez sur le bateau de recherche de cette association qui promeut la pêche durable.

Captain Peacock
Un luxueux hôtel flottant, sur le cours moyen du Rio Negro, avec visite de villages et sorties en paddle.

séjournant de village en village, dans l'intimité de chaque *maloca* (maison commune traditionnelle), bercé dans un hamac par les flûtes de pan et la symphonie de la forêt. En journée, vous apprendrez à préparer des plats locaux, fabriquerez de la farine de manioc, jouerez au foot, randonnerez dans la jungle, naviguerez en pirogue et, bien sûr, gravirez chacune des six montagnes sacrées. Cette aventure inoubliable, vous laissera l'impression d'avoir appris un peu des secrets de ces peuples, qui comptent parmi les plus isolés et les plus vulnérables de la planète.

Artisanat et patrimoine

SAVOIR-FAIRE AMAZONIEN

Les objets artisanaux que l'on trouve en Amazonie ne sont pas de simples ustensiles et accessoires du quotidien : ce sont les éléments d'un patrimoine ancestral, qui unit les communautés de la région. Faits en matériaux naturels et conçus pour répondre aux besoins de la vie dans la jungle, ils possèdent une grande valeur spirituelle, sociale, familiale et culturelle.

Des membres des communautés kuripo, baniwa et tariano voyagent des jours entiers depuis leurs villages pour vendre leurs ouvrages tressés ou sculptés à **São Gabriel da Cachoeira**. Là, dans sa petite **Casa das Artes**, Janette Lana accueille leurs créations et les conseille. Dans la boutique de l'**AMIARN** (Association des femmes indigènes du Rio Negro), Elizângela présente, quant à elle, des vêtements traditionnels de son peuple, les Baré. C'est dans son village d'une centaine d'habitants, à deux jours de voyage de la ville, que sont confectionnées ces tenues de cérémonie qui enchantent depuis des siècles l'imaginaire occidental : jupes en feuilles de palmier, coiffes tressées, bustiers en noix de coco ornés de perles et de plumes de perroquet...

À une courte distance en voiture du port de Camanaús (près de São Gabriel da Cachoeira), dans le village de **Comunidade Areal**, Luciana vous guidera une heure durant à travers une végétation dense, jusqu'à sa maison. C'est là, en pleine jungle, qu'elle fabrique des objets à partir de l'écorce et des feuilles d'un arbre nommé *arumá*. Entre les cris des oiseaux et les tonalités chantantes de l'arawak (une des quatre langues officielles de São Gabriel da Cachoeira) plusieurs paires de mains s'activent à tisser et tresser ces fibres végétales. Luciana vous montrera comment fabriquer une *pega moça* (petit objet cérémoniel de séduction), des paniers et des tapis, afin que vous puissiez rentrer avec un souvenir de ce savoir-faire ancestral.

FESTIVALS DE L'AMAZONIE

Si les cultures et traditions des peuples du bassin amazonien supérieur vous fascinent, ne manquez pas le **Festribal de São Gabriel da Cachoeira**. Chaque année en août, des milliers de spectateurs viennent assister à ces festivités, rythmées par des épreuves d'escalade de poteaux, des danses et des feux d'artifice. Les plus beaux spectacles ont lieu dans le stade de la ville, orné du portrait de deux femmes au visage peint, entourées de créatures emblématiques de la forêt. Chaque ville d'Amazonie organise ainsi son propre festival, dont le plus grand est le **Boi-Bumbá** célébré en juin à Parantins.

OÙ SE LOGER À SÃO GABRIEL DA CACHOEIRA

Pousada Bawary
En bordure de la ville, cette pension située en pleine nature, compte notamment un bungalow sublime. **$**

Elite Flat Hotel
Le plus ancien des hôtels des environs loue des chambres propres en plein centre-ville. **$**

Hotel La Vitrine
Ce nouvel hôtel donnant sur la rivière a une piscine, un bar et des chambres décorées d'éléments traditionnels. **$**

Un dimanche à São Gabriel da Cachoeira

LA VIE AU FIL DU RIO NEGRO

C'est l'Amazonie authentique que l'on découvre dans cette petite ville réunissant pas moins de 23 ethnies relativement épargnées par la colonisation et le tourisme. Commencez votre journée à São Gabriel da Cachoeira par une visite du **Mercado Municipal**. Derrière les stands de fruits et d'artisanat, observez de plus près les étals des bouchers : vous y verrez des tatous, des tortues et des tapirs, car une loi autorise, au niveau local, l'élevage traditionnel de ces créatures protégées ailleurs dans le pays.

Baignez-vous ensuite dans l'eau fraîche et transparente du Haut Rio Negro ou lézardez sur le sable avant de prendre un bateau-taxi pour l'**Ilha do Sol**. L'île centrale du petit archipel de la baie est appréciée des touristes autant que des habitants. Savourez-y un copieux déjeuner sous une *palapa* (paillote) et profitez de la plage de sable blanc.

De retour en ville, passez par la hutte ornée de fresques de la **Feira Tuyuca** (foire tuyuca), qui organise chaque dimanche une fête ouverte à tous, animée de musique traditionnelle, de danses et de mets au tapioca. Réservez quelques jours à l'avance pour visiter l'immense *maloca* (maison commune traditionnelle) de la **Comunidade Mirim**, pour vous initier aux danses, aux techniques culinaires et aux instruments de musique de ce village. Le soir, goûtez aux spécialités des monts amazoniens de **La Cave du Conde**. Plongez ensuite dans l'atmosphère nocturne de São Gabriel da Cachoeira, en vous promenant sur les berges pour profiter des animations pour enfants, des concerts et des bars ouverts jusque tard.

MONTAGNES AMAZONNIENNES

Le bassin supérieur du Rio Negro se démarque du reste de l'Amazonie brésilienne par son relief montagneux. Toute personne se rendant à São Gabriel da Cachoeira se doit de monter sur la **Pedra da Cosama** (comptez 20 minutes de marche), pour y admirer le spectacle inoubliable qu'offre le soleil couchant sur les méandres de la rivière, encadrés par les montagnes et la jungle.

Par beau temps, gravissez le **Morro da Boa Esperança**, une colline protégée aux portes de la ville. Au bout d'une heure de marche, vous atteindrez, au sommet, une passerelle menant à un petit autel. Cela vous mettra en jambe si, comme de nombreux touristes visitant la région, vous prévoyez de vous frotter au point culminant du Brésil, le Pico da Neblina.

COMMENT S'Y RENDRE ET CIRCULER

Novo Airão se trouve à 200 km de route de Manaus via le Ponte Rio Negro, qui relie la capitale de l'Amazonas à Iranduba. Le trajet est simple et peut être accompli en voiture, en bus (trois départs par jour depuis Manaus) ou en taxi collectif ; ces derniers partent de la station du Ponte Rio Negro et démarrent une fois pleins. Une fois à Novo Airão, vous pourrez vous déplacer en voiture ou à vélo. Tous les déplacements au-delà de Novo Airão, jusqu'au Parque Nacional do Jaú, se font en bateau : louez une embarcation à la station fluviale de l'AATRA (à Novo Airão) ou réservez une excursion auprès de votre hébergement. Pour découvrir São Gabriel da Cachoeira et ses environs, vous devrez louer une voiture ou emprunter des taxis collectifs (pour ce faire, hélez-les, montez à bord et attendez-vous à faire quelques détours pour déposer et récupérer d'autres passagers en chemin).

BELÉM

Atterrir à Belém est une expérience inoubliable : le soir, les lumières de la ville se reflètent à la surface de l'eau ; le jour, les gratte-ciel dominent de jolies demeures coloniales aux teintes pastel. La capitale de l'État du Pará n'est pas uniquement la porte d'entrée orientale sur l'Amazonie, elle est le cœur culturel et gastronomique de la région. Sa cuisine *paraense* (du Pará), mélange d'influences indigènes, africaines et portugaises, se trouve au menu des restaurants étoilés de tout le pays, et lui a valu, en 2015, le statut de "ville créative de gastronomie" décerné par l'Unesco. Située dans la baie de Guajará, non loin de l'embouchure de l'Amazone, Belém jouit d'une position stratégique qui fit sa richesse à l'époque coloniale. L'héritage de cette époque est visible partout dans ses rues, mais la ville célèbre aussi plus que jamais son histoire indigène, dans de captivants musées.

Pour les infos pratiques, voir le Carnet d'adresses p. 207

À SAVOIR

De nombreux hôtels se concentrent dans le quartier de Campina, proche des principaux sites touristiques. Le quartier de Nazaré est toutefois plus sûr et plus pratique, avec de bons restaurants et des hôtels souvent plus récents.

Danseurs de carimbó (p. 187)

INCONTOURNABLE
1 Mercado Ver-o-Peso

VOIR
2 Basílica de Nossa Senhora de Nazaré
3 Estação das Docas
4 Mangal das Garças
5 Museu Paraense Emílio Goeldi
6 Solar da Beira

SE RESTAURER
7 Amazônia Artesanal
8 Casa do Saulo
voir 4 Restaurante Manjar das Garças

SORTIR
9 Teatro da Paz

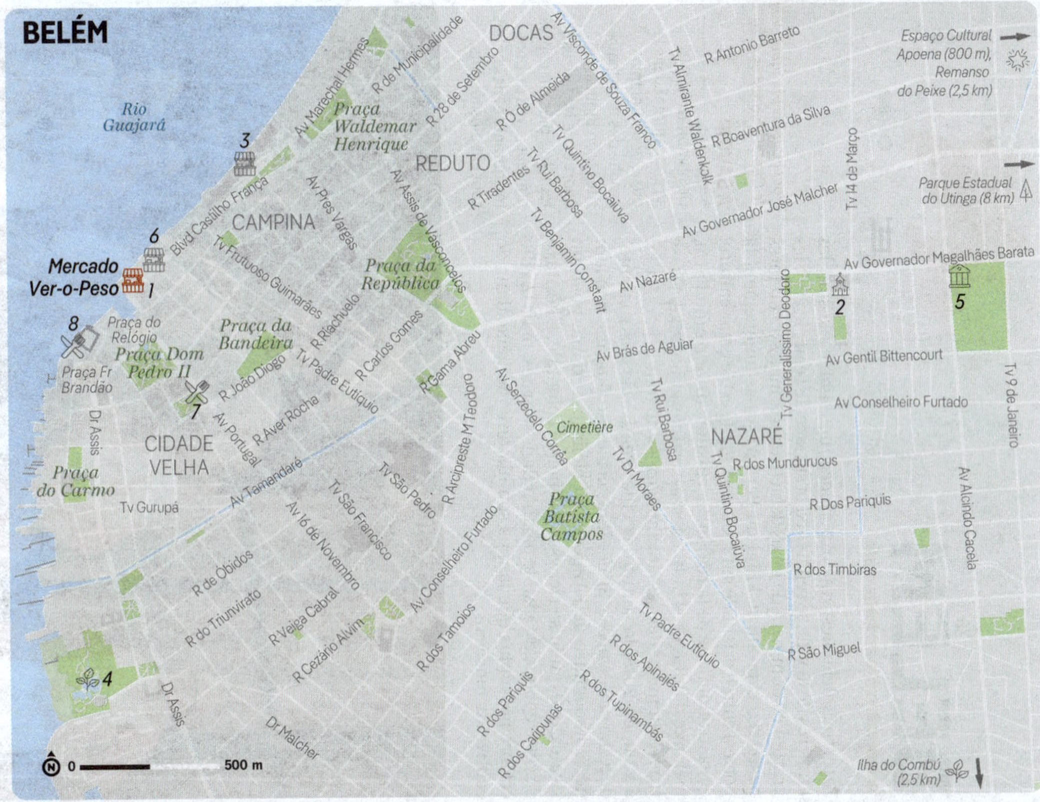

KAREEN BROODRYK/SHUTTERSTOCK ©

Étal du Mercado Ver-o-Peso

Marché des sens

LE MERCADO VER-O-PESO, UN MUSÉE VIVANT

Pour vous imprégner de l'ambiance de Belém, plongez dans les allées du **Mercado Ver-o-Peso**. Le marché historique de la ville doit son nom ("vérifier le poids") aux colons portugais qui y pesaient les marchandises en partance ou à destination de l'Amazonie afin de fixer leurs taxes. Attendez-vous à une explosion de couleurs, de sons, de parfums et de saveurs, dans ces halles du XVIIe siècle, où s'entremêlent animaux vivants, potions aux herbes, objets artisanaux et fruits exotiques. Ce bâtiment bleu encadré de quatre tourelles, au bord de l'eau, est un monument emblématique de Belém, tout comme ses voisins : l'édifice Art nouveau qui abrite le marché aux viandes, et le bâtiment néoclassique du **Solar da Beira**, qui accueille des artisans et des expositions. Pour finir votre immersion, frayez-vous un chemin parmi les cris des vendeurs et la cacophonie des radios et des téléviseurs, pour goûter au *tucupi*, au jus d'açaï et aux noix du Brésil vendus dans les *barracas* (stands) à l'est du marché.

Musique amazonienne

AU RYTHME DU PARÁ

Mains sur les hanches, les jupes tournoient et les pieds battent le parquet au son des flûtes et des percussions. Le *carimbó* qui enchante l'âme du Pará, est un style musical né à Belém. Les instruments de la région (flûtes à bec, maracas, banjos et *violas sertaneja*) y rencontrent les rythmes africains joués par le *reco-reco* et l'*abé* (des percussions). Des groupes venant de tout l'État

PAROLE D'HABITANT : SPÉCIALITÉS DU PARÁ

Thiago Castanho (*@thiagocastanho*), présentateur des émissions *Iron Chef* et *Sabores de Floresta*, vous présente les mets de sa région :

Tacacá
Soupe de *tucupi* (jus de manioc) agrémentée de *jambú* (un cresson piquant), de crevettes séchées et de tapioca.

Pato no tucupi
Canard en sauce au *tucupi*, au *jambú*, à l'*alfavaca* (basilic) et à la chicorée du Pará.

Maniçoba
Feuilles de manioc bouillies durant une semaine, puis cuisinées avec du porc. L'équivalent amazonien de la *feijoada*.

Caldeirada paraense
Ragoût de poisson coloré, garni de crevettes, œufs, légumes et herbes.

Vatapá
Ragoût de manioc aux crevettes séchées, au lait de coco, et à l'huile de palme, servi avec du riz.

TABLES GASTRONOMIQUES À BELÉM

Casa do Saulo
Dans le centre historique, face à la baie, le chef le plus réputé de l'État célèbre les saveurs du Rio Tapajós. **$$$**

Restaurante Manjar das Garças
Cuisine *paraense* dans un bâtiment en bois au cœur du parc zoologique. **$$$**

Remanso do Peixe
Le célèbre chef Thiago Castanho a ouvert son excellent restaurant dans sa demeure familiale. **$$**

LE BELÉM HISTORIQUE HORS DU CENTRE

Museu Paraense Emílio Goeldi
Dans un zoo assez désolant, ce musée abrite des galeries de paléontologie, de botanique et d'archéologie, et une expérience en réalité virtuelle.

Basílica de Nossa Senhora de Nazaré
L'église joue un rôle central dans le Círio de Nazaré, grande fête qui voit défiler un million de fidèles dans les rues en octobre.

Teatro da Paz
Ce théâtre à l'intérieur baroque se visite la journée et accueille des spectacles le soir.

se produisent à l'**Espaço Cultural Apoena**, dans le quartier de Nazaré. Réservez-y une table pour vous déhancher ou admirer les danseurs chevronnés en savourant des *petiscos* (petits en-cas) et une caïpirinha au *jambú* (une plante qui anesthésie légèrement la langue). Les soirées *carimbó* font partie du patrimoine du Pará. Pour y assister, vous pouvez aussi consulter la programmation de l'**Estação das Docas** ou vous rendre à Belém le 26 août pour le Dia do Carimbó.

Jardins secrets

ENTRE JUNGLE, GASTRONOMIE ET CULTURE

À l'abri de l'agitation de la ville, les espaces verts de Belém sont de véritables havres où se détendre et se faire une idée de la faune et de la végétation amazoniennes. Dans la vieille ville, toute une variété d'oiseaux et de reptiles vit en semi-liberté au **Mangal das Garças** (fermé le lundi). Le parc compte également une tour d'observation de 47 m, une serre à papillons et un petit musée de la navigation. On y trouve aussi un salon de thé, un restaurant de mets régionaux et des *barracas* (stands) au bord d'un lac.

Le **Parque Estadual do Utinga** (fermé le mardi) comprend deux lacs et de nombreux itinéraires à parcourir à pied, à vélo ou en kayak : le très populaire "sentier du singe" relie le lac Bolonha au centre d'information. Créé au sein d'une aire protégée, le parc abrite une faune diverse, que l'on aperçoit facilement. Vous pourrez y faire une promenade guidée, du *tubing*, de la tyrolienne ou encore découvrir l'artisanat local au **Mémorial des premiers peuples d'Amazonie Verônica Tembé**.

À 15 minutes en bateau de la Praça Princesa Isabel se trouve la verdoyante **Ilha do Combú** (indiquez l'arrêt désiré au *barqueiro*). N'oubliez pas votre maillot de bain : les restaurants qui font face à la ville sont de véritables établissements de plage avec piscines naturelles, douches, hamacs et balançoires fleuries. En explorant l'île le long du *furo* (chenal), vous apercevrez des villages, d'immenses arbres *samaúmas*, des plantations d'açaï et une galerie d'art en plein air. Visitez le jardin et l'atelier de Dona Nena qui, grâce à ses cacaoyers, confectionne des chocolats artisanaux renommés dans tout le pays. Enfin, louez un canot à moteur ou un paddle, et fondez-vous, sur ces eaux, à la population locale.

ESCAPADES DANS LA JUNGLE

Aux portes de Belém, plusieurs îles, telles **Marajó** (p. 192) et **Cotijuba** (p. 191), offrent un aperçu de la luxuriante forêt amazonienne et de sa faune.

COMMENT S'Y RENDRE ET CIRCULER

L'aéroport Belém-Val-de-Cans (www.infraero.gov.br) se trouve à 8 km au nord du centre de Belém, dans l'Avenida Júlio César. Il accueille de nombreux vols internationaux, nationaux et régionaux. Le bus 638 "Pratinha-Pres Vargas" circule entre l'aéroport et l'Avenida Presidente Vargas en 40 minutes environ.

Tous les bateaux longue distance partent du Terminal Hidroviário (Av. Marechal Hermes). Les billets s'achètent aux guichets à l'intérieur, mais il est plus facile et fiable de s'adresser au personnel polyglotte d'Amazon Star pour les trajets depuis/vers Belém – service sans frais supplémentaires.

Bien que l'on puisse parcourir Belém en bus ou en voiture, la ville subissait un fort taux de criminalité lors de notre visite et il était conseillé de n'y circuler qu'en Uber, de ne pas s'y promener après 17h et d'éviter de sortir son téléphone dans la rue. Les soirs de week-end, on peut marcher plus sereinement dans le quartier de Nazaré.

PROMENADE AU BORD DE L'EAU

Admirez la baie de Guajará depuis le ponton de la **1 Casa das Onze Janelas** avant de pénétrer dans cette demeure jaune pour y découvrir des œuvres contemporaines brésiliennes ou déjeuner dans le restaurant du chef Saulo Jennings. Visitez ensuite le **2 Forte do Presépio**, un bastion vieux de 400 ans offrant une vue superbe sur le fleuve et la ville. À l'intérieur, le **Museu do Encontro** présente des trouvailles archéologiques très bien conservées.

Sur la Praça Frei Caetano Brandão, deux édifices blancs attirent le regard : face à vous, la plus vieille église de Belém, la **3 Catedral Metropolitana de Belém**, et sur votre gauche, le **4 Museu de Arte Sacra**, consacré à l'art religieux. Dans la Rua Malcher, arrêtez-vous dans le café **5 Amazônia Artesanal** pour vous restaurer ou acheter un souvenir. Revenez sur vos pas pour atteindre la Praça Dom Pedro II. Si le musée d'État et le musée d'Art sont toujours fermés, rendez-vous au ravissant **6 Museu do Círio**, qui célèbre la plus grande fête de la ville, le Círio de Nazaré.

Un peu plus bas dans la rue, traversez, sur votre gauche, la petite place occupée par la **7 tour de l'Horloge anglaise**, d'architecture Art nouveau. Poursuivez jusqu'aux bateaux de pêche, et suivez les quais vers la droite jusqu'au **8 Mercado Ver-o-Peso** (p. 187). Après avoir exploré le plus célèbre marché d'Amérique latine, reposez-vous à **9 l'Estação das Docas**, où trois entrepôts rénovés accueillent des restaurants, des boutiques, un théâtre et des expositions. À l'extérieur, d'anciennes grues jaunes surplombent les jolis bateaux faisant la navette vers les îles Papagaios et Combú, ou proposant des croisières au coucher du soleil.

Environs de Belém

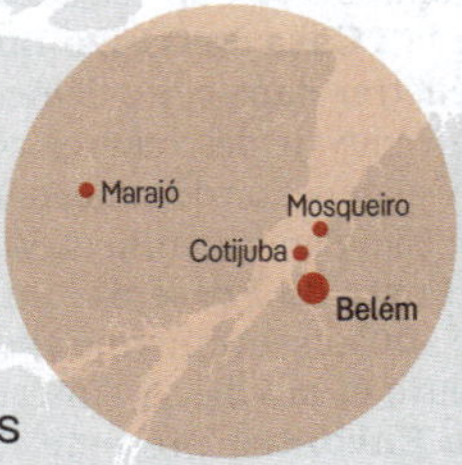

Détente et dépaysement vous attendent sur les superbes îles des environs de Belém, empreintes d'une atmosphère, d'une culture et de traditions culinaires uniques.

À l'embouchure de l'Amazone, Belém s'ouvre sur un archipel fluvial de 42 îles couvertes de jungle. Les habitants du Pará s'y rendent souvent le week-end pour y profiter d'un rythme de vie plus doux, de belles plages bordées de restaurants et d'autres plaisirs simples. Marajó, aussi vaste que la Suisse, jouit d'une histoire riche et d'une faune particulièrement abondante. Mosqueiro et Cotijuba se distinguent, quant à elles, par leurs plages de sable blond et leur gastronomie. On accède facilement à ces trois îles depuis Belém. Plus loin se trouve la paisible Algodoal, dépourvue de voitures, ou encore Colares, où des statues d'extraterrestres rappellent la présence supposée d'OVNI dans les années 1970... Autant de coins de paradis qui ne demandent qu'à être explorés.

Pour les infos pratiques, voir le Carnet d'adresses p. 207

À SAVOIR

L'*Expresso Golfinho* dessert Salvaterra et Soure, sur Marajó. La plupart des autres bateaux ne s'arrêtent qu'au port de Camará, d'où il faut ensuite prendre le bus pour gagner les autres localités de l'île.

Île de Cotijuba

F DE JESUS/SHUTTERSTOCK ©

Céramiques marajoara (p. 193)

TRÉSORS PRÉCOLOMBIENS

Les céramiques anciennes découvertes sur Marajó occupent une place de choix au **Museu do Encontro** (p. 189) de Belém ainsi que dans de nombreuses autres institutions du pays.

Passé, présent et avenir

SUR L'ÎLE DE COTIJUBA

À une heure de traversée de Belém, le temps semble s'écouler plus lentement sur Cotijuba, la troisième île des environs par sa superficie. On y accède grâce à la *lancha* express qui part du port d'Icoaraci. Une fois débarqué, on emprunte une passerelle menant aux ruines imposantes de la première prison du Pará, bâtie en 1933. Heureusement, depuis, la colonie pénitentiaire de Cotijuba est devenue un havre constellé de *botecos* (bars) et de sentiers de promenade.

Aucune voiture n'est autorisée sur l'île, mais des calèches permettent de relier les **Ruínas do Presídio** (les ruines de la prison) aux 13 rubans de sable blond qui font la renommée de l'île (dont le nom signifie en tupi "sentier doré"). La **Praia do Vai Quem Quer** est la plage la plus célèbre de l'île, et la plus aménagée avec ses restaurants et ses soirées dansantes certains week-ends. Elle s'étire jusqu'à la paisible **Pedra Branca**, où quelques stands d'artisanat et une poignée de ruches offrent un aperçu de la culture locale.

Pensez à réserver une visite du **Movimento de Mulheres das Ilhas Belém** (Mouvement des femmes des îles de Belém), où vous pourrez participer à un atelier pour cuisiner (et goûter)

OÙ SE RESTAURER SUR COTIJUBA

Beira Mar
Ce restaurant de spécialités locales a deux adresses : l'une sur une plage paisible, l'autre près du port. **$$**

Meu Tapiri
Sur la Praia do Vai Quem Quer, ce petit bar-restaurant convivial et coloré sert d'excellentes crêpes de tapioca et propose des massages le week-end. **$**

Sonho Meu
Un des chefs les plus réputés de l'île sublime les saveurs locales sur la Praia do Vai Quem Quer. Des musiciens s'y produisent parfois. **$$**

Delicias da Praia
Un lieu rustique et authentique pour déguster des plats régionaux au bord de l'eau. **$$**

OÙ SE LOGER SUR COTIJUBA

Pousada Doda
Des bungalows en bois, d'une belle simplicité, sur une plage reculée en pleine nature. **$$**

Skamboo Hostel
Tout près d'une plage, cette auberge décorée de fresques d'artistes indigènes loue des cabanes aux toits de chaume. **$**

Pousada Aldeia Cotijuba
Sur le rivage, cette pension a des cabanes chics sur pilotis et un restaurant animé par des DJ. **$**

PAROLE D'HABITANT : LES MEILLEURES TABLES DE MARAJÓ

Carmen Nunes a fondé le Restaurante Tucupi en 2021, où sa cuisine rencontre un franc succès. Voici ses conseils pour se régaler sur Marajó. Poissons, crustacés, viande de buffle, fromage... Si l'on mange si bien sur notre île, c'est grâce à nos excellents produits locaux.

Restaurant Pai D'Egua
Sur la plage de Barra Velha. Excellente *tacacá* (soupe pimentée d'Amazonie) et diverses spécialités de Marajó.

Brisa do Céu
Rattaché à une petite *pousada* sur une plage reculée, on y sert des plats de poisson dans un cadre magique.

O Canto do Francês
Conjugue savoir-faire français et ingrédients marajoara dans un jardin verdoyant aux abords de Soure.

ANDRE LUIS 84/SHUTTERSTOCK ©

Buffle sauvage

des spécialités du Pará, ou apprendre à fabriquer des bijoux. De retour au port d'Icoaraci, rendez-vous au **marché artisanal de Paracuri**, sur les quais, et faites un tour de ses stands, qui perpétuent l'art traditionnel de la céramique.

Safari façon fazendas sur Marajó

OBSERVER LA FAUNE DE LA SAVANE

À deux ou trois heures de traversée de Belém, les *fazendas*, ces vastes propriétés pratiquant une agriculture extensive, font partie du paysage de l'île de Marajó. Selon la légende, un navire transportant du bétail aurait fait naufrage au large, et les bovins ayant réussi à gagner le rivage seraient les ancêtres des 400 000 buffles aujourd'hui omniprésents dans les rues, les champs et les assiettes de l'île. Laissez derrière vous la ville de Soure et ses statues kitsch figurant de fiers gauchos (cow-boys) et suivez les pistes de terre rouge pour vous aventurer dans la savane.

Dans les hautes herbes, les marécages ou les mangroves, des paresseux somnolent, des capybaras s'ébrouent, des caïmans prennent le soleil, des ibis rouges déploient leurs ailes... et partout, buffles et chevaux paissent tranquillement.

OÙ SE LOGER SUR MARAJÓ

O Canto de Francês
Chambres rustiques-chics autour d'un jardin, à 20 minutes à pied du centre de Soure. Le petit-déjeuner est un régal. **$$**

Casarão da Amazônia
À Soure, cet hôtel de caractère occupe une demeure du XIXe siècle, à une rue du rivage. **$$$**

Hospedagem Casa do Pescador
Un logement chez l'habitant, dans un village de pêcheurs. Dépaysement garanti. **$**

Pour assister à ce spectacle, la **Fazenda Bom Jesus** propose un safari de 4 km à pied, avec en arrière-plan la sublime plage sauvage de Céu. D'autres fermes organisent de telles activités, et certaines disposent même d'un hébergement. Situées le long de la belle Praia do Pesqueiro, les *fazendas* **São Jerônimo**, **Retiro São Jorge** et **Mironga** ont des offres bien rodées (peut-être même trop pour certaines). Notre visite s'est faite avec un guide d'**Amazon Star**, spécialisé dans l'imitation de chants d'oiseaux (n'oubliez pas vos jumelles !). De retour dans le centre de Soure, rendez-vous au **Cortume Art Couro Marajó** pour acheter des objets artisanaux en cuir de buffle.

Céramiques de Marajó

L'HÉRITAGE DE LA TERRE

Tortues, fourmiliers, serpents, cache-sexe, bijoux, urnes... Les céramiques exhumées sur Marajó sont une mine d'informations sur les coutumes des habitants qui peuplaient autrefois l'île. Leurs motifs élaborés, géométriques ou figuratifs sont tout ce qu'il reste (outre les sites funéraires découverts ici et là, et les maisons sur pilotis qui abondent encore) de la civilisation marajoara, qui s'épanouit ici durant un millénaire à partir de l'an 400.

De nos jours, de talentueux artisans perpétuent ce savoir-faire, en façonnant des poteries aux rebords épais, aux décors rouge et blanc et aux gravures stylisées, dans leurs ateliers. À Soure, les créateurs de la boutique **M'Barayó** font honneur à ces superbes motifs ancestraux, et proposent des démonstrations dans leur atelier de la **Praia do Pesqueiro**. L'**Arte Mangue Marajó** anime, quant à lui, des ateliers d'une à trois heures pour créer votre propre pièce inspirée de l'art local : vous apprendrez à modeler l'argile travaillée ici depuis des millénaires, à le peindre et à le graver en respectant l'iconographie marajoara. Dans la ville de Salvaterra, vous ferez le plein de souvenirs à la **Casa do Artesão**.

Pour découvrir d'authentiques trouvailles précolombiennes, rendez-vous à la périphérie de Soure, à l'**Instituição Caruanas do Marajó Cultura e Ecologia**. Cette ONG gère une école accueillant des centaines d'enfants défavorisés, un atelier de céramique et un petit musée réunissant, aux côtés d'œuvres contemporaines, de véritables objets en terre cuite issus de fouilles archéologiques.

Les somptueuses céramiques marajoara datant du Ve au XIIIe siècle sont exposées, ailleurs sur l'île, au **Museu do Marajó** de Cachoeira do Arari, qui a rouvert en 2022, mais on les admire aussi à Belém, New York, Londres et ailleurs dans les plus grands musées du monde.

QUELLE PLAGE CHOISIR ?

Marajó a beau être aussi vaste que la Suisse, seule la côte orientale de l'île est réellement accessible. Au nord, Soure, la "capitale", déploie des plages somptueuses : la **Praia do Pesqueiro**, dont les restaurants sur pilotis bordent un pittoresque village de pêcheurs aux portes d'une réserve marine ; les plages isolées de **Céu** et **Cajú-una**, plus au nord ; et **Barra Velha**, qui allie la beauté de la mangrove à l'animation de ses *botecos* colorés à deux pas du centre-ville. Plus au sud, **Salvaterra** est une bourgade balnéaire dotée de *pousadas* en bord de plage. Sa **Praia Grande**, en forme de croissant, rappelle les Caraïbes. Enfin, la plus petite localité, **Joanes**, offre une plage parfaite pour les kitesurfeurs, avec des ruines jésuites, une ambiance calme et romantique, et des *pousadas* toutes simples.

Pousada Princesinha Marajó
Sur une superbe plage de Salvaterra, ce restaurant loue de petites chambres face au fleuve. **$$**

Pousada Vila Joanes
Cette jolie pension en bord de plage fut la première à s'établir dans la paisible bourgade de Joanes. **$**

Pousada Ventania do Rio-Mar
Près du centre de Joanes, cette pension colorée donnant sur le fleuve est un havre de calme. **$**

UN GLACIER NOMMÉ CAIRU

Ce qui n'était au départ qu'une petite boutique de Belém figure aujourd'hui parmi les 50 meilleurs créateurs de glaces au monde. Appréciées dans tout le pays, les crèmes glacées de **Cairu** se déclinent en dizaines de parfums, mais ce sont ses recettes aux saveurs de l'Amazonie qui font son succès. Certains fruits très fragiles, tels le guarana et l'*uxi*, ne se dégustent habituellement que dans la région ; mais une fois leur pulpe transformée en glace, ils font le bonheur de tous les Brésiliens, qui affluent aussi pour goûter aux recettes spéciales, tel le *carimbó* – un mélange de *cupuaçu* (graines acidulées) et de noix. À Rio, Manaus, Belém ou Mosqueiro, pousser la porte d'un glacier Cairu, c'est prendre le risque d'y retourner plus d'une fois.

Mosqueiro, île gourmande

CUISINE ET PLAGES

À 95 km de Belém, les terres verdoyantes des *fazendas* laissent place au pont qui relie le continent à l'île préférée des citadins souhaitant échapper à l'effervescence de la ville le temps d'un week-end.

À l'entrée de Mosqueiro, la route est bordée de manguiers, de stands de poissons, de légumes et d'artisanat. Elle vous mènera à l'autre bout de l'île, où les étendues de sable se succèdent. Tournez à gauche avant d'arriver tout au bout, et vous gagnerez la pointe ouest et le sable blond de **Farol**, une plage conviviale où les restaurants servent des produits de la mer sur fond de *carimbó* et de rock. Remontez ensuite vers l'est et, juste avant la Praia do Murubira, faites un arrêt à la très populaire **Sorveteria Cairu** (voir ci-contre), pour savourer des glaces au milieu d'un jardin. Sur Ariramba, la plage suivante, le restaurant **Jurubeba** dispose de plusieurs terrasses ombragées d'où l'on peut admirer le fleuve en commandant une caïpirinha au *jambú*. Poursuivez vers l'est et prenez à gauche après la Praia São Francisco (où se trouvent de nombreuses *pousadas*) pour découvrir l'une des meilleures tables de l'île. L'excellent **Casa Moqueio** est un havre caché, qui dispose d'un ponton, d'une bibliothèque, et propose des cours de yoga le week-end. Et les surprises de l'île ne s'arrêtent pas là ! Traversez le centre-ville, en passant devant son marché aux poissons, et, de l'autre côté du *furo* (chenal), vous déboucherez sur les plages les plus belles et les plus isolées de Mosqueiro.

Sur la Praia Paraiso, les vagues viennent lécher les pilotis de deux jolis restaurants de bois, la **Cozinha da Praia** et la **Barraca Hawaii**. Non loin, sur la vaste Praia do Marahu, qui fait le bonheur des nageurs, le **JC Restaurante** sert des plateaux de fruits de mer face aux flots. Pour profiter des autres plaisirs qu'offre l'île, passez la nuit dans l'une des nombreuses *pousadas* de cette agréable station balnéaire en bord de fleuve.

COMMENT S'Y RENDRE ET CIRCULER

Pour Marajó, des bateaux assurent (en environ 3 heures) la liaison entre le terminal principal de Belém et Foz do Rio Camará (abrégé en Camará), un port au sud de Joanes.

On peut circuler en voiture sur les îles de Marajó et Mosqueiro, qui peuvent aussi s'explorer à vélo. Sur Marajó, des bus relient le port principal aux différentes localités, et des *balsas* (ferries) et bateaux express relient Soure et Salvaterra. Des taxis classiques circulent également sur les routes, mais la plupart des gens leur préfèrent les motos-taxis. L'île de Mosqueiro se parcourt en voiture ou à pied. Les voitures sont interdites sur Cotijuba ; les trajets se font en calèche, à vélo ou à pied.

SANTARÉM

Considéré comme un des plus vieux site de peuplement du Brésil, Santarém occupe une position stratégique depuis la préhistoire. Rayonnant sur la région depuis le cinquième millénaire avant notre ère, la ville fut fondée à la confluence des eaux bleues du Rio Tapajós, des flots verts du Rio Arapiuns et du cours ocre de l'Amazone, à équidistance des comptoirs commerciaux de Manaus, Belém et du Matto Grosso. Avec la fin de l'époque coloniale et le déclin économique de la seconde moitié du XXe siècle, Santarém est peu à peu tombée dans l'oubli, avant de trouver sa nouvelle voie : le tourisme. Depuis qu'à ses portes les somptueuses plages fluviales d'Alter do Chão et leur animation attirent les voyageurs du monde entier, la cité brille d'un nouvel éclat. Les *pousadas* chics, les boutiques et les restaurants se sont mis à fleurir, et la "Caraïbe amazonienne" s'est transformée en une destination balnéaire et écotouristique unique en son genre.

Pour les infos pratiques, voir le Carnet d'adresses p. 208

À SAVOIR

La haute saison court ici de juillet à décembre, quand le niveau du Rio Tapajós est au plus bas, dévoilant toute la beauté et l'étendue des plages d'Alter do Chão. Le reste de l'année, lorsque les eaux montent, la région compte bien d'autres atouts.

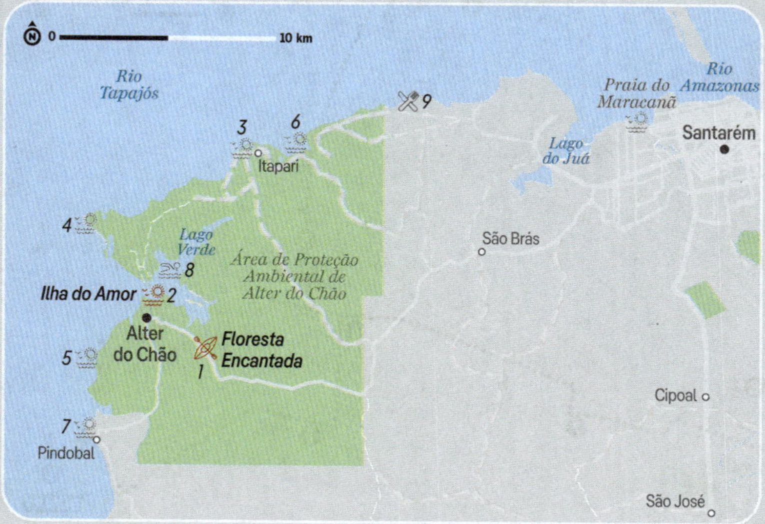

INCONTOURNABLES
1 Floresta Encantada
2 Ilha do Amor

VOIR
3 Ponta de Pedras
4 Ponta do Cururu
5 Ponta do Muretá
6 Praia do Jutuba
7 Praia do Pindobal

ACTIVITÉS
8 Lago Verde

SE RESTAURER
9 Casa do Saulo

PROMENADE DANS SANTARÉM

Commencez votre exploration au **1 Museu João Fona**, qui expose une collection exceptionnelle de céramiques précolombiennes du peuple tapajós, parmi lesquelles de superbes objets anthropomorphes et des figurines sacrées exhumés dans la région, ainsi que des toiles de peintres locaux. Un guide anglophone se tient à la disposition des visiteurs. Traversez ensuite la place du musée et empruntez la Rua Braga. Tournez à gauche dans la Rua Fonseca et pénétrez dans le **2 Museu Dica Frazão**, consacré à la créatrice de mode Dona Dica Frazão. Dans cette demeure qui fut la sienne, sa fille (parfois accompagnée de son perroquet) vous guidera elle-même parmi les flamboyantes créations en matériaux naturels (pulpe de bois, feuilles de palmier…) qui firent sa renommée.

En sortant, suivez la Rua Francisco Corrêa jusqu'au **3 Terminal Fluvial Turistíco**, sur les quais. Prenez-y un bateau pour l' **4 Encontro das Águas**, où les eaux claires du Rio Tapajós rencontrent celles, brunes, de l'Amazone, sans se mélanger. De retour en ville, restez sur le débarcadère et profitez de la vue en vous restaurant au **5 Massabor**. Achetez un souvenir au marché artisanal situé juste à côté ou, de l'autre côté de la rue, dans la **6 Loja Regional Muiraquitã**. Santarém est l'une des meilleures villes d'Amazonie pour faire les boutiques, alors n'hésitez pas à vous perdre dans ses rues labyrinthiques. Enfin, en suivant la rive vers l'ouest, vous pourrez contempler la façade bleu ciel de la **7 Catedral Metropolitana Nossa Senhora da Conceição** avant d'atteindre la **8 Feira de Peixe**, le marché aux poissons, derrière lequel d'espiègles dauphins attendent qu'on leur jette quelques victuailles.

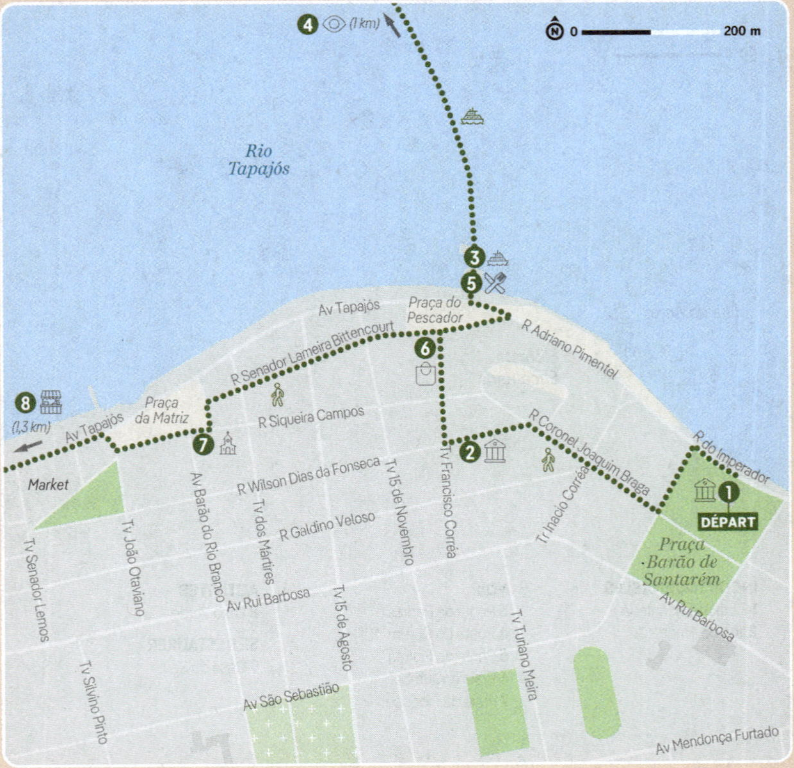

TICIANA GIEHL/SHUTTERSTOCK ©

Barque desservant les plages

LA RENCONTRE DES EAUX DE MANAUS

La rencontre du Tapajós et de l'Amazone à Santarém est un spectacle à ne pas manquer, mais le plus bel **Encontro das Águas** (p. 170) reste celui de Manaus, où le Rio Negro et le Solimões convergent pour former l'Amazone.

Alter do Chão de plage en plage

UN COIN DE PARADIS AMAZONIEN

Façonné par les eaux lipides du Rio Tapajós, le sable blond d'Alter do Chão est considéré comme le plus fin d'Amazonie et a fait de la petite voisine de Santarém la station balnéaire la plus en vogue de la région. L'**Ilha do Amor**, régulièrement élue plus belle plage fluviale du monde, est l'une des plus éblouissantes étendues du Brésil. Ce banc de sable jalonné de *botecos* s'étire au milieu d'une baie en forme de cœur, entre la ville d'un côté et la jungle, sur la rive opposée (à la saison des hautes eaux, des barques font la navette ; quand le niveau est bas, on peut traverser à pied). Paddle et canoë font partie des activités proposées.

Pour échapper à la foule, optez pour la **Ponta do Muretá**, une plage en forme de pointe, enserrant une lagune, ou encore pour la **Praia do Jutuba**, proche de la très populaire **Ponta de Pedras**, plantée de *palapas* (parasols en feuilles de palmier séchées). Des bateaux-taxis vous y mèneront au départ de la station de l'Atufa, tout près de la Praça Central, mais vous pouvez aussi vous y rendre en voiture. Sur la route de la Floresta Nacional do Tapajós (FLONA ; p. 200), la **Praia do Pindobal** est d'une incroyable beauté : un ruban doré de 1 km, longeant la forêt et animé de restaurants et d'activités nautiques. En fin de journée, les romantiques affluent à la **Ponta do Cururu** pour voguer sur l'eau rosée sous le soleil couchant.

POURQUOI J'AIME SANTARÉM

Victoria Gill, autrice

Alter do Chão et ses environs sont une destination en plein essor. J'adore y trouver des hôtels insolites en pleine jungle et me laisser surprendre par le patrimoine artisanal de la région de Santarém, sa qualité de vie et son héritage culturel, nourris par la nature et une histoire plurimillénaire. Certains n'y verront qu'une version allégée de la véritable aventure amazonienne, mais c'est un paradis pour les amateurs de plage souhaitant découvrir la forêt et les traditions de la région dans un cadre idyllique.

OÙ SE LOGER À ALTER DO CHÃO

Cabanas do Tapajós
Position centrale et accueil chaleureux pour ces jolis bungalows tenus par un couple d'Américains. **$$$**

Vila Flor
Un B&B au sein d'une réserve botanique, avec chambres entourées de nature, douches extérieures et piscine. **$$**

Pousada do Mingote
Ce trois étoiles en plein centre-ville a des chambres propres et modernes donnant sur l'Ilha do Amor. **$**

PAROLE D'HABITANT : OÙ FAIRE LA FÊTE

Ana Elisa Alho (@alho.anaelisa), danseuse de *carimbó*, donne ses adresses d'Alter do Chão et de Santarém :

Vai Tapajós
Proche du Nouvel An, festival de musique électro et de cuisine sur diverses plages et bateaux.

Çairé
En septembre, cette fête folklorique célèbre les symboles de la région dans le stade d'Alter do Chão.

Espaco Alter do Chão
DJ, concerts et bonne cuisine font le succès de ce club en plein air du centre-ville.

Quinta do Mestre
Chaque jeudi, c'est soirée *carimbó* au Centro Chico Malta.

Simbora
Cette boîte de nuit accueille des artistes régionaux et s'anime jusqu'au petit jour.

Baignade et forêt submergée

ALTER DO CHÃO, CÔTÉ LAC

Tout au long de l'année, vous pourrez nager dans une eau cristalline parmi les milliers de poissons du **Lago Verde**, qui s'enfonce dans la forêt depuis l'Ilha do Amor. Alimenté par 14 sources, le "lac vert" est un lieu idéal pour apercevoir des singes et des paresseux. La saison des crues (de janvier à juin, quand la plupart des plages d'Alter do Chão disparaissent), reste toutefois la meilleure période pour découvrir la jungle alentour et sa faune. La première moitié de l'année est aussi le moment parfait pour accéder à la **Floresta Encantada** (forêt enchantée) de Caranazal. On y navigue entre les arbres submergés par les eaux du lac, en se faufilant sous des tunnels de branches, au plus près des animaux. Au milieu de la forêt, un restaurant accueille les pirogues souhaitant faire étape.

Un repas à la Casa do Saulo

DANS LES CUISINES DU CHEF STAR DE SANTARÉM

L'ascension du chef **Saulo Jennings** sur la scène gastronomique brésilienne a accompagné l'essor d'Alter do Chão. Jennings, originaire de Santarém, a quitté son emploi en 2009 pour devenir instructeur de kitesurf. Cinq ans plus tard, il fondait un petit restaurant de cinq tables, sur la plage de Carapanari, pour nourrir ses élèves avec les recettes de son père. Aujourd'hui, la **Casa do Saulo** accueille chaque jour des dizaines de convives dans un lieu verdoyant et sublime, en surplomb d'une plage.

Veillant à son empreinte écologique, le chef star favorise une approche locale et sans gaspillage. Le *pirarucu* et le *surubim* sont ainsi pêchés dans le Tapajós, tandis que le miel de sa sauce épicée vient des berges de l'Arapiuns. Cubes de tapioca à la gelée de *cupuaçu* (un fruit d'Amazonie), crevettes panées au manioc… les saveurs de la région sont revisitées et servies dans une vaisselle artisanale. Saulo Jennings enseigne même les secrets de sa "gastronomie tapajonique" au restaurant dédié du musée des sciences de Belterra, et a ouvert d'autres tables à Belém, Rio de Janeiro et São Paulo (et bientôt Brasília). Pour une immersion totale, son restaurant de Santarém compte une *pousada* de 10 bungalows et deux bateaux aménagés.

COMMENT S'Y RENDRE ET CIRCULER

L'aéroport de Santarém – Maestro Wilson Fonseca se trouve à 14 km à l'ouest de la ville et accueille des vols depuis/vers Manaus et Belém.

Il existe officiellement deux ports de passagers, mais l'explosion du trafic fluvial se traduit par la présence de bateaux presque tout le long des quais. Le port principal, Docas do Pará, est à 2,5 km à l'ouest du centre-ville. Le port de la Praça Tiradentes, à 1 km à l'ouest du centre, sur l'Avenida Tapajós, couvre des destinations moins courantes.

Alter do Chão et le centre historique de Santarém se parcourent aisément à pied. Pour circuler entre les deux villes, vous pouvez prendre un bus qui part toutes les 30 minutes ou suivre les 37 km de route qui les relient en voiture ou à vélo. Les sites environnants sont généralement accessibles à deux ou quatre roues. Les bateaux-taxis qui attendent à la station de l'Atufa, à Alter do Chão, sont un excellent moyen (quoique coûteux) de se déplacer aux alentours.

Environs de Santarém

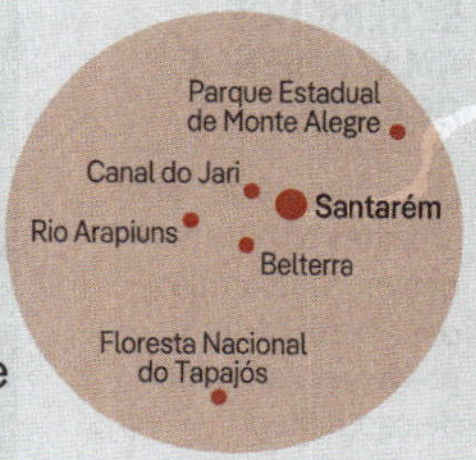

La région de Santarém nous conte toute l'histoire de l'Amazonie. De ses communautés préservées à ses paysages époustouflants, c'est une destination des plus surprenantes.

On vient à Santarém pour les plages d'Alter do Chaõ, mais on y reste pour la richesse culturelle de la région. Des peintures réalisées il y 13 000 ans à Monte Alegre aux villages indigènes d'aujourd'hui, en passant par une cité fondée par l'industriel américain Henry Ford, les excursions proposées dans la forêt vierge, les plages paradisiaques et des sites de toutes les époques offrent un bel aperçu de l'histoire amazonienne. Soutenu par le Centro Experimental Floresta Ativa (CEFA) dans le cadre de l'ONG Saúde & Alegria, le tourisme durable et la préservation de l'environnement sont au cœur des préoccupations locales. Santarém portait autrefois le nom de Tapajós (comme le cours d'eau), et l'on comprend facilement l'attrait que suscitent ses rives depuis des milliers d'années.

Pour les infos pratiques, voir le Carnet d'adresses p. 209

À SAVOIR

Certains sites décrits ici peuvent se visiter au cours d'une même journée : Belterra se trouve sur la route de la Floresta nacional do Tapajós ; et le Canal do Jari, non loin du Rio Arapiuns.

VALMIR FERNANDO/SHUTTERSTOCK ©

Rio Arapiuns (p. 202), Santarém

FORDLÂNDIA, PREMIÈRE EXPÉRIENCE AMAZONIENNE DE FORD

Les amateurs de ruines urbaines ou d'histoire peuvent embarquer pour **Fordlândia**, la première plantation de caoutchouc fondée par l'industriel américain Henry Ford, en 1928. Depuis Santarém, comptez tout de même 7 heures en *lancha* express ou une nuit complète sur le bateau lent du vendredi. Vous pouvez aussi vous y rendre en voiture par la Transamazonienne, mais lors de notre visite, les routes étaient en mauvais état et les *pousadas* qui accueillaient autrefois les touristes avaient fermé. De nombreux édifices ont été pillés, mais ce pèlerinage permet tout de même de se figurer ce que fut cette ville, désormais engloutie par la jungle. Seules restent les sinistres silhouettes des statues d'ouvriers et de jaguars, et les carcasses du château d'eau, de la scierie, d'un hôpital, d'un hôtel et de sa piscine.

TICIANA GIEHL/SHUTTERSTOCK ©

Floresta Nacional (FLONA) do Tapajós

Merveilles de la forêt

ESCAPADE DANS LA FLORESTA NACIONAL DO TAPAJÓS

À 70 km environ de Santarém, que vous arriviez en bus, en voiture au-delà de Belterra ou en bateau depuis Alter do Chão, la quiétude règne dans la **Floresta Nacional (FLONA) do Tapajós**, une aire protégée de 5440 km². Fondée il y a un demi-siècle, elle accueille aujourd'hui les touristes dans une démarche écoresponsable, pour leur faire découvrir les habitants et la nature qui font sa grandeur. Bordée de plages sauvages, baignée par l'Encontro das Águas, hérissée d'arbres immenses et peuplée d'animaux, cette jungle est émaillée de maisons aux toits de chaume et d'accueillantes communautés.

L'artisanat s'épanouit dans la région du Tapajós depuis des millénaires, et les fouilles archéologiques ont mis au jour un grand nombre de céramiques anciennes. De nos jours, les communautés vivant dans la jungle préfèrent travailler le caoutchouc issu de leurs petites plantations et vendre bijoux et tissus dans les boutiques de leurs villages.

Au sein de la FLONA, **São Domingo**, **Maguari** et le plus grand de ces villages, **Jamaraquá** (qui dispose d'un guide

VILLAGES DE LA FLORESTA NACIONAL (FLONA) DO TAPAJÓS

São Domingo
Le premier village à l'entrée de la FLONA compte un restaurant, une *pousada*, des hamacs et même un guérisseur !

Maguari
Le deuxième village en venant de Santarém possède une jolie *pousada*, un bar et un restaurant sur la plage.

Jamaraquá
Ce grand village propose deux *pousadas*, deux restaurants, un guide anglophone et des sorties en pirogue.

anglophone), proposent des restaurants cuisinant des produits locaux et des *pousadas* en bord de plage, avec hamacs ou chambres rudimentaires. Des randonnées guidées permettent de s'enfoncer dans la forêt, accompagné par un chœur d'oiseaux, jusqu'au pied d'immenses arbres millénaires, les *samaúmas*. Ne manquez pas non plus les balades en pirogue à travers la forêt inondée ou sur les petits cours d'eau (et prévoyez un maillot de bain pour nager aux côtés des habitants). Si vous passez la nuit sur place, vous pourrez profiter d'un barbecue sur la plage et embarquer pour une excursion à la recherche des animaux nocturnes.

Ville du caoutchouc

L'EMPIRE AMAZONIEN AVORTÉ D'HENRY FORD

Au sud d'Alter do Chão, la piste de terre rouge laisse place à des rues goudronnées, bien droites et jalonnées de bouches à incendie, dans une étrange vision de l'Amérique des années 1930. C'est d'ailleurs en 1934 que Henry Ford transféra à **Belterra** les activités de sa cité ouvrière de Fordlândia (page ci-contre), bâtie pour subvenir aux besoins en caoutchouc de ses usines automobiles.

À la fin du XIXe siècle, l'Amazonie fournissait le monde entier en caoutchouc – une activité qui représentait 80% du PIB du Brésil. Mais, en 1876, l'explorateur anglais Henry Wickham rapporta au Royaume-Uni des graines d'hévéa qui furent plantées en Asie du Sud-Est, et la production changea de main. Pour contourner le nouveau monopole anglais, Henry Ford voulut alors créer ses propres plantations de caoutchouc. En deux décennies toutefois, les parasites, les grèves et l'invention du caoutchouc synthétique le contraignirent à revendre le site, avec une perte avoisinant les 200 millions de dollars actuels.

Dans le quartier de Vila Americana, l'ancien hôpital a été transformé en **Museu de Ciência da Amazônia (MuCA)**, dont les expositions sur les écosystèmes et l'archéologie devaient ouvrir sous peu lors de notre visite. L'ensemble abrite aussi une école de cuisine et un restaurant fondés par Saulo Jennings (p. 198), et devrait bientôt accueillir un hôtel, une pension et un centre de congrès.

On découvre aussi à Belterra la maison d'Henry Ford, le très sélect Club House, l'église et le château d'eau qui alimente toujours la ville. Il y a également quelques boutiques, des restaurants simples et un grand jardin où pique-niquer en contemplant le fleuve depuis de beaux sièges contemporains (à l'entrée de la ville lorsqu'on vient de Santarém).

PUISSANTE MUIRAQUITÃ

Avez-vous remarqué les petites grenouilles de pierre vertes présentes un peu partout dans les musées archéologiques du Pará ? Nommées *muiraquitãs*, ces amulettes sculptées dans le jade ou la néphrite sont portées par les peuples du Tapajós depuis des milliers d'années pour contrer les maladies et l'infertilité. Les *muiraquitãs* étaient si populaires qu'elles s'échangeaient dans toute l'Amazonie et au-delà, jusque dans les Caraïbes. Elles connurent même le succès en Europe au XVIIIe siècle.

LE BOOM DU CAOUTCHOUC

Pour en savoir plus sur la grande époque du caoutchouc et son héritage, rendez-vous à **Manaus** (p. 166), opulente capitale de l'Amazonas bâtie durant la grande ruée vers l'or “mou”.

Jaguarari
Récemment ouvert aux touristes, à 100 km de Santarém ; *pousada*, plages et joli *igarapé* (bras de rivière).

Acaratinga
À 100 km d'Alter do Chão, ce village vient de s'ouvrir au tourisme avec une *pousada*, une belle plage et 12 km de sentiers.

Piquiatuba
Plus loin dans la forêt, cette communauté tient une *pousada*. Pirogue, grottes, animaux et cascades au programme.

PAROLE D'HABITANT : L'HISTOIRE CACHÉE DE L'AMAZONIE

Bruna Rocha est professeure d'archéologie à l'Université fédérale de l'Ouest du Pará, à Santarém.

Les principales villes d'Amazonie sont toutes bâties sur des sites archéologiques, et Santarém se trouve sur le plus important jamais découvert dans la région. Grâce aux fouilles menées, l'Amazonie nous apparaît peu à peu comme un trésor non seulement naturel, mais culturel. L'idée, trop souvent véhiculée, d'une jungle vierge de toute empreinte humaine ne fait qu'alimenter les politiques de déplacement des communautés locales, visant à les expulser de leurs terres sous prétexte de préserver la forêt. Or, la recherche archéologique prouve que ces populations veillent souvent mieux que quiconque sur elle.

Réécrire la préhistoire

AUX ORIGINES DES PEUPLES D'AMAZONIE

Dans les années 1990, les fouilles menées par l'archéologue Anna Roosevelt sur les sites rupestres de Monte Alegre bouleversèrent tout ce que l'on pensait savoir sur l'histoire de l'Amérique du Sud. En datant les peintures de la grotte de la Pedra Pintada ("pierre peinte") de 13 000 ans, la chercheuse découvrit ainsi la plus ancienne preuve de peuplement du continent. Jusque-là, on datait l'arrivée d'*Homo sapiens* sur ces terres aux alentours de -5000. Grâce aux travaux menés à Monte Alegre et sur quelque 300 autres sites rupestres d'Amazonie, il est désormais communément admis que la présence des premiers humains en Amérique du Sud remonte au paléolithique.

Depuis Santarém, vous devrez prendre un bateau express au Terminal hidroviário, direction Santana do Tapará. Il y a plusieurs départs par jour, et la traversée d'une demi-heure est agréable. Pensez à réserver un 4x4 ou un guide pour votre arrivée, car vous en aurez ensuite pour plus de 1 heure de route, sur une piste cahoteuse, jusqu'au **Parque Estadual de Monte Alegre (PEMA)**. À l'entrée, des guides proposent aux visiteurs un circuit de 5 heures de marche à la découverte d'une vingtaine de sites préhistoriques. La **Caverna da Pedra Pintada** est le plus ancien et le plus connu : les parois de ses galeries sont couvertes de dessins jaune et rouge représentant des oiseaux et des formes géométriques. La **Serra da Lua**, le site le plus accessible, est ornée de 200 m de motifs circulaires figuratifs. La **Pedra do Pilão**, un des sites les plus anciens du parc, arbore une grande concentration de symboles et de figures zoomorphes, ainsi qu'une formation rocheuse étonnante, sur laquelle vous pourrez grimper pour admirer les vallées alentour.

Villages fluviaux

SUR LES RIVES DU RIO ARAPIUNS

Au terme d'une traversée mouvementée de 2 heures – incluant quelques escales pour se baigner sur des plages isolées – on atteint enfin les petits villages traditionnels des rives du **Rio Arapiuns**. Les artisans d'**Urucureá** vous montreront comment fabriquer des objets avec des feuilles de palmier *tucuma*. À **Ana**, vous découvrirez des ruches bourdonnant d'abeilles *melipona* (une espèce dépourvue de dard), à **Atodi**, vous visiterez une forêt de noyers du Brésil, et à **Coroca** une réserve de tortues permet d'admirer ces reptiles depuis une plateforme flottant sur un lac.

GUIDES POUR MONTE ALEGRE

Nelsi Sadeck
Ce guide, qui a participé aux fouilles d'Anna Roosevelt, sait tout des grottes de Monte Alegre.

NW Transfer & Turismo
Les excellents guides de cette agence vous prendront en charge de votre hôtel jusqu'aux sites rupestres.

Amazon Star
Basée à Santarém, cette agence réputée organise des excursions d'un ou deux jours à Monte Alegre.

LUCIA MONTE/SHUTTERSTOCK ©

Jardin de nénuphars

ARTISANAT LOCAL

Si l'artisanat traditionnel et les cultures locales vous intéressent, prévoyez un détour par **São Gabriel da Cachoeira** (p. 183).

Chacun de ces villages reculés compte au moins un restaurant servant de généreux plats de viandes, poissons et légumes frais, bio et locaux, à des prix très raisonnables, ainsi qu'une boutique d'artisanat. Des espaces aménagés permettent d'y suspendre son hamac pour passer la nuit dans ces communautés. L'itinéraire du Rio Arapiuns est le plus récent des projets d'écotourisme soutenus par la fondation **Saúde & Alegria** (www.saudeealegria.org.br), qui soutient les populations du Pará dans leur développement.

Jardin aquatique

AU DÉTOUR D'UN CANAL AMAZONIEN

En traversant le Rio Tapajós depuis Alter do Chão, on s'émerveille devant l'étendue de nénuphars qui égaie le **Canal do Jari**. C'est en voyant les animaux manger ces plantes aquatiques que Dulce Oliveira a eu l'idée de les cuisiner. Aujourd'hui elle les sert frites, cuites à l'eau ou grillées dans son restaurant, le **Jardim da Vitória Régia**, créé dans l'ancien mess des officiers de la marine. Le Canal do Jari est aussi le domaine de Dona Rosângela, qui guide les visiteurs le long de la **Trilha da Preguiça** (le "sentier du paresseux"), une balade en pirogue donnant à voir divers animaux.

LES AGENCES TOURISTIQUES À CONNAÎTRE

Gil Serique
Ayant toujours vécu dans la FLONA, Gil est un de ses guides les plus renommés ; il mène des excursions passionnantes dans toute la zone.

Selvagem Tours
Ce tour-opérateur bien rodé emploie des guides polyglottes pour vous faire découvrir l'Arapiuns, la FLONA, la Floresta Encantada...

Santarém Viagens e Turismo
Cette agence bien établie propose des sorties de durée variable, dans plusieurs langues.

Muriki Cicloturismo
Des sorties à vélo vers les sites accessibles de la jungle.

COMMENT S'Y RENDRE ET CIRCULER

Belterra et la Floresta Nacional do Tapajós (FLONA) sont desservies par plusieurs bus quotidiens au départ de Santarém. En voiture, on y accède par l'Estrada do Pindobal depuis Alter do Chão ou par la BR-163 depuis Santarém ; prenez ensuite la Transamazonienne pour atteindre les villages reculés de la FLONA et Fordlândia. Le bateau, agréable pour se déplacer dans les environs du Tapajós, est le seul moyen de transport dans le bassin de l'Arapiuns (qui ne se découvre qu'en circuit guidé). Une fois au débarcadère de Santana do Tapará, on atteint le Parque Estadual de Monte Alegre en 4x4 ou en bus.

Carnet d'adresses

MANAUS

Casa das Artes
Voir p. 168 (Rua José Clemente 564 ; 15h-20h mar-dim)

Casarão de Idéias
Voir p. 168 (casaraodeideias.com.br ; Rua Barroso 279 ; 15h-22h30 mer-dim)

Centro Cultural Óscar Ramos
Voir p. 169 (Rua Bernardo Ramos 69 ; 9h-16h lun-ven)

Galeria Amazônica
Voir p. 168 (92 3233-4521 ; www.galeriaamazonica.org.br ; Rua Costa Azevedo 272 ; 8h-17h lun-sam)

Galeria do Largo
Voir p. 168 (Rua Costa Azevedo 290 ; 15h-20h mar-dim)

Mercado Municipal Adolpho Lisboa
Voir p. 169 (Rua dos Barés 46 ; 6h-17h lun-sam, 6h-13h dim)

Museu da Amazônia
Voir p. 172 (museudaamazonia.org.br ; Av. Margarita 6305 ; tarif plein/réduit 40/20 R$; 8h30-17h jeu-mar)

Museu do Seringal Vila Paraíso
Voir p. 171 (92 3631-6047 ; São João Afluente do Tarumã Mirim ; 10 R$; 9h-16h lun-mer et ven-sam, 9h-17h jeu, 9h-15h dim)

Paço da Liberdade
Voir p. 169 (92 3622-4991 ; Rua Gabriel Salgado ; entrée libre ; 9h-16h lun-ven)

Palacete Provincial
Voir p. 169 (92 3631-3632 ; Praça da Polícia ; entrée libre ; 9h-17h lun-sam)

Parque Ecologico Janauari
Voir p. 170 (92 99498-8248 ; Iranduba)

Teatro Amazonas
Voir p. 169 (billetterie 92 3622-1880 ; Praça São Sebastião ; visite guidée tarif plein/réduit 20/10 R$; visite 9h-17h mar-sam, 9h-13h dim)

Amazon Private Tours
Voir p. 171 (92 99175-8464 ; https://amazonprivatetours.com)

Amazon Tree Climbing
Voir p. 172 (92 8195-8585 ; Rua Caravelle 22a, Tarumã ; 8h-17h30 lun-sam)

EcoForest Adventure
Voir p. 172 (92 99511-5422 ; www.ecoforestadventure.com ; Rodovia BR-174, Km 923 s/n, Zona Rural, Manaus)

Jaguar Amazon Tours
Voir p. 172 (92 99169-6794 ; www.jaguaramazontours.com ; Av. Eduardo Ribeiro 620 ; à partir de 100 US$/jour)

Maia Expeditions
Voir p. 171 (92 99410-1691 ; maia-expeditions.com ; Rua Badajós 62 ; 8h-17h lun-ven, 8h-12h sam)

Ney Eco Adventures
Voir p. 172 (92 99134-6039 ; www.amazontourmanaus.com ; 7h-18h30 lun-sam)

Real Amazon Experience
Voir p. 171 (92 99251-1184 ; Rua Monsenhor Coutinho 801e)

Abaré Hostel
Voir p. 168 (92 98473-0631 ; abarehouse.negocio.site ; Rua dos Missionários s/n, Tarumã Açu)

Adrianopólis All Suites
Voir p. 168 (92 2101-2000 ; www.hoteladrianopolis.tur.br ; Rua Salvador 195)

Hotel Villa Amazônia
Voir p. 168 (92 3347-7829 ; villaamazonia.com ; Rua 10 de Julho 315)

Juma Ópera House
Voir p. 168 (11 3030-7617 ; jumaopera.com.br ; Rua 10 de Julho 481)

Local Hostel Manaus
Voir p. 168 (92 98412-5252 ; manaus.localhostel.com.br ; Rua Dona Libânia 215)

Mercure Manaus
Voir p. 168 (92 2101-1100 ; all.accor.com ; Av. Mário Ypiranga 1000)

Abaré
Voir p. 168 (92 98473-0631 ; abarehouse.negocio.site ; Rua dos Missionários s/n, Tarumã Açu)

Banzeiro
Voir p. 170 (92 98437-0274 ; @restaurantebanzeiro ; Rua Libertador 102 ; 11h30-15h30 et 18h30-23h lun-sam, 11h30-15h et 19h-23h, jusqu'à 22h dim)

Biatüwi
Voir p. 170 (92 98832-8408 ; biatuwi-casa-de-comida-indigena-manaus.negocio.site ; Rua Bernardo Ramos 97 ; 11h30-15h mer-sam)

Caxiri
Voir p. 168 (92 98405-4769 ; Rua 10 de Julho 495 ; 11h30-15h et 19h-22h mar-sam, 11h30-15h dim)

Vista Rio Café
Voir p. 168 (92 98454-0428 ; Av. Coronel Teixeira 3080 ; 7h-11h et 15h-19h30 lun-sam, 7h-12h dim)

Cabaret
Voir p. 169 (92 98148-4443 ; @cabaretnightclub ; Rua Barroso 293 ; 23h-6h ven-sam)

Juma Ópera Terrace
Voir p. 169 (92 99137-4260 ; jumaopera.com.br ; Rua 10 de Julho 481)

Old 88 Garage
Voir p. 169 (@old88garage ; Av. João Valério 218 ; 10h-1h lun-mar, 10h-2h mer-sam)

PICCAYA / STOCK.ADOBE.COM ©

Intérieur du Teatro Amazonas

Tambaqui de Banda
Voir p. 170 (92 98444-6073 ; www.roteros.com.br ; Rua José Clemente 596 ; 11h-23h)

Villa 948
Voir p. 170 (92 99330-9366 ; Av. Mário Ypiranga 948 ; 11h30-2h mar-mer, 11h30-5h jeu-dim)

Amazonas Dragway
Voir p. 171 (92 99493-1084 ; www.facebook.com/amazonasdragway ; Estrada Manoel Urbano, Km 6, AM-070, Iranduba ; mar-dim)

Arena da Amazônia
Voir p. 1 (Constantino Nery 5001)

Manauara
Voir p. 171 (92 99607-3920 ; manauarashopping.com.br ; Av. Mário Ypiranga 1300 ; 24h/24)

Sambódromo Manaus
Voir p. 171 (92 3232-2488 ; Av. Pedro Teixeira 2565 ; lun-ven 8h-13h et 14h30-17h)

Banca do Largo
Voir p. 168 (92 98255-3433 ; Rua José Clemente 573 ; 16h-21h lun-sam)

ENVIRONS DE MANAUS

Amazon Amazing Tours
Voir p. 176 (92 99186-7133 ; www.manausjungletours.com ; Rua Praia Canoa Quebrada 262, Manaus ; 8h-17h lun-ven, 8h-12h sam)

Maia Expeditions
Voir p. 176 (92 99410-1691 ; maiaexpeditions.com ; Rua Badajós 62, Manaus ; 8h-17h lun-ven, 8h-12h sam)

Olimpio Carneiro
Voir p. 176 (92 3615-6065 ; Av. Getúlio Vargas 227, Manaus)

Amazon Emotions
Voir p. 174 (92 99296-1800 ; amazonemotions.com ; BR-174, Presidente Figueiredo)

Caboclos House Eco Lodge
Voir p. 175 (92 3042-0969 ; caboclohousecolodge.com ; Lago de Acajatuba, Iranduba)

Dolphin Lodge
Voir p. 175 (92 3663-0392 ; dolphinlodge.tur.br ; Margem Esquerda do Rio Paraná do Mamori 201, Careiro)

Juma Lodge
Voir p. 175 (11 3030-7617 ; jumalodge.com.br ; Margem Esquerda do Rio Juma, Autazes)

Local Hostel Figueiredo
Voir p. 174 (92 98447-5713 ; hosteldamilla.com.br ; Av. Pe Calleri 60, Presidente Figueiredo)

Pousada Paraíso do Calango Azul
Voir p. 174 (92 99124-9199 ; pousada-paraiso-do-calango-azul.negocio.site ; AM-240, Comunidade Marcos Freire, Km 13, Presidente Figueiredo)

BASSIN DU RIO NEGRO

Casa Rosa
Voir p. 180 (Novo Airão)

Flutuante dos Botos
Voir p. 179 (amaboto.wordpress.com ; Rua Antenor Carlos Frederico 43, Novo Airão ; tarif plein/réduit 30/15 R$; 9h-17h mar-dim)

Parque Nacional de Anavilhanas
Voir p. 179 (www.icmbio.gov.br/parnaanavilhanas/guia-do-visitante.html)

Parque Nacional do Jaú
Voir p. 180 (https://www.gov.br/icmbio/pt-br/assuntos/biodiversidade/unidade-de-conservacao/unidades-de-biomas/amazonia/lista-de-ucs/parna-do-jau/informacoes-sobre-visitacao-2013-parna-do-jau)

Amazon Amazing Tours
Voir p. 180 (92 99186-7133 ; www.manausjungletours.com ; Rua Praia Canoa Quebrada 262, Manaus ; 8h-17h lun-ven, 8h-12h sam)

Associação Anavilhanas de Transporte Aquaviário e Turismo de Novo Airão (AATRA)
Voir p. 181 (92 99100-6437 ; Rua Antenor Carlos Frederico 53, Novo Airão ; 8h-16h dim-ven)

Associação Yanomami do Rio Cauaburis e Afluentes (AYRCA)
Voir p. 182 (ayrca.wordpress.com/a-ayrca/)

Barco Angatu
Voir p. 182 (16 3951-1070 ; barcosangatu.com.br ; Rua São Francisco de Assis 103, Barcelos ; 7h-17h lun-ven)

Captain Peacock
Voir p. 182 (www.captpeacock.com ; expédition 8 jours 8 450 US$)

Em Cantos da Amazônia
Voir p. 179 (92 3365-1405 ; emcantosdaamazonia.com ; Av. Presidente Getúlio Vargas 47a, Novo Airão ; 6h-22h)

Expedição Katerre
Voir p. 181 (92 3365-1644 ; www.katerre.com ; Rua São Domingos 3, Novo Airão)

FERNANDO RALFER / STOCK.ADOBE.COM ©

Basílica de Nossa Senhora de Nazaré, Bélem

Lo Peix
Voir p. 181 (92 98182-4793 ; lopeix.com ; Puerto Marina David, Av. Coronel Teixeira, Manaus ; à partir de 695 US$)

Luane Turismo
Voir p. 180 (92 99318-3710 ; www.luaneturismo.com ; Av. Rui Barbosa, Novo Airão ; 8h-23h lun-sam, 8h-18h dim)

Maia Expeditions
Voir p. 180 (92 99410-1691 ; maiaexpeditions.com ; Rua Badajós 62, Manaus ; 8h-17h lun-ven, 8h-12h sam)

Project Piaba
Voir p. 182 (projectpiaba.org ; expédition 2 semaines 3 200 US$)

Serras Guerreiras de Tapuruquara
Voir p. 182 (www.serrasdetapuruquara.org)

Tauá Tours
Voir p. 181 (92 99259-1548 ; tauatour.negocio.site ; Av. Presidente Getúlio Vargas, Novo Airão ; 8h-18h lun-sam)

Táxi Fluvial Voadeiras
Voir p. 179 (55 99140-7350 ; Barcelos)

Anavilhanas Jungle Lodge
Voir p. 178 (92 3622-8996 ; www.anavilhanaslodge.com ; Novo Airão)

Elite Flat Hotel
Voir p. 183 (97 98439-2128 ; Crispiniano da Silva, São Gabriel da Cachoeira)

Hotel La Vitrine
Voir p. 183 (97 98436-9893 ; @hotel_la_vitrine ; Porto Queiros Galvão, São Gabriel da Cachoeira)

Mirante do Gavião
Voir p. 180 (92 99503-8634 ; mirantedogaviao.com.br ; Rua Francisco Cardoso s/n, Novo Airão)

Pousada Bawary
Voir p. 183 (97 99141-6445 ; pousadabawary.com.br ; Rua Fortunato Melgueiro, São Gabriel da Cachoeira)

Pousada Bela Vista
Voir p. 178 (92 3365-1023 ; www.pousada-belavista.com ; Av. Presidente Getúlio Vargas 47, Novo Airão)

Pousada Novo Airão
Voir p. 178 (92 99133-9884 ; www.facebook.com/novoairaopousada ; Rua Naide Batista 35, Novo Airão)

Camu-Camu
Voir p. 179 (92 95003-8634 ; mirantedogaviao.com.br ; Rua Francisco Cardoso s/n, Novo Airão)

Flor do Luar
Voir p. 178 (92 99418-0865 ; Av. Presidente Getúlio Vargas 129, Novo Airão ; 10h-16h jeu-sam, 10h30-15h30 dim)

La Cave du Conde
Voir p. 184 (97 98411-9981 ; Rua Brigadeiro Eduardo Gomese 444, São Gabriel da Cachoeira ; 19h-23h jeu-sam)

Alex Saloon
Voir p. 179 (92 98436-5812 ; @alex.saloonajuricaba ; Rua Ajuricaba 36, Novo Airão ; 18h-minuit lun-sam, 17h-minuit dim)

AMIARN
Voir p. 183 (São Gabriel da Cachoeira)

Associação dos Artesãos de Novo Airão
Voir p. 178 (Av. Ajuricaba 55, Novo Airão)

Casa das Artes
Voir p. 183 (São Gabriel da Cachoeira)

Fundação Almerinda Malaquais
Voir p. 178 (92 3365-1000 ; fundacaoalmerindamalaquias.org ; Av. Ajuricaba 128, Novo Airão ; 7h30-18h lun-ven, 7h30-17h sam-dim)

Mercado Municipal
Voir p. 184 (Av. Castelo Branco, São Gabriel da Cachoeira ; 9h-17h)

Waimiri Atroari
Voir p. 178 (Av. João Paulo II 55, Novo Airão)

BELÉM

Basílica de Nossa Senhora de Nazaré
Voir p. 188 (basilicadenazare.com.br ; Praça Justo Chermont ; 5h30-20h)

Estação das Docas
Voir p. 188 (www.estacaodasdocas.com ; Av. Marechal Hermes s/n ; 10h-minuit lun-mar, 10h-1h mer, 10h-2h jeu-sam, 9h-minuit dim)

Casa das Onze Janelas
Voir p. 189 (museus.pa.gov.br ; Praça Frei Brandão ; 9h-17h mar-dim)

Catedral Metropolitana de Belém
Voir p. 189 (catedraldebelem.com.br ; Praça Frei Brandão ; 8h-12h et 14h-19h lun-ven, 8h-12h et 16h-20h sam, 6h30-12h et 16h-20h dim)

Forte do Presépio
Voir p. 189 (www.secult.pa.gov.br ; Praça Frei Brandão ; 9h-17h mar-dim)

Mangal das Garças
Voir p. 188 (www.mangaldasgarcas.com.br ; Rua Carneiro da Rochas/n ; tarif plein/réduit 7 R$/gratuit par espace, billet combiné 4 espaces 20 R$/gratuit ; 8h-18h mar-dim)

Mercado Ver-o-Peso
Voir p. 187 (Blvd Castilhos França ; 5h-18h30 lun-sam)

Museu de Arte Sacra
Voir p. 189 (museus.pa.gov.br ; Praça Frei Brandão ; 9h-17h mar-dim)

Museu do Círio
Voir p. 189 (Praça Dom Pedro II ; 10h-17h mar-ven, 10h-14h sam-dim)

Museu Paraense Emílio Goeldi
Voir p. 188 (www.gov.br/museugoeldi/pt-br ; Av. Governador Magalhães Barata 376 ; tarif plein/réduit/-12 ans 3/1,50 R$/gratuit ; 9h-14h mer-dim)

Parque Estadual do Utinga
Voir p. 188 (www.parquedoutinga.com.br ; Av. João Paulo II s/n ; 6h-17h mer-lun)

Solar da Beira
Voir p. 187 (Av. Portugal ; 8h-17h lun-ven, 8h-14h sam-dim)

Amazônia Artesanal
Voir p. 189 (91 98705-0695 ; amazonia-artesanal-loja-e-cafe.negocio.site ; Rua Dr. Malcher 23 ; 8h-12h et 14h-18h30 mar et jeu-ven, 0h30-18h30 mer, 8h-11h sam-dim)

Casa do Saulo
Voir p. 187 (91 99338-4511 ; Rua Siqueira Mendes s/n ; 11h-23h mar-sam, 11h-22h dim)

Remanso do Peixe
Voir p. 187 (91 3228-2477 ; www.facebook.com/RemansoDoPeixe ; Travessa Barão do Triunfo 2590 ; 11h30-15h30 et 19h-22h30 mar-sam, 11h30-15h30 dim)

Restaurante Manjar das Garças
Voir p. 187 (91 3242-1056 ; Rua Carneiro da Rocha s/n ; 12h-15h et 20h-23h mar-sam, 12h-16h dim)

Espaço Cultural Apoena
Voir p. 188 (91 98213-6071 ; Av. Duque de Caxias 450 ; 11h-15h et 18h-1h mar-jeu, 11h-15h et 18h-3h ven, 11h-3h sam, 11h-minuit dim)

Teatro da Paz
Voir p. 188 (91 4009-8750 ; www.theatrodapaz.com.br ; Praça da República ; visite guidée tarif plein/réduit 6/3 R$, entrée libre mer ; visite guidée ttes les heures 9h-12h mar-dim)

ENVIRONS DE BELÉM

Instituição Caruanas do Marajó Cultura e Ecologia
Voir p. 196 (www.caruanasdomarajo.com.br ; Décima Quarta Rua Prolongamento, Soure, Ilha de Marajó ; entrée libre)

M'Barayó
Voir p. 193 (98 2492-3524 ; Travessa Vinte, Soure, Ilha de Marajó)

Museu do Marajó
Voir p. 193 (91 98593-0752 ; Travessa Major Emiliano Santos 199, Cachoeira do Arari, Ilha de Marajó ; 9h-17h mar-dim)

Amazon Star
Voir p. 193 (91 3212-6244 ; www.amazonstar.com.br ; Rua General Henrique Gurjão 236, Belém ; 8h-17h lun-ven, 8h-12h sam)

Fazenda Bom Jesus
Voir p. 193 (91 99303-1808 ; www.facebook.com/fazendabomjesus.bj ; PA-154, Soure, Ilha de Marajó)

Fazenda Mironga
Voir p. 193 (Rua Nova, Soure, Ilha de Marajó)

Fazenda São Jerônimo
Voir p. 193 (91 99347-2364 ; www.facebook.com/fazendasaojeronimo ; Rodovia Soure Pesqueiro, Km 3 s/n, Tucumanduba, Soure, Ilha de Marajó)

Movimento de Mulheres das Ilhas Belém
Voir p. 191 (mmibcotijuba.wixsite.com/mmibcotijuba ; Av. Governador Magalhães Barata 935, Iha de Cotijuba ; 8h-16h mar et jeu)

Retiro São Jorge
Voir p. 193 (91 99286-4056 ; www.facebook.com/retirosaojorge ; Rodovia Soure-Pesqueiro Km 2 .s/s, Soure, Ilha de Marajó)

Casarão da Amazônia
Voir p. 192 (91 98279-0827 ; Rua 4 626, Soure Ilha de Marajó)

Hospedagem Casa do Pescador
Voir p. 192 (91 98924-5914 ; Praia do Pesqueiro Ilha de Marajó)

O Canto do Francês
Voir p. 192 (91 99149-8596 ; www.ocantodofrances.com.br ; angle Rua Sexta et Travessa Oito, Soure Ilha de Marajó)

Pousada Aldeia Cotijuba
Voir p. 191 (91 98284-4916 ; www.aldeiacotijuba.com.br ; Rua da Praia Funda, Ilha de Cotijuba)

Pousada Doda
Voir p. 191 (91 98501-3859 ; @pousadadododa ; Estrada do Porção Fazendinha, Ilha de Cotijuba)

Pousada Princesinha Marajó
Voir p. 193 (Praia Grande de Salvaterra Ilha de Marajó)

Pousada Ventania do Rio-Mar
Voir p. 193 (91 3646-2067 ; Rua Quarta, Joanes, Ilha de Marajó)

Pousada Vila Joanes
Voir p. 193 (91 99217-2248 ; Rua Segunda, Joanes, Ilha de Marajó)

Skamboo Hostel
Voir p. 191 (91 98819-1414 ; Praia do Vai Quem Quer, Ilha de Cotijuba)

Barraca Hawaii
Voir p. 194 (91 99384-8418 ; Estrada do Caruara, Paraíso, Ilha do Mosqueiro ; 8h-18h ven-dim)

Beira Mar
Voir p. 191 (91 98412-9503 ; Estrada do Porção Fazendinha, Ilha de Cotijuba ; 9h-17h sam-dim)

Casa Moqueio
Voir p. 194 (91 98909-8445 ; Rua Luís Camões 17, Praia São Francisco, Ilha do Mosqueiro ; 12h-15h)

Cozinha da Praia
Voir p. 194 (Estrada do Caruara, Paraíso, Ilha do Mosqueiro ; 12h-15h)

Delicias da Praia
Voir p. 191 (91 98502-8827 ; Praia do Vai Quem Quer, Ilha de Cotijuba)

Farol
Voir p. 194 (91 3771-2095 ; www.hotelfarol.com.br ; Av. Beira Mar 3295, Ilha do Mosqueiro ; 12h-16h et 19h-21h)

JC Restaurante
Voir p. 194 (91 98916-6638 ; Estrada do Caruara, Marahú, Ilha do Mosqueiro ; 8h-18h sam-dim)

Jurubeba
Voir p. 194 (91 98137-9042 ; @jurubebamosqueiro ; Av. Beira Mar, Ariramba, Ilha do Mosqueiro ; 8h-18h lun-jeu, 7h-23h ven-sam, 7h-19h dim)

Meu Tapiri
Voir p. 191 (91 98459-8691 ; Praia do Vai Quem Quer, Ilha de Cotijuba)

O Canto do Francês
Voir p. 192 (91 99149-8596 ; www.ocantodofrances.com.br ; angle Rua Sexta et Travessa Oito, Soure, Ilha de Marajó ; restaurant 10h-14h et 19h-21h)

Brisa do Céu
Voir p. 192 (91 99960-0607 ; Praia Do Céu, Ilha de Marajó ; 9h-17h)

Restaurant Pai D'Egua
Voir p. 192 (Praia Da Barra Velha, Soure, Ilha de Marajó)

Sonho Meu
Voir p. 191 (91 98538-0387 ; Praia Do Vai Quem Quer, Ilha de Cotijuba ; 7h-19h jeu-dim)

Sorveteria Cairu
Voir p. 194 (21 3899-9514 ; Av. Beira Mar, Porto Arthur, Ilha do Mosqueiro ; 9h-17h lun, mer-jeu, 9h-20h mar, 8h-4h ven-sam, 8h-23h30 dim)

Arte Mangue Marajó
Voir p. 193 (91 98058-9952 ; www.artemanguemarajo.com ; Travessa 14, Soure, Ilha de Marajó ; 8h-18h lun-sam)

Casa do Artesão
Voir p. 193 (Rua 10 de Março, Salvaterra, Ilha de Marajó ; 9h-12h et 16h-21h lun-ven)

Cortume Art Couro Marajó
Voir p. 193 (91 98156-6818 ; Rua Primeira 450, Soure, Ilha de Marajó ; 8h-12h et 15h-18h lun-sam, 8h-11h dim)

SANTARÉM

Catedral Metropolitana Nossa Senhora da Conceição
Voir p. 196 (Rua Siqueira Campos ; 18h-20h lun-mer et ven, 12h-14h et 18h-20h jeu, 7h30-9h et 19h30-21h sam, 8h30-10h et 19h-22h dim)

Museu Dica Frazão
Voir p. 196 (Rua Wilson Dias da Fonseca 281 ; don apprécié ; 8h-12h et 14h-18h lun-ven, 8h-12h sam)

MARIOSERGIO / STOCK.ADOBE.COM ©

Zone inondée de la forêt amazonienne, région d'Alter do Chão

Museu João Fona
Voir p. 196 (Rua do Imperador ; don apprécié ; 8h-18h lun-ven)

Cabanas do Tapajós
Voir p. 197 (93 99159-3005 ; cabana-tapajos.bedsandhotels.com ; Rua Turiano Meira 899, Alter do Chão)

Pousada do Mingote
Voir p. 197 (93 3527-1158 ; www.pousadadomingote.com.br ; Travessa Antônio Agostinho Lobato, Alter do Chão)

Vila Flor
Voir p. 197 (93 99114-1441 ; vilafloralter.com ; Reserva Botânica Caire-Carauary, Alter do Chão)

Casa do Saulo
Voir p. 198 (93 99224-4691 ; Estrada do Casa do Saulo ; 11h-16h mar-jeu, 11h-18h ven-dim)

Feira de Peixe
Voir p. 196 (Travessa Frei Ambrósio 2-142 ; 15h-19h lun-sam, 7h-22h dim)

Massabor
Voir p. 196 (93 3522-0509 ; Av. Tapajós ; 16h-minuit lun-sam, minuit-12h30 et 16h-minuit dim)

Simbora
Voir p. 198 (93 99159-9491 ; @simbora_entretenimento ; Av. Barão do Rio Branco 1985 ; 22h30-4h ven-sam)

Loja Regional Muiraquitã
Voir p. 196 (93 3522-7164 ; Rua Lameira Bittencourt 146-148 ; 8h-18h lun-ven, 8h-14h sam)

ENVIRONS DE SANTARÉM

Floresta Nacional do Tapajós (FLONA)
Voir p. 200 (www.icmbio.gov.br/flonatapajos ; Av. Tapajós 2267, Santarém)

Museu de Ciência da Amazônia (MuCA)
Voir p. 201 (mucamazonia.org ; Vila Americana, Belterra)

Serra da Lua
Voir p. 202 (91 98237-9450 ; Monte Alegre ; 8h-18h)

Amazon Star
Voir p. 202 (www.amazonstar.com.br)

Gil Serique
Voir p. 203 (93 99130-5298 ; www.gilserique.com ; Rua Lauro Sodré 490-652, Alter do Chão ; à partir de 150 US$/jour par pers)

Muriki Cicloturismo
Voir p. 203 (93 98111-3344 ; www.murikicicloturismo.com ; Travessa Lw Um 82, Santarém ; 8h-18h)

Nelsi Sadeck
Voir p. 202 (93 98421-2928 ; nelsi.sadeck@gmail.com ; Monte Alegre)

NW Transfer & Turismo
Voir p. 202 (93 98406-6622 ; nwtransferturismo.business.site ; Rua Nova Republica 21, Monte Alegre ; 9h-12h et 15h-18h lun-ven, 9h-12h sam)

Santarém Viagens e Turismo
Voir p. 203 (93 3523-2037 ; santaremviagens.com ; Av. Rui Barbosa 3069 ; 8h-18h lun-ven)

Selvagem Tours
Voir p. 203 (93 99102-0222 ; selvagem.net ; Rua Everaldo Martins, Alter do Chão ; 9h-19h)

ÉTAT DE RIO DE JANEIRO

PLAGES, MONTAGNES ET ÎLES LUXURIANTES

Bienvenue dans le splendide État de Rio de Janeiro, mêlant îles luxuriantes, eaux couleur émeraude, circuits de randonnée, plages de sable blanc et montagnes couvertes de forêts.

Avec ses longues plages immaculées, ses eaux limpides, son climat tropical et ses habitants chaleureux, l'État de Rio de Janeiro est emblématique du Brésil. Situé dans le sud-est, il abrite des destinations très variées et pleines de charme, tout en étant l'État le plus petit du pays.

Ilha Grande est une île paradisiaque où aucune voiture ne circule. On y trouve plus d'une centaine de plages, et de nombreux circuits de randonnée vers des cascades et des côtes reculées. Paraty accueille le plus grand festival littéraire du Brésil. Son centre historique remonte au XVIe siècle. C'est également la ville de départ du Caminho do Ouro, itinéraire autrefois emprunté pour transporter l'or extrait dans l'intérieur du pays vers les côtes afin de l'envoyer aux puissances coloniales. Situé au nord-ouest de la ville de Rio de Janeiro, le Parque Nacional do Itatiaia est le tout premier parc national du pays. Vous pouvez y faire de l'escalade, nager dans des eaux naturelles loin du tumulte de la côte, et observer les singes capucins récolter de la nourriture le long des routes.

Pour ceux qui souhaitent goûter à la décadence fastueuse de Rio, Búzios est la destination de choix. La péninsule est connue des vacanciers argentins et brésiliens les plus fortunés. Durant les beaux jours de janvier et février, ils sont nombreux à sillonner les plages en buggy, longer la côte dans leurs yachts, ou faire la fête dans les boîtes de nuits luxueuses des stations balnéaires.

SITES PRINCIPAUX

PARATY
Littérature, rues pavées et eaux couleur émeraude. p. 216

ILHA GRANDE
Île tropicale : randonnées, plages et jungle. p. 224

PARQUE NACIONAL DO ITATIAIA
Parc national dans la forêt tropicale. p. 230

PETRÓPOLIS
Bières, randonnées et palais royaux. p. 237

BÚZIOS
Station balnéaire huppée, buggies de plage, boutiques. p. 244

CAIO PEDERNEIRAS/SHUTTERSTOCK ©

Ci-dessus : Randonnée sur le sentier de l'Agulhas Negras (p. 232) ; à gauche : Ilha Grande (p. 224)

S'orienter

L'État de Rio de Janeiro est relativement petit par rapport aux autres États du pays, et très bien desservi. Des lignes de bus régionales partent de la gare routière de Novo Rio et peuvent vous conduire aux quatre coins de l'État.

Parque Nacional do Itatiaia, p. 230

Le plus vieux parc national du pays protège la *mata atlântica* (forêt tropicale atlantique). Il offre l'occasion de gravir des sommets parmi les plus hauts du Brésil et de découvrir des cascades spectaculaires.

Ilha Grande, p. 224

Destination préférée des Brésiliens comme des touristes étrangers avec des plages paradisiaques, une atmosphère insulaire relaxante et de nombreux circuits de randonnée en pleine jungle.

Paraty, p. 216

Ville d'art et d'architecture coloniale portugaise, Paraty est appréciée pour ses plages reculées, ses églises du XVIIIe siècle et le festival littéraire qu'elle accueille.

ROSANGELA PERRY/SHUTTERSTOCK ©

Petrópolis, p. 237

Nichée au cœur des montagnes, cette ancienne localité prisée de la royauté brésilienne présente une architecture impériale très bien conservée, un climat frais et des environs luxuriants.

Búzios, p. 244

Très appréciée de la jet-set brésilienne, Búzios est connue pour ses boutiques, ses hôtels de luxe, ses belles plages, ses restaurants gastronomiques et l'ambiance festive de ses nuits d'été.

BATEAU

De nombreuses îles tropicales bordent la côte, ainsi que des criques et des plages plus reculées. Si vous êtes en groupe ou que vous trouvez quelques compagnons de voyage, n'hésitez pas à louer un bateau avec capitaine pour visiter le bord de mer.

BUS

Le réseau de bus est très étendu et facilite l'accès aux principaux centres de la région, à condition de transiter par la gare routière principale : celle de Novo Rio, à Rio de Janeiro.

VOITURE

Si vous préférez voyager à votre rythme et rejoindre des sites plus reculés, il vaut mieux louer une voiture. La plupart des routes sont en bon état et vous pourrez rejoindre votre destination sans dépendre d'un guide.

Planifier son séjour

L'État de Rio de Janeiro est l'endroit idéal pour profiter de la vie, qu'il s'agisse d'une petite sieste sur la plage, d'une excursion dans la jungle, d'une baignade en eau douce ou bien d'une nuit de fête endiablée avec les Cariocas (les habitants de Rio de Janeiro).

Paraty (p. 216)

Si vous avez peu de temps

- Rendez-vous à **Paraty** (p. 216), où vous attendent églises du XVIIIe siècle, eaux couleur émeraude, plages immaculées et charmantes *pousadas*. La ville et les îles environnantes sont très appréciées des Brésiliens comme des touristes étrangers.

- Réservez un tour en bateau auprès de la **Pousada Literária de Paraty** (p. 220) pour découvrir les plages reculées et les criques inaccessibles en voiture, y compris l'île déserte de l'**Ilha dos Cocos** (p. 220), dont les eaux limpides font un excellent site de snorkeling. Flânez dans la vieille ville l'après-midi et terminez la journée en musique en sirotant une caïpirinha au **Casa Coupê** (p. 219).

Au fil des saisons

Dans l'État de Rio de Janeiro, les étés, chauds et humides, sont très fréquentés. Les prix sont plus bas et l'ambiance plus calme en automne et au printemps.

JANVIER

Le plus fort de l'été ; la plupart des Sud-Américains, Brésiliens y compris, partent en vacances. Il fait chaud et les averses sont fréquentes, et courtes.

FÉVRIER

Le **carnaval** correspond au pic d'activité et aux prix les plus élevés, mais c'est la meilleure période pour faire la fête. Réservez à l'avance.

MAI

Pendant 10 jours, la petite ville de Saquarema accueille l'**Oi Rio Pro Saquarema** (p. 251) – un événement incontournable pour les amateurs de glisse.

En quatre jours

- Après une journée à **Paraty** (p. 216), rejoignez **Paraty-Mirim** (p. 222) à l'ouest et explorez la forêt atlantique brésilienne.

- Le jour suivant, vous pouvez vous rendre à la Praia de Paraty-Mirim et demander à un marin de vous conduire en bateau au **Saco do Mamanguá** (p. 223). Un chemin assez court mais très raide permet d'atteindre le **Pico do Pão de Açúcar** (p. 220) qui offre des points de vue spectaculaires sur la baie et la forêt persistante de la *mata atlântica*. Vous pouvez visiter quelques plages reculées.

- Faites une pause pour déguster quelques crevettes frites et une *moqueca* (ragoût typique de Bahia) végétarienne servie sur plantain au **Restaurante Mare Mansa** (p. 223), à la Praia Grande do Saco do Mamanguá.

Si vous avez plus d'une semaine

- Pour profiter pleinement de l'isolement du **Saco do Mamanguá** (p. 223), il vaut mieux rester quelques jours sur place. Ne manquez pas le **Parque Nacional do Itatiaia** (p. 231), premier parc national du Brésil. Si vous le visitez en semaine, vous aurez toute la nature environnante quasiment rien que pour vous.

- Restez au moins deux nuits dans le parc national pour profiter des meilleurs points de vue, avant de rejoindre **Visconde de Mauá** (p.234), une vallée pittoresque sillonnée par une rivière et jalonnée de petits chalets. Après une longue journée de marche, rien de tel qu'un verre de vin rouge au coin d'un feu de cheminée, ou un bon bain chaud. Pour plus de confort, de nombreux chalets sont équipés de Jacuzzi privés.

JUIN

Petrópolis (p. 237) fête ses racines germaniques avec un festival de 10 jours : bières, danses, concerts, spectacles et spécialités culinaires.

JUILLET

Paraty accueille chaque année la **Festa Literária Internacional**, le plus grand festival littéraire du pays, pendant 5 jours.

AOÛT

Saison des baleines à Arraial do Cabo (p. 249), où vous pouvez admirer des baleines à bosse migrer vers les eaux plus froides du sud.

OCTOBRE

La basse-saison est la période idéale pour éviter la foule et profiter de petits prix. La météo peut être très humide ; équipez-vous.

PARATY ET SES ENVIRONS

Paraty est une ville de caractère, très appréciée des Brésiliens comme des touristes étrangers pour ses ruelles pavées, ses maisons blanches, ses restaurants rustiques, sa vie culturelle et la nature environnante. Le week-end, les Cariocas désertent la grande ville pour profiter des eaux couleur émeraude de Paraty. Si vous préférez éviter la foule et profiter d'une atmosphère plus calme, il vaut mieux s'y rendre en semaine. Classée au patrimoine mondial de l'Unesco depuis 1958, Paraty est une des villes les plus photographiées du pays. Le classement par l'Unesco est dû à son centre historique, mais les indigènes guainás peuplaient déjà la ville bien avant l'arrivée des portugais au XVIIIe siècle. Pendant la ruée vers l'or, lorsqu'on a découvert le métal précieux dans le Minas Gerais, Paraty est devenue un emplacement stratégique. De là, les lingots étaient embarqués pour l'Europe. Le port était alors très actif, et des Européens fortunés construisirent à Paraty des églises richement décorées et de somptueuses maisons, lesquelles continuent aujourd'hui d'attirer les visiteurs dans le centre historique.

Pour les infos pratiques, voir le Carnet d'adresses p. 252

À SAVOIR

Le centre historique de Paraty date du XVIe siècle. Prenez garde aux entorses dans ses ruelles piétonnes aux pavés branlants ou irréguliers. Durant la saison des pluies (entre octobre et avril) les inondations sont fréquentes : prenez des chaussures appropriées pour flâner dans la vieille ville.

Centre historique de Paraty

INCONTOURNABLES
1 Antiga Prisão (ancienne prison)
2 Cachoeira do Tobogã
3 Casa da Cultura
voir 1 Casa de Cadeia
4 Centro Histórico
5 Forte Defensor Perpétuo
6 Igreja Nossa Senhora do Rosário e São Benedito dos Homens Pretos
7 Igreja Santa Rita dos Pardos Libertos
8 Matriz Nossa Senhora dos Remédios
voir 7 Museu de Arte Sacra
9 Pico do Pão de Açúcar
10 Praia da Lula
11 Praia do Pontal

ACTIVITÉS
12 Ilha dos Cocos
13 Paraty Explorer
14 Paraty Tours

SE RESTAURER
15 Casa Coupê

PRENDRE UN VERRE ET FAIRE LA FÊTE
16 Café Paraty

SHOPPING
voir 1 Casa do Artesão

TRANSPORTS
17 Paraty Experience

OÙ SE RESTAURER À PARATY

Banana da Terra
Un restaurant raffiné, qui sert notamment un ragoût de queue de bœuf et du thon à la coriandre avec sauce au gingembre. **$$$**

Thai Brasil
Une cuisine thaï pleine de saveurs, en plein centre historique. Beaucoup de classiques à la carte, comme la salade de papaye ou le pad thaï. **$$**

Manuê Sucos
Un café bien connu et accueillant pour les LGBTQI+, avec un grand choix de jus, smoothies, café et baies d'açaï. **$**

Quintal das Letras
Le restaurant raffiné de l'hôtel Pousada Literária revisite la cuisine régionale, façon haute gastronomie. **$$$**

ZIGRES/SHUTTERSTOCK ©

Église Santa Rita

Églises coloniales et ruelles pavées

SUR LES TRACES DES PLUS VIEILLES BÂTISSES

Depuis la gare routière, le **Centro Histórico** est accessible à pied. Vous pouvez commencer par la **Casa de Cadeia**, qui a servi de prison jusqu'à la fin du XIXe siècle. Situé dans la baie de Paraty, l'édifice est aujourd'hui la bibliothèque de la ville. Il abrite également la **Casa do Artesão**, qui vend des produits régionaux. En face de l'ancienne prison, vous trouverez l'**Igreja Santa Rita dos Pardos Libertos**. Cette église a été construite en 1722 par tous les habitants (essentiellement des non-Blancs) auxquels l'élite au pouvoir refusait l'accès aux lieux de culte. Parmi eux, on trouvait des esclaves affranchis, des indigènes et des enfants illégitimes de l'aristocratie. Aujourd'hui, l'église abrite le **Museu de Arte Sacra**, où de nombreux artefacts religieux sont conservés. D'autres églises jalonnent le centre historique, dont la **Matriz Nossa Senhora dos Remédios**, église "mère" située sur la place principale de la ville, édifiée en 1787 sur le site de deux églises bâties un siècle plus tôt. On raconte que sa construction fut financée par un trésor de pirates retrouvé sur Praia da Trindade. L'**Igreja Nossa Senhora do Rosário e São Benedito dos Homens Pretos**, elle, fut édifiée en 1725 par et pour les esclaves. Rénovée en 1857, elle renferme des autels de bois doré consacrés à Notre-Dame du Rosaire, à saint Benoît et à

LES BOUTIQUES DE PARATY

Canoa Arte Indígena
Des objets d'artisanat indigène, dont des bijoux de perles, des paniers fait main, des hamacs et des artefacts en bois.

Livaria das Marés
Librairie du centre historique. Tout y est : livres jeunesse, romans d'auteurs brésiliens, classiques internationaux.

Armazém da Cachaça
Un des meilleurs endroits de la ville pour acheter de la cachaça, le célèbre alcool de canne à sucre typique du Brésil.

saint Jean. Toujours dans le centre historique, ne manquez pas la **Casa da Cultura**, maison de la Culture installée dans une belle demeure coloniale (XVIIIe siècle), accueillant des expositions et des événements mettant l'accent sur la culture locale.

Pour une vue panoramique sur la baie, grimpez au **Forte Defensor Perpétuo**, un ancien fort portugais construit en 1703 pour défendre des attaques de pirates les convois d'or qui transitaient à Paraty. Depuis le centre-ville, il faut compter une vingtaine de minutes à pied en direction du nord et traverser la **Praia do Pontal**, où vous trouverez un petit musée sur l'histoire et la culture de la région.

De retour au centre historique, vous pouvez profiter du coucher de soleil et déambuler sur les pavés des ruelles piétonnes entre les bâtiments du XVIIIe siècle et leurs grandes portes en bois colorées – le décor idéal pour quelques photos-souvenirs. Vous pouvez terminer l'après-midi en prenant un cappuccino accompagné de *bolo* (gâteau) au **Café Paraty**. En soirée, le **Casa Coupê**, plus animé, sert des *petiscos* (amuse-gueules) et des caïpirinha au kiwi.

Plages et sorties en bateau

EXPLOREZ LA CÔTE DE PARATY EN BATEAU

Les plus belles plages sont hors de la ville. Pour mieux profiter des environs, nous vous conseillons, si vous êtes plusieurs, de réserver un bateau avec guide privé. Vous pourrez ainsi rejoindre des plages plus reculées et des îles aux alentours avant tout le monde et dans un cadre plus intimiste, sans devoir partager la plage avec les touristes brésiliens débarquant en masse d'excursions guidées bondées. **Paraty Experience** propose des excursions de 5 heures à la carte (vous choisissez vous même les destinations).

ERIKA CRISTINA MANNO/SHUTTERSTOCK ©

Praia da Lula

RANDONNÉE SUR LE CHEMIN DE L'OR

Tracé par les esclaves à partir des chemins empruntés par les indigènes guainás, qui peuplaient la région bien avant l'arrivée des Européens, le Chemin de l'or relie Ouro Preto dans le Minas Gerais, à Paraty dans l'État de Rio de Janeiro. Également connu sous le nom portugais de **Caminho do Ouro**, le Chemin de l'or traverse la forêt tropicale atlantique et le parc national de la Serra da Bocaina sur près de 1 931 km. Le parcours est jalonné de nombreuses *pousadas*, de cascades et de piscines naturelles. Pour ceux qui souhaiteraient faire la totalité de la randonnée, il est préférable de prendre un guide.

À ne pas manquer : l'**Ilha dos Cocos**, une île reculée aux eaux limpides, idéale pour faire de la plongée au tuba ; et la **Praia da Lula**, une petite plage à l'orée de la *mata atlântica* (forêt tropicale atlantique), sans restaurant ni échoppe en vue (signe d'un site moins fréquenté, car uniquement accessible en bateau).

Pour une expérience typiquement brésilienne, prenez place à bord d'une *escuna*, consistant en des voiliers type goélette, lents et confortables, moins chers (à partir de 50 R$) mais aussi plus fréquentés. Vous pourrez voguer paisiblement le long des plages en dégustant des poissons et fruits de mer frais, comme du poulpe frit et des crevettes pour accompagner vos cocktails. Ces grands voiliers dignes des légendes de pirates partent chaque jour du port de Paraty et accueillent de nombreux groupes de brésiliens, des couples et des familles qui profitent de l'excursion pour danser, faire connaissance et savourer des bières ou des caïpirinhas sur le pont.

OÙ SE LOGER À PARATY

Pousada Literária de Paraty
Cette pension accueille officiellement le festival de littérature et contient une collection impressionnante de plus de 1 500 livres et films. **$$$**

Casa Mar Paraty
Une charmante *pousada* à 12 km du centre de Paraty. Un escalier privé mène directement à la plage. **$$$**

Arte Colonial
Au cœur du centre historique, cette auberge intimiste propose des chambres pittoresques dans une bâtisse coloniale de plus de 300 ans. **$$**

Exploration dans la mata atlântica

RANDONNÉES DANS LA FORÊT TROPICALE

Paraty est à l'orée de la *mata atlântica* et de sa végétation luxuriante. C'est un point de chute idéal pour découvrir les cascades, les points de vue spectaculaires et les plages cachées de la région. L'ascension du **Pico do Pão de Açúcar** est une des meilleures randonnées des environs et la plus connue : au sommet, vous avez une vue spectaculaire sur les versants boisés des montagnes et sur la baie de Saco do Mamanguá avec ses airs de fjord. Le chemin est relativement court (1,6 km) mais très raide, comptez entre deux et trois heures de marche pour l'aller-retour jusqu'au sommet. Si vous n'avez pas de voiture, vous pouvez réserver les services d'un guide qui vous conduira en bateau jusqu'au Saco do Mamanguá, d'où commence la randonnée. De retour à Paraty, prenez la journée suivante pour vous reposer, avant de tenter une randonnée plus ambitieuse et hors des sentiers battus, le **Chemin de l'or** (voir p. 219). En une journée vous pouvez découvrir quelques-uns des sites du parcours et des cascades de la *mata atlântica*, comme la jolie **Cachoeira do Tobogã**. Encore une fois, il vaut mieux réserver les service d'un guide si vous n'avez pas de voiture – une manière aussi d'obtenir un peu de contexte historique sur les lieux. **Paraty Tours** et **Paraty Explorer** organisent des excursions groupées régulières, les plus courtes de seulement 3,5 km, si vous souhaitez un itinéraire plus facile.

COMMENT S'Y RENDRE ET CIRCULER

La gare routière de Paraty (Rua Jango Pádua) se situe 500 m à l'ouest du centre historique. Des liaisons fréquentes en bus sont assurées avec Rio (4 heures 45 de trajet), Angra dos Reis (2 heures), et São Paulo (6 heures).

La plupart des plages les plus connues sont sur des îles reculées où cachées dans la forêt tropicale. La meilleure façon de s'y rendre est de randonner à pied ou de demander à un batelier local de vous y conduire en bateau. Certaines plages spectaculaires mais plus fréquentées, comme Trindade et son immense étendue de sable blanc (voir p. 223), sont accessibles en transports en commun.

Au sud de Paraty

La région de Paraty s'enorgueillit d'excellents circuits de randonnée hors des sentiers battus, en plus de sites d'observation des oiseaux, de jungles luxuriantes et de plages reculées.

Pour les infos pratiques, voir le Carnet d'adresses p. 252

À SAVOIR

Beaucoup de trésors naturels sont relativement isolés et hors des sentiers battus. Il vaut mieux avoir recours à une voiture ou à un bateau pour découvrir les secrets les mieux gardés de la région.

Entourée par la *mata atlântica* (forêt tropicale atlantique), Paraty a la chance d'être au cœur d'un environnement exceptionnel : montagnes luxuriantes, eaux claires, cascades, bassins naturels et petites plages cachées. Mettez vos chaussures de randonnée, emportez un maillot de bain et admirez la beauté des lieux. Au-delà des plages directement accessibles en bateau depuis Paraty (voir p. 219), d'autres, situées au sud et plus éloignées, méritent le détour. À quelque 25 km, Trindade est depuis longtemps un paradis des surfeurs. Autrefois un petit village de pêcheurs, il comprend parmi les plus belles plages et les plus belles vagues de la Costa Verde. Il y a aussi Paraty-Mirim, à 17 km au sud-est de Paraty. Sa plage fait un excellent point de chute pour explorer la très paradisiaque baie de Saco do Mamanguá, aux allures de fjord.

SERGIOROCHA/SHUTTERSTOCK ©

Praia da Trindade et Praia do Cachadaço

LE PEUPLE GUARANI

Au sud du Brésil, les Guarani sont divisés en trois tribus aux cultures et aux langues bien distinctes : les Nhandéva, les Mbyá et les Kaiowá. À 15 km au sud-est de Paraty sur la piste qui mène à la plage de Paraty-Mirim, se trouve l'un des deux villages Guarani de la région, **Aldeia Itaxim Guarani M'Bia**. Vous croiserez sans doute des membres de la communauté en train de chanter ou d'effectuer des danses folkloriques dans le centre historique. Pour ceux qui souhaitent en découvrir plus sur la culture des indigènes, plusieurs agences de voyages, notamment **Paraty Per Te**, proposent des visites guidées. Si vous souhaitez soutenir directement ces communautés, il est également possible d'acheter au village des bijoux de perles et des paniers colorés tressés à la main.

FLORIAN KOPP/ALAMY ©

Église du village, Quilombo do Campinho

Culture et héritage afro-brésiliens

UNE COMMUNAUTÉ DE FEMMES CONTRE L'ESCLAVAGE

Fondé par trois femmes qui ont fui la servitude au XIXe siècle, **Quilombo do Campinho da Independência** est un lieu chargé d'histoire et de rébellion contre l'esclavagisme. Situé à une quinzaine de minutes de Paraty en voiture, au km 588 de la BR-101 en direction d'Ubatuba, ce *quilombo* (communauté d'anciens esclaves évadés) est peuplé d'une centaine de familles qui ont conservé une grand partie de leurs traditions. C'est un arrêt incontournable si vous souhaitez en apprendre davantage sur l'histoire coloniale du pays. Vous trouverez facilement un bus ou un VTC pour vous y rendre depuis Paraty. À votre arrivée, nous vous conseillons de réserver les services d'un guide pour en faire le tour et découvrir les coutumes, l'artisanat et la cuisine locale. Si votre passage coïncide avec le mois du Dia da Consciência Negra au Brésil (novembre), vous pourrez y assister à de nombreux événements, des spectacles de samba aux démonstrations de capoeira.

OÙ SE LOGER AU SUD DE PARATY

Praia da Trindade
Auberges de jeunesse, pousadas et terrains de camping permettent d'y passer la nuit.

Remo Hostel
Une charmante auberge en bois, au milieu de la forêt tropicale à Paraty-Mirim. **$**

Refúgio Mamanguá
Une *pousada* de 10 chambres à Saco do Mamanguá, pour un séjour hors des sentiers battus. **$$**

À ne pas manquer : le fameux restaurant à ciel ouvert où se retrouvent touristes et habitants. La carte est très complète, avec des crevettes, des plats traditionnels à base de fruits de mer, mais aussi des ragoûts de viande et de la *feijoada*.

Saco do Mamanguá

FORÊT TROPICALE ET PLAGES ABRITÉES

Accessible uniquement en bateau, Saco do Mamanguá est décrite par les commerçants comme le seul fjord tropical au monde. En réalité, il s'agit d'un bras de mer tout à fait remarquable. Entouré de montagnes verdoyantes, il s'enfonce dans la luxuriante *mata atlântica* (forêt tropicale atlantique) sur plus de 8 km et compte pas moins de 33 plages isolées et 8 communautés différentes. Vous y avez un aperçu de la vie locale et des paysages naturels superbes. Gardez toutefois à l'esprit que la baie n'est accessible qu'en bateau. Vous trouverez facilement un guide pour vous y conduire depuis Paraty. De nombreux pêcheurs et des agences de voyages effectuent le trajet quotidiennement. Sinon, vous pouvez toujours prendre le bus jusqu'à Praia de Paraty-Mirim et demander à un pilote amarré sur la plage de vous emmener sur la baie. En règle générale, ils proposent tous le même prix.

Une fois sur place, arrangez une visite des *caiçaras* (communauté locale, essentiellement des pêcheurs) et d'une plage isolée. La plupart des pilotes vous proposent une plage avec un restaurant ou des commodités, mais vous pouvez leur demander de vous amener sur une plage sans services pour nager dans la tranquillité absolue. Vous pouvez ensuite vous restaurer de poisson frais et de fruits de mer au **Restaurante do Cruzeiro** à la Praia do Cruzeiro ou au **Restaurante do Dadico**. Le **Restaurante Mare Mansa** sur la Praia Grande do Saco do Mamanguá est une excellente alternative pour une *moqueca* (ragoût de poisson et crevettes) le midi.

Pour un séjour encore plus immersif sur la baie, vous pouvez rester quelques nuits au calme au **Refúgio Mamanguá** et vous laisser bercer par les sons des vagues et des oiseaux dans un hamac sur la terrasse d'un petit chalet privé. Louez un kayak le temps d'au moins une journée pour explorer des zones de la baie inaccessibles aux véhicules motorisés.

LES MEILLEURES PLAGES AUTOUR DE PARATY

Praia da Trindade
À 25 km au sud de Paraty, la localité abrite cinq plages plus petites et sublimes. Praia Brava et Praia do Cepilho sont appréciées des surfeurs.

Praia do Sono
Une plage de rêve à 35 km au sud-est de Paraty, accessible uniquement à pied ou en bateau.

Praia Saco da Velha
La plupart des circuits des voiliers touristiques de Paraty visitent cette plage. Pour éviter la foule en semaine, il vaut mieux arriver tôt.

Praia da Lula
Petite plage uniquement accessible en bateau. De nombreuses agences proposent de s'y rendre.

COMMENT S'Y RENDRE ET CIRCULER

L'idéal reste d'avoir une voiture, mais même votre propre véhicule trouvera ses limites. Ce n'est qu'à pied ou en bateau que vous pourrez atteindre les meilleurs sites naturels des environs de≈Paraty.

Sachez néanmoins que Paraty-Mirim et Praia da Trindade sont deux destinations régulièrement dessevies en bus depuis la gare routière de Paraty (comptez 45 minutes dans les deux cas).

ILHA GRANDE

Pour les infos pratiques, voir le Carnet d'adresses p. 253

Destination phare de la Costa Verde, Ilha Grande a su garder son charme originel de l'époque où l'île n'était habitée que par quelques pêcheurs. Très populaire auprès des Brésiliens comme des étrangers, elle attire chaque année de nombreux touristes qui viennent profiter des randonnées dans la jungle, de la beauté des plages et des cascades impressionnantes. Il règne une atmosphère relaxante et pleine de charme sur cette île où aucune voiture ne circule. Protégée par un parc national, l'île est restée un paradis pour les amoureux de la nature. La plupart des visiteurs séjournent à Vila do Abraão, la principale zone d'habitation. Mais il y a de nombreuses alternatives à quelques kilomètres en bateau ou à pied.

À SAVOIR

Évitez les hébergements postés directement sur la côte de Vila do Abraão. Bars et restaurants y accueillent des concerts et des touristes festifs jusque tard, surtout en haute saison. Si vous avez le sommeil léger, mieux vaut vous éloigner un peu.

Ilha Grande

INCOUTOURNABLES
1 Colônia Penal Cândido Mendes
2 Praia Lopes Mendes

VOIR
3 Praia da Júlia
4 Praia de Palmas
5 Praia do Pouso
6 Praia Preta
voir 6 Ruínas do Lazareto

ACTIVITÉS
voir 6 Circuito do Abraão
voir 3 Kayak Sup Ilha Grande

SE RESTAURER
voir 5 Marola Flutuante

Les randonnées sur l'île

UN PARADIS DES RANDONNEURS

Sur Ilha Grande, il y a plus de chemins que de routes. Les randonneurs seront ravis d'y explorer la *mata atlântica*. Seize sentiers sont balisés et facilement praticables sans guide – tous sont décrits en détail sur le site www.ilhagrande.org (rubrique "Trilhas da Ilha Grande"). N'oubliez pas de prendre des provisions, de l'eau, des répulsifs contre les insectes et une lampe torche si vous rentrez à la nuit tombée.

Pour commencer la journée et vous mettre en jambe, le **Circuito do Abraão** ne fait que 4 km, pour environ deux heures de marche. Le parcours traverse la **Praia Preta**, les **Ruínas do Lazareto**, vestiges d'une ancienne prison, et **Poção**, un petit bassin naturel. Attention, il n'y a nulle part où acheter des vivres sur le circuit.

Parfois, des habitants vendent des glaces et des bières fraîches sur la Praia Preta, mais jamais avant midi. Il est préférable de commencer tôt pour éviter la foule des énormes navires de croisière. Après une baignade rafraîchissante dans l'Atlantique, une pause pour profiter du soleil et une visite des ruines, poursuivez en direction des bassins naturels.

OÙ SE LOGER DANS LES ENVIRONS DE VILA DO ABRAÃO

Pousada Lagamar
Auberge calme avec des hôtes chaleureux au cœur de la jungle de la Praia Vermelha. **$$**

Mar da Lua
Situé au bord de l'eau sur la Praia de Araçatiba ; terrasse en bois idéale pour un bain de soleil. **$$**

Atlantica Jungle Lodge
Gîte de quatre chambres au milieu de la jungle, à 15 minutes à pied de la Praia Lopes Mendes. **$$$**

Cabanas Paraíso
Bungalows à la Praia Brava de Palmas. Sanitaires partagés, options de luxe avec vue sur la mer. **$$**

Ponta da Barca
Petite auberge sympathique et intimiste à la décoration sobre. **$$**

BERNARD BARROSO/SHUTTERSTOCK ©

Ruínas do Lazareto (p. 225)

Le deuxième jour, vous pouvez rejoindre la **Praia Lopes Mendes**. Considérée par beaucoup de Brésiliens comme l'une des plus belles plages du pays, elle s'étend à perte de vue. Sans surprise, elle attire également beaucoup de surfeurs. Elle est accessible par un des chemins les plus fréquentés, long de 6,1 km. Il commence à l'extrémité est de la plage d'Abraão, traverse les collines pour arriver à la **Praia de Palmas** puis longe la côte jusqu'à la **Praia do Pouso**. Là, si la marche vous a ouvert l'appétit, rendez-vous au **Marola**, un restaurant flottant, avant d'arriver à Praia Lopes Mendes. N'oubliez pas que depuis certaines plages, si la fatigue vous gagne, vous aurez toujours la possibilité de rentrer en bateau.

OÙ SE RESTAURER SUR ILHA GRANDE

Restaurante Lua e Mar
Restaurant de poisson et de fruits de mer sur la plage. La *moqueca* est délicieuse. **$$$**

Atelie Cafeteria
Café-restaurant charmant servant *pratos feitos* (plats du jour), charcuterie et sandwichs. Choix végans à la carte. **$$**

Marola Flutuante
Restaurant sur flotteurs à la Praia do Pouso (accessible à pied ou en bateau) ; bons poissons et fruits de mer. **$$**

Une île à l'histoire singulière

MUSÉE ET PLAGE

Ilha Grande doit sa beauté préservée à son histoire singulière. D'abord repaire de pirates, puis léproserie, elle devint une colonie pénitentiaire destinée aux prisonniers politiques et aux criminels les plus dangereux du pays – une funeste réputation qui l'a tenue à l'abri des promoteurs pendant un long moment.

Sur 6 km depuis Abraão, une route non goudronnée mais signalisée mène à la **plage de Dois Rios**, où deux rivières distinctes se jettent dans l'océan Atlantique. Elle servit d'emplacement à la **Colônia Penal Cândido Mendes**, la dernière prison en service d'Ilha Grande, démolie sur ordre du gouvernement de l'État en 1994. Sur ses ruines a été construit le petit **Museu do Cárcere**. On y trouve des expositions dédiées à l'histoire et à l'artisanat local, ainsi que des photos de nature.

Pagayer autour de l'île

KAYAK ET CANOË

Pour éviter la foule des agences de voyages, vous pouvez également découvrir l'île en canoë ou en kayak. La plupart des touristes optent pour un bateau à moteur, mais pour une expérience plus écologique et aventureuse, vous pouvez louer une pirogue ou un tour en kayak avec guide.

Carleandro Indio, d'**Indio Ilha Grande**, propose des demi-journées en pirogue adaptées à vos besoins et à prix raisonnable. Quelques coups de rame derrière lui vous conduiront dans les recoins les plus secrets de l'île. Après plus de vingt ans sur l'île, Indio sait qu'il n'y a pas besoin d'aller bien loin pour rejoindre les meilleurs sites. Avec un peu de chance, vous croiserez peut-être même une tortue en quittant les côtes de Vila do Abraão. Si vous partez à 6h du matin, vous pourrez voir le jour se lever sur l'île et toutes les plages seront désertes. Si vous préférez pagayer vous-même en kayak traditionnel, il faut rejoindre la Praia da Julia, où Juan Pablo, le gérant de **Kayak Sup Ilha Grande** propose des journées guidées, voire des excursions sur plusieurs jours autour de l'île pour les kayakistes confirmés.

OÙ SE LOGER AILLEURS SUR ILHA GRANDE

O Sítio Ilha Grande
Boutique-hôtel familial et haut de gamme entre la forêt tropicale et la mer sur la Praia do Abraãozinho. **$$$**

Casa Flutuante
Maison flottante au large de la Praia do Matriz à Abraão, pour un séjour insolite. **$$$**

Pousada Costa Verde
Pousada au calme, avec chambres confortables, tenue par Ricardo, un argentin polyglotte et sympathique. **$$**

Mambembe Hostel
À 300 m de la plage ; joli jardin et personnel chaleureux. **$**

Holandês Hostel
Auberge de jeunesse dans la jungle avec huttes privées et dortoirs spacieux. **$**

COMMENT S'Y RENDRE ET CIRCULER

Les services de navettes sont le moyen le plus rapide, et le plus simple, pour gagner l'île depuis Rio. Par exemple, Easy Transfer (www.easytransferbrazil.com) viendra vous chercher dans n'importe quelle auberge de jeunesse, hôtel ou pousada à Rio pour vous conduire sur l'île en 3 heures 30 à 4 heures 30 via une correspondance synchronisée entre le minibus et le hors-bord dans la ville côtière de Conceição de Jacareí. La compagnie propose également le transport depuis Paraty (3 heures 30).

Se rendre sur l'île en transports en commun est (à peine) moins cher et un peu plus compliqué : vous devrez choisir entre plusieurs itinéraires, acheter deux billets différents (un pour le bus, un pour le bateau), et vérifier que les horaires bus/bateau sont compatibles (retards fréquents).

Les véhicules motorisés ne sont pas autorisés à circuler sur l'île (à l'exception des ambulances, des bus scolaires et des bennes à ordures). Certaines routes sont même interdites aux vélos ; la majorité des pistes cyclables sont concentrées à Abraão, principale localité de l'île. Les moyens de transport les plus adaptés restent la marche ou le bateau.

Environs d'Ilha Grande

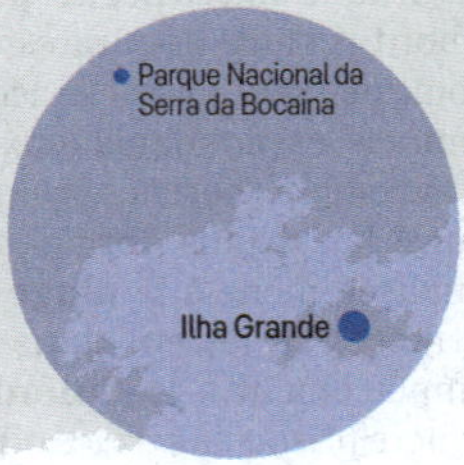

Au-delà d'Ilha Grande et de sa nature paradisiaque, les alentours réservent également leur lot de merveilles.

Sur le continent, le **Parque Nacional da Serra da Bocaina** est un des plus grands espaces protégés de *mata atlântica*. Il s'étend sur 104 000 hectares, et comprend même Ilha Grande. Il faut séjourner au moins 3 à 4 jours sur place pour bien le découvrir. Fondé en 1961, le parc est divisé entre l'État de São Paulo et celui de Rio de Janeiro. Si vous avez soif d'aventure, c'est un détour idéal avant de rejoindre Paraty. Il est traversé par le Caminho do Ouro (p. 219), célèbre parcours reliant le Minas Gerais à la côte Atlantique. Vous y trouverez de nombreux autres sentiers de randonnée ainsi que des cascades. Parmi les sommets à conquérir, le plus haut, le Pico do Tira Chapéu, dépasse les 2 000 m d'altitude et est idéal pour faire de l'escalade.

Pour les infos pratiques, voir le Carnet d'adresses p. 254

À SAVOIR

Pour faciliter votre exploration du Parque Nacional da Serra da Bocaina, nous recommandons de faire appel à un bon guide. Certaines zones les plus reculées du parc réclament une grande expertise.

JOAOMPICTURES/SHUTTERSTOCK ©

Randonnée sur la Trilha do Ouro

Parque Nacional da Serra da Bocaina

Cascades et bassins naturels

BAIGNADES SPECTACULAIRES

Il vaut mieux se déplacer en voiture dans ces régions des États de Rio de Janeiro et de São Paulo. Le trajet en ferry entre Ilha Grande et **Angra dos Reis** prend environ 45 minutes, suivi de 3 heures de route jusqu'à **São José do Barreiro** (État de São Paulo).

Une fois sur place, nous vous conseillons de louer une voiture pour rejoindre l'entrée principale du parc et de réserver un guide pour vos randonnées. Pour profiter au maximum de votre séjour, la **Pousada Encanto da Bocaina** dispose de chalets confortables au milieu de la forêt tropicale, avec des balcons privés. Si vous êtes d'humeur à relever un défi, rien de tel que la **Trilha do Ouro**, une randonnée de 53 km sur deux jours, organisée par les experts de **MW Trekking**. Le départ s'effectue à São José do Barreiro avant de plonger dans la forêt tropicale. L'itinéraire traverse de magnifiques cascades en direction de Vila Histórica de Mambucaba sur la côte Atlantique.

LA LANGUE INDIGÈNE

Vous trouverez de nombreux noms indigènes dans l'État de Rio de Janeiro. Beaucoup d'entre eux sont des emprunts à la langue des Tupi (et ses différentes variations), parlée dans les Andes au sud du Paraguay et au sud-est du Brésil. Par exemple Cariocas (les habitants de Rio de Janeiro) vient du mot tupi *kara'i oka*, "maison de l'homme blanc" tandis que Paraty signifie "rivière aux poissons" et Itatiaia se traduit par "rocher aux nombreuses pointes".

Les Tupi étaient répartis sur l'ensemble du continent ; c'était un des plus grands peuples autochtones du Brésil avant la colonisation.

OÙ SE LOGER À ANGRA DOS REIS ET DANS SES ENVIRONS

Hotel Fasano Angra dos Reis
Hôtel 5 étoiles sur la plage : spa, centre de bien-être, marina et golf à 18 trous. **$$$**

Pousada e Mergulho Jamanta
Pousada en bord de mer à 7 minutes de Angra dos Reis en voiture. **$$$**

Hostel 365
Accessible à pied depuis la jetée d'Angra dos Reis. Un choix pratique sur la route vers ou depuis Ilha Grande. **$**

FAUNE ET FLORE DE LA MATA ATLÂNTICA

La *mata atlântica* s'étend sur plus de 3 000 km de côte, du nord du Brésil jusqu'à l'Uruguay au sud. Elle couvre 17 États du Brésil et abrite plus de 20 000 espèces de plantes, comme le bromélia, l'orchidée et l'araucaria (conifère des Andes, aussi appelé "désespoir des singes") et 2 000 espèces animales. On trouve notamment le tamarin-lion doré, un primate endémique de la région. Il y a également des jaguars, des paresseux, et de nombreux oiseaux. Malheureusement la biodiversité de la forêt tropicale est menacée par l'expansion des métropoles de Rio de Janeiro et São Paulo. Malgré tout, certains habitants ont à cœur de la protéger. Dans la **Reserva Biológica Poço das Antas**, près de Rio de Janeiro, certains habitants proposent des sorties écotouristiques.

Pour un circuit plus facile, rendez-vous à la **Cachoeira de Santo Izidro**, accesible en 3 km de marche. L'aller-retour ne prend qu'une heure et demie le long de cours d'eau et de grandes azalées. Il y a également un bassin naturel au pied d'une cascade pour se rafraîchir et une plage de sable qui convient aux enfants.

L'ascension du Pico do Tira Chapéu

LE POINT CULMINANT DU PARC

Avec ses 2 088 m d'altitude, le Pico do Tira Chapéu est le plus haut sommet du Parque Nacional da Serra da Bocaina. Il offre une vue panoramique superbe sur toutes les collines alentour et la vallée du Rio Paraíba. Si le ciel est dégagé, on peut même distinguer Paraty et la côte à l'horizon.

La totalité du circuit fait 22 km. Si vous partez assez tôt, il est possible de le faire en une journée. Le parcours traverse une forêt luxuriante et des paysages ouverts et plats. La plupart des touristes étrangers ne s'aventurent pas aussi loin dans la région ; ici, vous rencontrerez surtout des randonneurs brésiliens.

N'oubliez pas de prendre des vivres et du matériel si vous souhaitez bivouaquer en chemin ou au sommet. Il n'y a pas de campement officiel, mais contempler le lever du soleil après une nuit dans la forêt tropicale est une expérience inoubliable.

Pour vous simplifier la tâche, **MW Trekking** organise des excursions depuis São José do Barreiro. Il est également possible de s'adresser à **Ecovaletur**, basé à São José dos Campos. Vous pouvez aussi partir sans guide, mais il vous faudra un véhicule.

COMMENT S'Y RENDRE ET CIRCULER

Les principaux sites de la région montagneuse du parc sont accessibles via São José do Barreiro, dans la vallée de Paraíba. C'est également là que se trouve le siège principal du parc. Malheureusement, les transports en commun sont ici rares. Il est plus facile d'accéder au parc et de s'y déplacer en voiture.

PARQUE NACIONAL DO ITATIAIA

Destination souvent négligée par les touristes étrangers, le Parque Nacional do Itatiaia, fondé en 1937, est le plus ancien parc national du Brésil. Situé à trois heures de route de Rio de Janeiro, il offre de nombreuses possibilités d'escalade et de trekking. Pour les randonneurs moins chevronnés, des itinéraires faciles mènent à des cascades et des bassins naturels. Plus de 400 espèces d'oiseaux vivent dans la canopée luxuriante de la forêt, entre les capucins bruns, les paresseux et le très discret jaguar.

Les apparences sont parfois trompeuses : malgré le climat tropical, c'est le seul endroit de Rio de Janeiro où vous pouvez voir de la neige, évidemment assez rare et seulement en haute altitude. En hiver (juin/juillet), le thermomètre affiche parfois des températures négatives et même en basse altitude les soirées peuvent être très fraîches en dehors de l'été. Prenez quelques vêtements chauds.

Pour les infos pratiques, voir le Carnet d'adresses p. 254

À SAVOIR

Pour une immersion totale, réservez un hébergement dans le parc. Certains habitants y louent des chalets ou des chambres, idéals pour un aperçu de la vie quotidienne.

Parque Nacional do Itatiaia

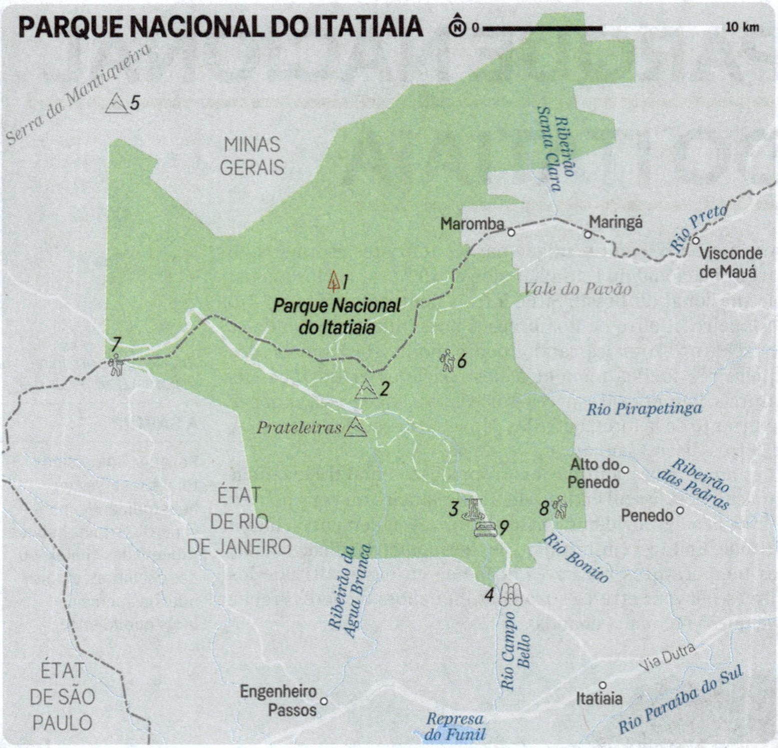

INCONTOURNABLE
1 Parque Nacional do Itatiaia

VOIR
2 Agulhas Negras
3 Cachoeira Véu da Noiva
4 Mirante do Último Adeus
5 Serra da Mantiqueira

ACTIVITÉS
6 Abrigo Rebouças
7 Garganta do Registro
8 Três Picos

SE LOGER
9 Hotel do Ypê

À l'ascencion de l'Agulhas Negras

LE SOMMET DU PARC

Avec ses 2 791 m, l'Agulhas Negras est le point culminant de l'État de Rio de Janeiro, et le troisième plus haut sommet du pays. Pour se lancer à sa conquête, il vous faut une autorisation administrative du parc, un guide et du matériel d'escalade. Vous pouvez contacter le **Grupo Excursionista Agulhas Negras**, à Resende, spécialisé dans l'organisation de convois

OÙ SE LOGER DANS LE PARQUE NACIONAL DO ITATIAIA

Chalé Gaia
Chalets et chambres disponibles chez des particuliers au cœur du parc. **$$**

Hotel do Ypê
Hôtel classique avec vue sur le parc, chalets et chambres un peu datées. Restaurant sous forme de buffet. **$$**

Vista Linda Hotel
Une vue spectaculaire sur les montagnes à 3 km du parc national, Jacuzzi inclus dans le chalet "deluxe". **$$**

toute l'année. Le site Internet des parcs nationaux répertorie également tous les guides indépendants titulaires d'un permis.

L'expédition commence à l'entrée dite de la **Garganta do Registro**, située dans les hauteurs du parc. Attention, l'entrée n'est accessible qu'en voiture et vous aurez besoin d'un véhicule avec quatre roues motrices (raison de plus pour vous faciliter la tâche en prenant un guide). À 2 ou 3 km après l'entrée, vous trouverez un refuge désaffecté (**Abrigo Rebouças**), qui indique le départ de la randonnée. Le parcours comporte plusieurs sections difficiles avec une corde pour vous aider jusqu'à la première plateforme. Enfin, il vous faudra enfiler un baudrier pour atteindre le sommet.

Les températures sont moins clémentes en gagnant de l'altitude : prenez un imperméable et des vêtements chauds. Une fois au sommet, vous aurez une vue imprenable sur la **Serra da Mantiqueira**. Si le ciel est dégagé, on voit même jusqu'à la Serra do Mar à l'est et la Serra da Bocaina au sud.

Parcours pittoresques et piscines naturelles

CASCADES CHARMANTES HORS DES SENTIERS BATTUS

En milieu de semaine, les circuits sont quasiment déserts et les magnifiques cascades n'attendent que vous. Rendez-vous dans la partie inférieure du parc où vous trouverez des itinéraires relativement simples et des logements agréables. C'est un des rares parcs nationaux où l'on trouve des habitations privées au cœur de la zone protégée ; certains habitants louent des chalets et chambres. Vous pouvez commencer votre visite au centre des visiteurs à 5 km de l'entrée du bas, et découvrir la flore et l'histoire de la région. Rejoignez ensuite le belvédère de Mirante do Último Adeus, d'accès facile, d'où vous pouvez admirer la pénombre verdoyante de la forêt tropicale atlantique et la vallée du Rio Campo Bello.

Pour un rythme plus soutenu, **Três Picos** est un des meilleurs circuits de trekking du parc ; il débute sur les vestiges d'un complexe hôtelier abandonné. Vous pouvez également, à moindre effort, monter rejoindre la plus jolie cascade du parc, **Cachoeira Véu da Noiva**. Les eaux peu profondes et les rochers rendent la baignade impossible. Mais il y a de nombreux bassins naturels dans les environs, dont seuls les habitants connaissent les emplacements, car certains ne sont accessibles qu'en traversant des terrains privés. Si vous séjournez à **l'Hotel do Ypê**, le personnel peut vous indiquer des sites calmes pour vous baigner en toute tranquillité.

PAROLE D'HABITANT : MES ENDROITS PRÉFÉRÉS DU PARC

Victor Silvestre Silva a vécu au Parque Nacional do Itatiaia pendant plus de 20 ans. Voici les sites qu'il recommande :

Poronga
C'est ma cascade préférée. Il y a un immense bassin pour se baigner et les chutes d'eau sont magnifiques au milieu de la forêt.

Traversée Couto-Prateleiras
La partie supérieure du parc accueille les parcours les plus longs : des excursions pleines d'aventure et de panoramas exceptionnels, qui révèlent toute la majesté du massif. Celui-ci est mon préféré dans cette région. Il s'agit d'un itinéraire de 13 km avec des points de vue superbes.

COMMENT S'Y RENDRE ET CIRCULER

Malheureusement, le Parque Nacional do Itatiaia n'est pas accessible en transport en commun. Le plus facile est de louer une voiture ou de prendre un covoiturage (les Brésiliens parlent de "Uber", mais les réservations s'effectuent sur WhatsApp, en dehors de l'application officielle). Attention, ces conducteurs sont peu nombreux en ville ; et si vous arrivez à la station de bus, il n'existe aucun service de taxi officiel à Itatiaia.

Environs du Parque Nacional do Itatiaia

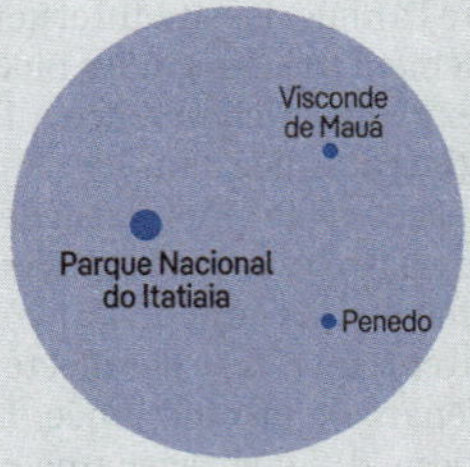

Aux alentours du parc se trouvent de petites villes pittoresques et des retraites paisibles où vous pourrez louer un chalet et profiter d'un feu dans la cheminée.

De nombreux villages autour du parc sont pleins de charme et de caractère. **Penedo**, une colonie finlandaise fondée dans les années 1930 et aujourd'hui bien connue des vacanciers, est en limite sud-est du parc. Les citadins y viennent le week-end pour s'immerger dans la culture finlandaise revisitée à la brésilienne, et bien sûr profiter du cadre, des randonnées et des cascades alentour. À 30 km plus au nord, vous trouverez **Visconde de Mauá** et sa vallée fluviale pittoresque jalonnée d'auberges. Vous pouvez rester quelques nuits sur place dans un chalet avec un balcon privé qui donne sur les montagnes.

Pour les infos pratiques, voir le Carnet d'adresses p. 254

À SAVOIR

Venez en semaine si vous préférez éviter la foule des week-ends, quand les Cariocas et les Paulistanos arrivent pour échapper au tumulte des grandes villes.

Visconde de Mauá

ALEXANDRE ROTENBERG/SHUTTERSTOCK ©

Penedo

Les influences finlandaises

ANCIENNE COLONIE

Qui pourrait imaginer découvrir une colonie finlandaise au beau milieu de l'État de Rio de Janeiro ? Pourtant, bordant – et débordant sur – la forêt tropicale du parc, la petite ville de **Penedo** célèbre toujours ses racines scandinaves. Avec son centre situé à quatre minutes de route du parc, elle a été fondée par Toivo et Liisa Uusikallio au début du XXe siècle. Les Cariocas s'y rendent souvent le weekend, un bus pouvant y conduire depuis Rio de Janeiro.

La plupart des hôtels sont équipés de saunas, et le **Clube Finlândia** dans la partie inférieure de la ville organise toujours des spectacles de danse folklorique finlandaise le premier samedi du mois. À votre arrivée, vous pouvez déjeuner au **Pequena Suécia** (dont le logo avec le cheval de Dalécarlie rouge est un clin d'œil à la culture suédoise). Ensuite, visitez le **Museu Finlandês Eva Hilden**, où vous en apprendrez davantage sur l'histoire de cette colonie. L'établissement est dirigé par le Clube Finlândia et, en règle générale, il est seulement ouvert le dimanche. Quelques boutiques d'artisanat proposent des souvenirs et des produits maison comme des conserves, des confitures et des liqueurs.

LE TAMARIN-LION DORÉ

Endémique de la forêt tropicale atlantique, le tamarin-lion doré, un petit primate orange à longue queue, a perdu la majorité de son habitat à cause de la déforestation et de l'urbanisation. C'est aujourd'hui une espèce menacée. On estime sa population à 3 200 individus, dont la majorité est concentrée dans la **Reserva Biológica Poço das Antas**, une réserve naturelle de 11 000 hectares près de Rio de Janeiro. Si vous n'avez pas la chance d'en voir en vrai, vous pouvez remarquer qu'ils apparaissent sur les billets de 20 R$.

OÙ SE RESTAURER À PENEDO ET VISCONDE DE MAUÁ

Rosmarinus Officinalis
Petit restaurant charmant au milieu des bois avec un beau jardin, qui sert d'excellents plats. **$$$**

Casa Veg
Restaurant de l'hôtel Pequena Suécia, spécialisé dans la cuisine végétarienne et dans les ingrédients naturels. **$$**

Restaurante Warabi
Restaurant japonais de l'hôtel Warabi : excellente cuisine servie aux clients de l'hôtel et à ceux venus de l'extérieur. **$$$**

OÙ SE LOGER À VISCONDE DE MAUÁ

Residencial Warabi
Hôtel charmant tenu par un couple brésilo-japonais. Chambres très bien décorées, équipées de cheminées ouvertes. **$$$**

Pousada Polessas
Pousada chaleureuse. Chalets confortables avec baignoires, vérandas privées et machines à café Nespresso. **$$$**

Mauá Brasil Hotelaria
Pousada très bien tenue. Les chalets ont une vue imprenable sur les montagnes. Court de tennis et piscine sur place. **$$$**

Pousada Fazenda do Mel
Située dans une vallée idyllique, cette auberge a même sa propre cascade. Chalets joliment décorés. **$$$**

Pousada Remorini
Grands chalets avec très belle vues sur les montagnes. **$$$**

Enfin, rendez-vous à **Alto do Penedo**, la partie haute de la ville, pour admirer les paysages naturels et luxuriants de l'ancienne colonie. S'il fait très chaud, un petit arrêt à **Poco do Ceu** et ses eaux turquoise vous fera le plus grand bien.

Panoramas et vallées fluviales

DES CHALETS AU CŒUR DE LA FORÊT TROPICALE

À la frontière entre l'État de Rio de Janeiro et le Minas Gerais, nichée à l'est du parc parmi les collines de la Serra da Mantiqueira, **Visconde de Mauá** est une destination phare de la région. La vallée fluviale, ses superbes cascades et ses forêts denses attirent toujours davantage de touristes. Elle se compose de 3 villages différents : Mauá, le plus grand, en bordure du parc ; Maringá, à 6 km à l'ouest, dans le parc ; et Maromba, 2 km plus loin à l'ouest. On se croirait dans un monde à part, tant la région est difficile d'accès. Seules deux routes conduisent à la vallée : un itinéraire de 27 km depuis Penedo, qui serpente entre les montagnes, ou une petite route depuis Liberdade dans le Minas Gerais. Encore une fois, il vaut mieux prendre une voiture (ou prendre place dans une excursion guidée) car la plupart des sites sur place ne sont pas accessibles en transport en commun.

Vous pouvez séjourner à la **Pousada Casa Bonita**, une auberge pittoresque qui sert trois repas par jour, et vous laisser bercer par le bruit de la rivière. L'hiver, rien de tel qu'une séance de lecture au coin du feu dans un chalet privé. Après avoir retrouvé des forces, place à l'exploration des environs sauvages et fleuris avec ses belles cascades. Le **Rio Preto** marque la frontière entre l'État de Rio de Janeiro et le Minas Gerais et traverse les trois villages. Il est bordé de nombreuses plages et bassins naturels. La plus belle cascade, la **Cachoeira Santa Clara**, n'est qu'à 10 minutes de route de Vila da Maringá.

COMMENT S'Y RENDRE ET CIRCULER

Il est possible de rejoindre Visconde de Mauá et Penedo en bus en passant par Resende, ville située à 2 heures 30-3 heures de trajet de Rio de Janeiro. De Resende, comptez 45 minutes pour rallier Penedo, et 1 heure 30 pour Visconde de Mauá. Néanmoins, mieux vaut avoir une voiture pour être en mesure d'explorer les environs de ces deux localités et leurs sites naturels. Sur place, les transports publics sont en effet quasi inexistants.

PETRÓPOLIS

Fondée en 1843 et peuplée en 1845 par des immigrants allemands incités à s'installer par l'empereur Dom Pedro II, Petrópolis est située à 70 km au nord de Rio de Janeiro, à 800 m d'altitude dans la Serra dos Órgãos. On y trouve de nombreux circuits de randonnée et une architecture impériale bien conservée, dont le Museu Imperial, ancien palais d'été de Dom Pedro II. Un petit trajet en bus vous permet de rejoindre le Parque Nacional da Serra dos Órgãos.

Petrópolis est une destination très fréquentée par les citadins et généralement bondée pendant les week-ends. On peut la visiter en une journée depuis Rio, mais il est préférable de rester plusieurs jours pour mieux profiter du cadre naturel. La route depuis Rio traverse les montagnes, surplombant de profonds ravins et la forêt tropicale verdoyante ; par beau temps la vue est spectaculaire.

Pour les infos pratiques, voir le Carnet d'adresses p. 255

À SAVOIR

Prévoyez de l'argent liquide pour la visite du Museu Imperial. Si vous souhaitez bivouaquer dans le Parque Nacional da Serra dos Órgãos, ayez votre matériel ; aucune enseigne ne vend ici l'équipement nécessaire.

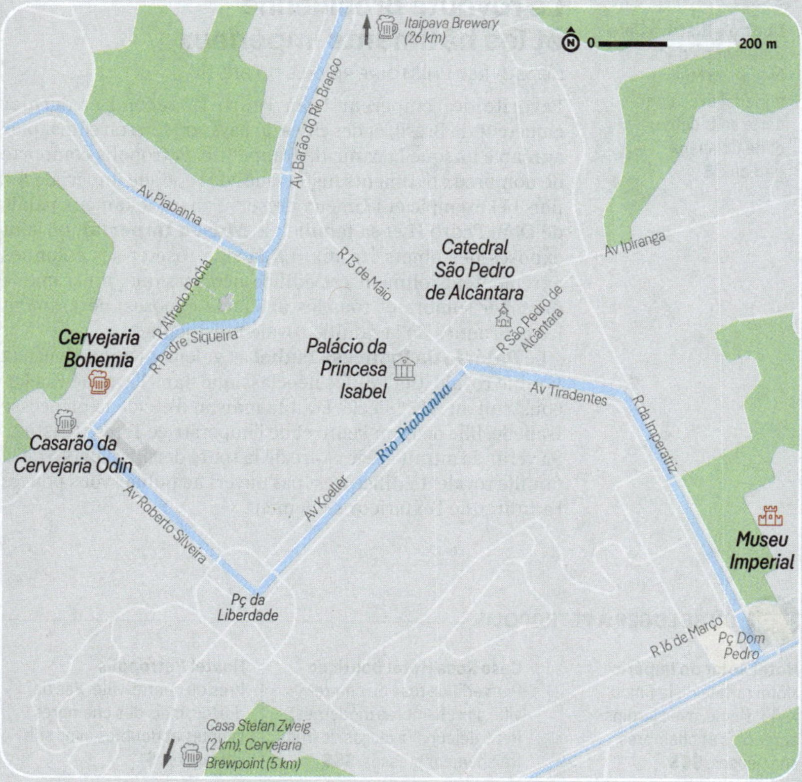

OÙ SE RESTAURER À PETRÓPOLIS

Majórica Churrascaria
Restaurant-grill assez connu qui sert tous les accompagnements traditionnels, comme la farine de manioc poêlée à la banane. **$$$**

Restaurante Alcobaça
Charmant restaurant de l'auberge du même nom, à 15 minutes de route de Petrópolis. **$$$**

Duetto´s Bistrô e Café
Café sympa dans le parc du Museu Imperial avec une carte ambitieuse et de délicieux gâteaux. **$**

DIEGO GRANDI/SHUTTERSTOCK ©

Museu Imperial, Petrópolis

La royauté brésilienne et les bâtiments impériaux

DÉCOUVREZ L'HISTOIRE ROYALE DU BRÉSIL

Favorite de l'empereur Dom Pedro II (second et dernier empereur du Brésil) et des élites du pays, grâce à son climat plus agréable lorsque la canicule frappe Rio, Petrópolis comporte de nombreux bâtiments historiques de l'époque impériale. Le plus bel exemple et le mieux préservé en est le fameux palais de Dom Pedro II et sa famille : le **Museu Imperial**, où sont exposés des objets royaux. La façade rose et ses colonnes agrémentent joliment cet édifice néoclassique, ainsi que le plancher sombre et tous les artéfacts exposés, notamment les couronnes de la famille royale brésilienne.

Le **Palácio da Princesa Isabel** a également appartenu à la famille royale. Cet édifice néoclassique dans l'avenue Koeler, construit au XIXe siècle, était la maison d'été de la princesse Isabelle, fille de Dom Pedro et de l'impératrice Teresa Cristina. Sa véranda aurait été le cadre de la toute dernière photo de la famille royale. L'édifice n'est pas ouvert au public, vous pouvez l'admirer de l'extérieur seulement.

OÙ SE LOGER À PETRÓPOLIS

Hotel Solar do Império
Hôtel raffiné de la fin du XVIIIe siècle, avec jardins agréables et chambres spacieuses. **$$$**

Casa Rosa Hotel Boutique
Petit édifice rose du centre-ville aux chambres modernes. Petit-déjeuner avec jus de fruits fraîchement pressés. **$$$**

Hostel Petropólis
Près du centre-ville. Pas de dortoir, mais des chambres simples et doubles avec sdb partagées. **$**

La **Catedral São Pedro de Alcântara** vaut également le détour. Sa construction s'est achevée en 1925. Elle renferme la tombe de Dom Pedro II et d'autres membres de la famille royale, y compris la régente Dona Isabel.

C'est à Petrópolis que l'écrivain autrichien Stefan Zweig (1881-1942) et son épouse, réfugiés au Brésil suite à la montée du nazisme, se suicidèrent en 1942. Les lecteurs et admirateurs de l'écrivain autrichien pourront découvrir la maison où il passa les derniers mois de sa vie, la **Casa Stefan Zweig** – l'atmosphère et l'architecture de Petrópolis devaient lui rappeler son pays natal. Son petit chalet a été restauré et converti en musée grâce à une association et à son biographe brésilien, Alberto Dines. L'endroit, un peu à l'écart du centre-ville immédiat, propose toute une programmation culturelle, notamment des concerts (consultez le site Internet).

Bières et micro-brasseries

LA MEILLEURE BIÈRE DU PAYS, NI PLUS NI MOINS

Fondée par des immigrants bavarois, Petrópolis célèbre toujours son héritage germanique. Vous trouverez ici de nombreuses micro-brasseries et ni plus ni moins que les meilleures bières du Brésil. Vous pouvez y déguster de l'Itaipava, la célèbre bière brassée dans la ville et distribuée dans tout le pays. Mais il y a également beaucoup d'autres marques à découvrir.

Pour commencer, la plus vieille brasserie du Brésil, la **Cervejaria Bohemia**, organise des visites (moitié guidées et moitié en autonomie) pour découvrir l'histoire de la fabrication de la bière. Vous pouvez étancher votre soif au bar adjacent, principalement à ciel ouvert ; il propose les différentes bières produites par la brasserie, et c'est le seul endroit au Brésil où la Bohemia est servie en pression. À une minute de marche de la brasserie se trouve le **Casarão da Cervejaria Odin**, (qui doit son nom au dieu nordique), un bar-restaurant dont la terrasse surplombe un très joli cours d'eau. À 40 minutes de route, la brasserie **Itaipava Brewery** propose aussi deux visites guidées par jour (5 personnes minimum) tous les samedis. Si vous roulez 15 minutes en direction du sud-ouest, vous pourrez rejoindre la **Cervejaria Brewpoint**, et réserver une visite guidée d'une heure de la brasserie (tous les samedis entre 10h et 15h) avec dégustation sur place à la fin. Pour la célébration complète de l'héritage et du folklore germaniques de la ville, il faut venir le 29 juin, au commencement du **Bauernfest**, 10 jours de festivités avec bière coulant à flots et cuisine allemande à l'honneur.

LES BÂTIMENTS HISTORIQUES DE PETRÓPOLIS

Casa da Ipiranga
Manoir victorien richement meublé avec des chandeliers dorés construit en 1884 par un producteur de café fortuné.

Casa de Santos Dumont
Désormais un musée, cette maison aux détails excentriques a un escalier extérieur qui ne peut se monter qu'en commençant avec le pied droit, et avec le pied gauche pour l'escalier intérieur. C'était la maison d'été du célèbre pionnier de l'aviation, Alberto Santos-Dumont (1873-1932).

Palácio de Cristal
Cet édifice de verre et de fer a été construit en France, avant d'être envoyé au Brésil pour exposer des plantes et des oiseaux. C'est aujourd'hui un centre culturel.

COMMENT S'Y RENDRE ET CIRCULER

Vous pouvez facilement vous rendre à Petrópolis avec une visite guidée depuis Rio. Si vous voyagez par transport public, des bus partent de la gare routière de Rio toutes les 40 minutes en semaine (un peu moins les week-ends). Le covoiturage est aussi bien développé et permet de se déplacer à moindre frais si vous n'avez pas de véhicule.

Environs de Petrópolis

Entourés des collines luxuriantes de la Serra dos Órgãos, les environs de Petrópolis sont l'occasion de belles randonnées. Ici, le climat est doux et les *pousadas* sont pittoresques à souhait.

Certes, Petrópolis est la ville star de la région, mais ses environs, à l'héritage européen bien marqué, rassemblent leurs lots de beautés naturelles. Ici se trouve l'une des plus belles randonnées du pays : la section de 42 km qui traverse Petrópolis pour rejoindre Teresópolis, passant par les montagnes et les formations rocheuses spectaculaires du Parque Nacional da Serra dos Órgãos, aux cascades et bassins naturels en nombre. Plus loin, à 127 km au nord-est de Petrópolis, Nova Friburgo a été fondée par des immigrés suisses ; elle se targue d'excellents restaurants spécialisés dans la cuisine du vieux continent et d'une architecture inspirée des Alpes.

Pour les infos pratiques, voir le Carnet d'adresses p. 255

À SAVOIR

On trouve beaucoup de circuits de randonnée dans les environs. Comptez plusieurs jours pour explorer au mieux ces collines spectaculaires.

Nova Friburgo

PEDRO CARRILHO/SHUTTERSTOCK ©

Cachoeira dos Frades

Marchés d'artisans, parcours panoramiques et saveurs européennes

PAYSAGES MONTAGNEUX ET HÉRITAGE EUROPÉEN

Il vaut mieux avoir une voiture pour explorer les environs de Petrópolis, même si de nombreux bus circulent entre cette dernière et Teresópolis (environ 1 heures 50 de trajet).

Teresópolis, au cœur de la Serra dos Órgãos et dominée par le pic rocheux du Dedo de Deus ("doigt de Dieu"), est la plus haute ville de l'État de Rio de Janeiro. L'impératrice Teresa Cristina (qui a donné son nom à la ville) venait s'y abriter des touffeurs de l'été. Vous y profiterez d'un climat doux et de paysages superbes, et découvrirez de pittoresques villages célèbrant toujours leurs racines européennes. Sur les 76 km séparant Teresópolis de **Nova Friburgo**, s'égrènent des sites exceptionnels, comme le point de vue de **Mulher de Pedra** au Km 12 ou le **Restaurant Crémerie** au Km 16, lequel sert des spécialités françaises comme du foie gras ou du magret de canard au poivre, et vend du fromage de chèvre artisanal. Des fromages suisses sont pour leur part vendus à la boutique **Queijaria Suíça**, où un petit musée adjacent permet d'en apprendre davantage sur la culture de la région de Fribourg transposée à Friburgo. Pour une excursion en pleine nature,

LE PAYS DU CAFÉ

Dans la **vallée de Paraiba**, à 200 km à l'ouest de Petrópolis, se trouvait le plus grand producteur de café du pays au XIXe siècle. Ce commerce, basé sur l'utilisation d'esclaves dans les *fazendas* (plantations), était particulièrement lucratif. La main d'œuvre était en effet gratuite et les profits commerciaux étaient d'autant plus importants que les ventes étaient réalisées en Europe et aux États-Unis. Les barons du café se sont rapidement intégrés à la nouvelle aristocratie brésilienne. Mais ce commerce fut de courte durée, car l'abolition de l'esclavage en 1888 en fit chuter la rentabilité jusqu'à sa disparition. Aujourd'hui, il ne reste que des traces de cette production avec des *fazendas* dispersées aux quatre coins de la vallée.

OÙ SE LOGER DANS LES ENVIRONS DE PETRÓPOLIS

Bromélia Sabiá & Cia
En bordure du Parque Nacional da Serra dos Órgãos. Toutes les chambres ont un balcon privé. **$$$**

Pousada Taverna do Golf
Charmante petite *pousada* avec billard et échiquiers. Chambres confortables ; les moins chères sont un peu exiguës. **$$$**

Kanawha Hotel
Hôtel magnifique avec chalets et chambres confortables. Le restaurant sert spécialités brésiliennes et fondues. **$$$**

VITORMARIGO/SHUTTERSTOCK ©

Randonnée en direction de Pedra do Sino

il suffit d'emprunter le chemin de terre au Km 21,5, lequel permet de rejoindre la jolie **Cachoeira dos Frades**. Dans un tout autre genre, les grillades du restaurant **Linguiça do Padre** au Km 33 valent également le détour. Une fois rentrés à Teresópolis, cap sur la Praça Higino da Silveira, où un marché accueille des centaines d'échoppes où sont vendus tous types de produits artisanaux, bijoux, vêtements, mobiliers et nourriture.

L'ABOLITION DE L'ESCLAVAGE PAR LA PRINCESSE ISABELLE

Fille aînée de Dom Pedro II et de son épouse l'impératrice Teresa Cristina, la princesse Isabelle hérite du trône après la mort de ses deux grands frères. Elle est née à Rio de Janeiro et devient régente du Brésil lors des déplacements de son père à l'étranger. Elle aussi soutient l'abolition de l'esclavage. Lors d'une cérémonie au Palácio de Cristal à Petrópolis en 1888, elle signe un document prononçant la libération de 103 esclaves. Quelques semaines plus tard, le 13 mai, elle ratifie la Lei Áurea (la loi en or) qui marque l'abolition de l'esclavage au Brésil. Le stylo qu'elle a utilisé est exposé au Museu Imperial.

Randonnées en montagne

LES PLUS BEAUX PANORAMAS DU PAYS

Le réseau de transport public dans la région est convenable. Compter 40 minutes de bus entre Petrópolis et Corrêas, puis encore 20 minutes supplémentaires pour rejoindre le **Parque Nacional da Serra dos Órgãos**.

Considérée comme une des plus belles randonnées du Brésil, le parcours qui relie Petrópolis et Teresópolis est magnifique. D'une longueur de 32 km, il traverse la forêt tropicale atlantique d'altitude et sa végétation luxuriante ; après une matinée à respirer la touffeur humide, viennent les vues sur une nappe de nuages d'où émerge le panorama des sommets pointus du parc, baignés de soleil. Depuis Petrópolis, il faut prendre le bus 600 jusqu'à Corrêas, puis le 616 jusqu'à l'entrée du parc. Le trajet est beaucoup plus facile depuis Teresópolis : l'entrée principale du parc est à 6 km au sud du centre-ville et desservie toutes les heures par un bus. Cette randonnée s'adresse à des randonneurs plutôt expérimentés et en bonne condition

OÙ SE RESTAURER DANS LES ENVIRONS DE PETRÓPOLIS

Crescente Gastronomia
Restaurant à ambiance et cuisine de style européen ; tagliatelles au poulpe et crevettes, filet mignon... **$$$**

Trilhas do Araçari
Restaurant végétarien avec beaucoup de choix végans, niché dans la forêt au creux des montagnes. **$$**

Nando Comida Descolada
Restaurant moderne à Teresópolis, avec carte de plats brésiliens et internationaux. **$$$**

physique. Il faut généralement compter trois jours pour faire la totalité du parcours, à raison de 7 heures de marche par jour – attendez-vous à de nombreuses sections avec un fort dénivelé. Le chemin s'enfonce d'abord dans les profondeurs de la forêt, jalonné de cascades et de sommets. Vous pouvez passer la nuit à Açú Castles qui offre, par temps dégagé, une vue sur Rio de Janeiro et la baie de Guanabara – encore plus spectaculaire au lever du jour. Puis ce sont les pentes raides des vallées de montagne pour atteindre la **Pedra do Sino**, un des sommets les plus remarquables du parc. Le troisième jour de marche est le plus long (environ 11 km), mais le moins fatiguant. En descendant vers Teresópolis, vous pourrez faire une pause à la plus belle cascade du parc, la **Cachoeira Véu da Noiva**, qui marque le passage de la végétation des prairies à celle de la forêt tropicale. Pour les randonneurs moins chevronnés, il existe beaucoup de chemins plus accessibles dans la partie inférieure du parc, idéals pour un pique-nique ou une baignade au pied des cascades.

Nova Friburgo

ENTRE SUISSE ET BRÉSIL

Fondée par une trentaine de familles du canton de Fribourg en Suisse, Nova Friburgo (à deux heures de route de Petrópolis) ressemble beaucoup à un village des Alpes suisses. Juchée à 846 m d'altitude dans les montagnes de la Serra de Nova Friburgo, la ville attire les touristes l'été, qui apprécient les cascades des alentours. Vous pouvez la rejoindre en voiture en empruntant les 68 km du **Circuito Turístico** (en partie décrit p. 241), lequel ménage de superbes paysages. Promenez-vous parmi l'architecture suisse et les jardins de fleurs si soignés. Le lendemain, si la météo le permet, plongez dans les bassins naturels des cascades environnantes. Le plus beau panorama des environs est au **Pico da Caledônia**, à 2 310 m d'altitude ; suivez le chemin qui y monte sur 6 km depuis Alto do Cascatinha. Par temps clair, on voit jusqu'à Rio et la baie de Guanabara. Pour une vue encore plus panoramique, le plus long télésiège du pays, le **Teleférico de Nova Friburgo**, part du centre de Nova Friburgo jusqu'à Morra da Cruz à plus de 1 km au nord-ouest. Les plus aventureux peuvent s'essayer au rafting dans la confluence tumultueuse de trois rivières à Lumiar, à environ 30 km au sud-est de Nova Friburgo. De retour en ville, vous pourrez apprécier une bière rafraîchissante dans les agréables jardins de la Bierhaus avant de dîner au **Crescente Gastronomia**, un restaurant familial qui sert des plats inspirés de la cuisine française, avec une carte des vins couvrant plus de douze pays dont le Brésil, le Chili et l'Argentine.

LES MEILLEURES RANDONNÉES

Trilha Petrópolis–Teresópolis
Parcours classique et magnifique. Compter trois jours de marche pour en couvrir les 42 km.

Trilha Pedra do Sino
Randonnée assez difficile jusqu'au Pedra do Sino, à 2 275 m d'altitude, qui passe par la Cachoeira Véu da Noiva et traverse des forêts denses et des prairies.

Trilha Cartão Postal
Un parcours facile d'1,2 km. Une vue exceptionnelle sur le Dedo de Deus (le pic du "Doigt de Dieu") et les montagnes environnantes.

Pico da Caledônia
Une randonnée de 6 km à Nova Friburgo. Une fois au sommet, le large panorama s'étend jusqu'à Rio.

COMMENT S'Y RENDRE ET CIRCULER

La région est relativement bien desservie par les bus locaux et régionaux. Mais si vous souhaitez profiter des routes magnifiques à votre rythme et rejoindre certaines *pousadas*, il vaut mieux avoir une voiture.

BÚZIOS

Búzios est située sur la côte à 170 km à l'est de Rio de Janeiro. Devenu le repère de la jet-set brésilienne et des Argentins amoureux des plages, ce n'est plus le paisible village de pêcheurs d'autrefois. La beauté naturelle de la péninsule n'en perdure pas moins. Ses 17 plages, ses nombreuses boutiques, ses *pousadas* haut de gamme et ses restaurants raffinés en font aujourd'hui une région très huppée. C'est ici que les célébrités et les grandes fortunes passent leurs vacances depuis le passage médiatisé, dans les années 1960, de Brigitte Bardot et de son compagnon de l'époque, le chanteur brésilien Bob Zagury.

La station balnéaire est répartie sur trois zones : Ossos, Manguinhos et Armação dos Búzios. Ossos, à la pointe nord de la péninsule, est la plus jolie et la moins développée, avec ses falaises côtières impressionnantes et ses belles plages. Manguinhos est beaucoup plus commerçante. Armação, au milieu, fait quant à elle office de centre touristique – elle regroupe la majorité des agences de voyages, des restaurants et des boutiques destinées aux touristes.

Pour les infos pratiques, voir le Carnet d'adresses p. 256

À SAVOIR

Il vaut mieux éviter la haute saison (la population de 50 000 habitants triple en janvier et février avec l'arrivée des fêtards). Búzios est bien plus agréable en mars, avril et mai : la météo est toujours clémente, les plages moins fréquentées et les prix nettement plus bas.

Búzios

INCONTOURNABLES
1 Praia Brava
2 Praia da Ferradura
3 Praia da Ferradurinha
4 Praia Olho de Boi

SE RESTAURER
5 74
6 Ban Thai
7 Belli Belli Gastrobar
8 Cigalon

TRANSPORTS
9 Best Rent a Car

Plages et buggies

À LA CONQUÊTE DU SABLE

Le meilleur moyen (et le plus répandu) pour se déplacer à Búzios est de louer un buggy. Plus on se rapproche d'Ossos à l'extrémité de la péninsule, plus ces quads de plage colorés sont présents dans le paysage. Une fois arrivé à la station, vous trouverez facilement un VTC pour vous conduire à l'agence **Best Rent a Car** à Armação. Là, vous pourrez vous aussi louer votre propre buggy de plage jaune vif.

Il y a presque une vingtaine de plages à découvrir autour de Búzios, mais, les plages de la côte ouest étant très (trop) fréquentées, il vaut mieux opter pour celles du nord ou de l'est. On vous donnera certainement une carte, mais la péninsule est petite et très bien balisée. Pour les amateurs de surf,

OÙ SE LOGER À BÚZIOS

Vila da Santa Hotel Boutique & Spa
Hôtel décoré avec goût, avec deux piscines (dont une chauffée), à quelques pas de la Praia dos Ossos. **$$$**

Casa Búzios
Charmante petite *pousada* avec seulement six chambres, à la Praia da Armação. **$$$**

Bamboo Búzios Hostel
Auberge sur la plage avec dortoirs et chambres privées, jolie petite piscine et cour intérieure. **$**

Casa Mirador Boutique Hotel
Hôtel à l'ambiance relaxante, avec vue sur la mer et une terrasse en bois au milieu des arbres luxuriants. **$$$**

Casa Brancas Boutique Hotel & Spa
Boutique-hôtel raffiné avec des chambres très lumineuses, restaurant sur place et piscine extérieure. **$$$**

GTW/SHUTTERSTOCK ©

Praia da Ferradura, Búzios

rendez-vous à la **Praia Brava**, parmi les collines verdoyantes de la côte est. Pour ceux qui voudraient se mettre en tenue d'Adam et Eve, il faut prendre le petit chemin rocailleux à l'extrémité sud de Brava pour rejoindre la **Praia Olho de Boi**, officieusement nudiste. Un peu plus au sud, vous trouverez la **Praia da Ferradura**, une des plages les plus épargnées par les développements hôteliers : on y observe encore des pêcheurs locaux à l'œuvre. Pour des eaux plus calmes encore et de beaux bassins naturels, continuez jusqu'à la **Praia da Ferradurinha**.

Une gastronomie d'exception

LE SUMMUM DU RAFFINEMENT

En été, les yachts huppés mouillent dans la baie et Búzios résonne des tables de ses restaurants haut de gamme visant la jet-set.

La plupart des meilleurs restaurants se trouve autour d'Armação. Pour une expérience gastronomique, réservez une table au **74**, où le chef Gonzalo Vidal propose des plats sophistiqués inspirés de la Méditerranée, comme le thon grillé au kimchi et les raviolis au fromage de chèvre et au beurre

OÙ PRENDRE UN VERRE À BÚZIOS

Bar do Zé
Bar-restaurant en bord de mer. Savourez une caïpirinha bien dosée ou un délicieux daiquiri glacé à la banane.

Mané
Bar sur la jetée qui sert des cocktails savoureux et des bières bien fraîches. Parfois, des DJ passent de la musique.

Maria Maria Café
Café-glacier qui sert des caïpirinhas au café, des espresso martinis, et des boissons sans alcool.

de sauge. Les amateurs de champagne pourront commander une bouteille de Cristal. Le **Cigalon**, lui, à Porto da Barra, est un joli restaurant servant des spécialités françaises, notamment du steak au poivre ou de la fondue au chocolat, avec d'excellents cocktails à la carte comme le gin pesto (fruit de la passion, menthe et gin). Pour de délicieux tapas, rendez-vous au **Belli Belli Gastrobar**, sur la plage. Le **Ban Thai**, tenu par le célèbre chef carioca Marcos Sodré, plusieurs fois récompensé, propose des classiques de la cuisine thaï et des plats asiatiques raffinés, revisités à l'international, comme la soupe épicée tom kah gai et le curry Massaman, des poissons grillés au curry de banane ou du canard au riz frit. La carte des cocktails est plutôt bien fournie et vous avez un bon choix de vins.

SIMONE SOLHA/SHUTTERSTOCK ©

Saucisse brésilienne

BRIGITTE BARDOT AU BRÉSIL

Au sommet de sa carrière dans les années 1960, Brigitte Bardot a déjà joué dans plus de 50 films et enregistré plus de 60 titres. Entre 1963 et 1965, Brigitte Bardot a vécu avec son compagnon de l'époque, le musicien brésilien Bob Zagury. Pendant cette période, elle découvre le petit village de pêcheurs sur la côte, et vante publiquement les mérites de Búzios, qui devient vite une destination populaire. Bientôt, le Tout-Rio suit le mouvement. Pour lui rendre hommage, la ville a inauguré sur sa principale promenade de front de mer – baptisée Orla Bardot – une statue en bronze de l'actrice, conçue par la sculptrice Christina Motta en 1999. D'autres statues y représentent l'ancien président brésilien Juscelino Kubitschek, ou encore un très réaliste groupe de pêcheurs en train de tirer leurs filets.

COMMENT S'Y RENDRE ET CIRCULER

Búzios est à 2 heures 45 de Rio de Janeiro en bus. À Rio, la gare routière Novo est le terminus de cette ligne. Une ligne directe permet également de rallier l'aéroport de Rio. Sur place, des bus traversent la péninsule du nord au sud, mais le meilleur moyen d'explorer la région reste de louer un buggy. Vous trouverez aussi des VTC, mais les temps d'attente sont très variables selon les heures.

Environs de Búzios

Dans les environs de Búzios, le long de la très développée Costa do Sol, se trouvent encore quelques havres de paix.

Pour les infos pratiques, voir le Carnet d'adresses p. 256

À SAVOIR

Les plages de la Costa do Sol sont très fréquentées le week-end et pendant les vacances. Il vaut mieux venir en semaine, voire hors saison pour éviter les foules.

Très connue des touristes brésiliens et argentins pour ses plages, la Costa do Sol s'étend de Niterói au nord de Rio, jusqu'à Búzios. Victime de son succès, la côte s'est très vite développée avec une explosion de complexes hôteliers et de maisons de vacances, si bien qu'il est devenu difficile d'y retrouver le charme des petits villages de pêcheurs. Pourtant les villes côtières d'Arraial do Cabo et de Saquarema ont su garder leur essence originelle. À la bonne période, vous pouvez apprécier des vagues parmi les plus hautes du pays et regarder des baleines à bosse migrer vers les eaux plus froides du sud.

ANTON SUSLO/SHUTTERSTOCK ©

Arraial do Cabo

Dauphins, Arraial do Cabo

LES MEILLEURES PLAGES DE LA COSTA DO SOL

Praia do Farol
Une superbe plage de sable blanc sur l'Ilha do Cabo Frio, accessible uniquement en bateau.

Praia de Itaúna
À 6 km au sud du centre-ville de Saquarema, une des plages préférées des surfeurs brésiliens.

Praia Grande
Plage préservée au nord-ouest d'Arraial. Prendre le chemin de 1 km y menant depuis Praia dos Anjos.

Praia do Forno
Une grande plage aux eaux turquoise à l'est d'Arraial, idéale pour le surf.

La faune de la côte

LES BALEINES AU LARGE

À environ une heure de route au sud-ouest de Búzios, **Arraial do Cabo** est connue pour ses plages magnifiques et pour être un excellent site pour observer les baleines à bosse longer la côte en direction de l'Antarctique. Les cétacés migrent surtout entre juillet et août, même si on peut en voir de juin à septembre. Grimpez à **Pontal do Atalaia**, un de leurs lieux d'observation les plus connus. Avec un peu de chance, vous apercevrez leurs formes dans les eaux turquoise ou en surface quand elles remontent prendre de l'air. Vous pouvez rejoindre la plage du même nom en bateau ou en voiture. Un autre lieu d'observation est le **Mirante para as Ilhas dos Franceses**, accessible après une courte marche sur la côte ouest de la péninsule.

Si vous souhaitez voir encore plus d'animaux comme des dauphins, raies manta, ou autres tortues de mer, vous pouvez réserver un tour en bateau. Assurez-vous qu'il maintient une allure lente pour pouvoir prendre le temps d'observer les

OÙ SE LOGER DANS LES ENVIRONS DE BÚZIOS

Maasai
Hôtel en bord de mer avec piscine et chambres spacieuses. $$

Pousada Marina dos Anjos
À 600 m de la Praia dos Anjos, dortoirs confortables et chambres privées, salon partagé et location de vélos. $$

Hotel Eco Sítio Nosso Paraíso
Joli hôtel dans les collines à 8 km de Saquarema. Possibilité de balades à cheval. $$

Saquarema, le paradis des surfeurs

animaux. La plupart des agences proposent des excursions de quatre heures autour de la baie, mais si vous montez à bord de l'*Embarcaçao Ericka Barreto*, vous profiterez de quelque deux heures supplémentaires en mer. Il n'y aucune garantie de voir des animaux dans leur élément naturel, mais si vous avez la chance d'en croiser, cela constitue une expérience mémorable.

Le surf à Saquarema

LE PARADIS DES SURFEURS

Cette région de l'État de Rio de Janeiro est plutôt bien desservie par les transports en commun. Attention toutefois, sur le trajet de bus entre Búzios et Saquarema, vous avez deux correspondances (à Arraial do Cabo et à Bacaxá) pour un total de quatre heures de route.

Après Florianópolis (p. 514) dans l'État de Santa Catarina au sud, **Saquarema** est considérée comme la deuxième capitale brésilienne du surf. Chaque année en mai, cette petite ville de 90 000 habitants accueille l'**Oi Rio Pro Saquarema**, une compétition internationale de surf s'étalant sur 10 jours. Mais les surfeurs du pays s'y rendent toute l'année durant. Au mois d'octobre, le **Saquarema Surf Festival** attire également les foules qui viennent fréquenter les rues, les bars et les plages pour admirer les meilleurs athlètes du pays. Pour aborder cette discipline, vous pouvez prendre des leçons dans quelques écoles de surf alentour, notamment l'**Escola de Surf de Saquarema** ou **Tàpui Surf & Kite**. La boutique **Saquarema Surf Store** vend des maillots de surf et des équipements.

Les meilleures vagues du pays sont à la **Praia da Itaúna**, à 3 km à l'est de la ville. L'autre plage principale de la ville, la **Praia da Vila**, est aussi un bon endroit pour surfer. Pour les amateurs de planche à voile, rendez-vous à la **Lagoa de Araruama**, une lagune située à l'est de la ville. Après votre séance de surf, vous pourrez siroter une bière bien fraîche et des crevettes frites à la **Casa da Praia**. C'est ici que les surfeurs et les touristes viennent se désaltérer au son de musiques brésiliennes *live*, de reggae et du ressac des vagues. Il y a aussi la **Casa do Surf**, à la fois *pousada*, boutique et restaurant, en face de la Praia da Itúana, pour d'excellents poissons et des concerts.

OÙ DÉGUSTER DES POISSONS ET FRUITS DE MER AUTOUR DE BÚZIOS

Casa da Praia
Bar-restaurant à Saquarema avec beaucoup de plats de poisson et de fruits de mer. Les crevettes frites sont délicieuses. **$$**

Casa da Piedra
Charmant restaurant très fréquenté à Arraial do Cabo. Essayez le homard gratiné ; les ragoûts de crevettes sont servis dans des potirons. **$$$**

Bacalhau do Tuga
Restaurant portugais à Arraial do Cabo. Plats à base de poisson ou de poulpe, comme le cabillaud gratiné ou du poisson blanc à la mangue. **$$**

José Restaurante
Restaurant élégant à Cabo Frio. Excellent ceviche, ainsi que poulpe et poissons frais. **$$$**

COMMENT S'Y RENDRE ET CIRCULER

Les plus grandes villes comme Cabo Frio, Arraial do Cabo et Saquarema sont bien desservies par les bus régionaux. Si vous souhaitez visiter des plages reculées, il vaut mieux avoir sa propre voiture.

Carnet d'adresses

PARATY

Casa da Cultura
Voir p. 219 (24 3371-2325 ; www.casadaculturaparaty.org ; Rua Dona Geralda 194 ; 11h 19h mar-sam)

Casa de Cadeia
Voir p. 218 (Travessa Santa Rita 18 ; 10h-12h30 et 14h30-18h lun-sam)

Forte Defensor Perpétuo
Voir p. 219 (Av. Orlando Carpinelli 440 ; entrée libre ; musée 8h30-12h et 14h-17h30 lun et mer-ven, 9h-12h et 14h-17h sam-dim)

Igreja Nossa Senhora do Rosário e São Benedito dos Homens Pretos
Voir p. 218 (angle Rua Dr Samuel Costa et Rua do Comércio ; horaires variables)

Igreja Santa Rita dos Pardos Libertos
Voir p. 218 (Praça Santa Rita ; 4 R$ mer-dim, mar entrée libre ; 9h-11h45 et 14h-16h45 mar-dim)

Matriz Nossa Senhora dos Remédios
Voir p. 218 (Praça da Matriz ; horaires variables)

Museu de Arte Sacra
Voir p. 218 (museusdeparaty.wordpress.com ; Praça Santa Rita ; 8h-12h et 14h-17h mar-dim)

Paraty Experience
Voir p. 219 (24 99238-2507 ; www.paratyexperience.com.br ; Rua do Comércio 201 ; 9h-21h mer-jeu)

Paraty Explorer
Voir p. 220 (24-99947-0927 ; paratyexplorer.com.br ; Av. Orlando Carpinelli 130 ; à partir de 200 R$; 8h30-10h)

Paraty Tours
Voir p. 220 (24 3371-1327 ; www.paratytours.com.br ; Av. Roberto Silveira 479 ; 8h-21h)

Arte Colonial
Voir p. 220 (24 3371-7347 ; www.pousadaartecolonial.com.br ; Rua da Matriz 59)

Casa Mar Paraty
Voir p. 220 (www.casamarparaty.com ; Rodovia BR101 565)

Pousada Literária de Paraty
Voir p. 220 (11 2770-0237 ; pousadaliteraria.com.br ; Rua do Comércio 362)

Banana da Terra
Voir p. 218 (24 3371-1725 ; www.restaurantebananadaterra.com.br ; Rua Dr Samuel Costa 198 ; 19h-23h lun et mer-jeu, 12h-15h et 19h-23h ven-dim)

Casa Coupê
Voir p. 219 (24 99323-5275 ; @casacoupeparaty ; Praça Monsenhor Hélio Pires 6 ; 12h-minuit)

Manuê Sucos
Voir p. 218 (24 3371-5096 ; Rua João do Prado 57 ; 9h-minuit)

Quintal das Letras
Voir p. 218 (24 3371-2616 ; pousadaliteraria.com.br/gastronomia ; Rua do Comercio 362 ; 13h-23h lun-jeu, 12h-23h ven-dim)

Thai Brasil
Voir p. 218 (24 3371-2760 ; www.thaibrasil.com.br ; Rua do Comércio 308A ; 18h-23h lun-sam)

Café Paraty
Voir p. 219 (24 99217-0880 ; Rua Commandante José Luiz 3 ; 8h30-20h)

Armazém da Cachaça
Voir p. 218 (24 3371-7519 ; Rua do Comércio 162 ; 9h30-20h)

Canoa Arte Indígena
Voir p. 218 (24 99326-1951 ; canoaarteindigena.com ; Rua do Comércio 364 ; 9h-22h dim-jeu, 9h-23h ven-sam)

Casa do Artesão
Voir p. 218 (Travessa Santa Rita 18 ; 10h-12h30 et 14h30-18h lun-sam)

Livaria das Marés
Voir p. 218 (24 3371-2296 ; Rua Ten Francisco Antonio 52 ; 10h-22h)

AU SUD DE PARATY

Paraty Per Te
Voir p. 222 (24 99891-9716 ; Av. Jabaquara, Jabaquara, Paraty ; 6h-21h)

Refúgio Mamanguá
Voir p. 223 (24 3371-1951 ; www.refugiomamangua.com ; Paraty-Mirim, Saco do Mamanguá)

Remo Hostel
Voir p. 222 (24 98103-3685 ; @remohostelparaty ; Estrada de Paraty-Mirim 6, Km 5, Paraty-Mirim)

Restaurante do Cruzeiro
Voir p. 223 (24 99902-7001 ; Praia do Cruzeiro, Saco do Mamanguá ; 11h30-17h sam-jeu, 11h-21h ven)

Restaurante do Dadico
Voir p. 223 (24 99933-4247 ; Paraty-Mirim, Saco do Mamanguá ; 12h-20h)

Restaurante Maré Mansa
Voir p. 223 (24 99883-7962 ; Praia lindas, Saco do Mamanguá; 12h-17h)

EKATERINA BELOVA / STOCK.ADOBE.COM ©

Paraty

ILHA GRANDE

Museu do Cárcere
Voir p. 227 (☎ 24 3361-9055 ; museucarcereuerj.blogspot.com ; Rua Amapá, Dois Rios ; ⏲10h-16h mar-dim)

Kayak Sup Ilha Grande
Voir p. 227 (☎ 24 99979-3572 ; kayaksupilhagrande.com ; Praia da Júlia ; sortie 2/3/5/7 heures 140/180/240/300 R$, excursion 2/3/5/6 jours 1 200/1 700/3 000 R$; ⏲9h-18h)

Atlantica Jungle Lodge
Voir p. 226 (☎ 21 99999-5577 ; www.atlanticajunglelodge.com.br ; Praia do Pouso)

Cabanas Paraiso
Voir p. 226 (☎ 21 99608-1987 ; www.cabanasparaiso.com ; Praia Brava de Palmas)

Casa Flutuante
Voir p. 227 (☎ 21 97200-4050 ; casaflutuante.com.br ; Praia do Matriz)

Holandês Hostel
Voir p. 227 (☎ 21 3833-7979 ; holandeshostel.com.br ; Rua da Assembleia, Vila do Abraão)

Mambembe Hostel
Voir p. 227 (☎ 21 99916-0496 ; mambembe-hostel-ilha-grande.business.site ; Rua Amâncio Felicio de Souza 120, Vila do Abraão)

Mar da Lua
Voir p. 226 (☎ 24 99955-5001 ; Praia de Araçatiba, Angra dos Reis)

O Sítio Ilha Grande
Voir p. 227 (☎ 21 99606-4117 ; www.ositioilhagrande.com.br ; Praia do Abraãozinho)

Pousada Costa Verde
Voir p. 227 (☎ 24 98188-4367 ; pousadacostaverde.com ; Rua Amâncio Felicio de Souza 239, Vila do Abraão)

Pousada Lagamar
Voir p. 226 (☎ 24 99904-6623, 24 99997-7219 ; www.pousadalagamar.com.br ; Praia Vermelha)

Atelie Cafeteria
Voir p. 226 (Shopping Alfa, Rua da Praia 847, Vila do Abraão ; ⏲9h30-23h)

Marola Flutuante
Voir p. 226 (Praia do Pouso ; ⏲10h-18h30)

Restaurante Lua e Mar
Voir p. 226 (☎ 24 98136-1896 ; www.facebook.com/Restaurante.LuaeMar ; Rua da Praia 297, Vila do Abraão ; ⏲11h-23h jeu-mar)

ENVIRONS D'ILHA GRANDE

Parque Nacional da Serra da Bocaina
Voir p. 228 (12 3117-2143 ; www.icmbio.gov.br/parnaserra-dabocaina ; Rodovia Estadual Francisca Mendes Ribeiro s/n SP-221, Km 0, São José do Barreiro)

Reserva Biológica Poço das Antas
Voir p. 230 (22 2778-1317, 61 3103-9912 ; Rodovia BR-101, Km 214, Silva Jardim)

Ecovaletur
Voir p. 230 (12 99632-7474 ; ecovaletur.com.br ; Praça Chuí 35, São José dos Campos ; Pico do Tira Chapéu 195 R$/pers ; 9h-18h lun-ven)

MW Trekking
Voir p. 229 (21 98709-4188 ; mwtrekking.com.br ; Rua Siqueira Reis 19, São José do Barreiro ; Trilha do Ouro 2 681 R$/pers, Pico do Tira Chapéu 976 R$/pers ; 9h-17h lun-jeu, 10h-19h ven-dim)

Hostel 365
Voir p. 229 (24 3365-6312 ; Praça Raul Pompeia 16, Angra dos Reis)

Hotel Fasano Angra dos Reis
Voir p. 229 (24 3369-9500 ; www.fasano.com.br ; Rodovia Governador Mario Covas, Km 512, Porto Frade, Angra dos Reis)

Pousada e Mergulho Jamanta
Voir p. 229 (24 3365-1374 ; pousadajamanta.com ; Av. Vereador Benedito Adelino 1421, Angra dos Reis)

Pousada Encanto da Bocaina
Voir p. 229 (12 99707-1180 ; encantodabocaina.com.br ; Estrada Francisca Mendes Ribeiro, Km 7,5, São José do Barreiro)

PARQUE NACIONAL DO ITATIAIA

Parque Nacional do Itatiaia
Voir p. 231 (www.icmbio.gov.br/parnaitatiaia ; 34 R$/jour ; 7h-17h, dernière admission 14h30)

Grupo Excursionista Agulhas Negras
Voir p. 232 (gean.org.br ; Rua Alfredo Whately 26, Resende ; 19h-21h mer et ven)

Chalé Gaia
Voir p. 232 (24 99253-3494 ; RJ-151, Maringa)

Hotel do Ypê
Voir p. 233 (24 3352-2063 ; hoteldoype.com.br)

Vista Linda Hotel
Voir p. 232 (24 3352-1124 ; vistalindahotel.com.br ; Estrada do Parque Nacional do Itatiaia 50, Itatiaia)

ENVIRONS DU PARQUE NACIONAL DO ITATIAIA

Museu Finlandês Eva Hilden
Voir p. 235 (www.museufinlandes.clubefinlandia.com.br ; Av. das Mangueiras 2601, Penedo ; tarif plein/réduit 10/5 R$)

Reserva Biológica Poço das Antas
Voir p. 235 (22 2778-1317, 61 3103-9912 ; Rodovia BR-101, Km 214, Silva Jardim)

Mauá Brasil Hotelaria
Voir p. 236 (24 99833-0998 ; mauabrasil.com.br ; RJ-151, Km 8,5, Visconde de Mauá)

SANDRA MORAES/SHUTTERSTOCK ©

Ilha Grande

Pousada Casa Bonita
Voir p. 236 (24 3512-0177 ; pousadacasabonita.com.br ; Visconde de Mauá)

Pousada Fazenda do Mel
Voir p. 236 (24 3387-2348 ; www.pousadafazendadomel.com ; RJ-151, Km 5, Visconde de Mauá)

Pousada Polessas
Voir p. 236 (24 99827-0796 ; pousadapolessas.com.br ; Estada do Taquaral s/n, Visconde de Mauá)

Pousada Remorini
Voir p. 236 (24 99987-2110 ; www.pousadaremorini.com.br ; Visconde de Mauá)

Residencial Warabi
Voir p. 236 (24 99211-0972 ; www.warabi.com.br ; Estrada da Maromba, Km 7,5, Visconde de Mauá)

Casa Veg
Voir p. 235 (24 99330-0168 ; www.pequenasuecia.com/novadietanordica ; Rua Toivo Suni 33, Penedo ; 18h-22h lun-mer, 13h-22h jeu-dim)

Pequena Suécia
Voir p. 235 (24 3351-1275 ; www.pequenasuecia.com/novadietanordica ; Rua Toivo Suni 33, Penedo ; 18h-22h30 lun-jeu, 13h-minuit ven-sam, 13h-17h dim)

Restaurante Warabi
Voir p. 235 (24 99211-0972 ; www.warabi.com.br ; Estrada da Maromba, Km 7,5, Visconde de Mauá ; 12h30-16h30)

Rosmarinus Officinalis
Voir p. 235 (24 3387-1550 ; rosmarinus.com.br ; Estrada Mauá-Maringá, Km 1, Visconde de Mauá ; 13h-18h mer-ven, 13h-18h et 19h-22h sam, 13h-17h dim)

Clube Finlândia
Voir p. 235 (clubefinlandia.com.br ; Av. das Mangueiras 2601, Penedo)

PETRÓPOLIS

Casa da Ipiranga
Voir p. 239 (casadaipiranga.blogspot.com ; Av. Ipiranga 716 ; plein/réduit 10/5 R$; 14h-18h ven-dim)

Casa de Santos Dumont
Voir p. 239 (Rua do Encanto 22 ; tarif plein/réduit 8/4 R$; 9h-17h30 mar-dim)

Casa Stefan Zweig
Voir p. 239 (Rua Gonçalves Dias 34 ; casastefanzweig.org.br ; 11h-17h ven-dim)

Catedral São Pedro de Alcântara
Voir p. 239 (www.catedraldepetropolis.org.br ; Rua São Pedro de Alcântara 60 ; 9h-16h mar-sam, 13h-16h dim)

Cervejaria Bohemia
Voir p. 239 (www.bohemiapuromalte.com.br ; Rua Alfredo Pachá 166 ; tarif plein/réduit 39/19 R$; 12h-17h mar-jeu, 10h-17h ven et dim, 10h-18h sam)

Cervejaria Brewpoint
Voir p. 239 (www.cervejariabrewpoint.com.br ; Rua Afrânio Melo Franco 330, Quitandinha ; 16h-22h mer-jeu, 12h-22h ven, 10h-22h sam, 10h-19h dim)

Itaipava Brewery
Voir p. 239 (Estrada Philuvio Cerqueira Rodrigues 1916, Itaipava ; visite guidée sam)

Museu Imperial
Voir p. 238 (museuimperial.museus.gov.br ; Rua da Imperatriz 220 ; tarif plein/réduit 10/5 R$; 10h-18h mar-dim)

Palácio da Princesa Isabel
Voir p. 238 (Av. Koeler s/n)

Palácio de Cristal
Voir p. 239 (Rua Alfredo Pachá ; entrée libre ; 9h-17h mar-dim)

Casa Rosa Hotel Boutique
Voir p. 238 (24 3302-3556 ; www.casarosahotel.com.br ; Rua Alfredo Pachá 76)

Hostel Petropólis
Voir p. 238 (24 99952-4729 ; Rua Santos-Dumont 329)

Hotel Solar do Império
Voir p. 238 (24 2103-3000 ; solardoimperio.com.br ; Av. Koeler 376)

Duetto´s Bistrô e Café
Voir p. 238 (24 2020-1408 ; museuimperial.museus.gov.br ; Museu Imperial, Rua da Imperatriz 220 ; 9h30-18h mar-sam, 9h-18h dim)

Majórica Churrascaria
Voir p. 238 (24 2242-2498 ; majorica.com.br ; Rua do Imperador 754 ; 11h-22h lun, 11h45-22h mar-jeu, 11h45-23h ven-sam, 11h45-21h dim)

Restaurante Alcobaça
Voir p. 238 (24 2221-1240 ; www.pousadadaalcobaca.com.br ; Rua Agostinho Goulão 298, Corrêas ; 13h-22h)

Casarão da Cervejaria Odin
Voir p. 239 (24 2245-9629 ; www.casaraodaodin.com.br ; Rua Alfredo Pachá 320 ; 16h-22h lun, 16h-minuit mer-ven, 11h30-minuit sam, 11h30-22h dim)

ENVIRONS DE PETRÓPOLIS

Parque Nacional da Serra dos Órgãos
Voir p. 242 (www.icmbio.gov.br/parnaserradosorgaos ; entrée libre ; 7h-16h mar-dim)

Teleférico
Voir p. 243 (22 2522-4834 ; www.facebook.com/centrodelazerdotelefericonovafriburgo ; Praça do Suspiro, Nova Friburgo ; trajet 1/2 zones 25/40 R$; 9h30-17h mar-jeu, 10h-22h ven, 9h-22h sam-dim)

Bromélia Sabiá & Cia
Voir p. 241 (21 2642-2239 ; www.bromeliasabia.com.br ; Estrada Araken 1231, Teresópolis)

Kanawha Hotel
Voir p. 241 (21 9997-73231 ; www.kanawhahotel.com ; Estrada Rio Bonito de Lumiar, Km 18, Nova Friburgo)

Pousada Taverna do Golf
Voir p. 241 (21 2741-3564 ; tavernadogolf.wixsite.com/site ; Rua Francisco Lisboa, Teresópolis)

Crescente Gastronomia
Voir p. 243 (22 2523-4616 ; crescentegastronomia.com.br ; Rua General Osório 21, Nova Friburgo ; 12h-16h dim-lun, 12h-16h et 19h-22h jeu, 12h-17h et 19h-22h ven-sam)

Linguiça do Padre
Voir p. 242 (21 2641-0065 ; www.facebook.com/Restaurante-LinguicaDoPadre ; Estrada Teresópolis-Friburgo, Km 33 ; 11h-minuit ven-dim)

Nando Comida Descolada
Voir p. 242 (21 98499-4999 ; @nandocomidadescolada ; Av. Oliveira Botelho 86, Teresópolis ; 10h-23h jeu-sam, 11h-18h dim)

Queijaria Suíça
Voir p. 241 (22 2529-4000 ; Estrada Teresópolis-Friburgo, Km 18 ; 9h-18h)

Restaurant Crémerie
Voir p. 241 (21 99176-0167 ; restaurantecremerie.com.br ; Estrada Teresópolis-Friburgo, Km 16 ; 12h-17h jeu, 10h-22h ven-sam, 10h-18h dim)

Trilhas do Araçari
Voir p. 242 (22 99749-6358 ; www.trilhasdoaracari.com ; Rua Gertrúdes Stern, Nova Friburgo ; 12h-16h ven-dim)

BÚZIOS

Best Rent a Car
Voir p. 245 (22 97401-8206 ; thebestrentacarbuzios.com.br ; Rua João Fernandes 100 ; 9h-16h30)

Bamboo Búzios Hostel
Voir p. 246 (22 2620-8085 ; bamboobuzioshostel.com ; Rua das Pedras 25)

Casa Brancas Boutique Hotel & Spa
Voir p. 246 (21 2018-0382 ; casasbrancas.com.br ; Rua Alto do Humaitá 10)

Casa Búzios
Voir p. 246 (22 2623-4885 ; www.pousadacasabuzios.com.br ; Rua Morro do Humaitá 1)

Casa Mirador Boutique Hotel
Voir p. 246 (21 99903-7788 ; Rua João Fernandes 57)

Vila da Santa Hotel Boutique & Spa
Voir p. 246 (22 2623-5770 ; www.viladasanta.com ; Praça Eugênio Honold 173)

74 Restaurant
Voir p. 246 (22 2623-0303 ; 74.meitre.com ; Casas Brancas, Rua Alto do Humaitá 10 ; 12h-23h)

Ban Thai
Voir p. 247 (21 3900-5302 ; www.banthai.com.br ; Rua Rancho Grande 13 ; 19h-22h)

Belli Belli Gastrobar
Voir p. 247 (22 2623-9033 ; bellibelligastrobar.com ; Porto da Barra, Av. José Bento Ribeiro Dantas ; 13h-minuit mar-dim)

Cigalon
Voir p. 247 (www.facebook.com/cigalonrestaurant ; Porto da Barra, Av. José Bento Ribeiro Dantas ; 16h-23h30)

Bar do Zé
Voir p. 246 (22 2623-4986 ; @bardozebuzios ; Orla Bardot 382 ; 17h-tard lun, 12h-tard mar-dim)

Mané
Voir p. 246 (22 3301-6862 ; botecomane.com.br ; Rua das Pedras 275 ; 12h-minuit dim-jeu, 12h-1h ven-sam)

Maria Maria Café
Voir p. 246 (Fashion Outlet, Rua das Pedras 151 ; 9h-23h)

ENVIRONS DE BÚZIOS

Embarcaçao Ericka Barreto
Voir p. 251 (22 99944-9988 ; Av. da Liberdade 501, Arraial do Cabo ; 8h-23h30)

Escola de Surf de Saquarema
Voir p. 251 (22 99871-9196 ; Rua das Garças 01, Saquarema ; 9h-13h)

Tàpui Surf & Kite
Voir p. 251 (21 96700-5554 ; tapui.com.br ; Av. Oceânica 1000, Saquarema ; 6h-19h)

Hotel Eco Sítio Nosso Paraíso
Voir p. 249 (22 99969-1969 ; www.nosso-paraiso.net ; Rua João Lorena 115, Saquarema)

Maasai
Voir p. 249 (22 2651-1092 ; www.maasai.com.br ; Travessa Itaúna 17, Saquarema)

Pousada Marina dos Anjos
Voir p. 249 (22 2622-4060 ; www.marinadosanjos.com.br ; Rua Bernardo Lens 145, Arraial do Cabo)

Bacalhau do Tuga
Voir p. 251 (22 2622-1108 ; Rua Santa Cruz 5, Praia dos Anjos ; 18h-23h mar-jeu, 13h-23h ven-dim)

Casa da Piedra
Voir p. 251 (22 98110-1724 ; Rua Santa Cruz 4, Arraial do Cabo ; 12h-minuit mar-dim)

Casa da Praia
Voir p. 251 (22 2651-7920 ; www.facebook.com/casadapraiaitauna2 ; Av. Oceânica 1564, Saquarema ; 10h-23h jeu-dim)

Casa do Surf
Voir p. 251 (22 97405-4271 ; casadosurfsaquarema.com.br ; Av. Oceânica 1594, Saquarema)

José Restaurante
Voir p. 251 (22 99709-5396 ; @jose.restaurante ; Rua Constantino Menelau 39, Cabo Frio ; 12h-23h dim-jeu, 12h-minuit ven-sam)

Saquarema Surf Store
Voir p. 251 (22 98837-7924 ; @saquaremasurfstore ; Av Oceânica 1564, Saquarema)

CHRISTIAN / STOCK.ADOBE.COM ©

Ara bleu et jaune, plage de Saquarema

FEDE MARINIC/SHUTTERSTOCK ©

Ci-dessus : Jericoacoara (p. 271) ; à droite : Fortaleza (p. 236)

CEARÁ ET MARANHÃO

PAYSAGES FORGÉS PAR LES ÉLÉMENTS ET PLAGES BATTUES PAR LES VENTS

Un littoral sans fin adossé à des dunes, un parc national aux panoramas désertiques, et de grandes et fabuleuses villes qui n'ont rien à leur envier.

Iracema. Légende du Ceará (1865), de José de Alencar, un classique de la littérature brésilienne, relate l'histoire d'amour entre une indienne tabajara et un colon portugais, avec, pour toile de fond, ces deux États isolés. Cette allégorie aux accents naïfs pourrait incarner l'espérance de l'avènement de l'homme brésilien moderne. Ce roman est une métaphore des forces à l'œuvre qui ont façonné le Ceará et le Maranhão, tout comme le pays dans sa globalité.

Les Portugais ont tardé à occuper ces régions reculées du nord du Brésil. Dans les premières décennies du XVIIe siècle, les Français fondèrent São Luís et les Hollandais érigèrent un fort à Fortaleza, avant d'être, à leur tour, chassés par les Portugais. Ceux-ci déplacèrent les populations indiennes pour faire place à des colons venus des Açores. Les plantations de sucre et de coton, où travaillaient des esclaves, et l'élevage du bétail étaient alors les piliers de l'économie. Les pêcheries artisanales et les villages de pêcheurs furent déplacés hors des grandes villes, dont le littoral fut remanié au XXe siècle à d'autres fins, notamment touristiques.

Ces activités n'en continuent pas moins de prospérer ailleurs. Le rythme quotidien et la cuisine sur une bonne partie de cette côte en portent témoignage.

Si vous rêvez de vacances en bord de plages tropicales, vous y êtes ! Une fois organisé votre déplacement en 4x4 le long des dunes côtières, il ne vous reste plus qu'à repérer le bon endroit et tailler votre route, entre côte urbanisée et rivages isolés.

SITES PRINCIPAUX

FORTALEZA
Front de mer très vivant, bordé de gratte-ciel.
P. 264

JERICOACOARA
Fête sur la plage dans un parc national isolé.
P. 271

SÃO LUÍS
Demeures coloniales et rues pavées.
P. 279

AVION

L'Aeroporto Internacional de Fortaleza-Pinto Martins (fortaleza-airport.com.br) accueille des vols venant d'Europe et de nombreuses villes brésiliennes. L'Aeroporto Internacional de São Luís/Marechal Cunha Machado (www.facebook.com/aeroportodesaoluis) est desservi par des vols intérieurs. Jericoacoara est desservi par un aéroport situé à 30 km, dans la commune de Cruz.

VOITURE

Si l'état des routes a été amélioré, les voies d'accès à certains villages côtiers, dont Jericoacoara, ne sont pas goudronnées. Il est possible de longer la côte et de parcourir les dunes en buggy et en 4x4 avec chauffeur. On gagne à louer une voiture pour visiter les villages rarement desservis par les bus, mais mieux vaut se renseigner sur l'état des routes car certaines nécessitent un 4x4 – en particulier le tronçon Paulino Neves-Barreirinhas, sur la route entre Parnaíba et les Lençóis Maranhenses. C'est à Fortaleza qu'il est le plus facile de louer un véhicule.

BUS

En dehors du trajet entre Fortaleza et São Luís (et des jonctions routières par lesquelles passent ces bus), il peut être difficile d'atteindre des destinations sur la côte. Parnaíba, au-delà de la frontière du Maranhão dans l'État du Piauí, est une étape obligatoire entre São Luís et Jericoacoara.

MINIBUS À PARTAGER

Taxis ou minibus privés peuvent être partagés, à un prix abordable, entre de petits groupes de visiteurs. sur les trajets suivants : São Luís-Barreirinhas ; Barreirinhas-Jericoacoara (penser à réserver ; tlj uniquement en haute saison) et Jericoacoara-Fortaleza.

São Luís, p. 279
Centre historique classé au Patrimoine mondial. Plages infinies et restaurants raffinés.

Jericoacoara, p. 271
Repère de voyageurs du monde entier, à l'image de son offre de restauration. Un paradis pour tous au soleil couchant. Découverte des dunes et des lagunes en buggy. Haut-lieu du kitesurf.

Fortaleza, p. 264
Ville aux gratte-ciel tentaculaires. Nombreux restaurants et front de mer peuplé d'adeptes du fitness en journée et de noctambules le soir venu.

S'orienter

Dans l'idéal, il faudrait des mois pour explorer les 1 000 km de côtes du Ceará et du Maranhão, entrecoupées de fleuves, d'estuaires et de deltas couverts de mangroves. Vous trouverez dans ce chapitre de quoi débuter le voyage.

Planifier son séjour

Il n'y a pas de coins à éviter dans cette région. Le risque est donc d'avoir les yeux plus gros que le ventre. Fiez-vous à vos envies, aux ambiances propres à chaque lieu et aux hasards du voyage.

FAST SPEEDS IMAGERY/SHUTTERSTOCK ©

Lagune près de Jericoacoara (p. 271)

Si vous avez peu de temps

- Profitez des paysages de dunes désertiques à l'intérieur des terres et nagez dans les lagunes de l'extraordinaire parc national des **Lençóis Maranhenses** (p. 285). Choisissez entre un circuit à pied, en 4x4, à cheval ou un survol en avion. Pour y arriver, prenez un vol pour **São Luís** (p. 279), installez-vous dans le quartier historique et passez une journée à flâner le long des rues pavées. Organisez votre excursion dans les Lençóis par le biais de votre hôtel ou par WhatsApp avec un prestataire basé dans la ville de Barreirinhas. Réservez un minibus à partager à destination de Barreirinhas le lendemain. L'après-midi, profitez de la piscine de votre hôtel ou d'un circuit en 4x4 dans les dunes.

Au fil des saisons

Baignade dans les lagunes et piscines naturelles de mai à octobre. Les kitesurfeurs affluent vers ces eaux peu profondes entre août et janvier.

FÉVRIER

Pendant une semaine vers la mi-février, le cœur de Fortaleza est l'épicentre des festivités du **carnaval** (p. 264).

MARS

Fernando de Noronha (p. 298) accueille, pendant quelques jours, de fin février à début mars, la compétition de surf **Hang Loose Pro**.

AVRIL

Le meilleur mois (avec mars et mai) pour le **surf** sur la Praia de Jericoacoara et dans les environs de Jeri (p. 271).

FG TRADE/GETTY IMAGES ©, CLAUDIO FRANCISCO/SHUTTERSTOCK ©, JOHANES DUARTE/GETTY IMAGES ©

Si vous avez cinq jours

● Il faut du temps pour arriver à **Jericoacoara** (p. 271). Une fois sur place, passez-y au minimum trois nuits ; certains s'y prélassent même pendant une semaine ! Essayez-vous au surf et testez le beach-break local ou partez faire un **safari de kitesurf** (p. 273) le long de la côte. Faites une **sortie en buggy** (p. 272) dans les dunes – bain de sable assuré –, à moins de plonger dans une **lagune** (p. 273) couleur aigue-marine. La journée se termine par la contemplation du coucher du soleil, un verre à la main.

Si vous avez plus de temps

● Le trajet entre Fortaleza et São Luís (arrivez ou repartez de l'aéroport de l'une des deux villes) avec des étapes en route peut prendre une semaine ou plusieurs mois, en fonction du temps dont vous disposez ! Les plages urbaines animées de **Fortaleza** (p. 264) aiguiseront votre appétit. Passez une ou deux nuits dans l'un des petits villages côtiers au nord-ouest. Organisez-vous pour rejoindre **Jericoacoara** (p. 272) en buggy, l'endroit le plus festif du Nordeste. Les déplacements plus au nord sont compliqués. Si vous arrivez jusqu'à **Atins** (p. 287), vous oublierez tout de votre vie antérieure pour devenir un pro du kitesurf. La visite des **Lençóis Maranhenses** (p. 285) peut partir d'ici ou de Barreirinhas.

JUIN

La fête bat son plein à São Luís lors du **Bumba Meu Boi** (p. 280), lequel enflamme les rues de la ville.

JUILLET

Des milliers de fêtards affluent pour célébrer le **Fortal**, le carnaval de Fortaleza, le dernier week-end du mois.

OCTOBRE

Octobre (et novembre) voient culminer les vents de mer les plus forts, notamment autour d'Atins (p. 287), attirant de nombreux **kitesurfeurs**.

DÉCEMBRE

La capitale du Ceará met à l'honneur les sketchs comiques et leurs interprètes lors du **Festival de Esquetes**.

FORTALEZA

Moteur économique de la région et cinquième ville du Brésil en nombre d'habitants, Fortaleza fut fondée en 1631 par les Hollandais qui en furent rapidement chassés par les Portugais. Les habitants sont nombreux à venir courir, faire du vélo ou pratiquer un autre sport le long de l'Avenida Beira Mar. Sur 4 km, ce front de mer splendide va de l'embarcadère de Ponte dos Ingleses à Praia do Mucuripe, avant le port du même nom. Autrefois zone de dunes occupée par une communauté de pêcheurs, ce dernier a subi une mutation qui est emblématique de l'évolution de la ville. Seul le Parque Ecologico do Cocó, estuaire fluvial et zone de conservation témoigne du passé. Au sud, Aldeota est un quartier de grands immeubles luxueux et de centres commerciaux peu élevés ; sur le littoral est de Fortaleza, Praia do Futuro est une longue étendue de sable fin et propre qui court en direction du sud.

Pour les infos pratiques, voir le Carnet d'adresses p. 288

À SAVOIR

Bars et restaurants sont concentrés en différents endroits, notamment le long de l'Avenida Beira Mar, à l'est et à l'ouest de la Feira de Artesanato do Beira Mar, ainsi qu'à Praia de Iracema, et sur quelques pâtés de maisons en retrait de la plage.

Fortaleza

VOIR
1 Avenida Beira Mar
2 Centro Cultural Dragão do Mar
3 Immeuble São Pedro
4 Memorial da Cultura Cearense
5 Museu de Arte Contemporânea
6 Praia de Iracema
7 Statue d'Iracema

SE LOGER
8 Pauli Boutique Hotel
9 Refugio Hostel Fortaleza

SE RESTAURER
10 50 Sabores
11 Benévolo Café
12 Cantinho do Frango
13 Coco Bambu
14 Empório Delitalia
15 Mar de Rosas
16 Moleskine Gastrobar
17 Pratinho da Madrugada

PRENDRE UN VERRE ET FAIRE LA FÊTE
18 Barraca da Boa
19 Cervejaria Turatti
20 Pirata Bar

SORTIR
21 Autoral Comedy Bar
22 Lupus Bier
23 Piadaria Comedy Club

SHOPPING
24 Feira de Artesanato do Beira Mar
25 Mercado Central

Balade sur l'Avenida Beira Mar

REMONTER L'AVENUE D'UN BOUT À L'AUTRE

La promenade le long de ce large boulevard pavé qui s'étend sur 4 km, avec la plage d'un côté et de grands immeubles luxueux de l'autre, est un incontournable de la visite de Fortaleza. Tout le quartier de **Praia de Iracema** mérite l'attention, sans oublier sa pointe est. Impossible de passer à côté de l'**immeuble São Pedro**, peu ordinaire, qui se dresse à un pâté de maisons de la plage. Cet hôtel de sept étages fut édifié dans les années 1950 avant d'être laissé à l'abandon des décennies plus tard. Aujourd'hui en ruine, il est couvert de graffitis qui ne dépareilleraient pas dans une zone de guerre. La célèbre **statue d'Iracema**, le personnage

OÙ SE RESTAURER À FORTALEZA

50 Sabores
Succès non démenti pour ce glacier, une institution de Beira Mar ; et bien plus que 50 parfums ! **$**

Empório Delitalia
Meilleure épicerie fine-traiteur de la ville ; omelettes, gaufres et crêpes de tapioca d'exception. **$**

Moleskine Gastrobar
Les bonnes grillades de cet établissement attirent une clientèle d'habitants jeunes et branchés. **$$**

FONDATIONS DE LA VILLE

Comme c'est le cas pour de nombreuses villes du Brésil reconstruites à maintes reprises, les origines anciennes de Fortaleza ne sautent pas aux yeux. Selon certains historiens, le navigateur espagnol Vicente Yáñez Pinzón accosta à Praia do Mucuripe le 2 février 1500, soit plus de deux mois avant que le Portugais Pedro Álvares Cabral n'aperçoive le Monte Pascoal à Bahia, événement considéré comme la découverte officielle du Brésil par les Européens.

Des Indiens vivaient déjà sur place. Les Tapeba étaient installés à proximité de ce que l'on désigne aujourd'hui comme la municipalité de Caucaia. Des droits territoriaux leur ont depuis été reconnus. Toutefois, comme pour d'autres peuples indiens du Brésil, la traçabilité de leur historiographie et de leur généalogie est un vrai défi.

PHAELNOGUEIRA/GETTY IMAGES ©

Souvenirs, Mercado Central, Fortaleza

du roman éponyme de José de Alencar, se dresse près du quai, brandissant un arc dans une main. De nombreux vendeurs ambulants ponctuent le parcours avec leurs chariots de boissons alcoolisées (ou de noix de coco fraîche). Ils sont plus nombreux encore près de la plage, non loin de la longue jetée de Praia de Iracema. Des dizaines de personnes font la queue devant **Pratinho da Madrugada**, un modeste chariot ambulant posté côté plage de la promenade, vers le carrefour de formé par la Rua Tubúrcio Cavalcante et l'Avenida Beira Mar. Ses boîtes en polystyrène débordent de poulet ou de bœuf grillé, accompagné de riz crémeux, de haricots, de salade ou encore de pommes de terre (15 à 20 R$). Cette spécialité régionale compte autant de variétés que de secrets de grands-mères. D'autres vendeurs ambulants et petites échoppes servent du *pratinho*, mais cet emplacement est le plus pratique pour y goûter. Plus à l'est, après les terrains de beach-volley, continuez jusqu'au **marché de poisson et fruits de mer** installé le long du brise-lames à l'extrémité est de Praia do Mucuripe. Vous serez immédiatement abordé par des vendeurs ambulants désireux de vous vendre fruits de mer, crevettes et poissons au kilo ; les étals non loin préparent des plats, également facturés au kilo.

Dénicher des trésors de la région sur les marchés d'artisanat

NE REPARTEZ PAS LES MAINS VIDES

La Feira de Artesanato do Beira Mar, en plein air, et le Mercado Central, aussi grand qu'un stade, sont d'excellentes adresses pour acheter cadeaux et spécialités de la région. À l'origine, en 1809, petit marché de viande et de produits frais, le **Mercado Central** est aujourd'hui l'un des plus importants du pays.

OÙ SE RESTAURER À FORTALEZA

Coco Bambu
Long menu et solide réputation : de quoi satisfaire tous les palais (spécialités de poisson et fruits de mer). **$$**

Cantinho do Frango
Spécialiste du poulet grillé et autres viandes au BBQ – incontournable et toujours bondé. **$$**

Colosso
Emplacement exceptionnel près d'un lac, avec au menu paëlla, pizzas et coucher du soleil. **$$$**

Il réussit à survivre tant bien que mal jusqu'en 1931, lorsque les autorités interdirent aux commerçants de vendre de la viande. D'où sa conversion aux produits artisanaux ! Depuis sa dernière rénovation en date en 1998, le marché a des airs de Centre Pompidou, avec ses rampes courbes, ses tuyaux, ses colonnes et ses échafaudages de soutien apparents. Noix de cajou, hamacs, figurines et sculptures en bois, objets de maroquinerie, chapeaux en paille et bouteilles de cachaça (alcool de canne à sucre) sont à vendre sur des centaines d'étals serrés les uns contre les autres. Le spectacle des commerçants s'interpellant aux différents niveaux et de tous côtés est très vivant. Vous aurez le choix entre plusieurs restaurants et cafés pour faire une pause. Le soir, entre 18h et 23h, direction la **Feira de Artesanato do Beira Mar**, en plein air, à mi-chemin sur Praia Meireles. Rangée après rangée, des centaines d'étals proposent des articles semblables à ceux du Mercado Central, avec un choix plus étoffé d'échoppes de vêtements et de bijoux. Bien éclairé, le quartier est vivant et sûr, et ne manque pas de bars et restaurants à proximité. **Barraca da Boa** est populaire à juste titre, avec un grand choix au menu. On y vient aussi bien prendre un dernier verre en soirée que pour regarder le ballet de la foule alentour. Marchandage de rigueur sur ces deux marchés, sans exagérer, pour obtenir de meilleurs prix, notamment en cas d'achats multiples.

La plus belle plage de Fortaleza

UN COCKTAIL ENIVRANT DE BOISSONS, DE SOLEIL ET DE SABLE

Sur le littoral est de Fortaleza, **Praia do Futuro** est certainement la plus belle plage de la ville et la meilleure pour faire la fête. Elle s'étend à 7 km à l'est de Praia do Meireles. Sa portion la plus plaisante et la plus propre commence à 1 ou 2 km du port industriel à l'extrémité nord. Cette étendue de sable fin, qui court sur 8 kilomètres, attire beaucoup de monde. Il vaut mieux arriver avant midi pour trouver une table en front de mer dans les *barracas* (vastes restaurants de plage informels) les plus prisés. Certains ont tout d'une discothèque (avec musique tonitruante), comme l'**Orla Praia Club**. D'autres sont des *megabarracas*. C'est le cas du bar **Crocobeach**, avec piscines, douches et casiers fermés à disposition pour y laisser ses affaires. Les grands jours, on vient y regarder les matchs de football, à l'ombre de cocotiers géants. **Chico do Caranguejo**, qui possède d'autres enseignes en ville, est un établissement festif. On y déguste poisson et fruits de mer, en écoutant de la musique *live* certains soirs et en journée les week-ends. Certains de ces établissements prennent un air plus chic à la nuit tombée, avec videurs musclés à l'entrée et prix d'entrée dissuasif. Vous préfèrerez peut-être les cocktails bon marché vendus dans les kiosques tenus par des habitants,

FORTALEZA AVEC DES ENFANTS

Outre les plages et la baignade, Fortaleza est une ville facile à visiter avec des enfants. Sur l'Avenida Beira Mar, on peut louer des patins à roulettes, des tricycles, des vélos d'enfants et d'autres modes de transport, à toutes les heures du jour. Plus grand parc aquatique du Brésil, le **Beach Park** n'est qu'à 25 km au sud – pour vous faciliter le transport prenez un circuit organisé. Les sportifs en herbe assisteront à un match à l'**Arena Castelão**, plus grand stade de football de la ville, à 9 km au sud du centre. Les deux principaux clubs de Fortaleza, le Ceará et le Fortaleza, y jouent leurs matchs à domicile.

OÙ SE LOGER À FORTALEZA

Refugio Hostel Fortaleza
Vieille demeure devenue la meilleure auberge de jeunesse de Fortaleza. Patio bien exposé. **$**

Crocobeach Hotel
Vaste complexe hôtelier pour profiter pleinement de la Praia do Futuro. Chambres plutôt banales. **$$**

Pauli Boutique Hotel
Design branché et confort haut de gamme, non loin de la Praia do Mucuripe. Personnel très professionnel. **$$**

OÙ PRENDRE UN VERRE À FORTALEZA

Mar de Rosas
Bar sympa et décontracté d'Iracema. Ambiance bohème. Plats savoureux et bons cocktails.

Cervejaria Turatti
Microbrasserie élégante en plein air où l'on sert des bières artisanales, dans le quartier de Varjota.

Pirata Bar
Le *Segunda-feira Mais Louca do Mundo* ("le lundi le plus fou du monde") demeure légendaire au Pirata Bar.

Avenida Beira Mar
La promenade du front de mer est bordée de vendeurs ambulants, avec leurs chariots de boissons, notamment vers Praia de Iracema.

Benévolo Café
Tous les styles de cafés, desserts à se pâmer et une grande carte de salades et sandwichs.

installés juste devant. Cela dit, ce n'est sans doute pas la meilleure plage pour simplement flâner. Le spot est prisé des surfeurs et la hauteur des vagues oblige parfois à réserver la baignade aux nageurs aguerris. Étonnamment, rares sont les hébergements le long de Praia do Futuro. Il vaut mieux prendre un taxi ou un Uber pour s'y rendre et en revenir. Il est cependant possible d'y aller avec le bus 40 "Caça e Pesca" en direction de l'est, qui longe l'Avenida Monsenhor Tabosa, l'Avenida Historiador Raimundo Girão et l'Avenida Beira Mar.

Art traditionnel et contemporain, et plus

UN CENTRE CONSACRÉ À L'ART ET À LA VIE NOCTURNE

Le **Museu de Arte Contemporânea** et le **Memorial da Cultura Cearense**, ainsi qu'un cinéma et un planétarium (avec des programmes pour les enfants) forment le **Centro Cultural Dragão do Mar**, couvert de graffitis, à quelques encablures au sud-ouest de Praia de Iracema. Intéressant au plan architectural pour la manière dont il fait coexister des bâtiments de styles disparates, cet ensemble présente une caractéristique unique : une passerelle surélevée de couleur rouge qui relie littéralement le centre-ville à Iracema. Consultez le calendrier en ligne (dragaodomar.org.br) pour connaître sa programmation très éclectique, entre débats, spectacles de danse et théâtre.

Rendant hommage au partisan de l'abolition de l'esclavage Francisco José do Nascimento (1839-1914), dit Dragão do Mar (le Dragon des Mers), le lieu conserve une orientation progressiste. L'une des expositions permanentes les plus intéressantes du musée est celle consacrée à la vie et à l'héritage des *vaqueiros* (cow-boys) brésiliens et au culte des *cangaceiros*, ces légendaires hors-la-loi nomades du *sertão* qui défièrent la nation de la fin du XIXe siècle jusqu'aux années 1930. Dans une scénographie réussie, des expositions de photos et d'autres arts visuels sont organisées toute l'année. La **Caixa Cultural Fortaleza**, de l'autre côté de l'Avenida Pessoa Anta, juste au nord du Dragão do Mar, présente également des expositions d'arts visuels de qualité.

Un café sert d'excellents expressos, sandwichs et desserts. Le soir, plusieurs vendeurs ambulants proposent nourriture et boissons. Des boîtes de nuit ont aussi pris leurs quartiers dans les vieux édifices en partie restaurés des rues environnantes. Elles font le bonheur des fêtards.

COMMENT S'Y RENDRE ET CIRCULER

L'Aeroporto Internacional de Fortaleza-Pinto Martins (p. 260) est situé à 6 km au sud du centre-ville. Le bus spécial 917 le relie à l'Avenida Beira Mar/Avenida Aboliçao.

Si vous logez dans le quartier de Meireles, beaucoup de restaurants et bars sont accessibles à pied. **Bicicletar** (www.bicicletar.com.br), le système de vélos en libre-service, est un bon moyen d'apprécier l'Avenida Beira Mar sur toute sa longueur (nombreuses stations dans toute la ville). Il faut s'inscrire (forfait 24 heures 5 R$) sur le site Internet ou via l'application. Pour rejoindre Praia do Futuro, mieux vaut héler un taxi ou un Uber, voire une moto-taxi pour les distances plus courtes. Des bus desservent les autres quartiers de la ville.

Pour aller à Jericoacoara depuis Fortaleza, faites appel à un service de minibus direct, porte-à-porte (100 R$, 5 heures).

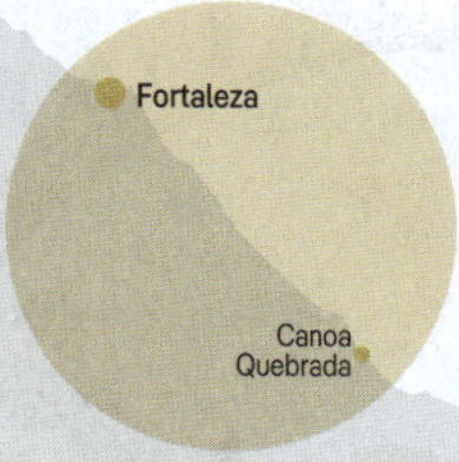

Environs de Fortaleza

Le vent, les vagues, des lacs, des fleuves, des dunes... et des petits villages synonymes de détente absolue.

Pour les infos pratiques, voir le Carnet d'adresses p. 289

À SAVOIR

Des agences de voyage organisent des excursions en minibus à la journée sur les plages le long de la côte vers l'est et l'ouest. Ils peuvent constituer un bon moyen de transport, mais ne sont jamais directs.

Quelle que soit la direction empruntée, au sud-est ou au nord-ouest de Fortaleza, ce n'est qu'une extraordinaire succession de plages, à des degrés différents de développement touristique. Les conditions y sont idéales pour pratiquer surf et kitesurf. Le buggy est l'unique moyen de transport pour se déplacer sur les dunes et les plages, en l'absence de route tracée ; certaines portions ne sont même accessibles qu'à marée basse. Pas tout à fait à mi-chemin entre Fortaleza et Natal, Canoa Quebrada constitue une étape pratique entre les deux, si vous vous déplacez en transport en commun. Au sud-est de Canoa, une bande ininterrompue de plage, bordée de falaises colorées, s'étire sur 30 km, jusqu'à la pointe de roches rouges de Ponta Grossa. Au nord de Canoa, de grands champs de hautes dunes s'étirent sur 12 km jusqu'à l'embouchure du Rio Jaguaribe.

Plage de Ponta Grossa

STEFANO EMBER/SHUTTERSTOCK ©

Canoa Quebrada

Vie de village à Canoa Quebrada

PLAGE BORDÉE DE FALAISES ET CHARMANT VILLAGE

Chouchou des voyageurs, le village de Canoa Quebrada (160 km au sud de Fortaleza) s'étire en descendant vers la plage le long de l'étroite Rua Dragão do Mar, piétonnière, surnommée "Broadway" en toute modestie ! De petits bars et restaurants s'y succèdent tout du long. Au-delà de "Broadway", au pied d'une petite descente, se trouve la plage. Vous pouvez passer quelques jours de détente dans ce bourg qui est la plus jolie localité balnéaire lorsqu'on quitte Fortaleza en chemin pour Natal.

Au sud de la ville, le long de la plage, une étoile et un croissant de lune (*Lue e Estrela*), gravés dans la falaise de sable rouge dans les années 1960, sont devenus le symbole de Quebrada – et le titre d'une chanson du chanteur brésilien Caetano Veloso. C'en est fini du refuge pour hippies de l'époque. Un contingent d'expatriés venus d'Europe, dont de nombreux propriétaires d'entreprises commerciales, donnent à Quebrada une ambiance internationale discrète. Jusqu'à présent, la commune a échappé aux affres du tourisme de masse ; de modestes *pousadas* accueillent les voyageurs en quête d'intimité. Le parapente et le kitesurf sont des activités très pratiquées ici, même si l'activité première consiste à ne rien faire, en se régalant de poisson et de fruits de mer dans une *barraca*. Lorsque la marée monte, vous battrez en retraite, avec votre table et votre assiette, sur une terrasse, sous les pilotis du restaurant.

Pour se loger, **Il Nugrahe**, à l'entrée du bourg, avec sa superbe piscine et son petit-déjeuner consistant, ainsi que le **Ravenala Hotel Boutique**, en plein centre, sont de bonnes options.

OÙ SE LOGER SUR LA CÔTE AU NORD-OUEST DE FORTALEZA

Dolce Vita Guesthouse
Boutique-hôtel de Lagoinha qui ne compte que six chambres élégantes. Service personnalisé. Piscine profonde en surplomb de la plage. $$

Casa na Lagoa
À Paracuru, au-dessus d'une lagune, le propriétaire et designer franco-brésilien a aménagé avec art de magnifiques suites. $$

Rede Beach
Établissement en bord de mer à Guajiru, idéal pour les familles, avec sa grande piscine. Les parties communes profitent de l'ombre des palmiers. $$

Pousada Casa Caju
Piscine, et superbes et vastes bungalows au chic rustique, avec toit en chaume, à Cumbuco. $$

COMMENT S'Y RENDRE ET CIRCULER

Tous les petits bourgs de bord de plage (sauf les plus petits) sont reliés à Fortaleza par un service de bus directs – São Benedito (www.sbautovia.com.br) est le seul prestataire à assurer la liaison avec Canoa Quebrada. Attention, ces lignes sont peu desservies, avec souvent un seul départ tôt le matin ou en soirée. Depuis Canoa, les bus pour Natal partent d'Aracati, à 12 km à l'intérieur des terres.

JERICOACOARA

La route entre Jijoca et Jericoacoara, plus simplement appelée "Jeri", est une piste de sable accidentée, avec de rares panneaux de signalisation. C'est donc une surprise pour les voyageurs de découvrir un village cosmopolite, très bien aménagé, à l'ambiance hippie chic. Jeri est certainement l'une des plus belles destinations du Brésil. Elle allie un parc national (depuis 2002), des dunes qui n'ont rien à envier à celles du Sahara, des lagunes aux eaux cristallines et une longue étendue de plage battue par les vents du large, idéale pour le surf et le kite. Vous pouvez lézarder sur la plage (la Praia Principal peut être bondée) ou contempler l'océan depuis un bar, un verre à la main. Pour les plus actifs, des excursions sont organisées, à bord de tous types de modes de locomotion : pirogues hawaïennes, kayaks, fatbikes et VTT. En fin d'après-midi, on assiste à une migration le long du rivage jusqu'à la Duna do Pôr do Sol, un des rares endroits faisant face à l'ouest, où l'on assiste au coucher du soleil.

Pour les infos pratiques, voir le Carnet d'adresses p. 289

À SAVOIR

Pensez à payer et à remplir le formulaire d'entrée et la taxe touristique pour l'accès et le séjour à Jeri sur le site speedgov.com.br/satjij/servlet/com.satweb.gerataxaturl. Sinon, vous devrez vous enregistrer au bureau de Jijoca. Ce document est à présenter à l'entrée et à la sortie du village.

VOIR
1 Buraco Azul Caiçara
2 Buraco Azul Castelhano
3 Guriú
4 Lagoa Azul
5 Lagoa do Paraiso
6 Lagoa Tatajuba
7 Preá

SE LOGER
8 Jerizz House
9 Pousada Jeribá
10 Villa Chic Hostel

SE RESTAURER
11 Bistro Caiçara
12 Gelato & Grano
13 Na Casa Dela

PRENDRE UN VERRE ET FAIRE LA FÊTE
14 Club Ventos
15 Doce Divino
16 Praia Principal
17 Samba Rock Café

POURQUOI J'AIME JERICOACOARA

Michael Grosberg, auteur

La balade jusqu'à l'arche rocheuse de Pedro Furada, à 3 km à l'est du bourg, est l'une de mes préférées, une vraie carte postale de Jeri. J'aime la façon dont le paysage évolue au gré des marées ; consultez-en les horaires avant de partir en balade. Je démarre en général de Praia Principal, le coin le plus fréquenté de Jeri, avant de longer l'étendue de sable de Praia de Malhada, plutôt dédiée au surf. Il y a parfois des rochers en chemin, mieux vaut être chaussé ; à marée haute, la plage disparaît. Dans ce cas, vous longez la falaise au-dessus. Du 15 juin au 30 juillet, l'arche forme un cadre photo, très prisé au coucher du soleil. Au retour, à la tombée de la nuit, vous êtes accueilli sur Praia Principal par les vendeurs ambulants et leurs boissons.

Lagoa do Paraiso

Excursions en buggy vers l'ouest

DESCENTES DE DUNES ET DÎNER SUR LA LAGUNE

Frisson garanti lorsque vous glisserez le long des rivages sablonneux, partirez à l'assaut de dunes escarpées et zigzaguerez sur des étendues de sable, tels les survivants d'une apocalypse dans le film *Mad Max*. Attention, toutefois, aux autres survivants en maillot de bain, allongés sur le sable ! Rabatteurs et autres magasins de bord de mer proposent des tas d'excursions à la journée, en buggies, pick-up tout-terrain et quads. Sachez que le quad est le seul véhicule dont vous pouvez prendre le volant. L'expérience mérite vraiment d'être tentée… si elle vous tente. Muni d'un casque de sécurité, vous ferez attention au soleil sur le reste du corps.

Deux excursions en buggy, vers l'est et l'ouest, sont proposées. Si les deux sont plébiscitées, l'équipée vers l'ouest a davantage des airs d'aventure, avec deux traversées de rivière à bord de radeaux en bois et divers arrêts pour de petites activités moyennant une modique participation supplémentaire, dont un tour des mangroves en pédalo (sans grand intérêt), mais aussi de la luge sur sable et des glissades sur l'eau dans la **Lagoa Tatajuba**. Deux heures de cette journée sont consacrées à un festin de poisson et fruits de mer à Tatajuba. Langoustes, crevettes et poissons grillés sont servis accompagnés de riz et de haricots, d'une petite salade de tomates et de *farofa* (farine de manioc revenue dans du beurre), servi sur des tables, les pieds dans l'eau. Les palmiers servent de parasol. Sieste possible dans un hamac ; une fois installé, vous êtes quasi immergé dans l'eau. Les multiples haltes au cours de cette excursion ont parfois l'air d'être chorégraphiées pour les

OÙ SE LOGER À JERICOACOARA

Villa Chic Hostel
Auberge-*pousada* de charme ; plusieurs options dans les dortoirs ; ambiance moins festive qu'ailleurs. **$**

Jerizz House
Auberge pour kitesurfeurs à l'écart du village. Chambres à la décoration blanche avec balcon privé et hamacs. **$$**

Pousada Jeribá
Superbe emplacement surplombant la plage de surf de Jeri. Luxe et ambiance zen. Piscine dans le jardin. **$$$**

Brésiliens, très amateurs d'Instagram, comme à **Guriú**, l'une des dernières étapes sur le chemin du retour, qui n'est rien d'autre qu'une zone où les mangroves sont mortes.

Lagunes et trous d'eau

SPOTS DE BAIGNADE ET BARS

Souvent confondues, les célèbres lagunes jumelles de Jeri, **Lagoa do Paraiso** et **Lagoa Azul**, correspondent en fait à des portions différentes du même cours d'eau qui serpente. Si vous ne supportez pas le monde, mieux vaut s'abstenir. L'endroit plaira à ceux qui veulent se régaler de boissons fraîches et de poisson et fruits de mer, au milieu de la foule… à moins de venir tôt le matin ou en fin de journée. Grand classique des photos du Nordeste sur Instagram, le touriste pose un cocktail à la main, en train de se balancer dans un hamac dans l'eau. La promesse n'est pas toujours au rendez-vous, car le hamac est souvent submergé par une eau fraîche. La visite des lagunes, souvent incluse dans le circuit en buggy vers l'est, est facile à faire par soi-même. Si vous voulez simplement vous baigner, il est possible d'atteindre d'autres points d'accès à pied, mais sans le moindre aménagement. Les lagunes sont en lisière de Jijoca. Des pick-up tout-terrain vous y déposent lors de leurs trajets entre les deux villes. Pensez à prévoir votre trajet de retour.

Buraco Azul Caiçara et **Buraco Azul Castelhano** (parfois appelé "Buraco Azul") sont deux autres spots tout proches. Ces trous d'eau se sont formés en 2019, après que les eaux de pluie ont rempli les immenses puits creusés pour approvisionner en sable un projet régional d'aménagement routier. En fonction de l'ensoleillement et de la quantité de pluie tombée récemment, la couleur de l'eau varie, entre crème et turquoise jusqu'au bleu translucide. Légèrement plus petit et moins profond, Caiçara fait partie du circuit vers l'est. Castelhano, plus profond, est bordé de hautes parois. On a la possibilité de sauter dans les deux.

NE PAS OUBLIER…

La position isolée de Jeri constitue à la fois un avantage et un inconvénient. Ne vous promenez pas seul dans les dunes au petit matin et ne laissez pas des objets de valeur sans surveillance au restaurant ou sur la plage. En dehors de la plage, ne marchez pas pieds nus dans Jeri : portez des tongs en ville et sur la dune du Pôr do Sol pour vous protéger du *bicho-de-pé* (la puce-chique), un parasite qui peut s'enfoncer dans votre pied et s'y reproduire. Il y a parfois des *águas-vivas* (des méduses urticantes) dans les eaux de Jeri. Si vous ne voyez personne se baigner, renseignez-vous avant d'entrer dans l'eau.

Jeri, paradis du kitesurf

ÉCUMER LA VAGUE FORMÉE PAR LE VENT

Avec l'appui de la dizaine d'écoles agréées par l'International Kiteboarding Organisation et quelques instructeurs à leur compte, Jeri est l'endroit parfait pour s'itinier au kite. Des kitesurfeurs du monde entier viennent à Jeri – et à Preá, toute proche, ainsi que sur toute la côte du Nordeste – pour profiter des vents qui

SPOTS DE KITESURF

Alizés puissants et réguliers soufflant sur l'océan Atlantique en provenance d'Afrique pendant la seconde moitié de l'année font de la côte du Nordeste un endroit parfait pour le kitesurf. **Icaraí de Amontada** (p. 276) et **Atins** (p. 287) sont d'autres spots d'exception.

OÙ SE RESTAURER À JERICOACOARA

Gelato & Grano
Depuis dix ans, ce glacier artisanal chic de la place principale propose une vingtaine de parfums. **$**

Bistro Caiçara
Patio au 2e étage donnant sur la Rua Principal. Menu créatif (poisson et fruits de mer à l'honneur). **$$**

Na Casa Dela
Savoureux plats de pâtes, risotto ou spécialités de poisson et fruits de mer dans une cour romantique. **$$**

OÙ PRENDRE UN VERRE À JERI

Club Ventos
Allongé dans une chaise longue, vous attendez le coucher du soleil, un cocktail à la main, sur la terrasse face à l'océan.

Praia Principal
La plage compte une dizaine de chariots ambulants alignés où l'on vous sert des boissons

Samba Rock Café
Musique *live*, notamment *sertanejo* et *forró*, et DJ mixant des rythmes électro dans cet établissement occupant un angle de la place principale.

Doce Divino
Dans ce "mouchoir de poche", on sert des cafés et de délicieuses pâtisseries et gâteaux faits maison.

ALESIA PUZHAUSKAITE/SHUTTERSTOCK ©

Windsurf à Jericoacoara

soufflent à une moyenne de 23 à 30 nœuds, et ce durant huit mois de l'année. De fin juin à février, la brise se lève en milieu de matinée et souffle jusqu'au coucher du soleil, plus fort en septembre et octobre. Le spot de **Preá**, à marée basse, est idéal pour les débutants – il se trouve à 13 km à l'est de Jeri et compte des complexes hôteliers de qualité. Parmi les autres bons sites, mentionnons les eaux de l'embouchure du fleuve à **Guriú**, à 12 km à l'ouest de Jeri (de plus en plus fréquentées) et le littoral qui s'étend sur plusieurs kilomètres en direction de Jeri ; et **Tatajuba**, à 12 km après Guriú, où l'on trouve une lagune aux eaux calmes. Les kitesurfeurs expérimentés, quant à eux, apprécient particulièrement les vents portants sur 25 km entre la dune du Pôr do Sol ("coucher du soleil") et Tatajuba. Toute la côte entre Fortaleza et Jericoacoara s'y prête également. Les écoles de kitesurf prévoient le transport en buggy pour ces aventures au long cours.

COMMENT S'Y RENDRE ET CIRCULER

Il y a un aéroport à 30 km de Jericoacoara, dans la commune de Cruz. Il est desservi par des vols domestiques. Le transfert en transport en commun coûte environ 80 R$ par passager.

Vous circulerez facilement dans tout Jeri à pied. La ville est interdite aux véhicules non autorisés, même si on y trouve plus de voitures qu'on ne devrait. Faites attention aux pick-up tout-terrain et buggies "autorisés" qui circulent sur les routes sablonneuses.

Les rues principales (de sable) sont parallèles les unes aux autres, en direction de l'ouest vers la plage. Au milieu, se trouve la Rua Principal ; vers le nord, la Rua do Forró (où arrivent les bus), puis la Rua da Igreja (aussi appelée Rua da Matriz) ; vers le sud (du côté des dunes), la Rua São Francisco et la Rua das Dunas.

Si vous voyagez en voiture, mieux vaut la laisser à Jijoca, où l'on trouve des parkings sûrs pour 20 R$ par jour. En effet, les véhicules peuvent facilement être endommagés pendant le trajet vers Jeri et l'assurance des agences de location ne couvre pas le sable. Même si vous atteignez Jeri en voiture, les véhicules non autorisés ont interdiction d'y circuler. À Jijoca, prenez un D-20 (pick-up tout-terrain qui part une fois qu'il a fait le plein de voyageurs) ou un buggy (plus cher ; 4 pers max) pour Jeri. Des D-20 partent régulièrement de la station-service BR – point de départ également des bus Guanabara (www.expressoguanabara.com.br) – ; au bureau de la station, vous pouvez vous acquitter de votre taxe touristique pour Jeri), à l'angle de l'Avenida Alfonso Fontes et de l'Avenida Manoel Marques Albuquerque.

Environs de Jericoacoara

La plupart des visiteurs arrivent directement à Jeri. Pourtant, montagnes, delta d'un fleuve et spots côtiers moins courus vous attendent par les chemins de traverse.

Pour les infos pratiques, voir le Carnet d'adresses p. 290

À SAVOIR

Les plats typiques du Ceará sont la norme dans les lieux moins touristiques. Le *baião de dois* (riz et haricots) accompagne poisson sur la côte et *carne de sol* (viande de bœuf séchée) dans les terres.

Une bonne partie de la côte à l'est et à l'ouest de Jeri est idéale pour des excursions longue distance en buggy et des sorties kitesurf. Elle est bordée de palmiers et de coins pittoresques où les cours d'eau rejoignent l'océan. Ici, les petits villages de bord de mer encore préservés du tourisme de masse ne manquent pas. Parnaíba, dans l'État du Piauí – coincé entre les États de Ceará et de Maranhão –, constitue une bonne étape pour couper un long trajet. La ville est la porte d'entrée du delta du fleuve homonyme, peu visité, alors même qu'on y croise de très nombreux ibis rouges. Pour changer du bord de mer, pénétrez l'intérieur des terres jusqu'au Parque Nacional de Ubajara, à la découverte de grottes géantes, de cascades à fort débit et de beaux paysages de montagne.

Amontada (p. 276)

CONNAÎTRE LES HEURES DES MARÉES

N'importe où sur la côte, soyez toujours informé de l'heure des marées. En effet, les immenses plages disparaissent et les routes entre deux destinations deviennent impraticables à pied, parfois même en bateau. Des piscines naturelles entourées de récifs coralliens se dévoilent lorsque la marée est basse. Quand elle est haute, des vasières peu profondes se transforment en piscines. Certaines cartes indiquent des passages censés rester toujours franchissables ; en réalité cela dépend du moment de la journée et du mois de l'année. Des applications et des sites Internet qui suivent les marées incluent parfois des prévisions météo et de vent – indications précieuses pour les véliplanchistes et les kitesurfeurs. Parmi ces sites, mentionnons magicseaweed.com et tides4fishing.com/br.

Rio Aracatiaçu

Le charme d'Icaraí de Amontada

UN BOURG TRANQUILLE ET UNE PLAGE BORDÉE DE PALMIERS

Tout le monde se connaît, et vous connaîtra au bout de quelques jours passés dans ce village de pêcheurs bucolique, à 148 km de Jeri, que l'on appelle tendrement Icaraizinho ("le petit Icaraí") pour le distinguer de l'autre Icaraí, à seulement 18 km au nord de Fortaleza. Les mêmes vents forts qui ont initialement attiré les véliplanchistes, relayés aujourd'hui par les kitesurfeurs, ont ici également fait venir d'immenses éoliennes.

D'aucuns comparent Icaraí à ce qu'était Jericoacoara quelques décennies en arrière. Certes, la plage de sable bordée de palmiers d'Icaraí de Amontada est belle et les dunes en dehors du bourg méritent la visite, mais sachez que le paysage n'y est tout de même pas aussi spectaculaire. En revanche, et c'est un atout incontestable, l'affluence y est bien moindre. Vous pourrez assister au coucher du soleil du haut des dunes, à l'ouest du village, de manière bien plus tranquille qu'à Jeri.

Si vous avez épuisé les joies du farniente (les amateurs de kitesurf crouleront, quant à eux, sous les offres de sorties d'un à deux jours), partez en buggy vers le nord, le long de la plage, au-delà des éoliennes. Faites une halte pour des photos à **Ponta de Moitas** avant de gagner l'embouchure du **Rio Aracatiaçu**, où vous embarquez sur un petit bateau en bois à fond plat pour faire un tour dans les mangroves. Le paysage s'embellit à mesure que les canaux se rétrécissent ; vous naviguez sous la canopée formée par les branches des arbres. **Ilha das Ostras** (que vous

OÙ SE LOGER À ICARAÍ DE AMONTADA

Pousada Malea
Chalets avec ventilateur d'un excellent rapport qualité-prix, jardin et piscine. Proche de la mer. **$$**

Casa Zulu
Bungalows rustiques-chics et appartements aménagés dans un jardin verdoyant, avec accès plage. **$$**

Villa Mango
Chalets en bois luxueux dans un jardin idyllique, parfaitement entretenu à une extrémité isolée de la plage. **$$$**

pouvez aussi rallier en buggy), coin tranquille en bordure du fleuve, mérite une halte pour se désaltérer avant un dernier arrêt pour assister au coucher du soleil.

Excursion en bateau sur le Rio Parnaíba

LE DELTA DU FLEUVE, SON PAYSAGE ET SA FAUNE SAUVAGE

Le Piauí, un des États les plus grands du Nordeste, entre le Ceará et le Maranhão, en est aussi l'un des moins visités – il n'a qu'une petite portion de littoral –, malgré plusieurs atouts comme le delta du fleuve Parnaíba et la ville du même nom (à 211 km à l'ouest de Jericoacoara). Cette étape logique entre différentes destinations est aussi une bonne base pour partir en croisière sur le delta. Parfois appelé "delta des Amériques", cet écosystème est unique, avec son labyrinthe de canaux, ses dunes de sable imposantes, ses lagunes et, plus impressionnant encore, ses centaines d'ibis rouges (*guarás*) survolant le Rio Parnaíba.

Des bateaux de tailles très diverses assurent des sorties d'une journée ou d'une demi-journée à la découverte du delta : gros bateaux à l'ambiance festive, vedettes rapides pour aller jusqu'à **Tutóia** (sept heures) ou canots motorisés pour des sorties de plus courte durée. Au **Porto das Barcas**, poussez la porte de l'une des nombreuses agences ou réservez une sortie à la **Pousada Vila Parnaíba**, le meilleur endroit pour passer la nuit en ville. Son emplacement est pratique, à quelques pâtés de maisons du bord de l'eau. Les chambres luxueuses ont été décorées avec goût. La piscine serpente au milieu d'un splendide jardin paysager. Le soir venu, quelques restaurants sortent des tables dans une étroite ruelle pavée, à un pâté de maisons de l'endroit où la route du port rejoint le fleuve (cherchez un glacier à l'angle).

Grottes, cascades et vue sur la montagne

LE PLUS PETIT PARC NATIONAL DU BRÉSIL

Frissons garantis à bord du **teleférico** long de 550 m, plutôt raide, qui descend au-dessus de la cime des arbres de l'escarpement rocheux est de la Serra da Ibiapaba, plongée dans la brume du petit matin. Il vaut vraiment la peine d'entreprendre le trajet vers l'intérieur des terres pour rejoindre le **Parque Nacional de Ubajara**, à 190 km au sud de Jericoacoara (325 km à l'ouest de Fortaleza). Situé sur un escarpement rocheux couvert d'une épaisse forêt, à 850 m au-dessus du niveau de la mer, il affiche de spectaculaires panoramas sur le *sertão* (arrière-pays du Nordeste). On y vient surtout pour ses immenses grottes, ses trois chutes

LA RÉGION DE L'IBIS ROUGE

En raison des nombreuses colonies qu'il abrite, le Maranhão s'efforce de mettre en exergue l'appellation *Floresta dos Guarás* (forêt de l'Ibis rouge). Parnaíba, dans le Piauí, en est le point d'accès le plus pratique. La ville coloniale d'Alcântara dans le Maranhão, près de São Luís, est une autre possibilité ; mais le bas niveau de l'eau rend aléatoire les déplacements en bateau. D'autres endroits, encore plus éloignés, ne connaissent aucun développement touristique. Le petit port de pêche d'Apicum-Açu, à 80 km après la ville de Cururupu, abrite la plus grande communauté de personnes albinos du Brésil. C'est le point de départ pour une excursion en bateau de 3 heures 30 jusqu'à l'Ilha dos Lençóis. Cette immense île de sable se distingue par ses plages, son village de pêcheurs, ses dunes comparables à celles des Lençóis Maranhenses et ses mangroves, qui protègent le très précieux ibis rouge.

OÙ SE LOGER À PARNAÍBA

Pousada Vila Parnaíba
Emplacement idéal, non loin du fleuve ; chambres élégantes, excellent service, piscine et jardin. **$$**

Casa de Santo Antônio Hotel
Charmante demeure tout en coins et recoins, en plein centre, avec piscine ombragée et espace détente. **$$**

Arrey Hotel Beach
Vaste complexe hôtelier moderne avec une grande piscine centrale. Un peu isolé en périphérie est. **$$**

OÙ SE RESTAURER DANS LA RÉGION

Espaco Gourmet
À Icaraí, une modeste gargote, sans carte. Le chef propose son menu du jour à base de sushis de poisson fraîchement pêché, de sashimis, de plats de pâtes gourmets et autres. $$

Café Zapata
Restaurant-jardin vers l'extrémité est de la Praia Icaraí. Poisson, fruits de mer et pâtes. $$

Maria Bonita
Long menu international et espace en plein air convivial sur la route du parc en partant du centre d'Ubajara. $$

TUNART/GETTY IMAGES ©

Grottes, Parque Nacional de Ubajara

d'eau impressionnantes et les belles balades à faire dans la forêt. Fermé pendant de longues années avant sa réouverture en 2022, le téléphérique vous épargne, en l'espace de trois minutes, une difficile randonnée de 7 km pour rejoindre le vaste **réseau de grottes** illuminées d'Ubajara, qui s'enfoncent sur plus de 500 m dans la montagne (seul un tiers des grottes est ouvert au public). Parmi les neuf salles caractérisées chacune par des roches calcaires aux formes étonnantes, citons la Pedra do Sino (pierre de cloche), les Salas da Rosa (salles de la rose), la Sala do Cavalo (salle du cheval) et la Sala dos Retratos (salle des portraits).

À condition de bien s'organiser, vous pouvez cumuler la balade avec une des cascades du parc. Un circuit de 6 km mène à la **Cachoeira do Cafundó** où la baignade dans les piscines naturelles après l'effort est rafraîchissante. Plus impressionnante, la chute d'eau de la **Cachoeira do Gavilão** s'écoule sur 110 m de blocs de roche amoncelés comme un gâteau de mariage. Avec ses 8 km, cette randonnée est plus exigeante. Dans tous les cas, passez au **centre des visiteurs**, bien conçu, qui présente les objets mis au jour lors de fouilles archéologiques et des photos de la flore et de la faune typiques du parc. Une passerelle surélevée mène à un point de vue. Toutes les activités à faire dans le parc (hormis l'accès au point de vue) nécessitent un guide et un petit pourboire. L'entrée principale se trouve à 3 km à l'est de la ville d'Ubajara, qui compte quelques bons hôtels et restaurants. Il est facile de trouver un taxi pour vous conduire au centre des visiteurs.

COMMENT S'Y RENDRE ET CIRCULER

Deux bus Guanabara (www.expressoguanabara.com.br) partent tôt le matin de Barreirinhas à destination de Tutóia (2 heures) avant de poursuivre jusqu'à Parnaíba (2 heures). Comptez 4 heures de plus pour rallier Jijoca, porte d'accès à Jericoacoara.

Entre Ubajara et Jericoacoara, un bus Gontijo part tous les matins pour Granja (2 heures) ; de la place principale, vous pouvez ensuite grimper à bord de l'un des deux bus Fretcar qui partent direction Jijoca (1 heure) à midi et 16h30.

SÃO LUÍS

Inscrit sur la Liste du patrimoine mondial de l'Unesco, le centre historique de São Luís est un quartier séduisant avec ses ruelles pavées, où règne une chaleur tropicale humide, et son incroyable collection de maisons coloniales aux tons pastel – superbement restaurées ou décrépites. La ville dans son ensemble porte la marque de la culture afro-brésilienne – le dynamisme de la scène reggae locale (São Luís est appelée la "Jamaïque brésilienne") et les festivités hautes en couleur de Bumba Meu Boi en témoignent.

São Luís se trouve sur la pointe nord-ouest de l'Ilha de São Luís, une île de 50 km de long, seulement séparée du continent par d'étroits canaux. La ville en elle-même est divisée par le Rio Anil. Au sud du fleuve, les ruelles du *centro histórico* sillonnent un terrain vallonné, le cœur du quartier se trouvant dans la partie basse, à Praia Grande. Au nord s'étendent les faubourgs modernes ainsi que les plages de la ville.

Pour les infos pratiques, voir le Carnet d'adresses p. 291

À SAVOIR

Au restaurant, ne manquez pas de goûter aux spécialités régionales : *casquinha de caranguejo* (crabe farci), *ururu ao leite de coco* (ragoût de moules au lait de coco), *amarela* (merlu à nageoires jaunes) et *arroz de cuxá* (riz aux crevettes, sésame grillé et oseille de Guinée), que l'on trouve sur toutes les cartes.

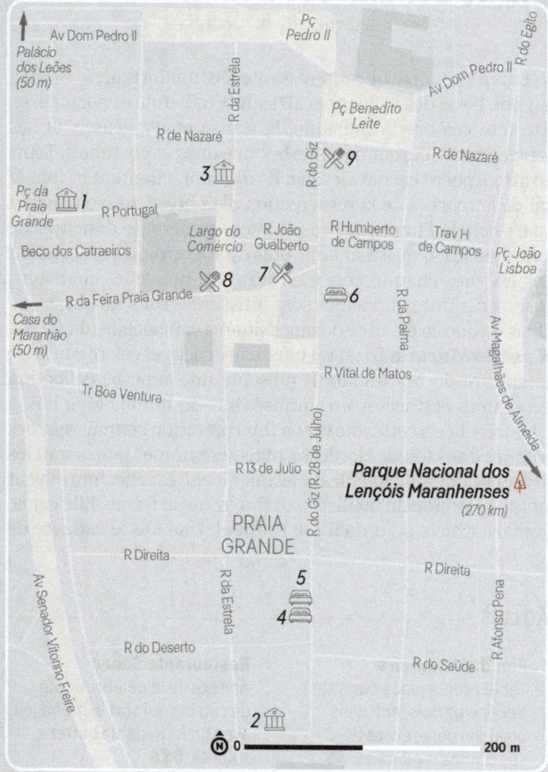

VOIR
1 Casa do Nhôzinho
2 Museu do Negro
3 Museu do Reggae Maranhão

OÙ SE LOGER
4 Casa Frankie
5 Casa Lavinia
6 Palma Hostel

OÙ SE RESTAURER
7 Cafefinho da Tía Dica
8 Flor de Vinagreira
9 Restaurante Senac

L'HISTOIRE DE SÃO LUÍS

En 1612, trois vaisseaux français firent voile vers le Maranhão pour tenter de prendre possession d'un bout de l'Amérique du Sud. Une fois établis à São Luís – la seule ville que les Français fonderont au Brésil –, ils s'allièrent aux Indiens tupinambá pour attaquer les peuples vivant autour de l'embouchure de l'Amazone. Peu après l'attaque des Portugais en 1614, les Français abandonnèrent leurs ambitions coloniales dans la région. Une brève occupation par les Hollandais de 1641 à 1644 se solda par la reprise en main des Portugais. Les propriétaires de plantations de sucre et de coton, qui utilisèrent le port de São Luís, prospérèrent grâce au labeur des esclaves africains, de sorte qu'au début du XIXe siècle, São Luís était une des villes les plus riches du Brésil. Quand la demande en produits régionaux s'affaiblit plus tard au XIXe siècle, la ville entama un long déclin.

ERICA CATARINA PONTES/SHUTTERSTOCK ©

Fête du Bumba Meu Boi

Fête du Bumba Meu Boi

UNE FÊTE AFRO-BRÉSILIENNE TRADITONNELLE ÉPOUSTOUFLANTE

São Luís a vu naître une intéressante fête folklorique, le Bumba Meu Boi. Issue des influences africaine, indienne et portugaise, cette fête célèbre la musique, la danse et le théâtre, et ses participants se parent de superbes masques et costumes. Dans une atmosphère carnavalesque, ils dansent, chantent et font le récit de la mort et de la résurrection d'un bœuf, tout en faisant la part belle à l'improvisation. La fête se déroule dans tout le Maranhão. Rien qu'à São Luís, près de 400 groupes descendent dans les rues chaque année en juin. De nouvelles chansons, danses, costumes et poèmes sont ainsi créés tous les ans.

Dans un ancien poste de douanes situé à l'embouchure du fleuve, la **Casa do Maranhão** est un musée instructif et coloré consacré à la culture du Maranhão. Il présente une superbe collection de costumes et d'accessoires utilisés lors du Bumba Meu Boi.

L'histoire liée à cette fête et son interprétation connaissent des variantes dans tout le Nordeste, mais ses grandes lignes sont les suivantes : Catrina, filleule du fermier local, est enceinte et veut manger la langue du meilleur *boi* (bœuf) de la ferme. Elle cajole son mari, Chico, pour qu'il tue l'animal. Une fois le cadavre de

OÙ SE RESTAURER À SÃO LUÍS

Cafefinho da Tía Dica
Une foule animée vient se régaler de crevettes, fruits de mer et viande au déjeuner. Musique *live*. **$$**

Flor de Vinagreira
Tables sur la place centrale. Service parfois lent, mais portions généreuses de spécialités régionales. **$$**

Restaurante Senac
Annexe de la célèbre école de cuisine qui sort le grand jeu, avec un formidable buffet à volonté. **$$$**

bœuf découvert, plusieurs personnages (caricatures issues de toutes les classes sociales) finissent par démasquer le coupable qui est traîné devant la justice. Le bœuf revient à la vie grâce à des incantations magiques, ce qui entraîne le pardon de Chico. L'histoire s'achève sur les joyeuses retrouvailles de Chico et de Catrina.

Traditionnellement, les groupes commencent à répéter le samedi de Pâques pour préparer le "baptême" de leur *boi* le 13 juin, jour de la Saint-Antoine, ou le 23 juin, jour de la Saint-Jean. Certains démarrent toutefois plusieurs mois avant Pâques. Un grand nombre de répétitions sont ouvertes au public. Renseignez-vous sur les horaires auprès des offices du tourisme ou de votre hébergement (à réserver bien en avance). Pendant la fête, du 13 au 30 juin, des groupes différents se produisent chaque soir en différents lieux de la ville. Les spectacles les plus touristiques peuvent ne durer qu'une heure, tandis que les célébrations locales se poursuivent parfois toute la nuit. L'atmosphère est particulièrement animée les soirs des 23-24 et 29-30 juin.

La période du Bumba Meu Boi se prête à découvrir d'autres expressions de la culture afro-brésilienne, comme la danse féminine du Tambor de Crioula.

La ville du reggae

LA BANDE-SON NOCTURNE DE SÃO LUÍS

Connue pour être la Jamaïque brésilienne, en raison de la popularité du reggae, São Luís possède une identité musicale qui lui est entièrement propre. Une possible explication tiendrait à la proximité relative de la ville avec les Caraïbes qui aurait permis aux radios à ondes courtes de capter la musique jamaïcaine. Dans les années 1970, des DJ se mirent à passer cette musique lors des soirées qu'ils animaient, sur les *radiolas* (les tourne-disques). Les Afro-Brésiliens de São Luís adhérèrent au milieu, au style et à l'esprit de contestation pacifique du mouvement. Pour en savoir plus, visitez le **Museu do Reggae Maranhão** au cœur du *centro histórico*. On peut y écouter des enregistrements de chansons, même des plus grands comme Célia Sampaio (au style plus africain que caribéen) et de Tribo de Jah, sur des postes d'écoute. De jeunes guides, uniquement lusophones, sont à votre disposition pour vous faire partager leurs morceaux préférés, passés et présents. Le style du Maranhão se caractérise par des paroles, des rythmes et une façon de danser plus romantiques et sensuels (l'*agarradinho*) que son homologue caribéen. Des fêtes de rue et des cercles de danse, certains improvisés et d'autres réguliers, s'organisent le soir, au détour d'une rue du *centro histórico* ou ailleurs. Il n'y a pas que du reggae, mais aussi d'autres rythmes et danses traditionnels. Les passants

LES PLAGES DE SÃO LUÍS

Les plages débutent 4 km au nord du centre historique. On peut y passer du bon temps, mais elles sont loin d'être les plus belles du Brésil. Faites attention aux déferlantes, aux marées et à la pollution.

La Praia Ponta d'Areia, parfois polluée, est la plage la plus proche du centre et la plus animée. Deux kilomètres plus loin, la Praia de São Marcos est fréquentée par les jeunes et les surfeurs. La vaste et belle Praia de Calhau, à 9 km du centre, est la meilleure plage des environs. Son sable blanc compact est propice au football. Elle est très fréquentée le week-end. Le long de la plage, les grandes *barracas* attirent tard dans la nuit les fêtards.

De São Luís, on atteint rapidement en bus Raposa, un petit village de pêcheurs idéal pour se baigner. L'eau y est bien plus propre qu'en ville, et vous trouverez plusieurs adresses servant poissons et fruits de mer d'un bon rapport qualité-prix.

OÙ SE LOGER À SÃO LUÍS

Palma Hostel
Dortoirs et chambres dans un bâtiment historique du centre. $

Casa Lavinia
Rénovation réussie pour cette demeure du XIXe siècle. Chambres spacieuses et patio verdoyant. $$

Casa Frankie
Résidence coloniale avec belles parties communes et petite piscine dans le patio. $$

LE PALAIS DES GOUVERNEURS

Le Palácio dos Leões a été construit au XVIIIe siècle sur le site du fort français. C'est toujours le siège du gouvernement de l'État et la résidence du gouverneur, mais certaines pièces sont ouvertes au public. Vous pourrez y voir un riche ensemble de pièces de mobilier et d'œuvres d'art, pour l'essentiel françaises et datant des XVIIIe et XIXe siècles. Visite guidée obligatoire, notamment en français. À ses côtés, le Palácio de la Ravardière (1689) où est aujourd'hui installée l'hôtel de ville, accueille sur le devant un buste du fondateur de São Luís, le Français Daniel de La Touche, seigneur de La Ravardière, qui dirigea l'expédition de 1612.

se joignent à la chorégraphie, à la musique et à la danse avec naturel et fluidité, ce qui peut devenir hypnotique. Les vendeurs ambulants approvisionnent en boissons. Si vous testez plusieurs fêtes de rue, discothèques et bars vous devriez finir par vous croire en Jamaïque. **Reggae Cruises** organise ce type de soirée sur l'eau, lors de sorties en bateau le samedi soir, avec un DJ aux platines. Pour connaître les bars et discothèques à la mode, demandez conseil au musée.

Le centre historique et ses musées

UNE PLONGÉE DANS L'HISTOIRE DE LA VILLE

Le centre historique de São Luís est le quartier à l'architecture coloniale le mieux préservé du Nordeste. Ses innombrables demeures des XVIIIe et XIXe siècles (plus de 3 500) sont ornées d'azulejos portugais de la période coloniale. Négligé des décennies durant, le centre historique fait l'objet de restaurations progressives depuis la fin des années 1980. Nombre de bâtiments qui ont retrouvé leur splendeur d'origine (environ un millier) hébergent désormais des musées, des galeries d'art, des boutiques d'artisanat et des restaurants. D'autres ont encore besoin d'être restaurés ou ne l'ont pas encore été entièrement ; ils font aussi partie du charme de la ville. São Luís s'enorgueillit également de nombreuses églises, dont une cathédrale, la **Catedral Matriz da Sé**.

Outre le musée Museu do Reggae Maranhão (p. 281) et la Casa do Maranhão (p. 280), vous pourrez vous rendre à la **Casa do Nhôzinho** pour découvrir une collection d'ingénieux pièges à poisson, des salles consacrées à l'artisanat indien du Maranhão, ainsi que des dizaines de figurines délicates du Bumba Meu Boi aux couleurs vives, réalisées par le maître artisan Mestre Nhôzinho (XXe siècle). Le **Museu do Negro**, installé dans un bâtiment qui abrita un temps un marché aux esclaves (vous noterez l'absence de fenêtres), présente pour sa part des objets liés à l'histoire de l'esclavage. Le **Palácio dos Leões** (voir ci-contre), rappelle les origines françaises de la fondation de la ville.

COMMENT S'Y RENDRE ET CIRCULER

L'Aeroporto Internacional de São Luís/Marechal Cunha Machado (p. 260) est bien desservi par des vols intérieurs. Le bus 901 (São Cristóvão Aeroporto) circule entre l'aéroport (arrêt juste devant le terminal, sur la gauche) et la Praça Deodoro, située à environ 1 km à l'est d'un grand nombre d'hébergements du *centro histórico* ; évitez néanmoins de l'emprunter le soir, peu sûr. Les taxis utilisent peu leur compteur, mais les tarifs officiels sont affichés dans le hall des arrivées.

La gare routière (www.rodoviariasaoluis.com.br), appelée Terminal Rodoviário de São Luís, est située à 8 km au sud-est du centre historique. Le bus Socarrão II-Rodoviária relie la gare routière au Terminal Praia Grande, Av. Senador Vitorino Freire.

Les déplacements se font aisément à pied (voiture inutile) dans les rues pavées du *centro histórico*, où séjournent la plupart des voyageurs. Des escaliers en pente raide permettent de rejoindre certains endroits de la ville, plus vallonnés, ce qui en rend l'accès difficile aux personnes ayant des problèmes de mobilité. Uber, taxis ou bus locaux (à payer en espèces au moment de monter) sont indispensables pour gagner les plages du nord. Les bus qui circulent à faible vitesse sont souvent bondés ; il est préférable de les éviter à la nuit tombée. La circulation sur les principales artères de la ville et en périphérie peut être très chargée.

GRACE LANGBECK / STOCK.ADOBE.COM ©

Centre historique, São Luís

Environs de São Luís

Cap sur l'enclave reculée d'Atins, et les dunes et lagunes des Lençóis Maranhenses, un paysage exceptionnel du Nordeste.

Tout à l'ouest et au nord-ouest de São Luís, s'opère une transition progressive vers l'immense forêt tropicale amazonienne. La route la plus fréquentée en direction de l'est n'offre pas un début prometteur lorsqu'elle traverse les paysages typiques du *sertão* (arrière-pays du Nordeste) avec ses vastes étendues de *babaçu* (palmiers). En chemin, vous apercevrez les infrastructures secondaires de plusieurs projets pharaoniques datant des années 1980 qui ont contribué à stimuler et continuent de dynamiser l'économie de la région, notamment le grand complexe portuaire d'Itaqui, à l'ouest de São Luís, et l'énorme usine de traitement d'aluminium d'Alcoa, dont les activités ont redémarré en 2023. En virant vers le nord en direction de la côte, le bitume cède lentement la place au sable et aux dunes ; plages et rivières font office de décor.

Pour les infos pratiques, voir le Carnet d'adresses p. 291

À SAVOIR

Prévoyez vos excursions pour les Lençóis Maranhenses et vos déplacements en bateau jusqu'à Atins au moins un jour à l'avance (plusieurs, pendant les vacances et en haute saison).

Parque Nacional dos Lençóis Maranhenses

EVERTON BENTO/SHUTTERSTOCK ©

Escalier menant à la Lagoa Bonita

Les spectaculaires Lençóis Maranhenses

DUNES IMPOSANTES ET VUE À COUPER LE SOUFFLE

Une étendue de sable blanc digne du désert du Sahara, parsemée de milliers de petits bassins et de lagunes (notamment de mai à septembre), compose le paysage du **Parque Nacional dos Lençóis Maranhenses** qui s'étend sur 1 550 km^2. Comptez 1 heure 15 de véhicule tout-terrain depuis **Barreirinhas** (260 km à l'est de São Luís), le long d'une piste sablonneuse accidentée qui coupe à travers une végétation dense. Les branches des arbres, dont des *cajuejro* (anacardiers ; certains choisissent de s'arrêter pour goûter les noix de cajou directement sur l'arbre) fouettent les côtés du véhicule. Laissez bien bras et tête à l'intérieur de l'habitacle. La route est déconseillée à ceux qui souffrent du mal des transports, sans parler de la courte traversée de rivière en ferry ! L'inconfort du trajet se dissipe vite en escaladant les pentes raides pour admirer l'étendue infinie de dunes battues par les vents, qui forment des vagues et des ondulations irrégulières, comparables à des draps (*lençóis*) qu'on aurait tendus en travers du paysage. Sous un ciel bleu azur et avec le bleu turquoise des eaux des lagunes en fond, cette vision a tout d'irréel.

Lagoa Azul, **Lagoa Bonita** et **Lagoa do Esperanca** (dont les eaux ne sont pas aussi limpides que dans les autres lagunes) sont des destinations souvent proposées. La descente à flanc

OÙ SE LOGER À ATINS

Pousada Velho Bateau Atins
L'occasion de dormir dans un vieux bateau de pêche sur la plage, ou encore dans un bungalow ou en dortoir. **$**

Convento Arcádia
Chalets tout confort peints de couleurs vives, au milieu d'une propriété verdoyante, avec une piscine et un restaurant vivement recommandé. **$$**

Atins Charme Chalés
Un couple charmant, originaire de São Paulo, a pensé ces chalets en bois tout en confort et élégance. Espace avec piscine et hamacs. **$$**

La Ferme de Georges
Un ensemble tenu par des Français, composé de luxueux bungalows blanchis à la chaux installés dans un jardin soigneusement entretenu. Piscine et repas gourmets. **$$$**

OÙ SE LOGER À BARREIRINHAS

Hotel Pousada do Buriti
Emplacement pratique pour cet hôtel milieu de gamme ; grandes chambres, piscine et restaurant. **$$**

Pousada Vila de Charme
Petite adresse intime, aux chambres sans fenêtre. Ravissante piscine profonde et patio central. **$$**

Porto Preguiças Resort
À 3 km au nord de la ville, grand ensemble en bord de rivière. Plusieurs piscines, courts de tennis et aire de jeux. **$$$**

OÙ SE RESTAURER À ATINS

Cabana da Izabel
On y vient pour le cadre ! Vaut vraiment la balade jusqu'à l'extrémité ouest de la plage. $

Jungle Burger Atins
Lieu décontracté, avec menu unique proposant de la viande, du crabe ou des "burgers" végétariens servis, au choix, sur des algues ou du pain. $$

Casa de Juja
Des ingrédients bio et de saison assaisonnent les plats de poisson, fruits de mer et autres dans le cadre bucolique du Convento Arcádia. $$

Restaurante Pininga
Tenu par un chef français. Menu gourmet fixe de trois plats le soir à l'extérieur, dans un décor romantique, avec éclairage à la bougie. $$$

LUIS WAR/SHUTTERSTOCK ©

Dunes de sable à Atins

de dune en glissant sur un morceau de bois ou en sautant dans le sable pour terminer dans l'eau n'a rien d'un jeu d'enfants ! L'aventure est en général bien organisée malgré les dizaines de véhicules présents en même temps, voire plus certains week-ends et pendant les congés. Enfilez votre maillot de bain et emportez une serviette, quelques espèces (pour grignoter un en-cas dans un des kiosques où votre pick-up vous attendra avant de rentrer à Barreirinhas), le plein d'eau potable et un petit sac étanche pour mettre votre téléphone et vos biens précieux à l'abri du sable. La ville de **Barreirinhas**, à l'extérieur du parc national, à l'angle sud-est, est assez quelconque, mais agréable et pratique pour les voyageurs. C'est le point le plus accessible pour les excursions dans les Lençóis, avec Atins. On vient vous chercher à votre hôtel vers 9h, avec un retour prévu à 13h30, ou à 14h, pour être revenu après le coucher du soleil. Les excursions de l'après-midi en véhicules tout-terrain au départ d'Atins prévoient en général de passer un moment dans une chaise longue, en haut d'une dune pour profiter du soleil couchant. À Barreirinhas, les hébergements sont dispersés dans la ville. Restaurants et bars se concentrent sur la promenade, le long du Rio Preguiças (d'où partent les bateaux à destination d'Atins) ou juste en retrait.

Les excusions décrites ci-dessus sont les plus courantes. Il existe cependant quantité d'autres façons de découvrir le parc, notamment à cheval. Les prestataires sont nombreux. Envisagez de passer une nuit (voire plusieurs) dans le parc si vous en avez le temps. Dans ce cas, votre guide vous conduira dans les Lençóis tôt le matin ; s'ensuivront le déjeuner et les visites des lagunes avant de vous installer pour la nuit chez l'habitant dans des petits villages épars dans le cadre d'une randonnée de trois jours. Vous parcourrez entre 7 et 22 km par jour. Baixa Grande et Queimado do Britos font généralement partie de l'itinéraire.

OÙ SE RESTAURER À BARREIRINHAS

Café no Ponto
Habitués et chauffeurs de taxi discutent autour d'un café, de sandwichs et de crêpes de tapioca. $

Nautz Burger & Sushi Lounge
Occupe toute une ruelle (ou presque) avec plusieurs menus et spécialités ; excellents plats de sushis et sashimis. $$

O Jacare
Restaurant en bord de fleuve tenu par un Français. Long menu, avec grand choix de bières et de cocktails. $$

O Gente do Brazil, une agence dirigée par Franck Lechenet de la Casa Lavinia à Sao Luís, est un spécialiste des randonnées dans les Lençóis. Vous pouvez aussi organiser un circuit privé en véhicule tout-terrain pour une demi-journée ou la journée complète. La société **Voar** organise, quant à elle, de courts vols au-dessus des dunes au départ de l'aéroport de Barreirinhas.

Se perdre dans Atins

UN PARADIS DU KITE, SANS ROUTE

Certains habitants s'inquiètent que l'essor touristique d'Atins, village déjà surligné en gros sur la carte des kitesurfeurs, ne soit plus qu'une question de temps. L'émergence de nouveaux hébergements haut de gamme est le signe d'un changement. *Travessia*, une telenovela brésilienne de 2022, a également posé ses caméras ici et dans les Lençóis Maranhenses, ce qui ne devrait faire qu'en accroître la notoriété.

Bien que très beau, le trajet éprouvant pour atteindre Atins devrait apaiser ces craintes. La plupart des voyageurs arrivent par bateau depuis l'**embarcadère de l'Av. Beira Rio** à Barreirinhas, le long du Rio Preguiças ; le service est assuré le matin et en milieu de journée. La location d'un bateau privé est une autre possibilité. Les embarcations naviguent à travers les canaux, le long de rivages couverts de mangroves dominées par des palmiers. Vous pouvez également venir en pick-up tout-terrain depuis Barreirinhas à travers les dunes ; voyage cahoteux sur un terrain très accidenté en perspective.

Si, en milieu de journée ou pendant les vacances, des nuées de visiteurs se déversent dans les *barracas* de poisson et fruits de mer du front de mer, à d'autres moments et le soir venu, vous aurez l'impression de faire partie des rares élus à profiter de l'immensité de la plage et du village. N'oubliez pas qu'à Atins, la plage disparaît en quasi-totalité à marée haute, et qu'il n'est pas aisé de déambuler sur le sable ; c'est pourquoi tant de gens se déplacent en véhicule tout-terrain ou en buggy. Le village n'est qu'à une dizaine de minutes du Parque Nacional dos Lençóis Maranhenses ; il y a bien moins de véhicules ici qu'à l'entrée côté Barreirinhas. Préférez les circuits organisés le matin, qui comprennent la pause déjeuner chez **Antônio's**, un restaurant de poisson très isolé ; l'excursion de l'après-midi est, quant à elle, l'occasion de profiter du coucher du soleil. Mention spéciale à la Lagoa Tropical et à la Lagoa Lorena, aux nuances de vert.

PAROLES D'HABITANT : MES ENDROITS PRÉFÉRÉS

Olaf Loerz, le propriétaire de Convento Arcádia à Atins (@convento.arcadia), nous fait partager ses spots favoris des Lençóis Maranhenses.

Marchez jusqu'à la toute fin de la plage, pour atteindre un bosquet d'anacardiers et arriver à la **Cabana da Izabel**, aux excellents poissons et pâtisseries. À marée basse, amusez-vous dans les piscines naturelles et sur les bancs de sable.

Explorez **Ponta do Mangue**, à pied, à cheval ou en véhicule tout-terrain. La végétation, les dunes et la lagune y composent un joli cadre.

Randonnez jusqu'à **Baixa Grande**, la plus proche des deux oasis à l'intérieur du parc national. Chez **Regina's**, vous pourrez déjeuner ou passer la nuit (hamacs fournis).

COMMENT S'Y RENDRE ET CIRCULER

La compagnie de bus Guanabara propose plusieurs départs par jour pour Barreirinhas (7 heures) depuis la gare routière centrale de São Luís. La meilleure option consiste cependant à organiser son transport avec l'un des opérateurs de minibus qui assurent le même trajet (4 heures, 90 R$ l'aller) et viennent vous chercher à votre hôtel, qui peut effectuer la réservation pour vous. Un taxi privé pour quatre personnes au maximum coûte environ 400 R$. Pour gagner Atins, vous devez passer par Barreirinhas, soit par l'un des bateaux publics qui circulent deux fois par jour, soit par bateau privé, plus onéreux, ou encore en 4x4 sur un itinéraire très accidenté. Un autre itinéraire possible pour aller au-delà d'Atins suppose une courte traversée en bateau jusqu'à Cabure, suivie de 6 heures 30 en 4x4, principalement sur le sable, jusqu'à Jeri.

Carnet d'adresses

FORTALEZA

Caixa Cultural Fortaleza
Voir p. 268 (www.caixacultural.gov.br ; Av. Pessoa Anta 287 ; entrée libre ; 9h-20h mar-sam, 12h-19h dim)

Centro Cultural Dragão do Mar
Voir p. 268 (www.dragaodomar.org.br ; Rua Dragão do Mar 81 ; entrée libre ; 9h-21h)

Memorial da Cultura Cearense
Voir p. 268 (www.dragaodomar.org.br ; Rua Dragão do Mar 81 ; entrée libre ; 9h-18h mar-ven, 10h-19h sam-dim)

Museu de Arte Contemporânea
Voir p. 268 (www.dragaodomar.org.br ; Rua Dragão do Mar 81 ; entrée libre ; 9h-18h mar, 9h30-12h30 et 14h30-17h30 mer et ven-dim)

Beach Park
Voir p. 267 (85 4012-3000 ; beachpark.com.br ; Rua Porto das Dunas 2734, Porto das Dunas ; tarif plein/-12 ans 270/260 R$; 11h-17h)

Crocobeach Hotel
Voir p. 267 (85 3111-3000 ; www.crocobeach.com.br ; Av. Clóvis Arrais Maia 3125)

Pauli Boutique Hotel
Voir p. 267 (85 3263-2277 ; www.pauliboutiquehotel.com.br ; Av. da Abolição 3806)

Refugio Hostel Fortaleza
Voir p. 267 (85 99912-5497 ; www.refugiohostelfortaleza.com ; Rua Deputado João Lopes 31)

50 Sabores
Voir p. 265 (Av. Beira Mar 2982 ; 11h-23h55)

Benévolo Café
Voir p. 268 (85 3219-9083 ; Av. Monsenhor Tabosa 688 ; 9h-21h)

Cantinho do Frango
Voir p. 266 (85 3224-6112 ; Rua Torres Câmara 71 ; 10h-17h lun-jeu, 10h-22h30 ven-sam, 10h-19h dim)

Coco Bambu
Voir p. 266 (85 3198-6000 ; cocobambu.com ; Av. Beira Mar 3698 ; 11h30-15h et 20h-minuit lun-jeu, 11h30-17h et 20h-1h ven-sam, 11h30-17h et 20h-minuit dim)

Colosso
Voir p. 266 (85 98124-6185 ; Rua Hermenegildo Sá Cavalcante ; 12h-minuit mer-sam, 12h-20h dim)

Empório Delitalia
Voir p. 265 (85 3133-5000 ; www.facebook.com/Emporio-DelitaliaCE ; Av. Desembargador Moreira 533 ; 6h30-22h lun-sam, 7h30-22h dim)

Mar de Rosas
Voir p. 268 (85 98606-3389 ; mar-de-rosas-brazilian-restaurant.business.site ; Rua dos Tabajaras 542 ; 11h-23h mar-sam, 11h-16h dim)

Moleskine Gastrobar
Voir p. 265 (85 99105-5443 ; Rua Professor Dias da Rocha 578 ; 17h-minuit lun-mer, 17h-1h jeu, 12h-1h ven-sam, 12h-23h dim)

Pratinho da Madrugada
Voir p. 266 (Via Paisagística ; 20h-23h30)

Barraca da Boa
Voir p. 267 (85 3248-0321 ; Av. Beira Mar 2571 ; 17h-23h30 mer-lun)

Benévolo Café
Voir p. 268 (85 3219-9083 ; Av. Monsenhor Tabosa 688 ; 9h-21h)

Cervejaria Turatti
Voir p. 268 (85 98117-2829 ; Rua Ana Bilhar 1178 ; 11h-minuit dim-jeu, 11h-1h ven-sam)

Chico do Caranguejo
Voir p. 267 (85 3044-0116 ; @chicodocaranguejoaldeota ; Av. Barão de Studart 1071 ; 10h-minuit)

Crocobeach
Voir p. 267 (85 3771-0505 ; www.crocobeach.com.br ; Av. Clóvis Arrais Maia 3125 ; 9h-18h ven-mer, 9h-23h jeu)

Mar de Rosas
Voir p. 268 (85 98606-3389 ; mar-de-rosas-brazilian-restaurant.business.site ; Rua dos Tabajaras 542 ; 11h-23h mar-sam, 11h-16h dim)

Orla Praia Club
Voir p. 267 (85 99429-8395 ; orlapraiaclub.com.br ; Av. Clóvis Arrais Maia 3005 ; 9h-18h lun et jeu-ven, 9h-22h sam-dim)

Pirata Bar
Voir p. 268 (85 4011-6161 ; www.pirata.com.br ; Rua dos Tabajaras 325 ; entrée 30-60 R$; 20h-4h)

Arena Castelão
Voir p. 267 (85 3433-2482 ; Av. Alberto Craveiro 2901)

Autoral Comedy Bar
Voir p. 265 (autoralbar.negocio.site ; Av. Santos Dumont 2035 ; 19h-23h mer-dim)

Lupus Bier
Voir p. 265 (85 3219-2829 ; lupusbier.com.br ; Rua dos Tabajaras 340 ; 19h-minuit lun-mar et jeu-sam)

Jericoacoara

Piadaria Comedy Club
Voir p. 265 (85 98728-8637 ; Rua Osvaldo Cruz 01 ; 18h-22h30)

Feira de Artesanato do Beira Mar
Voir p. 267 (Av. Beira Mar 2800 ; 18h-23h)

Marché de poisson et fruits de mer
Voir p. 266 (Av. Beira Mar 3479 ; 6h-22h)

Mercado Central
Voir p. 266 (mercadocentraldefortaleza.com.br ; Av. Alberto Nepomuceno 199 ; 8h-18h lun-ven, 8h-17h sam, 8h-13h dim)

ENVIRONS DE FORTALEZA

Casa na Lagoa
Voir p. 270 (85 98793-0725 ; www.casanalagoa.com ; Rua Domingos Paulino 31, Paracuru)

Dolce Vita Guesthouse
Voir p. 270 (85 99742-2552 ; www.pousadadolcevita.com ; Rua Dos Ventos 25, Praia da Lagoinha)

Il Nugrahe
Voir p. 270 (88 3421-7418 ; www.nuraghe-canoa.com ; Rua Descida da Praia 67, Canoa Quebrada)

Pousada Casa Caju
Voir p. 270 (85 99909-4358 ; @casa_caju ; Av. Central 1345, Praia de Cumbuco)

Ravenala Hotel Boutique
Voir p. 270 (88 3421-7048 ; business.google.com/website/ravenala-hotel-boutique ; Rua Santa Clara 1, Canoa Quebrada)

Rede Beach
Voir p. 270 (85 99711-1413 ; redebeach.com.br ; Av. Doca Malaquias 1291, Guajiru)

JERICOACOARA

Jerizz House
Voir p. 272 (88 99816-5853 ; Rua da Igreja 51)

Pousada Jeribá
Voir p. 272 (88 99768-0007 ; www.jeriba.com.br ; Rua do Ibama s/n)

Villa Chic Hostel
Voir p. 272 (88 99968-5980 ; villachicjeri.com ; Rua Principal s/n)

Bistro Caiçara
Voir p. 273 (88 99749-1000 ; Rua Principal 16 ; 17h-22h lun-sam)

Gelato & Grano
Voir p. 273 (88 99631-7759 ; gelatoegrano.com.br ; Praça Principal 1 ; 11h-minuit)

Na Casa Dela
Voir p. 273 (@nacasadeladobeco ; Rua Principal 16 ; 18h30-tard lun-sam)

Club Ventos
Voir p. 274 (88 99697-0808 ; clubventos.com ; Praia de Jericoacoara ; 10h-19h)

Doce Divino
Voir p. 274 (Rua São Francisco s/n ; 14h-22h30)

Samba Rock Café
Voir p. 274 (88 99685-0008 ; www.sambarockcafe.com ; Rua Principal ; 17h-1h mar-dim)

ENVIRONS DE JERICOACOARA

Parque Nacional de Ubajara
Voir p. 277 (www.icmbio.gov.br/parnaubajara)

Arrey Hotel Beach
Voir p. 277 (86 3214-9294 ; BR-343 s/n, Parnaíba)

Casa de Santo Antônio Hotel
Voir p. 277 (86 3322-1900 ; www.casadesantoantonio.com.br ; Praça Santo Antônio 988, Parnaíba)

Lagoa Tatajuba

Casa Zulu
Voir p. 276 (88 98111-2120 ; www.casazulu.com ; Rua Francisco Gonçalves de Souza 194, Icaraí de Amontada)

Pousada Malea
Voir p. 276 (88 98142-8483 ; www.pousadamalea.com ; Rua Francisco Gonçalves de Souza s/n, Icaraí de Amontada)

Pousada Vila Parnaíba
Voir p. 277 (86 3323-2781 ; www.pousadavilaparnaiba.com.br ; Rua Monsenhor Joaquim Lopes 500, Parnaíba)

Villa Mango
Voir p. 276 (85 99153-5286 ; www.villamango.com.br ; Rua Deputado Roberto Mesquita 1134, Icaraí de Amontada)

Café Zapata
Voir p. 278 (88 98103-3085 ; www.cafezapata.com ; Rua Joaquim Alves Parente 94, Icaraí de Amontada ; 18h30-23h mar-dim)

Espaco Gourmet
Voir p. 278 (88 99473-5318 ; Rua Noé Praciano Sampaio 210, Icaraí de Amontada ; 19h-22h30 mar-sam)

Ilha das Ostras
Voir p. 276 (Moitas)

Maria Bonita
Voir p. 278 (88 99929-0179 ; @restaurantemariabonitaubj ; Av. Governador Cesar Cals O Filho 721, Ubajara ; 11h-23h mer-dim)

SÃO LUÍS

Casa do Maranhão
Voir p. 280 (Rua do Trapiche ; 9h-18h mar- sam, 9h-13h30 dim)

Casa do Nhôzinho
Voir p. 282 (Rua Portugal 185 ; 9h-18h mar-sam, 9h-12h dim)

Museu do Negro
Voir p. 282 (Rua Jacinto Maia 43 ; h9h-18h lun-ven)

Museu do Reggae Maranhão
Voir p. 281 (www.facebook.com/museudoreggae ; Rua da Estrela 124 ; entrée libre ; 9h-18h mar-sam, 9h-13h dim)

Palácio dos Leões
Voir p. 282 (Palais des Lions ; Av. Dom Pedro II ; 8h-12h et 14h-17h30 jeu-ven, 15h-17h30 sam- dim)

Reggae Cruises
Voir p. 282 (98 98137-2423 ; @reggaecruise ; Av. Nina Rodrigues 818-918)

Casa Frankie
Voir p. 281 (98 3222-8198 ; www.casafrankie.com ; Rua do Giz 394)

Casa Lavinia
Voir p. 281 (98 99143-3769 ; www.casalavinia.com ; Rua do Giz 380)

Palma Hostel
Voir p. 281 (98 3182-8787 ; Rua do Giz 129)

Cafefinho da Tía Dica
Voir p. 280 (98 98706-5089 ; Travessa Marcelino de Almeida 173 ; 11h-23h lun-sam, 11h-17h dim)

Flor de Vinagreira
Voir p. 280 (Rua da Estrela 220 ; 11h-minuit lun-sam, 11h-21h dim)

Restaurante Senac
Voir p. 280 (98 3198-1100 ; www.ma.senac.br ; Rua de Nazaré 242 ; 12h-15h lun-sam)

ENVIRONS DE SÃO LUÍS

Parque Nacional dos Lençóis Maranhenses
Voir p. 285 (www.icmbio.gov.br/parnalencoismaranhenses ; entrée libre ; 8h-18h)

O Gente do Brazil
Voir p. 287 (98 98885-1923, 33 (0)6 07 66 49 37 ; ogentedobrasil.org ; Casa Lavinia, Rua do Giz 380, São Luís ; treks à partir de 100 US$/pers ; 10h-18h)

Voar
Voir p. 287 (98 98264-2945 ; voarvoospanoramicos.com ; Av. Brasilia 100, Barreirinhas ; 7h30-21h30 lun-ven, 7h30-20h sam-dim)

Atins Charme Chalés
Voir p. 285 (98 99161-5744 ; atinscharmechales.com.br ; Rua da Alegria s/n, Atins)

Convento Arcádia
Voir p. 285 (98 99219-3416 ; www.convento-arcadia.com ; Rua da Esperança 3, Atins)

Hotel Pousada do Buriti
Voir p. 285 (98 3349-1800 ; www.pousadadoburiti.com.br ; Rua Inácio Lins 287, Barreirinhas)

La Ferme de Georges
Voir p. 285 (98 99127-3400 ; georges.life ; Atins)

Porto Preguiças Resort
Voir p. 285 (98 3349-6050 ; www.portopreguicas.com.br ; Av. do Carnaubal, Barreirinhas)

Pousada Velho Bateau Atins
Voir p. 285 (98 99141-4119 ; www.velhobateau.com ; Rua Principal, Atins)

Pousada Vila de Charme
Voir p. 285 (98 98165-8930 ; www.pousadaviladecharme.com.br ; Rua Cazuza Ramos 617, Barreirinhas)

Cabana da Izabel
Voir p. 286 (@cabanadaizabel ; Atins)

Café no Ponto
Voir p. 286 (98 98883-5780 ; Praca do Trabalhador 47, Barreirinhas ; 6h-12h et 15h-21h lun-sam, 6h-12h dim)

Casa de Juja
Voir p. 286 (98 99233-8208 ; @casadejujaatins ; Rua Principal, Atins ; 18h-22h mar-dim)

Jungle Burger Atins
Voir p. 286 (54 99204-0191 ; Rua das Tarrafas s/n, Atins ; 19h30-23h30)

Nautz Burger & Sushi Lounge
Voir p. 286 (88 99796-7746 ; Rua Prof. Viana 62, Barreirinhas ; 16h-23h30)

O Jacare
Voir p. 286 (98 99127-2733 ; Av. Beira Rio s/n, Barreirinhas ; 11h-minuit)

Restaurante Pininga
Voir p. 286 (98 99182-0471 ; @pininga_restaurante ; Rua Principal, Atins ; 19h-23h)

PERNAMBUCO, PARAÍBA ET RIO GRANDE DO NORTE

HISTOIRE ET PLAGES TROPICALES

De dunes en falaises, mettez-vous en quête de votre étendue de sable idéale.

Très tôt colonisée par les Portugais, la pointe nord-est du pays est le produit de l'histoire moderne du Brésil, théâtre des rivalités entre puissances européennes, de l'assujettissement des populations indigènes et de l'exploitation d'esclaves africains dans les plantations de canne à sucre.

Misant aujourd'hui sur la richesse de ses paysages et sur le tourisme, une bonne partie de la côte de ces trois États offre un été sans fin aux voyageurs venant profiter de ses plages de carte postale, entre cocotiers, eaux cristallines et couchers de soleil inoubliables.

PAULOVICTOR88/SHUTTERSTOCK ©

En route vers le sud du continent, oiseaux migrateurs et baleines à bosse font escale dans l'archipel Fernando de Noronha. Ce véritable joyau à 350 km au large des côtes attire aussi la haute société brésilienne, les surfeurs et les autres visiteurs en quête de vacances paradisiaques.

Ailleurs dans la région, d'autres plages s'étendent aux portes d'immenses métropoles. À Natal, celle de Ponta Negra est tout bonnement sublime, tandis que les plages de João Pessoa possèdent un charme plus discret. Plus au sud, l'imposante ville de Recife bouillonne d'activité, d'histoire, de culture et de musique.

Partout sur le littoral, des buggies colorés arpentent le rivage, de dune en dune, et de plage en lagune, pour s'arrêter dans des villages animés en journée et paisiblement bucoliques le soir.

SITES PRINCIPAUX

FERNANDO DE NORONHA
Archipel éblouissant à la faune exceptionnelle.
p. 298

RECIFE
Ville historique et dynamique.
p. 302

JOÃO PESSOA
Agréable front de mer animé.
p. 310

NATAL
Les plus belles plages du Nordeste.
p. 312

Ci-dessus : Parc national Fernando de Noronha (p. 298) ; à gauche : Recife

S'orienter

À la pointe nord-est du Brésil, le littoral des trois États réunis s'étire sur un millier de kilomètres de sable doré. Bordées de dunes, de palmiers ou de falaises, les plages se succèdent. Cependant, c'est dans l'Atlantique, à 350 km au large de Natal, que se cache le joyau maritime le plus précieux du continent : l'archipel Fernando de Noronha.

BUS

Un bon réseau de bus relie les principales villes côtières des trois États, ainsi que Fortaleza et Salvador. Il existe aussi de confortables bus pour les longs voyages vers le sud du pays. Les lignes principales ont généralement des arrêts aux abords de l'autoroute, d'où d'autres bus (moins fréquents) desservent les destinations moins touristiques. Le Terminal Integrado de Passageiros de Recife (av. Prefeito Antônio Pereira s/n, Várzea) est à 17 km à l'ouest du centre-ville. De là, des bus rallient le reste du Pernambuco et d'autres États. À Natal, Les bus longue distance partent de la Rodoviária Nova (Av. Capitão-Mor Gouveia 1237).

AVION

Recife et Natal sont les principaux points d'accès de la région depuis l'étranger. L'Aeroporto Internacional do Recife Guararapes-Gilberto Freire (www.aenabrasil.com.br) est situé près de Boa Viagem, à 2 km dans les terres. L'Aeroporto de Natal (www.natal.aero) se situe à São Gonçalo do Amarante, à 45 km à l'ouest de Ponta Negra. Fernando de Noronha n'est accessible qu'en avion, au départ de Recife (et plus rarement depuis Natal). Les prix varient énormément en fonction des saisons, mais il est souvent plus avantageux d'acheter ses billets longtemps à l'avance.

VOITURE

En dehors des grandes villes, mieux vaut louer une voiture pour être libre de ses déplacements. L'application de covoiturage BlaBlaCar permet aussi de voyager à moindre coût tout en rencontrant des gens du cru.

Fernando de Noronha, p. 298
Un festival de criques isolées et de plages idylliques, baignées par de spectaculaires couchers de soleil.

Natal, p. 312
Une ville sans égale pour paresser sur la plage, surfer, bien manger et faire la fête.

João Pessoa, p. 310
Un agréable front de mer et un remarquable quartier historique.

Recife, p. 302
Immense métropole au patrimoine historique et architectural riche.

Planifier son séjour

Noix de coco, caïpirinhas et plateaux de fruits de mer servis dans des *barracas* (paillotes) léchées par les vagues : cette région enchanteresse incarne le Brésil tropical tel qu'on le rêve.

Snorkeling (p. 36)

Si vous avez peu de temps

- Accessible depuis Natal, **Pipa** (p. 317) offre une atmosphère décontractée, des plages variées et un très bon choix de bars et restaurants qu'on a du mal à quitter. Les surfeurs de tous niveaux y trouveront des vagues à leur goût et les amateurs de kayak pourront s'approcher des dauphins à long bec. Les hébergements vont de l'auberge de jeunesse à l'hôtel de luxe, mais offrent généralement une ambiance intimiste et conviviale. Enfin, c'est un plaisir de se promener dans l'Avenida Baía dos Golfinhos, parmi les couples sur leur trente-et-un et les surfeurs torse nu. Flânez dans cette rue pavée qui traverse la ville sur 2 km, puis attablez-vous à un bar pour profiter de l'animation.

Au fil des saisons

D'août à novembre, le vent chasse les nuages et fait le bonheur des amateurs de sports nautiques.

JANVIER

Le théâtre sous toutes ses formes s'exprime lors du festival **Janeiro de Grandes Espetáculos**, dans diverses villes du Pernambuco.

FÉVRIER

Recife (p. 302) et **Olinda** (p. 307) figurent parmi les meilleures villes du pays pour célébrer le **carnaval**.

MARS

Début mars, les meilleurs surfeurs du monde s'affrontent lors du **Hang Loose Pro Contest**, à Fernando de Noronha.

Si vous avez deux jours

- Découvrez les recoins les moins touristiques de **Recife** (p. 302) et de ses environs, à la découverte de son patrimoine historique et culturel. Prévoyez une demi-journée pour parcourir le **Recife Antigo** (p. 305) ou explorer **Olinda** (p. 307). Vous pouvez enchaîner les deux en une journée bien remplie, mais vous préférerez sûrement passer l'après-midi à la plage. Le lendemain matin, visitez les deux musées de la famille Brennand situés dans la banlieue de Recife. Pour profiter du sable et de la mer, prenez ensuite le taxi, le bus ou une voiture jusqu'à **Porto de Galinhas** (p. 309) pour une ambiance animée, ou rejoignez les étendues plus tranquilles de **Praia do Carneiros** et **Tamandaré** (p. 309).

Si vous avez plus de temps

- Ses îles font rêver tous les Brésiliens : l'archipel **Fernando de Noronha** (p. 298) a beau être l'une des destinations les plus coûteuses du pays, il reste un lieu agréable et convivial. Vous devrez y passer au moins quatre nuits pour en apprécier tous les charmes (et amortir le coût du voyage). Comptez une journée pour explorer l'île principale en voiture, une autre pour l'admirer depuis un **bateau** (p. 301) et faire du **snorkeling**, et deux jours (ou plus) pour goûter aux joies de ses plages et de sa vie nocturne. Si vous vous sentez coupable de vous laisser ainsi aller, partez à l'assaut du **Piquinho** (p. 299) et voyez vos efforts récompensés par un panorama sublime.

JUIN

Le *forró* anime tout le Pernambuco à l'occasion des **Festas Juninas** qui célèbrent trois saints (Santo Antônio, São João et João Batista).

JUILLET

À 900 m d'altitude, la ville de Garanhuns, surnommée la "Suisse du Pernambuco", organise son **Festival de Invierno**.

AOÛT

À la fin du moins le festival **Folclore Nordestino** célèbre la musique et le folklore du Nordeste à **Olinda** (p. 307).

DÉCEMBRE

La première semaine du mois, le **Carnatal** envahit Natal (p. 312) avec des *trios elétricos* (camions équipés d'amplis sur lesquels jouent des groupes).

FERNANDO DE NORONHA

Plus proche du Cap-Vert que de São Paulo, cet archipel brésilien de 21 îles est un petit paradis tropical baigné d'eaux turquoise – l'Ilha de Fernando de Noronha, l'île la plus grande et la seule habitée, compte pas moins de 17 baies sablonneuses se rangeant parmi les plus belles du Brésil. Les magnolias et lauriers que Charles Darwin découvrit ici en débarquant du *Beagle* ne sont qu'un lointain souvenir. Transformé en colonie pénitentiaire au XIXe siècle, l'archipel a vu ses forêts rasées pour empêcher ses détenus de bâtir des radeaux – alors même que le continent se trouve à 350 km. Le relief volcanique et la faune de ce territoire restent toutefois impressionnants, et ne sont pas sans rappeler les îles Galápagos qui inspirèrent à ce même Darwin sa théorie de l'évolution. On y découvre avec plaisir des oiseaux de toutes sortes, des crabes rouges de rocher et diverses espèces de requins, dauphins et tortues marines.

Pour les infos pratiques, voir le Carnet d'adresses p. 318

À SAVOIR

Les prix sur l'île sont élevés. Se loger et se nourrir revient environ deux fois plus cher que sur le continent. Vous ferez quelques économies en prenant le bus ou en marchant, en faisant vos courses et en allant au restaurant aux mêmes endroits que les habitants.

INCONTOURNABLES
1 Piquinho

VOIR
2 Baía do Sancho
3 Porto do Santo Antônio
4 Praia do Atalaia
5 Praia do Cacimba
6 Praia do Leão

ACTIVITÉS
7 Morro São José

SE LOGER
8 Beco de Noronha
9 Ihla Hostel
10 Teju-Açu Ecopousada

SE RESTAURER
11 Açai e Raizes Noronha
12 Mesa da Ana
voir 9 O Pico

Le Piquinho

À l'assaut du Piquinho

UNE VUE INOUBLIABLE AU TERME D'UNE RUDE ASCENSION

Du haut du Piquinho, le panorama est saisissant : vous jouirez d'une vue à 270° sur l'Ilha de Fernando de Noronha bloquée uniquement par le Moro do Pico, une aiguille volcanique formant le point culminant de l'île. Le chemin pour s'y rendre est court (1,1 km, 35 minutes), mais escarpé, avec un dénivelé positif de près de 120 m à travers une végétation dense. À vos pieds, des tégus (gros lézards) se faufileront dans les buissons tandis que les oiseaux marins voleront au-dessus de votre tête. Les tégus furent importés pour lutter contre la prolifération des rats dans les années 1950, à l'époque où les prisonniers de l'île furent libérés. Hélas, ils préférèrent chasser, le jour, les oiseaux de petite taille, laissant les rongeurs libres de chasser la nuit. Vous verrez également d'épaisses lianes, qui sont en réalité les racines aériennes d'un arbre endémique (*Ficus noronhœ*). À la fin du parcours, il vous faudra escalader un imposant ensemble de rochers. Deux chemins sont possibles, menant chacun à un point de vue différent. Une fois en haut, soyez prudent : ne vous approchez pas trop du bord en tentant de prendre le selfie parfait !

PAROLE D'HABITANT : UNE ÎLE PLEINE DE CHARME

Ana Maria Miranda, propriétaire de la Teju-Acu Ecopousada (@pousadateju) nous livre ses conseils pour explorer l'Ilha de Fernando de Noronha.

Notre île est un des lieux des plus accueillants et chaleureux du Brésil. Venez d'août à novembre : en cette saison, la mer est calme et la Praia do Sancho – une des plus belles plages du monde – est agrémentée d'une cascade incroyable. Le cheval est une belle façon d'explorer l'île. À pied, toutes les randonnées guidées valent le coup, mais je recommande tout particulièrement celles d'Atalaia Longa et du Piquinho. Le soir, admirez le coucher du soleil avant de trouver un coin sombre (l'île est sûre, soyez sans crainte) pour observer le ciel étoilé.

OÙ SE LOGER À FERNANDO DE NORONHA

Ihla Hostel
Au cœur de Vila dos Remédios, une auberge de jeunesse spacieuse aux dortoirs propres et bien conçus. **$$**

Beco de Noronha
Tout près du centre-ville, une *pousada* joliment décorée, avec un jardin verdoyant et un très bon petit-déjeuner. **$$$**

Teju-Açu Ecopousada
Dans ce havre au luxe discret, les bungalows entourent une piscine et le petit-déjeuner est excellent. **$$$**

POURQUOI J'AIME FERNANDO DE NORONHA

Michael Grosberg, auteur

La plage de la Baía do Sancho est souvent citée parmi les plus belles de la planète. Naturellement, je la trouve magnifique, et le fait d'y accéder par des échelles installées à flanc de roche ne fait qu'ajouter à son charme mystérieux. Mes sites préférés sont toutefois moins connus ou moins fréquentés. La Praia do Cacimba, un des meilleurs endroits pour bronzer et surfer, doit être visitée au coucher du soleil pour voir les pêcheurs lancer leurs filets en espérant ravir les sardines aux requins et aux fous masqués. Pour s'isoler, rien ne vaut la vaste Praia do Leão, qui s'étire le long d'une eau bleue de plus en plus sombre et a des airs de bout de monde.

PAULA MONTENEGRO STOCK/SHUTTERSTOCK ©

Le Moro do Pico (p. 299) vu du Porto do Santo Antônio

Le départ du sentier se trouve juste après l'entrée de la **Teju-Açu Ecopousada**, sur la gauche (n'hésitez pas à y demander votre chemin). L'excellent restaurant de cette *pousada* est d'ailleurs le lieu idéal pour manger ou boire un verre en redescendant. L'ascension peut se faire sans guide, mais le chemin étant parfois difficile à repérer, n'hésitez pas à en engager un si vous doutez de votre sens de l'orientation.

L'autre face de Fernando de Noronha

HORS DES SENTIERS BATTUS

La plupart des touristes restent sur les plages de l'Ilha de Fernando de Noronha faisant face au continent sud-américain. Peu vont sur les plages tournées vers l'Afrique. La meilleure façon de profiter de l'autre facette de ce joyau est de louer (réservation nécessaire) les services d'un guide local pour s'aventurer sur les sentiers protégés de son parc national.

Les réservations (limitées à une poignée de visiteurs quotidiens) se font auprès du **Centro de Visitantes** (www.parnanoronha.com.br). L'île compte environ 200 guides lusophones ; certains parlent anglais ou espagnol. Vous trouverez une liste des guides agréés ainsi que leurs coordonnées au Centro de Visitantes ou auprès de l'Associacão dos Condutores de Noronha, qui siège au même endroit. Nous vous recommandons le guide Daniel Oliveira (81 9792-8859), anglophone, spécialiste des sciences naturelles et ornithologue.

OÙ SE RESTAURER À FERNANDO DE NORONHA

Açai e Raizes Noronha
Ce petit café en bord de route sert des *tapiocas*, sandwiches et bols d'açaï à prix abordable. **$**

O Pico
Tenu par un chef français et sa femme brésilienne, l'adresse est connue pour son ceviche et son risotto aux crevettes. **$$$**

Mesa da Ana
Réservez une place à la table commune de ce lieu intimiste servant un menu unique inspiré de la pêche du jour. **$$$**

Côté excursion, la randonnée du **Morro São José** est un itinéraire populaire qui vaut le détour : elle vous mènera à des piscines naturelles à l'eau cristalline. Vous aurez deux choix pour les atteindre : nager (tout simplement) ou progresser à marée basse sur des rochers glissants. Un autre circuit apprécié relie la Vila do Trinta à la **Praia do Atalaia**, avec ses piscines naturelles parfaites pour le snorkeling (palmes et crème solaire interdites). Vous pourrez ensuite poursuivre avec la Trilha Pontinha Pedra Alta, un sentier qui vous mènera à la Pontinha Caieira, où vous attendent d'autres piscines ; les deux derniers kilomètres sur de la roche volcanique ne sont pas évidents, et ne sont accessibles qu'avec un guide. En tout, comptez 3 à 4 heures aller-retour.

L'île par la mer

SORTIE EN BATEAU ET PLONGÉE

Par beau temps (c'est-à-dire presque toute l'année), il est particulièrement agréable d'embarquer pour une demi-journée en mer au nord-ouest de l'Ilha de Fernando de Noronha. Vous contemplerez ainsi sous un nouvel angle son relief sauvage et pourrez même nager parmi les dauphins, les tortues et les poissons tropicaux.

Les bateaux partent du **Porto do Santo Antônio**, où vous devrez montrer que vous avez payé le droit d'accès au parc national marin (téléchargez le QR code à l'avance). Au cours de l'excursion, vous aurez l'occasion de vous essayer au *planasub*, une sorte de snorkeling tracté par le bateau : tenez-vous à la planche que l'on vous donnera et jetez-vous à l'eau. Ce n'est pas toujours agréable au début, mais quand l'embarcation aura pris un peu de vitesse, vous glisserez sur l'écume. Une fois à l'aise, vous pourrez même incliner la planche et plonger jusqu'à 4 m. (La plupart des agences proposent aussi du snorkeling classique dans la Baía do Sancho.) Sur le retour, vous apercevrez deux épaves coulées dans le port pour le plaisir des amateurs de snorkeling et des apprentis plongeurs. Détendez-vous ensuite un verre à la main pendant que, sur le pont, les fruits de mer grillent ; le déjeuner proposé comprend aussi habituellement des crudités, des fruits et des noix. La **Lancha Pescador Noronha** est une agence recommandée pour ce type de sortie, mais de nombreux tour-opérateurs et hébergements proposent des formules similaires.

TAXES TOURISTIQUES

Fernando de Noronha (www.parnanoronha.com.br/en) impose à ses visiteurs deux redevances. Le plus pratique est de les régler en ligne (et d'imprimer les justificatifs). La taxe de préservation de l'environnement (TPA) est obligatoire et s'élève autour de 92,89 R$/jour. Prépayer facilitera votre arrivée à l'aéroport (gardez le justificatif, il vous sera à nouveau demandé quand vous quitterez l'île). La deuxième taxe donne accès au parc national marin (358 R$; valable 10 jours). Elle peut être payée sur le site tickets.parnanoronha.com.br ou à l'entrée des sites où elle est requise (Praia do Leão, Praia da Caieira, Baía dos Golfinhos, Praia do Sancho, Praia da Atalaia, Pontinha Caieira, Morro São José... et tous les sites de plongée).

COMMENT S'Y RENDRE ET CIRCULER

Moyens de transport amusants (mais coûteux), les buggies permettent de se déplacer librement et d'accéder aux plages au bout des chemins les plus cahoteux. Des vélos électriques peuvent aussi être loués. Des bus traversent l'île toutes les 30 minutes, du port à la Praia do Sueste, en desservant 24 arrêts (généralement bien indiqués et abrités). Une grande partie de l'île peut aussi s'explorer à pied – elle ne fait que 10 km sur 3,5 km (mais la chaleur peut être écrasante à la mi-journée).

L'aéroport (code Fen ; 81 3619-0950) se situe au milieu de l'île principale. La compagnie Azul (www.voeazul.com.br) propose plusieurs vols par semaine au départ de Recife. Azul effectue aussi un vol quotidien depuis/vers Natal. GOL (www.voegol.com.br) propose également des vols depuis Recife et Natal. Les prix sont très variables ; achetez votre billet le plus tôt possible et évitez les vacances scolaires.

RECIFE

Né plus au nord à Olinda, le musicien Chico Science, fondateur du mouvement *mangue beat* (qui marie rythmes traditionnels et sonorités modernes), a dédié à Recife une chanson : "Rios, Pontes e Overdrives" (rivières, ponts et boîtes de vitesse). C'est que le centre de la ville, mélange de bâtisses croulantes des XVIIIe et XIXe siècles et de gratte-ciel paraissant abandonnés, confère à Recife un aspect désordonné peu attirant pour les touristes ; il fait pourtant tout son charme.

Et si les inégalités et les difficultés auxquelles est confrontée la capitale du Pernambuco sont ici plus visibles qu'ailleurs, cela ne fait qu'exacerber la vitalité de la ville et son attachement à sa culture. D'excellents restaurants et des bars animés font le succès de Boa Viagem, quartier chic en bord de plage, tandis que Recife Antigo (le centre historique) et Santo Antônio nous rappellent que la ville fut une des premières colonies portugaises de la côte, mêlant de façon fascinante délabrement et renouvellement urbain.

Pour les infos pratiques, voir le Carnet d'adresses p. 318

À SAVOIR

La baignade n'étant pas le point fort de Recife (notamment du fait des requins), peu d'hébergements jalonnent le front de mer de Boa Viagem. On trouve de nombreux hôtels d'affaires, dans le quartier de Pina notamment. Olinda, la ville voisine, propose plus d'options pour les voyageurs.

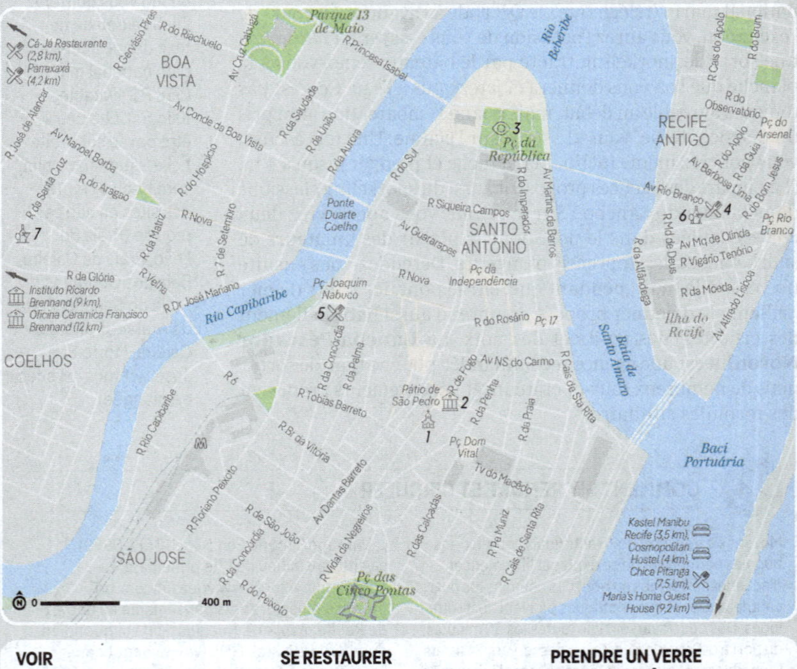

VOIR

1 Concatedral de São Pedro dos Clérigos
2 Memorial Chico Science
3 Praça da República

SE RESTAURER

4 Armazém Rio Branco
5 Restaurante Leite
voir 2 São Pedro Restaurante

PRENDRE UN VERRE ET FAIRE LA FÊTE

6 Bodega de Véio
7 Mercado da Boa Vista

GUSTAVO FRAZAO/SHUTTERSTOCK ©

Plage de Boa Viagem, Recife

Surprenants Brennand

DEUX MUSÉES POUR UNE MÊME FAMILLE

La banlieue de Várzea, à 11 km à l'ouest du centre-ville de Recife, compte non pas un, mais deux des musées d'art les plus intéressants du Nordeste. Fondés par deux cousins, ces établissements présentent des collections pour le moins éclectiques. Le plus grand, l'**Instituto Ricardo Brennand**, est un lieu insolite. Abritant le plus vaste ensemble d'armes et d'amures médiévales d'Amérique du Sud, il fut fondé par le magnat brésilien du ciment Ricardo Brennand, un milliardaire passionné, décédé en 2020. Une longue allée bordée de palmiers y mène à un château inspiré de l'architecture anglaise du XVIe siècle, avec douves et pont-levis ! Ses galeries dévoilent pêle-mêle une armure pour chien, des meubles rococo, des tapisseries diverses et une impressionnante collection de paysages brésiliens peints par l'artiste hollandais Frans Post, qui voyagea dans la région au XVIIe siècle. Il y a, malheureusement, très peu de panneaux explicatifs (et tous sont en portugais).

L'**Oficina Ceramica Francisco Brennand** renferme, quant à elle, des céramiques, toiles et sculptures monumentales signées Francisco Brennand (décédé en 2019), considéré comme le plus grand céramiste que le Brésil ait connu. Après un voyage inspirant en Europe, notamment en France,

L'HÉRITAGE DE LUIZ GONZAGA

L'identité culturelle du Nordeste doit beaucoup au musicien Luiz Gonzaga. Avec Humberto Teixeira, cet enfant du Pernambuco contribua à la naissance d'un nouveau genre musical, le *baião*, qui connut un grand succès dans les années 1940. Sa source d'inspiration première était le *sertão*, l'arrière-pays du Nordeste. Affichant fièrement ses origines dans son style musical (à base d'accordéon) autant que vestimentaire (il arborait le chapeau en cuir des *cangaceiros*, célèbres brigands de la région qui sévirent de la fin du XIXe siècle jusqu'aux années 1930), il séduisit des millions de Brésiliens qui se sentaient méprisés par les élites culturelles de Rio, où Gonzaga avait lui-même cherché à percer. Le **Cais do Sertão** (p. 305), dans le Recife Antigo, consacre une exposition permanente à Gonzaga.

OÙ SE LOGER À RECIFE

Cosmopolitan Hostel
Un des rares hébergements de Recife pour les voyageurs à petit budget. Dispose d'un petit jardin. **$**

Maria's Home Guest House
Des chambres agréables au dernier étage d'un immeuble, avec piscine et Jacuzzi sur le toit, et cuisine partagée. **$$**

Kastel Manibu Recife
Hôtel prisé des groupes, au service parfois lent ; chambres confortables ; proche de la plage de Boa Viagem. **$$**

BONNES TABLES DE RECIFE

Armazém Rio Branco Sélection quotidienne de plats régionaux, servis en terrasse dans une rue pavée du Recife Antigo. $$

Cá-Já Restaurante Dans le quartier d'Aflitos, un jeune chef créatif revisite la cuisine brésilienne – vous ne regretterez pas le taxi ! $$

Parraxaxá On paie au kilo dans ce buffet de spécialités du Nordeste, avec personnel costumé et concerts le soir. $$

Chica Pitanga Un restaurant *por kilo* gastronomique avec des buffets de salades et de produits de la mer variés. $$$

Restaurante Leite Dans un quartier très décrépit, c'est une surprise de découvrir un restaurant aussi raffiné. $$$

l'artiste fit renaître ici en 1971 la fabrique familiale de briques et de tuiles en y ouvrant son atelier. Le ravissant domaine qui l'entoure, constellé de sculptures et agrémenté d'arches mauresques et de temples, appelle à une longue flânerie.

Vous pouvez visiter les deux espaces le même jour, puisqu'ils ne sont distants que de 6,5 km (moins à vol d'oiseau, mais la route fait un détour pour traverser le Rio Capibaribe). Il est possible de prendre un taxi jusqu'à Várzea.

Sur le Pátio de São Pedro

UN HAVRE EN PLEIN CŒUR DE LA VILLE

Au milieu des ruelles animées de Santo Antônio, un des plus vieux quartiers de Recife, se niche une petite place paisible : le Pátio de São Pedro. Le quartier en lui-même est un patchwork d'époques et de styles architecturaux, mêlant aux majestueux édifices publics de la **Praça da República** (du XIXe siècle), de hauts immeubles modernes ravagés par le temps. Quand les commerces sont ouverts, et les rues animées, il est agréable de s'y promener pour prendre le pouls de la ville. Le reste du temps, le secteur est bien moins fréquentable.

Les jolies maisons aux façades pastel, relativement bien entretenues, du Pátio São Pedro méritent le coup d'œil (en journée uniquement). Trônant au sud de la place, la splendide **Concatedral de São Pedro dos Clérigos** (XVIIIe siècle) est un des plus beaux édifices baroques de la ville. Elle abrite d'incroyables sculptures sur pierre et sur bois. Côté ouest, le petit **Memorial Chico Science** rend hommage (trop modeste par rapport à son influence) au grand fondateur du *mangue beat*, mort à 30 ans dans un accident de la route à Recife en 1997. Quelques salles y montrent des clips et des photos de concerts de ce jeune musicien et de son groupe, Nação Zumbi, qui combinèrent pour la première fois des musiques traditionnelles régionales, tels le *maracatu*, à des instruments de rock et aux rythmes du rap, du hip-hop et de l'électro. Le mouvement qu'ils créèrent permit à la jeune génération des années 1990 de renouer avec ses racines. Juste à côté, sur les pavés, le **São Pedro Restaurante** dispose de plusieurs tables en extérieur. Cette adresse raffinée sert chaque jour une sélection d'une demi-douzaine de plats, dont un généreux *caldo do mar* (soupe de la mer).

COMMENT CIRCULER

Recife est une ville étendue, et les itinéraires des bus sont souvent confus. Prendre le taxi vous fera gagner du temps.

La ville est aussi desservie par deux lignes de métro (4 R$), pratiques pour rejoindre la gare routière et l'aéroport.

Il y a de nombreuses stations de vélos en libre-service à Boa Viagem, Pina et Recife Antigo ; il suffit d'une carte bancaire pour les utiliser.

La circulation est souvent intense à Recife, si bien que la plupart des services de covoiturage, dont BlaBlaCar, ont établi leur point de départ et d'arrivée à l'extrémité sud de la Praça do Derby, à 5,5 km au nord de la Praia do Pina. Planifiez vos déplacements en conséquence : depuis le centre-ville, il faut bien 20 minutes pour atteindre cette place. Notez que l'aéroport est à moins de 4 km des hôtels de Boa Viagem.

PROMENADE DANS LE RECIFE ANTIGO

Le meilleur jour pour visiter le centre historique de Recife est le dimanche, quand les voitures en sont bannies. Ne vous y promenez pas la nuit. L'itinéraire part du lieu où les Portugais fondèrent la ville en 1537 : le **1 Marco Zero**, marqué par une plaque au centre de la Praça Rio Branco. À quelques pas de cette grande place en bord de mer, poussez la porte de la **2 Caixa Cultural**, qui propose des expositions temporaires. Traversez à nouveau la rue et faites étape au **3 Centro de Artesanato de Pernambuco** pour découvrir de beaux exemples d'artisanat local. Poursuivez vers le nord et le **4 Cais do Sertão**, un musée moderne et bien conçu, consacré au patrimoine culturel de l'arrière-pays du Pernambuco (voir aussi p. 303).

Empruntez la Rua Vital de Olivera, puis la première à gauche jusqu'à la Praça do Arsenal. À l'extrémité sud de la place, le **5 Paço do Frevo**, est un centre culturel consacré au *frevo*, danse typique du carnaval de Recife. Les collections du dernier étage, qui ont pour pièces maîtresses les insignes géants des célèbres *blocos* (processions de danse au son des percussions), valent le détour. Empruntez la Rua Domingos José Martins jusqu'à la **6 Sinagoga Kahal Zur Israel**, la plus vieille synagogue du continent américain, située à un pâté de maisons de là. Les panneaux bilingues (portugais, anglais) expliquent le rôle joué par la communauté juive dans l'essor de Recife. Poursuivez vers le sud et prenez l'Av. Marquês de Olinda. Tournez à gauche dans la rue qui porte le nom de l'église baroque du XVIIIe siècle qui s'y trouve : l' **7 Igreja Madre de Deus**. On découvre à l'intérieur un mélange unique d'ornements baroques et traditionnels de la région. Un peu plus loin, la **8 Livraria Jaqueria** est une élégante librairie incluant un café et un espace de jeux pour enfants.

Environs de Recife

Des plages sans fin s'étirent au sud et au nord de Recife, où se dresse aussi l'une des plus jolies villes d'architecture coloniale du pays.

Pour les infos pratiques, voir le Carnet d'adresses p. 319

À SAVOIR

Les soirs de week-end, la place d'Alto da Sé, sur les hauteurs d'Olinda, est animée par des concerts de samba ou d'autres genres musicaux et des démonstrations de capoeira.

On ne s'extirpe pas facilement de l'agglomération dense et embouteillée de Recife. Au nord, la métropole se fond avec la ville voisine d'Olinda, inscrite au Patrimoine mondial et méritant bien quelques jours d'attention. Au-delà, on découvre l'Ilha de Itamaracá et son fort hollandais du XVIIe siècle, au milieu des palmiers. Mais c'est au sud de la ville que les habitants de Recife passent de longs week-ends à profiter de superbes plages de sable bordées de palmiers, agrémentées de belles vagues et de piscines naturelles aux eaux transparentes. Porto de Galinhas y est une destination appréciée des fêtards, mais d'autres bourgades balnéaires plus paisibles se déploient plus au sud encore, jusqu'à Maragogi (p. 339) dans l'État de l'Alagoas.

Carnaval, Olinda

Olinda

LUIS WAR/SHUTTERSTOCK ©

Olinda, profane et sacrée

L'HÉRITAGE D'UNE ANCIENNE CAPITALE

Malgré une histoire mouvementée, marquée par les conflits coloniaux, la première capitale du Pernambuco se dresse toujours fièrement face à l'océan. Sa gloire passée se lit encore sur les façades de ses édifices et monuments historiques, peu à peu rongés par l'humidité tropicale. Ses pittoresques et pentues rues pavées sont un plaisir à parcourir. Des guides accrédités, reconnaissables à leurs T-shirts colorés, attendent généralement sur la Praça João Pessoa, au pied de la colline principale de la ville, ou sur la place d'Alto da Sé, à son sommet. Peu parlent anglais, mais ils vous orienteront peut-être vers un confrère (souvent non accrédité, toutefois). Le meilleur lieu pour observer la ville dans son ensemble est l'**Alto da Sé** : une place chargée de stands de crêpes de tapioca garnies (l'idéal pour manger sur le pouce à peu de frais) et d'échoppes d'artisanat. Elle offre une vue dégagée sur les toits de tuiles de la ville jusqu'aux gratte-ciel de Recife (à 10 km au sud). De là, on peut atteindre à pied plusieurs lieux intéressants, comme la **Casa dos Bonecos Gigantes**, qui expose les marionnettes géantes du carnaval d'Olinda. Les petites ombrelles multicolores qui font la spécificité des défilés de Recife et Olinda sont vendues un peu partout, notamment au **Mercado do Artesanto Silvia Pantual**. Non loin, la boutique **Artes do Imaginário Brasileiro** vent des objets artisanaux, des tableaux et des vêtements célébrant le patrimoine de la ville. En contrebas, son plus grand édifice colonial, le **Convento de São Francisco**, mérite que l'on s'y arrête, ne serait-ce que pour

MUSIQUES ET DANSES DU PERNAMBUCO

Le Pernambuco est le berceau de nombreux genres musicaux, s'accompagnant de danses caractéristiques. Le *frevo* se danse de façon quasi acrobatique sur un tempo endiablé soutenu par de nombreux cuivres. Il trouverait son origine dans les fanfares d'antan et la capoeira. L'*afoxé*, musique et danse afro-brésiliennes, repose sur les rythmes et l'esprit du candomblé. Le *maracatu nação* réunit des ensembles de percussions africaines et des danseurs aux costumes baroques, inspirés de la cour royale portugaise. Les danseurs du *maracatu rural* se déguisent notamment en *caboclos de lança* (lanciers coiffés d'énormes pompons multicolores). Issu de rituels indigènes, le *caboclinho* met en scène divers personnages au son du *pífano* (flûte), des maracas et des tambours.

OÙ SE LOGER À OLINDA

Pousada dos Quatro Cantos
Belle hauteur sous plafond, cour arborée et piscine font de cette demeure du XIXe siècle une *pousada* de choix. **$$**

Hotel 7 Colinas
Ce vaste hôtel se démarque par son jardin tropical, sa piscine, ses chambres modernes et son petit-déjeuner exceptionnel. **$$**

Pousada do Amparo
Cette élégante maison du XVIIIe siècle abrite des chambres ravissantes au joli parquet. **$$$**

BARS EN TOUS GENRES À OLINDA

Bodega de Véio
Un établissement populaire et décontracté, servant de la cachaça locale et une belle sélection de bières.

Estação Café
Cette adresse bohème sert des cafés serrés, des crêpes de tapioca et accueille des concerts les soirs de week-end.

Bar do Amparo
Un bel espace au style rustique, où l'on se partage des mets à grignoter en écoutant des musiciens la plupart des soirs.

Cavallotti Cervejaria Pub
Bières artisanales et burgers à bon prix. Le week-end, l'ambiance déborde dans la rue pavée.

CACIO MURILO/SHUTTERSTOCK ©

Forte Orange

apprécier sa taille et imaginer son prestige d'autrefois. Ce vaste ensemble monastique réunit l'Igreja Nossa Senhora das Neves (XVIe siècle) et deux chapelles moins anciennes, ornées de *talhas douradas* (bois sculpté doré à la feuille) caractéristiques du style baroque et de nombreux et superbes azulejos.

Érigée en 1537, l'imposante **Igreja da Sé** fut brûlée en 1631 et reconstruite quatre fois. La dernière réhabilitation a pris dix ans (1974-1984) pour rétablir le style maniériste initial de construction du XVIe siècle. Prenez la porte à droite de l'autel principal et continuez, sans manquer d'admirer les azulejos d'origine, jusqu'à la cour, qui offre un superbe panorama sur la ville, l'océan qui scintille et Recife au loin.

Escapade sur l'Ilha de Itamaracá

UNE ÎLE ET SON FORT

À peine arrivé sur l'Ilha de Itamaracá, à 47 km au nord de Recife (à moins de 40 km d'Olinda), la ville semble déjà loin. Prise d'assaut le week-end, l'île est, le reste du temps, un havre de tranquillité baigné par de superbes couchers de soleil. La tranquillité qui y règne semble intensifiée par la présence des imposantes murailles du **Forte Orange** qui domine sa pointe sud. Ce fort, édifié par les Hollandais en 1631, fut agrandi par les Portugais au début du XVIIIe siècle. La plupart de ses canons bien conservés sont pointés vers la mer d'un côté, et vers les baigneurs et les paillottes de la Praia do Forte Orange de l'autre. La plage, qui s'étend au pied des remparts, est loin d'être la plus belle de la région et ressemble plutôt à un marais boueux à marée basse, mais par beau temps, lorsqu'une légère brise effleure les palmiers, c'est un lieu agréable où boire un verre et se restaurer. Plus au sud,

OÙ SE RESTAURER À OLINDA

Cafeteria Alto da Se
Cette adresse appréciée pour ses gâteaux et ses crêpes de tapioca garnies offre une belle vue sur la ville. **$**

Oficina do Sabor
Une des meilleures tables du Nordeste ; son chef est salué pour ses plats de la mer et ses courges farcies. **$$$**

Beijupirá
Après un court trajet en funiculaire, savourez des plats de poisson créatifs dans un cadre romantique. **$$$**

l'îlot **Coroa do Avião** est un long banc de sable comptant un ou deux bars, des vendeurs de boissons ambulants et des hamacs. Des hors-bord font la navette entre l'îlot et la plage. Vous pouvez aussi prévoir une sortie en bateau plus longue pour découvrir les **piscines naturelles** qui se prêtent plus ou moins au snorkeling selon les marées. À 3 km à l'ouest du fort, **Vila Velha**, une des plus anciennes colonies portugaises au Brésil, était un important port sucrier. Sur sa place principale, **Nossa Senhora da Conceição**, bâtie en 1526, est une des plus vieilles églises du pays. Des sentiers de randonnée mènent à l'intérieur de l'île, et de nombreuses plages (de plus en plus belles à mesure que l'on progresse vers le nord) se succèdent le long de ses 15 km de côtes.

Piscines naturelles de Porto de Galinhas

BAIGNADE EN EAU TURQUOISE

Les *jangadas*, ces petits bateaux colorés à fond plat et à voile triangulaire, sont devenues le symbole de Porto de Galinhas aux côtés de son emblème historique : la poule. Pourtant, si la ville porte le nom de "port aux poules", c'est pour une bien triste raison. En 1850, la traite négrière fut abolie au Brésil, mais pas l'esclavage, si bien que les trafiquants prirent l'habitude de cacher leur cargaison humaine sous des caisses de volailles.

De nos jours, cette station balnéaire à 55 km au sud de Recife est prisée des citadins, qui viennent s'y entasser le week-end sur des plages prises d'assaut. Il suffit pourtant de s'éloigner de quelques centaines de mètres de la plage centrale pour échapper à la foule. Vers le sud, la **Praia Maracaípe** offre une étendue quasi déserte, frangée de palmiers ; vers le nord, la **Praia do Cupe** et la **Praia Muro Alto** sont également moins bondées, mais bordées de complexes hôteliers et d'immeubles résidentiels. Le centre-ville compte quelques rues piétonnes, pleines de restaurants, de bars et de boutiques de souvenirs, tandis que des centres commerciaux trônent dans les quartiers périphériques.

Le **Beijupirá**, petit frère d'un restaurant renommé d'Olinda, et le **Muganga Bistro** sur le front de mer, font le bonheur des amateurs de poisson. À marée basse, les *jangadas* mènent les baigneurs de l'autre côté du récif corallien, jusqu'à un vaste ensemble de *piscinas naturais* formant de véritables aquariums de poissons tropicaux (les bateaux d'excursion fournissent masques et tubas). Si vous êtes bon nageur, vous pouvez gagner ces piscines à la nage, quelle que soit la marée ; prévoyez des chaussures adaptées aux récifs et un sac étanche pour vos affaires.

LA PRAIA DOS CARNEIROS ET TAMANDARÉ

Au sud de Porto de Galinhas, deux plages sublimes attirent les habitants fortunés de Recife et les touristes à la journée. Un nombre croissant d'immeubles résidentiels s'y est construit.

Praia dos Carneiros se trouve à 55 km au sud de Porto de Galinhas, et **Tamandaré**, 6 km plus loin. La première est plus connue, car on y trouve l'**Igrejinha de Carneiros**, une ravissante chapelle du XVIIIe siècle située au bord de l'eau, très photographiée. L'accès aux plages est parfois difficile, car de nombreuses propriétés privées les bordent. Le plus simple est alors de payer le parking de l'un des bars ou restaurants et d'y consommer quelque chose. À marée basse, des piscines naturelles se révèlent.

COMMENT S'Y RENDRE ET CIRCULER

Toutes ces destinations peuvent facilement faire l'objet d'une escapade d'une journée depuis Recife, mais n'oubliez pas que les routes sont souvent très embouteillées, à l'aller comme au retour (surtout au sud de la ville). Les bus, qui s'arrêtent souvent, sont très lents.

BlaBlaCar est une bonne option. Depuis l'aéroport international Guararapes de Recife, vous pouvez prendre un taxi, un BlaBlaCar ou un Uber jusqu'aux plages du sud, Olinda ou l'Ilha de Itamaracá. Vous pouvez aussi réserver une navette auprès de votre hôtel.

JOÃO PESSOA

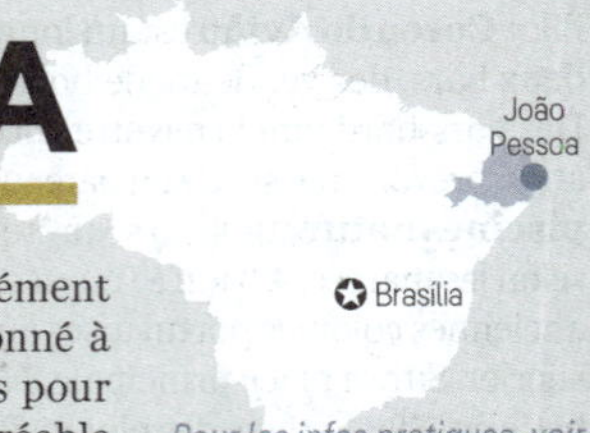

Pour les infos pratiques, voir le Carnet d'adresses p. 321

La troisième cité la plus ancienne du pays, communément appelée Jampa (en référence au surnom de Sampa donné à São Paulo), est appréciée des Brésiliens de tout le pays pour ses espaces verts, ses promenades arborées et son agréable atmosphère provinciale. Si les plaisirs haut de gamme y ont un coût, son charme décontracté séduit immédiatement. À des années-lumière des immeubles et centres commerciaux de son littoral, le centre historique, à 7 km de la côte, renferme de beaux édifices datant du XVIe au XVIIIe siècle. Parfait exemple d'architecture des années 1970, le Tambaú Hotel, qui ressemble à une immense roue de béton, marque le milieu exact des 20 km de plages de cette ville. De là, quelle que soit la direction que vous empruntiez, vous ne serez pas déçu : vers le nord, la Praia de Manairá est bordée de palmiers et de restaurants (allez au Mangai pour un buffet gargantuesque ou au Camarada Camarão pour un festin de crevettes), de cafés et de glaciers ; vers le sud, la Praia de Tambaú et Cabo Branco sont pleines de *barracas*, de vendeurs de noix de coco et de kiosques à boissons.

À SAVOIR

Tous les matins, l'Avenida Beira Mar, qui longe les plages de la ville, est fermée à la circulation de 5h à 8h pour faire place aux joggeurs, aux cyclistes et aux promeneurs. Prévoyez quelques reais pour vous rafraîchir avec une eau de coco ou un bol d'açaï à la fin de votre sortie matinale.

CACIO MURILO/SHUTTERSTOCK ©

Plage de Cabo Branco

COMMENT S'Y RENDRE ET CIRCULER

João Pessoa se trouve à 2 heures de bus de Recife et à 3 heures de Natal. La gare routière, appelée Terminal Rodoviário Severino Camelo-Varadouro (Rua Francisco Londres), est située dans le centre de João Pessoa. En face on trouve le Terminal de Integração (Rua Padre azevedo), d'où partent les bus locaux, notamment vers Tambaú et ses plages (bus 510, 511 et 513). Vous pourrez aussi préférer emprunter un taxi. Attention, les environs des gares sont peu sûrs ; évitez de vous attarder avec des bagages. Notez que la ville compte également un aéroport, l'Aeroporto Internacional Presidente Castro Pinto, situé à 8 km à l'ouest du centre-ville, et bien relié au reste du pays.

PROMENADE DANS LE CENTRO HISTORICO

Plusieurs secteurs de la vieille ville ont été joliment restaurés, mettant en valeur une grande variété architecturale, allant du baroque à l'Art déco. Prenez un taxi jusqu'au centre-ville pour gagner le point de départ de cet itinéraire à travers son cœur historique : la Praça Dom Adauto. L'architecture baroque de **1 l'Igreja de Nossa Senhora do Carmo** (XVIe siècle environ) y fait face au Casarão dos Azulejos. Prenez l'Av. Visconde de Pelotas vers la droite, puis tournez à gauche dans la Rua Vigário Sarlen où vous trouverez rapidement une place pavée au bout de laquelle se dresse le **2 Centro Cultural São Francisco**, précédé par une grande croix. Au milieu de la place, engagez-vous, sur votre gauche, dans la Ladeira São Francisco, qui vous mènera, sur la rdoite, à la **3 Casa da Pólvora**, bâtie en 1710 pour abriter les réserves de poudre de la ville. Faites-y une pause pour admirer la vue sur le Rio Paraíba do Norte, qui coule en contrebas. Revenez sur vos pas et grimpez la colline. Arrivé à la Praça Dom Ulrico, traversez-la pour atteindre l'Av. General Osório. Vous ne pourrez pas manquer la façade verte du **4 Bistrô 17**. Savourez un sandwich ou de délicieuses pâtisseries dans sa cour arborée. Sur le trottoir opposé, **5 l'Igreja de São Bento** est un ensemble bénédictin édifié au cours des XVIIe et XVIIIe siècles. Poursuivez sur 250 m et tournez à gauche dans la Rua Peregrino de Carvalho, qui débouche sur **6 l'Igreja da Misericórdia**, un des plus vieux édifices de la ville. Poursuivez vers le sud et la Rua Duque de Caxias, une rue piétonne animée, qui aboutit à la **7 Praça João Pessoa**. Faites-y un tour avant de remonter la rue Praça 1817 vers le nord ; tournez à droite dans l'Av. Padre Meira et concluez cette balade au **8 Parque Sólon de Lucena**, où faire un tour de lac en pédalo.

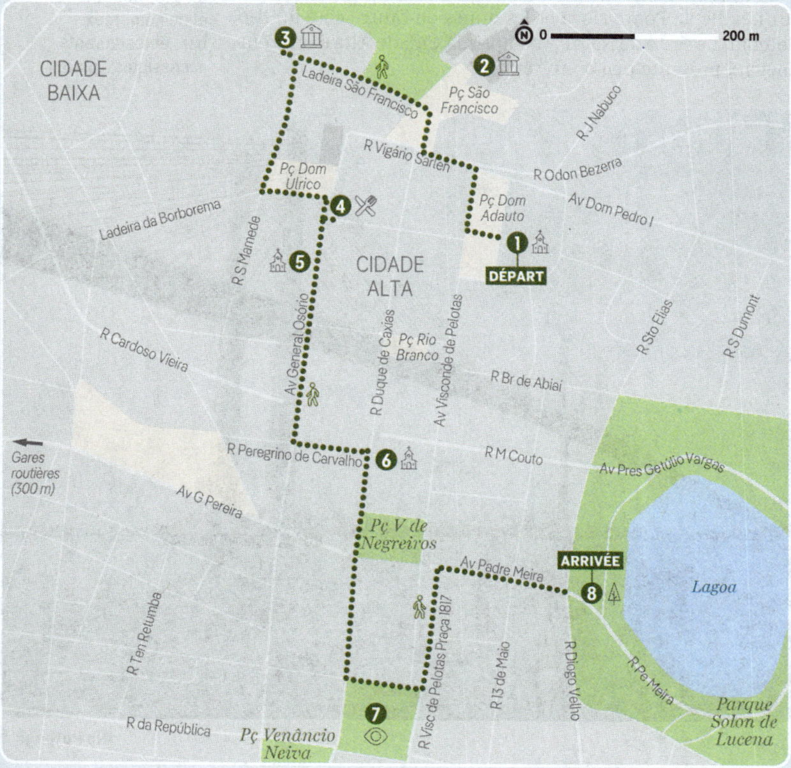

NATAL

La capitale du Rio Grande do Norte n'a jamais occupé un rôle politique très important, et l'on y retrouve davantage l'ambiance des plages de Rio que celle des institutions de Brasília. Si les touristes du Brésil et d'ailleurs y affluent, c'est essentiellement pour profiter du quartier de Ponta Negra et de sa plage. La cité est aussi le point de départ d'excursions en buggy et d'escapades diverses sur un littoral jalonné d'autres stations balnéaires. Les premières pierres de Natal furent posées par les Portugais qui s'y établirent en 1598 (après une première tentative repoussée par les Indiens) et édifièrent le **Forte dos Reis Magos** afin de maintenir les Français à distance. Ce fort en étoile mérite une visite pour son importance historique autant que pour la vue qu'elle offre sur la ville, le Ponte Nova et les dunes de l'autre côté du Rio Potengi. Le reste de Natal, y compris la Cidade Alta (son cœur ancien), présente peu d'intérêt.

Pour les infos pratiques, voir le Carnet d'adresses p. 321

À SAVOIR

Il y a peu d'intérêt à loger dans le centre de Natal ou même dans les grands complexes hôteliers du Parque das Dunas. En revanche, le quartier de Ponta Negra compte de très bons hébergements pour tous les budgets et de nombreux bars et restaurants accessibles à pied.

Rio Potengi

INCONTOURNABLE
1 Ponta Negra

VOIR
2 Morro de Careca

SE RESTAURER
3 Camarões Potiguar
4 Casa de Taipa
5 Curío
6 Mexícano Territorio

PRENDRE UN VERRE ET FAIRE LA FÊTE
7 La Praia Beach Lounge
8 Old Five

Sur la Praia de Ponta Negra

UNE JOURNÉE À LA PLAGE

La plage urbaine la plus emblématique du Nordeste se mue, à la mi-journée, en une véritable mosaïque de parasols sous lesquels affluent les touristes brésiliens, qui s'y installent pour commander plats de poisson et boissons face à la mer. La Praia de Ponta Negra est longée par une grande promenade, bordée de boutiques et de restaurants, et dominée au sud par le **Morro de Careca**, une dune de 120 m de haut (fermée au public) couverte de végétation luxuriante. Comment résister à cette association de sable blanc, eaux turquoise et tout le confort d'une cité moderne ? La **Praia Beach Lounge**, juché sur un affleurement rocheux tout au sud de la Praia de Ponta Negra, et le bar voisin, l'**Old Five**, offrent une vue imprenable sur la plage et les gratte-ciel qui se dressent derrière. Plusieurs boutiques

LES MEILLEURES TABLES DE NATAL

Casa de Taipa
Cette célèbre *tapiocaria* revisite la traditionnelle crêpe de tapioca de façon gastronomique, dans une ambiance conviviale et festive. $$

Mexícano Territorio
De savoureux *burritos*, tacos et *quesadillas* aux crevettes, à la viande, au poulet, aux légumes et même en version végane. $$

Curío
À l'intérieur comme à l'extérieur, l'ambiance est animée et on se régale d'une grande sélection de spécialités brésiliennes et de cocktails originaux. Les *coxinhas* (croquettes de poulet) sont excellentes. $$

Camarões Potiguar
Toujours bondé, ce restaurant qui met la crevette à l'honneur est une adresse élégante et créative. $$$

VITORIANO JUNIOR/SHUTTERSTOCK ©

Praia de Ponta Negra

louent des planches de surf et des planches de paddle. Si vous souhaitez faire un tour dans l'eau sans consommer à l'un des établissements de la plage, cachez vos affaires derrière les pierres de la digue qui soutient la promenade. Les terrains de volley et de footvolley sont toujours occupés.

De nombreux bons bars et restaurants jalonnent les trois rues parallèles à la plage et les quartiers résidentiels qui s'étendent derrière ces dernières. L'Alto de Ponta Negra (la partie haute du quartier), qui se déploie autour de l'Avenida Praia Ponta Negra, entre l'Avenida Praia de Genipabu au nord et l'Avenida de Praia Pirangi au sud, ne manque pas d'adresses où boire et manger. La zone est également pleine d'hôtels et de pensions. Les établissements donnant sur la promenade et la plage sont les plus prisés ; vous économiserez en optant pour une adresse un peu en retrait.

COMMENT CIRCULER

On se déplace facilement à pied dans le quartier de Ponta Negra, qui concentre l'essentiel des hébergements touristiques et de nombreux bars et restaurants. Pour gagner les autres quartiers de la ville, on peut compter sur un grand nombre de chauffeurs Uber et de taxis. Les bus 26, 46 et 73 rallient, au nord, les centres commerciaux Praia Shopping et Via Direta. Le bus 56 suit la Via Costeira jusqu'à Areia Preta, puis file vers le centre-ville. Vous pouvez les prendre aux arrêts situés au nord de la Rota do Sol, dans l'Av. Engenheiro Roberto Freire (à Ponta Negra). La plupart des bus du centre démarrent à la gare routière Rodoviária Velha (Praça Augusto Severo).

L'aéroport de Natal est situé à 45 km au nord-ouest de Ponta Negra. Faire le trajet en bus est très long et implique au moins une correspondance. Le mieux est d'opter pour les minibus collectifs qui attendent devant le terminal des arrivées, ou de prendre un taxi ou un Uber.

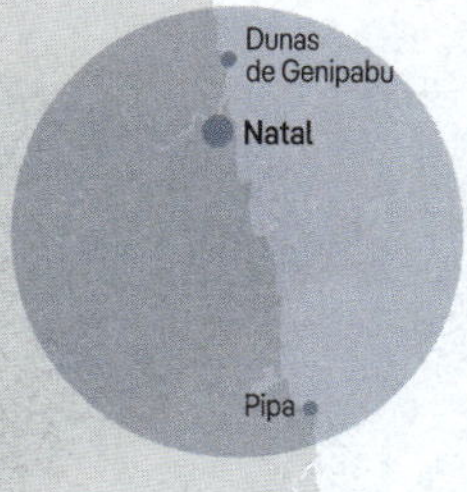

Environs de Natal

De part et d'autre de Natal, la côte dévoile des dizaines de plages, de plus en plus calmes et dépaysantes à mesure que l'on s'éloigne de la ville.

Pour les infos pratiques, voir le Carnet d'adresses p. 321

À SAVOIR

Le village enchanteur de Tibau do Sul, à 8 km au nord-ouest de Pipa, donne accès à la Lagoa de Guaraíras, une sublime lagune cerclée de dunes et de mangroves. Le coucher du soleil y est fascinant, notamment depuis la Creperia Marinas.

Vous vous demandez peut-être pourquoi les habitants de Natal ressentent le besoin de s'échapper pour le week-end, alors qu'ils disposent déjà, aux portes de leur ville, de plusieurs plages magnifiques. Il faut comprendre que, pour les Brésiliens, la plage est une affaire sérieuse, tout en nuances : dunes ou falaises ; droite ou arrondie ; bondée ou déserte... C'est pourquoi les 400 km de littoral qui séparent Natal de l'État du Ceará, au nord, sont le terrain de jeu préféré des citadins, qui y font des sauts le temps d'une journée ou d'un week-end. Plus vous vous éloignerez de Natal, moins vous aurez à partager ces rubans de sable. Le paysage est tout aussi beau vers le sud et João Pessoa, notamment dans le village balnéaire de la Praia de Pipa, et gagne même en attrait.

Praia do Amor (p. 317)

LE PLUS GRAND ANACARDIER DU MONDE

La ville de **Pirangi**, à 15 km au sud de Ponta Negra, cache un arbre que l'on croirait tout droit sorti du film *Avatar*. Le plus grand anacardier du monde y déploie ses branches sur près de 8500 m², et il continue de croître ! Un belvédère permet d'apprécier au mieux cet impressionnant enchevêtrement. De novembre à janvier, cet arbre produit à lui seul entre une et deux tonnes de noix de cajou (vendues sur place telles quelles ou sous forme de jus et d'alcool). Profitez-en pour découvrir la plage de Pirangi qui, comme toutes celles de la côte, est ravissante.

LEO MOITINHO/SHUTTERSTOCK ©

Buggy dans les dunes

Buggy dans les Dunas de Genipabu

DUNES ET LAGUNES

Pour de nombreux Brésilien, la côte du Rio Grande do Norte évoque d'abord une virée en buggy à l'assaut de spectaculaires montagnes de sable. Avant d'entamer cette aventure, il vous faudra prendre la route en direction du nord, emprunter le Ponte Newton Navarro au-dessus du Rio Potengi, puis traverser le Rio Ceará-Mirim à bord d'un bac en bois. Une fois arrivé aux Dunas de Genipabu, vous aurez le choix entre deux formules : *com* ou *sem emoção* (avec ou sans sensations fortes). Avec la première, vous aurez droit au "mur de la mort" ou à la "descente verticale". Votre excursion vous mènera notamment à la **Lagoa Pitangui**, aux rives encombrées de tables et de hamacs, où l'on peut se restaurer et boire un verre les pieds dans l'eau. La **Cachoeirinha de Pitangui** est une petite cascade bien plus charmante, qui est agrémentée des mêmes services. La **Lagoa de Jacuma** est

OÙ SE LOGER À PIPA

Pousada Paraiso das Tartarugas
Loue des cabanes en bois sur la plage (l'accès est éprouvant si l'on a de lourds bagages). **$$**

Recanto de Ibiza
Ce refuge idyllique au sein d'une petite propriété propose de jolies chambres avec parquet et hamacs. **$$**

Toca da Coruja
Un vaste jardin tropical révèle des bungalows luxueux avec véranda et tout le confort moderne. **$$$**

la promesse d'activités riches en adrénaline, dont plusieurs tyroliennes et le "Kamikaze" (un toboggan à pic que l'on dévale avec un bodyboard avant de glisser sur l'eau). Ce type de circuit est proposé par de nombreux prestataires, dont beaucoup sont basés le long de la promenade de Ponta Negra. Leurs offres incluent généralement plus de cinq étapes, plus ou moins intéressantes (on peut aisément se passer de la promenade faussement orientale à dos de dromadaire). Vous pouvez atteindre certains lieux avec votre propre voiture, mais les dunes sont réservées aux buggies conduits par des professionnels. Des circuits plus longs (qui valent le coup si vous faites l'impasse sur les étapes les plus kitsch et touristiques) comprennent un trajet en buggy de 15 km le long de la plage, de Genipabu à Jacumã (avec une traversée en bac).

Plages idylliques de Pipa

SABLE DORÉ ET FAUNE MARINE

Pipa, à 83 km de Natal, est un de ces villages côtiers magiques, comme on n'en trouve qu'au Brésil. Avec ses plages flanquées de hautes falaises, ses soirées animées, ses charmants hôtels à taille humaine et son ambiance cosmopolite, la localité dispute à Jericoacoara (dans le Ceará), le titre de meilleure destination balnéaire du Nordeste. D'autant que, bien sûr, il y a quantité de plages. La **Praia do Centro** attire des amateurs de footvolley ; à marée basse, les enfants peuvent y jouer dans l'eau peu profonde. À son extrémité est, l'**Orishas Restobar** est un lieu populaire pour admirer le coucher du soleil. De l'autre côté des rochers, la longue **Praia do Amor** fait le bonheur des surfeurs. On y trouve des boutiques louant des planches et quelques *barracas* au pied de falaises, ainsi que des piscines naturelles, tout au sud, à marée basse. Juste au-dessus, la **colline du Chapadão** est un autre site de choix pour voir le soleil se coucher (on y grimpe par un escalier depuis la Praia do Amor ou par une route partant du village). Moins fréquentée que la Praia do Amor, la **Praia das Cacimbinhas**, à 6 km au nord, offre aux surfeurs des droites et des gauches sur fond de sable. Vous pourrez approcher des dauphins en louant un kayak sur la **Praia do Madeiro**, dans la Baía dos Golfinhos. La baie n'est accessible à pied depuis le village qu'à marée basse. Autrement, vous pouvez emprunter le sentier qui traverse le **Santuário Ecológico**, une petite forêt à l'accès payant (même si vous ne faites que la traverser), où sont protégés des singes et des tortues marines (dont vous pourrez voir les œufs éclore de janvier à juin).

LES MEILLEURES TABLES DE PIPA

Cafe e Padaria Central
Un des rares endroits ouverts pour le petit-déjeuner. Il sert plusieurs sortes de croissants et de cafés. $

Tapas
Dans un cadre agréable et décontracté, on sert ici de surprenantes tapas brésiliennes teintées d'influences internationales. $$

El Farolito
Quand les nombreux Argentins installés à Pipa ont le mal du pays, ils viennent savourer dans ce restaurant viandes et vins importés de leur pays. $$

Cicchetti
Cette adresse italienne haut de gamme sert des pizzas à pâte fine, des plats de pâtes originaux et de petites assiettes de carpaccio ou de tartare. $$$

COMMENT S'Y RENDRE ET CIRCULER

L'aéroport international de Natal (www.natal.aero) est desservi par de nombreuses liaisons domestiques et accueille des vols directs au départ de Lisbonne, au Portugal. Malheureusement, il est situé loin de la ville, à 45 km à l'ouest de Ponta Negra. Pour se déplacer, les buggies sont une bonne option. Ils permettent d'atteindre sans détour les plages et villages de la côte depuis Natal, alors qu'en voiture, il faut revenir à la route principale, à l'intérieur des terres, entre chaque destination côtière. Marazul, par exemple, organise des excursions longue distance en buggy au départ de Natal.

Carnet d'adresses

FERNANDO DE NORONHA

Centro de Visitantes
Voir p. 300 (81 99453-2674 ; www.parnanoronha.com.br ; Vila do Boldró ; 8h-19h)

Lancha Pescador Noronha
Voir p. 301 (81 99631-5932 ; fishhunternoronha.com.br ; Rua João Soares 225, Vila do Trinta ; 9h-21h)

Beco de Noronha
Voir p. 299 (81 3619-1568 ; becodenoronha.com.br ; Alameda das Acácias 3, Floresta Nova)

Ihla Hostel
Voir p. 299 (81 99732-0766 ; ilhahostel.com ; Rua São Miguel 333, Vila dos Remédios)

Teju-Açu Ecopousada
Voir p. 299 (81 3619-1369 ; www.pousadateju.com.br ; Estrada da Alamoa s/n, Boldró)

Açai e Raizes Noronha
Voir p. 300 (BR-363, Floresta Nova ; 6h-minuit)

Mesa da Ana
Voir p. 300 (81 99338-4925 ; Rua Major Costa, Vila do Trinta ; 20h-23h lun-ven)

O Pico
Voir p. 300 (81 3619-1377 ; opiconoronha.com.br ; Rua São Miguel 333, Vila dos Remédios ; 12h-23h jeu-mar)

RECIFE

Cais do Sertão
Voir p. 305 (Av. Alfredo Lisboa 11 ; 10h-16h mar-ven, 11h-17h sam-dim)

Caixa Cultural
Voir p. 305 (www.caixacultural.gov.br ; Av. Alfredo Lisboa 505 ; 10h-20h mar-sam, 10h-18h dim)

Centro de Artesanato de Pernambuco
Voir p. 305 (lojaartesanatodepernambuco.pe.gov.br ; Praça Rio Branco ; 9h-19h lun-sam, 10h-16h dim)

Concatedral de São Pedro dos Clérigos
Voir p. 304 (@concatedralsaopedrodosclerigos ; Pátio de São Pedro ; 5 R$; 8h-17h mar-ven, 8h-13h dim)

Igreja Madre de Deus
Voir p. 305 (Rua Madre de Deus ; entrée libre ; 8h-12h et 13h-17h mar-ven, 8h-12h sam)

Instituto Ricardo Brennand
Voir p. 303 (www.institutoricardo-brennand.org.br ; Alameda Antônio Brennand ; tarif plein/réduit à partir de 50/25 R$; 9h-21h)

Memorial Chico Science
Voir p. 304 (Pátio de São Pedro ; entrée libre ; 9h-17h lun-ven)

Oficina Ceramica Francisco Brennand
Voir p. 303 (www.oficinafrancisco-brennand.org.br ; Rua Diogo de Vasconcelos s/n ; tarif plein/réduit 30/15 R$; 8h-17h lun-jeu, 8h-16h ven, 10h-16h sam-dim)

Paço do Frevo
Voir p. 305 (pacodofrevo.org.br ; Praça do Arsenal ; tarif plein/réduit 10/5 R$; 10h-17h mar-ven, 11h-18h sam-dim)

Sinagoga Kahal Zur Israel
Voir p. 305 (Rua do Bom Jesus 197 ; adulte/enfant 10/5 R$; 9h-17h mar-ven, 14h-18h dim)

Cosmopolitan Hostel
Voir p. 303 (81 3204-0321 ; www.cosmopolitanhostel.com ; Rua Paulo Setúbal 53)

Kastel Manibu Recife
Voir p. 303 (81 2011-3629 ; hotelmaniburecife.com.br ; Av. Conselheiro Aguiar 919)

Maria's Home Guest House
Voir p. 303 (81 9960-36171 ; Rua Setúbal 1663)

Armazém Rio Branco
Voir p. 304 (81 3032-4586 ; Av. Rio Branco 155 ; 11h-15h lun-jeu, 11h-20h ven-sam, 9h-19h dim)

Cá-Já Restaurante
Voir p. 304 (81 3126-0648 ; @vempracaja ; Rua Carneiro Viléla 648 ; 12h-15h30 et 19h-23h mar-sam, 12h-16h dim)

Chica Pitanga
Voir p. 304 (81 3334-8260 ; www.chicapitanga.com.br ; Rua Petrolina 19 ; 11h40-22h lun-mer, 11h40-23h jeu, 11h40-minuit ven, 11h15-minuit sam, 11h15-16h dim)

Parraxaxá
Voir p. 304 (81 3268-4169 ; www.parraxaxa.com.br ; Rua Igarassu 40 ; 11h30-22h lun-sam, 7h-22h dim)

Restaurante Leite
Voir p. 304 (81 3224-7977 ; restaurante-leite.negocio.site ; Praça Joaquim Nabuco 147 ; 11h-16h dim-ven)

São Pedro Restaurante
Voir p. 304 (81 98299-3333 ; @saopedrorestaurante ; Pátio de São Pedro ;

STEPHANIE / STOCK.ADOBE.COM ©

Fernando de Noronha

12h-15h lun-ven, 12h-15h30 sam-dim)

Bodega de Véio
Voir p. 302 (81 99975-2189 ; www.facebook.com/bodegarecifeantigo ; Av. Rio Branco 162 ; 10h-23h mar-ven et dim, 10h-2h sam)

Mercado da Boa Vista
Voir p. 302 (Rua da Santa Cruz s/n ; 6h-18h lun-sam, 6h-15h dim)

Livraria Jaqueria
Voir p. 305 (81 3265-9455 ; livrariajaqueira.com.br ; Rua Madre de Deus 110 ; 11h-19h lun-mar, 11h-20h mer-dim)

ENVIRONS DE RECIFE

Casa dos Bonecos Gigantes
Voir p. 307 (@bonecosgigantes-emirinsdeolinda ; Rua Bispo Coutinho 780, Olinda ; 5 R$; 9h30-17h30)

Convento de São Francisco
Voir p. 307 (www.olinda.pe.gov.br ; Rua de São Francisco 280, Olinda ; 3 R$; 9h-12h30 et 14h-17h30 lun-sam)

Hotel 7 Colinas
Voir p. 307 (81 3493-7766 ; www.hotel7colinas.com.br ; Ladeira do São Francisco 307, Olinda)

Pousada do Amparo
Voir p. 307 (81 98694-2839 ; www.pousadadoamparo.com.br ; Rua do Amparo 199, Olinda)

Pousada dos Quatro Cantos
Voir p. 307 (81 99969-0141 ; www.pousada4cantos.com.br ; Rua Prudente de Morais 441, Olinda)

Beijupirá
Voir p. 309 (81 99857-8496 ; www.beijupira.com.br ; Rua Bejupira 90, Porto de Galinhas ; 12h-23h)

ADRIANO FRANCO / STOCK.ADOBE.COM ©

João Pessoa

Cafeteria Alto da Se
Voir p. 308 (81 99931-8899 ; Rua Bispo Coutinho 799, Olinda ; 9h-18h)

Muganga Bistro
Voir p. 309 (81 99726-0050 ; www.facebook.com/mungangabistro ; Rua das Piscinas Naturais 32, Porto das Galinhas ; 9h-16h et 18h-22h dim-jeu, 9h-16h et 18h-23h ven-sam)

Oficina do Sabor
Voir p. 308 (81 3429-3331 ; www.oficinadosabor.com ; Rua do Amparo 335, Olinda ; 11h30-17h mar-jeu, 11h30-22h ven-sam, 11h30-17h dim)

Bar do Amparo
Voir p. 308 (81 99905-3837 ; @bar.doamparo ; Rua do Amparo 3, Olinda ; 17h-23h lun, 17h-minuit jeu-ven, 12h-minuit sam, 12h-21h dim)

Bodega de Véio
Voir p. 308 (81 3494-3412 ; www.facebook.com/bodegadeveiope ; Rua do Amparo 212, Olinda ; 10h-23h30 lun-sam, 16h-22h dim)

Cavallotti Cervejaria Pub
Voir p. 308 (Rua de São Bento 239, Olinda ; 17h-23h mer-jeu, 17h-1h ven, 16h-1h sam, 16h-22h dim)

Estação Café
Voir p. 308 (81 3429-7575 ; www.facebook.com/e4cantos ; Rua Prudente de Morais 440, Olinda ; 13h-20h mer-jeu, 14h-22h ven-sam, 14h-21h dim)

Artes do Imaginário Brasileiro
Voir p. 307 (81 3081-2010 ; imaginariobrasileiro.com.br ; Rua Bernardo Vieira de Melo 34, Olinda ; 9h30-18h30 lun-sam)

Mercado do Artesanto Silvia Pantual
Voir p. 307 (Rua Bispo Coutinho 669, Olinda ; 9h-18h)

JOÃO PESSOA

Casa da Pólvora
Voir p. 311 (Ladeira São Francisco ; 8h-18h)

Centro Cultural São Francisco
Voir p. 311 (@centroculturalsao-francisco ; Praça São Francisco ; visite guidée 6 R$; visite guidée 9h-15h mar-dim)

Igreja de Nossa Senhora do Carmo
Voir p. 311 (arquidiocesepb.org.br ; Praça Dom Adauto ; 14h-17h mar-sam, 8h30-12h dim)

Bistrô 17
Voir p. 311 (83 99913-1707 ; Rua Conselheiro Henrique 17 ; 11h-19h lun-sam)

Camarada Camarão
Voir p. 310 (83 98153-0189 ; www.ocamarada.com.br ; Av. Gov. Flávio Ribeiro Coutinho 1592, Manaira, João Pessoa ; 11h30-15h et 17h-22h lun-jeu, 11h30-22h ven-dim)

Mangai
Voir p. 310 (www.mangai.com.br ; Av. General Edson Ramalho 696, Manaíra ; 11h-22h).

NATAL

Camarões Potiguar
Voir p. 314 (84 3209-2425 ; www.camaroes.com.br ; Rua Pedro da Fonseca Filho 8887 ; 11h30-15h et 18h30-23h lun et mer-jeu, 11h30-15h30 et 18h30-23h ven-sam, 11h30-16h et 18h30-22h dim)

Casa de Taipa
Voir p. 314 (Av. Praia de Ponta Negra 8868 ; 18h-22h)

Curío
Voir p. 314 (84 2010-8191 ; Av. Praia de Ponta Negra 8896 ; 17h30-minuit lun-jeu, 17h30-1h ven, 12h-1h sam, 12h-minuit dim)

Mexícano Territorio
Voir p. 314 (84 2020-9471 ; www.territoriomexicano.com.br ; Rua Ponta de Serrambi 2257 ; 17h-minuit)

La Praia Beach Lounge
Voir p. 313 (84 99805-5200 ; @lapraiabeachlounge ; Rua Erivan França 210 ; 9h-18h lun et mer-ven, 9h-20h sam-dim)

Old Five
Voir p. 313 (84 99858-2633 ; Av. Erivan França 230 ; 9h-18h mar-jeu, 9h-18h30 ven-dim)

ENVIRONS DE NATAL

Santuário Ecológico
Voir p. 317 (pipa.com.br ; Baía dos Golfinhos s/n, Pipa ; adulte/enfant 20/10 R$; 7h-17h)

Marazul
Voir p. 317 (www.marazulreceptivo.com.br ; Rua Vereador Manoel Sátiro 75, Ponta Negra)

Pousada Paraiso das Tartarugas
Voir p. 316 (84 99455-5183 ; @paraisodastartarugas ; Praia de Pipa)

Recanto de Ibiza
Voir p. 316 (84 99221-6112 ; @recantodeibiza ; Rua do Ceu 141, Pipa)

Toca da Coruja
Voir p. 316 (84 3246-2226 ; tocadacoruja.com.br ; Av. Baia dos Golfinhos 464, Pipa)

Cafe e Padaria Central
Voir p. 317 (84 3246-2135 ; Av. Baía dos Golfinhos 635, Pipa ; 8h-19h lun, 8h-23h mar et jeu-dim)

Cicchetti
Voir p. 317 (84 99203-5346 ; www.facebook.com/cicchettipipa ; Av. Baía dos Golfinhos 687, Pipa ; 19h-22h lun-ven, 12h-14h et 19h-22h sam-dim)

El Farolito
Voir p. 317 (84 99908-7634 ; www.facebook.com/elfarolito-parrilla ; Rua Albacora 1, Pipa ; 18h-23h lun-mar et jeu-ven, 12h-16h et 18h-23h sam-dim)

Orishas Restobar
Voir p. 317 (84 98152-6547 ; Largo São Sebastião, Pipa ; 8h-22h)

Tapas
Voir p. 317 (84 99465-4468 ; Rua dos Bem-Te-Vis 34, Pipa ; 18h30-minuit mar-sam)

CAIO PEDERNEIRAS/SHUTTERSTOCK ©

Ci-dessus : Plage de Ponta Verde, Alagoas ; à droite : Aracaju (p. 328)

SERGIPE ET ALAGOAS

L'ENCLAVE OUBLIÉE DE LA CÔTE DU NORDESTE

Les infrastructures en plein développement du Sergipe et de l'Alagoas, ainsi que leur littoral, leur patrimoine artisanal et leurs parcs naturels, ne devraient pas tarder à séduire les touristes.

Le Sergipe et l'Alagoas sont deux petits États auxquels les visiteurs commencent à peine à s'intéresser. Leurs richesses culturelles participent pleinement à l'économie du Nordeste, de même que la diversité de leurs habitats mêlant plages pittoresques, mangroves marécageuses et prairies arides.

La migration des travailleurs agricoles quittant le *sertão*, région sèche à l'intérieur du Nordeste brésilien, pour rejoindre la côte, a présidé au développement économique des deux états. Avec l'apport de leurs compétences, l'artisanat est devenu le moteur de l'économie.

LEO AVILA FOTOGRAFIAS/SHUTTERSTOCK ©

L'habileté des artisans dans la maroquinerie, la broderie, la vannerie et la céramique rend hommage au savoir-faire transmis par leurs ancêtres indigènes et africains. La longue et violente lutte entre les Lambe-Sujos et les Caboclinhos a profondément marqué les communautés indigènes et les descendants d'esclaves ; ces traumatismes sont inscrits dans l'identité du Sergipe et de l'Alagoas.

Aujourd'hui, le travail artisanal répond à une volonté de préserver, promouvoir et renforcer cet héritage culturel. Aracaju développe ainsi son économie touristique davantage vers l'artisanat que vers les plages. Les expositions du Museu da Gente Sergipana et les vendeurs du Mercado das Artes 31 et du Mercado Municipal Antônio Franco participent de ce mouvement visant à soutenir les artisans.

Maceió, capitale de l'Alagoas, est réputée pour ses eaux vert émeraude et ses piscines naturelles. Ici, la vitalité des communautés, comme le Quilombo dos Palmares, et le dynamisme de la scène artistique urbaine, restent un potentiel encore largement inexploité.

SITES PRINCIPAUX

ARACAJU
Ville d'artisans et d'entrepreneurs au bord de la mer. p. 328

MACEIÓ
Récifs coralliens, lagunes et découvertes artistiques. p. 334

AVION

L'aéroport international de Maceió – Zumbi dos Palmares (MCZ ; www.aenabrasil.com.br), dans l'Alagoas, et l'aéroport international d'Aracaju (AJU ; www.aenabrasil.com.br), dans le Sergipe, accueillent des vols domestiques et étrangers.

VOITURE

Il est possible de louer une voiture ou d'utiliser les applications de VTC et de covoiturage (Uber, BlaBlaCar et 99). C'est le meilleur moyen pour des déplacements rapides ou si vous ne maîtrisez pas assez le portugais pour utiliser les bus de ville ou inter-États.

BUS

Le réseau de bus de ville est un moyen bon marché de rejoindre la plupart des destinations touristiques.

Aracaju, p. 328

Outre ses plages splendides, la capitale du Sergipe est un centre de commerce et de production où art et culture populaires traditionnels font partie de la vie quotidienne.

S'orienter

La petite superficie de la région et l'accès facile aux capitales des deux États en font un terrain idéal pour de courtes excursions. Des séjours plus longs donnent le temps de mieux connaître ces deux contrées.

Planifier son séjour

Démarrez votre circuit dans une des deux capitales d'État, Aracaju (Sergipe) ou Maceió (Alagoas). Empreintes de culture traditionnelle du Nordeste, elles vous dévoilent leur front de mer, leurs quartiers artistiques et leur architecture. Aventurez-vous ensuite vers d'autres franges de littoral et les joyaux de l'intérieur des terres.

LUIZ ANTONIO NASSER JR/SHUTTERSTOCK ©

Praia do Francês, Maceió (p. 334)

Si vous avez peu de temps

- Commencez la journée à **Maceió** (p. 334) sur la **Praia do Francês**, l'une des plages très réputées de la ville, avant de déjeuner dans un restaurant à proximité. L'après-midi, flânez dans le centre historique et rendez hommage aux descendants des esclaves à l'**Igreja Nossa Senhora do Livramento** (p. 336), héritée de l'époque coloniale.

- Le soir, suivez un guide dans **Jaraguá** (p. 335), le quartier historique de Maceió, et faites vos emplettes au **Mercado das Artes 31** (p. 335), le marché dont les étals débordent d'objets artisanaux et culturels locaux, dont de magnifiques *filé*, les **tapisseries** traditionnelles de la région (p. 335).

Au fil des saisons

La basse saison court d'avril à mai. De nombreux festivals et événements se tiennent le reste de l'année.

JANVIER

L'été attire tout le monde au Nordeste. **Maceió** (p. 334) est la vitrine de la culture de l'Alagoas avec l'immense festival **Verão Massayó**.

FÉVRIER

Aracaju (p. 328) accueille le **Carna Caju**, un festival drainant de larges foules et mettant à l'honneur les talents musicaux du Sergipe.

MARS

L'Alagoas clôture l'été avec les deux jours du mémorable **festival Carambola** et sa programmation hétéroclite de musiciens indépendants.

BRASTOCK/SHUTTERSTOCK ©, LAZYLLAMA/SHUTTERSTOCK ©, TIAGO PAIVA DS/SHUTTERSTOCK ©

Si vous avez trois jours

- Après la visite des principaux sites de **Maceió** (p. 334), direction la plage à **Praia da Cinelândia** (p. 329) à **Aracaju** (p. 328), pour flâner sur la promenade en planches et profiter de la vue. Faites provision d'en-cas locaux auprès des vendeurs ambulants avant de revenir à Aracaju. Goûtez à la vie nocturne avec un verre dans un des bars de la Passarela do Caranguejo.

- Le lendemain, une heure de trajet depuis Aracaju vous mène au **Parque Nacional Serra de Itabaiana** (p. 333), où des sentiers de randonnée comme le Poço das Moças vous guident à des piscines naturelles nuancées de bleu. Détente garantie.

Si vous avez cinq jours ou plus

- Après la visite de Maceió et d'Aracaju, place au souvenir à União dos Palmares et dans son **Parque Memorial Quilombo dos Palmares** (p. 338). Dédié au *quilombo* historique de Palmares menés par le chef de la résistance **Zumbi** (p. 338), ce parc vous en apprend plus sur les *quilombos*, ces anciennes communautés d'esclaves évadés au Brésil. Un circuit guidé de deux jours vous fait vivre une expérience inédite, avec des visites à des communautés majeures comme la **Comunidade Quilombola Muquem** (p. 338) ; les artisans locaux vous font expérimenter leur métier, vous assistez à des spectacles de danse, et la **Casa Museu Fazenda Ahumas** (p. 338) vous dévoile l'histoire de la région.

JUIN

Le *forró* et les festivals vont de pair en juin dans le Nordeste avec le festival **Forró Caju** et les festivités de São João.

OCTOBRE

"Rejouez" à Laranjeiras la bataille entre **Lambe-Sujos et Caboclinhos**, laquelle changea le cours de l'histoire du Sergipe (p. 332).

NOVEMBRE

Excellente période pour visiter la région, avec les prix moins élevés de basse saison et une météo assez chaude pour profiter de la **plage**.

DÉCEMBRE

Noël et ses nombreuses réjouissances marquent le début de l'été et de la haute saison ; les plages du Sergipe et de l'Alagoas sont prises d'assaut.

ARACAJU

Aracaju, capitale du Sergipe, combine aux infrastructures typiques d'une métropole brésilienne l'hospitalité d'une petite ville balnéaire, avec juste ce qu'il faut d'animation. On comprend aisément pourquoi elle est aujourd'hui considérée par beaucoup de Brésiliens comme la capitale d'État du Nordeste offrant la meilleure qualité de vie.

Les plages sont ici merveilleuses et vous les longerez avec plaisir au gré de la Passarela do Caranguejo ou du Marco dos Corais, des promenades en planches donnant sur le front de mer. La ville veille aussi sur ses créateurs et petits entrepreneurs qui, par le biais de leur artisanat, contribuent à la préservation de leurs cultures. Plongez dans leur histoire au Museu da Gente Sergipana, et dans leur réalité quotidienne au Mercado Municipal Antônio Franco. Vous pourrez aussi prendre part aux traditions et célébrations folkloriques d'Aracaju, lesquelles font partie intégrante de son patrimoine culturel.

Pour les infos pratiques, voir le Carnet d'adresses p. 340

À SAVOIR

En basse saison, les tarifs des hébergements sont plus avantageux. L'été reste cependant la meilleure période pour venir à Aracaju, avec une multitude de festivals et d'événements programmés.

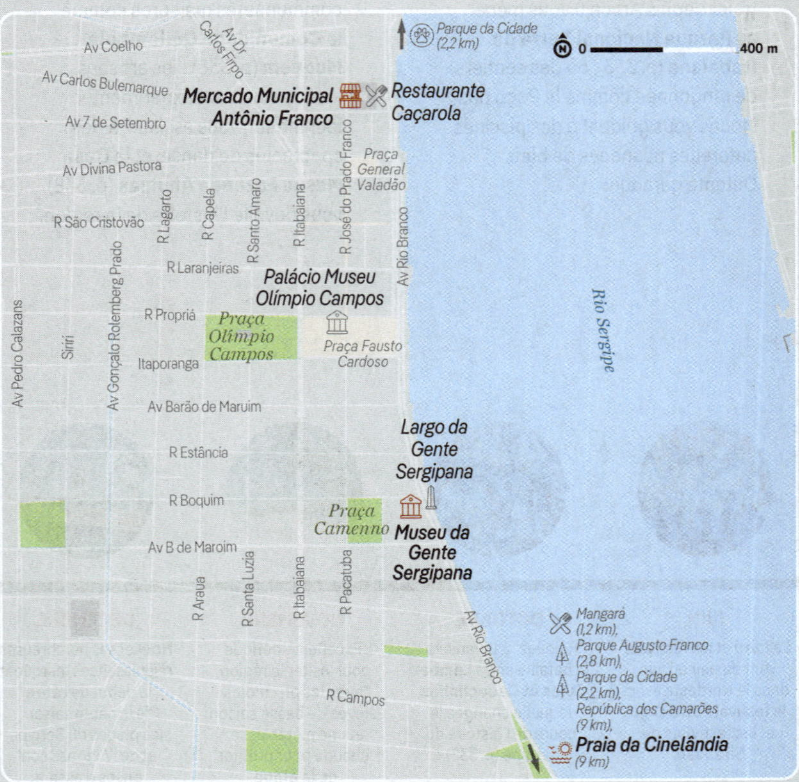

Passarela do Caranguejo, Aracaju

Plages et parc

DÉTENTE EN CENTRE-VILLE

Les environs d'Aracaju ont tant à offrir qu'on en oublierait presque les plaisirs simples de la ville. Passez une journée vivifiante à en explorer les espaces verts et à profiter de la variété des paysages offerts.

L'immense et très verdoyant **Parque Augusto Franco** mêle jardins et patios. Commencez par une balade matinale le long de ses allées bordées de palmiers pour dénicher canaris, aras et piverts. Le **Parque da Cidade** compte un zoo et un téléphérique. Ce dernier dévoile une magnifique vue plongeante sur Aracaju.

La plage de **Praia da Cinelândia** possède une longue promenade en planches et compte de nombreux bars et restaurants, pratiques pour se restaurer et boire un verre après l'exploration de la ville. Proche des zones touristiques, cette plage prisée des habitants est aussi le rendez-vous des surfeurs. Longez-en le rivage au lever ou au coucher du soleil.

LES CORDELS

Les *cordels* sont des fascicules imprimés contenant des poèmes en prose ou en vers qui occupent une place essentielle dans le folklore artistique du Sergipe. Si la tradition des *cordels* existe dans de nombreuses villes du Nordeste, elle est au plus fort dans le Sergipe. Des *cordels* sont en vente dans les petits commerces ou à disposition pour consultation dans les cafés d'Aracaju. La **Biblioteca Municipal Clodomir Silva** de Siqueira Campos en possède une impressionnante collection. Des lectures publiques sont données au **Museu da Gente Sergipana**. Le 19 juillet, journée très officielle du *cordel* dans le Sergipe, on rend hommage au poète João Firmino, qui a contribué à en fixer les règles de composition.

OÙ SE RESTAURER À ARACAJU

Restaurante Caçarola
Self-service, plats préparés à la demande. Spécialités sergipana, jus de fruits frais et desserts inspirés. **$$**

Mangará
Une cuisine régionale servie dans un joli cadre chaleureux. **$$**

República dos Camarões
Restaurant populaire situé au bord de l'eau. Les crevettes sont ici la spécialité. **$$**

OÙ FAIRE LA FÊTE À ARACAJU

Vegas Karaokê Bar
Boîte de nuit LGBTQI+ avec trois espaces différents pour satisfaire tous les goûts musicaux. Clientèle entre 18 et 40 ans.

Doca
Centre culturel organisant aussi bien des expositions d'art, des performances collaboratives ou des foires commerciales. Dispose aussi d'un bar et d'une salle de concert.

Macaw
Club LGBTQI+ où se produisent divers artistes habitués des lieux. Soirées à thème, dont karaoké.

Sky Club
Boîte de nuit traditionnelle, avec pistes de danse bondées et DJ aux platines.

À la rencontre des artisans

SUR LA PLACE DU MARCHÉ

La place du marché d'Aracaju, dans le quartier de Santo Antônio, est au cœur de la zone commerçante de la ville. Flâner au **Mercado Municipal Antônio Franco**, à la découverte des objets artisanaux uniques de la région. Articles de maroquinerie, dentelle, broderie, décorations pour la maison, vêtements au crochet et sculptures en bois, tous fabriqués dans le Sergipe, se côtoient sur des allées entières. En échangeant avec les commerçants, vous en saurez plus sur la culture de ces artisans de l'intérieur des terres, et le moindre real dépensé ici contribuera à la pérennité de leurs traditions. Dirigez-vous vers la Passarela das Flores pour des fleurs ou chez O Rei da Pimenta pour des huiles infusées de manière artisanale, avant de gagner le **Mercado Thales Ferraz** et sa panoplie de saveurs et de produits régionaux, au titre desquels le *mangaba* ou les noix de cajou.

Après vos courses, installez-vous pour un délicieux repas au **Restaurante Caçarola**. Vous y dégusterez des spécialités sergipana comme la *moqueca sergipana* (ragoût de poisson bahianais à la mode du Sergipe) ou un *camarão de cueca* (crevettes en sauce marinées au lait de coco).

Récits du Sergipe

FOLKLORE, CULTURE ET HISTOIRE

La visite du **Museu da Gente Sergipana** permet d'appréhender l'histoire, la culture et la géologie de cet État. Des expositions interactives donnent à entendre les chansons du *sertão* et des pionniers du *forró* (musique brésilienne), à moins que vous ne préfériez écouter les célèbres *cordels*, ces fascicules de littérature lus par leurs auteurs. Traversez la rue jusqu'au **Largo da Gente Sergipana**, la promenade en planches bordée de statues issues du folklore local. Tous les pans de la vie, de la gastronomie à l'écologie, sont abordés. Prenez le temps d'admirer ces monuments posés sur le fleuve. Les férus d'histoire rejoindront ensuite le **Palácio Museu Olímpio Campos**. Ce musée, installé dans l'ancienne résidence (1863) du gouverneur, était le siège du gouvernement du Sergipe avant d'être converti en musée en 2010. Sa visite permet de mesurer l'opulence et le raffinement des demeures du XIXe siècle, notamment grâce au mobilier et aux éléments décoratifs bien conservés.

COMMENT S'Y RENDRE ET CIRCULER

La majorité des bus longue distance partent de la Rodoviária Nova, à 6 km à l'est du centre. De la Rodoviária Velha dans le centre-ville, on peut prendre des bus à destination de localités proches.

Aracaju est une des rares villes du Nordeste à l'urbanisation planifiée, comme en atteste son quadrillage urbain. Bien dotée en pistes cyclables, le vélo y est un bon moyen de déplacement. On trouve sur place plusieurs loueurs tels Bike Beach ou Jota A Bike. Les infrastructures sont aussi bien adaptées aux piétons, avec des trottoirs aménagés le long de la plupart des voies cyclables. Les bus de ville, dont la desserte est régulière, s'arrêtent à proximité des principaux sites. Motos-taxis et VTC sont également possibles. Si vous choisissez de louer une voiture, vérifiez si votre hôtel possède un parking. Des parcs de stationnement sont normalement aménagés à proximité des plages et des principales destinations touristiques.

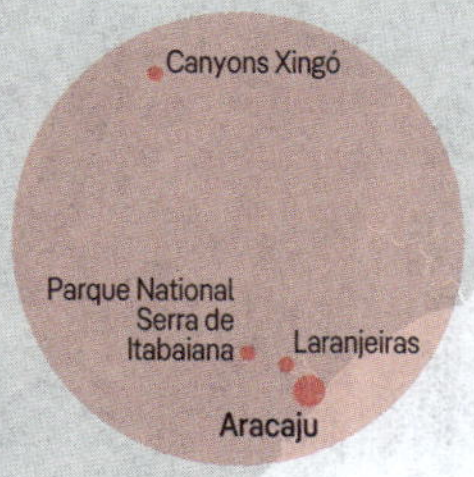

Environs d'Aracaju

Explorez différents lieux de la culture afro-brésilienne, la ville historique de Laranjeiras et des merveilles de la nature.

Pour les infos pratiques, voir le Carnet d'adresses p. 340

À SAVOIR

Prévoyez votre visite de Laranjeiras entre 9h00 et 17h00 en semaine, du mardi au vendredi, si vous souhaitez également visiter les églises historiques et les musées qui font la notoriété de la ville.

Les mouvements de résistance ont contribué à façonner l'État du Sergipe. La ville de Laranjeiras, dans l'arrière-pays, possède des églises historiques du XVIIe siècle attestant du statut de la région comme avant-poste de la colonisation européenne dans le pays. Ici, les habitants perpétuent leurs traditions par moult célébrations culturelles, mettant également à l'honneur leur artisanat unique. Les environs d'Aracaju recèlent quant à eux des paysages naturels de toute beauté, entre des parcs nationaux sillonnés de circuits de randonnée et un splendide canyon invitant à une descente en bateau. Participez à des événements culturels comme une représentation de *parafusos* (groupes folkloriques typiques) à Lagarto pour mieux appréhender l'histoire et les traditions de cette région si spéciale.

LUIS INACIO P PRADO/SHUTTERSTOCK ©

Canyon de Xingó (p. 333)

LAMBE-SUJOS CONTRE CABOCLINHOS

Les Lambe-Sujos sont les esclaves évadés qui luttèrent, menés par le roi de leur *quilombo* (communauté) contre les Caboclinhos, indigènes recrutés par des esclavagistes pour les recapturer. Tous les ans, le 2 octobre, les rues de Laranjeiras et d'Itaporanga se remplissent de participants rejouant cette bataille historique. Les figurants des Lambe-Sujos portent casquettes et shorts rouges et se peignent le corps en noir à l'aide de poudre de charbon ou d'encre mélangée à du sirop de canne à sucre. Les Caboclinhos,maquillés en marron, portent une coiffure.

Les Lambe-Sujos, furent vaincus, mais cette célébration rend hommage à l'âpreté de leur résistance contre l'esclavagisme. Cette bataille marqua un tournant dans l'histoire du Sergipe. Elle représente deux des groupes ethniques dont sont issus de nombreux habitants actuels.

ABRAHAO DO CARMO BONFIM/SHUTTERSTOCK ©

Parque Nacional Serra de Itabaiana

Condensé d'histoire à Laranjeiras

SACRÉ, CONFLITS, SYNCRÉTISME

Proche d'Aracaju, **Laranjeiras** est un joyau architectural qui était autrefois le berceau politique du Sergipe. La ville fut aussi le lieu de nombreux affrontements entre protestants, catholiques, jésuites, Lambe-Sujos et Caboclinhos, et ses musées et édifices religieux font partie intégrante de l'histoire du Sergipe. Plusieurs églises, comme l'**Igreja Matriz Sagrado Coração de Jesus**, sont inscrites sur la liste du patrimoine historique et artistique national du Brésil.

Si la spiritualité ou le syncrétisme religieux afro-brésilien vous intéresse, l'église **Nossa Senhora do Rosário e São Benedito** est une étape obligée ! Construite par des esclaves africains, c'est aujourd'hui le lieu de nombreuses célébrations de traditions populaires.

En termes de synchrétisme religieux, Laranjeiras vit se mêler les pratiques cultuelles des Malês musulmans, du peuple Nagô et de sa vénération des *orixá* (divinités religieuses afro-brésiliennes) et du catholicisme. Le **Museu de Arte Sacra de Laranjeiras** s'attache à en raconter l'histoire, avec sa modeste collection et les expositions de passage qu'il accueille. Vous y découvrirez des objets sacrés de la communauté indigène des Xocó, ainsi que des photos et costumes utilisés lors des reconstitutions historiques des affrontements entre

SPÉCIALITÉS DE L'INTÉRIEUR DES TERRES

Pamonha
Pâte de farine de maïs, farcie de viande et de fromage, bouillie dans une feuille de maïs (semblable au *tamal*).

Munguzá
Porridge préparé avec du maïs alcalinisé et cuit dans du lait, avec du sucre et de la cannelle ; également appelé *canjica*.

Quentao
Une cachaça mélangée avec de l'ananas, du gingembre, du citron vert, de l'orange, de la cannelle et du sucre.

Lambe-Sujos et Caboclinhos. Poursuivez par le petit **Museu Afro-Brasileiro de Sergipe**, premier musée afro-brésilien du pays. Ses collections abordent les thèmes de la religion, de l'esclavagisme et de la culture de la canne à sucre dans le Sergipe, en dépeignant la vie des esclaves et la cruauté des traitements qui leur étaient réservés.

Sentiers de randonnée et piscines de rêve

UN PARC NATIONAL MÉCONNU

Commencez la découverte des paysages naturels du Sergipe par la visite du **Parque Nacional Serra de Itabaiana**, à Areia Branca. Le sentier **Poço das Moças** est une bonne entrée en matière. Il est possible de parcourir ses 3 km à pied ou en VTT. En chemin, vous passerez près de piscines naturelles au dégradé de bleu, tout indiquées pour une pause baignade.

Les randonneurs plus aguerris ajouteront le **Circuito Parque dos Falcões** à leur programme. Plus difficile que le Poço das Moças avec les 6 km de marche auxquels il invite, ce circuit mérite l'effort car il permet de s'approcher au plus près d'oiseaux de proie. Commencez le sentier au centre d'accueil du Parque dos Falcões, lequel protège et vise à réintroduire faucons, aigles, chouettes et vautours dans leur environnement, puis continuez votre randonnée à travers la zone protégée de la forêt atlantique et sa *caatinga* (végétation arbustive).

Canot à rames et aventure

NAVIGUER DANS LES CANYONS

Une excursion au **canyon de Xingó**, au carrefour entre les États de Bahia, de l'Alagoas et du Sergipe, est l'occasion d'explorer les eaux vertes et cristallines du Rio Velho Chico, à trois heures d'Aracaju, dans la ville de **Canindé de São Francisco**.

Arrivez la veille de votre sortie pour profiter de la ville, notamment d'un hôtel en bord en mer comme la **Pousada Castanho**, avec sa piscine privée et son **Restaurante Ecologico Castanho**, très prisé. Le lendemain, vous pourrez louer un catamaran pour une visite guidée du Rio Velho Chico. Ce bateau n'étant pas adapté aux étroits couloirs du canyon de Xingó, envisagez de louer, à l'entrée du canyon, une embarcation et un guide pour vous conduire là où les rayons du soleil créent de superbes lumières vertes qui se reflètent sur les parois du canyon.

Au retour, piquez une tête dans la rivière ou regagnez Canindé de São Francisco, pour la visite de son pittoresque **Museu de Arqueologia de Xingó**.

PAROLE D'HABITANT : UNE PLONGÉE DANS L'HISTOIRE

Photographe et chercheur, **Gabriel Freitas** (@lolhar.fotografico) s'intéresse à la culture locale et à ses communautés. Il nous fait partager ses destinations culturelles préférées dans le Sergipe.

São Cristovão
Quatrième plus ancienne ville du Brésil, elle révèle tout de la vraie vie dans le Sergipe actuel.

Cachoeira da Macambria
Découvrez les environs, baignez-vous dans les rivières et observez la beauté brute de la nature.

Laranjeiras
Une ville où les célébrations culturelles sont multiples.

COMMENT S'Y RENDRE ET CIRCULER

20 km séparent Aracaju de Laranjeiras, dont la visite peut se faire à la journée en excursion organisée (multiples prestataires sur place). Si vous avez loué une voiture, vous vous débrouillerez aisément avec votre GPS.

MACEIÓ

Maceió, la capitale de l'Alagoas, est frangée de plages bordant des lagunes aux eaux turquoise qui valent à l'État son nom – *alagoas* désigne les personnes vivant à côté de lagunes. En plus d'un superbe littoral ponctué de piscines naturelles, la ville s'enorgueillit d'une belle architecture, de centres culturels vibrant de créativité, et de porter l'héritage des *quilombos*, ces communautés d'antant regroupant des esclaves en fuite.

Si la beauté des plages comme Praia do Gunga et Praia do Francês retient l'attention des visiteurs, Maceió compte bien d'autres trésors. Des communautés d'artistes à Ilha do Ferro permettent de s'initier à l'art et à la gastronomie locale, notamment au tissage du *filé*, cher aux communautés de pêcheurs.

Pour les infos pratiques, voir le Carnet d'adresses p. 340

À SAVOIR

Réservez votre hébergement et vos déplacements (notamment en bateau) à l'avance car, à moins de passer par une agence de tourisme, la disponibilité n'est pas toujours de mise.

GALINA SAVINA/SHUTTERSTOCK ©

Maceió

Tout commence à Jaraguá

VISITE GUIDÉE DU QUARTIER PRINCIPAL DE MACEIÓ

Pour bien aborder Maceió, commencez par le quartier portuaire de **Jaraguá**, lequel joua un rôle décisif dans l'essor de la ville. Tradition de la pêche oblige, c'est à partir de lui que Maceió se développa, et que des liens s'établirent avec le commerce européen.

Des visites guidées à pied de Jaraguá sont organisées en journée. Pour s'imprégner de l'ambiance à l'abri des foules, optez pour une visite en soirée avec @penaruaMaceió : l'occasion unique d'admirer l'architecture de la ville dans toute sa splendeur, avec un éclairage dédié.

Les bâtiments néoclassiques de Jaraguá sont restés quasiment intacts. Manoirs rénovés et entrepôts rappellent la prééminence du quartier en tant que centre de commerce. Votre guide vous conduira à travers les différents points d'intérêt, jusqu'au **Museu da Imagem e do Som de Alagoas**, où sont exposés d'antiques appareils photos et téléphones, et jusqu'au **Mercado das Artes 31**, marché artisanal où les objets rappellent les origines portuaires de la ville ; notamment les articles tissés des communautés de pêcheurs (voir ci-contre).

L'ART DU FILÉ

Partout dans Maceió, on voit ces tapisseries tissées de couleurs vives qui rappellent les filets d'un attrape-rêve. Il s'agit de *filé*, inspirés par le dessin des filets de pêche traditionnels utilisés sur les rivages de l'Alagoas.

La trame des filets de pêche comme celle des *filé* est tissée avec une sorte d'aiguille-fuseau sculptée dans un *jenipaparana*, un arbre endémique du Brésil. La taille du *filé* est modifiée à l'aide de coutures colorées. Cette technique fait dorénavant partie du patrimoine culturel protégé de l'Alagoas dont elle est un des savoir-faire artisanaux les plus célèbres. À Maceió, **Bordado Filé** et **Art Rênia** vendent des *filé*. Vous en trouverez également sur les marchés artisanaux.

LES PLUS BELLES PLAGES DE VILLE DE MACEIÓ

Praia do Francês
Eau turquoise et sable blanc pour la plage la plus fréquentée de Maceió.

Praia de Tabuba
Plage au superbe rivage à explorer à marée basse. Vue splendide au coucher du soleil et piscines naturelles.

Praia de Ipioca
Rivage propre et tranquille, eau couleur azur, sans club de plage.

AGRITOURISME

Le Sergipe promeut ses racines agricoles dans le *sertão* avec diverses initiatives touristiques qui soulignent l'importance de la *mandioca*, la culture du manioc, dans différents aspects de la vie quotidienne.

Le **Festival da Mandioca** du Sergipe a lieu tous les ans dans ville de Largato. Il attire des visiteurs venus d'encore plus loin qu'Aracaju pour se familiariser avec les racines amérindiennes rurales de la région.

Le Sergipe propose aussi la **Rota da Farinha**, la route de la Farine, qui traverse les villes de Campo do Brito, Macambira et São Domingos (avec pas moins de 600 moulins et minoteries dans le Nordeste). Cet itinéraire associe la visite de moulins à celle de sites naturels afin d'attirer davantage de visiteurs.

Appel à tous les gourmands

UNE GASTRONOMIE PASSIONNANTE À MASSAGUEIRA

Maceió compte nombre d'échoppes délicieuses, mais le petit village de pêcheurs de **Massagueira**, non loin de la ville de Marechal Deodoro, est devenu le centre de la gastronomie locale. Venez y goûter les saveurs traditionnelles et les plats de poisson et de fruits de mer traditionnels de la côte du Nordeste, comme la *moqueca* (ragoût), les crevettes et le crabe. La mode est aussi à la fusion des cuisines, d'où des spécialités rares dans cette région comme le canard ou la raie préparés de manière innovante. Pour des expériences culinaires d'exception, direction le **Bar do Pato** ou l'**Aratu Restaurante**, deux adresses prisées des habitants. On y sert des mets typiques tel que le *siri de coral,* du crabe avec ses œufs intacts. Les étals du **Cocada Cultural** tendent les bras aux amateurs de sucré. On y trouve des *sequilhos,* des biscuits légers et aériens qui sont une spécialité de la région. Faites l'expérience d'une *cocada*, une friandise à la noix de coco typique d'Amérique latine. Morena, légende locale, tient le **Cocada da Morena**, un étal qui multiplie des expériences à partir de *cocada* en y ajoutant des ingrédients peu usuels. Goûtez aux *doce de caju de Ipioca,* à base de noix de cajou et de fruits secs sucrés.

Églises : entre élégance et mystère

DEUX ÉGLISES ANCIENNES DANS LE CENTRO

Les amateurs d'architecture apprécient l'état de conservation des cathédrales de Maceió, restées inchangées depuis leur heure de gloire. Plusieurs furent construites au XIXe siècle, reflétant l'importance de la ville durant l'époque coloniale. On les rejoint à pied depuis le centre historique. La **Catedral Metropolitana de Maceió** est la plus grande église de l'Alagoas. On la remarque de loin avec ses deux clochers immenses et sa finition d'un blanc pur. Un escalier en colimaçon à l'entrée lui confère une certaine élégance. L'intérieur mêle styles néoclassique et corinthien, avec des œuvres en bois, fer et marbre minutieusement sculptées. Non loin, l'**Igreja Nossa Senhora do Livramento** fut bâtie à l'origine pour les communautés multiraciales libres du XVIIIe siècle. Des travaux de reconstruction au milieu du XIXe siècle mirent au jour de nombreux restes humains. Les spéculations allèrent bon train pour savoir s'il s'agissait de victimes du Cabanagem ; une révolte contre l'ingérence portugaise couplée à un mouvement de lutte contre l'esclavage avec, à sa tête, des *cabanos,* un groupe mixte constitué de descendants d'esclaves. D'autres théories évoquèrent un simple cimetière. L'endroit demeure un site sacré pour de nombreux habitants de la ville.

COMMENT S'Y RENDRE ET CIRCULER

L'aéroport de Maceió, bien relié au reste du pays, est à 20 km au nord du centre-ville. De nombreux arrêts de bus faciles d'accès jalonnent la ville sur la ligne Aeroporto-Ponta Verde. Attention, chaque changement suppose de payer un supplément.

Des applications VTC comme Uber et 99 existent aussi. Certains choisissent de louer une voiture pour la fiabilité des déplacements, d'autant que de nombreux hôtels et lieux touristiques disposent de places de stationnement.

Environs de Maceió

Beauté, aventure et littoral toujours au rendez-vous au bord des lagunes et dans les communautés qui font la richesse de Maceió

Pour les infos pratiques, voir le Carnet d'adresses p. 341

À SAVOIR

Maragogi est à équidistance de Recife et de Maceió. Si vous souhaitez y aller directement, sachez que les vols depuis/vers Recife sont généralement plus abordables.

Au-delà de la périphérie de Maceió, nombreuses sont les communautés et les paysages de toute beauté à attirer les visiteurs dans cette région.

Depuis les plus célèbres *quilombos* jusqu'à Ilha do Ferro, en passant par les plages, falaises et lagunes de Barra de São Miguel, les beautés naturelles sont de mise. La frontière de l'Alagoas est aussi un point de rencontre entre art et histoire. Étant donné la petite taille de l'État, les temps de trajet ne posent ici pas de problème. La compagnie d'un guide local vous permettra de tirer le meilleur parti de votre visite de la région.

LUIS WAR/SHUTTERSTOCK ©

Barra de São Miguel (p. 339)

QUI EST ZUMBI ?

Zumbi dos Palmares (1655-1695) fut le chef du plus célèbre *quilombo* (communauté d'esclaves évadés) de l'histoire brésilienne, Le Quilombo dos Palmares. Lui et son *quilombo* inspirèrent par la suite dans le pays une organisation collective entre les diverses communautés traditionnelles et celles des "marrons" (esclaves en fuite) au Brésil. Le Quilombo dos Palmares a été l'une des premières communautés d'esclaves libres du continent américain.

La Fondation culturelle Palmares (*Fundação Cultural Palmares*), qui promeut l'identité et la culture afro-brésilienne, est baptisée en son honneur. Le 20 novembre, jour anniversaire de la mort de Zumbi, est célébré le **Dia da Consciência Negra** (jour de la conscience noire). L'événement est familièrement baptisé la journée de Zumbi.

Quilombola (membre de la communauté)

Une terre de rebelles

ORIGINES AFRO-BRÉSILIENNES À PALMARES

Le Brésil compte de nombreux *quilombos*, ces fascinantes communautés d'esclaves évadés, mais il n'y a qu'un seul Palmares, le légendaire gouvernement *quilombo* dirigé par Zumbi dos Palmares.

Non loin de Maceió se dresse la Serra da Barriga, où l'histoire s'est écrite à **União do Palmares** et dans son Parque Memorial Quilombo dos Palmares. Le Quilombo de Palmares, qui a inspiré divers mouvements de résistance et abolitionnistes dans tout le Brésil, exerce toujours une forte influence sur la culture afro-brésilienne. Les *quilombolas* (membre de la communauté) ont créé des musées, des expositions et des visites guidées pour préserver la mémoire de leurs ancêtres. La visite de cette région est une occasion sans pareille de se pencher sur la culture afro-brésilienne.

Choisissez une expérience de 1 ou 2 jours avec un guide local, comme **Guide Dandara** (@visitaquilombopalmaresal) ou une agence de voyages, qui peuvent adapter votre visite selon vos centres d'intérêt. De nombreux musées (Espaço de Memória Artesã Irinéia Rosa Nunes da Silva, Museu Casa Maria Mariá, Museu Quilombola, Museu do Índio) reflètent cette ascendance tout en nuances de la population locale. La **Casa Museu Fazenda Ahumas** est un des petits musées qui racontent l'histoire de Serra da Barriga. Vous pouvez assister à des présentations culturelles de membres de la **Comunidade Quilombola Muquem**. Goûtez à la cuisine afro-quilombola chez **Baobá Raízes e Tradições**, notamment à la *feijoada á moda Baobá* (ragoût de porc et de haricots noirs façon Baobá) ou à la *mojubá* (bœuf aux crevettes). Parmi les hébergements, citons la **Pousada dos Palmares** et le **Quilombo Fazenda Hotel**.

OÙ SE RESTAURER DANS LES ENVIRONS DE MACEIÓ

Baobá Raízes e Tradições
Cuisine africaine traditionnelle d'un *quilombo*, cuite dans des pots en argile. **$$**

Netun Restaurante Maragogi
Influences brésilienne et méditerranéenne. Plats végans et de poisson et fruits de mer. Vue sur la plage. **$$$**

Restaurante Janga Praia
Superbes assiettes de poisson et fruits de mer préparées avec une touche italienne. Service de qualité. **$$$**

Aventures à Barra de São Miguel

SPLENDEUR NATURELLE ET ADRÉNALINE

De magnifiques plages ourlées de cocotiers se trouvent entre l'océan Atlantique et la Lagoa do Roterio. Les belles dunes, les falaises impressionnantes et le contraste entre l'eau de mer et l'eau douce à **Praia do Gunga** font la popularité de cette plage, à seulement 50 minutes de Maceió.

Vous pourrez vous y adonner à diverses activités comme le kayak avant de savourer la vue au **Mirante do Gunga**, où le soleil se couche sur la plus grande forêt de palmiers de la région. La **Lagoa do Roteiro** se prête, quant à elle, à la plongée, au paddle ou à de simples baignades au gré de ses piscines naturelles. Pour voir de plus près les récifs coralliens, faites une excursion en bateau jusqu'au bord du lagon.

L'attrait imbattable du lieu reste les époustouflantes **Falésias do Gunga**. Les couches superposées de sédiments colorés forment un arc-en-ciel et la route est bordée de cocotiers. Empruntez un VTT ou un buggy pour visiter ces falaises pittoresques. Les amateurs de sensations fortes peuvent enfourcher leur propre VTT pour parcourir les 5 km de route. D'autres suivent à pied le sentier des falaises, une boucle de 10 km.

Que vous vous prélassiez au bord de l'océan ou que vous partiez à l'assaut des falaises, Barra de São Miguel ressemble à un décor de cinéma.

Retraite romantique à Maragogi

UNE DESTINATION DE CHOIX POUR LES COUPLES

Avec ses nombreuses plages, ses piscines naturelles, sa météo clémente tout au long de l'année et sa savoureuse cuisine de poisson et de fruits de mer, Maragogi est une station balnéaire particulièrement séduisante.

Les amateurs de snorkeling pourront y observer la faune typique de la Caraïbe brésilienne, et les adeptes de farniente seront comblés. Pour davantage d'intimité, cap sur la **Praia Xaréu**, où vendeurs ambulants et vacanciers se font plus rares.

À marée basse, explorez le Caminho de Moisés, un banc de sable qui se dévoile sur la **Praia de Barra Grande**. Accordez-vous ensuite un dîner au très chic **Restaurante Camurim**, rattaché à la **Pousada Camurim Grande Maragogi**. La piscine éclairée et les alignements de hamacs sont aussi soignés que les plats servis à table. Le restaurant mêle des influences françaises et italiennes à une cuisine brésilienne du Nordeste, à base de poissons et fruits de mer pêchés dans les eaux de Maragogi.

POURQUOI J'AIME ILHA DO FERRO

Kathleen Anaza, autrice

Ayant travaillé avec des communautés de pêcheurs dans le Nordeste brésilien, j'ai appris à connaître leurs combats pour préserver leur mode de vie et s'adapter aux nouvelles réalités économiques et environnementales du pays. Voir les efforts collectifs des habitants d'Ilha do Ferro pour préserver leur culture et leur identité en développant un art et un artisanat qui leur sont propres m'a ouvert les yeux sur les possibilités artistiques d'autres communautés qui partagent le même patrimoine de pêche artisanale. Je suis fascinée par l'histoire de Seu Fernando, pêcheur et artiste pionnier d'Ilha do Ferro, qui a inspiré les autres habitants du village, et démontré que la vision d'un seul peut avoir un impact sur toute une communauté.

COMMENT CIRCULER

La location d'une voiture pour visiter les environs de Barra de São Miguel ou aller jusqu'à Maragogi est la meilleure solution. Les plages sont très éloignées et les transports en commun ou Uber sont source de confusion et peu pratiques pour les voyageurs. Organisez votre déplacement jusqu'au Parque Quilombo dos Palmares avec un guide touristique, en navette ou en bus.

Carnet d'adresses

ARACAJU

Biblioteca Municipal Clodomir Silva
Voir p. 329 (Rua Santa Catarina 314 ; 8h-22h lun-ven, 9h-13h sam-dim)

Museu da Gente Sergipana
Voir p. 330 (www.museudagentesergipana.com.br ; Av. Ivo do Prado 398 ; entrée libre ; 10h-15h mar-dim)

Palácio Museu Olímpio Campos
Voir p. 330 (www.palacioolimpiocampos.se.gov.br ; Praça Fausto Cardoso ; entrée libre ; 10h-17h mar-ven, 9h-13h sam)

Parque da Cidade
Voir p. 329 (@parquedacidadeaju ; Parque Gov. José Rolemberg Leite IV ; parc 6h-18 mar-dim, zoo 9h-16h mar-dim)

Téléphérique
Voir p. 329 (www.aracaju.telefericos.tur.br ; Parque Gov. José Rolemberg Leite III 2 ; aller/aller-retour 20/40 R$; 9h30-17h)

Bike Beach
Voir p. 330 (79 99996-6103 ; bikebeach.com.br ; Passarela do Caranguejo, Av. Santos Dumont 434, Atalaia)

Jota A Bike
Voir p. 330 (Av. Alexandre Alcíno 2911, Santa Maria)

Mangará
Voir p. 329 (79 3246-2874 ; @restaurantemangara ; Av. Beira Mar 1024 ; 17h-21h lun, 11h30-14h30 et 17h-21h mar-dim)

República dos Camarões
Voir p. 329 (79 3255-3361 ; Av. Santos Dumont 10, Coroa do Meio ; plats 32-55 R$; 11h-16h et 18h-23h lun-ven, 11h30-23h30 sam, 11h30-21h dim)

Restaurante Caçarola
Voir p. 330 (79 8831-9535 ; Rua José do Prado Franco 350 ; 9h-17h)

Doca
Voir p. 330 (79 99115-9915 ; www.facebook.com/vida.doca ; Av. Des. Maynard 92 ; 10h-20h)

Macaw
Voir p. 330 (79 98134-9879 ; Av. Prof. José Freitas de Andrade 3851 ; 19h-minuit jeu, 22h-3h ven-sam)

Sky Club
Voir p. 330 (Rua Delmiro Gouvêia 1779 ; 10h-4h jeu-sam)

Vegas Karaokê Bar
Voir p. 330 (79 99680-9719 ; @lasvegaskaraoke ; Rua Francisco Rabêlo Leite Neto 549 ; 22h-5h ven-sam)

Mercado Municipal Antônio Franco
Voir p. 330 (Rua José do Prado Franco 350 ; 7h-17h lun-mar et ven, 9h-17h mer-jeu et sam, 7h-12h dim)

Mercado Thales Ferraz
Voir p. 330 (Rua José do Prado Franco 350 ; 6h-17h lun-sam, 6h-12h dim)

ENVIRONS D'ARACAJU

Igreja Matriz Sagrado Coração de Jesus
Voir p. 332 (Rua Sagrado Coração de Jesus 41, Laranjeiras)

Museu Afro-Brasileiro de Sergipe
Voir p. 333 (Rua José do Prado Franco 70, Laranjeiras ; 6 R$; 10h-16h mar-sam, 9h-13h dim)

Museu de Arqueologia de Xingó
Voir p. 333 (SE-303, Canindé de São Francisco ; 8h30-16h30 mer-sam, 8h30-12h et 13h-16h30 dim)

Museu de Arte Sacra de Laranjeiras
Voir p. 332 (Rua da Independência 240, Laranjeiras ; 6 R$; 10h-16h lun-sam, 9h-13h dim)

Nossa Senhora do Rosário e São Benedito
Voir p. 332 (Rua José do Prado Franco 213, Laranjeiras)

Parque dos Falcões
Voir p. 333 (79 99962-8396 ; BR 235 s/n, Itabaiana)

Pousada Castanho
Voir p. 333 (82 99959-1405 ; canionsdosaofrancisco.com.br ; Canyon Xingó ; restaurant 9h-17h)

MACEIÓ

Catedral Metropolitana de Maceió
Voir p. 336 (Praça Dom Pedro II s/n, Centro, Maceió ; 8h-20h)

Igreja Nossa Senhora do Livramento
Voir p. 336 (Rua do Livramento 68, Centro, Maceió)

Museu da Imagem e do Som de Alagoas
Voir p. 335 (Rua Sá e Albuquerque 275, Maceió ; 8h-16h lun-ven)

Aratu Restaurante
Voir p. 336 (82 99115-2257 ; Av. Divina Pastora s/n, Massasgueira ; 12h-17h30 ven-dim)

Bar do Pato
Voir p. 336 (82 3260-7048 ; Av. Nossa Senhora da Conceição 1308, Massasgueira ; 10h-18h)

DANIEL SAMRAY / STOCK.ADOBE.COM ©

Canyon de Xingó

Art Rênia
Voir p. 335 (82 98811-0614 ; Rua Alípio Barbosa da Silva, Maceió ; 9h-12h et 14h-18h lun-ven)

Cocada Cultural
Voir p. 336 (82 98718-0546 ; Rodovia Dr. Ib Gatto Marinho Falcão, Massasgueira ; 9h-17h)

Mercado das Artes 31
Voir p. 335 (82 9819-16171 ; Av. Industrial Cícero Toledo 31, Maceió ; 10h-21h)

ENVIRONS DE MACEIÓ

Casa Museu Fazenda Ahumas
Voir p. 338 (82 99657-5789 ; www.facebook.com/FazendaAnhumas ; AL-205, Km 25, União dos Palmares)

Pousada Camurim Grande Maragogi
Voir p. 339 (11 5242-0025 ; camurimgrande.com.br ; Rodovia AL-101 Norte, Mm 124, Maragogi ; restaurant 12h-23h)

Pousada dos Palmares
Voir p. 338 (82 3281-1375 ; Av. Dr. Antônio Gomes de Barros 60, União dos Palmares)

Quilombo Fazenda Hotel
Voir p. 338 (82 99989-3100 ; www.quilombohotelfazenda.com.br ; Rodovia 104, Km 35, União dos Palmares)

Baobá Raízes e Tradições
Voir p. 338 (82 99670-6678 ; Estrada Serra da Barriga, União dos Palmares ; 12h-16h)

Netun Restaurante Maragogi
Voir p. 338 (82 3296-1616 ; restaurantenetun.negocio.site ; Av. Beira-mar 59, Maragogi ; 12h-22h)

Restaurante Janga Praia
Voir p. 338 (82 98233-1030 ; Av. Silvio Carlos Viana 1731, Maceió ; 12h-16h et 18h30-23h)

BAHIA

GRANDE RICHESSE CULTURELLE ET PAYSAGES IDYLLIQUES

Une capitale culturelle, un littoral bordé de palmiers, des îles chargées d'histoire et des parcs naturels de toute beauté.

Le cœur du Brésil bat ici, dans l'État de Bahia, fruit de la rencontre entre l'Amérique du Sud, l'Afrique et l'Europe. Métissage unique d'architecture portugaise classique et de tambours africains, de catholicisme et de candomblé (religion afro-brésilienne), cette région envoûte les voyageurs.

CASSIOHABIB/SHUTTERSTOCK ©

Salvador da Bahia, qui fut la première capitale brésilienne, est aussi l'épicentre du pays. La ville, qui fut à l'avant-garde de la résistance afro-brésilienne, mobilisant dans sa lutte les esclaves africains du Recôncavo et de ses régions côtières, abrite de superbes édifices historiques.

Dans les terres, le Parque Nacional da Chapada Diamantina est un paradis pour les amoureux de la nature, avec ses marais à la faune et à la flore variées, ses chutes d'eau, ses montagnes et ses piscines naturelles.

Les communautés afro-indigènes qu'il accueille sont les héritières des *garimpeiros* (mineurs), des *quilombolas* (esclaves évadés) et des *vaqueiros* (gardiens de bétail) qui bâtirent la région.

Si vous cherchez à vous échapper de l'agitation urbaine, mettez le cap sur le littoral. À Morro de São Paulo et dans le reste de l'archipel de Tinharé, vous goûterez à la vie insulaire et aux traditions culinaires locales, à base de fruits de mer.

La forte identité culturelle de Bahia et la diversité de ses paysages invitent tous les visiteurs à partir à l'aventure.

SITES PRINCIPAUX

SALVADOR
La première capitale du Brésil et son centre culturel. p. 348

PARQUE NACIONAL DA CHAPADA DIAMANTINA
Une merveille géographique. p. 363

MORRO DE SÃO PAULO
Les îles reculées de Bahia. p. 371

CAIO PEDERNEIRAS/SHUTTERSTOCK ©

Ci-dessus : Vale do Patí (p. 367) ; à gauche : capoeiristas

AVION

L'Aeroporto Internacional de Salvador – Deputado Luís Eduardo Magalhães (www.aeroportosalvador.net ; Praça Gago Coutinho s/n) est bien desservi par des vols domestiques. Des liaisons avec des villes à l'étranger sont également assurées, mais la plupart des vols internationaux passent par São Paulo ou Rio de Janeiro.

BATEAU

Depuis Salvador, rejoignez Morro de São Paulo en optant pour un catamaran ou en prenant un ferry ou un hors-bord au Terminal Marítimo de São Joaquim (Av. oscar Pontes 1051), à 10 minutes en taxi en direction du nord. Des bateaux locaux relient São Tome de Paripe, près de Salvador, à l'Ilha de Maré.

VOITURE ET MOTO-TAXI

La voiture offre la plus grande flexibilité pour explorer la région et constitue un bon moyen de rejoindre les quartiers étendus de Salvador et les sites d'intérêt de la Chapada Diamantina. Des motos-taxis sont également disponibles.

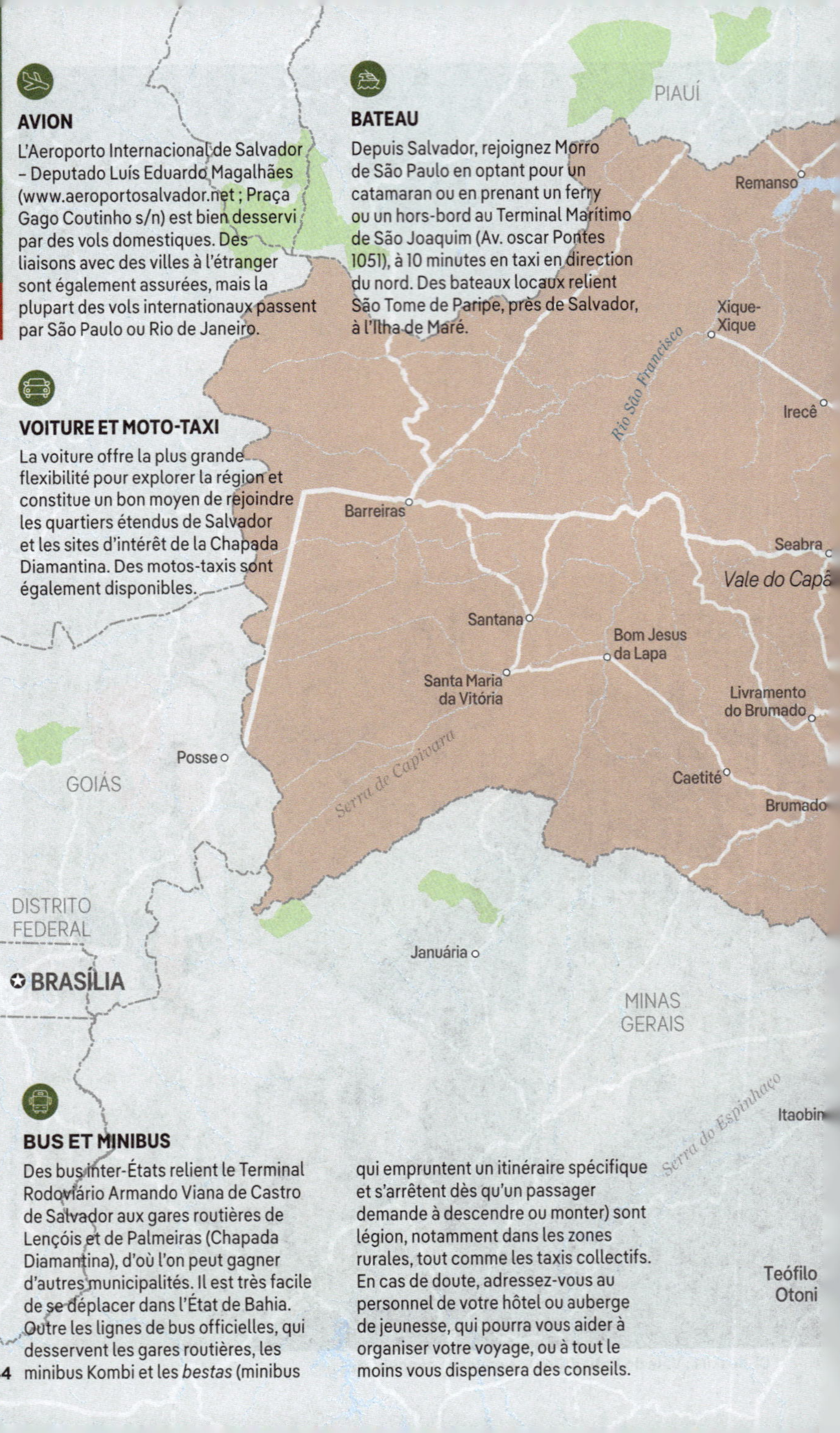

BUS ET MINIBUS

Des bus inter-États relient le Terminal Rodoviário Armando Viana de Castro de Salvador aux gares routières de Lençóis et de Palmeiras (Chapada Diamantina), d'où l'on peut gagner d'autres municipalités. Il est très facile de se déplacer dans l'État de Bahia. Outre les lignes de bus officielles, qui desservent les gares routières, les minibus Kombi et les *bestas* (minibus qui empruntent un itinéraire spécifique et s'arrêtent dès qu'un passager demande à descendre ou monter) sont légion, notamment dans les zones rurales, tout comme les taxis collectifs. En cas de doute, adressez-vous au personnel de votre hôtel ou auberge de jeunesse, qui pourra vous aider à organiser votre voyage, ou à tout le moins vous dispensera des conseils.

Parque Nacional da Chapada Diamantina, p. 363

Ce parc national fascinant est constellé de bassins teintés par les minéraux, de cascades grondantes et de sentiers de randonnée propices à l'aventure et à la découverte de cultures traditionnelles et d'œuvres d'art.

Salvador, p. 348

Une ville abritant places historiques et quartiers commerçants animés, entourée de villages hauts en couleur et de plages de sable.

Morro de São Paulo, p. 371

Communautés de pêcheurs et résidents éclectiques donnent vie à Morro de São Paulo, localité dotée de plages bordées de palmiers, de piscines naturelles et de récifs coralliens.

S'orienter

Des rives orientales de la baie de Tous les Saints aux frontières occidentales, au cœur du *sertão* – l'arrière-pays du Nordeste –, ce vaste État comprend d'impressionnants parcs naturels et des villes densément peuplées.

Planifier son séjour

De la métropole, Salvador, aux montagnes reculées de la Chapada Diamantina, l'État de Bahia incarne l'héritage africain du Brésil.

Parque Nacional da Chapada Diamantina (p. 363)

Si vous avez peu de temps

● Commencez votre visite de **Salvador** (p. 348) par un circuit guidé sur l'histoire afro-brésilienne dans le magnifique **Pelourinho** (p. 349). Promenez-vous dans les rues pavées bordées de centres culturels, découvrez les arts et les divertissements locaux et achetez des souvenirs. Passez à la **Casa do Carnaval da Bahia** (p. 350) pour en savoir plus sur le quartier et l'histoire du carnaval de Salvador à travers des installations multimédias. Gagnez l'**Elevador Lacerda** (p. 350) pour profiter de la vue et rejoindre la ville basse. Continuez jusqu'à la **Feira de São Joaquim** (p. 354), marché où convergent les cultures de Salvador.

Au fil des saisons

Bahia est particulièrement appréciée l'été, quand la chaleur est torride et l'agenda culturel bien rempli.

JANVIER

Lors du **Lavagem do Bonfim**, à l'Igreja do Bonfim, les pratiquants du candomblé accomplissent un lavage rituel des marches de l'église.

FÉVRIER

Le 2 février, les fidèles d'**Iemanjá** (p. 361) organisent des processions et jettent des offrandes dans la mer, avant de faire la fête à Salvador.

MAI

Le 13 mai, la ville de Santo Amaro célèbre le **Bembé do Mercado** (p. 361), qui commémore l'abolition de l'esclavage au Brésil.

Si vous avez trois jours

- Dédiez une journée à **Salvador** (p. 348), puis prenez le bateau pour Morro de São Paulo (p. 371).

- Après votre longue journée de voyage, posez vos bagages dans votre hébergement et allez dîner au **Restaurante Chez Max** (p. 373). Passez une journée sur la plage à siroter des caïpirinhas aux fruits frais. Le soir, rendez-vous au **Toca do Morcego** (p. 373) pour admirer le coucher du soleil et danser. Le lendemain, embarquez pour le circuit en bateau **Volta a Ilha** (p. 375), lors duquel vous pourrez vous baigner dans les piscines naturelles de **Garapuá** (p. 375).

Si vous avez plus d'une semaine

- Combinez excursions, randonnées et événements culturels à **Lençóis** (p. 364), **Igatu** (p. 365), **Vale do Capão** (p. 367) et **Andaraí** (p. 369).

- Depuis Lençóis, gagnez le **Parque Nacional da Chapada Diamantina** (p. 363) pour entreprendre une randonnée exigeante à travers le Vale do Patí, découvrir les vestiges de la forêt atlantique ou explorer des grottes comme la **Gruta Lapa Doce** (p. 365). Envisagez également de participer à une expérience immersive comme le parcours autour de la **Cachoeira do Herculano** (p. 369), organisé par la communauté d'Europa.

JUIN

À **Mucugê** (p. 366), dans la Chapada Diamantina, les festivités de la **São João** comprennent *quadrilhas* (quadrilles) et spectacles d'accordéon.

AOÛT

À Cachoeira, la **Festa da Irmandade da Boa Morte** (p. 361) rend hommage à Nanã Buruku (grand-mère des *orixás*), à la Vierge Marie et aux esclaves.

OCTOBRE

Le **Festival de Lençóis** (p. 364) rassemble des musiciens brésiliens et promeut la protection de l'environnement.

DÉCEMBRE

Fêtez le réveillon du Nouvel An sur la plage avec des artistes nationaux et des feux d'artifice lors du **Festival da Virada Salvador.**

SALVADOR

Pour les infos pratiques, voir le Carnet d'adresses p. 380

Salvador da Bahia affiche une énergie et une beauté sans fard, qui doit beaucoup aux Soteropolitanos eux-mêmes, qui sont nés et ont grandi ici. Jadis magnifique capitale des colonies portugaises du Nouveau Monde et première capitale du Brésil de 1549 à 1763, c'est aujourd'hui le cœur vibrant de la communauté afro-brésilienne du pays. Avec sa profusion d'églises et d'édifices des XVIIe et XVIIIe siècles, le centre-ville a tout d'un musée à ciel ouvert. Presque chaque jour, des groupes de percussionnistes font résonner les rues de leurs rythmes entêtants. Le soir, des cercles de capoeira se forment sur les esplanades. Ailleurs, l'ambiance est à la ferveur lorsque les fidèles assistent aux cérémonies du candomblé. Des festivals comme la Festa de Iemanjá aux plages comme la Praia São Tomé de Paripe, tout dans cette ville est un point d'accès à une meilleure connaissance du Brésil.

Après une pandémie traumatisante, Salvador accueille de nouveau les visiteurs.

À SAVOIR

Pendant la saison estivale, Salvador est très fréquentée, tout comme le reste du Nordeste. Si vous le pouvez, planifiez votre visite en février, entre la Festa de Iemanjá et le carnaval, période parfois appelée "pré-carnaval". Suivez les événements sur le compte Instagram @rodaculturaloficial.

Pelourinho

INCONTOURNABLE
1 Pelourinho

VOIR
2 Casa do Carnaval da Bahia
3 Catedral Basílica
4 Elevador Lacerda
5 Igreja e Convento São Francisco
6 Igreja Conceição da Praia
7 Museu Afro-Brasileiro da UFBA
8 Museu da Música Brasileira
9 Museu de Arte Moderna
10 Praia Solar do Unhão
11 Solar do Unhão

ACTIVITÉS, COURS ET CIRCUITS ORGANISÉS
12 Funceb

SE RESTAURER
voir 17 Camafeu de Oxóssi
voir 17 Maria de São Pedro
13 Ré Restaurante Dona Suzana

PRENDRE UN VERRE ET FAIRE LA FÊTE
14 Batekoo
15 Communidade Solar do Unhão et Gamboa
16 O Cravinho

SHOPPING
17 Mercado Modelo

L'historique Pelô

TOURISTIQUE MAIS INCONTOURNABLE

Point d'entrée des esclaves en Amérique, le **Pelourinho** a su surmonter son douloureux passé. Beaucoup préfèrent appeler le quartier Pelô, conscients de la dureté du sens du nom de Pelourinho, signifiant "pilori". C'est sur le **Lago do Pelourinho**, place triangulaire et inclinée, que les esclaves étaient punis publiquement, et que s'est tenu le premier marché d'esclaves du continent. Le cœur de la ville haute bat dans ce quartier historique inscrit au Patrimoine mondial de l'Unesco, avec ses bâtiments coloniaux aux couleurs vives et ses splendides églises datant des XVIIe et XVIIIe siècles. Le quartier n'est pas que touristique : certains des édifices accueillent aujourd'hui des centres culturels et des écoles de musique, de danse ou de capoeira chers aux habitants.

OÙ SE LOGER À SALVADOR

Hostel Galeria 13
Une adresse prisée des baroudeurs, dans le centre historique, avec piscine et salon de style marocain. **$**

Bahiacafé Hotel
Ce boutique-hôtel chic mais discret bénéficie d'un excellent emplacement près du Pelourinho. **$$**

Casa do Amarelindo
Charmant boutique-hôtel dans une demeure coloniale, avec chambres impeccables et petite piscine sur le toit. **$$$**

QUI SONT LES BLOCOS AFROS ?

Au vu de leur notoriété actuelle, on pourrait penser que ces groupes culturels et écoles musicales ont toujours été respectés à Salvador. En réalité, s'ils sont apparus au milieu des années 1970, c'est en réaction à la discrimination dont faisaient l'objet les habitants noirs de la ville dans les défilés du carnaval. C'est ainsi qu'ils s'organisèrent autour des valeurs, des goûts musicaux et des objectifs communs de leurs communautés. Aujourd'hui, ils continuent de dénoncer les préjugés tout en créant un espace où les artistes noirs peuvent exprimer leur héritage culturel. Les *blocos afros* se produisent dans toute la ville, partageant la magie particulière de Salvador et la culture afro-brésilienne avec le reste du monde.

JOA SOUZA/SHUTTERSTOCK ©

Parade du carnaval du Pelourinho

Ce quartier prête à se plonger dans l'histoire de Salvador, notamment à travers de fantastiques musées comme la **Casa do Carnaval da Bahia**, qui retrace l'histoire du carnaval de Salvador au moyen de photos et de vidéos d'archives, ou le **Museu Afro-Brasileiro da UFBA (MAFRO)**, dont les collections (sculptures sur bois et artisanat) mettent en valeur les correspondances entre l'Afrique et Bahia.

En vous baladant, vous découvrirez, s'avançant dans le vide, l'**Elevador Lacerda**, l'impressionnant ascenseur Art déco de Salvador. Magnifiquement restauré, il est un des symboles de la ville. Ses quatre cabines relient la ville haute à la ville basse (Cidade Baixa), grimpant sur 72 m en quelque 30 secondes. Ne manquez pas l'**Igreja e Convento São Francisco**, de style baroque, une des plus belles églises du Brésil. Elle se distingue par la profusion et la richesse de son ornementation intérieure, où l'or domine. Les superbes peintures que vous verrez au plafond sont l'œuvre de José Joaquim da Rocha (1737-1807). Un chandelier en argent de 80 kg domine des sculptures en bois ornées de feuilles d'or, et le cloître du couvent est orné d'azulejos (carreaux en faïence au décor bleu peint à la main). L'ensemble fut achevé en 1723. La **Catedral Basílica**, achevée en 1672, est pour sa part un magnifique exemple d'architecture jésuite. L'intérieur est simple et élégant, avec ses murs et ses hauts piliers de marbre. La sacristie possède une belle voûte de jacaranda sculpté, ainsi qu'une coupole et un sol peints.

Vous pourrez ensuite faire le plein de souvenirs, vous arrêter pour regarder un spectacle, goûter à la cuisine de rue et assister à des événements organisés par certaines des plus anciennes organisations communautaires de Salvador.

OÙ MANGER UN ACARAJÉ À SALVADOR

Acarajé da Neide
À Vila Rui Barbosa, des versions originales d'*acarajé* (beignets de haricots farcis aux crevettes) à petit prix. **$**

Acarajé com Dendê
Certains soutiennent que cette adresse appréciée de Liberdade prépare le meilleur *acarajé* de la ville. **$**

Acarajé da Cira
Un lieu prisé des touristes, bien situé à Rio Vermelho, pour un savoureux *acarajé* en fin de soirée. **$$**

Avec, réunis dans un même pâté de maisons, des clubs, salles de spectacle, académies de capoeira et centres de ballet folklorique, c'est à la nuit tombée que l'animation atteint ici son paroxysme. En été, vous pourrez déguster différentes versions de cachaça au **O Cravinho**, un bar emblématique du quartier accueillant des concerts gratuits.

Pas étonnant que le Pelô soit aujourd'hui une vitrine de Salvador, attirant régulièrement organisateurs culturels et influenceurs de toute la région. Pour autant, ne faites pas l'impasse sur le quartier voisin de **Santo Antônio**, dont les nombreux magasins et restaurants voient affluer autant les touristes que les Soteropolitanos.

Barra, le front de mer animé

ENTRE PLAGE ET HISTOIRE

Le front de mer animé de Barra est jalonné de trois forts coloniaux : le Forte São Diogo (Praça Azevedo Fernandes), le Forte Santa Maria (Porto da Barra) et, le plus impressionnant et le plus ancien du lot, le **Forte de Santo Antônio da Barra**. Ce dernier est aussi connu sous le nom de Farol da Barra, en référence à son phare qui date de 1698 et serait le plus vieux d'Amérique du Sud. Outre un superbe point de vue, le bâtiment sert de cadre au remarquable musée nautique, le **Museu Náutico da Bahia**, lequel présente des maquettes de bateaux et des objets relatifs aux navigateurs portugais, et des expositions consacrées à la traite des esclaves.

Lorsque les habitants parlent de la "plage de la ville", ils font généralement référence à Barra. La **Praia Porto da Barra**, une petite étendue de littoral pittoresque en forme de fer à cheval, est idéale pour admirer le coucher du soleil. Elle est souvent très fréquentée et envahie de camelots proposant des articles de toutes sortes. Les eaux de la baie sont calmes et claires, et l'on peut observer à loisir le va-et-vient sur la plage. À gauche du phare, la **Praia do Farol da Barra** comprend un beach-break prisé des surfeurs à marée haute, et des cuvettes de marée populaires auprès des familles à marée basse

Les circuits du carnaval

DES FESTIVITÉS LÉGENDAIRES

Les célébrations du carnaval de Salvador attirent chaque année plus de deux millions de visiteurs.

Parmi les nombreuses parades, celle entre Barra et Ondina, le **circuit Dodô**, attire la plus grande foule. Assistez à l'événement dans les rues ou depuis les loges qui le dominent sur le littoral.

BATEKOO ET AFROBAPHO

Salvador fut construite sur la résistance, noire en particulier, et la nouvelle génération de militants LGBTQI+ de la ville veille à ce qu'elle reste un espace sûr pour toutes les identités. Batekoo, un des grands porte-voix du mouvement, fondé en 2014, fait en sorte que les jeunes noirs queers se sentent représentés et puissent s'amuser sans retenue. Afrobapho, collectif artistique de jeunes LGBTQI+ noirs, est un autre représentant de ce mouvement. Ces artistes, créateurs et organisateurs de la communauté s'expriment et donnent une tribune aux jeunes talents des quartiers les plus marginalisés de Salvador. Ils se produisent au sein de compagnies de danse locales à travers la ville.

Les quartiers de Rio Vermelho, Barra et Ondina, accueillent notamment de nombreux espaces dédiés et événements. Le week-end, la Praia do Buracão, la toute nouvelle plage queer de la ville, est l'occasion de faire la fête sous le soleil.

LES MEILLEURS BARS DE SALVADOR

OXE Drinks
Cette enseigne chic aux cocktails innovants est présente dans les quartiers populaires de Barra et Pituba.

O Cravinho
Célèbre pour sa cachaça infusée, cette institution du Pelô est toujours remplie d'habitants et de touristes.

Pub Casa N1
Ce bar cosy de Barbalho sert des cocktails rafraîchissants à prix abordables sur fond de jam-sessions.

SAVEURS DE SALVADOR

Moqueca
Ragoût de fruits de mer ou de poisson avec tomates, huile de palme, lait de coco et assaisonnements, servi avec du riz.

Acarajé
Beignet de doliques (haricots) frit à l'huile de palme et farci de sauce au poivre, de crevettes séchées et d'un mélange de tomates et de poivrons.

Abará
Pâte de haricot cuite à la vapeur dans une feuille de bananier.

Passarinha frita
Rate de bœuf frite à l'huile de palme.

Caruru
Accompagnement fait de gombo, d'huile de palme, d'oignon, de crevettes séchées et d'épices.

THALESANTONIO/SHUTTERSTOCK ©

Procession, Rio Vermelho

Du Farol da Barra à Ondina, vous côtoierez des légendes de la musique *axé* comme Daniela Mercury et Ivete Sangalo, ou de grandes figures de la nouvelle génération comme Léo Santana ou Parangolé. Ce circuit attire également à Salvador de grandes vedettes brésiliennes comme Anitta, Ludmilla et Pabllo Vittar. Si vous souhaitez vivre une expérience plus populaire, suivez la parade de Campo Grande, ou **circuit Osmar**, le long de l'historique Avenida Sete de Septembro, qui perpétue l'héritage du carnaval en le gardant accessible aux classes populaires de Salvador. Sur ce circuit traditionnel, l'*axé* et les *blocos afros* règnent en maîtres, représentant les traditions afro-brésiliennes de la ville. Vous y verrez des groupes légendaires comme Ilê Aiyê, Olodum et Malê Debalê, suivis par toute la puissance de leurs musiciens et danseurs. Les grands représentants de la scène samba locale se produisent également en *blocos* (groupes de musiciens et de danseurs).

Dans le quartier historique du Pelourinho, le **circuit Batatinha** offre une expérience plus intime. Vous pourrez danser jusqu'au bout de la nuit au son des tambours, de la samba folklorique bahianaise et de la musique *afoxé*.

Des scènes sont installées entre la Praça da Sé et la Praça Castro Alves, vous permettant de passer d'un concert à l'autre comme dans un festival. Les percussions sont extraordinaires. Si vous aimez *l'afoxé*, ce circuit doit figurer à votre programme. Les familles apprécieront le **circuit Pelourinho**, qui comprend un carnaval pour les enfants.

LES MEILLEURS COURS À SALVADOR

Fundação Mestre Bimba
École de capoeira dirigée par le fils du fondateur de la capoeira *regional*, Mestre Bimba.

SENAC
École de cuisine bahianaise pour habitants et touristes ; un cours est consacré aux spécialités de rue populaires.

Instituto Cultural Idioma
Cours privés et en groupe de portugais à Barra, mais aussi de capoeira, cuisine et plongée.

Si vous avez envie de vous éloigner des circuits traditionnels, profitez des parades organisées à **Liberdade** et à **Amaralina de Nordeste**. Vous y découvrirez des talents émergents brésiliens de genres musicaux tels que *pagode*, *pagadão*, *axé*, rap et funk. Ces événements, qui accueillent les Soteropolitanos de toutes les couches de la société, offrent un autre regard sur la ville, au-delà des clichés et des préjugés concernant la pauvreté et l'insécurité.

Fête et pèlerinage

LA DIVINITÉ DE LA MER À L'HONNEUR

Iemanjá, déesse de la Mer et de la Fertilité, compte parmi les *orixás* – divinités des religions afro-brésiliennes – les plus importantes de Bahia et du Nordeste. Le 1er février, participez aux célébrations débridées qui sont organisées en son honneur sur la **Praia da Paciência**, à Rio Vermelho. Les organisations de pêche locales s'associent à la Casa de Iemanjá pour créer une magnifique procession qui célèbre les cultures et les croyances afro-brésiliennes. Présentez vos offrandes à Iemanjá, entouré d'autres fidèles entièrement vêtus de blanc conformément aux traditions du candomblé. À cette occasion, Rio Vermelho accueille fêtes et sambas. D'autres festivités ont lieu le long du littoral de la ville. Certains quartiers organisent des processions fermées ou des événements plus communautaires, comme des offrandes respectueuses de l'environnement au **Solar do Unhão**, un bâtiment historique.

La scène artistique de Salvador

À LA RENCONTRE DES ESPRITS CRÉATIFS DE LA VILLE

Découvrez le meilleur de la scène artistique locale en participant aux événements organisés entre les murs couverts de street art de la **Communidade Solar do Unhão** et celle de **Gamboa**, communautés voisines de la ville basse qui se sont réappropriées leur histoire pour devenir les chefs de file des mouvements culturels et écologiques ces dernières années. Leur énergie créative rassemble la nouvelle génération de créateurs de tendances de Salvador.

Suivez la Communidade Solar do Unhão sur Instagram pour connaître les événements à venir, qui peuvent comprendre battles de rap, installations d'art urbain et ateliers photo. Rendez-vous également au **Ré Restaurante Dona Suzana**, lieu extrêmement accueillant, pour goûter sa célèbre *moqueca* (ragoût de poisson et de fruits de mer) et d'autres classiques bahianais.

Terminez votre promenade sur les rivages rocheux de la **Praia Solar do Unhão**, où l'on retrouve le même dynamisme créatif dans des bars qui attirent une foule jeune et branchée.

L'INFLUENCE DES PESCADORES

Pêcheurs et pêcheuses traditionnels, appelés *pescadores* et *pescadoras*, sont des composantes culturelles essentielles de Salvador, car la mer alimente le commerce, le tourisme et la gastronomie de la ville. La plupart des ancêtres des Soteropolitanos ont vécu de la mer, laquelle demeure un point de convergence, en particulier à la Feira de São Joaquim, là où se rencontrent les cultures traditionnelles de la métropole.

Aujourd'hui, l'appauvrissement des ressources et la mauvaise qualité des plages menacent de nombreuses communautés de pêcheurs artisanaux, en même temps que les moyens de subsistance de la ville. Les communautés de Salvador et des banlieues environnantes font cependant preuve d'engagement pour préserver les étendues d'eau de la région.

LES MEILLEURES SORTIES À SALVADOR

Balé Folclórico da Bahia
Le plus impressionnant spectacle est proposé par cette célèbre compagnie de ballet folklorique.

Jam no MAM
La soirée jazz et bossa nova du samedi au Museu de Arte Moderna est un must pour les mélomanes.

Teatro Castro Alves
En été, la meilleure salle de Salvador accueille des concerts hebdomadaires.

VOIR UN SPECTACLE

Teatro Castro Alves, Campo Grande
Le plus grand théâtre de la ville, où se produisent orchestres, troupes théâtrales, musiciens et danseurs de ballet de renom.

Teatro Miguel Sanatana, Pelô
Assistez au ballet des *orixás* de la Fundação Bale Folclórico da Bahia.

Teatro Sesc-Senac, Pelô
Un espace culturel qui accueille musique, danse, cirque et théâtre du monde entier.

Teatro SESI, Rio Vermelho
Ce théâtre et centre culturel ouvert à toutes les communautés présente des talents de tout Salvador.

JOA SOUZA/SHUTTERSTOCK ©

Le glacier Sorveteria da Ribeira

Les marchés de la ville basse

SHOPPING ET CUISINE

Si vous recherchez un lieu où acheter tous vos souvenirs et manger un morceau, rendez-vous au **Mercado Modelo**. Le bâtiment d'origine, une ancienne douane (1861), dans lequel étaient amenés les esclaves à leur arrivée à Salvador, fut partiellement détruit par un incendie en 1986. Après sa reconstruction, le lieu fut transformé en marché. Il abrite désormais quelque 250 échoppes représentant des artisans de la région de Bahia. Si vous avez un petit creux, arrêtez-vous à l'un des stands qui proposent des spécialités régionales comme la *cocada* (douceur locale traditionnelle) et des jus frais. Pour prendre un bon repas complet, prenez place au **Maria de São Pedro** ou au **Camafeu de Oxóssi**.

À proximité, on découvre un marché d'un tout autre genre : la **Feira de São Joaquim**. C'était autrefois le point de rencontre entre les pêcheurs, les marchands et les habitants de la ville. On y trouve de tout, des figurines d'Iemanjá aux moules (*sururu*) fraîches. Le marché accueille des fidèles du candomblé et des habitants qui viennent s'approvisionner pour la *moqueca* du week-end. C'est un excellent endroit où découvrir un pan sans filtre de l'histoire de Salvador. Lorsque vous aurez trouvé tout ce dont vous avez besoin, montez à l'étage pour un repas de fruits de mer fraîchement pêchés, une boisson et une vue sur le coucher du soleil.

BLOCOS AFROS LÉGENDAIRES

Olodum
Groupe samba-reggae célèbre à travers le monde qui défend les droits humains et la justice sociale.

Ilê Aiyê
Le premier *bloco afro*, dont la musique plonge ses racines dans les sons et les traditions religieuses yorubas.

Cortejo Afro
Promeut l'inclusion, les valeurs familiales et la diversité tout en fusionnant rythmes afro-brésiliens et pop électro.

Itapagipe, la péninsule du peuple

UNE IMMERSION DANS LA VIE QUOTIDIENNE

Imprégnez-vous du mode de vie de générations de Soteropolitanos dans la **péninsule d'Itapagipe**, composée des quartiers de Bonfim, Ribeira, Uruguai, Caminho de Areia et Massaranduba. Ici, toutes vos dépenses contribueront à soutenir les entreprises locales.

Rendez-vous le week-end au **Mercado Iaô**, initiative visant à promouvoir les artisans et les commerçants afin d'encourager les habitants à acheter local. Consultez le site Internet pour connaître le calendrier des événements qu'il accueille, ou allez-y simplement pour manger un morceau, faire du shopping et nouer des liens avec les commerçants.

Accordez une bonne partie de votre temps à la **Praia da Penha**, plage tranquille fréquentée par les familles et les pêcheurs locaux. Après une journée au bord de la mer, rafraîchissez-vous avec une boule de glace dans une des nombreuses *sorveterias* de la péninsule. La **Sorveteria da Ribeira**, qui propose des glaces aux délicieux parfums, dont certains locaux comme l'*umbu* et le *cacão*, toutes fraîchement préparées avec des ingrédients naturels, est particulièrement appréciée. Dans la même rue, le **Museu do Sorvete**, le musée de la glace, comprend une *sorveteria* qui sert du Sorvete Real, un des parfums classiques du Nordeste.

Soirée de la Beauté noire

CONCOURS EMPREINT DE CULTURE

Vous ne verrez plus jamais les concours de beauté de la même manière après avoir assisté à la *Noite da Beleza Negra* (soirée de la Beauté noire) organisée par le légendaire *bloco afro* Ilê Aiyê à son siège de **Curuzu**, quartier au cœur de l'histoire, de la résistance et de la culture afro-brésiliennes où vit une grande partie de la population noire de Salvador.

Chaque année, environ 15 jours avant le carnaval, les prétendantes au titre de Reina de Ilê, la *Deusa de ébano*, montrent leur engagement communautaire, leur talent en danse des *orixás* et leur connaissance de l'histoire afro-brésilienne et d'Ilê Aiyê. Les danses et les chants interprétés reflètent l'importance des religions afro-brésiliennes, le candomblé et l'umbanda, pour cette communauté qui abrite la plus forte concentration de *terreiros* (lieux de culte) de la ville. Fenêtre sur la culture de Curuzu, l'événement remplit les rues du quartier de participants habillés à la perfection.

C'est également l'occasion de soutenir les entreprises locales ; cherchez les *Baianas de Acarajé*, tout vêtues de blanc,

LES MEILLEURS RESTAURANTS DE SALVADOR

Roma Negra
Cuisine originale abordable de la diaspora africaine dans un cadre accueillant au Pelô. **$$**

Solar da Gastronomia
Approche gastronomique de la cuisine brésilienne à Rio Vermelho. **$$$**

Bar Zulu
Musiciens, tables extérieures et classiques bahianais au Pelô. **$$**

Restaurante Zanzibar
Des saveurs hybrides africaines et afro-brésiliennes et un service raffiné à Santo Antônio Além do Carmo. **$$**

Restaurante Origem
Un menu dégustation aux saveurs régionales caractéristiques élaboré par des chefs de Pituba. **$$$**

Malê Debalê
Fondé à Itapuá, réputé pour ses danseurs d'afro-ballet, défenseur de l'inclusion et de la tolérance.

Didá
Bloco afro féminin qui combat les préjugés sexistes et promeut l'empowerment des femmes noires.

Muzenza
Formé en hommage à Bob Marley, fusionnant candomblé et samba-reggae.

POURQUOI J'AIME SALVADOR

Kathleen Anaza,
autrice

Lors de ma première visite, j'ai ressenti une telle stimulation artistique, culturelle et intellectuelle que j'ai eu envie de prolonger mon séjour et, finalement, de m'installer à Salvador. De l'énergie du carnaval au mode de vie paisible de la péninsule d'Itapagipe, Salvador continue d'inspirer et de divertir.

Avant la pandémie, la métropole m'a servi de base d'exploration du reste de Bahia, des villes côtières aux mouvements *quilombos* de l'Ilha de Maré et du Recôncavo Baiano. Malgré les défis structurels et économiques, Salvador n'a pas de rivale pour l'accès qu'elle donne aux arts et à la culture afro-brésiliens, et sa connexion au reste de Bahia et au Nordeste.

Capoeiristas

qui vendent *acarajé* (beignets de haricots farcis), *feijoada* (ragoût de haricots) et autres en-cas et boissons sur la musique d'Ilê Aiyê.

La *Deusa de ébano* remporte l'honneur de se produire avec Ilê Aiyê pendant la saison du carnaval, et après avoir participé à cette célébration stimulante, vous aurez l'impression de partager un peu sa victoire. L'événement vous plonge au cœur du Salvador noir et vous donne envie d'en savoir davantage sur la contribution d'Ilê Aiyê en matière de préservation, de promotion et de visibilité de la culture afro-brésilienne à travers le Brésil.

S'entraîner avec les meilleurs

LES STUDIOS DE DANSE DE SALVADOR

Vous êtes-vous demandé en regardant les danseurs d'Ilê Aiyê ou les *passistas* (les meilleurs danseurs d'une école) comment ils faisaient pour bouger comme ça ? Aimeriez-vous vous joindre à un cercle de capoeira (danse et art martial brésilien pratiqué en rythme) pour vous rendre compte de sa difficulté ? Des studios de Salvador proposent des cours collectifs de danses afro-brésiliennes ouverts à tous. L'association culturelle **Funceb**, notamment, organise des stages pendant les vacances avec des enseignants venus de tout Bahia qui forment les participants à la capoeira, à la danse africaine contemporaine, à la danse des *orixás* ou à d'autres formes de danse. Il est sinon facile de trouver des cours en s'adressant aux auberges de jeunesse et aux *pousadas* du Pelourinho. Les tarifs varient selon la saison, la demande et le nombre de participants. Vous pourrez aussi vous adresser à l'**Associação Brasileira de Capoeira Angola**, une sympathique académie de capoeira (communément appelée ABCA) qui organise des cours pour tous les âges (y compris les enfants à partir de 5 ans). Portez un pantalon large et confortable, pour ne pas être gêné dans vos mouvements.

PLAGES ATLANTIQUES DANS LES ENVIRONS DE SALVADOR

Piatã
Station balnéaire à 25 km de Salvador : eaux calmes, sable blanc, *barracas* et palmiers.

Itapuã
Une autre option similaire à Piatã, à seulement 2 km au-delà.

Praia Flamengo
À 33 km de Salvador. Vagues plus hautes et paysages plus authentiques, entre dunes et nature verdoyante.

DANIEL SOUTINHO / STOCK.ADOBE.COM ©

Farol da Barra

ITAPARICA

L'île d'Itaparica, dans la Baía de Todos os Santos (voir aussi ci-contre), est une destination prisée des habitants de Salvador. Bien que son rivage soit jalonné de maisons de villégiature et que ses plages ne soient pas exceptionnelles, beaucoup de voyageurs apprécient l'excursion à la journée pour profiter des bars et des restaurants à l'atmosphère décontractée de l'agréable cité insulaire de Mar Grande.

Notez que la Praia Barra Grande est la plus belle plage publique d'Itaparica.

Le trajet en bateau depuis Salvador (40 minutes d'un terminal de ferry à l'autre) est très plaisant. Sur l'île, taxis et minibus collectifs vous y attendent pour vous emmener à Barra Grande et dans d'autres parties de l'île.

Tous unis sous le soleil

UNE PROCESSION INOUBLIABLE À BONFIM

Lors du **Lavagem do Bonfim**, en janvier, Soliteripanos et visiteurs marchent côte à côte sous le soleil intense de Salvador dans une procession menée par des joueurs d'*afoxé* bahianais, entre l'**Igreja Conceição da Praia** et la **Basílica do Senhor do Bonfim**, une basilique du XVIIIe siècle située à quelques kilomètres au nord de Comércio sur la péninsule d'Itapagipe. Après la procession de 8 km, vous assisterez à la cérémonie de lavage des marches de l'église et à la bénédiction de l'assistance.

Cet événement, le deuxième plus important de Salvador après le carnaval, réunit pratiquants du candomblé, catholiques et croyants de différentes autres confessions. Ils viennent recevoir une bénédiction, promouvoir le syncrétisme religieux et profiter d'une fête animée dans le quartier historique de Bonfim. Attachez un ruban de Bonfim à l'église en hommage aux saints ou à votre poignet pour recevoir trois vœux. Après avoir formulé vos vœux, joignez-vous aux festivités en écoutant les musiciens et en achetant de quoi vous sustenter auprès des nombreux étals.

COMMENT CIRCULER

Parfois peu fiables, les bus de Salvador restent néanmoins le mode de transport le plus économique et le plus populaire de la ville. Ceux qui circulent entre Barra et la Praça da Sé sont particulièrement pratiques pour les visiteurs. Les destinations sont clairement indiquées à l'avant du bus. Sachez que les passagers montent par l'arrière (et paient l'assistant assis à cet endroit) et descendent par l'avant, à côté du chauffeur. Dans le centre se trouvent les deux gares routières principales municipales où l'on peut s'arrêter ou prendre une correspondance : le Terminal da França dans le Comércio, et Lapa, derrière le Shopping Lapa et le Shopping Piedade. Si vous vous rendez à l'Igreja Nosso Senhor do Bonfim au nord, prenez un bus à l'arrêt au pied de l'Elevador Lacerda.

Propre et climatisé, le Metrô (www.ccrmetrobahia.com.br) relie Lapa à l'aéroport de Salvador. Des ferries circulent entre le Terminal Marítimo de São Joaquim et le Terminal Bom Despacho de l'Ilha de Itaparica (de là, vous pouvez continuer vers Valença, Morro de São Paulo et Boipeba). Les bateaux desservant Morro de São Paulo et les sites de la Baía de Todos los Santos partent du Terminal Marítimo Turístico (Av. da França s/n, Comércio), juste derrière le Mercado Modelo, et du Terminal de São Joaquim (Av. Oscar Pontes 1051), à 10 minutes en taxi en direction du nord. Notez qu'à l'aéroport et à la gare routière, ces bateaux sont souvent appelés "ferry-boats".

Environs de Salvador

Laissez-vous émerveiller par les îles et les localités qui entourent Salvador.

Pour les infos pratiques, voir le Carnet d'adresses p. 382

À SAVOIR

L'offre en matière d'hébergement est limitée dans ces localités et ces îles. Ne manquez pas de réserver, surtout si vous vous y rendez lors d'événements culturels populaires.

La richesse culturelle de Salvador éclipse souvent les trésors que recèlent les environs de la métropole. Un court trajet en voiture mène au cœur du Recôncavo Baiano, la région qui entoure la Bahia de Todos los Santos (baie de Tous les Saints), dans laquelle se trouve l'Ilha de Maré, facilement accessible en bateau. De nombreux Soteropolitanos sont originaires de ces territoires enracinés dans la culture afro-brésilienne. Cette région fertile accueillait les plantations de canne à sucre et de tabac qui firent la richesse de Salvador (et de la couronne portugaise). Le profit tiré de ces terres permit également à des villes telles que Cachoeira de connaître une brève opulence dont témoignent encore nombre d'édifices coloniaux, bien conservés pour la plupart.

Sur le littoral au nord de Salvador, au terme de l'Estrada do Coco (la route des Noix de coco), vous trouverez la très chic Praia do Forte, une station balnéaire prisée des touristes.

R.M. NUNES/SHUTTERSTOCK ©

Baie de Tous les Saints

L'ACTIVISME DES QUILOMBOS

L'Ilha de Maré et les autres îles de la baie de Tous les Saints sont officiellement désignées comme *quilombos*, communautés d'esclaves évadés. Les descendants de ces derniers y vivent aujourd'hui de la pêche dans les mangroves, vendant leurs prises sur les étals de la Feira de São Joaquim. Aujourd'hui, ces communautés à la longue histoire de résistance dirigent un mouvement écologique visant à sensibiliser l'opinion publique à la contamination des eaux de la baie par les compagnies pétrolières et, conscientes que leur santé et leur bien-être ne sont pas une priorité pour le gouvernement, revendiquent un meilleur accès aux soins et à l'éducation.

THALESANTONIO/SHUTTERSTOCK ©

Membres du candomblé célébrant le Bembé do Mercado

Circuit sur les questions environnementales

L'ÉCOLOGIE SELON LA PERSPECTIVE LOCALE

Sur l'**Ilha de Maré**, participez à un circuit pour écouter les témoignages de pêcheurs des *quilombos* (communautés fondées par les esclaves évadés) qui souffrent directement des problèmes environnementaux que connaît le Brésil. En vous guidant sur les cours d'eau que leurs ancêtres esclaves empruntèrent pour s'enfuir, ils vous parleront des effets néfastes sur la santé de la pollution de l'atmosphère et de l'eau contaminée par les déchets toxiques, de leur combat écologique contre les compagnies pétrolières dans la baie de Tous les Saints, ainsi que des intimidations dont ils font l'objet. Les circuits peuvent comprendre un séjour chez l'habitant et la visite des puissantes instances dirigeantes de la communauté. Depuis la pandémie sont organisées en ligne des conférences et des discussions sur les questions environnementales et sociales.

Les militants de l'Ilha de Maré organisent des blocages, occupent des sièges et participent à des séances du conseil municipal. Ils sont même intervenus à la 42e session du Conseil des droits de l'homme des Nations unies en 2019 afin de sensibiliser l'opinion publique internationale à la protection

OÙ SE LOGER À SANTO AMARO ET CACHOEIRA

Hotel da Purificação
Hôtel aux équipements classiques et au service de qualité dans le centre historique de Santo Amaro. **$$$**

Pousada Convento do Carmo
Ancien couvent de Cachoeira transformé en auberge, avec piscine et délicieux petits-déjeuners. **$$**

Pousada & Restaurante Pai Thomaz
Une auberge de Cachoeira au restaurant très apprécié pour sa cuisine régionale. **$$**

de la baie de Tous les Saints. Tout événement, sur l'île lorsqu'il est ouvert à tous, est l'occasion pour les visiteurs de soutenir ce combat. Les *Quilombolas* (habitants des *quilombos*) se sont toujours battus pour obtenir sécurité et services de l'État, notamment l'accès aux soins de santé et la protection de leurs terres et de leurs eaux. On peut suivre certains groupes phares de l'île sur Instagram, notamment le Mouvement des pêcheurs et pêcheuses artisanaux (@mppbahia) et la militante Eliete Paraguassu (@elieteparaguassuoficial).

Les racines du Recôncavo

LE BEMBÉ DO MERCADO À SANTO AMARO

À une heure de Salvador, **Santo Amaro** est une localité habituellement tranquille, mais elle s'anime le 13 mai chaque année pour célébrer le **Bembé do Mercado**, l'anniversaire de l'abolition de l'esclavage au Brésil. Sous un *barracão* (grande tente) installé en face du marché de Santo Amaro, on vénère les *orixás* et on commémore l'histoire de la ville par des spectacles de *maculêlê* (danse créée par les esclaves, exécutée avec des bâtons et des machettes), des poèmes et de la musique. Puis, on lance des offrandes dans les eaux de la Praia Itapema pendant que les fidèles du candomblé chantent en l'honneur des *orixás*. Les danses évoquent le *xiré*, le sentiment d'euphorie qui envahit les pratiquants quand les *orixás* "descendent sur terre" pour jouer avec leurs "enfants" (les fidèles du candomblé).

Fête propre à Santo Amaro, le Bembé do Mercado célèbre non seulement l'émancipation des esclaves mais également la liberté religieuse qui l'a accompagnée, ainsi que la fierté culturelle du Recôncavo Baiano.

Expérience spirituelle à Cachoeira

CÉLÉBRATION DES FEMMES NOIRES

Les voyageurs férus de spiritualité ne manqueront pas **Cachoeira**. Cette ville, à environ une heure de route de Salvador, dans le Recôncavo Baiano, est considérée comme le cœur de l'indépendance du Brésil et comme l'un des principaux centres du candomblé.

La **Festa da Irmandade da Boa Morte**, fête syncrétique ancestrale en l'honneur des luttes des femmes noires sous la colonisation, se tient la deuxième semaine d'août (généralement entre le 13 et le 17) dans ses rues pavées – l'Irmandade da Boa Morte est une association religieuse de femmes noires descendantes d'esclaves africains de la région. Cet événement très important pour les Bahianais est l'occasion de vivre une expérience afro-brésilienne traditionnelle, intime et spirituelle.

LE PANTHÉON DES ORIXÁS

Voici les principales divinités des religions afro-brésiliennes :

Iemanjá
Déesse de la Mer, protectrice des pêcheurs, des marins et des enfants.

Oxum
Déesse de la Féminité, de la Fertilité, de la Beauté et de l'Amour.

Oya
Déesse du Vent, de la Foudre, des Tempêtes, de la Mort et de la Renaissance.

Xangô
Dieu de la Foudre et du Tonnerre, qui peut cracher du feu.

Ogum
Dieu de la Guerre, de la Chasse et du Progrès.

OÙ SE RESTAURER À SANTO AMARO ET CACHOEIRA

Restaurante Frutos Do Mar
Ce restaurant cosy de Santo Amaro propose des spécialités régionales de la mer comme la *moqueca de arraia* (à la raie). **$$**

Restaurante Sol & Lua
À Cachoeira, *maniçoba* (ragoût de porc et de feuilles de manioc) et *carne de porco defumada* (porc fumé). **$$**

Restaurante Dona Maria
Ce restaurant de Santo Amaro sert des plats du Recôncavo maison à prix abordables. **$**

La fête s'ouvre par une procession funéraire en l'honneur de Nossa Senhora da Boa Morte, qui transporte la photo de cette dernière au rythme d'un chant ancestral et à la lumière des bougies jusqu'à l'**Igreja Matriz de Nossa Senhora do Rosário**. Le lendemain matin, une procession dédiée à Nossa Senhora da Glória, suivie par une fanfare locale, rejoint à son tour l'Igreja Matriz, où une messe célèbre son ascension. La communauté poursuit les festivités durant cinq jours avec festins et sambas.

Attirés par sa réputation bâtie sur le candomblé (les voyageurs particulièrement intéressés par le sujet contacteront l'office du tourisme pour connaître les guides locaux spécialisés), la ville accueille également un flux constant de touristes le reste de l'année pour sa production de tabac (le meilleur du Brésil, dit-on) et sa tradition de sculpture sur bois. Le **Centro Dannemann** et la **Fundação Hansen Bahia**, installés en ville, abordent respectivement ces sujets.

OÙ PRENDRE UN VERRE À CACHOEIRA

Licor Roque Pinto
Goûtez plus de 20 sortes de cachaças artisanales et d'autres spiritueux dans cette fabrique-taverne.

Licor Cachoeira Colonial
Des alcools régionaux infusés aux fruits tels que *cupuaça*, *jabuticaba* et pomme-cajou.

Arraiá Do Quiabo
Une excellente adresse où acheter de l'alcool, avec de délicieuses saveurs comme açaï et *goiaba* (goyave).

Escapade littorale à Praia do Forte

PLAGES, CHÂTEAU, TORTUES ET RANDONNÉES

Chérie des touristes, la chic Praia do Forte est une jolie bourgade balnéaire mettant à l'honneur le respect de l'environnement. On y trouve une kyrielle de boutiques et de restaurants branchés. Outre ses magnifiques plages de sable blanc, vous pourrez y découvrir une des stations de l'association à but non lucratif **Projeto Tamar**, visant à la sauvegarde des tortues de mer. La visite de la réserve, située juste derrière l'église sur la place principale de Praia do Forte, est interactive et adaptée aux familles.

En dehors de Praia (à 7 km, prenez un taxi), vous pourrez découvrir le **Castelo do Garcia d'Ávila**, qui, construit en 1552, fut le premier grand édifice portugais au Brésil. Les ruines, impressionnantes, offrent un point de vue imprenable sur l'océan. Plus proche, la **Reserva da Sapiranga**, à quelques 2,5 km de Praia do Forte, ravira les marcheurs. Des guides emmènent les visiteurs sur des sentiers longeant 600 hectares de forêt tropicale atlantique secondaire. Les parcours durent entre 30 minutes et 5 heures, un des plus prisés descendant jusqu'au Rio Pojuca (n'oubliez pas votre maillot de bain !). Attention néanmoins, des cas de vol à main armée ont été signalés au sein de la réserve par le passé, il est donc impératif de se renseigner en ville sur les risques du moment avant de s'y rendre.

COMMENT S'Y RENDRE ET CIRCULER

Pour visiter les *quilombos* de l'Ilha de Maré, vous devrez vous organiser avec les exploitants de bateaux traditionnels qui partent de la Praia São Tomé de Paripe. Les habitants circulent entre l'île et le continent en bateau. Sur l'île, vous vous déplacerez principalement à pied. Une voiture vous donnera plus de flexibilité pour explorer les villes du Recôncavo Baiano.

De la gare routière de Cachoeira (Rua Virgílio Réis 482-612), chaque jour, de nombreux bus arrivent et se rendent à Salvador (2 heures, 5h30-19h) ; en chemin, ils s'arrêtent à Santo Amaro.

Praia do Forte, à seulement 3 km de l'autoroute, est très bien reliée quotidiennement à Salvador (comptez 1 heure 45 de trajet en bus)

PARQUE NACIONAL DA CHAPADA DIAMANTINA

Cette région dont le nom évoque l'héritage diamantaire comprend *garimpos* (camps de mineurs), ranchs, et communautés de *quilombolas* (nom donnés aux habitants des *quilombos*). Sa beauté naturelle et la tranquillité de ses petites villes coloniales attirent depuis des décennies randonneurs et autres amateurs de nature. Ce sont eux qui menèrent la bataille écologique contre l'extraction de diamants, laquelle incita finalement le gouvernement à créer le Parque Nacional da Chapada Diamantina en 1985.

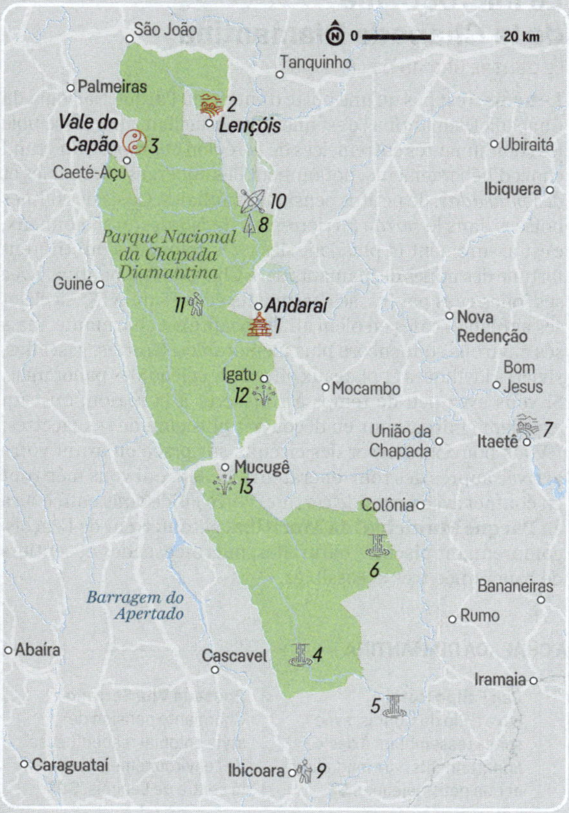

Pour les infos pratiques, voir le Carnet d'adresses p. 382

À SAVOIR

Emportez des espèces, car, parfois, les appareils à cartes ne parviennent pas à se connecter et les distributeurs peuvent être vides.

INCONTOURNABLES
1 Andaraí
2 Lençóis
3 Vale do Capão

VOIR
4 Cachoeira da Fumacinha
5 Cachoeira do Buracão
6 Cachoeira do Herculano
voir 12 Galeria Arte e Memória
7 Itaetê
8 Pantanal de Marimbus
voir 2 Parque Municipal da Muritiba

ACTIVITÉS, COURS ET CIRCUITS ORGANISÉS
9 Ibicoara
10 Quilombo de Remanso
11 Vale do Patí

SE RESTAURER
voir 2 Cozinha Aberta
voir 2 Restaurante O Bode

SORTIR
12 Igatu
13 Mucugê

GARIMPEIROS ET VAQUEIROS

Les *garimpeiros* (chercheurs de diamants clandestins) et les *vaqueiros* (gardiens de troupeau, ou gauchos) étaient à la base de l'économie de la Chapada Diamantina avant que la région ne devienne une destination touristique.

Ses habitants sont fiers de leurs liens avec ces travailleurs, dont les besoins ont donné lieu à de nombreuses traditions locales caractéristiques. Des plats roboratifs comme la *farofa de garimpeiro – farofa* (farine de manioc poêlée) cuisinée avec de la *carne de sol* (viande séchée) –, aux longues processions à cheval appelées *cavalgadas* que l'on peut voir près de Piatã, leur héritage est omniprésent. Explorez ces cultures indissociables de la Chapada Diamantina dans des exploitations agricoles comme la **Fazenda Pousada Vaccaro** ou la **Fazenda Riacho da Tapera**.

INES SACRAMENTO/SHUTTERSTOCK ©

Galeria Arte e Memória

Le microcosme de la Chapada Diamantina

LE CENTRE URBAIN DE LENÇÓIS

Lençóis n'est pas qu'une porte d'entrée du Parque Nacional da Chapada Diamantina : c'est une ville accueillante qui rassemble les communautés entremêlées de la région et propose un grand choix d'hébergements, notamment des auberges abordables et des *pousadas*, de petites pensions familiales. Oasis de collines boisées dans le *sertão* (arrière-pays du Nordeste) sablonneux, c'est assurément la plus jolie des cités coloniales qui tirèrent fortune des mines de diamants de la Chapada Diamantina. Avec ses jolies rues pavées, ses bâtiments colorés du XIXe siècle et ses agréables cafés en plein air, la localité est charmante, mais ses environs sont encore plus mémorables. Grottes, cascades, rivières idylliques et plateaux offrent de splendides panoramas. Si vous avez peu de temps à consacrer à la région, c'est un excellent endroit pour en découvrir plusieurs de ses facettes.

Vous pouvez réserver des circuits sur place ou avant votre arrivée auprès des tour-opérateurs locaux, qui vous mettront en contact avec un guide certifié. Votre guide vous emmènera au **Parque Municipal da Muritiba**, parc au cœur de Lençóis, comprenant piscines naturelles, micro-cascades et sentiers de randonnée très accessibles.

OÙ DORMIR DANS LA CHAPADA DIAMANTINA

Pousada Flor de Açucena
Auberge d'Igatu à l'architecture originale, avec piscine d'eau douce et bain d'argile naturel. **$$**

San Felipo Hotel
Luxe à Rio de Contas, avec suites ressemblant à des appartements, vue magnifique et bon petit-déjeuner. **$$**

Pousada Vila Serrano
Charmante pension de style colonial respectueuse de l'environnement dans le centre de Lençóis. **$$$**

De retour sur la place de la ville, profitez d'un buffet de délicieuses spécialités régionales facturées au poids au **Restaurante O Bode** ou, pour une expérience gastronomique mémorable, offrez-vous un repas à la **Cozinha Aberta**, qui associe saveurs de *garimpeiros*, produits locaux et touches italiennes. Terminez votre journée par un concert avant de vous reposer pour les aventures du lendemain.

Art parmi les ruines

UNE GALERIE GRAVÉE DANS LA PIERRE

Chaque année, fin août-début septembre, les voyageurs affluent dans la petite municipalité d'**Igatu** pour son festival, où des présentations et des ateliers les plongent durant trois jours dans un cadre fantastique mêlant art, littérature, musique, théâtre et culture.

Profitez de votre venue à Igatu pour visiter la **Galeria Arte e Memória**, un musée consacré au fondement de l'économie de la Chapada Diamantina, qui occupe les maisons de pierre en ruine de la communauté minière de la région. Dans la partie en plein air, admirez les sculptures, les outils de mineur préservés et autres installations présentant la culture des *garimpeiros*. Dans les parties intérieures bien aménagées sont exposées les œuvres multimédias d'artistes régionaux. Au café du musée, profitez de la vue à couper le souffle en dégustant des pâtisseries et du café artisanal de production locale.

Cascades et café

EXCURSIONS DEPUIS IBICOARA

Le Parque Nacional da Chapada Diamantina est rempli de majestueuses chutes d'eau, et **Ibicoara** est une excellente base d'excursion si vous souhaitez combiner ces superbes sites naturels avec l'un des meilleurs cafés et l'une des meilleures cachaças de la région. Votre guide vous mènera à la **Cachoeira do Buracão**, d'où une agréable randonnée vous mènera à un point de vue sur ces chutes qui se jettent de 85 m de haut dans un vaste bassin, parfait pour une baignade rafraîchissante.

Poursuivez le lendemain par une brève visite d'un village faisant partie de l'initiative de tourisme communautaire du Chapada. Ses habitants gèrent une auberge, cultivent des fermes écologiques et fabriquent des produits à base de manioc. De là, une randonnée exigeante à travers bassins et petites chutes conduit à la **Cachoeira da Fumacinha**, cascade de 100 m de haut que beaucoup considèrent comme la plus impressionnante de la région.

PAROLE D'HABITANT : LE MEILLEUR DE LA CHAPADA DIAMANTINA

Icaro Jordan, guide touristique de Lençóis, vous propose sa sélection de sites naturels incontournables de la Chapada Diamantina.

Fazenda Pratinha
En émergeant d'une grotte de calcaire (à 73 km de Lençóis), la rivière prend ici une magnifique teinte bleue.

Gruta Lapa Doce
De fabuleuses cavernes souterraines à 68 km de Lençóis.

Morro do Pai
Randonnée courte mais fatigante (à 26 km de Lençóis) offrant une des plus belles vues sur les montagnes de la région.

Parque Municipal da Muritiba
À Lençóis, cet itinéraire de 4,5 km (3-4 heures) révèle les Poços do Serrano, le Poço Halley et la Primera da Cachoeira.

OÙ SE RESTAURER DANS LA CHAPADA DIAMANTINA

Pizzaria Capao Grande
Des pizzas originales cuites au feu de bois à Vale do Capão, avec choix végétarien. **$$**

Bistrô Orquídea Negra
Bistrot qui fusionne cuisines brésilienne, africaine, française, italienne et espagnole à Vale do Capão. **$$$**

Mix Café Pizza Bar e Restaurante
Ce lieu de Barra da Estiva fait à la fois café (avec café local), pizzeria et bar le soir. **$$**

DES ESPACES PROTÉGÉS

La Chapada Diamantina s'est développée grâce à l'exploitation minière, mais cette activité a cessé lorsque la valeur écologique et historique de la région a été reconnue. Riche en biodiversité, celle-ci abrite de nombreuses espèces protégées, notamment le colibri lumachelle, le callicèbe blond (un petit singe) et la buse lacernulée. Elle est essentielle à la préservation des principales sources d'eau de Bahia et de la Serra do Sincora, ainsi qu'à la recherche sur la biodiversité en général au Brésil. Différentes zones protégées, dont l'Área de Proteção Ambiental Marimbus-Iraquara et le Parque Nacional da Chapada Diamantina lui-même, ont été créées, témoignant des efforts déployés par la communauté pour protéger l'environnement de la région.

MARCOSVELLOSO/SHUTTERSTOCK ©

Parque Nacional da Chapada Diamantina

Ne manquez pas de goûter à la cachaça et au café locaux, primés, et découvrez l'ensemble de leur processus de production dans les fabriques mettant en avant des techniques biodynamiques innovantes.

Les sons de Mucugê

LEÇONS DE MUSIQUE BRÉSILIENNE

Tout au long de l'année, la ville de **Mucugê** célèbre les riches cultures musicales de la région lors de festivals qui attirent amateurs brésiliens et étrangers.

En octobre, le **Festival de Forró da Chapada** combine formations et répétitions pour les musiciens et danseurs de *forró* (musique traditionnelle du Nordeste) d'aujourd'hui et de demain. Perfectionnez vos talents de percussionniste et améliorez votre jeu de jambes grâce aux ateliers organisés en journée et en soirée, et profitez des prestations des meilleurs artistes du genre, par exemple Adelmário Coelho, Claudinho do Acordeon et Renato Borghetti. Habitants et visiteurs viennent ici de tout le Brésil pour danser au son du *forró* jusqu'au bout de la nuit.

Mucugê accueille également en mars le **Festival de Chorinho**, qui célèbre les sons traditionnels du *chorinho* (ou *choro*, une musique instrumentale improvisée) et, en août, **Vozes na Chapada**, qui offre l'occasion aux chorales et autres groupes vocaux de s'entraîner et de participer à des activités thématiques. Vérifiez les dates de ces festivals, non fixes, en ligne ou auprès d'un tour-opérateur local.

OÙ SE RESTAURER À LENÇÓIS

Cozinha Aberta
À Lençóis, une réinterprétation moderne des saveurs *garimpeiros* traditionnelles. **$$$**

Restaurante Quilombola
Adresse prisée de Lençóis qui reflète la fusion des cuisines des *quilombos* et des cultures indigènes. **$$**

Restaurante O Bode
Self-service *por kilo* à Lençóis. Goûtez de délicieux plats *garimpeiros* dans une atmosphère cosy. **$$**

Randonnée et respect de l'environnement

SÉJOUR À VALE DO PATÍ

Les randonneurs chevronnés ne manqueront pas le trek à travers le **Vale do Patí**, que de nombreux visiteurs considèrent comme un des plus beaux itinéraires du Brésil. C'est une expérience sans pareille mais exigeante physiquement ; vous devrez marcher 15 à 25 km par jour et maintenir ce rythme durant 3 à 5 jours. Le trek vous dévoilera les vestiges de la forêt atlantique.

La population locale, qui a exploité la terre pendant des siècles, limite aujourd'hui son impact sur l'environnement et accueille les visiteurs. En séjournant dans les familles du Vale do Patí, vous aurez l'occasion de découvrir leurs engagements écologiques : les fruits et légumes sont cultivés dans la vallée sans produits chimiques, garantissant des repas 100% bio, et l'eau est filtrée. Vous pouvez également camper sur les terrains communaux attenants.

Les agences de voyage de toute la région vous aideront à organiser votre trek. Les guides accompagnent volontiers les groupes intéressés par des randonnées plus longues et les circuits s'adaptent aux voyageurs de toutes les identités, notamment les femmes et/ou les LGBTQI+, leur assurant une expérience sûre.

Le repaire des guérisseurs

SOINS THÉRAPEUTIQUES À VALE DO CAPÃO

Cultivez votre bien-être en vous imprégnant des principes de la "vie intentionnelle" à **Vale do Capão** (ou Caeté-Açu), un village rassemblant habitants de longue date, voyageurs ayant décidé de s'y installer et habitués des lieux ayant été séduits par son caractère unique ces dernières décennies.

Les restaurants préparent des plats sains, notamment végétariens et végétaliens, à partir de produits locaux, et les magasins vendent du thé, des cristaux et des huiles artisanales. À Vale do Capão, vous pourrez expérimenter diverses approches pour vous faire du bien, entre autres yoga, massages, aromathérapie et phytothérapie.

L'expertise locale en matière de phytothérapie a attiré d'autres médecins et spécialistes, faisant de Vale do Capão un grand centre thérapeutique brésilien. Des guérisseurs de toutes sortes viennent ici étudier des techniques comme le Theta Healing, les accouchements à domicile et les pratiques intégratives générales sous la direction du Dr Áureo Augusto.

GUIDE OBLIGATOIRE

Même si vous avez une grande expérience des activités de plein air, vous aurez besoin d'un guide pour explorer les sites de la Chapada Diamantina. Engager un guide certifié vous permet non seulement de personnaliser l'expérience et les activités que vous désirez faire, mais également de bénéficier d'une abondance de connaissances sur la région, qui contribueront en outre à assurer votre sécurité.

De toute façon, vous ne pourrez entrer dans les zones protégées sans être accompagné d'un guide certifié. Vous pouvez en trouver par l'intermédiaire des agences de voyage locales telles que **Chapada Mar**.

OÙ PRENDRE UN VERRE À LENÇÓIS

Casa dos Licores
Goûtez certaines des meilleures liqueurs de la Chapada Diamantina à Lençóis.

Benditto Restaurante
Un grand choix de vins, dans la *pousada* Villa Lagoa das Cores à Vale do Capão.

Talismã Gastrobar
Bar chic servant boissons, cocktails et plats créatifs (raviolis à la pomme jaque, par exemple) à Lençóis.

CULTURE ET SAVOIR NATIVOS

Les communautés indigènes, qui sont les plus anciens habitants de la Chapada Diamantina, y ont conservé une influence culturelle prépondérante. Une part importante de la population locale s'identifie fièrement comme *nativo* ou revendique une ascendance à la fois *quilombo* et *nativo*. La communauté payayá soutient la production artisanale et diffuse ses connaissances sur les plantes médicinales endémiques de la région. Avec d'autres communautés traditionnelles de Bahia, elle met en place des programmes visant à informer les visiteurs sur leurs engagements écologiques, comme la reforestation d'espèces indigènes et la culture de semis.

PEDARILHOSBR/SHUTTERSTOCK ©

Vale do Patí (p. 367)

Tourisme et agriculture

À LA RENCONTRE DE LA COMMUNAUTÉ D'EUROPA

Dans la municipalité d'**Itaetê**, l'appropriation d'espaces délaissés a profité aux habitants comme aux touristes. Coopérative d'agriculteurs locaux, la communauté d'Europa a repris des terres et des bâtiments abandonnés afin d'y créer des entreprises et des exploitations agricoles, où les visiteurs ont la possibilité d'en apprendre davantage sur l'agriculture régionale et de rencontrer la population locale. Dans le cadre du programme **Guardiões da Cachoeira Herculano** (les gardiens de la cascade), vous pourrez observer la production de sucre brut, visiter un *terreiro* (lieu de culte) jarê, voir des artisans locaux au travail, goûter à une cuisine maison et, bien sûr, découvrir la **Cachoeira do Herculano**. Les quatre villages de Rosely Nunes, Colônia, Baixao et Europa proposent d'autres circuits et des itinéraires de trois jours.

Sous-cultures de Capão

TROUVEZ VOTRE COMMUNAUTÉ

Que vous veniez suivre une thérapie innovante ou découvrir une alimentation diététique, **Vale do Capão** vous accueille chaleureusement et vous pourrez vous y exprimer librement. C'est un espace où se rencontrent les esprits créatifs,

LES MEILLEURS FESTIVALS

Ressonar Festival
Ce festival de Piatã plaira aux amateurs de nature et de musique électronique.

Festival de Lençóis
Musiciens célèbres et émergents viennent à Lençóis pour une série de concerts gratuits.

Festival da Cachaça
Goûtez les cachaças primées de la coopérative Coopama à Abaíra.

et l'on peut y admirer aussi bien des acrobates et autres artistes circassiens du **cirque du Capão** que les musiciens qui se produisent lors de son célèbre **festival de jazz**.

À Vale do Capão, même les hébergements favorisent l'esprit de communauté. Vous avez le choix entre des hôtels traditionnels, des logements Airbnb gérés par des habitants, et des communautés de "vie intentionnelle" où vous pourrez rencontrer des gens partageant les mêmes idées que vous. Les auberges de jeunesse comme **Casa das Irmas** ne sont pas uniquement des lieux de séjour : ce sont des espaces où créatrices et voyageuses peuvent échanger. Autre option de cohabitation, proposée par un couple queer, **Kokê House Capão** est axé sur le camping, la gastronomie et l'art. Auberge de jeunesse communale, **Ori Hostel** promeut l'harmonie et la paix avec la nature à travers divers événements. Vous comprendrez rapidement pourquoi certains visiteurs ont finalement décidé de s'installer à Vale do Capão.

LE JARÊ

Pour en savoir plus sur les pratiques religieuses dont sont issues les cérémonies jarê, lisez notre article sur le **candomblé** (p. 658).

Cérémonies jarê

EXPÉRIENCE SPIRITUELLE UNIQUE À ANDARAÍ

De nombreux visiteurs du Brésil ont entendu parler du candomblé, mais peu – même parmi les Bahianais – connaissent le jarê. Dans les *terreiros* (lieux de culte) d'**Andaraí**, vous pourrez découvrir ce mélange de pratiques spirituelles des Nagôs (ethnie yoruba) et des Cariris e Maracás (communautés indigènes de l'est du Brésil), qui ont convergé dans la Chapada Diamantina.

Des cérémonies jarê, appelées "sambas", sont organisées à l'occasion des anniversaires des saints catholiques São Cosme et São Damião (des jumeaux, le 27 septembre) et Santa Bárbara (4 décembre), s'inscrivant dans un sous-ensemble du candomblé, le *candomblé de caboclo*. Ouvertes au public, les sambas jarê comprennent musique, feux d'artifice et diverses pratiques considérées par les pratiquants comme le fondement de leur spiritualité. Ces célébrations propres à la Chapada Diamantina sont importantes à Andaraí et Lençóis. Les communautés d'Europa et de Colônia, qui ont établi des modèles de tourisme communautaire, proposent des visites de *terreiros* jarê.

PLUS D'AVENTURES

Rappel et escalade
Escaladez des grottes comme celle de Lapão, profitez de la vue et redescendez en rappel.

VTT
Parcourez des sentiers accidentés comme le Recanto da Chapada ou la Volta da Serra lors d'un circuit d'une journée ou d'une demi-journée.

Paddle ou canoë
Traversez le paisible marécage de Marimbus.

Deltaplane ou paramoteur
Envolez-vous depuis la Serra do Orobó.

PRODUITS LOCAUX

Café
Des grains primés sont produits dans la région. Cherchez les marques Gourmet Piatã, Serra das Almas et Latitude 13.

Cachaça
Visitez des distilleries d'Abaíra, dont la cachaça est considérée comme l'une des meilleures du Brésil.

Fruits secs
Des communautés de Lençóis, Mucugê et Morro do Chapéu vendent sur les marchés des fruits secs exempts de toxines.

PRÉPAREZ VOTRE AVENTURE

Vous trouverez ici l'aventure qui vous convient même si vous n'êtes pas très sportif, mais une petite préparation vous permettra d'y participer avec plus d'assurance. Les randonneurs, grimpeurs et autres cyclistes plus aguerris auront, quant à eux, l'embarras du choix.

Malheureusement, la destination n'est pas facile pour les personnes ayant des problèmes de mobilité. Les routes de terre et les pavés inégaux de nombreuses localités nécessitent des chaussures avec une bonne adhérence. La difficulté des itinéraires de randonnée augmente à mesure que l'on s'enfonce dans le secteur.

LARISSA CHILANTI/SHUTTERSTOCK ©

Canoë sur le Rio Marimbus

Biodiversité et culture des zones humides

EXCURSION FLUVIALE MÉMORABLE

Découvrez les zones humides du **Pantanal de Marimbus**, surnommé “Mini Pantanal” en raison de sa riche biodiversité, à seulement 22 km de Lençóis. Vous pourrez y observer capybaras, caïmans et *tucanares* (des poissons), et vous familiariser avec les traditions locales en tissant des filets de pêche, en rendant visite à des guérisseurs et en écoutant des groupes de Reisado (groupes de musiciens chanteurs et danseurs traditionnels).

Commencez votre visite au **Quilombo de Remanso**, *quilombo* des années 1920 qui organise des excursions fluviales. Vous parcourrez 8 km sur le **Rio Marimbus**, classé zone de protection environnementale (APA), à bord d'un petit bateau à rames, puis marcherez à travers l'ancienne exploitation agricole **Roncador** pour atteindre les célèbres marmites et tourbillons naturels de la rivière, où vous pourrez vous baigner. Terminez votre excursion par un savoureux déjeuner et un moment de détente dans le village avant de retourner à Lençóis.

COMMENT S'Y RENDRE ET CIRCULER

Lençóis est le point d'entrée d'une grande partie de la région. Les visiteurs doivent organiser leur transport en taxi entre l'aéroport et le centre-ville, généralement via un hôtel ou une agence de voyages. Des bus comme Real Expresso (www.realexpresso.com.br ; 7-8 heures) ou Rapido Federal (www.rapidofederal.com.br) relient Salvador à Lençóis, marquant parfois un arrêt à Tanquinho (ou Octaviano Alves), d'où l'on peut gagner d'autres municipalités régionales. La gare routière (Av. Sr dos Passos s/n) est située au nord du centre-ville. Si vous venez du sud, le trajet, bien que détourné, est beaucoup plus rapide en passant par Salvador ou Feira de Santana. N'oubliez pas d'emporter un pull, voire une couverture, pour le trajet : dans ces bus, la climatisation fonctionne à plein régime.

Les applications VTC comme Uber et 99 ne sont pas disponibles dans cette région ; prenez plutôt un taxi traditionnel ou une moto-taxi. Conduire soi-même n'est recommandé qu'aux voyageurs qui connaissent bien la région. Les voitures de location proposées à la Chapada Diamantina sont adaptées au terrain local. Il faut parfois changer plusieurs fois de transport pour rejoindre la gare routière d'une autre localité et les horaires ne coïncident pas toujours ; organisez votre transport auprès d'un guide ou d'une agence de voyages pour rejoindre des lieux comme Vale do Capão ou Igatu.

MORRO DE SÃO PAULO

L'État ne manque pas de côtes magnifiques et de plages pittoresques, mais Morro de São Paulo, sur l'Ilha da Tinharé, se distingue particulièrement en tant que destination insulaire. La région est réputée pour ses étendues de sable bordées de palmiers et son engagement dans la protection de l'environnement. Au cours des 20 dernières années, Morro s'est constitué un véritable fan-club de fêtards et d'amoureux de la plage, qui s'y réfugient chaque fois que possible.

Quittez les embouteillages du continent pour des routes sans voiture. Découvrez plages, mangroves et piscines naturelles, et surfez, plongez et partez observer les baleines. Nourrissez-vous de jus de cacao frais pendant la journée et, le soir, goûtez la version caïpirinha lors d'une fête de plage ou dans une boîte de nuit animée. Des amateurs de vie nocturne aux familles en quête de sable, tout le monde trouve son bonheur à Morro de São Paulo.

Pour les infos pratiques, voir le Carnet d'adresses p. 383

À SAVOIR

Pendant la haute saison, de décembre à février, les lieux d'hébergement sont très demandés et les prix grimpent. Réservez bien à l'avance. La région atteint son affluence maximale au réveillon du Nouvel An et autour du carnaval.

CARREGADORES

Les *carregadores* (porteurs), presque exclusivement de jeunes hommes de l'Ilha da Tinharé, accueillent les passagers des bateaux à leur arrivée au débarcadère et transportent infatigablement leurs bagages sur des brouettes et les guident à travers l'île.

Ne sous-estimez pas leur rôle ; grâce à eux, l'île peut se passer de voiture, ce qui constitue un des attraits de Morro de São Paulo et une mesure importante en faveur de la réduction de la pollution.

Négociez vos tarifs (qui commencent généralement autour de 20 R$ par sac) et veillez à respecter le travail des *carregadores* lors de votre séjour.

COELHOMOCHILEIRO/SHUTTERSTOCK ©

Snorkeling, Morro de São Paulo

Sous la mer

SNORKELING OU PLONGÉE DANS LES RÉCIFS

Que vous soyez expérimenté ou totalement novice, les eaux aux environs de l'**Ilha da Tinharé** constituent une superbe destination où pratiquer la plongée.

L'archipel compte une vingtaine de sites différents parmi ses récifs coralliens. Les eaux sont chaudes et la visibilité bonne ; on peut apercevoir des tortues marines géantes, des étoiles de mer, des coraux et une grande diversité de poissons. Choisissez parmi les nombreuses écoles de plongée installées sur les plages de Morro de São Paulo et dans les environs.

Companhia do Mergulho Primeira Praia, qui propose des cours avec moniteur et matériel, est un bon choix pour les débutants. Les marées et les conditions météorologiques sont généralement les meilleures entre novembre et avril. Ceux qui préfèrent rester en surface trouveront nombre d'excellents sites où faire du snorkeling.

OÙ SE RESTAURER À MORRO DE SÃO PAULO

Café das Artes
Cuisine bahianaise traditionnelle préparées via des techniques innovantes et excellent service. **$$**

Santa Luiza
Classiques brésiliens, vue sur la mer, service aimable et prix abordables. **$$**

Restaurante Chez Max
Des classiques italiens – les pizzas sont considérées comme les meilleures de la région – et bahianais. **$$$**

Primeira Praia

REJOIGNEZ LA COMMUNAUTÉ DES SURFEURS LOCAUX

Il n'est pas nécessaire d'aller jusqu'à Morro de São Paulo pour surfer, mais les surfeurs qui le font sont récompensés ; ils n'auront pas à se battre pour les vagues ni à affronter des plages bondées. Et ils n'ont pas besoin d'aller bien loin : la **Primeira Praia** ("première plage"), centre de la communauté locale des surfeurs et autres pratiquants de sports nautiques, est juste à côté du centre.

À la différence des autres disciplines pratiquées sur l'île, la meilleure période pour surfer à Morro de São Paulo est l'hiver, lorsque les vagues sont les plus grosses. Mais même en hiver, les eaux restent chaudes. Ne manquez pas de vous rapprocher des surfeurs locaux ; ils vous signaleront les rochers dangereux, vous suggéreront des vagues parfaites et, si vous avez de la chance, vous emmèneront sur certains des spots de surf les plus secrets de l'île. Pour tirer le meilleur parti de votre expérience, contactez des groupes comme le **Morro de São Paulo Surf Club** (@msp.surfclub sur Instagram).

Fête au paradis

VIE NOCTURNE POUR TOUS LES GOÛTS

La ville de Morro de São Paulo est un paradis de la fête ; tous les soirs de la semaine, tout au long de l'année, il s'y passe quelque chose. Des *luaus* (soirées) décontractés sur la plage aux boîtes de nuit traditionnelles avec DJ, vous trouverez toujours une occasion de vous déhancher.

Pour une ambiance de fête sur la plage, rendez-vous au **Toca do Morcego** le samedi soir. Vous pourrez y admirer le coucher de soleil sur la mer tout en dansant sur un medley de sons électro en compagnie d'habitants de l'île et de voyageurs venus d'ailleurs. Pour une ambiance plus traditionnelle de boîte de nuit avec DJ qui assure l'ambiance jusqu'au bout de la nuit, **Pulsarmix** est une valeur sûre. Des soirées à thème y sont régulièrement organisées (soirées mousse, costumées...), et elles ne manquent jamais d'attirer les foules.

L'offre ne se limite cependant pas à ces deux institutions locales. Espace culturel au programme éclectique, le **Teatro do Morro** attire une clientèle plus "alternative", avec de la capoeira, du théâtre, des danses folkloriques et même des conférences pendant la journée et des fêtes électro le soir se prolongeant jusqu'au lever du jour.

PAROLE D'HABITANT : SAVEURS DE L'ÎLE

Amar Mansoor (@dj_amar_mansoor), résident de longue date et DJ travaillant également comme coordinateur dans l'événementiel, recommande ces adresses sur l'île.

Restaurante Aromas (Fonte Grande) Un bel emplacement sous le jambosier (arbre) historique, une ambiance romantique, un excellent service et une cuisine délicieuse, le tout à des prix raisonnables.

Restaurante Chez Max Offrez-vous une expérience gastronomique haut de gamme dans cet établissement ouvert par feu le chef Maximillian. On y sert la meilleure pizza de la région, ainsi que d'autres classiques italiens et bahianais.

COMMENT S'Y RENDRE ET CIRCULER

Des prestataires gèrent catamarans et petits ferries (environ 140 R$; traversée parfois agitée) entre Morro et le Terminal Marítimo Turístico de Salvador. Contactez Biotur (www.biotur.com.br), Farol do Morro (www.faroldomorrocatamara.com), IlhaBela (www.ilhabelatm.com.br), ou adressez-vous à une agence de voyages sur l'île. Des bateaux desservent aussi tous les jours Valença depuis Salvador (40 minutes) au départ du Terminal Marítimo de São Joaquim, une option pratique pour rejoindre ensuite l'île et son archipel.

Deux compagnies d'avions-taxis assurent des vols quotidiens entre Salvador et Morro (25 minutes). Contactez Aerostar (www.aerostar.com.br) ou une agence de voyages.

Les voitures sont interdites sur l'île. Soyez prêt à vous déplacer à pied. Les *carregadores* vous aideront à transporter vos bagages.

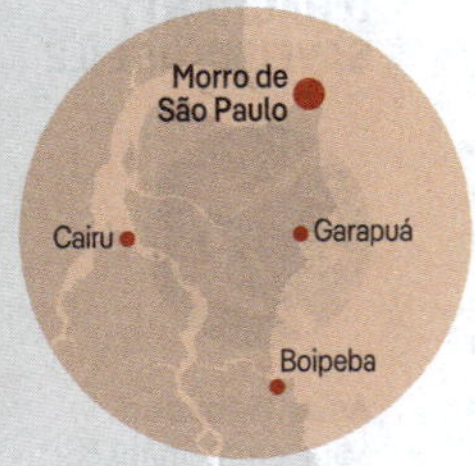

Sur le reste de l'archipel de Tinharé

Outre des plages et une vie nocturne animée, l'archipel de Tinharé possède bien d'autres attraits.

Pour les infos pratiques, voir le Carnet d'adresses p. 380

À SAVOIR

Les horaires des bateaux et des transports terrestres ne sont pas toujours coordonnés. Il vous est conseillé de réserver votre hébergement. Retirez des espèces avant de gagner les îles, dépourvues d'agences bancaires.

Morro de São Paulo est une destination très prisée pour sa plage et ses fêtes, mais le front de mer de Garapuá et l'île de Boipeba, plus au sud, offrent des plages plus isolées, ainsi que de multiples occasions de comprendre les cultures locales, la longue histoire des coutumes de la région et les origines des communautés de pêcheurs, bien plus anciennes que l'essor du tourisme. De nombreux habitants de l'archipel de Tinharé (dit également archipel de Cairu et comprenant les îles de Tinharé, Cairu et Boipeba) dépendent encore de la pêche, mais les changements climatiques ont d'ores et déjà des effets négatifs sur le secteur ; votre visite contribuera à soutenir les communautés locales.

Convento de Santo Antônio

VITORMARIGO/SHUTTERSTOCK ©

Cuisson de langoustes fraîchement pêchées, Boipeba

Les îles depuis un bateau

EXCURSION VOLTA A ILHA

Le circuit classique dénommé **Volta a Ilha** vous fera découvrir quelques-uns des attraits de l'archipel. Au départ de Terceira Praia, le catamaran vous emmènera d'abord à **Garapuá**, dont le front de mer est jalonné de piscines naturelles. Vous repartirez ensuite pour gagner **Boipeba**, où vous profiterez d'un déjeuner traditionnel de gigantesques langoustes locales et aurez le temps de choisir entre les plages de Tassimirim, Cueira et Boca da Barra.

Vous remonterez à bord pour rejoindre le centre de **Cairu**, où vous poursuivrez votre voyage gastronomique par une dégustation d'huîtres fraîchement pêchées dans un des populaires bars flottants. L'excursion se termine par la visite du **Convento de Santo Antônio**, sur la place de Cairu. Prenez le temps d'apprécier ce parfait exemple de l'architecture franciscaine du XVIIe siècle, avant de regagner les rivages de Morro de São Paulo. Ce circuit apprécié des visiteurs est proposé quotidiennement par de nombreux prestataires.

PLATS LOCAUX À GOÛTER

Cacao com biri biri caipirinha
Caïpirinha de l'île de Boipeba agrémentée de cacao et de *biri biri* (une liqueur de fruits).

Moqueca de arraia seca desfiada com banna da terra
Moqueca préparée avec du plantain et de la raie séchée et râpée, une spécialité de la communauté de São Sebastião (Cairu).

Langouste géante
Dégustez de la langouste fraîche préparée de façon traditionnelle au Restaurante Guido da Lagosta, à Boipeba.

Casquinha da Siri
Une coquille remplie d'une savoureuse farce à la chair de crabe et gratinée au four.

OÙ SE RESTAURER SUR L'ARCHIPEL

Restaurante Guido da Lagosta
Langoustes et autres fruits de mer frais préparés par Guido sur la Praia da Cueira. **$$**

Flor da Lua
Fruits de mer de premier choix préparés dans la tradition gastronomique italienne à Boipeba. **$$**

Casa da Nana
Adresse à ne pas manquer à Garapuá pour sa *moqueca* au crabe et sa langouste grillée. **$$**

HOMMAGE À SAINT BENOÎT

Le **Reisado de São Benedito** célèbre le saint patron de la ville, saint Benoît le Maure, fils d'esclaves africains convertis au christianisme en Italie. Resté digne face aux humiliations, il a consacré sa vie à aider les pauvres, devenant finalement un frère très respecté. La nouvelle de ses miracles s'est répandue à travers le monde.

À **Cairu**, les festivités en son honneur ont lieu le deuxième dimanche de janvier, en même temps que la **Festa dos Santos Reis**. Elles commencent par une messe traditionnelle au couvent de Santo Antônio, suivie d'un défilé et d'un spectacle donné par des troupes locales. Les participants sont parés de vêtements élégants et de bijoux, symbolisant le fait que des gens ordinaires peuvent devenir rois.

Au milieu des mangroves

LE PATRIMOINE DE GARAPUÁ

Au-delà des magnifiques plages de Garapuá, découvrez les cultures qui ont façonné l'île avec les pêcheurs qui travaillent dans les mangroves et se battent pour protéger leurs eaux.

L'industrie touristique soutient cette communauté, menacée par les activités des compagnies pétrolières. Les excursions en canoë organisées dans les mangroves révèlent des écosystèmes fascinants et la faune variée de la région. Vous pouvez planifier votre circuit auprès d'entreprises comme **Mangue Riders** (@Mangueriders_morrodesaopaulo), qui vous guideront tout au long de l'expérience.

Après vous être familiarisé avec les techniques de pêche, vous apprécierez d'autant mieux votre repas à la **Casa da Nana**, restaurant célèbre pour ses spécialités maison comme la *moqueca* au crabe et la langouste de saison.

Traditions de Boipeba

PLUS QU'UNE DESTINATION BALNÉAIRE

Boipeba propose de nombreuses expériences extraordinaires issues des traditions locales, à commencer par la pêche. Le **Restaurante Guido da Lagosta**, réputé pour ses plats de langouste déclinés dans les styles et les saveurs les plus variés, est un des grands attraits de la Praia da Cueira. Guido, pêcheur artisanal, a créé ce restaurant avec le soutien de sa famille pour répondre à la demande des voyageurs qui désiraient un lieu où acheter et déguster ses prises. Ici, les visiteurs peuvent en apprendre davantage sur l'industrie de la pêche locale et l'ensemble de la chaîne d'approvisionnement tout en se régalant de langoustes d'une taille et d'une qualité qu'on trouve rarement ailleurs, fraîchement pêchées et préparées sous vos yeux.

Une fois votre estomac bien rempli, rendez-vous à la **Casa de Farinha**, dans le quartier d'Areal, où vous pourrez visiter le moulin où les habitants fabriquent leur farine de manioc, reflet de leur héritage indigène tupinambá. Prenez également le temps de vous promener dans les rues pavées bordées de maisons colorées et sur la place de Velha Boipeba.

Exploration en quad

EXCURSION À BOIPEBA PAR VOIE TERRESTRE

Si vous aimez vivre des sensations fortes en pleine nature, la visite en quad d'une partie de l'archipel est une expérience incontournable. Vous avez le choix entre plusieurs circuits,

OÙ SE LOGER À BOIPEBA

Casa Namoa Pousada
Auberge confortable du centre de la ville à la décoration éclectique et aux hôtes accueillants. **$$**

O Céu de Boipeba
De délicieux petits-déjeuners et une vue imprenable sur la plage et le coucher du soleil. **$$**

Alizées Moreré
Bungalows surélevés, piscine, café et restaurant juste à côté de la Praia de Moreré. **$$$**

un des plus populaires étant celui qui vous mène de Morro de São Paulo à Boipeba en passant par des sentiers naturels, des étendues de sable, une forêt dense et des rivières.

Après une rapide séance d'instruction, votre guide conduira votre groupe sur des sites phares comme la **Praia de Garapuá**, où vous pourrez vous baigner et vous promener tranquillement sur le sable.

Une fois arrivé à Boipeba, vous pourrez vous détendre sur différentes autres plages, notamment la **Praia da Cueira**, la **Praia de Bainema** et la **Praia de Moreré**. Arrêtez-vous pour le déjeuner, explorez les environs à votre guise et profitez du coucher du soleil ; ces circuits peuvent être adaptés en fonction des envies du groupe.

Le musée des ossements de M. Cabeludo

UNE INSTITUTION LOCALE

Pêcheur, M. Cabeludo est également le conservateur du **Museu dos Ossos** (musée des ossements) à Boipeba, joyau inattendu caché dans sa maison. Il a commencé à collectionner les os qu'il trouvait en mer, notamment les os de baleine, de dauphin, de tortue et de divers poissons. Il y a quarante-cinq ans, il a ouvert sa collection au public.

Cet endroit est bien plus qu'un simple musée ; c'est un lieu d'archive, une source de fierté pour toute la communauté et un espace éducatif où découvrir la faune et le patrimoine culturel de l'île. Il y a quelques années, les habitants ont organisé une collecte de fonds pour aider M. Cabeludo à rénover son musée, témoignant de l'attachement qu'ils portent à cette institution locale.

ZAMBIAPUNGA ET CONGOS

Ces deux groupes de musiciens de Cairu se produisent lors de célébrations culturelles, apportant leur énergie dans les rues de la péninsule. Tous deux rendent hommage à l'héritage africain local. Le nom Zambiapunga provient du chef suprême du candomblé, évoquant les racines bantoues du Brésil. Les participants portent des tenues colorées (des *dominos*) et des chapeaux coniques, et font de la musique avec tambours, conques et houes ou autres outils agricoles. Parés de hauts blancs, de longues jupes à fleurs et de couronnes, les artistes de Congos agitent tambourins et *ganzas* en bambou.

COMMENT S'Y RENDRE ET CIRCULER

Un hors-bord ou un bateau ordinaire dessert Boipeba ou Garapuá 3 fois par jour du lundi au samedi. Pour Boipeba, le plus simple consiste à prendre une vedette (environ 60 R$, 1 heure, 5 départs entre 10h et 16h en semaine, service réduit le week-end) au quai des ferries de Valença (accessible depuis Salvador via Bom Despacho en prenant un ferry, puis un bus). Il est également possible de rejoindre Boipeba depuis Valença en passant par Torrinha en combinant un trajet en bus et un trajet en bateau, mais l'organisation est plus compliquée. Les propriétaires des hébergements de Boipeba pourront vous aider à organiser votre voyage vers ou depuis l'île.

Les bateaux entre l'Ilha da Tinharé et les autres îles de l'archipel ne circulent pas tous les jours ; mieux vaut vous organiser avec une agence de voyages ou participer à un circuit lorsqu'il n'y a pas de bus.

De Morro de São Paulo, vous pourrez négocier un trajet en bateau avec les agences de voyages dans le cadre d'un de leurs tours de l'île, voire négocier un aller-simple moins cher si celui-ci n'est pas complet. Notez qu'en hors saison, les sorties peuvent être plus rares. Certaines agences organisent une sortie en 4x4 pour Boipeba, plus chère.

Pour plus d'informations sur les possibilités de transport, consultez www.boipebatur.com.br.

À Boipeba, les courtes distances se font généralement à pied. Pour les distances plus longues, optez pour un quad (2 personnes) ou, option bien locale, un tracteur qui peut transporter jusqu'à 8 personnes à la fois.

LA CÔTE SUD AU-DELÀ DE MORRO

Sur les 900 km de côte dont l'État de Bahia s'enorgueillit, le sud abrite ce que beaucoup de Paulistas considèrent comme les plus belles portions. Plus éloignées de Salvador que les stations balnéaires du nord, elles attirent moins de monde le week-end. Ses charmants villages côtiers, au nombre desquels Itacaré et Ilhéus, attirent vacanciers et amateurs de surf et de plongée. Entre ces deux villages s'étendent de sublimes plages, dont on peut aisément rejoindre les points d'accès en prenant l'un des bus réguliers qui circulent entre leurs gares routières. Les chauffeurs sont habitués à laisser descendre les passagers en route. N'oubliez pas d'emporter de quoi manger et de quoi boire : les commerces sont rares le long de ce tronçon.

Pour les infos pratiques, voir le Carnet d'adresses p. 383

À SAVOIR

Les plages d'Ilhéus ne sont pas très propres (mais cela ne décourage pas les surfeurs locaux). Le mieux est de continuer vers le sud, même si, là encore, les plages, plates et larges, semblent plus propices au foot qu'au farniente.

Itacaré

Culture surf à Itacaré

UNE SUCCESSION DE PLAGES PARADISIAQUES ET SPORTIVES

La belle Itacaré a longtemps été fréquentée par les hippies et les surfeurs, attirés ici par les vastes parcelles de forêt tropicale, les plages spectaculaires et les déferlantes. Aujourd'hui, cette cité balnéaire compte d'innombrables *pousadas* et restaurants. L'ambiance jeune et décontractée y est de mise, la culture surf reste omniprésente et beaucoup d'établissements ont adopté des pratiques respectueuses de l'environnement.

La charmante côte méridionale d'Itacaré se caractérise par un important ressac, plus propice au surf qu'à la baignade. Les plages de **Resende**, de **Tiririca** et de **Ribeira** sont des criques séparées par des collines couvertes de forêt tropicale. Vous profiterez de l'ombre des palmiers et de services de base, à 1,5 km de la ville – suivez les pancartes (et le défilé de surfeurs). Juste après, l'idyllique **Prainha** est accessible par un sentier partant de la **Praia do Ribeira**, et, plus loin, les plages paradisiaques d'**Engenhoca**, de **Havaizinho** et d'**Itacarezinho** se situent à 12 km au sud de la ville.

Vous trouverez de nombreux prestataires en ville proposant cours de surf, location de matériel, transferts et excursions.

Les vieilles rues d'Ilhéus

CACAO ET LITTÉRATURE

L'architecture lumineuse du début du XXe siècle et les étranges rues sinueuses, dont beaucoup entièrement pavées, donnent une ambiance pittoresque et plutôt gaie à cette ville assez rustique. La gloire d'Ilhéus tient d'abord à son passé prospère, lié au commerce du cacao, et au fait que Jorge Amado, qui y vécut enfant, en fit aussi le cadre de plusieurs de ses romans – une grande fierté de la ville. Plus récemment, elle a gagné en renom comme destination touristique.

Flâner au hasard des vieilles rues reste la meilleure façon d'explorer la ville. Cadre idéal pour les photographes, le centre compte son lot d'édifices anciens, de musées et de rues piétonnes. Alliance unique en son genre de styles architecturaux, la **Catedral de São Sebastião**, dont la construction débuta en 1931, est une icône de la ville. Pour un point de vue inoubliable sur ses flèches, arpentez la plage au coucher du soleil et admirez sa silhouette se détachant sur fond de nuages. C'est dans la **Casa de Jorge Amado** que le romancier vivait avec ses parents lorsqu'il écrivit son premier roman ; la maison a été restaurée et transformée en un joli musée mettant sa vie à l'honneur.

AMADO, L'ENFANT CHÉRI DE BAHIA

Nul n'a su mieux faire connaître Bahia au reste du monde que Jorge Amado, dont les récits ont été traduits en 49 langues. Né en 1912, il passa sa jeunesse à Ilhéus, dont il fit plus tard le cadre de plusieurs romans. Après des études secondaires à Salvador et un cursus de droit à Rio, il choisit de s'orienter vers l'écriture. Communiste engagé, il prit part au mouvement de littérature révolutionnaire de l'époque et fut emprisonné à plusieurs reprises pour ses idées. Après la révélation des assassinats de masse et des déportations commis sous Staline, il finit par rompre avec le Parti communiste. Il s'orienta ensuite vers un nouveau style d'écriture, plus romantique et espiègle, décrivant les escapades mouvementées de ses héros bahianais. Jorge Amado est décédé en août 2001 d'une crise cardiaque à Salvador, à quelques jours de son 89e anniversaire.

COMMENT S'Y RENDRE

Itacaré et Ilhéus sont respectivement situées à 250 km et 450 km de Salvador. Pour rejoindre Itacaré depuis Salvador, il vous faudra prendre le ferry pour Bom Despacho, puis un bus. Depuis Ilhéus, certains bus vont à Salvador en effectuant un long trajet autour de la Baía de Todos os Santos ; cette option est conseillée si vous vous arrêtez dans le Recôncavo.

Carnet d'adresses

SALVADOR

Casa do Carnaval da Bahia
Voir p. 350 (☎71 3324-6760 ; @casadocarnavaldabahia ; Praça Ramos de Queirós ; 20 R$; 10h-18h mar-dim)

Catedral Basílica
Voir p. 350 (Terreiro de Jesus ; don apprécié ; 9h-17h lun-sam, 13h-17h dim)

Elevador Lacerda
Voir p. 350 (☎71 3322-7049 ; 0,15 R$; 6h-23h)

Forte de Santo Antônio da Barra
Voir p. 351 Museu Náutico da Bahia

Igreja e Convento São Francisco
Voir p. 350 (Largo do Cruzeiro de São Francisco ; 10 R$; 9h-17h lun-sam, 10h-16h dim)

Museu Afro-Brasileiro da UFBA
Voir p. 350 (☎71 3283-5540 ; www.mafro.ceao.ufba.br ; Terreiro de Jesus, centre historique ; tarif plein/réduit 10/5 R$; 9h-17h lun-ven)

Museu de Arte Moderna
(MAM-BA ; www.jamnomam.com.br/mam)

Museu do Sorvete
Voir p. 355 (☎71 2132-0017 ; @solaramadobahia ; 13h20-19h10 jeu-sam et lun, 12h-19h10 dim)

Museu Náutico da Bahia
Voir p. 351 (☎71 3264-3296 ; www.museunauticodabahia.org.br ; Largo do Farol da Barra s/n, Forte de Santo Antônio da Barra ; tarif plein/réduit/-7 ans 15/7,50 R$/gratuit ; 9h-18h)

Associação Brasileira de Capoeira Angola
Voir p. 356 (☎71 8824-7869 ; www.facebook.com/abcangola ; Rua Maciel de Baixo 38 ; prix variables ; cours 18h lun et mer)

Fundação Mestre Bimba
Voir p. 352 (☎71 3322-0639 ; www.capoeiramestrebimba.com.br ; Rua das Laranjeiras 01, centre historique)

Funceb
Voir p. 356 (☎71 3267-0458 ; @funceboficial ; Rua Baronesa de Sauípe 382, Barris)

Instituto Cultural Idioma
Voir p. 352 (☎71 99236-0068 ; www.portugueseinbrazil.com ; Rua Florianópolis 96, Barra)

SENAC
Voir p. 352 (☎71 3186-4000 ; www.ba.senac.br ; Largo do Pelourinho 13-19)

Bahiacafé Hotel
Voir p. 349 (☎71 3162-8890 ; www.bahiacafehotel.com ; Praça da Sé 22, centre historique)

Casa do Amarelindo
Voir p. 349 (☎71 3266-8550 ; www.casadoamarelindo.com ; Rua das Portas do Carmo 6)

Hostel Galeria 13
Voir p. 349 (☎71 3266-5609 ; www.hostelgaleria13.com ; Rua da Ordem Terceira 23, centre historique)

Acarajé com Dendê
Voir p. 350 (☎71 98536-2094 ; @acaraje_com_dende ; Rua Euzébio de Queiroz 146, Sieiro ; 16h30-20h lun-ven)

Acarajé da Cira
Voir p. 350 (☎71 92001-5716 ; @acarajedacira ; Largo da Mariquita, Rio Vermelho ; 15h-22h45 lun-jeu, 15h-minuit ven, 11h-minuit sam, 11h-22h45 dim)

Acarajé da Neide
Voir p. 350 (☎71 99737-5594 ; @_acarajedaneide ; Rua Duarte da Costa 156, Vila Ruy Barbosa ; 14h-21h30 lun-sam)

Bar Zulu
Voir p. 355 (☎71 98784-3172 ; @barzulusalvador ; Rua das Laranjeiras 15, centre historique)

Camafeu de Oxóssi
Voir p. 354 (restaurantecamafeu-deoxossi.mystrikingly.com ; Praça Visconde de Cayru, Mercado Modelo, 1er ét ; 9h-18h lun-sam, 9h-14h dim)

Maria de São Pedro
Voir p. 354 (☎71 9644-2667 ; @restaurantemariasaopedro ; Praça Visconde de Cayru, Mercado Modelo, 1er ét ; 9h-18h lun-sam, 9h-16h dim)

Ré Restaurante Dona Suzana
Voir p. 353 (☎71 8795-7666 ; @donasuzanarerestaurante ; Rua da Conceição da Praia 1294-1490, Comercio ; 11h-18h tlj)

Restaurante Origem
Voir p. 355 (☎71 9202-4587 ; www.grupoorigem.com.br ; Alameda das Algarobas 74 ; 19h30-minuit jeu-sam, 19h30-23h mar-mer)

Restaurante Zanzibar
Voir p. 355 (☎71 8451-6483 ; @restaurantezanzibaroficial ; Rua Direita de Santo Antônio 60 ; 12h-23h jeu-sam, 12h-18h mer et dim)

Roma Negra
Voir p. 355 (☎71 99147-0525 ; @romanegrasalvador ; Largo do Cruzeiro de São Francisco 7 ; 11h-23h lun-sam)

ANDREAS / STOCK.ADOBE.COM ©

Salvador da Bahia

Solar da Gastronomia
Voir p. 355 (☎71 3012-9360 ; @solargastronomia ; Rua da Fonte do Boi 24 ; 11h30-minuit jeu-sam, 11h30-23h dim, mar et mer)

Sorveteria da Ribeira
Voir p. 355 (☎71 3316-5451 ; @sorveteriadaribeira ; Rua da Penha 87 ; 9h-20h tlj)

O Cravinho
Voir p. 351 (☎71 9131-5567 ; @cravinhobar ; Terreiro de Jesus 3 ; 11h-20h lun-ven, 11h-19h sam-dim)

OXE Drinks
Voir p. 351 (☎71 99407-7163 ; Av. Sete de Setembro 3959, Barra, 12h-0h30 mar-jeu et dim, 12h-1h ven-sam ; Rua das Hortencias 600, Pituba, 17h30-0h30 mar-jeu et dim, 17h30-1h ven-sam)

Pub Casa N1
Voir p. 351 (@pubcasan1 ; Rua Ibirapuera 1, Barbalho ; à partir de 20h jeu-dim)

Balé Folclórico da Bahia
Voir p. 353 (☎71 3322-1962 ; @bfdabahia ; Rua Gregório de Matos 49, Teatro Miguel Santana, centre historique ; spectacles 19h)

Jam no MAM
Voir p. 353 (☎71 3241-2983 ; www.jamnomam.com.br ; Av. Contorno s/n, Museu de Arte Moderna ; 18h-21h sam)

Teatro Castro Alves
Voir p. 353 (Praça 2 de Julho, Campo Grande)

Teatro Miguel Santana
Voir p. 354 (☎71 3322-1962 ; @bfdabahia ; Rua Gregório de Matos 49, Teatro Miguel Santana, centre historique ; spectacles 19h)

Teatro Sesc-Senac
Voir p. 354 (☎71 3324-4520 ; www.sescbahia.com.br ; Largo do Pelourinho 19, centre historique)

Teatro SESI
Voir p. 354 (☎71 3616-7064 ; www.teatrosesiriovermelho.com.br ; Rua Borges dos Reis 9, Rio Vermelho)

Mercado Iaô
Voir p. 355 (☎71 3313-1978 ; www.mercadoiao.org.br ; Praça General Osório 33, Ribeira)

Mercado Modelo
Voir p. 354 (@mercadomodelo-salvadoroficial ; Praça Visconde de Cayru ; 9h-18h lun-sam, 9h-14h dim)

PREMADAS / STOCK.ADOBE.COM ©

Cathédrale d'Ilhéus

ENVIRONS DE SALVADOR

CACHOEIRA

Igreja Matriz Nossa Senhora do Rosário
(Rua Ana Nery s/n, Cachoeira ; 8h-12h et 14h-17h lun-ven, 8h-12h sam)

Pousada Convento do Carmo
Voir p. 360 (75 3425-1716 ; @pousadadoconvento ; Praça da Aclamação)

Pousada & Restaurante Pai Thomaz
Voir p. 360 (75 3425-3182 ; www.pousadapaithomaz.com.br ; Rua 25 de Junho 12)

Restaurante Sol & Lua
Voir p. 361 (71 99319-1210 ; www.facebook.com/restaurantesoleluacachoeira ; Rua Conselheiro Virgílio Damásio 11 ; 11h-17h tlj)

Arraiá Do Quiabo
Voir p. 362 (71 98825-8219 ; @licor_arraiadoquiabo ; Lagoa Encatada)

Licor Cachoeira Colonial
Voir p. 362 (75 99117-4222 ; @licorcachoeiracolonial ; Rua do Chafariz 26)

Licor Roque Pinto
Voir p. 362 (75 98862-8851 ; @licorroquepintooficial ; Rua Rodrigo Brandão 16 ; lun-sam 7h-18h, dim 7h-12h)

SANTO AMARO

Hotel da Purificação
Voir p. 360 (75 3241-4890 ; @hoteldapurificacao ; Praça da Purificação 45)

Restaurante Dona Maria
Voir p. 361 (75 3241-3376 ; Av. Presidente Vargas 70)

Restaurante Frutos Do Mar
Voir p. 361 (75 3216-1064 ; www.facebook.com/frutosdomarestaurante ; Praca Joao Damasceno Borges 10 ; 11h-18h mar-dim)

PRAIA DO FORTE

Castelo do Garcia d'Ávila
Voir p. 362 (71 3676-1133 ; fgd.org.br/castelo ; Av. do Farol 1540).

Projeto Tamar
Voir p. 362 (www.tamar.org.br)

PARQUE NACIONAL DA CHAPADA DIAMANTINA

Gruta Lapa Doce
Voir p. 365 (71 9612-1377 ; @grutalapadoce ; Iraquara)

Galeria Arte e Memória
Voir p. 365 (75 3335-2510 ; @galeriaarteememoria; Rua Luis dos Santos s/n, Igatu ; 9h-18h mar-dim)

Cirque de Capao Circus
Voir p. 369 (75 99146-6384 ; circodocapao.chapada.ba ; Rua do Juca s/n, Vale do Capão)

Chapada Mar
Voir p. 367 (75 9996-2863 ; chapadamar.com ; Rua Alto do Bonfim 8, Lençóis ; 8h-20h)

Fazenda Pousada Vaccaro
Voir p. 364 (77 8152-3552 ; fazendavaccaro.com.br ; Estr. p/ Rio de Contas, Rio de Contas ; 9h-17h tlj)

Fazenda Pratinha
Voir p. 365 (75 99999-9932 ; www.fazendapratinha.com.br ; Iraquara ; 80 R$; 8h-16h)

Fazenda Riacho da Tapera
Voir p. 364 (77 99147-7737 ; @taperinha_riachodatapera, Tapera)

Casa das Irmas
Voir p. 369 (71 9335-8917 ; @casa.das.irmas ; Rua da Harmonia 65, Vale do Capão)

Kokê House Capao
Voir p. 369 (71 99911-1513 ; koke-house-capao.negocio.site ; Rua Riacho do Ouro, Caeté-Açu, Palmeiras)

Ori Hostel
Voir p. 369 (75 99113-3701 ; orihostel.tripcombined.com ; Engenho velho Rua do Buena, Caeté-Açu)

Pousada Flor de Açucena
Voir p. 364 (75 99236-9047 ; pousadaflordeacucena.com.br ; Rua 7 de Setembro 48-126, Igatu)

Pousada Vila Serrano
Voir p. 364 (75 98848-9502 ; www.vilaserrano.com ; Rua Alto do Bonfin 8, Lençóis)

San Felipo Hotel
Voir p. 364 (77 3475-2025 ; www.facebook.com/hotelsanfelipo ; Rua Alto do Cruzeiro s/n, Rio de Contas)

Benditto Restaurante
Voir p. 367 (75 3344-1114 ; www.pousadalagoadascores.com.br ; Rua da Lagoa, Caeté-Açu ; 13h-20h lun-sam)

Bistrô Orquídea Negra
Voir p. 365 (75 9169-8080 ; @bistro_orquideanegra ; Rua das Codornas 7, Vale do Capão ; 13h-21h tlj)

Cozinha Aberta
Voir p. 365 (75 9998-3346 ; @restaurantecozinhaaberta ; Av. Rui Barbosa 42, Lençóis ; 12h-22h30 tlj)

Mix Café Pizza Bar e Restaurante
Voir p. 365 (77 99969-3811 ; @mix_bar_e_restaurante ; Av. Barão do Rio Branco 56, Barra da Estiva)

Pizzaria Capao Grande
Voir p. 365 (75 3344-1138 ; @pizzadocapaooriginal ; Praça São Sebastião s/n, Vale do Capão ; 18h-23h jeu-dim)

Restaurante O Bode
Voir p. 365 (75 3334-1600 ; @restauranteobode ; Praça Horácio de Matos 849, Lençóis ; 12h-16h jeu-mar)

Restaurante Quilombola
Voir p. 366 (75 99930-3027 ; restaurantequilombola.negocio.site ; Rua das Pedras 89, Lençóis ; 16h-23h tlj)

Casa dos Licores
Voir p. 367 (75 9886-0313 ; Estr. p/Álvares Cachoeira do Sossego 236, Lençóis)

Talismã Gastrobar
Voir p. 367 (75 9991-8616 ; @talismagastrobar ; Av. 7 de Setembro 27, Lençóis ; 17h-23h mar-sam, 12h-18h30 dim)

MORRO DE SÃO PAULO

Companhia do Mergulho Primeira Praia
Voir p. 372 (75 9947-2077 ; @ciadomergulhomsp ; Rua da Prainha s/n, Primeira Praia)

Restaurante Aromas
Voir p. 373 (75 99262-3193 ; restauranteearomasmorrodesp.com.br ; Rua da Fonte Grande ; 11h-23h tlj)

Café das Artes
Voir p. 372 (75 99162-3668 ; business.google.com/website/cafe-das-artes ; Praça Aureliano Lima 155 ; 8h-23h mar-dim, 15h-23h lun)

Restaurante Chez Max
Voir p. 372 (75 99940-2220 ; www.chezmax.com.br ; Rua da Prainha 286-424)

Santa Luiza
Voir p. 372 (75 99169-3633 ; www.facebook.com/santaluzia.86 ; Rua da Prainha ; 11h-22h tlj)

Teatro do Morro
Voir p. 373 (75 9904-6135 ; @teatrodomorrooficial ; Rua Campo da Mangaba 113 ; 23h-6h mer et dim)

Toca do Morcego
Voir p. 373 (75 9179-5418 ; @tocadomorcego ; Caminho do Farol ; 16h30-22h)

Pulsarmix
Voir p. 373 (75 99885-7985 ; @pulsarmixmsp ; Caminho do Forte)

SUR LE RESTE DE L'ARCHIPEL DE TINHARÉ

Convento de Santo Antônio
Voir p. 375 (Praca Marechal Deodoro 1, Cairu ; 4 R$)

Museu dos Ossos
Voir p. 377 (Tv. Ipiranga 66, Boipeba)

Mangue Riders
Voir p. 376 (75 99814-5486 ; @mangueriders_morrodesaopaulo)

Volta a Ilha
Voir p. 375 (75 99940-4096 ; www.voltaailha.com.br ; Rua Nova 96, Morro de São Paulo ; 250 R$; départ 9h30)

Alizées Moreré
Voir p. 376 (75 9800-2481 ; @alizeesmorere.oficial ; Rua Direta da Praia s/n, Velha Boipeba)

Casa Namoa Pousada
Voir p. 376 (75 99952-1370 ; casanamoa.negocio.site ; Rua do Ribeirinho 35, Velha Boipeba)

O Céu de Boipeba
Voir p. 376 (75 99908-8995 ; www.oceudeboipeba.com ; Outeiro dos Namorados s/n, Velha Boipeba)

Casa da Nana
Voir p. 376 (75 99857-2506 ; @casadanana.garapua ; Rua Nova 10, Garapuá, Ilha de Tinharé)

Flor da Lua
Voir p. 375 (75 99848-4848 ; Rua do Porto s/n, Velha Boipeba ; 11h30-22h30 mer-lun)

Restaurante Guido da Lagosta
Voir p. 375 (75 9131-9101 ; @guidodalagosta ; Rua do Ipiranga, Velha Boipeba ; 9h-17h tlj)

LA CÔTE SUD AU-DELÀ DE MORRO

Catedral de São Sebastião
Voir p. 379 (Praça Dom Eduardo ; 10h-20h)

Casa de Jorge Amado
Voir p. 379 (71 99168-0571 ; Rua Jorge Amado 20 ; 9h-12h30 et 14h-18h lun-ven, 9h-13h sam)

Ci-dessus : pain de maïs ; à droite : Vitória (p. 404), Espírito Santo

SITES PRINCIPAUX

BELO HORIZONTE
Restaurants sympas et vie nocturne animée.
p. 390

OURO PRETO
Architecture coloniale, églises et rues pavées.
p. 397

VITÓRIA
Plages urbaines en dehors des sentiers battus.
p. 404

MINAS GERAIS ET ESPÍRITO SANTO

CUISINE TRADITIONNELLE ET HABITANTS CHALEUREUX

Le Minas Gerais est depuis longtemps apprécié des visiteurs pour sa cuisine et la capitale de l'État se bâtit peu à peu une réputation de destination gastronomique d'avant-garde.

Quatrième plus grand État du Brésil et deuxième par la population après celui de São Paulo, le Minas Gerais compte aussi parmi les États les plus accessibles et les plus accueillants du pays. C'est là que l'on trouve la meilleure cachaça (alcool de canne à sucre), les meilleurs fromages et un délicieux *feijão tropeiro* (haricots avec bacon, saucisse et farine de manioc frite). Vous découvrirez aussi l'histoire coloniale de la région qui fut au cœur de la ruée vers l'or brésilienne. Belo Horizonte, l'agréable capitale, mérite également une halte de plusieurs jours.

EUG PNG/SHUTTERSTOCK ©

Si le Minas est une région minière, l'agriculture est le premier employeur. L'État est un des grands producteurs de café du Brésil ; les plantations s'étendent à l'est, à l'ouest et au sud de Belo Horizonte. Nous vous recommandons de visiter une des nombreuses exploitations de café de spécialité pour en apprendre davantage sur la production, et y goûter. Les habitants du Minas sont accueillants et la cuisine locale une des meilleures du pays ; la *comida mineira* est roborative et servie en portions généreuses.

Enclavé, l'État compense son absence de plages par des chutes d'eau, des parcs nationaux et de multiples possibilités de randonnée. Pour ceux qui recherchent une expérience différente, le *sertão* (arrière-pays) de l'État, aux paysages arides mais à la culture riche, est une destination idéale.

L'Espírito Santo voisin a, quant à lui, le charme des paisibles escapades, avec ses agréables plages, ses beaux paysages de montagne et ses bons produits de la mer. Vitória, sa capitale, est une destination balnéaire restée en dehors des circuits touristiques.

VOITURE

Le meilleur moyen d'explorer les deux États, et de rallier leurs villes, leurs chutes d'eau, leurs *fazendas* (ranchs) reculées et autres parcs nationaux.

BUS

Si vous n'avez pas de voiture, vous pouvez gagner en bus la plupart des villes de l'État, notamment Ouro Preto et Diamantina, au départ de la gare routière moderne de Belo Horizonte, sur la Praça Rio Branco, dans le centre de la ville. Côté Espírito Santo, la capitale, Vitória, fait office de plaque tournante.

TRAIN

Si les trains ne sont pas très répandus au Brésil, le Minas Gerais offre quelques itinéraires ferroviaires pittoresques si vous avez du temps devant vous. Le plus long relie Belo Horizonte à Vitória, dans l'État voisin de l'Espírito Santo, avec des trains quotidiens.

AVION

L'Aeroporto Internacional de Belo Horizonte (www.bh-airport.com.br) accueille des vols intérieurs et internationaux, alors que celui de Pampulha, plus petit, accueille quelques vols intérieurs. Vitória est la plaque tournante de l'Espírito Santo. L'aéroport Eurico de Aguiar Salles , équipé d'un terminal récent, assure une liaison vers toutes les grandes cités brésiliennes.

S'orienter

Le Minas Gerais est un des plus grands États du Brésil, en plein cœur du pays. Explorez ses paysages naturels, son histoire, sa culture, sa cuisine et ses traditions. L'Espírito Santo, plus à l'écart des circuits touristiques classiques, n'attend pour sa part que vous.

0
200 km
Belo Horizonte, p. 390
Cette jeune ville aux bars animés et aux habitants accueillants est le centre économique et culturel du Minas Gerais.
Vitória, p. 404
La capitale insulaire de l'Espírito Santo est entourée de belles et longues étendues de plage urbaines.
Serra de Capivara
Parque Nacional Caverna do Peruaçu
Januária
BAHIA
Vitória da Conquista
Divisa Alegre
MINAS GERAIS
Montes Claros
Serra do Espinhaço
Valle de Jequitinhonha
Itaobim
Pirapora
Teixeira de Freitas
Teófilo Otoni
Mendanha
Diamantina
Represa Três Marias
Serro
Curvelo
Guanhães
Itaúnas
Governador Valadares
São Mateus
Tabuleiro
Conceição do Mato Dentro
Parque Nacional da Serra do Cipó
ESPÍRITO SANTO
Ipatinga
Linhares
Mercado Central
Colatina
Sabará
Caratinga
Belo Horizonte
Ipanema
Santa Bárbara
Santa Teresa
Divinópolis
Ouro Preto
Rio Doce
Realeza
Domingos Martins
Vitória
Mariana
Congonhas
Manhumirim
Alta Caparão
Pedra Azul
Vila Velha
Conselheiro Lafaiete
Cachoeiro de Itapemirim
Guarapari
São João del Rei
Prados
Três
rações
Tiradentes
Barbacena
Parque Estadual do Ibitipoca
Iriri
Anchieta
Itaperuna
Bom Jesus do Itabapoana
Marataízes
São Thomé das Letras
Conceiçao de Ibitipoca
Juiz de Fora
ÉTAT DE RIO DE JANEIRO
xambu
Aiuruoca
Serra da Mantiqueira
São Lourenço
Parque Nacional do Itatiaia
Volta Redonda
Nova Friburgo
Barra Mansa
Petrópolis
Teresópolis
Macaé
Rio de Janeiro

Planifier son séjour

Admirez l'architecture baroque, délectez-vous de délices régionaux et aventurez-vous au cœur du Brésil pour randonner et vous rafraîchir sous des chutes d'eau.

FAGNER MARTINS/SHUTTERSTOCK ©

Tiradentes (p. 402)

Si vous avez peu de temps

● Rendez-vous directement à **Ouro Preto** (p. 397), l'ancienne capitale. Son centre bien préservé reflète l'histoire coloniale portugaise et le passé aurifère de la région. Commencez par vous promener dans ses rues pavées escarpées pour prendre vos repères et découvrir boutiques, églises, musées et petits cafés. Ne manquez pas de participer à une visite guidée de la **Mina do Chico Rei** (p. 398), ancienne mine d'or, pour comprendre comment vivaient les mineurs, généralement des esclaves africains asservis par les Portugais. L'ostentatoire **Basílica Matriz Nossa Senhora do Pilar** (p. 399), avec son intérieur doré et argenté, est un autre site incontournable.

Au fil des saisons

Les étés sont doux pour le Brésil et les hivers froids. Le printemps est une excellente période pour visiter Belo Horizonte.

JANVIER

À Tiradentes (p. 402), la **Mostra de Cinema** met à l'honneur le cinéma brésilien avec des premières mondiales et des projections gratuites en plein air.

FÉVRIER

Rejoignez Ouro Preto (p. 397) pour son **carnaval** endiablé, porté par sa jeune population étudiante.

MARS/AVRIL

La **Semana Santa**, une des plus importantes fêtes du Brésil, est célébrée dans les villes et les villages de l'État par diverses processions.

WAGNER CAMPELO/SHUTTERSTOCK ©, ANTONIO SALAVERRY/SHUTTERSTOCK ©, SIDNEY DE ALMEIDA/SHUTTERSTOCK ©

Si vous avez quatre jours

- Depuis **Ouro Preto** (p. 397), roulez vers l'est jusqu'à **Mariana** (p. 401), ville aux jolies *praças* (places), puis vers le sud-ouest jusqu'à **Tiradentes** (p. 402) pour continuer à approfondir votre connaissance de l'histoire coloniale du Minas Gerais. La ville comprend des magasins d'antiquités, de jolies boutiques et **l'Igreja Matriz de Santo Antônio** (p. 402), qui mérite une visite pour son étincelant intérieur doré. Pour un voyage aller-retour pittoresque, prenez le train à vapeur du XIXe siècle qui relie **São João del Rei** (p. 402) à Tiradentes à travers les anciennes régions d'extraction d'or du Minas Gerais.

Si vous avez plus de temps

- Si vous disposez d'une semaine ou plus, rendez-vous au **parc d'État d'Ibitipoca** (p. 395), superbe parc écologique du sud-est du Minas Gerais qui réunit plus de 30 espèces de singes, ainsi que l'insaisissable jaguar. Pour une expérience inoubliable, passez plusieurs nuits dans la luxueuse **Comuna do Ibitipoca** (p. 395), ferme du XVIe siècle élégamment restaurée, sur un domaine consacré au retour de la vie sauvage. Terminez votre voyage à **Belo Horizonte** (p. 390), où vous pourrez manger dans certains des restaurants les plus avant-gardistes du Brésil et plonger dans la vie nocturne du quartier de **Savassi** (p. 392). Autre option, l'Espírito Santo et ses parcs méconnus propices à toutes sortes d'aventures, disséminés dans les **environs de Vitória** (p. 404), sa capitale.

JUILLET

Serro accueille une des plus anciennes fêtes du Minas Gerais, la **Festa de Nossa Senhora do Rosário**, célébrée par divers groupes ethniques.

AOÛT

Le **Festival de Cultura e Gastronomia** attire à Tiradentes (p. 402) certains des meilleurs chefs du pays et met à l'honneur la cuisine de la région.

SEPTEMBRE

Tous les samedis d'avril à octobre, des musiciens locaux se produisent pour la **Vesperata** (p. 396), un événement organisé de longue date à Diamantina.

DÉCEMBRE

L'été brésilien commence ; gagnez les nombreuses **chutes d'eau** et piscines naturelles de l'État pour vous rafraîchir.

DIOL/GETTY IMAGES ©, ELENA SKA/SHUTTERSTOCK ©, GTW/SHUTTERSTOCK ©, ROBERVAL DA SILVA DIAS/SHUTTERSTOCK ©

BELO HORIZONTE

Appelée familièrement “Beagá”, cette charmante jeune et dynamique capitale se distingue par ses habitants, parmi les plus accueillants du pays, et sa vie nocturne animée. Ses *botecos* (bars de quartier) – il y en aurait plus de 9 000 à travers la ville – proposent de la bière glacée, des en-cas et de la musique *live* dans une atmosphère détendue, que les étudiants de l'université ne sont pas les seuls à apprécier. Si vous aspirez à des expériences plus haut de gamme, sirotez un café de spécialité dans un des nombreux cafés chics du quartier branché de Savassi ou réservez une table dans un des meilleurs restaurants de la ville dans le quartier de Lourdes. Belo Horizonte comprend aussi d'excellents musées d'art. Pour les mordus de *futebol*, voir jouer le Clube Atlético Mineiro (surnommé “Galo” par les habitants) au stade Mineirão sous les acclamations de ses supporters vêtus de maillots à rayures noires et blanches est un must. L'endroit abrite également un très beau musée consacré au football.

Pour les infos pratiques, voir le Carnet d'adresses p. 410

À SAVOIR

Belo Horizonte mérite que l'on s'y attarde plusieurs jours pour apprendre à connaître ses habitants accueillants et progressistes, et découvrir ses nombreux cafés, musées et restaurants.

Café Jetiboca, Mercado Novo (p. 393)

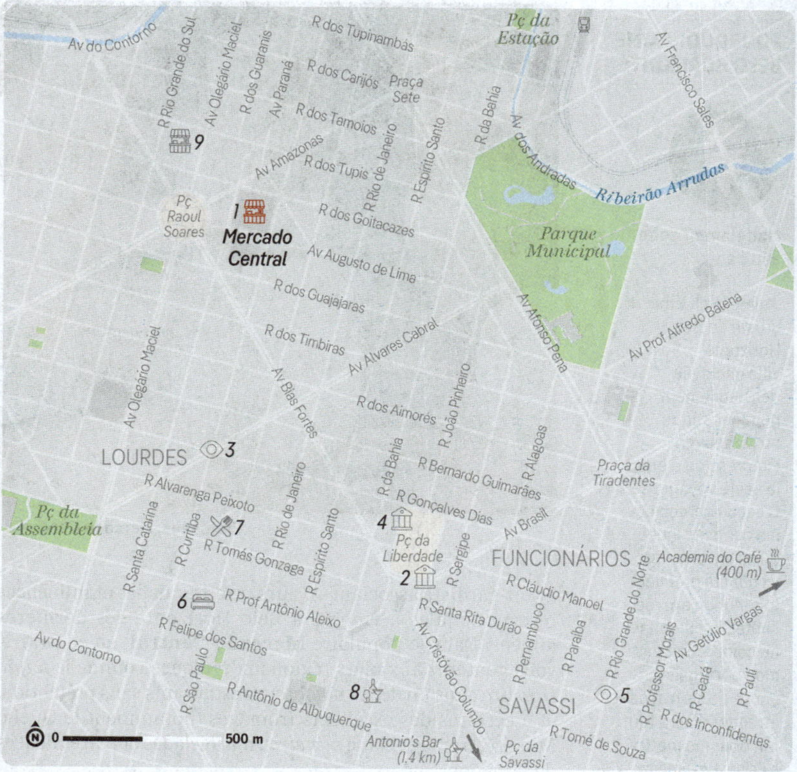

INCONTOURNABLE
1 Mercado Central

VOIR
2 Centro Cultural Banco do Brasil
3 Lourdes
4 Memorial Minas Gerais-Vale
5 Savassi

OÙ SE LOGER
6 Hotel Fasano

SE RESTAURER
7 Glouton

PRENDRE UN VERRE ET FAIRE LA FÊTE
voir 6 Baretto
8 Garagem do Cab

SHOPPING
9 Mercado Novo

Les merveilles culinaires locales

LA COMIDA MINEIRA À L'HONNEUR

Le Minas Gerais est réputé à travers le pays pour sa cuisine traditionnelle. Partout où vous irez au Brésil, vous trouverez des restaurants qui servent de la *comida mineira* (cuisine du Minas Gerais). Mais quel meilleur endroit pour y goûter que sa région d'origine ? De plus, une fascinante scène gastronomique

OÙ SE LOGER À BELO HORIZONTE

BR Hostel
Cette adresse propre et accueillante propose dortoirs et chambres avec sdb. Terrasse au deuxième. **$**

Hotel Fasano
Hôtel cinq étoiles à Lourdes. Certaines chambres comprennent une terrasse avec piscine privative. **$$$**

Royal Golden Hotel
Chambres d'hôtel spacieuses à proximité des nombreux cafés et restaurants de Savassi. **$$**

POURQUOI J'AIME BELO HORIZONTE

Madelaine Triebe, autrice

J'aime le charme urbain de Belo Horizonte, ville enclavée délicieusement peu touristique, où j'ai souvent l'impression d'être la seule voyageuse. C'est un garçon et ma curiosité innée qui m'ont amenée ici pour la première fois. À mon arrivée à l'hôtel, le personnel ne comprenait pas mon portugais à cause de mon accent étranger mais a tout fait pour me mettre à l'aise. Le *mineiro menino* (garçon du Minas Gerais) m'a fièrement fait visiter toute la ville, notamment la jolie Praça da Liberdade, et découvrir le *feijão tropeiro* au Mercado Central. Voilà mes deux premières expériences de la chaleur et de l'ouverture d'esprit des habitants de Beagá.

VITORMARIGO/SHUTTERSTOCK ©

Fromages, Mercado Central

avant-gardiste associant saveurs traditionnelles et influences internationales a émergé à Belo Horizonte ces dernières années. Dans le populaire **Mercado Central**, au contraire, vous gouterez aux plats régionaux typiques comme le *feijão tropeiro* dans un de ses nombreux restaurants sans prétention, et à certains des excellents fromages (notamment le Queijo Mineiro, fromage blanc *mineiro*), marmelades et autres délices de la région.

Le Minas Gerais est un des plus grands producteurs de café du pays. Commandez une tasse de cet or noir à l'**Academia do Café**, qui torréfie ses grains pour préparer cappuccinos mousseux, cafés au lait onctueux et cafés infusés à froid. Dirigez-vous ensuite vers le quartier chic de **Lourdes** pour siroter un cocktail bien préparé dans un bar raffiné, le **Garagem do Cab**. À six rues de là, terminez la soirée par un dîner au **Glouton**. Cet établissement qui fusionne saveurs brésiliennes et françaises s'est classé parmi les 100 meilleurs restaurants d'Amérique latine en 2022. Leo Paixão, le patron, propose entre autres écrevisse braisée et côte de porc avec purée de haricots. Pour une expérience complète, optez pour le menu dégustation.

La capitale brésilienne des bars

FAITES LA TOURNÉE DES BOTECOS

Capitale autoproclamée des bars du Brésil avec ses plus de 9 000 *botecos*, Belo Horizonte est le lieu idéal pour découvrir l'art brésilien de la dive bouteille. Promenez-vous dans le quartier de **Savassi** un vendredi ou un samedi soir et vous vous rendrez vite compte combien les habitants de Beagá aiment se réunir pour passer une bonne soirée. Sinon, descendez la Rua da Bahia, animée presque tous les jours de la semaine, avec des bars qui installent des tables sur les trottoirs. En réalité, dans n'importe quel quartier de la ville, vous verrez des habitants manger des *petiscos* (assiettes à partager) et boire des bières assis sur des chaises en plastique rouge au *boteco* du coin. Chaque année entre mi-avril et mi-mai, les *botecos* s'affrontent pour savoir lequel d'entre eux prépare le meilleur plat de bar lors de la **Comida di Buteco**. Pour vous faire une idée de la diversité de l'offre, rendez-vous au **Mercado Novo** à l'heure du déjeuner pour boire une bière artisanale ou une cachaça bien préparée, probablement en compagnie de jeunes actifs dans la trentaine. Après quelques heures au marché moderne, prenez un taxi jusqu'au quartier de Sion, à la périphérie de la ville, où est installé depuis près de 60 ans l'**Antonio's Bar**, bar classique où les habitants sirotent des bières et partagent des côtelettes autour de tables en bois brun. Terminez votre soirée au bar à cocktails **Baretto** de l'**Hotel Fasano** pour siroter un Negroni en écoutant du jazz.

De magnifiques musées

AUTOUR DE LA PRAÇA DA LIBERDADE

Au cours de la dernière décennie, Belo Horizonte a ouvert plusieurs musées et sites culturels de qualité dans les anciens bâtiments administratifs qui bordent la Praça da Liberdade ; pour plus d'information sur ceux-ci, rendez-vous sur circuitoliberdade.mg.gov.br/pt-br/visite-br.

Le **Memorial Minas Gerais-Vale** est le fleuron des attractions culturelles de la Praça da Liberdade. Ce remarquable musée contemporain explore la culture du Minas, du XVIIe au XXIe siècle, sur trois niveaux de galeries interactives et d'installations audiovisuelles.

Le **Centro Cultural Banco do Brasil**, a été inauguré fin 2013. Ce magnifique palais de la Praça da Liberdade est un des trésors culturels de Belo Horizonte. L'immense galerie du 3e étage accueille des expositions temporaires, tandis que le rez-de-chaussée est dédié à des événements artistiques – projections de films, pièces de théâtre ou spectacles de danse –, gratuits ou peu coûteux. Avec ses cafés et *lanchonete* (snack-bar), ses vitraux et son toit coulissant, la cour intérieure est l'endroit rêvé pour une petite pause, quel que soit le moment de la journée.

LES DÉLICIEUX ATTRAITS DU MERCADO NOVO

Version branchée du traditionnel Mercado Central de Belo Horizonte, le **Mercado Novo** a été inauguré en 2019. On y trouve des restaurants branchés, des bars à vins et à cocktails élégants, ainsi que des boutiques vendant bougies parfumées personnalisées et vêtements de créateurs indépendants. Les jeunes actifs de la ville affluent ici le week-end pour déguster des œufs fumés et du poisson salé au **Cozinha Tupis**, descendre des lagers et des IPA fraîches de la brasserie locale **Cervejaria Viela** et siroter des cocktails à base de cachaça à la **Lamparina Cachaçaria**.

COMMENT S'Y RENDRE ET CIRCULER

Belo Horizonte a deux aéroports. Les vols internationaux et de nombreux vols intérieurs utilisent l'Aeroporto Internacional de Belo Horizonte (p. 386), à 40 km au nord de la ville. L'Aeroporto da Pampulha, à 10 km au nord du centre-ville, est mieux placé mais n'affiche que des vols nationaux. À eux deux, ils assurent la liaison avec la plupart des villes brésiliennes.

La gare routière, d'où partent des dessertes longue distance, est à l'extrémité nord du centre-ville, Praça Rio Branco.La gare ferroviaire se trouve Praça da Estação, au nord du Parque Municipal. C'est de là que part le train quotidien pour Vitória dans l'Espírito Santo.

Une grande partie de Belo se visite facilement à pied. Cependant, si vous souhaitez vous aventurer à Pampulha (ou se trouve le stade Mineirão) ou dans tout autre quartier en périphérie, le mieux est de prendre un taxi ou un VTC.

Environs de Belo Horizonte

Randonnez dans les montagnes, les parcs et réserves des environs ou visitez l'un des meilleurs musées en plein air du Brésil, l'Instituto de Arte Contemporânea Inhotim.

Pour les infos pratiques, voir le Carnet d'adresses p. 410

À SAVOIR

Les villes coloniales bien préservées de l'État sont des destinations prisées des Mineiros (habitants du Minas Gerais) pour une escapade le week-end. Elles sont plus tranquilles en semaine.

Belo Horizonte, "bel horizon", doit son nom aux montagnes qui l'entourent. Pour profiter pleinement de ce magnifique cadre naturel, rejoignez l'un des parcs des environs, remplis de sentiers et de chutes d'eau. Une voiture est nécessaire pour la plupart d'entre eux, notamment le Parque Nacional da Serra do Cipó et le parc d'État d'Ibitipoca ; il est difficile, voire impossible, d'y aller en transports en commun. À deux ou trois heures de route de Belo Horizonte, on trouve également plusieurs villes aux rues pavées, à l'architecture baroque portugo-brésilienne bien préservée et aux sites culturels qui vous en apprennent davantage sur l'histoire coloniale et esclavagiste du pays, ainsi que sur son lucratif passé aurifère.

Serra do Cipó (p. 396)

ANTONIO SALAVERRY/SHUTTERSTOCK ©

Instituto de Arte Contemporânea Inhotim

Galeries et jardins à Inhotim

LE MEILLEUR MUSÉE CONTEMPORAIN EN PLEIN AIR DU BRÉSIL

À **Brumadinho**, à un peu plus d'une heure de route à l'ouest de Belo Horizonte, l'**Instituto de Arte Contemporânea Inhotim** compte parmi les plus grands musées d'art en plein air du monde, avec plus de 700 œuvres dispersées dans un jardin botanique de 140 hectares. Géré aujourd'hui par une organisation à but non lucratif, le lieu fut fondé dans les années 1980 sur un terrain privé par une des personnes les plus riches du pays, le magnat de l'extraction minière Bernardo de Mello Paz.

Prévoyez une journée entière (voire deux) pour avoir un bon aperçu du musée, qui comprend une collection permanente répartie entre l'extérieur et 17 salles consacrées à des artistes spécifiques, ainsi que quatre salles d'expositions temporaires présentant les œuvres de plus de 60 artistes différents originaires de près de 40 pays. Vous pouvez vous promener seul parmi les lacs, les sculptures monumentales et les installations artistiques ou participer à l'une des visites guidées programmées, en portugais et en anglais. Le jardin rassemble plus de 4 000 espèces de plantes

CONFINS SUD DU MINAS : IBITIPOCA

À 6 heures 30 de route de Belo Horizonte, le **parc d'État d'Ibitipoca** comprend cascades, grottes et reliefs montagneux. Le nombre de visiteurs quotidiens est limité à 1 000 (dont 300 sans réservation). Des sentiers de différents niveaux traversent la végétation de type *cerrado*, composée d'arbustes bas, de bromélias et de différents types d'orchidées, et mènent au **Lago das Miragens**, beau lac couleur caramel entouré de hauts rochers de grès. Le village d'Ibitipoca propose nombre de jolis chalets et *pousadas*, mais si vous êtes prêt à faire des folies, séjournez à la **Comuna do Ibitipoca**, qui se distingue par son luxe discret, sa gastronomie bio et son engagement écologique. Pour rejoindre le parc d'État, cap au préalable sur Juiz de Fora, d'où des bus rallient Conceiçao do Ibitipoca, la ville la plus proche du parc, en passant par Lima Duarte.

OÙ SE RESTAURER ET PRENDRE UN VERRE À DIAMANTINA

Catedral Pub
Bar élégant servant plus de 100 bières artisanales différentes, notamment locales, telle la Cerveja Diamantina. **$$**

Livraria e Café Espaço B
Café installé dans une des plus charmantes librairies de Diamantina. Cafés froids, gâteaux et plats de viande. **$$**

Relicário Gastronomia
Restaurant décoré de radios et de téléviseurs anciens. Classiques brésiliens et internationaux. **$$**

et d'arbres, notamment l'une des plus grandes collections de palmiers au monde. Vous pourrez également en apprendre davantage sur la biodiversité du *cerrado* (savane) brésilien dans la pépinière du site. Le musée est ouvert du mercredi (jour où l'entrée est libre) au dimanche. Des bus de la compagnie Saritur (www.saritur.com.br) et du tour-opérateur Belvitur (belvitur.com.br) vous y emmènent le matin au départ de Belo Horizonte.

LES MEILLEURS HÉBERGEMENTS DE DIAMANTINA

O Pouso da Chica
Charmante auberge près du centre ; chambres et chalets avec balcons et hamacs. **$$**

Pousada Relíquias do Tempo
Pousada décorée de meubles en bois et autres objets anciens. Chambres bien aménagées, piscine intérieure et sauna. **$$**

Hotel Estilo de Minas
Chambres spacieuses avec télévision à écran plat, grande sdb et minibar, bar-restaurant et piscine extérieure. **$$**

Diamantina et Parque Nacional da Serra do Cipó

UNE VILLE COLONIALE BIEN CONSERVÉE ET UN PARC NATUREL

À cinq heures de Belo Horizonte en bus, Diamantina est une des villes coloniales les mieux préservées – et les moins visitées – du Minas Gerais. Perché à 1 260 m d'altitude dans la Serra do Espinhaço, le centre minier le plus isolé de l'État constituait le point de départ de l'Estrada Real, la route historique par laquelle les esclaves transportaient l'or de l'arrière-pays à la côte de Rio de Janeiro. Diamantina, autrefois appelée Tejuco, est inscrite au patrimoine mondial de l'Unesco depuis 1999. C'est le lieu de naissance de l'ancien Président brésilien et fondateur de Brasília, Juscelino Kubitschek (1902-1976). La ville possède un musée du diamant et des bâtiments coloniaux bien conservés, dont la **Casa da Glória**, ancienne école et orphelinat. Chaque année d'avril à octobre, la ville accueille la merveilleuse **Vesperata**, lors de laquelle des musiciens locaux jouent sur des balcons illuminés. Tous les vendredis, le **Mercado Municipal** offre également la possibilité d'écouter de la musique *live* en dégustant de délicieux plats typiques de la cuisine mineira.

À une centaine de kilomètres au nord-est de Belo Horizonte, le **Parque Nacional da Serra do Cipó** est un des plus beaux parcs du Minas. Cet espace vallonné est constitué en grande partie de *cerrado* (un des écosystèmes tropicaux de savane les plus diversifiés du monde), à cheval sur la Serra do Espinhaço qui divise les bassins des rivières São Francisco et Doce. À basse altitude, les vallées de rivière couvertes de fougères abritent des orchidées et les cascades sont nombreuses. La faune, exceptionnelle, compte notamment des loups à crinière, des singes-lions, des numbats, des jaguars, des chauves-souris et des dendrobates. Le grand parc est sillonné de sentiers de tous niveaux, allant de la balade à la journée vers des cascades, points de vue ou bassins de baignade, à des traversées de la serra sur plusieurs jours. Renseignements disponibles aux deux entrées du parc, juste à l'extérieur de Santana do Riacho. Toutes deux ouvrent sur de nombreux sentiers de randonnée.

COMMENT S'Y RENDRE ET CIRCULER

Sept à huit bus quotidiens relient Belo Horizonte à Diamantina. La gare routière, Largo Dom João, est située sur une colline à 750 m au sud-ouest du centre-ville. D'ailleurs, les rues du centre sont trop étroites et escarpées pour les chauffeurs de bus, mais le cœur de la ville est suffisamment petit pour que l'on puisse s'y déplacer à pied. Des bus assurent la liaison depuis Belo Horizonte et la ville de Santana do Riacho, juste devant le parc de Serra do Cipó, en 2 heures 30.

OURO PRETO

Autrefois capitale du Minas Gerais, au cœur de la ruée vers l'or brésilienne, Ouro Preto est une des destinations les plus prisées de l'État pour ses nombreuses églises baroques ornées (23, pour être exact), ses remarquables boutiques, cafés et restaurants, ainsi que son importante histoire coloniale. Située à 130 km au sud-est de Belo Horizonte, elle est nichée au pied de la Serra do Espinhaço, à plus de 1 000 m d'altitude. Pour explorer les rues pavées escarpées qui relient les parties haute et basse de la ville, il est vivement recommandé de porter des chaussures plates confortables. Si la visite du centre colonial réclame un certain effort, ses points de vue spectaculaires en valent la peine. Ville étudiante dynamique, Ouro Preto célèbre le carnaval avec une douzaine de *blocos* (groupes de danseurs et de percussionnistes) qui défilent dans les rues et des spectacles de musique gratuits à travers le centre historique.

Pour les infos pratiques, voir le Carnet d'adresses p. 411

À SAVOIR

Les visiteurs viennent de loin pour vivre les festivités du carnaval d'Ouro Preto. Si vous prévoyez d'y aller à cette période (janvier-février), veillez à réserver votre hébergement bien à l'avance.

Carnaval, Ouro Preto

QUI ÉTAIT L'ALEIJADINHO ?

Le grand sculpteur brésilien, **Antônio Francisco Lisboa** (1738-1814), passé à la postérité sous le nom de l'Aleijadinho ("Petit Estropié"), naquit à Ouro Preto, d'un architecte portugais et d'une esclave noire. Son surnom lui fut donné dans les années 1770, lorsqu'il eut perdu ses doigts et orteils et l'usage des membres inférieurs, sans doute suite à la syphilis ou à la lèpre. Marteau et ciseau ficelés à la paume des mains, le sculpteur continua inlassablement son travail. Il étudia d'abord dans les livres et dans les missions jésuites les traditions baroque et rococo européennes, pour créer son propre style en utilisant uniquement des matériaux locaux, tels que la stéatite (sorte de pierre à savon) et le bois. Il eut pendant des années un complice, le peintre Manuel da Costa Ataíde, qui collabora avec lui à l'ornementation de plusieurs églises et mit en lumière nombre de ses sculptures grâce aux teintures végétales dont il avait le secret.

VOIR
1 Basílica Matriz Nossa Senhora do Pilar
2 Igreja de Nossa Senhora das Mercês
3 Igreja de São Francisco de Paula
4 Igreja São Francisco de Assis
5 Museu da Inconfidência

SE RESTAURER
6 Casa do Ouvidor
7 Olga Nur Solar do Rosario

PRENDRE UN VERRE ET FAIRE LA FÊTE
8 Café das Flores
9 Rena Café

SHOPPING
10 Queijaria Tesouros das Gerais

Architecture baroque et Brésil colonial

DES ÉGLISES RICHEMENT ORNÉES

Depuis la gare routière, descendez les rues escarpées en direction du centre. Arrêtez-vous d'abord à l'**Igreja São Francisco de Paula** pour profiter de la superbe vue panoramique sur la ville. Continuez à descendre jusqu'à l'**Igreja de Nossa Senhora das Mercês**, bâtie en 1773, dans la Rua Padre Rolim. Jetez un coup d'œil à l'intérieur (l'entrée est libre) et remarquez au-dessus de l'entrée l'emblème qui représente la Vierge Marie les bras ouverts en signe de protection des esclaves. Pour changer de l'architecture baroque et découvrir un morceau de l'histoire brésilienne de l'abolition de l'esclavage, marchez 15 minutes vers le sud-est jusqu'à la **Mina do Chico Rei**. Cette mine, aujourd'hui abandonnée, est celle d'un héros populaire admiré pour son

OÙ SE LOGER À OURO PRETO

Hotel Solar do Rosário
Cinq étoiles avec grandes chambres aux lits confortables, deux piscines sur le toit et un restaurant élégant. **$$$**

Buena Vista Hostel
Dortoirs propres avec balcon, parking gratuit et bar dans cette auberge de jeunesse parfaitement gérée. **$**

Pousada Solar de Ópera
Dans un bâtiment du XIXe siècle, cet hôtel charmant offre une jolie vue sur la ville historique. **$$**

combat contre l'esclavage. Continuez ensuite vers l'ouest jusqu'à l'**Igreja São Francisco de Assis**, l'une des plus importantes œuvres du patrimoine colonial brésilien. On doit les sculptures de la façade au célèbre sculpteur et architecte brésilien Antônio Francisco Lisboa, dit l'Aleijadinho. Le peintre Manuel da Costa Ataíde, ami de l'Aleijadinho, a décoré l'intérieur de ce sanctuaire franciscain marquant l'apogée du baroque mineiro. Marchez encore 10 minutes vers l'ouest pour gagner la **Basílica Matriz Nossa Senhora do Pilar**, l'une des églises les plus somptueuses du pays. Seule l'opulente église São Francisco à Salvador fait concurrence à Nossa Senhora do Pilar et aux 434 kilos d'or et d'argent dont sa nef est parée. Sa richesse tient aussi aux œuvres d'art qu'elle contient. On s'émerveille devant les candélabres en forme d'oiseaux ou les portes à volutes. Remarquez la chevelure de Jésus, faite de véritables cheveux donnés par un pénitent. Rejoignez ensuite la Praça Tiradentes, la place principale d'Ouro Preto, et le **Museu da Inconfidência**. Ce musée historique a élu domicile dans l'ancienne mairie et prison municipale, bel édifice construit entre 1784 et 1854 sur le côté sud de la place. Y sont conservés des documents sur le mouvement de l'Inconfidência mineira (une insurrection contre la domination portugaise), et l'on y trouve également la tombe de Joaquim José da Silva Xavier, plus connu sous le nom Tiradentes, l'un des *Inconfidentes* élevé au rang de héros national, des instruments de torture et des œuvres majeures de Manuel da Costa Ataíde et de l'Aleijadinho.

Cuisine mineira

VISITE CULINAIRE DE LA VILLE

Consacrez au moins une journée à la délicieuse cuisine mineira. Le matin, commencez par une tasse de café avec un *pão de quejo* (petit pain au fromage) garni de *goiabada* (pâte de goyave rouge) au **Rena Café**. En partant, achetez un sac de grains de café régionaux torréfiés. Pour le déjeuner, rendez-vous à la **Casa do Ouvidor**, un restaurant réputé pour sa *comida mineira*. Commandez des spécialités comme le *tutu à mineira* (purée de haricots avec rôti de porc, couenne de porc croustillante et œuf dur) ou le *feijão tropeiro*, absolument divin. Pour le dessert, optez pour le *doce de leite* ou la *goiabada cascão com queijo* (pâte de goyave au fromage). Passez au **Café das Flores** pour acheter une bouteille de cabernet franc Dom de Minas, provenant du sud de l'État, puis à la **Queijaria Tesouros das Gerais** pour acheter du fromage local, et dégustez-les à l'un des nombreux points de vue de la ville. Pour le dîner, Ouro Preto ne manque pas d'excellentes adresses, comme l'**Olga Nur Solar do Rosario**, qui propose une vaste carte des vins et des classiques internationaux tels que steak tartare, canard confit et crevettes grillées.

LA LÉGENDE DE CHICO REI

Selon une légende locale, le premier abolitionniste du Brésil, nommé Chico Rei, aurait été un roi africain. Au début du XVIIIe siècle, au moment de la ruée vers l'or, une tribu entière, souverain compris, est capturée en Afrique, expédiée au Brésil et vendue à un propriétaire de mines d'Ouro Preto. Chico Rei est alors désigné contremaître des ouvriers-esclaves. Travaillant tous les jours, il parvient finalement à racheter sa liberté, puis à faire affranchir son fils Osmar. Ensemble, ils libérèrent tous les membres de leur peuple. La communauté achète ensuite la mine d'or d'Encardadeira, aux richesses fabuleuses, et Chico Rei reprend ainsi ses fonctions royales, tenant sa cour à Vila Rica et célébrant les fêtes africaines en costume traditionnel. La nouvelle une fois parvenue au roi du Portugal, il interdit aussitôt aux esclaves d'acheter leur liberté. Chico Rei, figure mythique, est un héros pour la communauté afro-brésilienne.

COMMENT S'Y RENDRE ET CIRCULER

Les bus longue distance partent de la principale gare routière, à 10 minutes à pied (en montée !) de la Praça Tiradentes, au nord-ouest de la ville. En saison, achetez votre billet la veille.

Un petit bus local circule entre la gare routière et la Capela do Padre Faria à l'est, marquant des arrêts dans le centre historique en cours de route, mais la marche est la meilleure façon d'explorer Ouro Preto.

Environs d'Ouro Preto

Des itinéraires ferroviaires pittoresques, une nature magnifique, d'anciennes mines d'or et des villages pleins de charme.

Au-delà des limites d'Ouro Preto, vous découvrirez des collines verdoyantes et, à 14 km au nord-est de la ville, en suivant la BR-356, Mariana, une autre ville coloniale bien préservée. On peut facilement faire l'aller-retour dans la journée, mais il vaut la peine d'y passer quelques nuits. Elle possède deux des plus jolies places du Minas Gerais et un petit centre historique facile à parcourir. Juste entre Ouro Preto et Mariana se trouve une ancienne mine d'or, créée par les Portugais dans les années 1700. Plus au sud-ouest, Tiradentes abrite l'éblouissante Igreja Matriz de Santo Antônio, et São João del Rei l'Igreja de São Francisco de Assis. Pour sortir des sentiers battus, gagnez, au sud d'Ouro Preto, Lavras Novas, ville visitée par les habitants de Belo Horizonte le week-end mais inconnue de la plupart des voyageurs étrangers.

Pour les infos pratiques, voir le Carnet d'adresses p. 412

À SAVOIR

Mariana et Tiradentes, à l'architecture baroque bien préservée, reçoivent davantage de visiteurs locaux qu'étrangers.

Tiradentes (p. 402)

Voie ferrée pittoresque et mines d'or

TRAIN À VAPEUR ET VESTIGES DE L'ÉPOQUE AURIFÈRE

Montez à bord du charmant **train à vapeur** historique qui relie São João del Rei à Tiradentes (deux fois par jour du vendredi au dimanche), sur une des plus anciennes voies ferrées du Brésil, pour découvrir des vestiges de l'époque aurifère. Asseyez-vous du côté gauche pour profiter pleinement de la vue tandis que le train progresse lentement sur le parcours de 12 km à travers la vallée de la Serra de São José et l'une des plus anciennes régions d'extraction d'or du Minas Gerais.

À mi-chemin entre Mariana et Ouro Preto, sur la Rua Mariana, vous pouvez visiter la **Mina da Passagem**, mine d'or fondée par les Portugais en 1719 et fermée définitivement au milieu des années 1980. Au plus fort de la ruée vers l'or, la plus importante des Amériques à l'époque, Mariana et Ouro Preto représentaient à elles seules environ 50% de la production d'or dans le monde. Hormis le train, on peut rejoindre la Mina da Passagem en prenant n'importe quel bus entre Mariana et Ouro Preto (dans un sens comme dans l'autre) ; demandez simplement au chauffeur de vous déposer à la mine, qui consiste en un réseau de tunnels de plus de 30 km. La visite guidée qui vous emmène à plus de 100 m sous terre à bord d'un funiculaire branlant vous donnera des informations sur l'histoire de la carrière et les méthodes d'extraction locales. Vous atteindrez un lac souterrain où de nombreux esclaves sont morts en dynamitant la roche.

Architecture baroque et rococo

BELLES DEMEURES ET JOLIES PLACES

Mariana (60 000 habitants), à 20 minutes de route au nord-est d'Ouro Preto, est la plus ancienne ville de l'État. Avec son petit centre historique dense, c'est une bonne destination où admirer des bâtiments coloniaux bien préservés. Prenez le bus local au départ d'Ouro Preto et descendez à l'angle nord-ouest du centre historique. Marchez vers le sud-est jusqu'à la **Catedral Basílica da Sé**, sur la Praça Cláudio Manuel. Elle a pour grand attrait son orgue allemand aux anges en bois sculpté. Continuez jusqu'à la Praça Minas Gerais pour apprécier la façade de la plus jolie église de Mariana, l'**Igreja Sao Francisco de Assis** (il y en a également une du même nom à Ouro Preto), dessinée par l'Aleijadinho, à qui l'on doit également une partie de l'intérieur (fermé pour restauration lors de nos recherches). Juste à côté se trouve un autre bâtiment rococo : l'**Igreja Nossa Senhora do Carmo**. Construite dans les années 1780, elle a failli disparaître dans

LA COMIDA MINEIRA

La *comida mineira*, la généreuse cuisine populaire du Minas Gerais, est connue et appréciée dans tout le pays. Les classiques comme le *feijão tropeiro*, le *tutu* (accompagnement de purée de haricots et de farine de manioc) et le *frango com guiabo* (poulet aux gombos) sont traditionnellement cuits dans des cocottes d'argile noire sur des poêles à bois. Ces plats sont souvent proposés sur les marchés, dans les boutiques artisanales et parfois par des habitants au bord de la route. Ne manquez pas de goûter le *pão de queijo*, gougère au fromage, et la *goiabada*, pâte de goyave rouge que l'on mange généralement avec du fromage blanc régional.

OÙ SE RESTAURER DANS LES ENVIRONS D'OURO PRETO

Lua Cheia, Mariana
Self-service au kilo, avec des plats typiques du Minas. Bon rapport qualité-prix. **$**

Villeiros, São João del Rei
Un autre self-service *por kilo* d'un excellent rapport qualité-prix qui propose des plats régionaux traditionnels. **$$**

Taberna d'Omar, São João del Rei
Joli petit café aux gâteaux maison et au café torréfié sur place. **$**

un incendie en 1999 ; la plupart des éléments ont été restaurés, y compris le plafond, mais les peintures n'ont pas pu être sauvées. Marchez encore quelques minutes pour rejoindre le **Museu de Arte Sacra de Mariana**, qui conserve des sculptures de l'Aleijadinho et d'autres pièces religieuses. Vous pouvez facilement visiter Mariana dans la journée, mais si vous souhaitez y passer la nuit, l'**Hotel Providência**, dans un bâtiment de 1849 à deux pâtés de maisons de la Praça Minas Gerais, est charmant.

À **Tiradentes**, à environ trois heures de route de Mariana et d'Ouro Preto vers le sud-ouest, vous serez ébloui par le centre-ville, un ensemble compact et haut en couleur, tout en rues pavées et jardins fleuris. Les édifices coloniaux s'étagent entre la place principale, Largo das Forras, et la splendide **Igreja Matriz de Santo Antônio**, une des dernières créations de l'Aleijadinho, reconnaissable à son remarquable cadran solaire (1785). Du parvis, la vue plonge sur les tuiles en terre cuite des maisons coloniales, sur fond d'une vallée verte et de l'imposante muraille rocheuse de la Serra de São José. Nulle part ailleurs au Minas, architecture coloniale et cadre naturel ne se mêlent avec autant de bonheur qu'ici. Randonnées et musées d'art et d'histoire complètent le tableau de cette ville prisée des visiteurs le week-end (préférez une visite en semaine).

São João del Rei (90 000 habitants), bien plus imposante que la ville de Tiradentes (9 000 habitants) qu'elle jouxte, est l'unique *cidade histórica* (cité coloniale) à ne pas avoir souffert du déclin des mines d'or au XIXe siècle. Animée et prospère, la São João d'aujourd'hui possède la vitalité urbaine d'une ville moderne, contrastant avec ses voisines historiques. Le centre-ville affiche l'image d'un Brésil du XXIe siècle, notamment par ses tours, mais des joyaux du passé vous y attendent à chaque coin de rue. Le centre historique, protégé par la Commission brésilienne des sites, recèle ainsi de superbes églises et demeures coloniales, dont l'**Igreja São Francisco de Assis**, exquise église baroque (1774) ayant pour parvis une élégante place en forme de lyre, ombragée de hauts palmiers. Elle abrite deux sculptures de l'Aleijadinho (deuxième autel sur la gauche), et sa façade, une des plus belles de la région, fut également conçue par l'artiste.

Lavras Novas (1 500 habitants), qui tire son nom des gisements aurifères découverts en 1704, s'étend sur un haut plateau à 17 km d'Ouro Preto. Lorsque les filons d'or commencèrent à s'épuiser à la fin du XVIIIe siècle, un groupe d'esclaves affranchis s'installa dans ce bourg où vivent toujours bon nombre de leurs descendants. Les maisons colorées à un étage jalonnent la rue principale qui mène à l'Igreja Nossa Senhora dos Prazeres, centre névralgique de cette petite ville entourée de monts vallonnés. Pour goûter à sa tranquillité, préférez une visite en milieu de semaine.

SÉJOURNER DANS LES ENVIRONS D'OURO PRETO

Pousada Vila Mineira, Lavras Novas
Belle auberge aux grands chalets colorés. Les chalets de luxe sont dotés d'un Jacuzzi. **$$**

Pousada Palavras Novas, Lavras Novas
Charmante *pousada* avec chambres confortables, beau jardin et restaurant qui sert fondues et pâtes. Cascade à 2 km. **$$**

Pousada Richard Rothe, Tiradentes
Un bâtiment historique de la vieille ville de Tiradentes avec belles chambres et joli jardin. **$$**

COMMENT CIRCULER

Il est assez facile de se déplacer entre les villes coloniales de l'État, desservies pour la plupart par des bus régionaux. Pour certaines localités, il faut parfois changer de bus.

Igreja Nossa Senhora do Carmo

VITÓRIA

Avec son soleil, ses longues étendues de sable et son horizon de montagnes et de gratte-ciel, Vitória, la capitale de l'État de l'Espírito Santo, partage un air de famille avec Rio de Janeiro, mais, nettement moins connue que sa cousine, elle reçoit peu de visiteurs étrangers. Cela en fait – avec Vilha Vela (qui fait partie de l'agglomération du Grand Vitória) – une excellente destination balnéaire en dehors des circuits touristiques. Fondée en 1535 sur une île de la côte atlantique, la ville s'est étendue sur un vaste territoire, comprenant plusieurs îles reliées par des ponts. Elle se compose d'un centre ancien, qui concentre la plupart des sites historiques et, à quelques kilomètres de là, de quartiers branchés en bord de mer, où l'on trouve les meilleurs lieux de vie nocturne et de nombreux restaurants. Il y a également un quartier d'affaires qui s'étire sur plusieurs kilomètres le long de la Baía da Vitória.

Pour les infos pratiques, voir le Carnet d'adresses p. 413

À SAVOIR

Compte tenu de la taille de la ville et de son agglomération, il vous faudra plusieurs jours pour explorer Vitória et découvrir le meilleur de ce qu'elle a à offrir.

Vitória

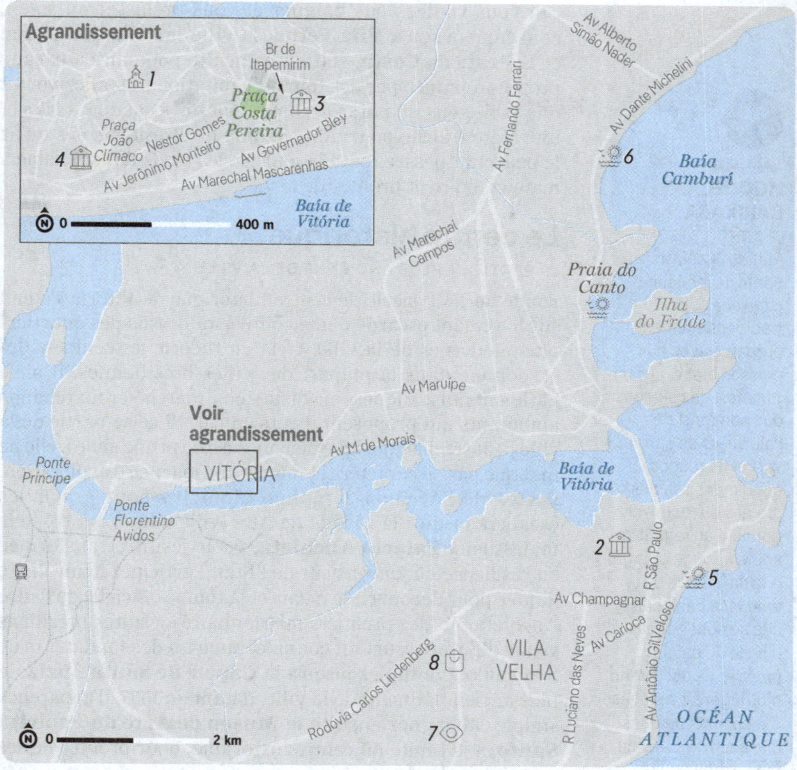

Sable, soleil et délices de la mer

PLAGES URBAINES ET CRUSTACÉS FRAIS

La ville compte plusieurs belles étendues de sable blanc. Au nord, la **Praia do Camburi**, plage de 6 km parsemée de restaurants et d'hôtels, est appréciée des véliplanchistes, et au sud, la Praia da Costa, plus calme, est un bon endroit où pratiquer le bodyboard. Vitória est également une excellente destination pour déguster de délicieux plats de poisson et fruits de mer, entre autres *moquecas* (ragoûts bahianais) et crabe frais. On aime ici faire du sport en plein air ; vous pouvez faire vos exercices quotidiens le long du rivage, marcher, courir ou faire du roller, avant de prendre un verre ou deux dans un des nombreux restaurants de la côte, parmi les habitants.

VOIR

1 Capela de Santa Luzia
2 Convento da Penha
3 Museu de Arte do Espírito Santo
4 Palácio Anchieta
5 Praia da Costa
6 Praia do Camburi
7 Vila Velha

SHOPPING

8 Garoto

OÙ SE LOGER À VITÓRIA

Ibis Vitória Praia de Camburi
Hôtel standard moderne en face de la Praia do Camburi. **$$**

Senac Ilha do Boi
Sur une colline, à 350 m de la plage, avec une vue panoramique sur la baie. Chambres un peu vieillottes. **$$**

Sheraton
Hôtel cinq étoiles juste en face de la plage, avec salle de sport, piscine extérieure et restaurant. **$$$**

Si vous voulez vous baigner et vous prélasser au soleil, continuez jusqu'à **Vila Velha**, la ville jumelle de Vitória, et la **Praia da Costa**, station balnéaire populaire aux eaux propres dominée par des tours d'habitation. Installez-vous à une table sous un parasol, commandez des calamars frits et une bière fraîche pour faire comme les Brésiliens dès qu'ils le peuvent : passez toute la journée les pieds dans le sable à manger, boire et profiter de la vie.

MOQUECA CAPIXABA

Plat de l'Espírito Santo, la *moqueca capixaba* est traditionnellement préparée avec du poisson blanc, des tomates, des oignons, des poivrons, de l'ail, du jus de citron vert et du roucou, condiment issu des graines du rocouyer, donnant au ragoût sa couleur rouge orangé. À la différence de la *moqueca* bahianaise, elle ne contient pas d'huile de palme (*dendê*), ce qui la rend plus légère. Le plat est également cuit dans une cocotte spéciale faite d'argile noire et vernie avec de la sève de palétuvier.

Le centre historique

LA PARTIE LA PLUS ANCIENNE DE LA VILLE

Fondé au XVIe siècle, le centre historique de Vitória s'étend sur le versant escarpé d'une colline, au-dessus des quartiers plus modernes de la ville. C'est en théorie le "centre-ville" et, comme dans la plupart des villes brésiliennes, il mêle bâtiments historiques, magasins bon marché et marchands ambulants qui proposent divers en-cas. Si cette partie de la ville peut sembler quelque peu miteuse de prime abord, elle ne manque pas de caractère et mérite une journée d'exploration. Partez de l'Avenida Jerônimo Monteiro pour gravir les escaliers jusqu'à la Cidade de Alta (ville haute), où trône le majestueux **Palácio Anchieta**, école jésuite transformée en résidence du gouverneur de l'État. Participez à une visite guidée pour découvrir le palais et la tombe officielle de Padre Anchieta, un des premiers missionnaires jésuites brésiliens venus d'Europe, surtout connu comme un des fondateurs de São Paulo. Continuez jusqu'à la **Capela de Santa Luzia**, le plus ancien bâtiment de la ville, datant de 1537, d'apparence simple. Rejoignez ensuite le **Museu de Arte do Espírito Santo**, à la limite du centre historique, pour profiter de ses expositions temporaires.

Un musée plus prosaïque se cache dans la **chocolaterie Garoto** de Vila Velha, où est produit le chocolat le plus célèbre du pays ; une petite exposition y présente l'histoire de la fabrique. En partant, vous pouvez acheter du chocolat dans la boutique. Ne manquez pas de visiter le **Convento da Penha**, monastère du XVIe siècle qui offre une splendide vue panoramique.

COMMENT S'Y RENDRE ET CIRCULER

L'aéroport Eurico de Aguiar Salles (www.aeroportovitoria.net) est situé à 12 km au nord-est du centre-ville. Des vols partent régulièrement pour Belo Horizonte, Rio, São Paulo et d'autres villes du pays.

Un train dessert quotidiennement Belo Horizonte (13 heures) au départ de l'Estação Ferroviária Pedro Nolasco (Av. Mario Gurgel s/n, Cariacica), à Cariacica, à 5 km à l'ouest du centre de Vitória.

La ville est étendue ; à la marche, préférez les transports en commun, les taxis ou les VTC. Des bus locaux desservent le centre-ville, la Praia do Camburi et Vila Velha au départ de différents arrêts situés devant la gare routière principale de la ville, sur l'Avenida Alexandre Buzias.

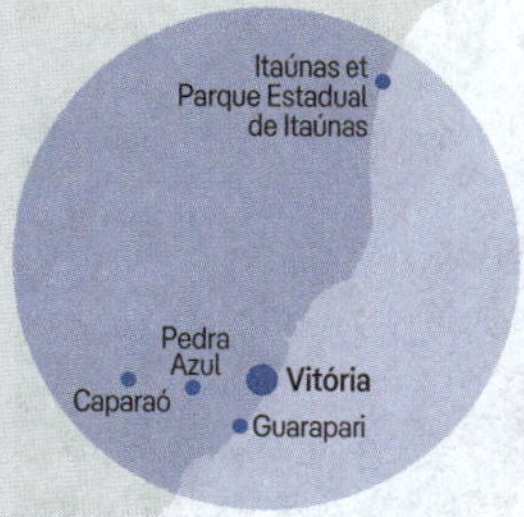

Environs de Vitória

Magnifiques dunes de sable, parcs nationaux, tortues et plages attrayantes... Les environs de Vitória font le bonheur des amoureux de la nature.

Pour les infos pratiques, voir le Carnet d'adresses p. 413

À SAVOIR

Rendez-vous à Itaúnas de préférence en juillet pour son festival annuel de *forró* (musique du Nordeste).

Avec ses dunes de sable spectaculaires, ses paisibles villages de pêcheurs, ses belles plages et ses étendues de mangroves, l'Espírito Santo possède de nombreux attraits, dont profitent peu de visiteurs étrangers. Au nord de Vitória, randonnez à travers la *mata atlântica* (forêt tropicale atlantique) de la Reserva Natural Vale, zone protégée privée. Plus au nord encore, découvrez les dunes de sable de 30 m de haut du Parque Estadual de Itaúnas et les mangroves environnantes. À 60 km au sud de la capitale de l'État, prenez le soleil sur l'une des 23 plages – toutes adossées à la montagne – de Guarapari. Et à 50 minutes de route à l'ouest de Vitória, Domingos Martins se niche dans les collines de la Serra Capixaba, où vous pourrez explorer ruisseaux et forêts. Le Parque Nacional do Caparaó, lui, marque la frontière entre le Minas Gerais et l'Espírito Santo.

Parque Estadual de Itaúnas (p. 409)

SE RESTAURER ET SÉJOURNER DANS LES ENVIRONS DE VITÓRIA

Dona Pedrolina, Itaúnas
Adresse familiale aux plats traditionnels comme la *moqueca de camarão* (ragoût de crevettes). **$$**

A Casa di Berê, Itaúnas
Entre autres spécialités, de savoureux plats de pâtes et une excellente *parmigiana* (viande avec fromage fondu et sauce tomate). **$$**

Casa da Praia, Itaúnas
Pousada familiale confortable et tranquille aux propriétaires attentionnés. **$$**

Pousada Aroeira, Itaúnas
Petit hôtel moderne proche du centre, avec piscine et jardin. **$$**

Recanto da Pedra, Iriri
Jolie *pousada* d'un bon rapport qualité-prix juste au bord de la mer. Les chambres sont climatisées. **$$**

LEONARDO MERCON/SHUTTERSTOCK ©

Paresseux à gorge brune, Itaúnas

Festival de forró à Itaúnas

MUSIQUE DU NORDESTE

En juillet, Itaúnas accueille le **FENFIT** (forrodeitaunas.com), festival annuel de *forró* qui draine des visiteurs des quatre coins du pays, venus écouter les concerts et danser jusqu'au bout de la nuit. Le festival a débuté en 1988 comme une simple fête dansante locale, l'artiste Luiz Geraldino, originaire de la ville voisine, venant se produire au **Bar Forró**. Mais rapidement l'événement a attiré l'attention des étudiants de São Paulo, qui ont commencé à affluer dans le hameau. Aujourd'hui, il attire des touristes de tout le Brésil pendant les vacances. De grands noms du genre, originaire du Nordeste, se sont produits à Itaúnas, notamment Marinês, Dominguinhos, Mestre Zinho et Geraldo Azevedo. Le mouvement culturel s'est finalement transformé en festival en 2001. Au Brésil, le *forró* désigne à la fois un rythme, une danse (à deux pas), un genre musical et le fait même de se réunir pour écouter les musiciens et danser. Sa popularité s'est considérablement accrue à travers le pays au fil des années. Ce style proviendrait des fermes et des plantations de l'État du Ceará. Il est de nos jours un élément important de la culture – certains diraient même un mode de vie – dans le Nordeste.

OÙ SE LOGER À ITAÚNAS

A Nave Pousada e Camping
Pousada colorée aux chambres rustiques, certaines avec terrasse. Terrain de camping attenant. **$$**

Pousada Ocean
Chambres climatisées et décorées de couleurs vives, à 600 m de la Praia de Itaúnas. **$$**

Pousada Vila Mundi
Petite *pousada* avec piscine, à 400 m du centre-ville d'Itaúnas. **$$**

Faune et dunes de sable à Itaúnas

DES RANDONNÉES MÉMORABLES

À 270 km au nord de Vitória (quatre heures de route), le long de la côte au sud de Bahia, ne manquez pas le **Parque Estadual de Itaúnas**. Créé au début des années 1990 pour s'opposer aux projets de développement hôtelier du littoral, ce parc d'État d'environ 3 500 ha protège les zones de reproduction des tortues de mer qui s'y rendent chaque année de septembre à mars pour y déposer leurs œufs. Vous serez accueilli dans le parc par d'impressionnantes dunes de sable de 30 m de haut, offrant une fabuleuse vue sur les eaux bleu clair de l'océan Atlantique. Les randonneurs plus motivés peuvent poursuivre vers le nord en longeant la plage sur 8 km jusqu'à la **Riacho Doce**, une petite rivière faisant office de frontière entre les États de l'Espírito Santo et de Bahia. Vous saurez que vous y êtes quand vous verrez une pancarte peinte à la main "Sorria, você está na Bahia!" ("Souriez, vous êtes à Bahia !"). Vous aurez peut-être la chance d'apercevoir certains des animaux sauvages du parc, qui abrite singes, *jaguatiricas* (chats sauvages) à taches noires, aussi appelés ocelots, et des paresseux. L'itinéraire le plus populaire du parc est la **Trilha das Dunas**, de 1 km. Il traverse les hautes dunes dominant l'océan pour atteindre des *barracas* (stands de boissons et de nourriture), où vous pourrez terminer votre randonnée par une bière. Pour une randonnée plus ambitieuse, envisagez le sentier de Riacho Doce, mais il y a beaucoup d'autres sentiers entre les deux. La **Trilha do Tamandaré**, une marche d'environ 40 minutes, suit un sentier sablonneux à travers une forêt luxuriante jusqu'à la plage.

Divine Pedra Azul

RANDONNÉE, ESCALADE ET PISCINES NATURELLES

Au nombre des sites majeurs de l'Espírito Santo et dominant les vertes collines avoisinantes, à 50 km à l'ouest de Domingos Martins par la BR-262, la Pedra Azul ("Pierre bleue" ; 500 m) est un imposant rocher couvert d'une mousse bleutée qui change de couleur suivant son exposition au soleil. C'est la pièce maîtresse du parc fédéral du même nom, le **Parque Estadual da Pedra Azul**, lequel comporte des sentiers de randonnée, des bassins naturels et certains des meilleurs spots d'escalade de l'Espírito Santo. Les habitants de la région y viennent régulièrement depuis la ville voisine de Vitória pour passer un week-end entier dans la nature. Même dans le cadre d'une visite à la journée, la vue mérite le détour.

À LA FRONTIÈRE DU MINAS GERAIS ET DE L'ESPÍRITO SANTO

Le **Parque Nacional do Caparaó** est hérissé des plus hautes montagnes du sud du Brésil, notamment le Pico da Cristal (2 798 m), le Pico do Calçado (2 766 m) et le troisième pic le plus élevé du pays, le Pico da Bandeira (2 892 m). Apprécié des alpinistes et des randonneurs, le troisième offre une vue panoramique sur la vallée de Caparaó qui marque la frontière entre le Minas Gerais et l'Espírito Santo. Les zones rocheuses dominent, mais en plus basse altitude il reste des vestiges de la luxuriante *mata atlântica* (forêt tropicale atlantique). L'entrée du parc est située à 2 km en amont d'Alto do Caparaó. Caparaó est accessible en bus depuis Vitória avec une correspondance à Manhumirim, à 25 km du parc. Comptez 4 heures 30 de trajet.

COMMENT CIRCULER

Se déplacer en transports en commun est possible mais peut prendre du temps. Le plus simple est de louer une voiture.

Les vendredi et samedi, un bus relie directement Vitória à Itaúnas, en un peu moins de six heures. Le reste de la semaine, il vous faudra une voiture pour rejoindre Itaúnas. Pendant le festival de forró en juillet, des bus de la compagnie Águia Branca (www.aguiabranca.com.br) circulent quotidiennement entre Vitória et Itaúnas.

Carnet d'adresses

BELO HORIZONTE

Centro Cultural Banco do Brasil
Voir p. 393 (☎ 31 3431-9400 ; www.bb.com.br/cultura ; Praça da Liberdade 450 ; 🕙10h-22h mer-lun)

Memorial Minas Gerais-Vale
Voir p. 393 (☎ 31 3308-4000 ; https://memorialvale.com.br/pt/ ; Praça da Liberdade 640 ; 🕙10h-17h30 mar, mer, ven et sam, 10h-21h30 jeu, 10h-15h30 dim)

Museu Brasileiro do Futebol
Voir p. 390 (☎ 31 3499-4300 ; www.meumineirao.com.br ; Av. Antônio Abrahão Caram 1001, stade Mineirão ; visite adulte/enfant stade inclus 20/10 R$)

BR Hostel
Voir p. 391 (☎ 31 98455-6090 ; fr.brhostel.com ; Rua Tomé de Souza 1399)

Hotel Fasano
Voir p. 391 (☎ 31 98411-8893 ; www.fasano.com.br/hoteis/fasano-belo-horizonte ; Rua São Paulo 2320)

Royal Golden Hotel
Voir p. 391 (☎ 31 2102-7320 ; www.royalhoteis.com.br/royalgolden ; Rua Rio Grande do Norte 1015)

Cozinha Tupis
Voir p. 393 (☎ 31 9995-0421 ; @cozinhatupis ; Av. Olegário Maciel 742, Mercado Novo ; 🕙11h30-22h30 mar-sam, 11h30-16h dim)

Glouton
Voir p. 392 (☎ 31 3292-4237 ; www.glouton.com.br ; Rua Barbara Heliodora 59 ; 🕙19h-23h30 lun-sam)

Academia do Café
Voir p. 392 (☎ 31 3223-8565 ; www.academiadocafe.com.br ; Rua Grão Pará 1024 ; 🕙9h-18h lun-sam, 9h-14h dim)

Antonio's Bar
Voir p. 393 (☎ 31 3221-2099 ; @bardoantonio ; Rua Flórida 15 ; 🕙11h-1h lun-sam, 11h-18h dim)

Baretto
Voir p. 393 (☎ 31 98412-4080 ; www.fasano.com.br/gastronomia/baretto-belo-horizonte ; Rua São Paulo 2320, Hotel Fasano ; 🕙21h-3h jeu-sam)

Garagem do Cab
Voir p. 392 (@garagemdocab ; Rua Levindo Lopes 14 ; 🕙18h-22h mer-sam, 11h30-16h dim)

Lamparina Cachaçaria
Voir p. 393 (☎ 31 99120-0318 ; www.facebook.com/lamparina.cachacaria ; Av. Olegário Maciel 742, Mercado Novo ; 🕙14h-23h45 jeu-sam, 10h-16h dim, 18h-23h45 mer)

Mercado Central
Voir p. 392 (☎ 31 3274-9434 ; www.mercadocentral.com.br ; Av. Augusto de Lima 744 ; 🕙8h-18h lun-sam, 8h-13h dim)

Mercado Novo
Voir p. 393 (☎ 31 3271-9181 ; www.facebook.com/mercado-belohorizonte ; Av. Olegário Maciel 742)

ENVIRONS DE BELO HORIZONTE

Casa da Glória
Voir p. 396 (☎ 31 3409-4990 ; www.igc.ufmg.br/casa-da-gloria ; Rua da Glória 298, Diamantina ; 🕙8h-17h30 tlj)

Instituto de Arte Contemporânea Inhotim
Voir p. 395 (☎ 31 3571-9700 ; www.inhotim.org.br ; Rua B 20, Brumadinho ; tarif plein/réduit 50/25 R$, mer entrée libre ; 🕙9h30-16h30 mar-ven, 9h30-17h30 sam-dim)

Museu do Diamante
Voir p. 396 (☎ 61 3521-4180 ; museudodiamante.museus.gov.br ; Rua Direita 14, Diamantina ; 🕙9h-17h lun-ven)

Parque Nacional da Serra do Cipó
Voir p. 396 (www.icmbio.gov.br/parnaserradocipo/guia-do-visitante.html)

Belvitur
Voir p. 396 (☎ 31 3290-9180 ; belvitur.com.br)

Saritur
Voir p. 396 (☎ 31 3167-0500 ; www.saritur.com.br)

Comuna do Ibitipoca
Voir p. 395 (ibiti.com ; Fazenda do Engenho s/n, Lima Duarte)

Hotel Estilo de Minas
Voir p. 396 (☎ 38 3531-5333 ; hotelestilodeminas.com.br ; Av. João Antunes de Oliveira 100A, Diamantina)

Pousada Relíquias do Tempo
Voir p. 396 (☎ 38 3531-1627 ; www.pousadareliquiasdotempo.com.br ; Rua Macau de Baixo 104, Diamantina)

Livraria e Café Espaço B
Voir p. 395 (☎ 38 9969-0377 ; www.facebook.com/LivrariaEspacoB ; Beco da Tecla 31, Diamantina ; 🕙9h-minuit lun-jeu, 9h-2h ven-sam, 9h-13h dim)

LARISSA CHILANTI/SHUTTERSTOCK ©

Parc d'État d'Ibitipoca

O Pouso da Chica
Voir p. 396 (38 3531-6190 ; www.pousodachica.com.br ; Rua Macau de Cima 129, Diamantina)

Relicário Gastronomia
Voir p. 395 (38 3531-4294 ; @relicariodiamantina ; Rua Joaquim Gomes da Costa 59, Diamantina ; 18h-23h mar-jeu, 18h-minuit ven-sam, 12h-16h dim)

Catedral Pub
Voir p. 395 (38 3531-3627 ; @catedralpub ; Rua Direita 68, Diamantina ; 10h-minuit lun-mer, 10h-2h jeu-sam, 18h-minuit dim)

OURO PRETO

Basílica Matriz Nossa Senhora do Pilar
Voir p. 399 (31 3551-4735 ; pilarouropreto.com.br ; Praça Monsenhor Castilho Barbosa ; 8 R$; 9h-10h45 et 12h-16h45 mar-dim)

Igreja de Nossa Senhora das Mercês
Voir p. 398 (31 3551-4735 Rua Padre Rolim s/n)

Igreja de São Francisco de Paula
Voir p. 398 (31 3551-4736 ; Rua São Francisco de Paula s/n ; 9h-12h30 mar-ven)

Igreja São Francisco de Assis
Voir p. 399 (31 3551-3282 ; Largo de Coimbra s/n ; 6 R$; 8h30-17h mar-dim)

Mina do Chico Rei
Voir p. 398 (31 3551-1749 ; Rua Dom Silvério 108 ; 30 R$; 8h-17h tlj)

Museu da Inconfidência
Voir p. 399 (61 3521-4352 ; museudainconfidencia.museus.gov.br ; Praça Tiradentes 139 ; 10h-18h mar-dim)

Buena Vista Hostel
Voir p. 398 (31 3350-3698 ; www.buenavistahostel.com ; Rua Conselheiro Quintiliano 903)

Hotel Solar do Rosário
Voir p. 398 (31 3551-5200 ; www.hotelsolardorosario.com.br ; Rua Getúlio Vargas 270)

Pousada Solar de Ópera
Voir p. 398 (31 3551-6844 ; Rua Conde de Bobadela 75)

Casa do Ouvidor
Voir p. 399 (31 3551-2141 ; www.facebook.com/casadoouvidor ; Rua Direita 42 ; 11h30-23h mer-sam, 11h30-17h dim-mar)

Olga Nur Solar do Rosario
Voir p. 399 (31 3551-5200 ; hotelsolardorosario.com/newsite/gastronomia ; Rua Getúlio Vargas 270 ; 7h-10h, 12h-15h et 18h-minuit lun-jeu, 7h-10h et 12h-minuit ven-sam, 7h-10h et 12h-23h dim)

Café das Flores
Voir p. 399 (31 3551-1791 ; cafedasflores.negocio.site ; Rua das Flores 183 ; 12h-19h mar-dim)

Rena Café
Voir p. 399 (31 99674-9192 ; renacafe.com.br ; Rua Conde de Bobadela 162 ; 12h-19h lun-ven, 10h-19h sam, 10h-17h dim, fermé 1er dim du mois)

Queijaria Tesouros das Gerais
Voir p. 399 (31 8710-6455 ; @queijariatesourosdasgerais ; Rua Getúlio Vargas 26 ; 13h-17h mar-jeu, 10h-17h ven-dim)

ENVIRONS D'OURO PRETO

LAVRAS NOVAS

Pousada Palavras Novas
Voir p. 402 (31 98856-5594 ; www.pousadapalavrasnovas.com.br ; Rua Nossa Senhora dos Prazeres 1110)

Pousada Vila Mineira
Voir p. 402 (31 3554-2220 ; @pousadavilamineiraln ; Rua Nossa Senhora dos Prazeres 121)

MARIANA

Catedral Basílica da Sé
Voir p. 401 (31 3558-2785 ; Praça Cláudio Manuel ; 10/4 R$, billet combiné avec l'entrée au Museu de Arte Sacra ; 7h-17h mar-dim)

Igreja Nossa Senhora do Carmo
Voir p. 401 (31 3558-1062 ; Praça Minas Gerais ; 3 R$; 9h-17h mar-dim)

Igreja São Francisco de Assis
Voir p. 401 (Praça Minas Gerais)

Mina da Passagem
Voir p. 401 (31 3557-5000 ; mariana.minasdapassagem.com.br ; Rua Eugenio E. Rapallo 192 ; tarif plein/réduit 210/105 R$; 9h-16h lun-ven, 9h-17h sam-dim)

Museu de Arte Sacra de Mariana
Voir p. 402 (31 3557-2581 ; Rua Frei Durão 49 ; 10/4 R$, billet combiné avec l'entrée à la Basílica da Sé ; 8h30-12h et 13h30-17h mar-ven, 8h30-14h sam-dim)

Hotel Providência
Voir p. 402 (31 3557-1444 ; www.hotelprovidencia.com.br ; Rua Dom Silvério 233)

Lua Cheia
Voir p. 401 (31 3557-3232 ; Rua Dom Viçoso 58 ; 11h-15h lun-ven, 11h-16h sam-dim)

SÃO JOÃO DEL REI

Igreja de São Francisco de Assis
Voir p. 402 (Rua Padre José Maria Xavier ; 4 R$; 7h-12h et 13h-17h mar-dim)

Train à vapeur Maria-Fumaça
Voir p. 401 (32 3371-8485, Av. Hermílio Alves 366 ; www.vli-logistica.com.br/esg/social/trem-turistico ; tarif plein/réduit 140/70 R$ aller-retour ; 3 fois par jour ven-dim, gare ouverte 9h-17h mer, 8h-17h jeu-sam, 8h-12h dim)

Taberna d'Omar
Voir p. 401 (32 3373-2709 ; @tabernad.omar ; Rua Getúlio Vargas 238 ; 18h-minuit mer-jeu, 11h-minuit ven-sam, 11h-17h dim)

Villeiros
Voir p. 401 (32 9909-2935 ; @restaurantevilleiros ; Rua Padre José Maria Xavier 132 ; 11h-16h dim-jeu, 11h30-17h ven-sam)

TIRADENTES

Igreja Matriz de Santo Antônio
Voir p. 402 (31 3355-1238 ; Rua Padre Toledo s/n ; 9h-17h)

Train à vapeur Maria-Fumaça
Voir p. 401 (Av. Hermílio Alves 366 ; www.vli-logistica.com.br/esg/social/trem-turistico ; tarif plein/

LUAN / STOCK.ADOBE.COM ©

Mariana

réduit 140/70 R$ aller-retour ; 3 fois par jour ven-dim, gare ouverte 8h-16h jeu-sam, 8h-11h dim)

Pousada Richard Rothe
Voir p. 402 (27 32 99801-8306 ; pousadarichardrothe.com.br ; Rua Padre Toledo 124)

VITÓRIA

Capela de Santa Luzia
Voir p. 406 (Rua José Marcelino)

Convento da Penha
Voir p. 406 (27 3329-0420 ; www.conventodapenha.org.br ; Rua Vasco Coutinho ; 6h-16h30 lun-sam, 4h-16h30 dim)

Garoto
Voir p. 406 (www.garoto.com.br ; Praça Meyerfreund 1 ; musée 16 R$; 9h-15h30 lun-ven, 9h-12h30 sam)

Museu de Arte do Espírito Santo
Voir p. 406 (27 3132-8393 ; maesmuseu.wixsite.com/maes ; Av. Jerônimo Monteiro 631 ; 10h-18h mar-ven, 10h-16h sam-dim)

Palácio Anchieta
Voir p. 406 (27 3636-1032 ; www.es.gov.br/governo/palacio-anchieta ; Praça João Clímaco s/n ; 9h-17h lun-ven, 9h-16h sam-dim)

Ibis Vitória Praia de Camburi
Voir p. 405 (27 3203-5450 ; all.accor.com ; Av. Dante Michelini 791, Praia de Camburi)

Senac Ilha do Boi
Voir p. 405 (27 3345-0111 ; www.hotelilhadoboi.com.br ; Rua Bráulio Macedo 417)

Sheraton
Voir p. 405 (27 2125-8000 ; www.marriott.com ; Av. Saturnino de Brito 217, Praia do Canto)

ENVIRONS DE VITÓRIA

Parque Estadual da Pedra Azul
Voir p. 409 (27 3248-1156 ; www.iema.es.gov.br/PEPAZ ; Rota do Lagarto, Km 2,3 ; 8h-17h mar-dim, dernière entrée 14h30).

Parque Estadual de Itaúnas
Voir p. 409 (27 3762-5196 ; www.iema.es.gov.br/PEI ; 8h-17h)

Parque Nacional do Caparaó
Voir p. 409 (www.icmbio.gov.br/parnacaparao ; 7h-17h30)

Parque Nacional Serra do Cipó
Voir p. 396 (www.icmbio.gov.br)

A Nave Pousada e Camping
Voir p. 408 (27 99988-8484 ; www.anave.tur.br ; Rua Italo Vasconcelos s/n, Itaúnas)

Casa da Praia
Voir p. 408 (27 99902-0533 ; www.pousadacasadapraiaitaunas.com.br ; Rua Dercilio Ferreira da Fonseca, Itaúnas)

Pousada Aroeira
Voir p. 408 (27 99775-8273 ; @aroeiraitaunas ; Rua Bambuzal s/n, Itaúnas)

Pousada Ocean
Voir p. 408 (27 98808-3340 ; @ocean.inn ; Rua Antenor Cabral da Silva 51-87, Itaúnas)

Pousada Vila Mundi
Voir p. 408 (27 99916-4001 ; @vilamundiitaunas ; Rua Dercílio Ferreira da Fonseca s/n, Itaúnas)

Recanto da Pedra
Voir p. 408 (28 99918-1599; @recantodapedra ; Rua Danilo Monteiro Castro 16, Iriri)

A Casa di Berê
Voir p. 408 (27 99986-1228 ; www.facebook.com/Bererestaurante ; Rua Lionório Lisboa de Vasconcelos 120, Itaúnas ; 18h-22h mar-ven, 12h-22h sam, 12h-15h dim)

Dona Pedrolina
Voir p. 408 (27 99948 0252 ; www.hubt.com.br/restaurante-da-pedrolina ; Rua Leonório Lisboa de Vasconcelos 110, Itaúnas ; 12h-22h tlj)

Bar Forró
Voir p. 408 (27 99819-2863 ; www.forrodeitaunas.com ; Rua Vasconcelos 86, Itaúnas ; horaires variables)

Parque Nacional do Caparaó
Voir p. 409 (www.icmbio.gov.br/parnacaparao ; 7h-17h30)

Parque Nacional Serra do Cipó
Voir p. 396 (www.icmbio.gov.br)

A Nave Pousada e Camping
Voir p. 408 (27 99988-8484 ; www.anave.tur.br ; Rua Ítalo Vasconcelos s/n, Itaúnas)

Casa da Praia
Voir p. 408 (27 99902-0533 ; www.pousadacasadapraiaitaunas.com.br ; Rua Dercilio Ferreira da Fonseca, Itaúnas)

Pousada Aroeira
Voir p. 408 (27 99775-8273 ; @aroeiraitaunas ; Rua Bambuzal s/n, Itaúnas)

Pousada Ocean
Voir p. 408 (27 98808-3340 ; @ocean.inn ; Rua Antenor Cabral da Silva 51-87, Itaúnas)

Pousada Vila Mundi
Voir p. 408 (27 99916-4001 ; @vilamundiitaunas ; Rua Dercílio Ferreira da Fonseca s/n, Itaúnas)

Recanto da Pedra
Voir p. 408 (28 99918-1599; @recantodapedra ; Rua Danilo Monteiro Castro 16, Iriri)

A Casa di Berê
Voir p. 408 (27 99986-1228 ; www.facebook.com/Bererestaurante ; Rua Lionório Lisboa de Vasconcelos 120, Itaúnas ; 18h-22h mar-ven, 12h-22h sam, 12h-15h dim)

Dona Pedrolina
Voir p. 408 (27 99948 0252 ; www.hubt.com.br/restaurante-da-pedrolina ; Rua Leonório Lisboa de Vasconcelos 110, Itaúnas ; 12h-22h tlj)

Bar Forró
Voir p. 408 (27 99819-2863 ; www.forrodeitaunas.com ; Rua Vasconcelos 86, Itaúnas ; horaires variables)

BRASÍLIA ET GOIÁS

LE CŒUR POLITIQUE ET GÉOGRAPHIQUE DU BRÉSIL

Entre jungle urbaine et jungle végétale, cette région très diverse, composée de villages paisibles et de tours futuristes, est la moins fréquentée du Brésil.

Cette région se divise en deux. D'un côté, il y a Brasília, la capitale du pays, une ville qui ne ressemble à aucune autre. Même si elle semble un peu désuète aujourd'hui, celle dont la construction débuta à la fin des années 1950 incarnait à l'époque l'avenir. Brasília, on l'aime ou on la déteste : ses vastes étendues de béton et son statut de ville de bureaucrates créent une tout autre ambiance qu'à Rio. Toutefois, son architecture particulière – le centre-ville ressemble au fuselage d'un avion et les bâtiments semblent appartenir au décor d'une série de science-fiction des années 1960 – lui a valu son inscription au patrimoine mondial de l'Unesco et fait de sa visite une expérience unique.

SANDRA MORAES/SHUTTERSTOCK ©

De l'autre côté, il y a le Goiás, on ne peut plus différent de Brasília. Ici, le béton laisse place à un ciel qui s'étend à perte de vue, à des pâturages ouverts et parsemés de plateaux montagneux accidentés. On y trouve des cascades spectaculaires ainsi que des sentiers tranquilles invitant à marcher, de charmants villages datant de l'époque coloniale et de gigantesques termitières brillant parfois d'un étrange éclat vert.

Bien que différentes, les deux facettes de cette belle région se révèlent pareillement envoûtantes pour les visiteurs qui décident de s'y aventurer.

SITES PRINCIPAUX

BRASÍLIA
Capitale rétrofuturiste.
p. 420

PARQUE NACIONAL DA CHAPADA DOS VEADEIROS
Randonnée et cascades.
p. 430

PIRENÓPOLIS
Jolie ville coloniale et aventures à la campagne.
p. 436

PARQUE NACIONAL DAS EMAS
Superbes faune et flore, termitières scintillantes. p. 442

RENATO MECHICA/SHUTTERSTOCK ©

Vale da Lua (p. 434) ; à gauche : Congresso Nacional do Brasil (p. 423)

S'orienter

Il y a beaucoup d'espaces vides dans l'État du Goiás. De bonnes routes partent de Brasília, la capitale fédérale du Brésil, et rejoignent la plupart des sites touristiques.

AVION

Des vols relient Brasília à toutes les grandes villes du pays et à des villes plus petites. L'Aeroporto Internacional Presidente Juscelino Kubitschek (www.bsb.aero) est implanté à 12 km au sud du centre-ville. Les vols à l'intérieur du Goiás se limitent, quant à eux, à quelques trajets occasionnels entre Brasília et Goiânia, la capitale de l'État du Goiás. L'Aeroporto de Goiânia (www.aeroportogoiania.net) est implanté à 6 km au nord-est du centre-ville. De là partent aussi des vols pour Rio, São Paulo et d'autres grandes villes brésiliennes, mais vous paierez sûrement moins cher au départ de Brasília.

BUS

Brasília et ses alentours sont dotés d'un bon réseau de bus, qui plus est abordable. Toutefois, passer d'un centre régional à un autre peut s'avérer compliqué et nécessiter un passage à Brasília. Au départ de la Rodoviária Interestadual (www.rodoviariabrasilia.com ; SMAS, trecho 4, Conjunto 5/6), la gare des bus longue distance de Brasília située à 3 km au sud-ouest du bord de l'Asa Sul, des bus desservent pratiquement tout le pays.

VOITURE

La voiture est le moyen le plus facile de se déplacer entre Brasília et les zones alentour. Les trajets peuvent cependant être longs, et dans certains endroits, les infrastructures rares.

Parque Nacional das Emas, **p. 442**

Communiez avec les nandous et cherchez les fourmiliers géants dans cet extraordinaire parc national où les termitières brillent d'une lueur verte.

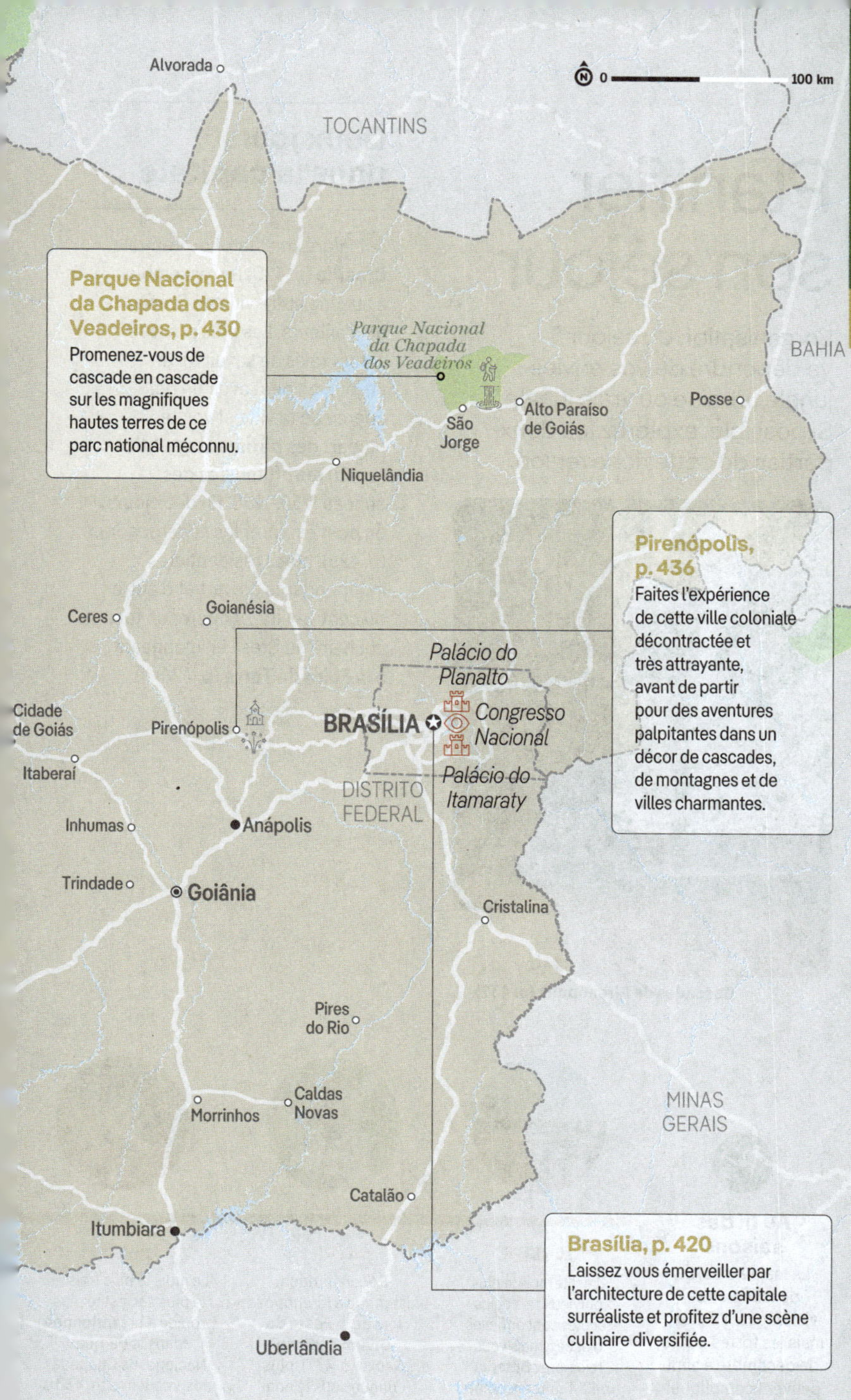
0
100 km
Alvorada
TOCANTINS
BAHIA
Parque Nacional da Chapada dos Veadeiros, p. 430
Promenez-vous de cascade en cascade sur les magnifiques hautes terres de ce parc national méconnu.
Parque Nacional da Chapada dos Veadeiros
São Jorge
Alto Paraíso de Goiás
Posse
Niquelândia
Pirenópolis, p. 436
Faites l'expérience de cette ville coloniale décontractée et très attrayante, avant de partir pour des aventures palpitantes dans un décor de cascades, de montagnes et de villes charmantes.
Ceres
Goianésia
Palácio do Planalto
Cidade de Goiás
Pirenópolis
BRASÍLIA
Congresso Nacional
Itaberaí
Palácio do Itamaraty
DISTRITO FEDERAL
Inhumas
Anápolis
Trindade
Goiânia
Cristalina
Pires do Rio
MINAS GERAIS
Morrinhos
Caldas Novas
Catalão
Itumbiara
Brasília, p. 420
Laissez vous émerveiller par l'architecture de cette capitale surréaliste et profitez d'une scène culinaire diversifiée.
Uberlândia

Planifier son séjour

L'organisation du séjour va dépendre de vos envies : jungle urbaine ou vraie jungle ? Si possible, explorez les deux parties de cette riche région.

Cascades de Pirenópolis (p. 439)

Deux jours dans la capitale

Malgré son statut de capitale, **Brasília** (p. 420) ne ressemble à aucune autre ville du Brésil ou d'ailleurs. Les plus pressés seront ravis de savoir qu'en un jour, on peut avoir un bel aperçu de la ville et voir la plupart des **bâtiments publics** (p. 421) rétrofuturistes des années 1950-1960. En deux jours, on peut explorer les *superquadras* (p. 425), blocs résidentiels indépendants de part et d'autre du centre-ville, et opérer un tour culinaire du Brésil en mangeant à la **Feira da Torre** (p. 426).

Au fil des saisons

La majeure partie de la région se visite toute l'année, mais les fortes pluies de décembre à avril peuvent compliquer les randonnées.

JANVIER

C'est le mois le plus pluvieux : les coins reculés sont difficiles d'accès, mais vous rejoindrez **Brasília** (p. 420) sans encombre.

AVRIL

Reconstitution historique à Pirenópolis lors de la **Festa do Divino Espírito Santo** (p. 437), plus connue sous le nom d'As Cavalhadas.

JUIN

Le mois le plus frais et le plus sec est le plus propice à la **randonnée** dans le Parque Nacional da Chapada dos Veadeiros (p. 430).

Cinq jours on ne peut plus différents

Si vous avez cinq jours, passez-en deux à admirer l'étrangeté de **Brasília** (p. 420). Pour encore plus de bizarrerie, visitez le siège de l'une des **sectes New Age** (p. 428) nées ici. Le troisième jour, changez de décor : prenez le bus vers l'ouest pour rejoindre la charmante **Pirenópolis** (p. 436). Baladez-vous d'église en église, puis faites une excursion pour découvrir les 73 cascades qui constellent la belle campagne alentour. Pour admirer l'architecture coloniale du XVIIIe siècle, rendez-vous à **Cidade de Goiás** (p. 440).

Deux semaines diversifiées

Passez les trois premiers jours à **Brasília** (p. 420) à découvrir l'architecture classée au patrimoine mondial de l'Unesco et à profiter des divers bars et restaurants que la ville abite. Prenez la direction du nord jusqu'au **Parque Nacional da Chapada dos Veadeiros** (p. 430) pour randonner plusieurs jours entre points de vue, piscines naturelles et cascades divines. Passez une autre nuit à Brasília avant de faire cap à l'ouest, direction la charmante **Pirenópolis** (p. 436), pour suivre les suggestions de l'itinéraire en cinq jours. Enfin, admirez l'un des écosystèmes les plus magiques du Brésil au **Parque Nacional das Emas** (p. 442).

JUILLET

C'est la pleine saison des **vacances** et la plupart des habitants de Brasília quittent la ville.

AOÛT

En raison de la forte fréquentation touristique (étrangère et de l'intérieur), certains lieux, comme Pirenópolis, sont bondés.

OCTOBRE

Les premières **pluies** apportent un regain bienvenu de végétation et de fleurs à la campagne.

NOVEMBRE

C'est à cette période que le spectacle lumineux des termitières du **Parque Nacional das Emas** (p. 442) est le plus beau.

BRASÍLIA

Il y a encore 70 ans, Brasília, l'improbable capitale brésilienne, n'était rien d'autre qu'une vaste étendue de savane brûlante. C'était sans compter le président Juscelino Kubitschek et sa rencontre avec Oscar Niemeyer, un architecte capable de mettre en œuvre ses idées loufoques. En seulement quelques années, Brasília sortit de terre et remplaça Rio comme capitale politique. À la charnière entre les années 1950 et 1960, l'homme semblait proche de pouvoir habiter sur la lune : la ville reflète l'idée que l'on se faisait d'un avenir tourné vers l'espace.

Aujourd'hui, ces espaces sans fioritures, ces grandes routes et ces bâtiments imposants rendent hommage à l'architecture moderniste. Cette ville bien pensée est très clivante : on l'aime ou on la déteste. Au demeurant, Brasília ne pourrait pas être plus différente de Rio la balnéaire.

Pour les infos pratiques, voir le Carnet d'adresses p. 446

À SAVOIR

Shorts, mini-jupes, robes, manches courtes, crop-tops et sandales sont prohibés dans la plupart des bâtiments publics et gouvernementaux. Concernant les bâtiments gouvernementaux, leur accès n'est permis que dans le cadre d'une visite guidée, à heures précises.

DONATAS DABRAVOLSKAS/SHUTTERSTOCK ©

Museu Nacional (p. 423)

INCONTOURNABLES	VOIR		OÙ SE LOGER
1 Congresso Nacional	4 Catedral Metropolitana	9 Praça do Cruzeiro	14 Hospedagem Domiciliar Asa Sul
2 Palácio do Itamaraty	5 CLN 205/206	10 Praça dos Trés Poderes	**SE RESTAURER**
3 Palácio do Planalto	6 Eixo Monumental	11 SQS 308	15 Feira da Torre
	7 Museu Nacional	12 Teatro Nacional Cláudio Santoro	
	8 Parque da Cidade	13 Torre de TV	

Les visions de Niemeyer

FANTASTIQUE ARCHITECTURE RÉTROFUTURISTE

Depuis une cinquantaine d'années, plusieurs pays ont entrepris de bâtir une capitale flambant neuve, construite à cet effet, mais peu ont construit une ville aussi tournée vers le futur que Brasília. Même si, aujourd'hui, cette vision du futur semble bien désuète. L'idée d'une nouvelle capitale a commencé à voir

OÙ PRENDRE UN VERRE À BRASÍLIA

New Mercadito
Cocktails branchés, tapas alléchants et gros burgers font de ce lieu la meilleure adresse nocturne en centre-ville.

1 Primeiro
Grand bar à cocktails et à snacks, lumineux et populaire, ressemblant à un hangar.

Outro Calaf
La samba *live* fait vibrer la piste de danse préférée de la ville.

DEUX AUTRES CHEFS-D'ŒUVRE MODERNISTES DE BRASÍLIA

À Brasília, un édifice remarquable en cache toujours un autre. Allez voir les deux autres chefs-d'œuvre modernistes suivants :

Palácio da Alvorada Lors des visites guidées du mercredi, découvrez le "palais de l'Aube", résidence présidentielle officielle conçue par Niemeyer en bord de lac. Il s'agit du premier bâtiment de la ville a avoir été inauguré (1958). Les jardins sont superbes.

Biblioteca Nacional Arches et grilles rendent cette bibliothèque unique. Ouverte en 2008, elle a pourtant un air inachevé. Vous trouverez un petit espace d'exposition au 2e niveau.

ALEXANDRE SIQUEIRA/SHUTTERSTOCK ©

Palácio do Itamaraty

le jour en 1956, lorsque le président de l'époque, Juscelino Kubitschek, contacta l'architecte de renom Oscar Niemeyer et lui demanda de créer une ville du futur. Ce que Niemeyer et son équipe firent en un temps record : Brasília était prête à remplir son rôle moins de 4 ans plus tard. Niemeyer avait un don pour transformer le béton armé en chef-d'œuvre architectural. Avec Brasília, il donna vie à une idée de l'avenir des années 1960. Mais les goûts changent, et la vision qu'on se faisait de l'avenir ne s'est pas réalisée. Cependant, en tant que monument d'architecture brutaliste audacieuse des années 1960, Brasília a une place à part.

Toute la ville présente une architecture intéressante, mais les bâtiments publics les plus remarquables figurent sur l'axe central reliant la Praça dos Trés Poderes à la Praça do Cruzeiro, à 6 km au nord-ouest. Dans la chaleur de Brasília, rejoindre ces sites à pied peut s'avérer difficile : hélez un taxi ou prenez un scooter pour les rejoindre.

Commencez par la Praça dos Très Poderes, inondée de soleil. Avec son **mât** monumental, elle est au cœur du plan urbain de la ville. Elle est ornée de sculptures saisissantes, dont *Os Candangos* de Bruno Giorgi qui rend hommage aux ouvriers venus de tout le pays pour construire la ville, *A Justiça* d'Alfredo Ceschiatti et O Pombal (Le Pigeonnier) de Niemeyer. Comme son nom l'indique, la place abrite les "trois pouvoirs", représentés par le palais présidentiel, la Cour suprême et le Parlement. Le **Palácio do Planalto**, siège de la présidence, est une superbe réalisation de Niemeyer.

OÙ PRENDRE UN CAFÉ À BRASÍLIA

Ernesto Cafés Especiais Cafés préparés de mains d'expert. Bons petit-déjeuner et brunch. $

Clandestino De bon matin, sirotez un café sur le balcon donnant sur un parc au son d'une musique tranquille. $

Daniel Briand Pâtissier Chocolatier Café français servant de délicieuses pâtisseries, chocolats savoureux et cafés. $

Lignes courbes, immenses colonnes et grande rampe : c'est un des plus beaux exemples de style moderniste au monde. La visite guidée permet même de jeter un coup d'œil au bureau du président (s'il est absent). À quelques centaines de mètres, le **Congresso Nacional** (congrès national) est un autre bâtiment emblématique. Son dôme convexe symbolise l'ouverture de ses membres à toutes les idéologies. Les visites guidées fréquentes valent le coup et permettent de découvrir le "Couloir du temps", des expositions, des fresques murales intéressantes, et le code couleur du Sénat (bleu) et de la Chambre des députés (vert).

Après le Palácio do Planalto se trouve le **Palácio do Itamaraty**, siège du ministère des Affaires étrangères. Son caractère "étranger" lui donne le droit d'afficher sa différence : il arbore une série d'arcs en béton surmontant des bassins et des jardins flottants. À l'extérieur, cinq blocs de marbre symbolisent les continents.

Hélez un taxi et parcourez les 2 km qui vous séparent de l'étonnante **Catedral Metropolitana**, une des cathédrales les plus surréalistes au monde. Seize arcs s'élèvent vers le ciel et ceinturent l'édifice circulaire aux vitraux bleus, dont l'entrée est gardée par les statues des *Quatre disciples* signées Ceschiatti. À l'intérieur, le toit en vitrail emplit la cathédrale de lumière, et la structure est en béton poli.

Traversez la rue pour admirer un autre dôme étrange : le **Museu Nacional**, ouvert au public en 2007 pour le 100e anniversaire de la naissance d'Oscar Niemeyer, est installé sous un dôme blanc qui ressemble à une planète venue s'écraser sur le sol. L'intérieur se distingue par sa mezzanine inversée soutenue par des piliers suspendus au plafond. Cet ovni architectural abrite des expositions permanentes et temporaires souvent bien plus traditionnelles que le bâtiment qui les accueille.

Marchez 1 km au nord, en traversant les parcs (ou prenez le taxi, mais vous mettrez autant de temps), jusqu'au **Teatro Nacional Cláudio Santoro** (théâtre national), qui ressemble à une pyramide tronquée. Admirez le jardin intérieur, dessiné par l'architecte paysagiste brésilien Roberto Burle Marx (1909-1994), et les sculptures.

Ne partez pas sans avoir vu le **Santuário Dom Bosco**. Cette église (1970), conçue par Carlos Alberto Naves, comporte 40 arcs en ogive qui encadrent le magnifique camaïeu de bleu des vitraux d'Hubert Van Doorne (1900-1979). L'impressionnant lustre central (5 m de diamètre, 2,5 tonnes) est composé de 7 500 pièces de verre de Murano. Les portes sculptées en bronze et en fer évoquent la prémonition du prêtre (p. 428). Le bus 0.107 (quai E10 à la gare des bus locaux) la dessert toutes les 8 minutes.

LE FAISEUR DE MERVEILLES : OSCAR NIEMEYER

Oscar Niemeyer (1907-2012), à qui l'on doit l'essentiel du design de Brasília, était sans doute l'architecte de l'époque le plus important d'Amérique latine. En plus des édifices qui lui reviennent dans de nombreuses villes brésiliennes et sud-américaines, il en a aussi conçu en Europe. Il en est ainsi de la Serpentine Gallery de Londres et de la Maison de la Culture du Havre. Sa première grande commande fut le Palácio Gustavo Capanema, à Rio, sa ville natale. Ensuite, sa carrière connut une ascension fulgurante, jusqu'à atteindre son apogée avec la conception de Brasília. Pour fuir la dictature brésilienne dans les années 1960, Niemeyer s'exila en France. Il ne revit son pays qu'avec le retour de la démocratie au milieu des années 1980.

LES MEILLEURS LOGEMENTS BON MARCHÉ

Joy Hostel
Des vans Volkswagen décorent les murs de cette grande auberge de jeunesse conviviale. $

Hostel Villa Brasília
Dans un jardin verdoyant des *superquadras* ; accueil chaleureux. $

Hotel Diplomat
Hôtel bien géré, mais manquant de cachet. $

DRAPEAU GÉANT

Sur la Praça dos Trés Poderes se dresse un mât monumental, auquel flotte un drapeau brésilien aux dimensions hors norme et au poids impressionnant de 600 kg. Accroché au mât depuis l'inauguration de la ville en 1960, il s'agirait du plus grand drapeau au monde hissé en permanence. Le premier dimanche de chaque mois, un bataillon de la garde présidentielle (parfois en présence du président) change le drapeau, pour nettoyage, lors d'une cérémonie en grande pompe. À côté du mât se trouvent un cénotaphe commémorant les héros nationaux brésiliens et une flamme de la paix.

MARCELO MORYAN/SHUTTERSTOCK ©

Teatro Nacional Cláudio Santoro (p. 423)

Se déplacer à Brasília

UN CASSE-TÊTE À RÉSOUDRE

Pour les nouveaux arrivants, Brasília et ses adresses sont déroutantes, mais le système est en fait très logique. Les adresses se composent d'une série de chiffres et de lettres qui indiquent une localisation précise. Par exemple, l'adresse SQS 704, Bloco Q, Casa 29 se situe dans le *Superquadra* Sul 704, bâtiment (*bloco*) Q, maison (*casa*) 29. Le premier chiffre de l'adresse (7) indique la position à l'est ou à l'ouest de l'Eixo Rodoviário (la principale artère nord-sud) – chiffres impairs à l'ouest, pairs à l'est. Notre endroit est donc à 7 blocs à l'ouest de l'Eixo Rodoviário. Les deux derniers chiffres (04) indiquent la distance au nord ou au sud de l'Eixo Monumental (place principale sur l'Eixo Rodoviário). Ainsi, l'endroit se trouve 4 blocs au sud de l'Eixo Monumental.

Voici maintenant un petit exercice : cherchez l'adresse **SQS 308**. Si vous l'avez trouvée, bien joué ! Pourquoi cette adresse ? Tout simplement parce qu'il s'agit du prototype de tous les autres “superblocs”. Il compte neuf immeubles d'habitation, et ses jardins sont les seuls à avoir été conçus par le célèbre paysagiste Roberto Burle Marx : très touffus, ils encerclent les bâtiments et arborent un bassin de carpes koï colorées. Burle Marx les a pensés ainsi pour que les habitants aient l'impression de vivre à la campagne. Le bloc est connu pour son carrelage extérieur au rez-de-chaussée : beaucoup d'immeubles en sont dotés en ville, mais celui-ci est un des plus beaux. Le jardin d'enfants est aussi considéré comme un chef-d'œuvre d'architecture moderniste. Sur place, vous verrez aussi une aire de sport en plein air et une impressionnante église couverte de fresques singulières en mosaïque.

OÙ SE RESTAURER À BRASÍLIA

Olivae
Superbe cuisine méditerranéenne créée par l'un des plus grands chefs brésiliens. **$$**

Taypá
En périphérie, ce restaurant vaut le détour pour ses plats péruviens modernes et surprenants. **$$$**

Coco Bambu Iguatemi Brasília
Adresse populaire pour ses fruits de mer (les plats de crevettes sont la spécialité). **$$**

La vie dans une superquadra

LA VIE DANS LES AILES

S'étendant de part et d'autre du centre de Brasília, les *superquadras* (superblocs) sont les principaux quartiers résidentiels de la ville. Vues de haut, elles ressemblent aux ailes d'un oiseau ou d'un avion. Pensées comme quartiers autonomes, ces 96 *superquadras* sont constituées d'immeubles d'habitation bien ordonnés. Chacune fait environ 300 m de long et est entourée de petits espaces verts arborés. Elles partagent aussi toutes avec leur voisine une rue commerçante, afin de créer du lien communautaire. Ces lieux sont l'essence même de Brasília : prenez le temps d'en visiter plusieurs. Une des plus curieuses est celle de **CLN 205/206**, conçue pour la société Terracap par Doramélia da Motta. Encore étudiante, cette dernière eut l'idée d'inverser la *superquadra* : plutôt que les magasins et les restaurants soient face à la rue principale, ils lui tournent le dos. Le bloc lui-même ressemble à un ovni inversé. Les jardins sont sur les toits, et il y a des patios, comme dans le sud de l'Espagne.

La visite d'une *superquadra* est une excursion fascinante, mais le mieux est de dormir chez l'habitant ; les opportunités de le faire sont en augmentation. On peut ainsi goûter à la vie de famille dans une *superquadra*. Si vous choisissez bien, vous pourrez partager les repas de la famille et peut-être même obtenir une visite privée de Brasília. Les sites melhorespousadas.tur.br/df/brasilia/pousadas et www.homestay.com répertorient plusieurs adresses. **Hospedagem Domiciliar Asa Sul** est une des plus fiables.

SORAYARUBIAG/SHUTTERSTOCK ©

Superquadras

BRASÍLIA AUTREMENT

Cette ville affairée n'est pas connue pour être un centre de la contre-culture brésilienne. Toutefois, quelques endroits sont animés d'un courant un rien alternatif.

Supren Verda
Dans un pays de carnivores, cette adresse 100% végane surprend.

Jardim Botânico
Ce joli jardin comprend un coin d'herbes aromatiques et une exposition de plantes médicinales.

Bar Beirute – Asa Sul
Institution gay-friendly, avec un patio et une clientèle branchée.

Mangai
Côté décoration et cuisine, ce restaurant exceptionnel promet une belle expérience. **$$**

Ticiana Werner Restaurante
Plats brésiliens gastronomiques dans un cadre raffiné. Carte des vins impressionnante. **$$$**

Trattoria da Rosário
Un restaurant italien primé et raffiné proposant une foule de spécialités parfaitement présentées. **$$$**

LES MEILLEURS LOGEMENTS RÉTRO DE BRASÍLIA

Brasília Palace Hotel
Cet hôtel emblématique ravira les amateurs d'architecture. Conçus par Oscar Niemeyer en 1957, les espaces communs témoignent de la modernité du milieu du XXe siècle, avec meubles et œuvres d'art de Niemeyer, Athos Bulcão et autres, à l'ombre d'une façade couverte de brise-soleil. N'hésitez pas à plonger dans la piscine en forme d'œuf ! $$

Kubitschek Plaza
Les couloirs et le hall de cet hôtel classique sont décorés d'œuvres d'artistes locaux et de photos célèbres du gouvernement de Juscelino Kubitschek. $$

CARLOS GRILLO/SHUTTERSTOCK ©

Esplanada dos Ministérios, Brasília

En haut de la tour de la télévision

REPAS AVEC VUE

L'immensité de Brasília se dévoile sur la terrasse d'observation située au sommet de la **Torre de TV** (tour de la télévision). Perchée à 75 m de hauteur, elle donne sur l'**Eixo Monumental**. La tour n'est pas assez grande pour distinguer le plan urbain en forme d'avion, mais vous aurez un bel aperçu du centre (du cockpit, pour ainsi dire) et des principaux bâtiments publics. Au pied de la tour, dans le parc poussiéreux, admirez les fontaines aux jets dansants qui diffusent des embruns rafraîchissants et imitez la foule, qui prend des selfies devant la sculpture *I Love Brasília*. Faites un tour à la **Feira da Torre** : même si cet ensemble de bâtiments est présenté comme un marché artisanal, c'est surtout un superbe marché de street-food. En tant que capitale, Brasília a attiré des gens des quatre coins de cette grande nation, tous venus avec leurs spécialités culinaires. La Feira da Torre est un endroit sympathique pour faire un tour d'horizon culinaire du Brésil. La qualité de la nourriture laisse parfois à désirer, mais les stands sont bon marché et amusants. L'endroit s'anime le dimanche, lorsque les habitants s'y promènent et rejoignent leurs amis pour grignoter.

DÎNER DANS LES SUPERQUADRAS

Boteco do Juca
Dans un jardin, adresse populaire servant bières fraîches et repas copieux et abordables. $

Santé 13
Plats créatifs au dressage superbe ; la viande tient une place de choix. Cadre agréable, en bord de parc. $$

Same Same, But Different
Le nom est accrocheur, et les saveurs asiatiques valent le coup. $$

La vie au parc

PROFITER DES ESPACES VERTS

Brasília est d'abord une ville de béton et de bureaux, mais même les bureaucrates aiment se détendre de temps à autre. Pour ce faire, ils se rendent au vaste **Parque da Cidade** (parc de la ville). Couvrant 420 hectares à l'ouest de l'Eixo Monumental, il est bien arboré et ponctué de grandes pelouses, lacs, mares à canards, pistes de course, aires de jeux, courts de tennis, bars et restaurants, et, Brésil oblige, de plusieurs terrains de football. Plus grand parc urbain brésilien, c'est aussi l'un des plus grands au monde (il est plus grand que Central Park, à New York). Sans surprise, le parc est l'un des principaux lieux de vie sociale de Brasília. Il offre une échappatoire à la frénésie de la ville : il fait bon s'y promener le soir, et plus encore la journée du dimanche. Il est souvent rempli de promeneurs et de familles installées pour pique-niquer sous les arbres ou près du lac. Barbecues et bouteilles de bière sont de sortie, tandis que des pratiquants de rollers s'élancent sur les allées et que des dizaines de matchs de volleyball et de football battent leur plein dans la fraîcheur du soir.

Des événements culturels ont souvent lieu ; avec un peu de chance, votre visite coïncidera avec un concert ou une exposition en plein air. Si ce n'est pas le cas, le pique-nique et l'ambiance du parc sont déjà l'une des expériences les plus agréables de Brasília.

Le parc abrite aussi une fête foraine et une piste de karting, et ses zones boisées sont parfaites pour observer les oiseaux.

MUSÉES DE BRASÍLIA

En plus du Museu Nacional, la ville héberge des musées qui méritent la visite pour leur contenu et pour leur architecture.

Centro Cultural Banco do Brasil
Ce bâtiment surmonté d'un dôme renferme la galerie d'art contemporain la plus importante de Brasília.

Caixa Cultural
Centre culturel, galerie et musée logés dans un bâtiment aux vitraux impressionnants.

Memorial JK
Énorme mémorial abritant un musée et la tombe du père de Brasília, Juscelino Kubitschek.

Memorial dos Povos Indígenas
Cet édifice conçu par Niemeyer abrite le musée des Cultures indigènes.

COMMENT S'Y RENDRE ET CIRCULER

L'Aeroporto InternacionalPresidente Juscelino Kubitschek (www.bsb.aero) est implanté à 12 km au sud du centre-ville. Il est relié à toutes les grandes villes brésiliennes, et des vols internationaux directs sont également disponibles. Plusieurs lignes de bus permettent de rejoindre le centre-ville. Le bus 102.1 permet notamment de rallier la gare routière locale (3,80 R$, 40 minutes). Un taxi du centre à l'aéroport coûte 60 R$ environ.

Les sites majeurs de Brasília sont disséminés le long d'un tronçon de 5 à 6 km sur l'Eixo Monumental (l'axe central). Les bus 104 et 108 arpentent cette route et relient la plupart des bâtiments importants. Le point de repère principal du réseau complexe de lignes de bus, géré par DFtrans (www.dftrans.df.gov.br), est la gare routière centrale, appelée Rodoviária Plano Piloto. Les prix des trajets en ville varient selon leur longueur. Un réseau de métro (https://metro.df.gov.br/) de deux lignes existe, mais il ne couvre que le sud de la ville et n'est pas très utile aux visiteurs, à moins de se rendre dans les bars et restaurants de l'Asa Sul.

Il n'est pas facile de héler un taxi dans la rue ; ayez le numéro d'un taxi ou utilisez Uber.

Environs de Brasília

Philosophez près de pyramides aux côtés de chamans, voyants et personnes en quête d'un autre mode de vie.

Pour les infos pratiques, voir le Carnet d'adresses p. 447

À SAVOIR

Les deux sites mentionnés accueillent les visiteurs curieux, mais il convient de respecter les règles imposées et de se montrer prudent.

Au XIXe siècle, le prêtre italien (canonisé depuis) Dom Bosco, qui consacra sa vie à aider les enfants des rues et personnes défavorisées dans sa patrie italienne, prophétisa qu'une nouvelle civilisation naîtrait entre les parallèles 15 et 20, et que sa capitale serait construite entre les parallèles 15 et 16, sur les rives d'un lac artificiel. Avec son architecture moderniste et son emplacement, à l'endroit exact où l'avait prédit Dom Bosco, Brasília est considérée par certains comme la capitale de cette nouvelle civilisation. De ce fait, plusieurs grands cultes ont vu le jour en marge de la capitale. Les visiter, c'est découvrir une autre facette de la vie religieuse brésilienne.

Membres de la communauté du Vale do Amanhecer

DIEGO GRANDI/SHUTTERSTOCK ©

Templo da Boa Vontade

Nouveaux ordres mondiaux

DESTINÉE SPIRITUELLE

Deux cultes majeurs sont implantés aux abords de Brasília. Le plus grand est la Légion de la bonne volonté. Fondée en 1950 par un poète et animateur de radio brésilien, elle met en place des programmes éducatifs et sociaux à destination des personnes défavorisées. Son siège, près de Brasília, le **Templo da Boa Vontade** est un complexe spectaculaire centré sur une impressionnante pyramide surmontée d'un cristal géant de 21 kg. Autoproclamé "portail du troisième millénaire", le complexe promeut l'harmonie entre les religions (bien que l'accent soit mis sur le Christ). Pieds nus, vous pourrez pénétrer dans la salle principale et suivre un chemin intérieur en spirale, méditer dans la salle égyptienne, visiter la galerie d'art et manger au restaurant.

L'autre grande secte basée près de la ville est le **Vale do Amanhecer** (vallée de l'aurore), fondé par la voyante Tia Neiva, en 1959. Il est peut-être encore plus surréaliste que le Templo da Boa Vontade. Le système de croyances ressemble à un méli-mélo de catholicisme, de rites grecs anciens, égyptiens (ici aussi, la pyramide est un symbole architectural fort), aztèques, incas et hindous. La secte compte beaucoup d'adeptes au Brésil. La plupart des résidents (dont beaucoup sont médiums) et des pèlerins que vous croiserez sont vêtus de robes fluides à capuche brodées de crucifix : le tout est honnêtement un peu effrayant !

PAROLE D'HABITANT : CE QUE JE PRÉFÈRE À BRASÍLIA

Yoshihiro Karashima habite à Brasília et gère le tour-opérateur Prestheza Turismo (prestheza.com.br). Voici ses conseils pour bien profiter de Brasília.

Au risque de paraître un peu cliché, je ne peux m'empêcher de conseiller une balade dans le centre exécutif, judiciaire et législatif de Brasília (et du Brésil), la Praça dos Trés Poderes. Mes bâtiments préférés sont le Palácio do Itamaraty (ministère des Affaires étrangères) et la Cour suprême. Les édifices ont été conçus par feu Oscar Niemeyer, le grand architecte brésilien de renommée mondiale, dont la pâte se retrouve partout dans la capitale de notre pays bien-aimé.

COMMENT CIRCULER

Des bus partent du centre-ville et desservent les deux endroits ; prenez le bus 105 ou le 107 pour rejoindre le Templo da Boa Vontade et le 617 pour Vale do Amanhecer.

PARQUE NACIONAL DA CHAPADA DOS VEADEIROS

Le Parque Nacional da Chapada dos Veadeiros est un haut plateau traversé de rivières et parsemé de pics à sommet plat. Le paysage austère du *cerrado* (savane) impressionne et révèle toute sa beauté dans ses cascades spectaculaires – qu'elles soient simples et massives ou qu'elles se séparent en différentes petites chutes. Le parc est un fabuleux terrain de randonnée, avec des sentiers traversant gorges, forêts et savane ouverte, et menant à des cascades et à des bassins bleus et frais.

Ce paysage sublime a attiré des adeptes du New Age, qui ont fondé des communautés alternatives et développé l'écotourisme autour du parc.

La meilleure période pour le visiter se situe entre avril et octobre. À la saison des pluies, l'accès devient difficile, les pistes glissantes et les rivières sortent de leur lit.

Pour les infos pratiques, voir le Carnet d'adresses p. 448

À SAVOIR

Le parc national a une capacité d'accueil limitée à 400 personnes par jour. En semaine, ce seuil n'est jamais atteint, mais le week-end et pendant les vacances, mieux vaut arriver tôt. N'oubliez pas maillot de bain et crème solaire.

Parque Nacional da Chapada dos Veadeiros

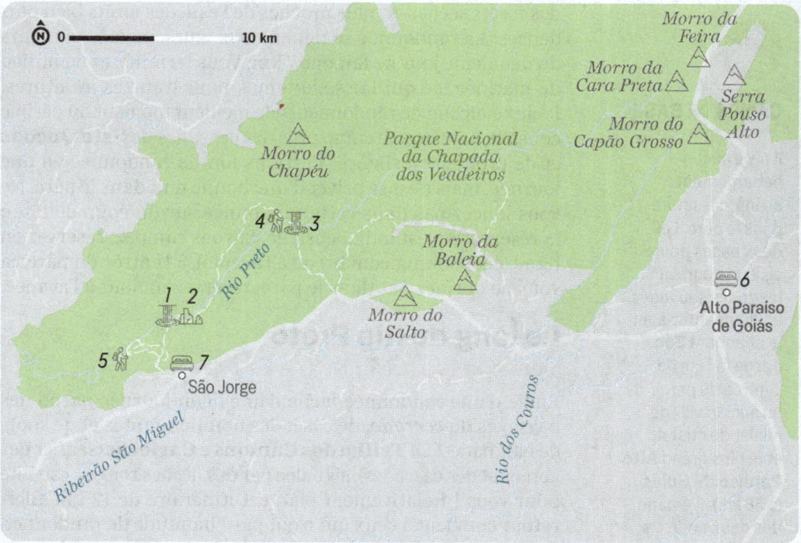

VOIR
1 Cachoeira das Cariocas
2 Cânion I
voir 2 Cânion II
3 Sete Quedas

ACTIVITÉS, COURS ET CIRCUITS ORGANISÉS
4 Travessia das Sete Quedas
voir 1 Trilha dos Cânions e Cariocas
5 Trilha dos Saltos e Corredeiras

SE LOGER
6 Alto Paraíso de Goiás
7 São Jorge

Randonnée sur la Travessia das Sete Quedas

ÉVASION DANS LA NATURE

Se réveiller à l'aube, la tente caressée par les premiers rayons du soleil, se promener au son du chant des oiseaux pour atteindre une grande cascade en escalier et s'y baigner après une bonne nuit de sommeil : voilà les promesses que tient la **Travessia das Sete Quedas**. Cette traversée du parc de 23 km, un des itinéraires les plus populaires du Parque Nacional da Chapada dos Veadeiros, permet d'admirer toutes les merveilles de la région, notamment des cascades idylliques, le **Cânion I** (il en existe un second, mais il est plus éloigné de la piste principale) et le Rio Preto. Entre des zones de savane ouverte rappelant l'Afrique, on trouve

AUTRES RANDONNÉES PRÈS DES CASCADES

Si vous aimez marcher près des cascades, rejoignez la **Reserva Ecológica Vargem Grande** (p. 439), non loin de la jolie Pirenópolis.

OÙ SE LOGER À SÃO JORGE

Pousada Taiuá Ambiental
Complexe coloré avec emplacements de camping, dortoirs et chambres privées soigneusement décorées. **$**

Baguá Bangalôs
Adresse huppée proposant des bungalows luxueux, décorés façon "safari", et une superbe piscine. **$$$**

Pousada Bambu Brazil
Petite *pousada* avec un charmant jardin paysager et des chambres lumineuses et colorées au charme local. **$$**

CAMPS DE BASE

Il n'y a aucun hébergement ou infrastructure dans le parc. Les deux bases pour visiter le parc et les zones sauvages environnantes sont le charmant **São Jorge** (à 1 km de l'entrée du parc), un ancien village minier de cristal, et le plus grand **Alto Paraíso de Goiás** (à 38 km). Il émane des deux endroits une atmosphère décontractée. Ils attirent d'ailleurs de longue date les personnes tournées vers les cultures alternatives. Ici, vous verrez pléthore de boutiques de cristaux, des mandalas et des dreadlocks. Les deux villes disposent d'une excellente gamme d'hébergements et de bons restaurants. Vous trouverez aussi des guides, et n'aurez aucun mal à organiser votre transport vers/depuis le parc.

des forêts sèches et, plus proches de l'eau, des forêts bien plus denses. La randonnée se fait en deux jours, mais le parcours du deuxième jour ne fait que 7 km. Vous terminerez en milieu de matinée, ce qui laisse le temps pour d'autres aventures. Pour beaucoup de randonneurs, le meilleur moment du périple consiste à monter le camp près des cascades de **Sete Quedas** et de profiter du silence. Certains font la randonnée en une journée, mais c'est se priver d'une bonne nuit dans le parc. Ne vous lancez pas dans cette randonnée sur un coup de tête : la réservation est indispensable. Si vous campez, réservez en ligne (ecobooking.com.br) ou à l'accueil, à l'entrée du parc. Si vous ne dormez pas dans le parc, réservez un jour à l'avance.

Le long du Rio Preto

RANDONNÉES CLASSIQUES ET FAMILIALES

Envie d'une randonnée facile d'une demi-journée parmi des paysages du *cerrado*, de cascades bouillonnantes et de spots de baignade ? La **Trilha dos Cânions e Cariocas** (sentier des gorges et des cascades), signalée par des flèches rouges, est faite pour vous ! Relativement plat, cet itinéraire de 12 km aller-retour convient à ceux qui n'ont pas l'habitude de randonner. Il débute près de l'accueil à l'entrée du parc : vous suivrez le Rio Preto marron et boueux pendant environ 1 heure 30, avant d'arriver à un embranchement. Le chemin de droite mène au **Cânion II**, 800 m plus loin, où la rivière est enserrée entre des parois rocheuses rougeâtres sur une courte distance. Une immense piscine naturelle se trouve à l'embouchure du petit canyon ; l'endroit idéal pour se détendre et pique-niquer. Certains randonneurs escaladent les parois rocheuses et s'élancent depuis le sommet (à seulement quelques mètres de hauteur). Ensuite, revenez sur vos pas jusqu'à l'intersection et suivez l'autre chemin, qui, après 1 km, atteint la **Cachoeira das Cariocas**, un ensemble spectaculaire de cascades débouchant sur un bassin profond invitant à la baignade. Une heure de marche vous sépare de l'entrée du parc. Le sentier est facile et bien balisé : un guide n'est pas obligatoire.

Autre itinéraire de longueur et de difficulté comparables : la **Trilha dos Saltos e Corredeiras** (piste des cascades et des rapides). Balisé de flèches jaunes, le sentier conduit à une superbe série de cascades se jetant dans une piscine.

COMMENT S'Y RENDRE ET CIRCULER

Le parc est proche de São Jorge, village accessible par la route (et de rares bus) depuis Alto Paraíso de Goiás, relié par des bus au reste de l'État.

Chaque jour, 2 à 3 bus relient Brasília et Alto Paraíso de Goiás, et un bus relie Brasília à São Jorge. Depuis São Jorge, marchez jusqu'à l'entrée du parc ou organisez votre transport depuis votre hébergement. À Alto Paraíso de Goiás, l'hôtel peut organiser votre transport, sinon, participez à une excursion organisée par l'un des tour-opérateurs de la ville.

Environs du Parque Nacional da Chapada dos Veadeiros

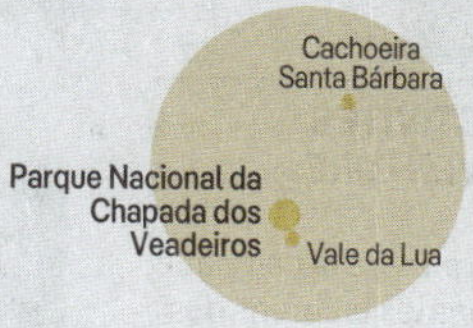

Parcourez un paysage constellé de séduisantes cascades et de belles piscines naturelles sous un vaste ciel bleu.

D'autres aventures vous attendent aux abords du Parque Nacional da Chapada dos Veadeiros : les environs, peu peuplés et rarement visités par les touristes étrangers, sont ponctués d'autres cascades, points de vue et gorges qui valent le détour. Citons notamment la superbe cascade de Santa Bárbara (120 km au nord d'Alto Paraíso de Goiás) et le Vale da Lua, au paysage renversant et parfait pour la baignade à quelques kilomètres au sud-est de São Jorge. Avec un peu de temps, vous découvrirez davantage de cascades, bassins, spots de pique-nique ombragés et sentiers poussiéreux où randonner.

Pour les infos pratiques, voir le Carnet d'adresses p. 448

À SAVOIR

Apportez un pique-nique ; la plupart des cascades sont éloignées des commerces.

Cascade de Santa Bárbara (p. 435)

ACTIVITÉS AVENTURE

En plus de la baignade dans les embruns des cascades, le Parque Nacional da Chapada dos Veadeiros et ses environs offrent une multitude d'autres activités d'aventure. Les agences suivantes sont toutes basées à Alto Paraíso de Goiás :

Travessia Ecoturismo
Opérateur réputé proposant tyrolienne, canyoning, spéléologie et rafting.

Paraíso das Bicicletas
Location de VTT et conseils sur les itinéraires à suivre dans la région.

Veadeiros Rafting
Cette agence professionnelle organise des excursions en rafting et kayak.

TRAVELVIEW/SHUTTERSTOCK ©

Vale da Lua

Crapahutez dans les rochers du Vale da Lua

NAGER SUR LA LUNE

Sculpté par la rivière, le **Vale da Lua** (vallée de la lune) est un terrain karstique présentant des formations rocheuses grises tarabiscotées, des fissures surprenantes et des piscines naturelles profondes. La roche rappelle la surface de la lune, bien que cette dernière ne soit ponctuée ni de beaux bassins de baignade, ni d'arbres verts, ni d'une végétation luxuriante. La vallée est à l'extérieur du Parque Nacional da Chapada dos Veadeiros, mais fait partie du même écosystème et offre

OÙ SE LOGER À ALTO PARAÍSO DE GOIÁS

Buddy's Hostel
Tarifs bas, jardin luxuriant et ambiance brésilienne tropicale. Dortoirs et chambres privées. **$**

Pousada Maya
À l'orée de la ville, dans un coin de verdure, chambres élégantes, vue imprenable et piscine. **$$**

Recanto da Grande Paz
Reculée et paisible, cette *pousada* discrète dispose de chambres attrayantes et d'un grand jardin. **$$$**

une belle randonnée d'échauffement. Un sentier en forme de 8, court et facile, part du parking et serpente à travers les broussailles et les arbres, jusqu'au spot de baignade principal. En chemin, admirez les particularités géologiques du coin. Pour une randonnée plus longue (8 km aller-retour), partez de l'embranchement indiqué sur la route principale et suivez ce sentier, qui traverse pour l'essentiel un paysage dépouillé d'arbres et d'ombre. Sinon, enfoncez-vous dans la vallée (qui, par endroits, ressemble à une gorge aux parois basses) et détendez-vous dans des lieux de baignade plus tranquilles.

Veillez à avoir de bonnes chaussures : la roche est parfois coupante. Quand elle n'est pas ombragée, elle reflète la chaleur, déjà écrasante sans cela ; à moins de vouloir marcher dans la fournaise, évitez de venir à la mi-journée. Pour rallier le Vale da Lua, suivez l'embranchement à 4 km au sud-est de São Jorge, le long de la GO-239.

Magnifique cascade de Santa Bárbara

LES PLUS BELLES CASCADES DU BRÉSIL

À environ 150 km (à un peu plus de 2 heures de route) au nord de l'entrée du Parque Nacional da Chapada dos Veadeiros et de São Jorge, la **Cachoeira Santa Bárbara**, superbe cascade ourlée d'arbres tropicaux, se jette dans un profond bassin d'eau chaude, bleu électrique ou bleu turquoise selon la luminosité. On peut nager jusqu'au rideau d'eau et même passer derrière. Elle est si belle qu'elle a été élue plus belle cascade du Brésil à maintes reprises (ce qui n'est pas un mince exploit, étant donné la richesse du pays en ce domaine). En traversant la plaine ensoleillée lors de la courte promenade menant aux chutes, vous dépasserez des cascades plus petites. Pour en profiter quand elles sont les plus belles, venez après un épisode sec et, surtout, évitez week-ends et vacances : l'affluence est telle que la visite est limitée à 1 heure par personne. Il est obligatoire d'avoir un guide ; engagez-le à Cavalcante, base proche des chutes. Le guide peut vous montrer les chutes alentour plus tranquilles. Une excursion à la journée peut être organisée depuis São Jorge, mais attention : la route est accidentée à certains endroits.

Aux abords du parc, les cascades sont légion. Citons notamment la **Cachoeira da Capivara,** petit ensemble de cascades en escalier qui se rejoignent dans un beau bassin ; la **Cachoeira São Bartolomeu**, petite série de chutes d'eau offrant un havre de tranquillité au nord du parc ; la grande cascade argentée et étroite de la **Cachoeira do Rio Corrente** ; la **Cachoeira Três Marias**, qui se compose de 3 cascades distinctes se jetant dans une piscine profonde.

LES MEILLEURS ENDROITS OÙ SE RESTAURER

Zu's Bistro
Ce restaurant d'inspiration italienne de qualité, à Alto Paraíso de Goiás, est convivial et décontracté. $$

Jambalaya
Restaurant contemporain offrant un tour du monde culinaire dans un jardin à Alto Paraíso de Goiás. $$

Paladar Bistrô
Restaurant convivial sans chichis à São Jorge, avec pour spécialités la *moqueca* (ragoût de poisson bahianais) et le rumsteak. $$

COMMENT CIRCULER

En dehors du Vale da Lua, louez une voiture ou participez à un circuit organisé pour profiter de la campagne au-delà du Parque Nacional da Chapada dos Veadeiros.

PIRENÓPOLIS

Pour les infos pratiques, voir le Carnet d'adresses p. 449

Charmante petite ville (25 000 habitants) aux rues calmes et pavées, Pirenópolis abrite petites maisons coloniales portugaises, églises ouvragées et grands bâtiments Art déco, le tout au cœur d'une vallée à la végétation de jungle et à la terre rouge, à cheval sur le Rio das Almas. Avec sa forte culture alternative datant des années 1970, ses ateliers artisanaux, boutiques hippies et cafés originaux, cette bourgade tranquille mérite qu'on s'y arrête. Elle sert aussi de base d'exploration à la campagne luxuriante alentour, traversée de rivières et ponctuée de pas moins de 73 cascades. Pirenópolis peut aussi servir d'escale (rapide) avant de rejoindre Cidade de Goiás (p. 440), une autre ville pittoresque.

À SAVOIR

Les week-ends et les jours fériés, la moitié de Brasília descend à Pirenópolis, et les cascades les plus faciles d'accès sont tout sauf tranquilles. Si possible, venez en milieu de semaine, lorsque la ville se dévoile sous un jour authentique.

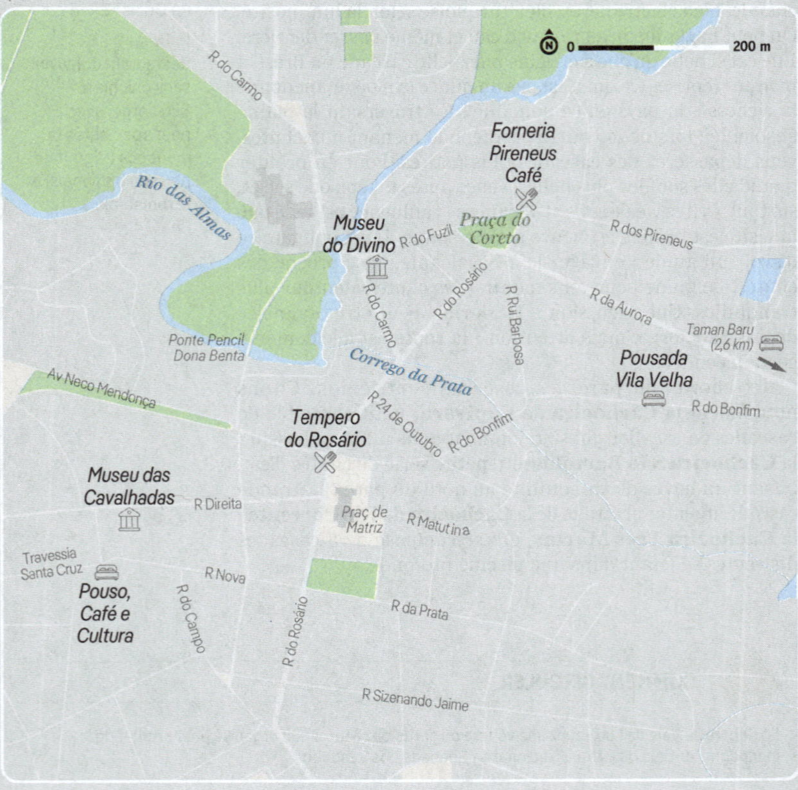

Festa do Divino Espírito Santo (As Cavalhadas)

Le spectacle d'As Cavalhadas

FASTE MÉDIÉVAL DANS TOUTE SA SPLENDEUR

Parfois, on se demande si la **Festa do Divino Espírito Santo** – communément appelée "As Cavalhadas" –, qui se tient à Pirenópolis, est un moment de joie ou de terreur. Une foule de participants masqués et costumés, certains à cheval, défilent dans la ville. Certains sont vêtus de robes royales et de chapeaux ornés de plumes d'autruche colorées, d'autres arborent des armures et agitent des drapeaux en galopant vers vous sur des chevaux tout aussi apprêtés. D'autres encore ont des cornes de diables sur la tête et jouent à vous faire peur. Et puis il y a ceux qui mélangent tout et semblent simplement s'être habillés pour un carnaval. L'ensemble est très coloré et bruyant, avec toutes sortes d'événements (dont beaucoup impliquent nourriture et boisson) en marge des défilés principaux. La fête a lieu à la Pentecôte (50 jours après Pâques) et dure trois jours. Bien qu'il s'agisse d'une fête religieuse, la plupart des défilés commémorent les batailles du VIIIe siècle entre le roi chrétien Charlemagne et les Maures musulmans de la péninsule Ibérique. Une grande partie de la population est d'origine portugaise, ce qui explique l'importance accordée à cette période de l'histoire.

Si vous ne pouvez pas assister au festival, consolez-vous avec la visite du **Museu do Divino** et de l'institution privée du **Museu das Cavalhadas**, lesquels présentent masques et costumes utilisés lors de l'événement.

LES MEILLEURS ENDROITS OÙ SE RESTAURER ET SE LOGER À PIRENÓPOLIS

Forneria Pireneus Café
Bar-restaurant décontracté servant sandwichs de *focaccia* grillée, wraps et café. $

Tempero do Rosário
Déjeuner au meilleur rapport qualité-prix de la ville, buffet à base de produits frais du marché. $

Pouso, Café e Cultura
Cottages modernes et confortables décorés d'antiquités, répartis dans une forêt. $$$

Taman Baru
Adresse à l'influence asiatique, dans un grand parc à la sortie de la ville. $$$

Pousada Vila Velha
Bon choix, avec piscine, chambres lumineuses et fleurs tropicales à profusion. $$

COMMENT S'Y RENDRE ET CIRCULER

La gare routière (Av. Neco Mendonça s/n) est à 500 m au nord-ouest de l'igreja Matriz. Comptez 3 heures de trajet en bus depuis Brasília et 2 heures depuis Goiânia.

Pirenópolis semble avoir été conçue pour les piétons. La ville est suffisamment petite pour que les transports publics ne soient pas vraiment nécessaires.

Environs de Pirenópolis

Passionnés de sports d'aventure, gourmets et amateurs de culture trouveront leur bonheur dans la campagne près de Pirenópolis.

Sortez des rues pavées de Pirenópolis pour pénétrer un paysage de montagnes rocheuses, de falaises et de cascades rugissantes propice aux activités d'aventure. On trouve ici les meilleurs sites de VTT, de randonnée et d'escalade de voie et de bloc du Brésil. Mais pas besoin d'être un mordu de nature pour profiter de la région : grâce à un restaurant renommé qui recrée d'anciennes recettes et à un glacier, les gourmets seront, eux aussi, aux anges. Et ceux qui raffolent de vieilles villes coloniales tomberont sous le charme de Cidade de Goiás, avec son dédale de ruelles et ses musées.

Pour les infos pratiques, voir le Carnet d'adresses p. 449

À SAVOIR

Réservez les activités d'aventure au moins un jour ou deux à l'avance.

HENRIQUE FERRERA/SHUTTERSTOCK ©

Pico dos Pireneus

SANDRA MORAES/SHUTTERSTOCK ©

Cachoeira Santa Maria

Pics et cascades

SOMMET À CHAPELLE ET CASCADES RUGISSANTES

Les paysages verdoyants et vallonnés près de Pirenópolis sont parsemés de cascades, de rochers et de piscines naturelles.

La **Reserva Ecológica Vargem Grande** est un grand parc naturel privé de 360 hectares situé à 11 km à l'est de Pirenópolis. Ses deux sites phares sont les deux cascades spectaculaires de **Cachoeira do Lázaro** et **Cachoeira Santa Maria**, qui dévalent les rochers et se jettent dans des bassins chauds couleur café bordés de plages naturelles. C'est l'endroit idéal pour combattre la chaleur, mais il faut un moyen de transport pour les atteindre. Cela peut s'organiser avec des guides sur place.

Autre option possible pour combiner baignade et randonnée facile : le **Santuário de Vida Silvestre Vagafogo**, à 6 km au nord-ouest de la ville (allez-y tôt pour éviter le pic de chaleur). On trouve quelques bassins naturels parmi les arbres, une tyrolienne et un café.

Le **Parque Estadual da Serra dos Pireneus**, zone vallonnée à environ 20 km au nord-est de la ville, tient son nom des Pyrénées. Les collines rocheuses et les basses montagnes (qui ne ressemblent en rien aux Pyrénées) culminent avec le **Pico dos Pireneus**, à 1 385 m, où est érigée une petite chapelle. Le massif manque certes un peu de grandeur, mais il abrite nombre de spots d'escalade.

CIRCUITS ORGANISÉS DE PIRENÓPOLIS

Pirenópolis s'affirme en tant que centre d'activités. On y fait du VTT, du canyoning et de la randonnée, mais l'activité phare du lieu reste l'escalade de voie et l'escalade de bloc. On la pratique dans le Parque Estadual da Serra dos Pirineus. Parmi les prestataires d'activités, citons :

Savanah EcoTurismo
Spécialisé dans le rafting (sur anneaux de caoutchouc), le canyoning, la randonnée et l'équitation.

Pireneus Aventuras
Agence d'escalade de voie et d'escalade de bloc la plus réputée ; propose aussi du VTT et de la descente en rappel.

Quadritur Pireneus
Excursions bruyantes en quad dans la campagne environnante.

MUSÉES INCONTOURNABLES À CIDADE DE GOIÁS

Casa de Cora Coralina
Maison natale de la poétesse la plus aimée de la région, Cora Coralina. Nombreux meubles d'époque.

Museu das Bandeiras
L'ancienne prison (1766-1950) abrite un musée historique rempli d'antiquités et de meubles d'époque.

Museu de Arte Sacra
Musée d'objets religieux niché dans l'Igreja da Boa Morte, une église baroque.

C'est le meilleur endroit de Goiás pour l'escalade de bloc, qui consiste à grimper sur de petites formations rocheuses sans cordes ni harnais. Il faut un guide accrédité pour explorer la région (et faire de l'escalade). Il existe plusieurs agences en villes et aux abords du parc.

LES MEILLEURS ENDROITS POUR PRENDRE UN VERRE À PIRENÓPOLIS

Après avoir visité toutes ces églises, il vous faudra sans doute un petit remontant. Étanchez votre soif ici :

Cachaçaria do Dill
Nourriture correcte et grand choix alléchant de cachaças (alcool de canne à sucre).

Rosário 26
Sélection de bières artisanales sur la rue principale.

Cin Cin Bar
Petit bar avec terrasse, grands cocktails et musiciens de temps à autre.

Mangez comme un tropeiro

SUPERBE EXPÉRIENCE GASTRONOMIQUE

Les *tropeiros* étaient des soldats muletiers qui acheminaient le bétail entre les zones rurales et les centres commerciaux du Goiás au XVIIe siècle. Ils passaient beaucoup de temps sur les routes et avaient besoin de repas copieux, qui se préparaient vite et se conservaient sans réfrigération. Ils développèrent alors des recettes uniques mêlant influences afro-brésiliennes, portugaises et indiennes. Malheureusement, une grande partie de cette tradition culinaire s'est perdue (bien que la spécialité brésilienne du *feijao tropeiro* s'en inspire). Cependant, la **Fazenda Babilônia**, plantation de canne à sucre fondée il y a plus de 200 ans, doublée d'une *fazenda* (ferme) inscrite au Patrimônio Nacional depuis 1965, à 27 km au sud-ouest de Pirenópolis, a ressuscité un pan de cette gastronomie. Le week-end, on y sert un superbe brunch (réservation indispensable) avec pas moins de 40 plats différents. Parmi les spécialités, citons le porc enveloppé de lard (technique de conservation antérieure au réfrigérateur), les pains de maïs, le *mane pelado* (gâteau à base de manioc pilé, fromage, œufs et lait de coco), la *matula galinha* (poulet avec safran, œufs, piments et maïs), les saucisses, les fromages et les nombreux biscuits. Après le repas, visitez la ferme et le domaine, où vous croiserez d'anciennes races de porcs, poulets, et bovins aux cornes de taille inquiétante.

Si vous avez apprécié le repas à la Fazenda Babilônia, la scène culinaire de Cidade de Goiás (à 170 km à l'ouest de Pirenópolis) vous plaira. Nous recommandons les adresses suivantes : **Flor do Ipê** (buffet du midi à base de spécialités), **Tempero e Arte** (boissons fraîches, bonne cuisine brésilienne et vue sur la forêt) et **Tapioca do Cerrado** (vue sur la rivière et grand choix de crêpes de tapioca sucrées et salées).

Glaces à l'eau près du kiosque

LE PARADIS DES GLACES À L'EAU

Toutes les routes pavées de **Cidade de Goiás**, jolie ville à 170 km à l'ouest de Pirenópolis, mènent à la **Praça do Coreto** et à son kiosque à musique bleu et blanc, semblable à celui d'un petit village. En début de soirée, le parc devient l'épicentre de la ville :

OÙ SE LOGER À CIDADE DE GOIÁS

Pousada do Ipê
Une *pousada* dans un édifice historique joliment restauré ; chambres impeccables et chalets modernes. **$$**

Pousada Serra Dourada
Une *pousada* colorée située en périphérie de la ville, disposant d'une piscine et d'un jardin peuplé d'oiseaux. **$**

Casa da Ponte
Hôtel central à l'ancienne, d'un bon rapport qualité-prix. **$$**

SANDRA MORAES/SHUTTERSTOCK ©

Kiosque, Cidade de Goiás

les habitants s'y promènent, des amis discutent, des couples roucoulent sur les bancs et les parents poursuivent leur progéniture occupée à faire la course à vélo et à courir après un ballon de football. Mais on n'y vient pas que pour sociabiliser : on vient aussi pour déguster les glaces à l'eau et les crèmes glacées du célèbre petit **glacier** au pied du kiosque à musique. Les glaces à l'eau artisanales se déclinent en une multitude de parfums fruités inattendus ; manger une glace en se promenant sur la place est une expérience incontournable de Cidade de Goiás.

Les environs de la Praça do Coreto ont toutefois plus à offrir que des glaces. Pour goûter à la culture locale, allez voir le **Palácio Conde dos Arcos**, bâtiment bas et chaulé, du côté sud de la place. Ancienne résidence coloniale du gouverneur magnifiquement restaurée, il héberge désormais un musée rempli de mobilier d'époque. Les visites sont guidées (visites en anglais régulières). Le palais redevient le siège du pouvoir local lorsque la ville retrouve son statut de capitale de l'État chaque mois de juillet.

Avec ses rues pavées et ses bâtiments bas et colorés, la vieille ville de Cidade de Goiás est un délice à explorer à pied. Elle compte sept églises, l'**Igreja São Francisco de Paula** étant la plus ancienne (1761) et la plus belle. Elle possède de superbes plafonds peints, des éléments singuliers tels que l'autel et la chaire, et un petit musée d'art sacré.

UN NOM COMPLEXE

Cidade de Goiás revêt différents noms selon l'interlocuteur, ce qui peut porter à confusion pour les non-initiés. À sa fondation en 1736, la ville s'appelait Vila Boa de Goyaz. Plus tard, on se mit à l'appeler simplement Goiás, mais cela créa de nombreux quiproquos entre la ville et l'État du même nom, si bien qu'elle fut rebaptisée Cidade de Goiás (ville de Goiás). Cependant, certains disent encore "Goiás Velho", qui veut dire "vieille Goiás" et fait référence à son ancien statut de capitale régionale. Pour complexifier le tout, les habitants de Cidade de Goiás s'appellent les "vilaboense".

COMMENT S'Y RENDRE ET CIRCULER

Pour rejoindre les zones naturelles voisines et la Fazenda Babilônia depuis Pirenópolis, il faut être motorisé ou participer à une excursion. Pour voyager entre Pirenópolis et Cidade de Goiás en bus, il faudra sans doute passer par Goiânia (à 3 heures de route de Cidade de Goiás). De Goiânia, des correspondances pour presque toutes les localités de l'État sont possibles – les bus partent de l'immense gare routière-galerie marchande (www.rodoviariadegoiania.com ; Rua 44, 399, setor Central). La gare routière de Cidade de Goiás (av. Dario de Paiva Sampaio s/n), elle, se situe à 500 m au sud de la Praça Brasil Caiado.

PARQUE NACIONAL DAS EMAS

Dans le sud-ouest du Goiás, loin de tout, à la frontière du Mato Grosso do Sul, se trouve le Parque Nacional das Emas. Moins connu que le Pantanal ou l'Amazonie des touristes voulant observer la nature, ce parc tout en savane est un des plus beaux parcs nationaux du Brésil. Il abrite un large éventail de gros animaux : loups, fourmiliers et nandous sont rois et arpentent les prairies sans prêter attention aux humains occasionnels munis de jumelles. Aussi impressionnante que soit la faune, le véritable spectacle commence à la nuit tombée.

Il faut du temps et de la détermination pour rejoindre le Parque Nacional das Emas, mais vos efforts seront récompensés, d'autant que sa situation reculée vous assure d'être seul au monde pour en profiter.

Pour les infos pratiques, voir le Carnet d'adresses p. 449

À SAVOIR

Le parc lui-même n'offre aucune possibilité de logement ; séjournez à Mineiros ou Chapadão do Céu. Vous trouverez également dans ces deux petites villes guides et véhicules. Ici, très peu de personnes parlent anglais.

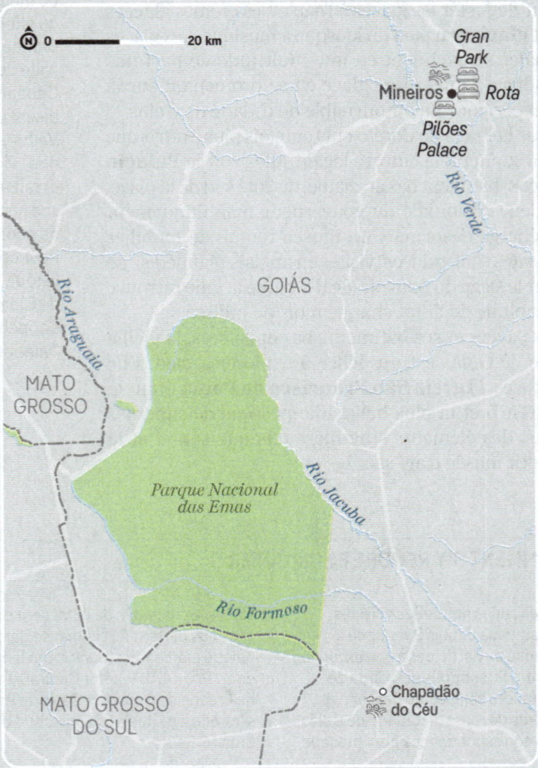

Loup à crinière, Parque Nacional das Emas

Spectacle lumineux irréel

TERMITIÈRES LUMINEUSES, OISEAUX GÉANTS

Alors que le soleil décline, les grandes termitières parsemant la savane deviennent des silhouettes sombres, puis, alors que l'obscurité grignote la prairie, disparaissent totalement. L'espace d'un instant, la lumière provient du million d'étoiles qui brillent dans le ciel. Puis, la magie opère : une lumière verte apparaît à la base de l'une des termitières, suivie par plusieurs autres. Sans tarder, les points lumineux se multiplient et montent de plus en plus haut sur les termitières. Plus d'un millier de points apparaissent sur chacune d'elles et la savane s'illumine d'étranges lueurs qui semblent d'origine extraterrestre. Pourtant, ce phénomène est tout ce qu'il y a de plus naturel.

Les lumières vertes sont dues à une espèce de lucioles qui viennent pondre leurs œufs à la base des termitières ; elles émettent une lueur verte pour attirer un partenaire. Ce spectacle surréel se produit dans le fabuleux Parque Nacional das Emas (classé au patrimoine mondial de l'Unesco), à l'extrême sud-ouest du Goiás, chaque année à la fin du printemps austral (octobre et novembre sont souvent considérés comme les meilleurs mois), lors des nuits chaudes, sans lune et très humides, ou juste après la pluie.

DESTRUCTION DU CERRADO

On se représente souvent le *cerrado* comme une vaste prairie africaine parsemée d'arbres sporadiques, en somme comme un Serengeti brésilien. Mais le *cerrado* est bien plus complexe et présente quatre principaux habitats différents : le *cerradão* (ou forêt sèche du *cerrado*), le *campo limpo* (entièrement constitué d'herbe), le *cerrado típico* (composé d'une végétation basse et buissonnante, sans aucune herbe) et le *campo sujo*, qui mélange tous les autres types d'habitat. L'ensemble constitue un écosystème très particulier, qui abrite au moins 10 000 espèces végétales, dont 44% ne poussent qu'ici. Malheureusement, l'homme détruit rapidement le *cerrado* : il ne reste que 20% de l'écosystème original, ce qui en fait l'un des plus menacés au monde.

OÙ SE LOGER À MINEIROS

Gran Park
Hôtel d'affaires sobre avec beaucoup de confort, mais peu de cachet. Bon rapport qualité-prix. $

Pilões Palace
Grand bloc de béton avec des petites chambres et une piscine attrayante. $

Rota
Hôtel d'affaires, avec de petites chambres lumineuses et bien entretenues. $

GIEDRIUS/SHUTTERSTOCK ©

Nandou sauvage

Mais le parc ne se limite pas à des termitières lumineuses : le paysage presque plat, constellé d'arbres bas, ressemble à s'y méprendre aux savanes de l'Afrique de l'Est. Il n'est donc pas surprenant que cet endroit soit un des meilleurs spots du Brésil pour voir de grands animaux.

Le nandou y est roi : c'est un des plus grands oiseaux au monde, il mesure 1,50 m de hauteur et peut peser jusqu'à 27 kg. Il ressemble beaucoup à une autruche ou à un émeu de petite taille et on le voit régulièrement parcourir la savane d'un pas décidé. En portugais, le mot "*ema*", qui a donné son nom au parc, signifie "nandou", mais de nombreux touristes ne parlant pas portugais quittent le parc en pensant avoir vu des émeus, pourtant originaires d'Australie. Le nandou n'est que l'espèce d'oiseaux la plus visible parmi les 400 qui peuplent le parc. La population des mammifères est tout aussi impressionnante : 85 espèces différentes ont été recensées. C'est aussi l'un des meilleurs endroits pour observer le loup à crinière, de grands troupeaux de cerfs et le fourmilier géant.

Malgré sa nature spectaculaire, le parc reste peu visité, probablement à cause de son éloignement. La ville la plus proche est **Mineiros**, qui dispose de liaisons aériennes (coûteuses) avec Brasília et de liaisons par bus avec les grandes villes régionales. Il faut une voiture pour rejoindre, non sans mal, **Chapadão do Céu**, près de l'entrée du parc. Il est obligatoire d'être accompagné d'un guide. Trouvez-en un à Chapadão do Céu ou Mineiros, où sont basées des associations de guides bien organisées. Toutefois, les formalités prennent du temps ; engagez un guide la veille de votre visite. Pour vous déplacer, deux options : le safari en voiture (idéal pour voir les animaux de près) ou la randonnée sur un des sentiers qui traversent le parc.

LA NATURE DU PANTANAL

Pour une autre aventure en pleine nature, rendez-vous au **Pantanal** (p. 596). C'est l'endroit rêvé pour observer la faune au Brésil !

POURQUOI J'AIME LE PARQUE NACIONAL DAS EMAS

Stuart Butler, auteur

C'est tout cet espace. De vastes prairies ouvertes écrasées sous l'immensité du ciel bleu. C'est le silence, seulement rompu par le chant des cigales dans la chaleur de l'après-midi. Et c'est la faune. Avant ma première visite, j'ignorais presque tout du parc : imaginez ma surprise lorsque j'ai vu des nandous déambuler dans les plaines, aux côtés de fourmiliers géants aux griffes redoutables. Mais c'est lorsque j'ai vu les termitières parées de lumières extraterrestres à la nuit tombée que je suis vraiment tombé amoureux du parc.

COMMENT S'Y RENDRE ET CIRCULER

Pour rejoindre Mineiros depuis Goiânia, comptez environ 7 heures de trajet en bus. Il faut ensuite être motorisé pour rejoindre le Parque Nacional das Emas. Louez une voiture dans les villes les plus proches (qui ne sont pas toutes proches !), Mineiros et Chapadão do Céu (2 heures 30 de route environ séparent ces deux villes).

Carnet d'adresses

BRASÍLIA

Biblioteca Nacional
Voir p. 422 (61 3325-6257 ; @bibliotecanacionaldebrasilia ; Esplanada dos Ministérios ; 8h-20h lun-ven, 8h-14h sam-dim)

Caixa Cultural
Voir p. 427 (61 3206-9448 ; www.caixacultural.gov.br ; SBS Q4, Lote 3/4 ; 9h-21h mar-dim)

Catedral Metropolitana
Voir p. 423 (61 3224-4073 ; www.catedral.org.br ; Esplanada dos Ministérios ; 8h-16h45 mar-sam, 9h-17h45 dim)

Centro Cultural Banco do Brasil
Voir p. 427 (61 3108-7600 ; ccbb.com.br ; SCES Trecho 2, Conjunto 22 ; 9h-21h mar-dim)

Congresso Nacional
Voir p. 423 (61 3216-1771 ; www.congressonacional.leg.br ; Praça dos Três Poderes ; 9h-17h jeu-lun)

Jardim Botânico
Voir p. 425 (61 99210-6258 ; www.jardimbotanico.df.gov.br ; EPCV, DF 035 s/n ; 5 R$; 9h-17h mar-dim)

Memorial dos Povos Indígenas
Voir p. 427 (61 3344-1155 ; www.cultura.df.gov.br/memorial-dos-povos-indigenas ; Praça do Buriti ; 9h-17h mar-dim)

Memorial JK
Voir p. 427 (61 3226-7860 ; www.memorialjk.com.br ; Praça do Cruzeiro ; adulte/enfant 10/5 R$; 9h-18h mar-dim)

Museu Nacional
Voir p. 423 (61 3325-5220 ; www.cultura.df.gov.br/museu-nacional-republica ; Esplanada dos Ministérios ; 9h-18h30 mar-dim)

Palácio da Alvorada
Voir p. 422 (61 3411-4000 ; www.gov.br/planalto ; Zona Cívico-Administrativa)

Palácio do Itamaraty
Voir p. 427 (61 2030-6199 ; www.gov.br/mre ; Esplanada dos Ministerios, Bloco H ; visites en portuguais à 9h, 10h et 16h mar-ven, à 9h, 11h, 14h et 16h, sam-dim, en français sur rendez-vous)

Palácio do Planalto
Voir p. 422 (61 3411-1221 ; www.gov.br/planalto ; Praça dos Três Poderes)

Santuário Dom Bosco
Voir p. 423 (61 3223-6542 ; paroquias.salesianos.br/paroquia/santuario-sao-joao-bosco-df ; SEPS 702, Bloco B, Asa Sul ; 7h-19h30)

Teatro Nacional Cláudio Santoro
Voir p. 423 (61 3325-6157 ; www.cultura.df.gov.br/teatro-nacional-claudio-santoro ; SCTS)

Torre de TV
Voir p. 426 (@torredetvbrasilia ; Eixo Monumental ; 9h-18h45 mar-dim)

Brasília Palace Hotel
Voir p. 422 (61 3306-9000 ; www.plazabrasilia.com.br/brasiliapalace ; SHTN, Trecho 1, Conjunto 1)

Joy Hostel
Voir p. 423 (61 99155-7240 ; www.vemprojoy.com.br ; SCRN 702/703, Bloco H, Entrada 49)

Kubitschek Plaza
Voir p. 422 (61 3329-3333 ; www.plazabrasilia.com.br/kubitschek ; SHN, Quadra 2, Bloco E)

Hospedagem Domiciliar Asa Sul
Voir p. 425 (61 99932-9021 ; marcus.senise@hotmail.com ; SQS 215, Bloco H, 107)

Hostel Villa Brasília
Voir p. 423 (SRES, bloco L, lote 9, Cruzeiro Velho)

Hotel Diplomat
Voir p. 423 (61 9989-8770 ; diplomathotelbrasilia.com.br ; SHN, Quadra 2, Bloco L, Asa Norte)

Boteco do Juca
Voir p. 426 (61 3541-4944 ; www.botecodojuca413.com.br ; CLS 413, Bloco A, Asa Sul ; 11h30-minuit tlj)

Coco Bambu Iguatemi Brasília
Voir p. 424 (61 3963-7100 ; cocobambu.com/unidade/iguatemi-brasilia ; ST, Shin Ca 2, 04, Bloco A, Lago Norte ; 11h30-15h30 et 17h-minuit lun-jeu, 11h30-minuit ven-dim)

Mangai
Voir p. 425 (61 3252-0156 ; SCES, Trecho 2, Conjunto 26, Asa Sul ; 11h30-15h30 et 17h30-22h lun-jeu, 11h30-15h30 et 17h30-23h ven, 11h30-23h sam, 11h30-22h dim)

Olivae
Voir p. 424 (61 3443-8775 ; www.facebook.com/olivae-restaurante ; SCLS 405, Bloco B, Loja 6 ; 12h-15h et 19h-23h mar-sam)

Same Same, But Different
Voir p. 426 (www.restaurantes-amesame.com) ; 402 Sul (61 99270-5042 ; SCS 402, Bloco E, Loja 59 ; 12h-15h et 19h-22h lun-sam, 12h-16h dim) ; W3 Norte (61 3546-9125 ; SCLRN 711 Bloco E, Loja 59 ; 12h-15h et 19h-22h lun-sam, 12h-16h dim) ;

ERICH SACCO / STOCK.ADOBE.COM ©

Brasília

Pontão (61 3541-0020 ; SHIS QI 10, Lote 1/30 ; 11h30-22h lun-sam, 12h-21h dim)

Santé 13
Voir p. 426 (61 3037 2132 ; agenciacreh.com.br/landingpages/santerestaurantes/13 ; CLN 413, Bloco A, Loja 40, Asa Norte ; 12h-23h mar-mer, 12h-minuit jeu, 12h-1h ven-sam, 12h-17h dim)

Supren Verda
Voir p. 425 (61 98352-5841 ; @supren_verda ; CLN 203, Bloco D, Loja 53 ; 11h30-15h tlj)

Taypá
Voir p. 424 (61 3248-0403 ; SHIS QI 17, Bloco G, Loja 208 ; 12h-15h et 19h-minuit lun-ven, 12h-16h et 19h-1h sam, 12h-17h dim)

Ticiana Werner Restaurante
Voir p. 425 (61 98263-6847 ; www.ticianawerner.com.br ; CLS 201, Bloco C, Lojas 05-11, Asa Sul ; 11h30-minuit lun-sam)

Trattoria da Rosário
Voir p. 425 (61 3248-1672 ; www.trattoriadarosario.com.br ; SHIS Q 117, Bloco H, Loja 215, Lago Sul ; 12h-15h et 19h-minuit mar-ven, 12h-16h et 19h-minuit sam, 12h-17h dim)

1 Primeiro
Voir p. 421 (61 3028-1331 ; primeirobar.com.br ; SIG 08 Lote 2385 ; 11h-minuit lun, 11h-1h mar-jeu, 11h-2h ven-sam, 11h-23h dim)

Bar Beirute – Asa Sul
Voir p. 425 (61 3244-1717 ; www.barbeirute.com.br ; SHCS CLS 109, Bloco A, Loja 2/4 ; 11h-1h tlj)

Clandestino
Voir p. 426 (61 3963-5619 ; @cafeclandestino ; CLN 413, Bloco D ; 12h-20h lun-mar, 9h-20h mer-sam, 9h-14h dim)

Daniel Briand Pâtissier Chocolatier
Voir p. 426 (61 99104-1644 ; danielbriand.com.br ; CLN 104, Bloco A, Loja 26, Asa Norte ; 8h-22h mar-dim)

Ernesto Cafés Especiais
Voir p. 426 (ernestocafesespeciais.com.br) Asa Sul : (61 3345-4182 ; SCLS 115, Bloco C, Loja 14 ; 7h-22h tlj) ; Asa Norte : 61 3297-9561 ; SCLN 108 Bloco A Loja 48 ; 7h-22h tlj)

New Mercadito
Voir p. 421 (61 99150-9430 ; www.newmercadito.com.br ; CLS 201, Bloco A, Loja 1 ; 16h-minuit lun-ven, 16h-1h sam-dim)

Outro Calaf
Voir p. 421 (61 3325-7408 ; www.outrocalaf.com ; SBS, Quadra 2, Bloco Q ; entrée 20-40 R$; 20h-1h mar et jeu, 11h-16h et 22h-4h ven, 22h-4h sam, dim selon programmation)

Feira da Torre
Voir p. 426 (Eixo Monumental ; @feiradatorredetv ; 9h-18h sam-dim)

ENVIRONS DE BRASÍLIA

Templo da Boa Vontade
Voir p. 429 (61 3114-1070 ; www.tbv.com.br ; SGAS, Quadra 915, Lotes 75/76 ; 24h/24)

Vale do Amanhecer
Voir p. 429 (DF-130, Planaltina)

PARQUE NACIONAL DA CHAPADA DOS VEADEIROS

Parque Nacional da Chapada dos Veadeiros
Voir p. 430 (62 99642-9828 ; sociparques.com.br ; zone de São Jorge : tarif plein/réduit 40/32 R$, entrée 8h-12h, sortie jusqu'à 18h ; zone de Pouso Alto : gratuit, 24h/24)

Travessia das Sete Quedas
Voir p. 431 (sociparques.com.br, www.ecobooking.com.br ; juin-nov)

Baguá Bangalôs
Voir p. 431 (61 9876-3388 ; baguabangalos.com.br ; Rua 1, Quadra 16, Lote 02, São Jorge)

Pousada Bambu Brazil
Voir p. 431 (61 99554-5686 ; www.bambubrasil.com.br ; Rua 1, Quadra 01, Lote 08, São Jorge)

Pousada Taiuá Ambiental
Voir p. 431 (62 9981-8977 ; pousadataiua.com ; Rua 6, São Jorge)

ENVIRONS DU PARQUE NACIONAL DA CHAPADA DOS VEADEIROS

Cachoeira da Capivara
Voir p. 435 (62 9819-8670 ; quilombokalunga.ecobooking.com.br ; GO-241, Comunidade do Engenho II, Cavalcante ; 43 R$ pour la cascade et 200 R$ pour le guide (jusqu'à 6 personnes) ; départ toutes les heures de 7h à 15h)

Cachoeira Santa Bárbara
Voir p. 435 (62 9819-8670 ; quilombokalunga.ecobooking.com.br ; GO-241, Comunidade do Engenho II, Cavalcante ; 55 R$ pour la cascade et 200 R$ pour le guide (jusqu'à 6 personnes) ; départ toutes les heures, de 7h à 17h ; transport facultatif : 20 R$ aller-retour)

Cachoeira São Bartolomeu
Voir p. 435 (Cavalcante ; 20 R$; 8h-16h)

Vale da Lua
Voir p. 434 (30 R$; 8h-17h)

Paraíso das Bicicletas
Voir p. 434 (62 99652-4092 ; @paraisobikes ; Rua 12 de Dezembro, Alto Paraíso de Goiás ; 7h-19h lun-sam)

Travessia Ecoturismo
Voir p. 434 (62 3446-1595 ; www.travessia.tur.br ; Av. Ari Valadão Filho 979, Alto Paraíso de Goiás ; 9h-18h lun-ven, 9h-13h sam-dim)

Veadeiros Rafting
Voir p. 434 (62 99394-9272 ; veadeirosrafting.com.br ; Rua dos Cristais 489, Alto Paraíso de Goiás ; 8h-18h lun-sam, 9h-18h dim)

Buddy's Hostel
Voir p. 434 (61 99636-1916 ; www.buddysalto.com ; Av. João Bernardes Rabelo, Alto Paraíso de Goiás)

Pousada Maya
Voir p. 434 (62 3446-2062 ; pousadamaya.com.br ; Rua das Curicacas, Quadra 11, Lote 04, Alto Paraíso de Goiás)

Recanto da Grande Paz
Voir p. 434 (62 3446-1452 ; www.recantodagrandepaz.com.br ; Rua 2, 322, Alto Paraíso de Goiás)

Jambalaya
Voir p. 435 (62 8119-7786 ; @jambalaya_chapadadosveadeiros ; Rua dos Colibris s/n, Alto Paraíso de Goiás ; 19h-23h30 mer-sam)

Paladar Bistrô
Voir p. 435 (62 99648-0795 ; @paladarbistro ; Rua São Jorge 12, Quadra 10, Lote 8, São Jorge ; 18h-23h mer-ven, 13h-23h sam-dim)

Zu's Bistro
Voir p. 435 (62 3446-1073 ; @zusbistro ; Rua das Nascentes 118, Alto Paraíso de Goiás ; 12h-22h tlj)

PIRENÓPOLIS

Museu das Cavalhadas
Voir p. 437 (62 3331-1166 ; museudascavalhadas.com.br ; Rua Direita 39 ; 2 R$; h10h-17h)

RODRIGO / STOCK.ADOBE.COM ©

Cidade de Goiás

Museu do Divino
Voir p. 437 (62 3331-3763 ; @museudodivino ; Rua dos Pirineus 7 ; 9h-17h jeu-sam, 9h-14h dim)

Pouso, Café e Cultura
Voir p. 437 (62 3331-3647 ; www.pousocafeecultura.com ; Praça Santa Cruz 32)

Pousada Vila Velha
Voir p. 437 (62 98579-3754 ; pousadavilavelha.com.br ; Rua do Bonfim 57)

Taman Baru
Voir p. 437 (62 99239-5353 ; www.tamanbaru.com.br ; Estrada dos Pireneus, Km 2)

Forneria Pireneus Café
Voir p. 437 (62 3331-3047 ; forneria-pireneus-cafe.business.site ; Rua dos Pireneus 41 ; 16h30-23h lun-mer, 16h30-20h jeu, 11h-23h15 ven-dim)

Tempero do Rosário
Voir p. 437 (62 99553-1618 ; restaurantetemperodorosario.negocio.site ; Rua Comendador Joaquim Alves 27 ; 10h30-16h jeu, 10h-16h ven, 10h30-17h sam-dim)

ENVIRONS DE PIRENÓPOLIS

Casa de Cora Coralina
Voir p. 439 (62 3371-1990 ; www.museucoracoralina.com.br ; Rua Dom Cândido Penso 20 ; 10 R$; 9h-16h45 mar-sam, 9h-13h dim)

Igreja São Francisco de Paula
Voir p. 441 (Praça Zacheu Alves de Castro ; 8h-12h)

Museu das Bandeiras
Voir p. 439 (61 3521-4345 ; museusibramgoias.museus.gov.br ; Praça Brasil Ramos Caiado ; 9h-19h mer-sam, 9h-13h mar et dim)

Museu de Arte Sacra
Voir p. 439 (62 98220-0079 ; museusibramgoias.museus.gov.br ; Rua Moretti Foggia 14 ; 9h-13h mar, 8h-18h mer-sam, 8h-12h dim)

Palácio Conde dos Arcos
Voir p. 441 (62 3371-1200 ; Praça Tasso Camargo ; 4 R$; 8h-18h mar-sam, 8h-13h dim)

Parque Estadual da Serra dos Pireneus
Voir p. 439 (62 3265-1320 ; www.meioambiente.go.gov.br ; 8h-17h, 9h-20h été)

Reserva Ecológica Vargem Grande
Voir p. 439 (62 99652-6857 ; www.vargemgrande.pirenopolis.tur.br ; Estrada Parque dos Pirineus, Km 9 ; 60 R$; 9h-17h)

Santuário de Vida Silvestre Vagafogo
Voir p. 439 (62 99222-5471 ; www.vagafogo.com.br ; Estrada O Morro do Frota ; promenade guidée 25 R$; 9h-17h tlj)

Pireneus Aventuras
Voir p. 439 (62 99615-4184 ; pireneusaventuras.business.site ; BR 414, Km 383 Zona Rural, Corumbá de Goiás ; 8h-16h tlj)

Quadritur Pireneus
Voir p. 439 (62 98567-9710 ; @quadriturpireneus ; Rua José Febreira 142-250, Pirenópolis ; 8h-18h tlj)

Savanah EcoTurismo
Voir p. 439 (62 99624-1207 ; savanah.tur.br ; Rua Direita 57, Pirenópolis)

Casa da Ponte
Voir p. 440 (62 3371-4467 ; casadapontehotel.com.br ; Rua Moretti Forgger 10, Lote 01)

Pousada do Ipê
Voir p. 440 (62 3371-2065 ; pousadadoipegoias.com.br ; Rua Cel. Luiz Guedes de Amorim 22)

Pousada Serra Dourada
Voir p. 440 (62 98448-0020 ; www.vilaboadegoias.com.br ; GO-164, Km 01)

Fazenda Babilônia
Voir p. 440 (62 99294-1805 ; www.fazendababilonia.com.br ; GO-431, Km 3, Pirenópolis ; 9h-15h30 sam-dim)

Flor do Ipê
Voir p. 440 (62 3372-1133 ; restauranteflordeipe.com.br ; Rua da Boa Vista 32 ; 12h-15h et 19h-23h mar-dim)

Tapioca do Cerrado
Voir p. 440 (62 9612-6064 ; @tapiocadocerrado ; Rua Dom Cândido 26 ; 18h-23h30 lun-jeu, 18h30-23h ven-sam)

Tempero e Arte
Voir p. 440 (62 3371-2540 ; @temperoearte.goias.go ; GO-070, Km 01)

Sorveteria do Koreto
Voir p. 441 (62 99806-6854 ; Praça do Coreto s/n ; 6h-21h)

Cachaçaria do Dill
Voir p. 440 (62 3331-2046 ; cachacariadodill.negocio.site ; Rua do Rosário 17, Pirenópolis ; 11h-23h)

Cin Cin Bar
Voir p. 440 (62 99452-1964 ; @cincinloungebar ; Rua do Rosário 7, Pirenópolis ; 19h-minuit jeu, 17h-minuit ven-dim)

Rosário 26
Voir p. 440 (62 99611-8853 ; rosario26pub.com.br ; Rua do Rosário 26, Pirenópolis ; 16h-minuit lun et mer-ven, 11h-minuit sam-dim)

PARQUE NACIONAL DAS EMAS

Parque Nacional das Emas
Voir p. 442 (www.parquenacional-dasemasturismo.com ; Chapadão do Céu ; 7h-17h tlj)

Gran Park
Voir p. 443 (64 99960-2335 ; www.granparkhotel.com.br ; Rod. BR 364, Km 299, Trevo das Emas Mineiros, Mineiros)

Pilões Palace
Voir p. 443 (64 3661-1547 ; Rua 13, Mineiros)

Rota
Voir p. 443 (64 3672-0560 ; rotahoteismineiros.com.br ; Av Antônio Carlos Paniago, Quadra 38, Lote 02, Mineiros)

WINDWALK/SHUTTERSTOCK ©

Ci-dessus : Ilhabela (p. 456) ; à droite : Praia Vermelha (p. 465), Ubatuba

ÉTAT DE SÃO PAULO

LÀ OÙ LA JUNGLE RENCONTRE L'OCÉAN

Fuyez la ville pour certaines des plages les plus spectaculaires du Brésil, d'où des sentiers naturels s'enfoncent dans la forêt tropicale environnante.

Bien plus qu'une ville industrielle tentaculaire, São Paulo est un État à part entière, d'une beauté époustouflante. Caractérisé par la nature sauvage de la Serra do Mar – chaîne de montagnes classée au Patrimoine mondial –, sa luxuriante forêt atlantique et son long littoral sinueux ponctué de plages de surf spectaculaires, l'État de São Paulo est aux antipodes de la ville dont il porte le nom.

Le Litoral Norte (la côte nord) est parsemé de quelques-unes des plus belles étendues de sable au monde. Entre les vastes plages de sable doré, isolées et vierges, et les plages plus animées dont il fait bon profiter un cocktail à la main, il y en a pour tous les goûts. L'île tropicale d'Ilhabela est une des excursions les plus célèbres. À trois heures de route de la ville, vous serez transporté dans ce petit coin de paradis de sable blanc, de cocotiers et d'eaux calmes et azurées. Ubatuba est également populaire pour ses nombreuses plages, dont certaines offrent les meilleures vagues du Brésil. Dans les deux cas, les fruits de mer et les bars en bord de mer y sont excellents, tout comme la plongée et les excursions d'aventure sur l'île.

Toutefois, la plage est loin d'être le seul atout de ces destinations : il y a aussi la forêt tropicale luxuriante. Le littoral est bordé par la forêt atlantique avec des sentiers menant à des cascades à l'intérieur d'une forêt tropicale peuplée d'oiseaux.

Au loin, vous pourrez apprécier les sommets verdoyants de la Serra da Mantiqueira et ses sentiers naturels, ainsi que la station de Campos do Jordão, inspirée des Alpes suisses, tellement réaliste qu'elle vous fera douter d'être encore au Brésil.

SITES PRINCIPAUX

ILHABELA
Île vierge avec plages et chutes d'eau. p. 456

UBATUBA
Des plages idylliques et de délicieux fruits de mer. p. 463

CAMPOS DO JORDÃO
Station de montagne alpine et nature sauvage. p. 470

BUS

Le bus est le meilleur moyen pour se déplacer dans la région. De São Paulo, les bus longue distance partent de la gare routière de Tietê (www.terminalrodoviariodotiete.com.br ; Av. Cruzeiro do Sul 1800, Santana). Pássaro Marron (app.passaromarron.com.br) dispose de nombreux bus quotidiens directs pour Campos do Jordão, Ilhabela (via São Sebastião) et Ubatuba.

FERRY

Ilhabela est accessible en 20 minutes par un ferry fonctionnant 24h/24 au départ de São Sebastião (ville située à 3 heures 30 de São Paulo en bus) ; des départs de ferry sont assurés toutes les 30 minutes. Le trajet est gratuit pour les piétons ; il coûte 19/9,50 R$ pour les voitures/motos (un supplément est à prévoir le week-end).

VOITURE ET VTC

La voiture est un bon moyen de se déplacer, mais il faut éviter les heures de pointe.

S'orienter

Les plages d'Ilhabela et d'Ubatuba se trouvent à l'est de la ville de São Paulo, le long de la route qui mène à Rio de Janeiro. Elles se trouvent toutes deux à une distance de 3 à 5 heures de route. Campos do Jordão se trouve à 182 km au nord-est de São Paulo, à environ 2 heures 30 de route.

Campos do Jordão, p. 470
Il s'agit de la principale destination de randonnée de la région de São Paulo. Ses sentiers traversent des forêts de pins peuplées d'oiseaux et d'animaux exotiques, et le cadre d'inspiration alpine rend le voyage mémorable.
Ubatuba, p. 463
L'endroit idéal pour un safari surf, cette escapade côtière pittoresque offre d'innombrables plages, une forêt tropicale, une cuisine raffinée et une vie nocturne animée.
Ilhabela, p. 456
Cette île est une destination palpitante, alliant plages magnifiques, aventures dans la forêt tropicale, plongée et délicieux fruits de mer.
Uberaba
Reservatorio Volta Grande
Divinópolis
Represa de Peixotos
Franca
MINAS GERAIS
Ribeirão Preto
Represa de Furnas
Araraquara
Poços de Caldas
São Carlos
Jaú
Reservatorio Barra Bonita
Limeira
Rio Preto
Resende
Santa Bárbara d'Oeste
Americana
Campos do Jordão
Barra Mansa
Parque Nacional da Serra da Bocaina
Campinas
Guaratinguetá
São José dos Campos
Taubaté
Cunha
ÉTAT DE RIO DE JANEIRO
Jacareí
Sorocaba
Itapetininga
São Paulo
Serra do Mar
Ubatuba
Praia de Itamambuca
Embu das Artes
Caraguátatuba
Praia do Jabaquara
Capão Bonito
Serra de Paranapiacaba
Boiçucanga
Santos
São Sebastião
Ilhabela
São Vicente
Guarujá
Eldorado
Registro
Iporanga
Pariquera-Açu
Iguape
Ilha Comprida
Cananéia
Ilha do Cardoso
OCÉAN ATLANTIQUE
Ilha do Mel
0
200 km

Planifier son séjour

À mi-chemin entre São Paulo et Rio de Janeiro, cette destination mêlant plages, îles et forêts nichées dans les terres intérieures constitue un itinéraire triangulaire idéal pour une escapade d'une semaine (ou deux) alliant détente et aventure.

LARISSA CHILANTI/SHUTTERSTOCK ©

Praia do Bonete, Ilhabela (p. 461)

Si vous avez peu de temps

- Si l'itinéraire de votre visite au Brésil ne prévoit qu'un saut de puce dans cette région, foncez tout droit et sans hésitation à la plage ! Choisir entre **Ilhabela** (p. 456) et **Ubatuba** (p. 463) n'est pas chose facile, mais l'atmosphère insulaire d'Ilhabela renforce son exotisme. Alors direction São Sebastião pour prendre un ferry et débarquer sur la bien nommée "belle île". Vous aurez l'embarras du choix sur la côte, bordée de plages toutes plus belles les unes que les autres. Difficile de se tromper, surtout avec une caïpirinha (cocktail) à la main et les pieds dans le sable !

Au fil des saisons

Une destination de choix tout au long de l'année, mais privilégiez les mois de novembre et décembre pour les plages. Juillet est la haute saison à Campos do Jordão.

JANVIER

La **Festa de São Sebastião da Praia Grande do Bonete** est le plus ancien festival d'Ubatuba, célébrant son saint patron selon la coutume caiçara.

FÉVRIER

Au moment du **carnaval**, des défilés sur fond de samba et des fêtes ont lieu à **Ilhabela** (p. 456) et **Ubatuba** (p. 463).

MAI

La **Congada da Festa de São Benedito de Ilhabela** est une célébration de la culture caiçara.

LARISSA CHILANTI/SHUTTERSTOCK ©, MARCIO PANNUNZIO/SHUTTERSTOCK ©, PATIFE/SHUTTERSTOCK ©

Si vous avez trois jours

● Si vous restez quelques jours de plus, vous pourrez découvrir les environs d'Ilhabela pour faire de la **plongée** (p. 459) et découvrir des plages sublimes telles que **Bonete** (p. 461), mais veillez à garder suffisamment de temps pour découvrir **Ubatuba** (p. 463). Vous y trouverez également un grand choix de plages, mais privilégiez une leçon de surf à la célèbre **Itamambuca** (p. 467), ainsi qu'une randonnée sur la **Trilha das Sete Praias**, le sentier des sept plages (p. 466), plus au sud. Ne manquez pas non plus de découvrir **Ilha Anchieta** (p. 469) et **Ilha das Couves** (p. 469), tout en vous laissant suffisamment de temps pour vous sustenter dans les restaurants de fruits de mer d'Ubatuba.

Si vous avez plus de temps

● Avec une semaine ou deux, vous pourrez vous aventurer au-delà d'**Ilhabela** (p. 456) et d'**Ubatuba** (p. 463). La beauté des plages de São Paulo n'a d'égale que l'étonnante nature sauvage de la **forêt atlantique** (p. 469) à l'intérieur des terres. Les sentiers de randonnée autour de Campos do Jordão pourraient bien être le point d'orgue de votre voyage. Les parcs naturels protégés, qui abritent certaines des dernières forêts vierges d'araucarias (pins du Paraná) au monde, sont le siège d'une biodiversité d'exception. Vous y découvrirez également l'ambiance surprenante mais pour autant agréable de **Campos do Jordão** (p. 470), avec son architecture suisse-allemande et ses restaurants dans le ton.

JUIN

Le **festival de jazz d'Ilhabela** attire artistes brésiliens et internationaux pour des concerts gratuits durant deux week-ends.

JUILLET

Le **Festival de Inverno de Campos do Jordão** célèbre la musique classique. Édition estivale en février. Début de la **saison des baleines** à Ilhabela.

AOÛT

Festival do Camarão d'Ilhabela. Un événement d'un mois consacré à toutes les variétés de crevettes, avec plus de 40 stands participants.

SEPTEMBRE

Festa de Aniversário de Ilhabela : un mois de festivités pour commémorer l'indépendance administrative de l'île (3 septembre 1805).

ETTORE CHIEREGUINI/SHUTTERSTOCK ©, ELI MEDEIROS/SHUTTERSTOCK ©, JACQUES LEPINE/GETTY IMAGES ©, VITORMARIGO/SHUTTERSTOCK ©

ILHABELA

Ilhabela, littéralement "belle île", porte bien son nom. On y trouve de superbes plages bordées de palmiers, des pics volcaniques couleur émeraude et de magnifiques cascades nichées au cœur de la forêt tropicale. Place au farniente sur une étendue de sable doré, aux couchers de soleil flamboyants, le tout en dégustant une caïpirinha et un festin de fruits de mer dans la douceur tropicale.

Bien qu'elle soit réputée pour ses plages, près de 85% de l'île ont été classés réserve de biosphère par l'Unesco pour former le Parque Estadual de Ilhabela. L'archipel est un haut lieu de l'écotourisme, notamment avec ses nombreux sentiers naturels et ses quelque 360 cascades. Ajoutez à cela les plages isolées, la plongée, le surf et les sorties en bateau, vous trouverez forcément votre bonheur.

Avant l'arrivée des Portugais au XVIe siècle, l'île était l'un des territoires du peuple tupi-guarani, comme en témoignent les *sambaqui* (dépôts de coquillages) et les céramiques datant de 500 ans avant notre ère.

Facilement accessible par ferry depuis le continent, au départ de São Sebastião, la plupart des restaurants, bars et hôtels sont répartis le long de la côte ouest, très touristique.

Pour les infos pratiques, voir le Carnet d'adresses p. 474

À SAVOIR

Les Paulistanos (habitants de São Paulo) affluent sur l'île les week-ends d'été et les jours fériés. Le trafic des car-ferries s'intensifie et les files d'attente peuvent paraître interminables. Il est préférable d'éviter d'arriver le vendredi soir et de repartir le dimanche soir.

Praia do Jabaquara (p. 458)

INCONTOURNABLE
1 Praia do Jabaquara

VOIR
2 Igreja Nossa Senhora d'Ajuda
voir 2 Museu Náutico de Ilhabela
voir 2 Museu Waldemar Belisário
3 Praia da Armação
4 Praia da Siriúba
5 Praia das Pedras Miudas
6 Praia de Itaquanduba
7 Praia do Barreiros
8 Praia do Curral
9 Praia do Itaguaçu
10 Praia do Julião
11 Praia do Oscar
12 Praia do Perequê
13 Praia do Viana
14 Praia Grande

ACTIVITÉS
15 Piscina Natural de Ilhabela

OÙ SE LOGER
voir 8 DPNY Beach Hotel

OÙ SE RESTAURER
voir 4 Balena Club
voir 1 Espaço Tangará
16 Nova Iorqui

PRENDRE UN VERRE ET FAIRE LA FÊTE
voir 16 Bar da Costeira
voir 2 Cervejaria Caiçara
voir 2 Ponto das Letras
voir 12 Quiosque Pelicano

OÙ SE LOGER SUR LA CÔTE OUEST D'ILHABELA

Hostel da Vila
Dans la forêt, adresse animée pour voyageurs sac au dos. Grand choix d'hébergements : suite, dortoir, tipi... **$**

Templo do Ser
Retraite proposant yoga et méditation dans une paisible forêt tropicale, à 10 minutes à pied de la plage. **$$**

DPNY Beach Hotel
Complexe de bord de mer le plus branché de l'île. Excellents restaurants, belle piscine et luxueux club de plage. **$$$**

OÙ SE RESTAURER À ILHABELA

Restaurante Cheiro Verde
Le *prato feito* (plat du jour), composé de viande ou de poisson grillé, de riz, de haricots et de salade, est très apprécié. $

Atelier do Tonhão
Le chef bahianais Tonhão présente une cuisine fusion méditerranéenne et caiçara créative. $$

Pimenta de Cheiro
Profitez de la brise marine à la lueur des bougies dans ce restaurant de fruits de mer romantique au bord de l'océan. $$

Nova Iorqui
Cadre d'inspiration méditerranéenne pour des plats gastronomiques de fruits de mer accompagnés d'une caïpirinha à la mandarine. $$

Restaurante Ilha Sul
Menu de fruits de mer haut de gamme, juste au-dessus de la Praia da Feiticeira. $$$

LUIS CARLOS TORRES/SHUTTERSTOCK ©

Ilha das Cabras (ci-contre)

Explorer le nord d'Ilhabela

DES PLAGES ET UN BRIN DE CULTURE

La plupart des infrastructures touristiques sont concentrées sur la promenade du front de mer – au nord du terminal des ferries –, qui s'étend le long des magnifiques plages de la côte.

Au nord-ouest, Vila Ilhabela (Vila) est le centre historique de l'île. Au **Museu Náutico de Ilhabela**, vous découvrirez le passé maritime de l'île, notamment les nombreux naufrages dont elle a été le théâtre, dans un bâtiment historique à tourelles (datant d'environ 1914). Autrefois une prison, les visiteurs peuvent y voir des reproductions de cellules au rez-de-chaussée lors d'expositions artistiques temporaires. Pour y accéder, il faut d'abord passer par le faubourg périphérique moins "glamour" de Perequê. Vila a conservé quelques beaux édifices de la période coloniale, dont l'**Igreja Nossa Senhora d'Ajuda** (église Notre-Dame du Secours), bâtie en 1532 par des esclaves. Ne manquez pas non plus le **Museu Waldemar Belisário**, un centre d'art dédié au peintre moderniste paulista du même nom.

Les amateurs de bières artisanales trouveront leur bonheur en se rendant à l'établissement **Cervejaria Caiçara** ("auberge à bières"). Pour ceux qui préfèrent le café, direction l'incontournable institution **Ponto das Letras**.

Reste que ce sont bien les plages qui restent le point fort de cette partie de l'île, à commencer par la **Praia do Jabaquara**. Située à l'extrême nord, elle est difficile d'accès, mais vos efforts seront récompensés par des eaux translucides et une belle étendue de sable doré bordée de forêt tropicale (en fonction de la saison, gare aux piqûres des *borrachudos,* petites mouches noires). Pour y déguster de délicieux plats de fruits de mer, cap sur l'**Espaço Tangará** ; testez leur spécialité, la caïpirinha à la fraise.

La plage de la ville, la **Praia do Perequê**, est très animée les week-ends. Des bars comme le **Quiosque Pelicano** sont parfaits pour prendre un apéritif et écouter de la musique *live*. Cette plage est le point de départ d'excursions en bateau et on peut y louer des paddles. Dans son prolongement, elle mène aux plages paradisiaques d'**Itaguaçu** et d'**Itaquanduba**. Plus au nord, on trouve la **Praia da Siriúba**, avec le très chic **Balena Club**, ainsi que la vaste **Praia da Armação**, la tranquille **Praia do Barreiros**, la décontractée **Praia do Viana**, et bien d'autres encore.

Se détendre sur les plages du sud

SNORKELING ET BARS DE PLAGE

Par rapport au nord, la moitié sud de l'île est plus calme et se caractérise par une succession de plages tout aussi pittoresques. Vous avez le choix entre des bars de plage bondés (le week-end en tout cas) et des criques secrètes et tranquilles.

Donnant sur le sanctuaire marin de l'Ilha das Cabras, la **Praia das Pedras Miudas** est une étape idéale pour enfiler son masque et espérer apercevoir des tortues, des étoiles de mer, des hippocampes et toutes sortes de poissons magnifiques. Plus au sud, **Praia do Oscar** dispose d'une étendue de sable et d'eaux claires propices à la baignade.

Praia do Julião est très fréquentée le week-end mais, en milieu de semaine, c'est un endroit calme avec des piscines naturelles appréciées des amateurs de snorkeling. Vous trouverez également un élégant bistrot de plage pour y savourer (les pieds dans le sable) des plats de fruits de mer et des cocktails, dont la fameuse caïpirinha à la mandarine et au gingembre. Dans le prolongement, la **Praia Grande** est également une bonne option.

Prenez le temps de découvrir la **Praia do Curral** et l'élégant **DPNY Beach Hotel**, lequel dispose de transats, de cabanons et d'une piscine, l'idéal pour une pause luxueuse sur l'île.

Plus au sud, ne manquez pas le restaurant **Nova Iorqui**, un peu difficile d'accès mais dont les plats valent le détour. Descendez les marches jusqu'à son bar (**Bar da Costeira**) pour profiter de la terrasse, l'endroit idéal pour admirer le coucher de soleil sur le lointain archipel du Refúgio de Alcatrazes. Vous y trouverez un accès direct (une échelle) à l'océan et à des piscines naturelles où vous pourrez vous rafraîchir, tout comme à la **Piscina Natural de Ilhabela**, toute proche et moins fréquentée.

PLONGÉE À ILHABELA

L'île offre de nombreuses possibilités en termes d'aventure sous-marine, et vous trouverez des centres de plongée PADI réputés proposant des excursions pour tous les niveaux. **Narwhal Mergulho** et **Colonial Diver** proposent des excursions au sanctuaire marin protégé de l'**Ilha das Cabras**, où la visibilité est bonne et la vie marine abondante. Autre option : l'**Ilha de Búzios**, avec ses passages sous-marins rocheux et ses canyons. Plus loin, le **Refúgio de Alcatrazes** est un des meilleurs sites de plongée du sud-est du Brésil. Une cinquantaine de navires ayant échoué au large de cette côte depuis le XVIIIe siècle, on y trouve aussi de belles épaves, dont le *Príncipe de Asturias*, le "*Titanic* brésilien" qui sombra en 1916, faisant 445 morts.

COMMENT CIRCULER

Il n'y a pas de VTC à Ilhabela, mais vous trouverez des taxis à compteur pour les trajets courts (tarif négociable pour les trajets allers-retours).

Le bus local est pratique pour parcourir l'île dans sa longueur, mais la Praia do Jabaquara n'est pas accessible en transport en commun. Les autres options sont le bateau, le taxi, l'auto-stop ou une randonnée de 8 km depuis la Praia da Armação, qui dispose d'un arrêt de bus. Au demeurant, mieux vaut avoir son propre véhicule pour explorer l'île. Pour les plages du nord, une piste cyclable et pédestre longe la promenade depuis le terminal des ferries jusqu'à Centro. Vélos et scooters électriques sont à louer le long de la rue principale de Vila.

Pour vous rendre sur l'île, voir p. 452.

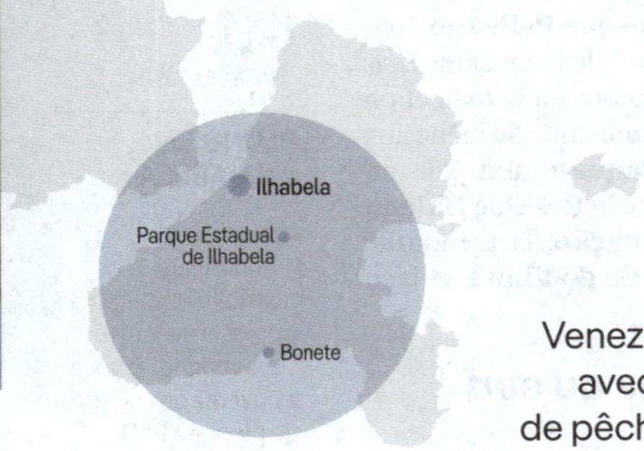

Aux confins d'Ilhabela

Venez découvrir l'authentique Ilhabela avec ses plages isolées, ses villages de pêcheurs et ses sentiers s'enfonçant dans la forêt tropicale.

Pour les infos pratiques, voir le Carnet d'adresses p. 474

À SAVOIR

Les *borrachudos* (petites mouches noires) se délecteront de vos jambes sur les plages isolées et les cascades. Portez un répulsif contenant du DEET. Une lotion à la calamine aide à soulager les démangeaisons causées par les piqûres.

Si la plupart des excursions et activités sont concentrées le long de la côte ouest animée d'Ilhabela, il ne s'agit là que d'une des nombreuses facettes de l'île. En vous éloignant de la zone touristique, vous trouverez non seulement des plages paradisiaques, mais aussi de nombreuses excursions à l'intérieur des terres. Les nombreux sentiers au cœur de la forêt tropicale vous permettront de découvrir des pics volcaniques, des cascades et une faune abondante.

Les visiteurs en quête de plages isolées trouveront leur bonheur à Bonete et Castelhanos. Toutes deux nécessitent quelques efforts et du temps pour y accéder. Que vous traversiez la forêt tropicale à pied, que vous fassiez un circuit en 4x4 ou un voyage inoubliable en hors-bord, tout cela fait partie de l'aventure ! N'oubliez pas de vous munir d'une bonne paire de chaussures de marche et d'une bonne dose d'anti-moustique.

LARISSA CHILANTI/SHUTTERSTOCK ©

Praia do Bonete, Ilhabela (ci-contre)

Cascade de Paquetá (p. 462)

Rythme insulaire à Bonete

PLAGE ET VILLAGE DE SURF DÉCONTRACTÉS

Besoin d'un moment de détente ? Bonete est l'endroit qu'il vous faut. Adossé à une forêt tropicale luxuriante, ce simple village de pêcheurs propose des cabanons et des *pousadas* sans fioritures donnant sur une vaste plage de surf au sable blond. Le fait qu'il ne soit accessible que par bateau ou par un trek dans la forêt tropicale en fait l'endroit idéal pour s'isoler des foules.

Pour un moment inoubliable, posez-vous dans un bar en bord de mer pour savourer une boisson fraîche et de délicieux fruits de mer. L'ambiance décontractée du **Restaurante Porto Bonete** en fait également une bonne adresse. Cette paillote, aux tables de plage à l'ombre, propose de délicieux plats de poisson et de crevettes.

En plus d'une belle plage propice à la baignade, vous trouverez ici le seul spot de surf d'Ilhabela, avec un beach-break réputé. C'est vers le mois de mai que les conditions sont idéales pour en profiter. Si vous avez le temps, parcourez le sentier de randonnée qui mène au **Mirante do Saquinho** (30 minutes aller) ; de là, le panorama de la rencontre entre forêt tropicale et plage est magnifique, avec en prime une cascade sur le chemin.

POURQUOI J'AIME ILHABELA

Trent Holden, auteur

J'ai eu la chance de voir nombre de plages magnifiques, et celles d'Ilhabela figurent en tête de liste. Praia Bonete est très agréable, avec sa longue étendue de sable blanc bordée d'arbres. L'opportunité parfaite pour profiter des eaux bleu turquoise et de quelques belles vagues. Mais au-delà de la plage de Bonete et des sentiers de randonnée (ne passez pas à côté de l'ascension jusqu'au Mirante do Saquinho), ce que j'aime surtout c'est le rythme de vie qui règne ici. On se laisse vite happer par l'atmosphère douce et décontractée du lieu ; au détour des sentiers sablonneux du village, les habitants vous saluent. Les plages urbaines d'Ilhabela sont aussi très agréables et attirent une foule festive en quête de soleil.

OÙ SE LOGER À BONETE

Vila Bonete
Auberge sur la plage, proposant chambres privées, dortoirs confortables et esthétiques, et belle vue. **$**

Sambaqui Hostel
Dans le village, une auberge de jeunesse décontractée avec jardins. Personnel accueillant et planches de surf disponibles. **$**

Pousada Canto Bravo
Hébergement en bord de mer ; personnel sympathique et gamme variée de chambres. Très bon restaurant. **$$**

Le sentier pour arriver jusqu'à Bonete compte tout autant que la destination. La **Trilha do Bonete** est une randonnée prisée des visiteurs. Il s'agit d'un chemin balisé de 12 km (4 à 5 heures de marche aller) qui traverse la forêt luxuriante, ponctué de cascades. Vous pouvez également rejoindre Bonete en bateau. Le trajet vous permettra d'admirer le littoral escarpé du sud d'Ilhabela ; la traversée vaut à elle seule le détour. Elle offre de magnifiques points de vue sur la *buraco do cacao*, une remarquable cathédrale rocheuse. Des navettes partent de Praia do Perequê ou de São Sebastião.

Explorer le Parque Estadual de Ilhabela

PÉNÉTREZ DANS LA FORÊT ATLANTIQUE

Près de 85% de l'île est recouverte par la forêt atlantique. Nul ne peut prétendre connaître Ilhabela tant qu'il ne s'est pas aventuré dans la jungle. Avec quelque 270 km² de forêt protégée, le **Parque Estadual de Ilhabela** présente une incroyable biodiversité que l'on peut explorer lors de randonnées ou d'excursions en 4x4. Vous pourrez observer toucans et perroquets, mais aussi iguanes, singes capucins noirs, écureuils fauves et autres ocelots.

Après la Trilha do Bonete (ci-dessus), le sentier de 8 km menant au **Pico do Baepi** (1 048 m) est un des plus populaires et offre de superbes panoramas sur la côte. Les nombreuses cascades de l'île constituent une attraction majeure. Et pour cause : on en dénombre pas moins de 360 disséminées sur l'île. La **Trilha da Água Branca** forme une boucle de 4 km dans le parc national. Le sentier part de l'entrée principale et passe par différentes chutes et points de vue. Ce chemin offre aussi l'opportunité d'observer des animaux dans leur habitat naturel. Parmi les trésors de l'île, citons la cascade de **Paquetá**, avec sa piscine naturelle à débordement et ses vues sur la côte, **Veloso**, avec son trio de chutes de 50 m de haut, **Três Tombos** (un autre trio de cascades), et **Toca**, située dans la ferme **Cachoeira da Toca**, un moulin à canne à sucre historique où l'on peut déguster la cachaça locale.

Les excursions en 4x4 dans la forêt tropicale sont un moyen populaire d'explorer le parc sur un chemin de terre accidenté. Elles culminent avec la magnifique **Praia de Castelhanos**. Il s'agit de la plage la plus célèbre de la côte est (accessible également en bateau), une spectaculaire étendue de sable doré en forme de cœur renfermant des eaux étincelantes. Outre les **communautés locales de Caiçara**, vous y trouverez des restaurants de plage et quelques *pousadas* si vous souhaitez prolonger votre séjour.

MEILLEURS CIRCUITS ORGANISÉS À ILHABELA

Maremar Turism
Cet opérateur, le plus ancien de l'île, organise des excursions vers des plages isolées et des sorties d'observation des baleines (de juillet à septembre).

Garupa
Propose d'aller à la rencontre des communautés traditionnelles des Caiçara. Une découverte de leur mode de vie et de leur culture.

Trilhabela Turismo
Société de trekking dirigée par le guide certifié Ernani, qui peut organiser des treks longs, tels que de Bonete à Castelhanos.

Universo Marinho
Centre de plongée basé à São Sebastião qui organise des excursions dans l'archipel du Refúgio de Alcatrazes, ouvert au public depuis 2018. Tous niveaux acceptés.

COMMENT CIRCULER

Pour rejoindre Bonete, on peut suivre la Trilha do Bonete, ou alors opter pour une aventure en hors-bord. Au Parque Estadual de Ilhabela, il vous suffit d'enfiler vos chaussures de randonnée ou de sauter dans un 4x4 pour un safari à l'intérieur des terres.

UBATUBA

Pour les infos pratiques, voir le Carnet d'adresses p. 475

Dans une ambiance digne d'une chanson des Beach Boys, la capitale du surf de São Paulo est la destination idéale pour qui cherche détente, plaisir et amusement, avec certaines des plages les plus attractives du Brésil. Le magnifique littoral de 100 km de long est complété par une toile de fond tout aussi spectaculaire, constituée de pics denses et du vert émeraude de la forêt tropicale.

D'une manière générale, Ubatuba se divise en trois blocs : les plages du nord, celles du sud et le centre-ville, ce dernier étant un pied-à-terre populaire pour explorer la région. Avec une centaine de plages, vous aurez le choix entre des criques naturelles paradisiaques, des escapades sur des îles, des bars de plage animés et de longues étendues de sable doré avec une scène de surf dynamique.

Ubatuba tire son nom des mots tupi signifiant "canoë" (*uba*) et "terre" (*tuba*). Avant l'arrivée des Portugais en 1501, le peuple indigène tupinambá y résidait depuis des milliers d'années. Elle est surnommée Ubachuva (*chuva* signifiant "pluie" en portugais), car elle peut parfois être pluvieuse. Il vous faudra peut-être vous armer de patience, surtout en été.

À SAVOIR

Des noyades se produisent chaque année. Soyez donc vigilant lorsque vous vous baignez sur les plages de surf d'Ubatuba et privilégiez celles qui sont surveillées par des secouristes. Évitez la baignade en cas de drapeau rouge. Si vous êtes pris dans une vague, ne vous affolez pas et nagez parallèlement au rivage. La liste des plages est disponible sur le site turismo.ubatuba.sp.gov.br/praias.

Itamambuca (p. 467), Ubatuba

INCONTOURNABLE
1 Praia de Itaquanduba

VOIR
2 Boa Vista
3 Praia das Conchas
4 Praia do Félix
5 Praia do Perequê-Açu
6 Praia do Português
7 Praia do Prumirim
8 Praia Grande
9 Praia Vermelha
10 Praia Vermelha do Norte

ACTIVITÉS
11 Escola Zecão de Surf
12 Fundação Projeto Tamar
13 Aquarium d'Ubatuba

SE RESTAURER
14 North Shore
voir 14 Padang Restaurante e Pizzaria
voir 14 Pistache Gelateria Itamambuca
voir 14 Pousada Todas As Luas
voir 14 Quintal do Marinho
voir 7 Quiosque do Osmar

PRENDRE UN VERRE ET FAIRE LA FÊTE
15 Doca 390

SORTIR
16 180° Ubatuba
voir 13 Blues on the Rocks

OÙ SE LOGER À UBATUBA

Green Haven Hostel
Un repaire de baroudeurs bien connu des fêtards ; sur la Praia do Perequê-Açu. **$**

Pousada Todas As Luas
À quelques pas d'Itamambuca, nichée dans la forêt tropicale, avec un excellent restaurant. **$$**

Hotel Solar das Águas Cantantes
Somptueuse demeure coloniale, à proximité de la Praia do Lázaro. **$$**

ELI MEDEIROS/SHUTTERSTOCK ©

Praia Grande

Plaisirs balnéaires dans le Centro

ATTRACTIONS MARINES, PLAGES DE VILLE ET FRUITS DE MER

Le centre-ville d'Ubatuba possède tout le charme kitsch que l'on attend d'une ville balnéaire. Avec ses manèges, son aquarium et son esplanade en bord de mer à parcourir une glace à la main, c'est un lieu très prisé des couples et des familles. Cependant, l'attraction principale reste ses restaurants de fruits de mer.

Le Centro est bordé par deux bancs de sable très populaires. Au sud, la **Praia Grande**, pour les fêtards, avec bars de plage, transats et parasols. C'est aussi une plage de surf réputée. C'est d'ailleurs ici qu'a grandi Filipe Toledo, sacré champion du monde en 2022, qui y a fait ses armes en s'attaquant à ses *beach breaks*.

On y trouve des écoles de surf, ainsi que le magasin de surf de Filipe. La **Praia Vermelha**, située à proximité, offre un cadre plus décontracté. Au nord de Centro on trouve la **Praia do Perequê-Açu**, une autre plage animée appréciée des baroudeurs.

Le petit **aquarium** d'Ubatuba présente toutes les espèces tropicales qui intriguent les voyageurs : piranhas, crocodiles, raies et requins, ainsi que des pingouins. À proximité se trouve le squelette massif d'une baleine à bosse de 17 m de long qui s'est échouée sur Praia Grande. La **Fundação Projeto Tamar** se trouve également dans les environs. Vous pouvez vous y rendre pour voir les tortues et en apprendre davantage sur les programmes de conservation des espèces grâce à des expositions.

TRILHA DAS SETE PRAIAS

Un excellent moyen d'explorer la région et ses splendides plages est d'emprunter la Trilha das Sete Praias, le "**sentier des sept plages**" (10 km de marche aller). Il s'agit d'une route prisée, cependant elle n'est pas toujours bien balisée ; il est donc préférable de ne pas l'emprunter seul (Ecotuba propose des guides ; p. 469). Emmenez de l'eau en quantité suffisante, un maillot de bain, des en-cas et des chaussures de marche. Depuis la grande plage de la **1 Praia da Fortaleza,** bordée de jungle et d'eaux calmes, marchez jusqu'à son extrémité et descendez les marches jusqu'à **2 Pontão da Fortaleza**, un affleurement rocheux apprécié des amateurs d'escalade, où vous pourrez apercevoir des tortues nager. S'ensuit une montée escarpée de 2,2 km le long d'un sentier boisé pour atteindre la **3 Praia do Cedro do Sul**, une baie sublime, parfaite pour une baignade afin de se rafraîchir à mi-parcours. La route continue avec un trek escarpé dans la forêt atlantique, vous permettant d'admirer toute la biodiversité qu'elle renferme, avant d'arriver à la bien nommée **4 Praia do Deserto**, un coin de paradis qu'il sera difficile de laisser derrière soi. Direction ensuite la **5 Praia Grande do Bonete**, sur un autre chemin vallonné. Profitez de son kiosque de plage pour un bon déjeuner. Pour un aperçu de la vie de village, dirigez-vous vers l'intérieur des terres jusqu'au **6 Cantinho das Conchas** pour déguster des *pastéis* (pâtisseries) et de la cachaça. De retour dans la jungle, poursuivez jusqu'à la **7 Praia do Peres**, minuscule, avant de continuer vers la **8 Praia do Oeste** et de terminer à la **9 Praia da Lagoinha**, une plage très fréquentée, pour savourer une caïpirinha bien méritée ! De là, vous pouvez remonter jusqu'à la route principale pour rejoindre le bus qui vous ramènera au Centro.

Outre les restaurants, on trouve également ici une riche vie nocturne : **Doca 390**, pour ses bières artisanales, sa musique *live* et ses incroyables cheeseburgers ; **Blues on the Rocks** pour sa musique *live* et pour faire durer la fête ; et **180° Ubatuba**, avec ses DJ de fin de soirée.

Ubatuba : la plage à la portée de tous

SAFARI DE SURF ET COLLATIONS EN BORD DE MER

À partir de Centro, la jolie côte d'Ubatuba serpente vers le nord-est en direction d'une série de superbes criques de sable blanc et de plages de surf.

Dans la capitale du surf de São Paulo, il n'y a pas de vagues plus célèbres que celles d'**Itamambuca**, à 14 km au nord de la ville. Avec ses belles droites, elle accueille des compétitions professionnelles à l'échelle mondiale. Les meilleurs mois pour vous y rendre sont de mars à novembre. Cette longue étendue de sable paradisiaque est parfaite pour ceux qui souhaitent éviter les foules. Pour la présence de secouristes, privilégiez l'extrémité sud, où vous trouverez des kiosques de plage, des bars et des vendeurs d'açaï glacé. L'**Escola Zecão de Surf** propose des cours particuliers et la location de planches, ainsi qu'un photographe pour immortaliser vos exploits !

En s'éloignant des plages, vous trouverez quelques bons restaurants nichés dans les ruelles d'Itamambuca. La **Pousada Todas As Luas** est célèbre pour ses plats de poisson (dont le fameux poisson en croûte de noix) et ses bières artisanales locales ; **Quintal do Marinho** se distingue par une cuisine japonaise authentique ; **North Shore** est une découverte d'incroyables bols d'açaï ; **Pistache Gelateria Itamambuca** est renommée pour sa glace éponyme ; et **Padang Restaurante e Pizzaria** propose des pizzas le soir.

Au nord, la **Praia Vermelha do Norte** est remarquable pour son surf, son sable blanc et son arrière-plan montagneux. Si la populaire **Praia do Félix** est trop fréquentée à votre goût, pour une ambiance plus détendue, vous trouverez à gauche la **Praia das Conchas** et à droite la **Praia do Português**.

La **Praia do Prumirim** est magnifique, avec une cascade à proximité et de bons restaurants. Essayez des calamars frais et un cocktail *bananinha* au **Quiosque do Osmar**. Le village voisin de **Boa Vista** abrite la communauté indigène guarani, à qui vous pourrez rendre visite lors d'une excursion qui vous fera découvrir ses traditions ancestrales et son mode de vie en forêt.

OÙ SE RESTAURER À UBATUBA

Peixe com Banana
Délicieux plats brésiliens à base de fruits de mer, dont l'*azul-marinho* (ragoût de poisson, de riz et de bananes vertes). **$$$**

Restaurante Terra Papagalli
Restaurant romantique pour un dîner aux chandelles au bord de l'océan, avec un large éventail de plats de poisson frais. **$$$**

O Rei do Camarão
Spécialisé dans les plats de crevettes. Essayez le *camarão rei* (crevettes royales). **$$**

O Limoeiro
Bistrot authentique avec de la musique *live*. La spécialité de la maison est le *lemandarin* (miel, gingembre et cachaça vieilli). **$$**

Alecrim Restaurante
Un buffet varié, avec salades pour ceux qui souhaitent quelque chose de sain et d'équilibré ! **$**

COMMENT S'Y RENDRE ET CIRCULER

Des bus empruntent l'autoroute principale du sud au nord, ce qui permet d'accéder facilement aux différentes plages d'Ubatuba. Ils partent de la gare routière dans le Centro, d'où prendre une correspondance en fonction de votre destination.

Vous trouverez également en ville un service Uber, lequel constitue un autre moyen pratique de se déplacer. Attention néanmoins, l'attente peut être plus longue que dans les grandes villes.

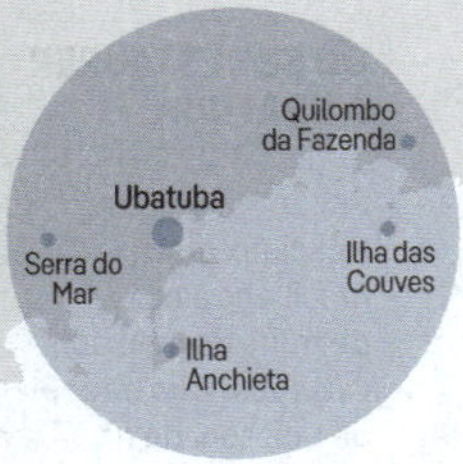

Environs d'Ubatuba

Plages magnifiques, vastes étendues de forêt atlantique et rencontres mémorables avec la faune et la flore locale vous attendent.

Pour les infos pratiques, voir le Carnet d'adresses p. 476

À SAVOIR

Les visites à l'Ilha das Couves sont limitées à 177 personnes à la fois. Pour éviter toute déception, mieux vaut réserver en amont en ligne.

Outre son extraordinaire littoral, Ubatuba est bordée d'îles magnifiques et constitue un point d'accès à la forêt tropicale de la Serra do Mar. Parmi sa vingtaine d'îles tropicales périphériques, chacune dotée de plages immaculées et d'eaux cristallines, l'Ilha das Couves et l'Ilha Anchieta valent particulièrement le détour. Toutes deux sont facilement accessibles depuis le continent et méritent le détour, chacune pour des raisons différentes. L'Ilha Anchieta pour sa prison historique, sa faune locale et la beauté des fonds marins ; l'Ilha das Couves pour ses étendues de sable doré idylliques, sa forêt tropicale et ses eaux limpides. De retour sur le continent, prenez le temps d'explorer le Parque Estadual Serra do Mar, un parc protégé, où de magnifiques sentiers de randonnée vous mèneront à travers la luxuriante forêt tropicale atlantique et des cascades.

L'Ilha das Couves

PHOTOSLA/SHUTTERSTOCK ©

Tangara émeraude

Îles, sommets et cascades

ÎLES VIERGES ET SENTIERS FORESTIERS

L'**Ilha Anchieta**, une des destinations les plus singulières d'Ubatuba, est la deuxième plus grande île de São Paulo (après Ilhabela). Outre son parc d'État de 828 hectares de forêt atlantique verdoyante, elle est célèbre en tant qu'ancienne colonie pénitentiaire qui, en 1952, a connu l'une des émeutes les plus meurtrières au monde, entraînant le décès de 108 prisonniers. Ses ruines, bien conservées, restent un site très apprécié des touristes. On trouve dans cette réserve naturelle une faune exotique riche, avec notamment des capucins, des capibaras, des coatis et des tatous. Sous l'eau, on peut observer des poissons colorés, des coraux et des raies. Les plages sublimes et les sentiers de randonnée sont autant de raisons de visiter la région.

Si vous aimez les plages, ne manquez pas la paradisiaque **Ilha das Couves**. Cette île de 60 hectares offre deux superbes plages, des étendues vierges de forêt atlantique et d'incroyables sites de plongée. Afin de lutter contre sa dégradation, l'entrée est payante (80 R$) et le nombre de visiteurs est limité à 177 personnes à la fois. Les excursions sont limitées à 3 heures, mais si vous souhaitez rester plus longtemps, vous pouvez acheter un second billet.

Partie intégrante de la **Serra do Mar**, classée au patrimoine mondial de l'Unesco, l'intérieur de la jungle d'Ubatuba est réputé pour sa faune aviaire, sa biodiversité et ses superbes sentiers. Pour observer les oiseaux ou gravir le **Pico do Corcovado** (1 168 m), contactez Ecotuba. Un autre circuit intéressant dans le parc consiste à visiter l'un des *quilombos* (d'anciennes communautés d'esclaves évadés). **Garupa** (ci-contre) propose à ce titre d'intéressantes visites au **Quilombo da Fazenda**.

LES MEILLEURS CIRCUITS ORGANISÉS À UBATUBA

Ecotuba
Propose des circuits thématiques écologiques comprenant l'ascension de sommets, la Trilha das Sete Praias, des randonnées dans la jungle et des rencontres culturelles.

Garupa
Spécialisé dans les écotours à la rencontre des groupes ethniques minoritaires, tels que les communautés guarani et les *quilombos*.

Let's Go Ubatuba
Attaché au Green Hostel, cet opérateur propose des excursions en bateau, du paddle et du surf.

Escola Zecão de Surf
École de surf basée à Itamambuca, fondée par le légendaire surfeur local Zecão (alias Big Joe) pour les habitants défavorisés.

Rocky Point
Cours de surf sur Praia Grande, une des plages les plus célèbres d'Ubatuba.

COMMENT S'Y RENDRE ET CIRCULER

Pour vous rendre à l'Ilha Anchieta, vous pouvez soit réserver une excursion auprès d'un prestataire, soit prendre un bateau au départ d'Enseada et de l'embarcadère de Saco da Ribeira.

Pour vous rendre à l'Ilha das Couves, vous partirez de Picinguaba, une ville de pêcheurs située à 42 km au nord de Centro (accessible en bus). Il y a trois départs par jour pour la courte traversée de 15 minutes.

CAMPOS DO JORDÃO

Bien que les chalets alpins, la fondue et le chocolat chaud ne correspondent pas à l'image que l'on se fait du Brésil, Campos do Jordão est une destination unique et un point de chute pratique pour explorer les vastes étendues sauvages de la Serra da Mantiqueira.

À 1 628 m d'altitude, c'est la ville la plus haute du Brésil, à seulement 180 km de São Paulo. Cette destination résolument touristique ravit les Paulistanos, qui profitent de la fraîcheur du lieu, tout en dégustant de copieux plats bavarois. Mais c'est la nature environnante et les sentiers de randonnée qui constituent le véritable point fort de Campos do Jordão. Vous serez immergé dans les dernières forêts vierges d'araucarias (pins du Paraná) tout en profitant de vues spectaculaires sur la vallée du Paraíba. Avant l'arrivée des Portugais en quête d'or, la région était le territoire des populations indigènes, notamment des ethnies puris, caetés, guarulhos et cataguás.

Pour les infos pratiques, voir le Carnet d'adresses p. 477

À SAVOIR

La ville, très fréquentée le week-end, accueille en juillet jusqu'à un million de touristes. Les prix flambent et il peut être difficile de trouver un hébergement. Attention : pour s'assurer une place, mieux vos prévoir à l'avance son billet de bus retour.

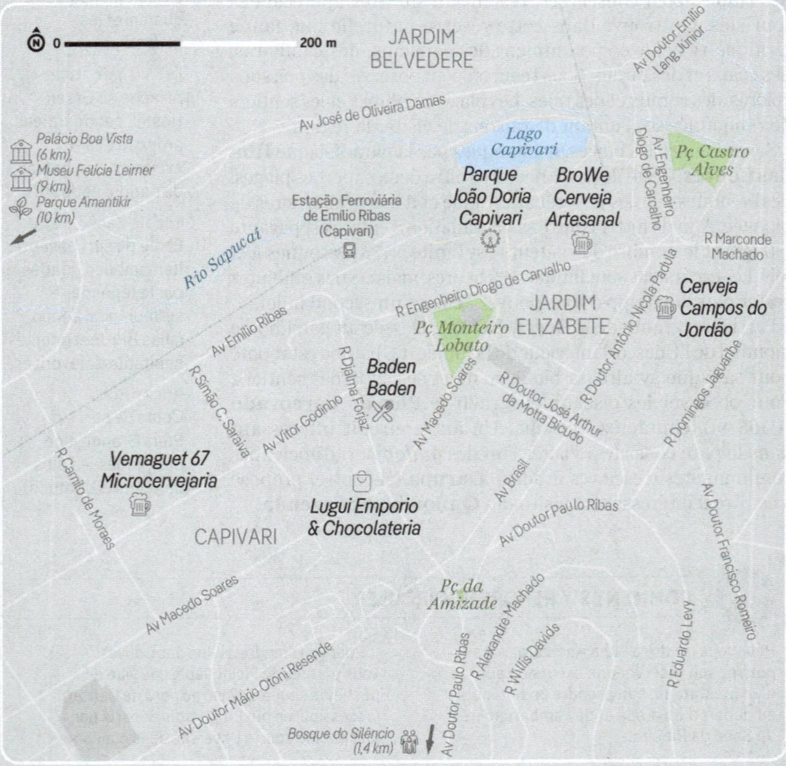

ELI MEDEIROS/SHUTTERSTOCK ©

Campos do Jordão

Plaisirs alpins à Campos do Jordão

AMBIANCE BAVAROISE, MUSÉES ET JARDINS

Même si elle n'a pas de pistes de ski, cette ville d'altitude offre toutes les réjouissances d'une station de montagne suisse. Avant l'arrivée des chalets, des maisons Tudor et des serveurs en traditionnel *Lederhosen*, Campos do Jordão était un centre de bien-être pour tuberculeux, lesquels y bénéficiaient de l'air pur des montagnes. Si le centre touristique revêt un charme indéniablement kitsch, les rues résidentielles aux maisons germaniques donnent au reste de la ville un aspect plus authentique et plus vivant.

Côté visites, ne manquez pas le **Museu Felícia Leirner**, notamment pour sa sculpture abstraite et en plein air de l'artiste brésilienne née à Varsovie auquel il rend hommage. Le **Palácio Boa Vista** est la résidence d'hiver du gouverneur de São Paulo. Il est possible de visiter son manoir de style Tudor, qui compte 105 pièces remplies d'œuvres d'art, notamment des œuvres très prisées du peintre moderniste Tarsila do Amaral. Plus loin, le **Parque Amantikir** est un incontournable pour les amateurs d'horticulture, avec ses 28 jardins thématiques et son labyrinthe de haies. Dans le centre-ville, le **Parque João Doria Capivari** propose grandes roues, téléphériques, stands de nourriture et jeux de plein air, ainsi que des promenades en tramway électrique et en train à vapeur. Le **Bosque do Silêncio** dispose, quant à lui, de tyroliennes, d'un parcours d'accrobranche et d'un minigolf.

Lugui Empório & Chocolateria permet de s'approvisionner en bières, vins et chocolats. Les amateurs de bières fileront à la **Cerveja Campos do Jordão** pour ses 8 bières pression et sa distillerie de gin, à **Baden Baden** pour ses bières allemandes et sa cuisine bavaroise, à la caverneuse **Vemaguet 67 Microcervejaria** et à la **BroWe Cerveja Artesanal** pour ses double IPA.

OÙ SE LOGER ET SE RESTAURER À CAMPOS DO JORDÃO

A Nossa Casinha
Chalet aux hébergements économiques dans un quartier calme, en face du Bosque do Silêncio. $

Hotel JB Campos do Jordão
En plein centre-ville, des chambres confortables avec une décoration alpine assez kitsch. $$

Canadá Lodge
Ambiance chaleureuse d'un chalet de ski d'inspiration canadienne. $$$

Pastelão do Maluf
D'énormes *pastéis* (pâtisseries) aux saveurs variées. $

Restaurante Harry Pisek
Saucisses, *schnitzels* et *strudels* faits maison, avec bières brassées sur place. Ambiance décontractée. $

Libertango
Après une randonnée, dégustez une viande cuite sur la *parilla* au feu de bois. $$$

COMMENT S'Y RENDRE ET CIRCULER

Campos se situe respectivement à 2 heures 30 et 4 heures 30 de route de São Paulo et Rio de Janeiro. Depuis ces deux villes, plusieurs liaisons par jour sont assurées quotidiennement. Sur place, taxis et Uber sont le meilleur moyen de se déplacer. Un petit tramway assure cinq fois par jour la liaison entre les trois principaux quartiers de la ville – Abernéssia, Jaguaribe (gare routière) et Capivari – et le centre.

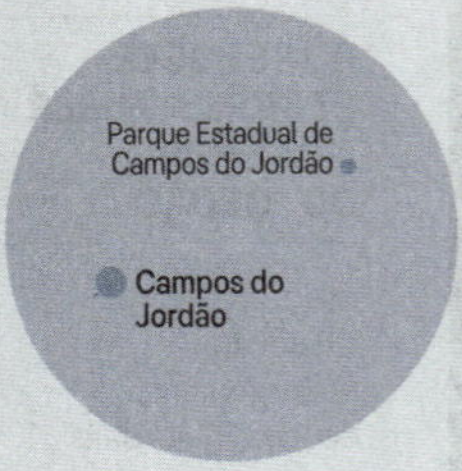

Environs de Campos do Jordão

Échappez à la ville pour profiter de l'air frais des montagnes, des cascades et d'une faune et d'une flore uniques.

Pour les infos pratiques, voir le Carnet d'adresses p. 477

À SAVOIR

En plus de prévoir beaucoup d'eau et des en-cas, préparez-vous au climat capricieux et changeant de la région. Prévoyez des équipements techniques.

Avec ses forêts d'araucarias vierges et ses zones de végétation variées, la Serra da Mantiqueira est un antidote parfait au charivari et à la pollution de São Paulo.

Dans le parc protégé de Campos do Jordão, vous trouverez des sentiers de randonnée et des pistes de VTT pour tous les niveaux – de la petite promenade à l'ascension de sommets – qui parcourent ses forêts remplies d'une variété de pins, de cascades et de points de vue imprenables.

Le parc abrite quelque 165 espèces d'oiseaux, dont des toucans à bec vert, des pics-verts et le très rare perroquet à poitrine violette, ainsi que des pumas, des tatous, des ocelots, des daguets gris, des pécaris et des loups à crinière.

Pedra do Baú

Parque Estadual de Campos do Jordão

La vie sauvage au Parque Estadual de Campos do Jordão

RANDONNÉES, NATURE ET AVENTURE EN PLEIN AIR

Enfilez vos chaussures de randonnée et partez à l'assaut des collines pour profiter de la sublime nature sauvage de la Serra da Mantiqueira. À seulement 14 km à l'est de la ville, le Parque Estadual de Campos do Jordão comprend 8 300 hectares de forêt atlantique protégée et est célèbre pour sa biodiversité – il abrite notamment l'un des derniers vestiges au monde de forêt du très fragile et endémique araucaria. Vous pourrez vous procurer une carte des sentiers de randonnée au centre d'accueil à l'entrée du parc. Celles décrites vont de la petite balade au trek d'une journée à travers diverses zones de végétation, avec des arrêts à des cascades et de superbes vues sur la vallée du Paraíba.

Pour apprécier pleinement la richesse de la biodiversité du parc, il est préférable d'être accompagné d'un guide. **Altus**, agence de référence en la matière, peut fournir des guides de randonnée experts et organiser des activités telles que parcours d'accrobranche et cours d'escalade. Vous pouvez aussi gravir des sommets, un des plus populaires étant celui du **Pedra do Baú** (1 950 m). Le VTT est une autre activité importante du parc, avec une vingtaine de pistes dédiées. **Zoom Aventura** loue des vélos et propose des cours. **Aventura no Rancho** organise des randonnées à cheval et sorties sur une tyrolienne de 800 mètres.

À moins que vous ne participiez à une visite guidée incluant le transport, les Uber sont la meilleure solution pour rejoindre le parc depuis Campos do Jordão.

PAROLE D'HABITANT : RANDONNÉES DANS LE PARQUE ESTADUAL DE CAMPOS DO JORDÃO

Estevam Pasquale est un guide de randonnée originaire de la région, qui travaille avec Altus Turismo Ecológico (altus.tur.br).

Le meilleur sentier pour les débutants ? Le sentier de la rivière Sapucai. Situé dans le parc national, il mêle paysages de plaines d'altitude et forêt d'araucarias. Comptez 1 à 2 heures de marche.

Votre randonnée préférée ? L'ascension du Pico dos Marins, un sentier difficile, avec des traversées et des montées escarpées. La vue depuis le sommet est à couper le souffle.

Ce que vous aimez dans la Serra da Mantiqueira ? Le climat, l'eau pure, l'air frais et la diversité des plantes et des animaux.

Vos adresses préférées pour manger à Campos do Jordão ? Krokodilo Restaurant, Dona Chica et Cafe do Bosque.

OÙ SE RESTAURER ET SE LOGER DANS LE PARC

Dona Chica
Pépite gastronomique inattendue, avec plats brésiliens revisités, bons choix végans et vins locaux. **$$**

Gård Cervejaria
Brasserie artisanale rustique proposant des bières de qualité à accompagner de burgers. Jolie vue verdoyante. **$**

Cabanas nas Árvores
Dormez à la cime des arbres dans ces cabanes équipées de tout le confort moderne. Feux de camp possibles. **$$$**

Carnet d'adresses

ILHABELA

Igreja Nossa Senhora d'Ajuda
Voir p. 458 (Praça Professor Alfredo Oliani 53 ; 8h-12h lun, 14h30-17h30 mar-ven, 8h-12h et 14h30-17h30 sam)

Museu Náutico de Ilhabela
Voir p. 458 (Praça Coronel Julião 115 ; 9h-22h tlj)

Museu Waldemar Belisário
Voir p. 458 (12 3896-6069 ; Av. Pedro de Paula Moraes 139 ; 9h-20h lun-jeu, 9h-21h ven-dim)

Colonial Diver
Voir p. 459 (12 99724-9459 ; colonialdiver.com.br ; Av. Brasil 1751 ; double plongée 450 R$; 9h-17h lun, 9h-18h mar-sam)

Narwhal Mergulho
Voir p. 459 (12 3896-3807 ; www.narwhal.com.br/ilhabela ; Av. Princesa Isabel 171, Perequê ; 9h-17h lun-ven, 8h-17h sam, 8h-16h dim)

DPNY Beach Hotel
Voir p. 459 (12 3894-3000 ; dpny.com.br ; Av. José Pacheco do Nascimento 7668, Praia do Curral)

Hostel da Vila
Voir p. 457 (12 98142-9140 ; www.hosteldavilailhabela.com.br ; Rua São Benedito 202)

Templo do Ser
Voir p. 457 (12 99736-3846 ; templodoser.org ; Av. Engenho Velho 185, Feiticeira)

Atelier do Tonhão
Voir p. 458 (12 99112-7972 ; Rua da Padroeira 12, Mezanino Galeria Vila da Vila ; 13h-23h mer-lun)

Balena Club
Voir p. 459 (12 99161-4511 ; ballenabar.business.site ; Av. Leonardo Reale 2917, Siriúba ; 10h-17h lun et jeu, 10h-18h ven-dim)

Cervejaria Caiçara
Voir p. 458 (12 99221-0660 ; cervejaria-caicara.negocio.site ; Praça Coronel Julião de Moura Negrão 74 ; 17h-0h ven-jeu)

Espaço Tangará
Voir p. 458 (12 99642-8825 ; www.tangarailhabela.com.br ; Av. Engenheiro Martinho Storace 12717, Jabaquara ; 10h-17h lun-ven, 10h-18h sam-dim)

Nova Iorqui
Voir p. 459 (12 98178-4866 ; @novaiorqui ; Av. Governador Mário Covas Jr 18322, Frades ; 12h-18h lun et mer-jeu, ven-dim 12h-19h30)

Pimenta de Cheiro
Voir p. 458 (12 98128-7142 ; www.pimentadecheiroilhabela.com.br ; Av. São João 84 ; 11h30-22h tlj)

Prainha Do Julião
Voir p. 459 (12 99181-0008 ; www.prainhadojuliao.com.br ; Av. Riachuelo 5370, Praia do Julião ; 10h-18h tlj)

Restaurante Cheiro Verde
Voir p. 458 (12 99172-6989 ; @cheiroverdeilha ; Rua da Padroeira 109 ; 11h30-23h tlj)

Restaurante Ilha Sul
Voir p. 458 (12 3894-9426 ; www.restauranteilhasul.com.br ; Av. Riachuelo 287 ; 13h-23h tlj jan, 13h-23h ven-dim fév-déc)

Bar da Costeira
Voir p. 459 (12 98178-4866 ; @novaiorqui ; Av. Governador Mário Covas Jr 18322, Frades ; 12h-18h lun et mer-jeu, ven-dim 12h-19h30)

Ponto das Letras
Voir p. 458 (12 3896-2104 ; www.pontodasletras.com.br ; Rua Dr Carvalho 146 ; 10h-20h lun, mer-jeu, 10h-22h ven et dim, 10h-23h sam)

Quiosque Pelicano
Voir p. 459 (12 3896-1213 ; www.facebook.com/quiosquedo-pelicano ; Av. Princesa Isabel)

AUX CONFINS D'ILHABELA

Parque Estadual de Ilhabela
Voir p. 462 (12 3896-2660 ; guiadeareasprotegidas.sp.gov.br/ap/parque-estadual-ilhabela ; 8h-19h tlj)

Garupa
Voir p. 462 (garupa.org.br)

Maremar Turism
Voir p. 462 (12 3896-3679 ; www.maremar.tur.br ; Praça Elvira Storace 12, Perequê, Ilhabela ; 8h-18h lun-jeu, 8h-19h ven-dim)

Trilhabela Turismo
Voir p. 462 (12 99122-6986 ; loja.trilhabela.com.br ; Carlos Andrade Rizzini 27, Barra Velha, Ilhabela)

Universo Marinho
Voir p. 462 (12 3862-2212 ; www.universomarinho.com.br ; Rua Capitão Salinas 106, São Francisco da Praia, São Sebastião ; 9h-12h et 14h-17h lun-ven)

Pousada Canto Bravo
Voir p. 461 (12 99683-4002 ; pousadacantobravobonete.com.br ; Praia do Bonete, Ilhabela)

Sambaqui Hostel
Voir p. 461 (12 98248-9559 ; hostelilhabela.com ; Praia do Bonete, Ilhabela)

CASA.DA.PHOTO / STOCK.ADOBE.COM ©

Igreja Nossa Senhora d'Ajuda, Ilhabela

Restaurante Porto Bonete
Voir p. 461 (☎12 99612-6467 ; Praia do Bonete ; 10h-18h tlj)

UBATUBA

Aquário de Ubatuba
Voir p. 465 (☎12 3834-1382 ; www.aquariodeubatuba.com.br ; Rua Guarani 859, Itaguá ; tarif plein/réduit 60/30 R$; 10h-22h tlj)

Fundação Projeto Tamar
Voir p. 465 (☎12 3832-6202 ; www.tamar.org.br ; Rua Antonio Atanázio 273 ; tarif plein/réduit 30/15 R$; 10h-17h tlj)

Escola Zecão de Surf
Voir p. 467 (☎12 99774-7040 ; www.zecao.com.br ; Rua Vinte e Cinco s/n, Praia do Itamambuca ; 200 R$ le cours de 2 heures niveau débutant ; à partir de 9h tlj)

Green Haven Hostel
Voir p. 464 (☎12 99662-6825 ; www.greenhavenhostel.com ; Av. Governador Abreu Sodré 1245, Perequê-Açu)

Hotel Solar das Águas Cantantes
Voir p. 464 (☎12 99662-9448 ; solardasaguascantantes.com.br ; Rua João Glorioso da Cruz 950, Praia do Lázaro)

Pousada Todas As Luas
Voir p. 464 (☎12 98103-4466 ; www.todasasluas.com.br ; Rua C 115, Praia do Itamambuca)

Alecrim Restaurante
Voir p. 467 (@ubatuba.alecrim ; Av. Leovigildo Dias Vieira 230, Itaguá ; 11h-22h tlj)

North Shore
Voir p. 467 (☎12 99733-4600 ; @northshoreitamambuca ; Praia do Itamambuca ; 12h-23h ven-dim)

O Limoeiro
Voir p. 467 (☎12 99207-8973 ; @olimoeiroubatuba ; Rua dos Pescadores 8 ; 16h-minuit mar-ven, 11h-minuit sam, 11h-19h dim)

O Rei do Camarão
Voir p. 467 (☎12 99749-1097 ; restaurantereidocamarao.com.br ; Av. Leovigildo Dias Vieira 38, Itaguá ; 11h30-23h tlj)

Padang Restaurante e Pizzaria
Voir p. 467 (12 99215-6761 ; @padang.itamambuca ; Av. de Acesso, Praia do Itamambuca)

Peixe com Banana
Voir p. 467 (12 3833-9683 ; @restaurantepeixecombanana ; Av. Guarani 315, Itaguá ; 12h-23h ven-sam, 12h-22h lun, mer, jeu et dim)

Pistache Gelateria Itamambuca
Voir p. 467 (12 3199-2066 ; pistachegelateria.com.br ; Av. do Acesso 55, Praia do Itamambuca ; 11h-22h lun-jeu, 11h-23h ven-dim)

Quintal do Marinho
Voir p. 467 (12 99700-0090 ; @quintaldomarinho ; Av. de Acesso 538, Praia do Itamambuca ; 12h-22h tlj)

Restaurante Terra Papagalli
Voir p. 467 (12 3832-1488 ; Rua Xavantes 537, Itaguá ; 12h-23h lun-sam, 12h-18h dim)

Restaurante Todas As Luas
Voir p. 467 (12 99115-1818 ; @restaurante_todasasluas ; Rua C 115, Praia do Itamambuca ; 18h-22h mer-jeu, 12h30-22h ven-dim)

Doca 390
Voir p. 467 (12 99177-8206 ; www.doca390.com.br ; Rua Doutor Esteves da Silva 390, Centro ; 17h-minuit mar-sam)

Quiosque do Osmar
Voir p. 467 (21 97888-4439 ; @quiosque_recantodoosmar ; Rua Sete, Praia do Prumirim)

Blues on the Rocks
Voir p. 467 (12 99647-6179 ; www.bluesontherocks.com.br ; Av. Professor Chico Santos 17, Itaguá ; 21h-3h ven-sam)

180° Ubatuba
Voir p. 467 (12 99209-4774 ; www.180ubatuba.com.br ; Rua Cuaquira 535)

ENVIRONS D'UBATUBA

Ilha Anchieta
Voir p. 469 (www.ilhaanchieta.com.br)

Ilha das Couves
Voir p. 469 (12 98295-6112 ; ilhadascouves.eco.br ; 80 R$; départs de Picinguaba à 8h, 11h et 14h)

Ecotuba
Voir p. 469 (12 99741-5161 ; ecotuba.com.br ; 9h-19h tlj)

Escola Zecão de Surf
Voir p. 469 (12 99774-7040 ; www.zecao.com.br ; Rua Vinte e Cinco s/n, Praia do Itamambuca ; 200 R$ le cours de 2 heures niveau débutant ; à partir de 9h tlj)

Ubatuba

Garupa
Voir p. 469 (garupa.org.br)

Let's Go Ubatuba
Voir p. 469 (12 99627-6787 ; Av. Governador Abreu Sodré 1245, Perequê-Açu ; 9h-20h tlj)

CAMPOS DO JORDÃO

Bosque do Silêncio
Voir p. 471 (12 99260-7027 ; bosquedosilencio.com.br ; Av. Senador Roberto Simonsen 1724, Jardim Alpestre ; tarif plein/réduit 30/15 R$; 9h-17h tlj)

Museu Felícia Leirner
Voir p. 471 (12 3512-2508 ; www.museufelicialeirner.org.br ; Av. Dr Luis Arrobas Martins 1880, Alto Boa Vista ; tarif plein/réduit 15/7,50 R$; 9h-18h mar-dim)

Palácio Boa Vista
Voir p. 471 (11 2193-8282 ; www.acervo.sp.gov.br ; Av. Adhemar de Barros 3001, Alto da Boa Vista ; 10h-12h et 14h-17h mer-dim)

Parque Amantikir
Voir p. 471 (12 99634-6784 ; www.parqueamantikir.com.br ; Rodovia Campos do Jordão 215 ; tarif plein/réduit 60/30 R$; 9h-16h tlj)

Parque João Doria Capivari
Voir p. 471 (12 99624-5028 ; parquecapivari.com.br ; Rua Engenheiro Diogo José de Carvalho 1291, Capivari ; attractions 20/65 R$; 9h-21h dim-jeu, 9h-22h ven-sam)

A Nossa Casinha
Voir p. 471 (12 99732-5339 ; anossacasinha.com.br/a-nossa-casinha-no-bosque ; Av. Marianne Baumgart 1841, Capivari)

Canadá Lodge
Voir p. 471 (12 3663-6640 ; www.canadalodge.com.br ; Rua Deputado Plínio de Godoy 403, Capivari)

Hotel JB Campos do Jordão
Voir p. 471 (12 3663-1755 ; hoteljb.com.br ; Av. Emílio Ribas 946, Capivari)

Libertango
Voir p. 471 (12 3663-6218 ; www.libertango.com.br ; Av. José Manoel Gonçalves 160, Capivari ; 12h-16h et 19h30-22h mer-lun)

Pastelão do Maluf
Voir p. 471 (12 3663-3590 ; pastelaodomaluf.com.br ; Av. Macedo Soares 134, Capivari ; 11h-22h lun-ven, 11h-23h sam-dim)

Restaurante Harry Pisek
Voir p. 471 (12 3663-4030 ; www.restauranteharrypisek.com.br ; Av. Pedro Paulo 857, Jardim do Embaixador ; 10h-17h lun-ven, 10h-18h sam-dim)

Baden Baden
Voir p. 471 (www.badenbaden.com.br ; Av. Matheus Costa Pinto 1653, Vila Santa Cruz)

BroWe Cerveja Artesanal
Voir p. 471 (12 99601-7453 ; browe.com.br ; Rua Caravelas 35, Jardim Vale do Sol)

Cerveja Campos do Jordão
Voir p. 471 (12 3663-4006 ; Av. Dr Antônio Nicola Padula 61, Capivari ; 11h-22h lun-mer, 11h-minuit jeu-dim)

Vemaguet 67 Microcervejaria
Voir p. 471 (12 3663-3239 ; www.cantinhodaserra.com/vemaguet-67 ; Rua Djalma Forjaz 140, Capivari)

Lugui Empório & Chocolateria
Voir p. 471 (12 3663-3233 ; Rua Djalma Forjaz 140, Shopping Calil, Capivari ; 10h-22h dim-jeu, ven-sam 10-minuit)

ENVIRONS DE CAMPOS DO JORDÃO

Parque Estadual de Campos do Jordão
Voir p. 473 (12 99607-0501 ; parquecamposdojordao.com.br ; Av. Pedro Paulo s/n, Horto Florestal, Campos do Jordão ; tarif plein/réduit 19/9,5 R$, parking 20 R$/véhicule ; 9h-18h)

Altus Turismo Ecológico
Voir p. 473 (12 99126-0783 ; www.altus.tur.br ; Av. Senador Roberto Simonsen 1724, Bosque do Silêncio, Campos do Jordão)

Aventura no Rancho
Voir p. 473 (12 99774-3588 ; @aventuranorancho ; Av. Pedro Paulo 7997, Horto Florestal, Campos do Jordão ; 10h-16h lun-jeu, 10h-17h ven-dim)

Zoom Aventura
Voir p. 473 (12 99682-0168 ; zoomaventura.com.br ; Av. Pedro Paulo s/n, Horto Florestal, Campos do Jordão ; 9h-17h tlj)

Cabanas nas Árvores
Voir p. 473 (12 99607-9964 ; www.cabanasnasarvores.com.br ; Av. Pedro Paulo 7997, Campos do Jordão)

Cafe do Bosque
Voir p. 473 (12 98708-2088 ; Av. Senador Roberto Simonsen 1724, Vila Inglesa, Campos do Jordão ; 9h-18h tlj)

Dona Chica
Voir p. 473 (12 99731 3953 ; restaurantedonachica.com.br ; Av. Pedro Paulo s/n, Horto Florestal, Campos do Jordão ; 11h30-17h tlj)

Gård Cervejaria
Voir p. 473 (@gardcervejaria ; Av. Pedro Paulo s/n, Horto Florestal, Campos do Jordão ; 11h-17h mer-lun)

Krokodilo Restaurant
Voir p. 473 (Krokodilo I : 12 3663-9019 ; Av. Senador Roberto Simonsem 1350, Capivari, Campos do Jordão ; 11h30-22h tlj) ; Krokodilo II : 12 3663-7542 ; Av. Pedro Paulo 21, Capivari, Campos do Jordão ; 11h30-22h tlj) ; Krokodilo III : 12 3663-3072 ; Av. Silvio da Costa Rios 133, Capivari, Campos do Jordão ; 11h30-22h tlj)

PARANÁ

PORTE D'ENTRÉE VERS LE SUD PROSPÈRE DU BRÉSIL

Avec son économie robuste, ses infrastructures modernes et sa réputation en matière d'innovations durables, le Paraná incarne le Brésil du XXIe siècle.

Séparé de la province de São Paulo en 1853, le Paraná en demeure très proche. De fait, les deux États ont des points communs, en particulier des niveaux de vie et d'instruction figurant parmi les plus élevés du Brésil. Loin d'être le parent pauvre de son voisin du nord, le Paraná a un atout de taille : les chutes d'Iguaçu, extraordinaire don de la nature.

PAULO NABAS/SHUTTERSTOCK ©

Moins exaltante, mais non moins inspirante, l'agréable capitale de l'État, Curitiba, est une destination de choix. Avec sa flotte de bus articulés, ses touches d'architecture Art nouveau et ses parcs florissants (dont un jardin botanique), Curitiba témoigne des efforts déployés par l'État pour forger un futur durable. L'ambiance tangiblement européenne de la ville et ses excellents restaurants en font une bonne entrée en matière pour visiter le Paraná, et le Brésil au sens large.

Pour une ambiance de plage bohème loin des voitures, jetez votre dévolu sur l'Ilha do Mel et le Parque Nacional do Superagüi, à une heure ou deux à l'est. Vous y découvrirez de précieuses poches de forêt tropicale atlantique et un littoral préservé, dont les plages figurent parmi les plus sauvages et les plus belles du sud du pays.

Vous pouvez rejoindre la paisible et reculée Morretes à bord du *Serra Verde Express*, un des rares trains de passagers que compte le Brésil. Le voyage cahoteux à travers les cimes vertes et brumeuses qu'il offre est impressionnant.

SITES PRINCIPAUX

CURITIBA
Véritable figure de proue d'un urbanisme progressiste.
P. 484

ILHA DO MEL
Plages désertes, pas de voiture, ambiance bohème.
P. 492

FOZ DO IGUAÇU
Chutes d'eau tonitruantes à cheval sur une triple frontière.
P. 498

CASAL BAS/SHUTTERSTOCK

Ci-dessus : Ilha do Mel (p. 492) ; à droite : chutes d'Iguaçu (p. 498)

AVION

L'Aeroporto Internacional Afonso Pena (www.aeroporto-curitiba.net) de Curitiba, à 18 km au sud-est du centre, assure des vols directs avec les grandes villes du Brésil. Des vols quotidiens relient l'aéroport international de Foz do Iguaçu/Cataratas à Lima et à plusieurs grandes villes brésiliennes. Asseyez-vous du côté gauche de l'avion pour profiter d'une belle vue sur les chutes à l'arrivée.

S'orienter

La plupart des sites touristiques du Paraná sont concentrés dans une petite région du sud-est de l'État, facilement accessible depuis Curitiba. L'exception est Foz do Iguaçu, à près de 650 km à l'ouest, à la frontière avec le Paraguay et l'Argentine.

Curitiba, p. 484
Une ville de parcs, de transports publics performants et d'initiatives durables pionnières, avec en prime quelques très bons musées.

Ilha do Mel, p. 492
Laissez-vous séduire par le charme tranquille de cette petite île, magnifiée par une forêt tropicale luxuriante et des plages désertes, où la vie est décontractée et les voitures interdites.

BUS

L'excellent réseau de bus interurbains du Paraná est exploité par diverses entreprises privées. Les cars sont confortables et, en général, les voyages sont sûrs et à peine plus longs qu'en voiture. Comptez 10 heures entre Curitiba et Foz do Iguaçu.

TRAIN

Le *Serra Verde Express* est un des rares trains de passagers encore en activité au Brésil. Bien qu'il s'agisse d'un train "touristique", les billets sont à des prix raisonnables. Le service est assuré plusieurs fois par semaine entre Curitiba et Morretes.

BATEAU

L'Ilha do Mel, une des attractions phares de l'État, n'est accessible qu'en bateau, au départ des ports de Paranaguá et Pontal do Sul. Ce dernier propose des trajets plus fréquents, moins chers et plus rapides.

Planifier son séjour

La plupart des principaux sites touristiques du Paraná se trouvent à proximité du centre urbain de Curitiba. Les incontournables chutes d'Iguaçu, à 10 heures en bus ou 1 heure en avion, constituent l'exception.

DANIEL LIMA FOTOGRAFIA/SHUTTERSTOCK ©

Parque Vila Velha (p. 490)

Trois jours aux chutes

- Si vous n'avez qu'une seule opportunité de visiter le Paraná, mettez tout de suite le cap sur les **chutes d'Iguaçu** (p. 500). Au vu du temps de trajet nécessaire pour s'y rendre, il faut compter au moins trois jours pour pleinement apprécier la grandeur de cette merveille naturelle.

- Le premier jour, laissez opérer la magie du côté brésilien. Le deuxième jour, passez la frontière avec l'Argentine pour admirer les torrents déferlants d'Iguaçu d'un autre angle. Consacrez le troisième jour aux autres sites de Foz : le novateur **Parque das Aves** (p. 499) et l'impressionnant **barrage d'Itaipu** (p. 502).

Au fil des saisons

La saison estivale s'étend de novembre à mars. L'affluence est à son apogée entre Noël et le carnaval en février (embouteillages à prévoir).

FÉVRIER

Le **carnaval** dans la ville de Morretes est une occasion de déguster la spécialité culinaire des lieux, le *barreado* (p. 489).

MARS

Période la plus propice à l'**observation des oiseaux** sur la côte : grande diversité d'espèces avec l'arrivée des migrateurs du nord.

AVRIL

Le **Festival de Curitiba**, événement phare dédié au théâtre, propose des premières, des spectacles, des reprises et des ateliers dans toute la ville.

VINICIUS BACARIN/SHUTTERSTOCK ©, MAILA FACCHINI/SHUTTERSTOCK ©, RODOLFO BUHRER/LA IMAGEM/FOTOARENA/ALAMY STOCK PHOTO©

Une semaine tourbillonnante

- Commencez ce voyage d'une semaine bien remplie à **Curitiba** (p. 484), une des capitales mondiales de la durabilité urbaine. Après avoir visité les parcs du centre-ville et le **Museu Oscar Niemeyer** (p. 487), réservez une excursion d'une journée à bord du **Serra Verde Express** (p. 491), puis consacrez une autre journée à explorer les grottes et les formations géologiques de **Vila Velha** (p. 490).

- De là, prenez l'avion ou le bus jusqu'à **Foz do Iguaçu** (p. 498) pour voir les spectaculaires **chutes d'Iguaçu** (p. 500). Profitez de leur emplacement à l'intersection de trois frontières pour une incursion rapide au Paraguay et en Argentine, où vous pourrez voir les chutes et l'énorme **barrage d'Itaipu** (p. 502) sous différents angles.

Dix jours pour savourer pleinement

- Comptez au moins trois jours pour vous imprégner de la majesté des **chutes d'Iguaçu** (p. 500) avant de prendre le bus ou l'avion pour **Curitiba** (p. 484). Au détour de ses rues et de ses parcs, vous pourrez découvrir les merveilles d'ingénierie déployées par cette ville à l'avant-garde de l'urbanisme durable. Le cinquième jour, faites une excursion vers l'ouest jusqu'aux roches sculptées par les intempéries de **Vila Velha** (p. 490).

- Le sixième jour, réservez un billet pour le **Serra Verde Express** (p. 491) et savourez un *barreado* à **Morretes** (p. 489) avant de continuer en bus jusqu'à Pontal do Sul puis en bateau jusqu'à l'**Ilha do Mel** (p. 492). Accordez-vous au moins trois jours pour vous promener, ratisser les plages et vous détendre sur cette île paradisiaque.

MAI

Période creuse, donc plus abordable. Avec une affluence réduite et un temps clément, c'est la période idéale pour se rendre aux **chutes d'Iguaçu** (p. 498).

JUIN

L'importante communauté japonaise de Curitiba célèbre **Imin Matsuri**, avec au programme des démonstrations d'arts martiaux.

AOÛT

Avec le recul du froid et de l'humidité, **Curitiba** offre un temps plus clément (p. 484).

OCTOBRE

Les **chutes d'Iguaçu** (p. 498) sont à leur débit maximum (2506 m^3/sec), près du double de la moyenne annuelle, offrant un spectacle grandiose.

JULIANA HERCULIN/SHUTTERSTOCK ©, BRONIS E DRONES/SHUTTERSTOCK ©, VITOR LANDO/SHUTTERSTOCK ©, JULIANA HERCULIN/SHUTTERSTOCK ©

CURITIBA

Pour les infos pratiques, voir le Carnet d'adresses p. 506

Si l'on mesurait les villes à l'aune de leur préoccupation pour la santé de leurs habitants plutôt que de leur beauté, Curitiba serait sans nul doute en haut du podium. La capitale du Paraná est pionnière mondiale en matière d'urbanisme écologique et son système de transport en commun performant est souvent cité en exemple dans le monde. À Curitiba, les transports publics sont bon marché, efficaces et sûrs. Ici, les nombreux bus articulés vous mènent d'un point A à un point B beaucoup plus rapidement que ne le ferait une voiture de sport. Curitiba compte aussi des parcs, des pistes cyclables et une abondance d'arbres matures et sains.

Certes, l'architecture y est quelque peu hétéroclite, avec de grandes tours surplombant les élégants bâtiments anciens de style Art nouveau ou néoclassique qu'abrite la ville. Cependant, Curitiba excelle dans les domaines qui comptent aujourd'hui, ce qui en fait l'endroit parfait pour recharger ses batteries et profiter du Brésil dans ce qu'il a de plus fonctionnel.

À SAVOIR

Oubliez la voiture et montez à bord du BRT (Bus Rapid Transit) de Curitiba, un système de transport futuriste très performant. Achat des billets à l'avance en espèces ou par carte à l'une des nombreuses stations tubulaires de la ville sorties tout droit d'un *space opera*.

Jardim Botânico (p. 487)

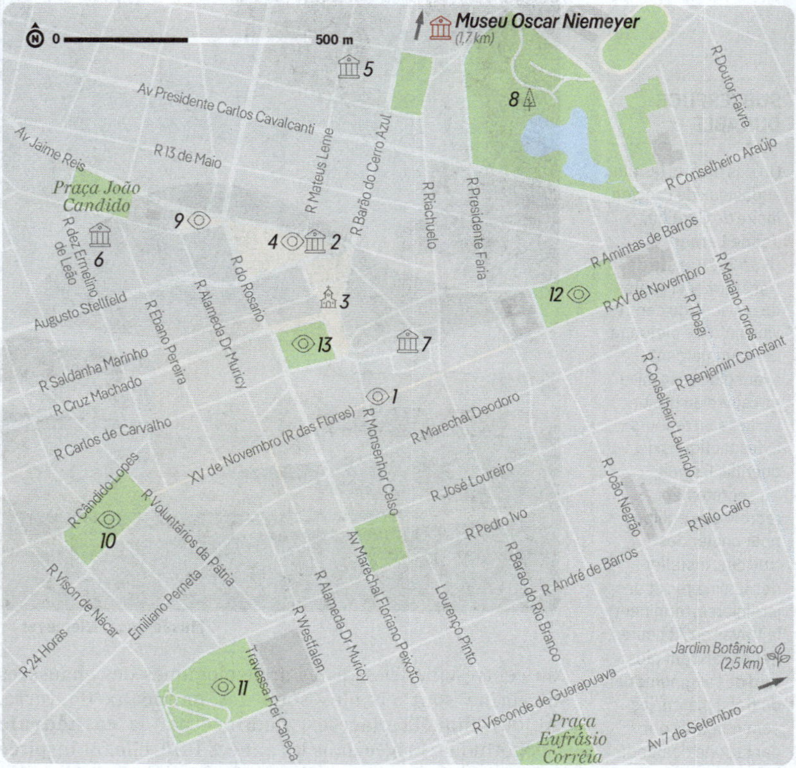

VOIR

1 Calçadão da XV
2 Casa Romário Martins
3 Cathédrale
4 Largo da Ordem
5 Museu Casa Alfredo Andersen
6 Museu Paranaense
7 Paço da Liberdade
8 Passeio Público
9 Praça Garibaldi
10 Praça Osorio
11 Praça Rui Barbosa
12 Praça Santos Andrade
13 Praça Tiradentes

Le cœur historique de Curitiba

PLACES ET MUSÉES

Curieux de sa réputation de pionnière de la modernité, le visiteur en viendrait presque à oublier que Curitiba est empreinte d'histoire. Prenez comme point de départ la **Praça Tiradentes**, bordée d'arbres, site de la fondation de la cité en 1693 et un des nombreux points névralgiques

OÙ SE RESTAURER À CURITIBA

Cantina Baviera
Une adresse fusionnant les cuisines allemande, française et italienne. **$$**

Manu
Un des plus grands noms de la gastronomie d'Amérique du Sud, Manoella Buffara Ramos, y officie. **$$$**

Madero Steakhouse Prime
Établissement historique de la chaîne du même nom, qui en compte aujourd'hui 275. Les burgers y sont excellents. **$$**

SUBTERFUGE DURABLE

Un des projets les plus audacieux de l'ancien maire de Curitiba, **Jaime Lerner** (1937-2021), a été de transformer six pâtés de maisons du centre-ville en zone piétonne. Les commerçants ayant bloqué la mise en œuvre du projet, Lerner a eu recours à des tactiques de guérilla. De nuit, il a secrètement recruté une équipe pour couler des trottoirs, installer des luminaires et des jardinières, terminant le travail en 72 heures. Reconnaissant plus tard de l'augmentation du trafic piéton, les commerçants ont par la suite demandé l'extension de la zone piétonne. Certains automobilistes, en revanche, ont été moins satisfaits. Lorsque Lerner a appris qu'un groupe d'automobilistes prévoyait de circuler en force le long de la zone piétonne, il a rassemblé plusieurs centaines d'enfants le long de la rue, où ils se sont assis pour peindre des tableaux. Le succès du quartier piétonnier s'en est trouvé consolidé de même que l'image dynamique de Lerner.

Musée Oscar Niemeyer

du centre-ville. Des restes archéologiques des chaussées d'origine sont visibles sous des panneaux de verre. Aujourd'hui, la place est dominée par la **cathédrale** néogothique. Érigée dans les années 1870, elle fut inspirée de la cathédrale métropolitaine de Barcelone. Suite à une restauration complète réalisée en 2012, l'édifice revêt un aspect éclatant. Un peu plus au nord se trouvent les **Largo da Ordem** et **Praça Garibaldi**, deux "places" polygonales reliées par une voie piétonne pavée. Elles sont nichées au cœur de l'ancienne cité coloniale, parsemée d'églises, de balcons en fer forgé et de nombreux bars.

Un petit musée situé dans le plus ancien bâtiment de la ville, la **Casa Romário Martins**, présente le travail de Cândido Ferreira de Abreu, premier urbaniste et ancien maire de Curitiba. C'est à Abreu que l'on doit le tout proche **Paço da Liberdade** (ancien hôtel de ville), dont deux magnifiques statues classiques d'Atlas soutiennent la porte d'entrée. Abreu a également participé à la conception des espaces verts du **Passeio Público**, un parc élégant aux allées sinueuses, apprécié des joggeurs matinaux, des perroquets jacasseurs et des joueurs de dominos.

Deux musées du centre-ville offrent une fenêtre sur l'histoire locale. Le **Museu Casa Alfredo Andersen** présente l'œuvre de ce grand peintre impressionniste norvégien et brésilien dans son ancienne maison néoclassique et son atelier. Le **Museu Paranaense** retrace la fortune fluctuante de l'État depuis l'époque précoloniale, dans une exposition exhaustive, bien que légèrement décousue.

Parcs et zones piétonnes

EXEMPLES D'URBANISME INNOVANT

Grâce à des initiatives audacieuses lancées au début des années 1900 et portées par des dirigeants visionnaires plus d'un demi-siècle plus tard, Curitiba est devenue un modèle d'urbanisme innovant reconnu à l'échelle mondiale.

Dans les années 1960 et 1970, l'administration Lerner a transformé six pâtés de maisons du centre-ville, **Calçadão da XV**, en une zone piétonne (voir page précédente), a créé cinq couloirs de bus express avec des tubes d'embarquement futuristes, et a encouragé le recyclage et la conception durable bien avant que cela ne soit à la mode. L'administration a également planté des arbres et aménagé des parcs à grande échelle. Il ne s'agit pas de parcs lambda, mais d'espaces verts féconds et bien entretenus. La **Praça Osorio**, à l'extrémité ouest de Calçadão da XV, est pratiquement une forêt tropicale à elle seule. La **Praça Santos Andrade**, à l'est, est une oasis de symétrie florale. La **Praça Rui Barbosa** est l'endroit idéal pour observer les célèbres autobus en accordéon s'arrêter à côté de leurs arrêts tubulaires transparents.

De loin le parc le plus travaillé de Curitiba, le **Jardim Botânico** est une oasis bien entretenue avec une serre emblématique en forme de dôme, à 2 km à l'est du centre.

Hommage à un maître

MUSÉE D'ART ET VITRINE ARCHITECTURALE

Pour découvrir la quintessence du design futuriste, rendez-vous au nord du Centro Cívico de Curitiba, au **Museu Oscar Niemeyer**. Conçu par l'architecte à qui l'on doit une grande partie de Brasília (p. 420), et nommé en son honneur, ce musée saisissant est une œuvre d'art en lui-même, avec une remarquable tour surplombée d'un d'œil et recouverte de silhouettes noires dansantes. Le musée accueille des expositions itinérantes mettant en lumière des artistes brésiliens et internationaux des XXe et XXIe siècles. Les expositions permanentes comprennent une capsule temporelle photographique de la construction du musée (dans la tour) et une présentation succincte de Niemeyer et de son œuvre architecturale pionnière.

DES AUTOBUS INNOVANTS

Face à la croissance rapide de Curitiba dans les années 1970, les transports en commun sont devenus un défi de taille. N'ayant pas les moyens de construire un métro, la ville en a adapté l'efficacité aux autobus. Sous la direction de l'architecte et urbaniste Jaime Lerner, devenu maire de la ville, la municipalité a créé cinq voies express réservées aux bus, assuré des fréquences régulières et construit des platesformes d'embarquement tubulaires, équipées de guichets et de tourniquets pour accélérer la montée et la descente. Elle a aussi missionné Volvo pour fabriquer des autobus à double accordéon à 270 places. Aujourd'hui, le système transporte plus de 2 millions de passagers par jour.

COMMENT S'Y RENDRE ET CIRCULER

On arrive à Curitiba soit par l'aéroport (p. 480) – desservi par des bus, des taxis et des Uber –, soit par la *rodoferroviária*, un complexe de 3 bâtiments situé dans l'Avenida Presidente Afonso Camargo, au sud-ouest du centre, regroupant les gares routières des bus longue distance et ferroviaire.

Le mode de transport le plus efficace à Curitiba est le bus. Les tarifs sont forfaitaires et comprennent les correspondances entre les lignes aux abris bus tubulaires. Les différents types de bus sont identifiés à l'aide d'un code couleur, du bleu pour les Super Express au jaune pour les bus de rabattement. Un bus à impériale ouvert relie les principaux sites de la ville, dont le jardin botanique et le Museu Oscar Niemeyer. Il circule du mardi au dimanche au départ de la Praça Tiradentes. Le centre-ville, autour du Largo da Ordem, offre un cadre agréable pour déambuler.

Environs de Curitiba

Des formations rocheuses dignes de l'Ouest américain et un voyage en train mémorable attendent les voyageurs loin de l'effervescence urbaine de Curitiba.

Pour les infos pratiques, voir le Carnet d'adresses p. 506

À SAVOIR

Vous pouvez combiner l'escapade à Morretes et l'expérience du *Serra Verde Express* en une journée, en prenant le train à l'aller depuis Curitiba, puis le bus au retour.

Bien que rarement considérée comme un pôle touristique en soi, Curitiba est stratégiquement placée à proximité de plusieurs des principales curiosités de l'État, dans un paysage varié de montagnes, de forêts et de plateaux rocheux. La plupart des voyageurs se dirigent vers l'est à Morretes, à bord d'un train historique. Ville gastronomique, elle est la patrie du *barreado*. En chemin, la ligne traverse des parcelles de *mata atlântica*, la forêt tropicale côtière brésilienne, riche en biodiversité, mais fortement menacée. Vous pouvez également vous diriger vers l'ouest en bus ou en voiture jusqu'au Parque Vila Velha, où les affleurements de grès aux formes particulières contrastent fortement avec les champs agricoles environnants. Chacune de ces destinations est faisable en un jour, au départ de Curitiba.

ALEXEY STIOP/SHUTTERSTOCK ©

Morretes

Ragoût de barreado

Un goût de barreado à Morretes

UN RAGOÛT DE VIANDE RENOMMÉ

Fondée en 1721 sur les rives du Rio Nhundiaquara, cette paisible ville coloniale, située à 1 heure 30 en bus à l'est de Curitiba, repose dans un écrin vert émeraude au pied des montagnes de la Serra do Mar. Les plus beaux édifices, qui sont légion, sont concentrés autour de la **Praça Lamenha Lins** et le long de la **Rua das Flores**, une rue pavée qui borde une rivière paisible. La plupart de ces bâtiments abritent des restaurants et presque tous proposent le joyau culinaire de la région : le *barreado*, un ragoût de viande dense épaissi avec de la farine de manioc et cuit dans une marmite en terre cuite à petit bouillon pendant de longues heures. Autrefois servi pour donner des forces aux festivaliers pendant le carnaval de février, ce plat est aujourd'hui devenu un emblème de la ville et un mets de choix pour les voyageurs qui débarquent du *Serra Verde Express*.

Les différents éléments du *barreado* sont généralement servis à part : ragoût de viande, farine de manioc, riz, bananes enrobées de pâte à frire et poivrons marinés. Si vous débutez dans l'art du *barreado*, le serveur vous aidera à le préparer en mélangeant une cuillerée de farine de manioc à la viande et à la sauce pour obtenir une pâte épaisse. Dans certains restaurants, il est de tradition de tenir le plat à l'envers au-dessus de la tête du convive

PAROLE D'HABITANT : LA RECETTE DU BARREADO

Leonardo Gnatta Scucato dos Santos, gérant du Restaurante Casarão à Morretes, partage les secrets de cuisson du *barreado*.

Le *barreado* est un plat à base de viande de bœuf, d'oignons, d'ail, de poivre noir, de sel et de feuilles de laurier. L'épice la plus caractéristique est le cumin. On coupe la viande en cubes que l'on fait revenir avec toutes les épices et l'eau. Ensuite, on scelle la cocotte avec une pâte à base de farine et d'eau, et on laisse mijoter le tout pendant 8 à 10 heures, jusqu'à ce que la pâte sèche et se fissure, puis on laisse mijoter à feux très doux encore 4 heures. On laisse ensuite le tout reposer jusqu'au lendemain. Ce n'est qu'à ce moment-là que la marmite est ouverte.

OÙ DÉGUSTER LE BARREADO À MORRETES

Restaurante Casarão
De généreuses portions de ragoût de viande sont apportées à votre table pour être mélangées et servies. **$$**

Villa Morretes
Au milieu de jardins luxuriants et de fontaines bouillonnantes, sur la rive la plus tranquille du Rio Nhundiaquara. **$$**

Madalozo
Prisé des touristes fraîchement débarqués du *Serra Verde Express*. Sa terrasse donne sur le Rio Nhundiaquara. **$$**

GROTTES VERTICALES

Vila Velha compte un total de 12 *furnas*, de grands cratères, ou dolines, formées par des infiltrations d'eau dans les fissures du grès souterrain il y a des millions d'années. Au fil du temps, une cavité souterraine s'est formée et s'est remplie d'eau, s'agrandissant progressivement, provoquant l'effondrement de son toit et exposant la grotte. Les deux *furnas* ouvertes au public ont une profondeur d'environ 110 m et sont remplies à hauteur de moitié (elles partagent le même aquifère souterrain). *Furna* 1 est équipée d'un ascenseur – certes disgracieux – pour amener les visiteurs jusqu'à une plate-forme flottante (depuis longtemps hors service), et est encerclée par une armée de martinets à collier interrompu qui impressionnent par leur vol en piqué. *Furna* 2 abrite une espèce unique de poisson : le *lambari da furna*.

CABUSCAA/SHUTTERSTOCK ©

Le Serra Verde Express

afin d'en vérifier la consistance (reste à prier pour qu'elle soit correcte !). Les portions sont gargantuesques et les différents plats restent sur la table pour que chacun puisse se resservir à satiété. À compléter avec un verre de cachaça (alcool de canne à sucre) en digestif, une autre spécialité de Morretes servie dans les restaurants et vendue en bouteilles sur des étals en bois le long de la rivière.

Parque Vila Velha : jardin de sculptures naturelles

ROCHES DE GRÈS FAÇONNÉES PAR LE TEMPS

À tout juste 1 heure 30 en bus à l'ouest de Curitiba, surgissent du doux paysage pastoral ces apparitions fantomatiques, qui s'élèvent au-dessus de champs de blé en pente douce. Cet ancien ensemble de monolithes de grès érodés, estimé à plus de 300 millions d'années, est protégé par un parc d'État bien géré, le Parque Vila Velha.

Le parc propose des bus pour accéder aux rochers depuis son centre d'accueil, situé juste à côté de l'autoroute principale Curitiba-Ponto Grosso. Vous pouvez également y accéder en suivant un sentier de 900 m en pente douce. Une fois sur place, un sentier pavé de 2,7 km fait une boucle autour de l'affleurement de grès. Des panneaux multilingues donnent des détails sur sa formation et son histoire, et en décrivent les différentes formes, surnommées le chat, l'ours et la bouteille, que les intempéries ont sculptées au fil des millénaires.

Autre merveille géologique du parc : ses deux énormes *furnas* (grottes verticales à moitié remplies d'eau). Pour s'y rendre, le parc met à disposition un service de navette toutes

LES SENTIERS DE RANDONNÉE DANS LE PARQUE VILA VELHA

Trilha Arenitos e Bosque
Deux sentiers combinés qui contournent les formations rocheuses à travers prairies ouvertes et forêts basses.

Trilha da Fortaleza
Sentier difficile de 7 km le long d'une formation rocheuse monumentale, avec traversées de rivière. Guide obligatoire.

Trillha dos Fósseis
Court sentier reliant le centre d'accueil au sentier Trilha Arenitos, qui passe devant des fossiles très anciens.

les 30 minutes depuis le centre d'accueil. *Furna* 2 est l'habitat d'un poisson rare, le *lambari da furna*, endémique à ces seules eaux. Pour les intrépides qui voudraient voler au-dessus de ses profondeurs troubles, une tyrolienne a été installée. D'un intérêt moindre, mais compris dans la visite en bus, la **Lagoa Dourada** (lagune dorée) et ses eaux cristallines sont le vestige d'un gouffre plus ancien. Les cars Princesa dos Campos circulant entre Curitiba et Ponta Grossa s'arrêtent à l'entrée du parc. Vous pouvez donc aisément et confortablement visiter le parc sur une journée. Pour une visite complète, il faut compter 4 heures.

Tous à bord du Serra Verde Express

VOYAGE EN TRAIN À TRAVERS LES MONTAGNES

Dans un pays pauvre en trains de voyageurs, le *Serra Verde Express* fait figure d'exception. Ce train touristique, dont les wagons ont l'air tout droit sortis d'un roman d'Agatha Christie, circule plusieurs fois par semaine entre Curitiba et la petite ville de Morretes. Les voyageurs peuvent s'asseoir et apprécier le paysage vert et montagneux qui a donné son nom au train. Au départ de Curitiba, la voie grimpe lentement à travers la Serra do Mar, un réseau de pics boisés couverts d'arbres luxuriants et de fougères prolifiques typiques de la *mata atlântica*. Le train traverse 14 tunnels et se faufile le long d'une traversée vertigineuse avec un décrochement si escarpé qu'on a l'impression que la locomotive plane dans les airs. On ne prend pas ce train pour sa vitesse. L'essence de ce voyage ce sont les paysages. Dans trois des quatre classes disponibles, un guide commente les vues. Dans les classes supérieures, de petites collations et un open bar sont aussi proposés. Le périple dure entre 3 et 4 heures et culmine à 952 m d'altitude. Dans le dernier tiers, les panoramas s'ouvrent, offrant une vue imprenable sur des cascades, des falaises et Morretes au loin, nichée dans une vallée à des centaines de mètres en contrebas. Au départ de Curitiba, les meilleures vues se trouvent côté gauche du train.

À VIN ET À VAPEUR

Un train à vapeur, le *Maria Fumaça*, est l'occasion de visiter une région viticole aux accents italiens au départ de Bento Gonçalves dans le **Rio Grande do Sul** (p. 555).

POURQUOI J'AIME CURITIBA

Brendan Sainsbury, auteur

Curitiba est une ville subtile dont les qualités se dévoilent avec le temps. Pour moi, il s'agit d'une excellente porte d'entrée au Brésil et d'un sas de décompression idéal avant de partir. Malgré sa grande taille, cette métropole est une machine bien huilée. J'aime ses parcs bien entretenus, ses abribus originaux, ses éléments architecturaux discrets et son caractère fonctionnel. Pour un séjour en ville de quelques jours, vous ne trouverez pas mieux que l'**hôtel San Juan Johnscher**, un bâtiment historique avec des chambres modernes, des petits-déjeuners copieux et la même atmosphère décontractée, mais efficace, qui imprègne toute la ville.

COMMENT S'Y RENDRE ET CIRCULER

La grande gare routière de Curitiba, bien organisée, dessert tout le Paraná, y compris Morretes et le Parque Vila Velha. Il existe de nombreuses compagnies privées, chacune disposant de son propre guichet et annonçant clairement ses itinéraires.

La gare ferroviaire de Curitiba jouxte la gare routière. Elle a pour seul service la ligne du *Serra Verde Express*, le train touristique à destination de Morretes. Consultez-en le site Web pour connaître les horaires : serraverdeexpress.com.br.

ILHA DO MEL

Cet éden paisible en forme de sablier, à l'embouchure de la Bahia de Paranaguá, offre un contraste saisissant avec la vibrante Ilha de Santa Catarina (p. 514), située 300 km plus au sud. Accessible uniquement par bateau et dépourvue de tout véhicule motorisé (exception faite du "camion" à ordures à trois roues), l'Ilha do Mel est sillonnée de petits sentiers et parsemée d'un assemblage hétéroclite de *pousadas* en bois. Les voyageurs affluent vers deux villages dotés de cabanes de plage délabrées : Nova Brasília et Encantadas, où Brésiliens à vélo, leur planche de surf sous le bras, et rares étrangers se mêlent.

À taille humaine et paisible, l'Ilha do Mel est pour ceux qui sont en quête de promenades le long de plages balayées par le vent, de farniente dans un hamac, et sont ravis de faire un jeu de cartes lorsque le Wi-Fi tombe en panne. Si vous pouvez renoncer à la voiture au profit d'une promenade en bateau à moteur cahoteuse, et aux trottoirs au profit de chemins sablonneux, cette île est faite pour vous.

Pour les infos pratiques, voir le Carnet d'adresses p. 506

À SAVOIR

Il n'y a pas de DAB sur l'île ; prévoyez du liquide. La plupart des commerces acceptent les cartes de crédit, sous réserve que le Wi-Fi fonctionne. Si vous ne souhaitez pas avoir trop de liquide sur vous, réservez et payez votre hébergement sur un site de réservation fiable.

VIAGENS E CAMINHOS/SHUTTERSTOCK ©

Farol das Conchas

VOIR
1 Farol das Conchas
2 Fortaleza de Nossa Senhora dos Prazeres
3 Gruta das Encantadas
4 Praia da Boia
5 Praia do Farol
6 Praia da Fortaleza
7 Praia de Fora
8 Praia Grande

Plages sauvages et désertes

PLAGES SAUVAGES LOIN DU TUMULTE

Contrairement à de nombreuses plages brésiliennes, les *praias* de l'Ilha do Mel ne sont pas développées pour le tourisme et sont quasi désertes. Côté baie, les plages de sable blanc sont bercées par le doux clapotis des eaux chaudes, tandis que celles côté océan sont secouées par de grosses vagues. Buissons balayés par le vent, collines boisées et promontoires rocheux y composent un superbe tableau sauvage.

OÙ SE RESTAURER SUR L'ILHA DO MEL

Stazione
Pour profiter du seul véritable four à pizza de l'île. Repas en salle/extérieur près des quais d'Encantadas. **$$**

Toca do Ilha
Restaurant en bois sur le front de mer d'Encantadas ; fruits de mer et buffet copieux le midi. **$$**

Ilha do Mel Café
Maison bleu marine à Nova Brasília, avec atmosphère et déco originales. Le meilleur expresso de l'île. **$**

ÎLE PROTÉGÉE

Malgré son apparente décontraction, l'**Ilha do Mel** est une île hautement protégée. La partie nord boisée, au-delà de l'isthme sablonneux, est une "station écologique" utilisée surtout à des fins de recherche scientifique (seules les visites pédagogiques sont autorisées), tandis qu'une grande surface de la partie sud a été désignée comme parc d'État. Les véhicules à moteur sont interdits, le nombre de visiteurs quotidiens est limité à 5000 et les nuisances sonores sont aussi limitées (55 dB). Ces mesures contribuent à protéger les fragiles étendues de forêt tropicale atlantique peuplées de plus de 100 espèces d'oiseaux (dont l'amazone à joues bleues, une espèce de perroquets menacée), ainsi que les mangroves côtières et les eaux abritant des "crabes fantômes" et des dauphins de Guyane. Au total, 93% des 27 km² de l'île font l'objet d'une forme ou d'une autre de protection.

Les **Praia de Fora** et **Praia Grande** sont de grandes plages de l'Atlantique auxquelles on accède par le pittoresque sentier de 4,7 km qui relie Nova Brasília et Encantadas. Selon les surfeurs locaux, elles offriraient en hiver les meilleures vagues du Paraná.

La **Praia do Farol** est la longue étendue de sable entre les quais de Nova Brasília et le Farol das Conchas. Elle est entourée d'une *restinga* (une forêt tropicale et subtropicale humide de feuillus unique au Brésil) marécageuse et verdoyante, qui préserve également la beauté naturelle de la plage. Les surfeurs se rassemblent au pied de la colline et surfent les légendaires *Ondas das Paralelas*.

Les nageurs préféreront sans doute les eaux plus calmes et chaudes des plages qui font face à la baie peu profonde.

Au nord, la **Praia da Fortaleza**, adossée à une poignée de maisons en bois, permet de se baigner à l'ombre d'un fort portugais du XVIIIe siècle. La **Praia da Boia** est sans conteste la meilleure plage près du village d'Encantadas. Elle donne sur la **Gruta das Encantadas**, une petite grotte dont on dit qu'elle est habitée par de belles sirènes qui enchantent tous ceux qui s'en approchent. À marée basse, il est possible de l'explorer.

Sentinelles de la côte

FORT ET PHARE HISTORIQUES

La **Fortaleza de Nossa Senhora dos Prazeres** (forteresse de Notre-Dame des Plaisirs), de l'Ilha do Mel, fut édifiée vers 1760 par les Portugais afin de protéger l'entrée orientale de la baie de Paranaguá. Ses murs épais, vieillis par les intempéries, sont caressés par les vagues de l'Atlantique. On y accède en parcourant 3 km le long de la Praia da Fortaleza depuis Nova Brasília. Il est possible que vous ayez les pieds dans l'eau sur les derniers mètres (vérifier les marées avant de partir).

Vous pouvez accéder au fort directement depuis la porte donnant sur la mer et explorer son intérieur étrangement désert. Les panneaux explicatifs (en portugais) retracent l'histoire de ces fortifications. Des canons rouillés et des tourelles en pierre ornent les remparts. Derrière les remparts principaux, un petit sentier mène à une batterie de canons de la Seconde Guerre mondiale et à un belvédère offrant une vue panoramique sur la baie.

Le fort ne connut que peu d'activité militaire au cours de ses premières années d'existence et fut désaffecté à plusieurs reprises au cours du XIXe siècle. En 1850, ses canons tirèrent sur un navire de guerre britannique qui tentait d'appréhender des navires négriers brésiliens dans la région. Pendant la révolution fédéraliste (1893-1895), le fort fut occupé par des rebelles désireux d'empêcher les croiseurs d'entrer à Paranaguá, sur le continent.

OÙ SE LOGER SUR L'ILHA DO MEL

Bob Pai e Bob Filho
Chambres spartiates mais bien équipées entourant un bar de caractère et des jardins émaillés de bibelots. **$$**

Treze Luas
Murs en bois teinté et sols carrelés pour cette *pousada* égayée par des œuvres d'art fantaisistes. **$$$**

Fim da Trilha
Accueillante propriété en bois d'Encantadas, cadre soigné et cuisine de qualité, y compris au petit-déjeuner. **$$**

L'autre bâtiment historique de l'Ilha, le **Farol das Conchas** (le phare des Conques), fut érigé par l'entreprise écossaise P&W MacLellan dans les années 1870 sur ordre de l'empereur Dom Pedro II. Le phare se dresse au sommet d'un promontoire escarpé, à l'extrémité est de l'île. De là, vous pouvez profiter d'une vue panoramique sur l'île, la Praia do Farol et la Serra do Mar sur le continent. C'est un lieu prisé pour regarder le soleil disparaître derrière l'horizon. Un chemin pavé avec des marches en pierre mène au sommet.

Randonnées sur une île piétonne

UN NOUVEAU RÉSEAU DE SENTIERS COURTS

Dans la mesure où il n'y a ni routes ni voitures sur l'île, la marche est ici le principal mode de locomotion. La plupart des *trilhas* (sentiers) naturels sont larges, plats et faciles.

La principale "autoroute" de l'Ilha do Mel – et la seule liaison terrestre entre les petits villages de Nova Brasília et d'Encantadas – est un sentier de 4,7 km de long qui longe la côte est de l'île. Serpentant à travers la forêt tropicale atlantique et des prairies marécageuses tachetées de fleurs violettes et jaunes, le sentier offre de magnifiques panoramas sur la Praia Grande et la Praia do Miguel. À mi-parcours, le sentier est coupé par un petit promontoire rocheux, qui exigera un peu d'agilité si la marée est haute. Cette partie de l'itinéraire est impraticable à vélo.

Un sentier plus court serpente vers le sud depuis Encantadas jusqu'à la Gruta das Encantadas (ci-contre) et sa plage adjacente, le dernier tronçon se trouvant sur une passerelle surélevée.

Depuis Nova Brasília, tout en longueur, un sentier part vers l'est jusqu'à l'étroit promontoire sur lequel se dresse le phare. Le chemin qui mène au sommet, court mais escarpé, est pavé et doté de marches peu profondes et faciles.

Plusieurs chemins forestiers bordés de pensions en bois et de restaurants parcourent Nova Brasília. Au nord de l'embarcadère, un autre chemin s'ouvre sur la Praia da Fortaleza (ci-contre). De là, une marche de 3 km le long de la plage mène à la forteresse qui fait la renommée de l'île. Tous les sentiers de l'île sont bien balisés, avec des panneaux directionnels et des indicateurs de distance.

PARCS D'ÉTAT

L'Ilha do Mel est un des nombreux parcs d'État du Paraná. Tout aussi spectaculaire, mais beaucoup plus grand, le **Parque Vila Velha** (p. 490), à 93 km à l'ouest de Curitiba, protège depuis 1990 des affleurements de grès vieux de 300 millions d'années.

FORÊT MENACÉE

Depuis le début de la période coloniale, le Brésil a perdu 90% de sa couverture forestière côtière et les fragiles étendues qui restent conservent un niveau remarquable de biodiversité, mais continuent d'être menacées. Si vous êtes arrivé à l'Ilha do Mel en train, vous aurez aperçu les forêts de nuages des montagnes de la Serra do Mar. L'Ilha abrite deux autres types de forêts : la *restinga* de plaine (arbres feuillus de taille moyenne adaptés aux sols sablonneux et pauvres en nutriments de la côte) et la forêt submontagnarde plus dense (végétation davantage humide et luxuriante située plus à l'intérieur des terres ou sur des collines et des promontoires plus élevés). Toutes deux jouissent de riches faune et flore.

COMMENT CIRCULER

La marche de Nova Brasília à Encantadas dure 45 minutes, en fonction de la marée. Ne partez pas sans avoir consulté le calendrier des marées et/ou les habitants. Un ferry relie également ces deux villages en seulement 20 minutes. Dans chacun des villages, il est possible de louer des vélos pour de courtes distances. Pour savoir comment vous rendre sur l'île depuis le continent, voir p. 481 et 496.

Environs de l'Ilha do Mel

Le littoral entre l'Ilha do Mel et le sud de l'État de São Paulo est parsemé d'îles riches en faune et en biodiversité.

Pour les infos pratiques, voir le Carnet d'adresses p. 506

À SAVOIR

Il y a peu d'ombre sur les îles de Superagüi et de Peças. Les insectes et les taons peuvent être dérangeants, surtout en novembre. Prévoyez de la crème solaire et un répulsif.

Deux ports principaux permettent de rallier L'Ilha do Mel depuis le continent. Pontal do Sul est la meilleure option, avec des bateaux rapides et réguliers depuis/vers l'île. Ce point d'embarquement se trouve à l'extrémité nord d'une longue série de plages connues pour leurs eaux propices au surf et leurs couchers de soleil.

Paranaguá est un port plus important avec un centre historique dense. Son musée archéologique dans un ancien collège jésuite vaut le détour. Ses rues surannées à la peinture écaillée sont ponctuées de plusieurs églises blanchies à la chaux qui datent d'au moins trois siècles. Le port sert également de porte d'entrée vers une des destinations les plus prisées en dehors de l'Ilha do Mel : le Parque Nacional do Superagüi, une zone côtière sauvage peuplée d'une grande variété d'animaux.

Parc national de Superagüi

ROB JANSEN/SHUTTERSTOCK ©

Parc national de Superagüi

Nature vierge dans le parc national de Superagüi

ÎLES DÉSERTES ET FAUNE RARE

Si l'Ilha do Mel offre une belle parenthèse à l'agitation et aux foules du continent, le **Parque Nacional do Superagüi** est, quant à lui, un véritable havre de paix. Formé par les îles Superagüi et Peças, ce parc national inhabité de la baie de Paranaguá est constitué de mangroves et de marais salants, habitat d'une impressionnante variété d'oiseaux et de plantes. S'étendant sur 34 000 hectares, ce parc, classé à la fois au patrimoine mondial de l'Unesco et comme réserve de biosphère, est dix fois plus grand que l'Ilha do Mel. Vous pouvez vous y rendre en moins d'une heure à bord d'un bateau privé au départ de l'Ilha do Mel, ou repartir à Paranaguá pour prendre un bateau public.

Le principal point d'entrée est le minuscule village de **Barra do Superagüi** (situé juste à l'extérieur du parc), un assemblage rustique de maisons de bois colorées et de *pousadas* reliées par des voies bétonnées qui traversent des mangroves marécageuses. Depuis le village, un sentier de 2 km mène à la **Praia Deserta**, la seule zone accessible du parc, une plage de 30 km de long bordée de *restinga* et de forêts de plaine.

L'intérieur du parc national étant fermé aux visiteurs, il vous faudra participer à une excursion en bateau privé pour l'apercevoir depuis le rivage. Ces excursions sont disponibles au départ de l'Ilha do Mel et de Barra do Superagüi. Pour une demi-journée optimale, commencez par la cascade à **Sebuí** sur le continent, suivi d'un déjeuner d'huîtres fraîches à **Barbados** (un village traditionnel sur Superagüi) et d'une excursion dans l'après-midi pour observer les amazones à joues bleues sur l'**Ilha do Pinheiro**. Toutes les *pousadas* de Barra do Superagüi peuvent organiser l'excursion.

LA FAUNE DU PARC

Le Parque Nacional do Superagüi jouit d'une faune et d'une flore colorées et diversifiées. Les petits colibris, les toucans à bec vif, les spatules rose pâle et les tangaras brésiliens, avec leur plumage vermillon caractéristique, seront au rendez-vous. Plus spectaculaires encore sont les centaines de perroquets à joues bleues (appelés *papagaio-de-cara-roxa*) qui se rassemblent dans le feuillage dense de l'île voisine de l'Ilha do Pinheiro pour leur repos nocturne. Les mammifères marins, tels que les dauphins à long bec, sont relativement fréquents dans le canal qui sépare Superagüi et l'Ilha do Mel. Les mammifères terrestres sont plus difficiles à repérer. Vous pourrez voir des agoutis et des pacas (semblables à des cochons d'Inde), des primates, notamment des singes hurleurs et des tamarins-lions à face noire, voire même quelques pumas furtifs.

COMMENT S'Y RENDRE

Plusieurs bateaux assurent les trajets quotidiens vers le Parque Nacional do Superagüi depuis Paranaguá, mais il convient de vérifier en amont, car les transports peuvent être sporadiques et imprévisibles.

FOZ DO IGUAÇU

Si 99% des visiteurs viennent à Foz pour admirer les célèbres chutes d'Iguaçu, cette ville située à la triple frontière avec l'Argentine et le Paraguay n'en possède pas moins d'autres atouts.

Connue sous le nom de Vila Iguaçu jusqu'en 1914, Foz a connu une période de croissance effrénée pendant la construction du barrage d'Itaipu (achevé en 1984), et sa population a été multipliée au moins par cinq. Jadis peu sûre, la ville est aujourd'hui plus tranquille. Ces dernières années, elle s'est efforcée d'améliorer son image avec la construction d'une grande roue en 2021 et l'ouverture d'un nouveau pont vers le Paraguay en 2022. Cela dit, certains de ses meilleurs atouts ont de quoi surprendre en ces lieux, notamment une scène gastronomique arabe insoupçonnée et un magnifique temple bouddhique construit dans les années 1990 par les communautés chinoises de la triple frontière.

Pour les infos pratiques, voir le Carnet d'adresses p. 506

À SAVOIR

Essayez de voir les chutes des deux côtés de la frontière. Les formalités frontalières sont assez simples. Les ressortissants de nombreuses nationalités peuvent entrer en Argentine sans visa, mais vérifiez en amont auprès du consulat argentin de Foz.

Chutes d'Iguaçu (p. 500)

Sanctuaire d'oiseaux au Parque das Aves

ADMIRER LES OISEAUX SAUVÉS

Projet écologique admirable qui sauve les oiseaux du trafic et de la maltraitance, le Parque das Aves de Foz, situé à 300 m de l'entrée des chutes, est bien plus qu'un simple parc ornithologique. L'ensemble fortement boisé couvre 5 hectares et compte plus de 800 espèces d'oiseaux, dont plusieurs ont été sauvées de l'extinction grâce aux efforts inlassables du parc. En effet, plus de 50% de la population aviaire du parc est constituée d'oiseaux sauvés, dont beaucoup seront à terme réintroduits dans la nature. C'est le cas notamment du hocco mitou, un oiseau noir ressemblant à un faisan qui a failli disparaître à cause de la déforestation.

La plupart des cages du complexe sont si grandes qu'on ne les remarque même pas. La plus récente, baptisée "Cecropia", d'après une espèce d'arbre tropical aux feuilles semblables à un parapluie,

OÙ SE RESTAURER À FOZ DO IGUAÇU

Bufalo Branco
La meilleure *churrascaria* de Foz, avec immense buffet et *rodízio* (buffet à volonté) de viandes. **$$$**

Empório com Arte
Dégustez expressos, caïpirinhas aux fruits mélangés et plats élaborés, entouré d'art et d'artisanat. **$$**

Le Mir Comida Árabe
Ne quittez pas Foz sans avoir goûté à sa cuisine arabe d'exception. **$$**

INFOS PRATIQUES

Scannez ce QR-code (https://cataratasdoiguacu.com.br/) pour connaître les tarifs et les horaires d'ouverture :

INCONTOURNABLE

Chutes d'Iguaçu

Collision sauvage entre l'eau, la roche et la forêt tropicale, les chutes d'Iguaçu, à la frontière de deux pays d'Amérique du Sud, dépasseront toutes vos attentes. Cap sur ces 275 cascades individuelles, et leur grondement à en frémir !

À NE PAS MANQUER

- Garganta do Diabo
- Trilha das Cataratas
- Excursion en bateau avec Macuco Safari
- Se mouiller !
- Belmond Hotel das Cataratas
- Le bus touristique à toit ouvert

Le cadre

Puisant sa source dans les montagnes côtières des États du Paraná et du Santa Catarina, le Rio Iguaçu serpente vers l'ouest sur 600 km, empruntant quelques douzaines d'affluents. La rivière s'élargit majestueusement et traverse une magnifique forêt avant de plonger dans les cascades en gradins connues sous le nom de chutes d'Iguaçu. Avec une largeur de 2,7 km et une hauteur de 82 m, il s'agit du plus grand ensemble de chutes d'eau au monde.

Le bus touristique

Il y a des départs réguliers de bus à impériale à toit ouvert depuis le centre d'accueil des visiteurs, à l'entrée du parc, pour les chutes, à 10 km plus au sud. Il est recommandé de descendre au troisième arrêt, au Belmond Hotel das Cataratas. De là part la Trilha das Cataratas ("sentier des Cataractes") qui, comme son nom l'indique, est le principal sentier pour observer les chutes. Il longe la rive du Rio Iguaçu pour se terminer à la Garganta do Diabo.

Trilha das Cataratas

Ce sentier spectaculaire est un sentier en dur de 1,2 km qui offre des vues imprenables sur les chutes du côté argentin, encadrées par la forêt tropicale vierge et la rivière en contrebas. Chaque virage révèle une vue plus splendide que la précédente, jusqu'à arriver au pied du majestueux Salto Floriano qui génère une brume vivifiante. Une passerelle en zigzag mène à une plateforme qui offre une vue exceptionnelle sur la féroce Garganta do Diabo ("gorge du Diable"), dont le rugissement laisse sans voix et les fines gouttelettes aspergent comme une pluie fine. Par temps clair, si le niveau de l'eau est élevé, vous aurez la chance de voir se dessiner un arc-en-ciel dans les embruns. À Porto Canoas, dernier arrêt de la ligne du bus touristique, un ascenseur mène à une plateforme d'observation au sommet des chutes. Porto Canoas dispose d'une boutique de souvenirs, de deux snack-bars et d'un restaurant buffet idéalement situé.

Excursions en bateau

Nombreux sont ceux qui affirment que la meilleure façon de d'apprécier les chutes est de sentir leur foudre s'abattre. Une sortie avec **Macuco Safari** (macucosafari.com.br) donne l'occasion de s'approcher très près de la base des chutes côté brésilien. L'excursion débute par un trajet de 3 km dans la jungle, à bord d'un véhicule électrique, durant lequel un guide anglophone vous décrira la flore et la faune du parc. Ensuite, une courte balade (600 m) conduit à une petite cascade, baptisée Salto de Macuco (baignade interdite). Enfin, un circuit de 4 km en bateau pneumatique, sur des eaux tantôt calmes, tantôt tumultueuses, passe sous les chutes connues sous le nom de Três Mosqueteiros ("Trois Mousquetaires"). La douche est inévitable (à moins d'opter pour un bateau couvert). L'excursion dure environ 2 heures, dont 30 minutes pour la balade en bateau. Procurez-vous un étui étanche pour votre matériel si vous souhaitez prendre des photos vous-même.

Autres excursions

Le parc propose d'autres sentiers de randonnée, dont la Trilha Poço Preto (9 km aller) et la Trilha das Bananeiras (1,5 km) – fermés lors de notre dernière visite. Lorsqu'ils sont ouverts, ils peuvent faire l'objet d'excursions guidées avec Macuco Safari. L'entreprise propose aussi des descentes en rappel à la cascade Salto Macuco. **Helisul** (www.helisul.com), à l'entrée du parc, propose depuis 50 ans des vols en hélicoptère d'une durée de 10 minutes côté brésilien, pouvant transporter 4 à 7 passagers.

Belmond Hotel das Cataratas

D'un côté des chutes comme de l'autre, vous ne trouverez pas plus charmant que l'hôtel Belmond (www.belmond.com), qui compte 193 chambres. L'édifice rose de style colonial est situé dans le parc national, juste en face du sentier principal menant aux chutes. L'avantage d'y séjourner ? L'accès au parc en dehors des horaires d'ouverture. En bonus, vous pourrez profiter de son spa et de son restaurant, le plus chic de la région.

À SAVOIR

- Prévoyez un poncho pour une excursion en bateau, sauf si vous souhaitez rentrer trempé.
- Après avoir vu les chutes, vous pourrez profiter d'un buffet sur l'agréable terrasse du **restaurant Porto Canoas**, qui surplombe la rivière avant qu'elle ne se précipite dans le maelström.
- Une escapade en Argentine pour voir les chutes de l'autre côté vaut vraiment le détour.
- Si vous souhaitez admirer les chutes depuis les deux pays en une seule journée, assurez-vous d'être du côté brésilien dès l'ouverture, à 9h du matin.
- Le nombre d'entrées quotidiennes étant limité, achetez vos billets à l'avance en ligne sur cataratasdoiguacu.com.br.

AU BORD DE L'EXTINCTION

Le Parque das Aves a joué un rôle essentiel dans la préservation et la réhabilitation du **hocco mitou**. Cet oiseau au plumage noir et au bec rouge, semblable à un faisan, originaire des forêts subtropicales de basse altitude du Nordeste brésilien est en danger critique d'extinction, voire éteinte à l'état sauvage depuis le milieu des années 1980 en raison de la chasse et de la destruction de son habitat. Les cinq derniers spécimens ont alors été sauvés d'une forêt destinée à être défrichée pour la production de sucre. Après 30 ans de reproduction dans plusieurs volières, notamment au Parque das Aves, sa population atteint aujourd'hui environ 130 individus. En 2019, dans le cadre d'un projet pionnier, trois couples ont été réintroduits dans la nature, munis de balises GPS pour suivre leur évolution.

mesure 22 m de haut et 28 m de large. Ouverte en 2020, elle abrite des perruches et des toucans sauvés. La volière des aras, où des perroquets au plumage vif et coloré descendent en piqué à quelques centimètres de votre tête, est particulièrement divertissante. Ibis rouge, arapongas à gorge nue et flamants roses se côtoient dans ces enclos ingénieux.

Inauguré en 1994, le parc est l'œuvre d'un couple germano-zimbabwéen, Anna et Dennis Croukamp. Après avoir adopté un perroquet gris, ils eurent le souhait de construire ce lieu pour sauver et préparer le retour des oiseaux dans la nature. Outre son travail sur le terrain, le parc collabore avec de nombreuses organisations et fait office de centre national brésilien pour la liste rouge mondiale des espèces menacées.

Le parc dispose d'un excellent café et d'un joli petit jardin à papillons.

Appréciez la puissance du barrage d'Itaipu

LA GRANDE MERVEILLE D'INGÉNIERIE DU BRÉSIL

Si les chutes d'Iguaçu sont la grande merveille naturelle de Foz, le **barrage d'Itaipu Binacional** est une véritable prouesse d'ingénierie. Ce barrage de 8 km de long et de 200 m de haut est généralement cité comme l'une des sept réalisations de génie civil les plus remarquables du XXe siècle, aux côtés de constructions telles que le tunnel sous la Manche ou le canal de Panama.

Tout comme les puissantes chutes d'Iguaçu, Itaipu a pour élément vital l'eau. Grâce à l'énergie naturelle du Rio Paraná, le barrage est capable de produire jusqu'à 14 millions de kilowatts d'électricité propre, couvrant 88% des besoins énergétiques du Paraguay et 11% de ceux du Brésil. En effet, le barrage binational (appelé ainsi car à cheval entre le Brésil et le Paraguay) est la troisième plus grande centrale hydroélectrique du monde après le barrage des Trois Gorges et la centrale hydroélectrique de Baihetan en Chine.

Après les chutes, une excursion à Itaipu, 12 km au nord de Foz, s'impose. Loin d'être un simple édifice industriel, le complexe est aménagé pour le tourisme, avec un centre d'accueil moderne, un parking, un café et une boutique dédiée. Pour une vue panoramique du site, des bus à impériale à toit ouvert sont disponibles toute la journée avec des guides bilingues. Cela offre une bonne perspective d'ensemble et des vues rapprochées fascinantes. Les vrais passionnés d'ingénierie peuvent réserver une visite plus longue et plus détaillée : le "Itaipu Especial".

Bien qu'il ait endetté le Brésil et entraîné la destruction à grande échelle de la forêt tropicale et le déplacement de 10 000 personnes lors de sa construction entre 1975 et 1984, le barrage d'Itaipu

OÙ SE LOGER À FOZ DO IGUAÇU

Tetris Container Hostel
Auberge de jeunesse réalisée à partir de conteneurs, et comprenant une piscine (aussi dans un conteneur !). **$**

Águas do Iguaçu Hotel Centro
Option milieu de gamme près de la gare routière : grandes chambres et piscine. **$$**

Hotel Del Rey
Hôtel sympathique et impeccable, un peu plus intime que les autres hôtels de la région. **$$**

Binacional abrite aujourd'hui un vaste réservoir et une riche réserve biologique qui peut être visitée dans le cadre d'un circuit depuis le centre d'accueil des visiteurs.

Coucher de soleil à la triple frontière

RESTAURATION ET SPECTACLES DE DANSE

Le **Marco das Três Fronteiras** est un parc en constante expansion qui marque l'emplacement approximatif de la triple frontière entre le Brésil, l'Argentine et le Paraguay (l'emplacement exact se trouve au milieu de la rivière). L'Amérique du Sud compte 13 tripoints internationaux, mais celui-ci est de loin le plus célèbre, en raison de sa proximité avec les chutes d'Iguaçu. Le parc est situé au confluent des fleuves Paraná et Iguaçu ; son point central est marqué d'un obélisque vert et jaune s'élevant au milieu d'une fontaine (des obélisques similaires se trouvent au Paraguay et en Argentine).

Les attractions du site, qui ressemble à un parc à thème, sont accessibles par la fausse façade d'une mission jésuite, au-delà de laquelle se trouvent des magasins d'alimentation et des boutiques de souvenirs. Les gens viennent admirer le coucher de soleil et assister aux spectacles folkloriques qui ont lieu tous les soirs (sauf le lundi) à 19 heures et qui célèbrent la culture des trois nations.

Une passerelle entre frontières

PONT RELIANT LE BRÉSIL ET LE PARAGUAY

Construit entre 2019 et 2022, le Ponte da Integração (pont de l'Intégration) est le deuxième pont qui enjambe le Rio Paraná entre le Brésil et le Paraguay, après le pont de l'Amitié, datant de 1965, 10 km plus au nord. Reliant les quartiers sud de Foz do Iguaçu à la ville paraguayenne de Presidente Franco, la structure à deux tours fut construite par la compagnie hydroélectrique Itaipu Binacional en collaboration avec le gouvernement du Paraná pour un coût d'environ 85 millions $US. Il a été conçu pour permettre aux véhicules lourds de traverser le fleuve entre les deux pays, afin de décongestionner le pont de l'Amitié, désormais réservé aux voitures.

PONTS ET BARRAGES

Itaipu Binacional, la société qui gère le barrage d'Itaipu, a également financé en partie la construction du nouveau **Ponte da Integração** à la frontière entre le Brésil et le Paraguay.

LA CASCADE PERDUE

Sete Quedas, également connu sous le nom de chutes de Guaira, était un ensemble de chutes d'eau sur le Rio Paraná, à 200 km au nord de Foz do Iguaçu. Elles furent inondées lors de la construction du barrage d'Itaipu au début des années 1980. Considérées comme aussi spectaculaires que celles d'Iguaçu, les chutes se composaient de 18 cascades réparties en sept groupements identifiables. Le grondement de l'eau, tombant d'une hauteur de 114 mètres, aurait été entendu à plus de 30 km de distance. Des manifestations ont eu lieu lorsque les cascades ont finalement succombé à la montée des eaux du nouveau réservoir d'Itaipu en octobre 1982, alors que les habitants dépités se rassemblaient pour un *guarup*, un rituel indigène visant à commémorer une merveille naturelle irremplaçable.

COMMENT S'Y RENDRE ET CIRCULER

Le temps de vol entre Curitiba et l'aéroport de Foz (p. 480) est de 1 heure 10. Depuis Curitiba, pour rejoindre la gare routière des bus longue distance de Foz, à 4,5 km au nord-est du centre-ville, comptez 10 heures.

Depuis le terminal des bus locaux (TTU), au nord-ouest de la ville, des bus réguliers et bon marché desservent les principaux sites touristiques, notamment les chutes d'Iguaçu, le barrage d'Itaipu, le Parque das Aves et l'aéroport.

Environs de Foz do Iguaçu

Foz et ses environs offrent aux visiteurs la possibilité de visiter trois pays d'Amérique du Sud en une seule journée.

Foz est située à l'extrême sud-ouest du Paraná, à la triple frontière internationale avec l'Argentine et le Paraguay. Les excursions dans les environs comprennent généralement de brèves visites dans les pays voisins. Les deux pays sont faciles d'accès, en particulier le Paraguay, où l'on peut traverser à pied le pont de l'Amitié sur le Rio Paraná pour arriver à Ciudad del Este, une ville frontalière authentique, avec son tohu-bohu, son lot de vendeurs à la sauvette et de magasins à prix cassés.

Puerto Iguazú, en Argentine, est une ville sans prétention, isolée du reste de l'Argentine. Les chutes constituent son principal attrait. Vous y trouverez également un sanctuaire animalier et un obélisque marquant les trois frontières, semblable à celui du Brésil.

Pour les infos pratiques, voir le Carnet d'adresses p. 507

À SAVOIR

Il est relativement facile de franchir la frontière entre le Brésil et le Paraguay sans présenter son passeport. Les non-résidents doivent néanmoins obtenir un tampon de sortie.

JOSE LUIS STEPHENS/SHUTTERSTOCK ©

Ciudad del Este

Ciudad del Este, au Paraguay

UN APERÇU DU PARAGUAY

Baptisée à l'origine Puerto Presidente Stroessner, du nom de l'ancien dictateur paraguayen, **Ciudad del Este** est une plaque tournante réputée pour ses marchandises de contrebande, ce qui lui a d'ailleurs valu le surnom de "supermarché de l'Amérique du Sud". La partie jouxtant la frontière brésilienne, très fréquentée, est typiquement chaotique. Cependant, il suffit de s'éloigner un peu pour découvrir un autre aspect de la ville. En effet, le Lago de la República, situé à proximité, est très plaisant, et une jolie promenade permet d'en faire le tour. À proximité, le minuscule **Museu El Mensú** présente l'histoire locale. Si c'est le shopping qui vous attire, le **grand magasin SAX**, à quelques mètres de la frontière, propose tous les gadgets électroniques imaginables.

Chutes d'Iguaçu depuis l'Argentine

SENTIERS, EXCURSIONS EN BATEAU, PROMENADES AU CLAIR DE LUNE

Si le panorama des chutes d'Iguaçu est sans aucun doute plus impressionnant depuis le Brésil, les cascades elles-mêmes se trouvent principalement en Argentine. Les admirer de ce côté offre une perspective tout à fait différente, et tout aussi séduisante. Vous y trouverez aussi un plus vaste réseau de sentiers de randonnée et la possibilité d'approcher les chutes d'en haut. Des passerelles surélevées s'approchent du haut de nombreuses cascades de moindre débit, se prolongeant en une passerelle en bois pour ressentir toute l'agitation de la Garganta del Diablo ("gorge du Diable" en espagnol).

Le **Parque Nacional Iguazú**, en Argentine, dispose d'une infrastructure touristique un peu plus vieillissante que son homologue brésilien. Outre les sentiers et les plateformes d'observation, des excursions en bateau sont organisées tous les jours. Plusieurs fois par mois, se tient une promenade au clair de lune unique en son genre. Un petit train touristique circule également entre les points de vue.

PLUS DE CHUTES D'EAU

Les chutes d'Iguaçu sont certes les plus impressionnantes, mais elles sont loin d'être les seules cascades du sud du Brésil. Citons, par exemple, la **Cascata do Caracol** (p. 561), près de Canela, dans l'État de Rio Grande do Sul.

LES MEILLEURS SENTIERS CÔTÉ ARGENTIN

Curcuito Inferior
Ce circuit boisé de 1,4 km descend jusqu'au Río Iguazú, passant au plus près de plusieurs chutes en chemin. Préparez-vous à être arrosé par le Salto Bossetti.

Circuito Superior
Vues fabuleuses sur le rebord de plusieurs cascades et points de vue de face sur d'autres. Le dernier tronçon se termine au-dessus du puissant Salto San Martín.

Garganta del Diablo
Une passerelle de 1,1 km traversant le paisible Río Iguazú mène à l'un des sites naturels les plus spectaculaires de la planète, la "gorge du diable".

COMMENT S'Y RENDRE ET CIRCULER

La frontière entre le Brésil et le Paraguay se situe au niveau du Puente de la Amistad (pont de l'Amitié). Les postes frontaliers se trouvent à chaque extrémité du pont. Les navettes entre Ciudad del Este et le terminal des bus locaux (TTU) de Foz do Iguaçu circulent toutes les 10 minutes environ. Les habitants n'ont pas besoin de s'arrêter à l'immigration, mais les autres voyageurs oui. Assurez-vous de dire au chauffeur que vous voulez descendre. L'entrée en Argentine se fait de la même manière : vous devez descendre du bus aux douanes brésilienne et argentine. Il est beaucoup plus facile de prendre un taxi.

Carnet d'adresses

CURITIBA

Casa Romário Martins
Voir p. 486 (41 3321-3255 ; Rua Colonel Enéas 40 ; 9h-12h et 13h-18h mar-ven, 9h-12h sam-dim)

Cathédrale
Voir p. 486 (41 3324-5136 ; catedralcuritiba.com ; Rua Barão do Serro Azul 31 ; 11h-19h lun, 7h-19h mar-dim)

Jardim Botânico
Voir p. 487 (41 3362-1800 ; Rua Engenheiro Ostoja Roguski 350 ; 6h-19h30)

Museu Casa Alfredo Andersen
Voir p. 486 (41 3222-8262 ; .mcaa.pr.gov.br ; Rua Mateus Leme 336 ; 10h-17h mar-dim)

Museu Oscar Niemeyer
Voir p. 487 (MON ; 41 3350-4400 ; museuoscarniemeyer.org.br ; Rua Marechal Hermes 999, Centro Cívico ; tarif plein/réduit/-12 ans 30/15 R$/gratuit, entrée libre mer ; 10h-18h mar-dim)

Museu Paranaense
Voir p. 486 (41 3304-3301 ; museuparanaense.pr.gov.br ; Rua Kellers 289 ; 10h-17h30 mar-dim)

Paço da Liberdade
Voir p. 486 (41 3234-4200 ; sescpr.com.br/unidade/sesc-paco-da-liberdade ; Praça Generoso Marques 189 ; 10h-21h mar-ven, 10h-17h45 sam, 11h-17h dim)

Passeio Público
Voir p. 486 (41 3350-9940 ; Rua Presidente Carlos Cavalcanti s/n ; 6h-20h mar-dim)

San Juan Johnscher
Voir p. 491 (41 3302-9600 ; johnscher.com.br ; Rua Barão do Rio Branco 354)

Cantina Baviera
Voir p. 485 (41 3232-1995 ; cantinabaviera.com.br ; Alameda Augusto Stellfeld 18 ; 18h-minuit)

Madero Steakhouse Prime
Voir p. 485 (41 3017-6590 ; restaurantemadero.com.br ; Av. Jaime Reis 262 ; 12h-14h30 et 19h-23h lun-sam, 12h-15h et 19h-22h dim)

Manu
Voir p. 485 (41 30444395 ; restaurantemanu.com.br ; Alameda Dom Pedro II 317 ; 20h-23h30 mar-sam)

ENVIRONS DE CURITIBA

Parque Vila Velha
Voir p. 490 (42 3122-4488 ; parquevilavelha.com.br ; Rodovia BR-376, Km 515 ; tarif plein/réduit 112/56 R$; 9h-17h mer-lun)

Serra Verde Express
Voir p. 491 (41 3888 3488 ; serraverdeexpress.com.br ; Av. Presidente Affonso Camargo 330, Curitiba ; 9h-17h30 lun-ven, 9h-16h30 sam-dim)

Madalozo
Voir p. 489 (41 3462-1410 ; madalozo.com ; Rua Almirante Frederico de Oliveira 16, Morretes ; 11h15-15h mer-ven et dim, 11h15-15h30 sam)

Restaurante Casarão
Voir p. 489 (41 3462-1314 ; casaraomorretes.com.br ; Largo Dr. José Pereira dos Santos 25, Morretes ; 11h30-15h mer-ven et lun, 11h30-16h sam-dim)

Villa Morretes
Voir p. 489 (41 34622140 ; facebook.com/villamorretes-restaurante ; Rua Almirante Frederico de Oliveria 155, Morretes ; 11h30-15h mer-ven et lun, 11h30-16h sam-dim)

ILHA DO MEL

Bob Pai e Bob Filho
Voir p. 494 (41 3426-9006 ; facebook.com/pousadabobpai ; Praia de Encantadas s/n)

Fim da Trilha
Voir p. 494 (41 3426-9017 ; fimdatrilha.com.br ; Praia de Encantadas s/n)

Treze Luas
Voir p. 494 (41 99634-1070 ; pousadatrezeluas.com.br ; Rua Povoado do Farol s/n)

Ilha do Mel Café
Voir p. 493 (41 3426-8080 ; pousadailhadomel.com ; Praia do Farol s/n)

Stazione
Voir p. 493 (93455-1122 ; stazione.com.br ; Caminho Da Gruta s/n ; 11h30-22h30 mer-lun)

Toca do Ilha
Voir p. 493 (41 98420-9045 ; tocadailhadomel.com.br ; Praia de Encantadas ; 10h-22h)

ENVIRONS DE ILHA DO MEL

Parque Nacional do Superagüi
Voir p. 497 (41 3482-7146 ; facebook.com/parquenacional-dosuperagui ; Ilha do Superagüi)

FOZ DO IGUAÇU

Barrage d'Itaipu Binacional
Voir p. 502 (45 3576-7000 ; turismoitaipu.com.br ; Tancredo Neves 6702 ; circuit panoramique/

PAULO NABAS / STOCK.ADOBE.COM ©

Chutes d'Iguaçu

spécial 56/160 R$; circuits 8h30-16h)

Marco das Três Fronteiras
Voir p. 503 (45 3132-4100 ; marcodastresfronteiras.com.br ; Av. Gen Meira s/n ; à partir de 48 R$; 13h30-21h)

Parque das Aves
Voir p. 499 (45 3529-8282 ; parquedasaves.com.br ; Av. das Cataratas, Km 17,1 ; 80 R$; 8h30-16h30)

Parque Nacional do Iguaçu
Voir p. 500 (45 3521-4400 ; https://cataratasdoiguacu.com.br/ ; BR-469, Km 18 ; à partir de 83 R$; 9h-17h)

Águas do Iguaçu Hotel Centro
Voir p. 502 (45 3521-6000 ; aguasdoiguacuhotel.com.br ; Av. Brasil 84)

Hotel Del Rey
Voir p. 502 (45 21057500 ; hoteldelreyfoz.com.br ; Rua Tarobá 1020)

Tetris Container Hostel
Voir p. 502 (45 31320019 ; tetrishostel.com.br ; Av. das Cataratas 639)

ENVIRONS DE FOZ DO IGUAÇU

Museu El Mensú
Voir p. 505 (+595 984 101035 ; facebook.com/elmensumuseo ; Av. Eusebio Ayala y Pampliega, Paraguay ; 7h-13h lun-ven)

Bufalo Branco
Voir p. 499 (45 3523-9744 ; bufalobranco.com.br ; Rua Engenheiro Rebouças 530 ; 12h-16h et 18h30-23h)

Empório com Arte
Voir p. 499 (45 3572-4240 ; instagram.com/emporiocomarte ; Av. das Cataratas 569 ; 15h-23h mar-ven, 14h-22h sam-dim)

Le Mir Comida Árabe
Voir p. 499 (45 99933-9279 ; lemircomidaarabe.com.br ; Rua Jorge Sanwais 1146 ; 18h-23h lun-mer, 12h-15h et 18h-23h jeu-dim)

Parque Nacional Iguazú (Argentine)
Voir p. 505 (03757491469 ; iguazuargentina.com ; adulte étranger/citoyen Mercosur/Argentin 600/480/310 AR$, enfant 150/120/100 AR$; 8h-18h)

SAX department store
Voir p. 505 (+595 61 500 405 ; saxdepartment.com ; Av. San Blás, Paraguay ; 7h30-16h lun-ven, 7h-16h sam, 9h-13h dim)

ALEX PHOTO STOCK/SHUTTERSTOCK ©

Ci-dessus : Ilha do Campeche (p. 519), Florianópolis ; à droite : Balneário Camboriú (p. 524)

SANTA CATARINA

PLAGES DE RÊVE ET PARADIS POUR SURFEURS

L'État de Santa Catarina, un des plus riches et alphabétisés du Brésil, doit tout à ses plages et à ses villes côtières huppées.

Les plages jouent un rôle primordial dans la culture du Santa Catarina, plus que dans n'importe quel autre État, Rio mis à part ! Les puissants rouleaux de l'océan Atlantique viennent se briser le long de 560 km de côtes magnifiques. Certaines sont désertes, d'autres jalonnées de nombreaux gratte-ciel formant des complexes luxueux, comme c'est le cas à Balneário Camboriú.

Ici, le tempérament brésilien s'exprime dans toutes ses acceptations : parties de *futebol* ("football") endiablées, vendeurs ambulants qui traînent leurs chariots croulant de fruits, surfeurs prêts à en découdre avec des vagues écumantes et sérénade amoureuse au bord de l'eau, sur un promontoire rocheux. Toute la population du Santa Catarina mène sa vie sur la plage, en toute transparence et avec enthousiasme.

RENAN MARTELLI DA ROSA/SHUTTERSTOCK ©

Malgré une faible population, l'Ilha de Santa Catarina et sa tentaculaire ville de Florianópolis restent le poumon économique et touristique de l'État. On y recense 42 plages : de quoi satisfaire tous les goûts.

La démographie de l'État a été fortement dessinée par trois grandes vagues d'immigration : les Açoréens au XVIIIe siècle, les Allemands au début du XIXe siècle et les Italiens à la fin du XIXe siècle.

Aujourd'hui, plus de 50% de la population revendique une ascendance allemande. Un chiffre grimpant à près de 90% dans le Vale Europeu et ses environs, où la ville de Pomerode conserve une germanité bien visible. L'héritage italien est plus marqué dans le sud de l'État, celui des Açoréens dans les régions côtières. La formidable communauté de pêcheurs de Santo Antônio de Lisboa résonne d'accents açoréens et portugais tangibles.

SITES PRINCIPAUX

FLORIANÓPOLIS ET L'ILHA DE SANTA CATARINA
Ville insulaire aux plages réputées pour le surf. **p. 514**

BALNEÁRIO CAMBORIÚ
Une des stations balnéaires les plus huppées du Brésil. **p. 524**

BLUMENAU
Ville aux racines allemandes solidement ancrées. **p. 530**

S'orienter

Les curiosités sont en majorité sur la côte ou à proximité. Élisez votre base-arrière – à Florianópolis par exemple –, avant de visiter d'autres destinations lors d'excursions à la journée.

AVION

Florianópolis est reliée par avion aux principales villes du Brésil : Buenos Aires, Brasília, Campinas, Porto Alegre, Rio de Janeiro et São Paulo, entre autres destinations. Elles sont desservies chaque jour par l'aéroport international, le Floripa Airport (floripa-airport.com), à 12 km au sud du Centro. L'Aroporto de Joinville (www.ccraeroportos.com.br) se trouve quant à lui à 13 km au nord de la ville éponyme. Des vols réguliers desservent Campinas et São Paulo.

VOITURE

Les routes sont excellentes dans l'État de Santa Catarina. La circulation peut être très encombrée, notamment sur l'Ilha de Santa Catarina et le week-end. Le réseau de bus local est correct, ce qui justifie moins les déplacements en voiture sur l'île. Pour rejoindre Blumenau et ses environs, il est plus pratique d'être véhiculé. Inova (alugueinova.com.br ; Rua Silva Jardim 495) est une agence de location locale fiable.

VÉLO

Le Vale Europeu propose un Circuito Cicloturismo indiqué par une signalisation officielle. Il sillonne, sur 300 km, une zone rurale et neuf villes de la région.

BUS

La plupart des villes dans le Santa Catarina sont accessibles en bus depuis Florianópolis, notamment par sa gare routière, le Terminal Rodoviário Rita Maria (Av. Paulo Fontes 1101). Très fiable, ce vaste réseau dessert les grandes agglomérations comme les petites villes. Des liaisons sont assurées vers les États voisins du Paraná et du Rio Grande do Sul. Floripanoponto (floripanoponto.com.br) est un site et une application (Floripa no Ponto 2.0) utiles pour planifier ses déplacements.

Balneário Camboriú, p. 524

Ville balnéaire ultramoderne, au luxe ostensible. Elle se démarque par des gratte-ciel élancés et d'immenses plages urbaines, et se double d'une vie nocturne animée dans des boîtes de nuit légendaires, où la musique bat au son des rythmes électroniques.

Blumenau, p. 530

L'histoire des premiers pionniers et un solide héritage allemand caractérisent cette jolie ville soigneusement agencée. Elle accueille l'un des plus grands festivals du Brésil, l'Oktoberfest, où la bière coule à flots.

Florianópolis et Ilha de Santa Catarina, p. 514

Dans cette ville insulaire dynamique, l'éventail des plages et des possibilités balnéaires, notamment en termes de surf et de randonnée, est le plus varié de tout le sud du Brésil.

Planifier son séjour

Il est parfaitement possible de s'établir à Florianópolis ou dans une bourgade de bord de plage plus petite sur l'Ilha de Santa Catarina, et de partir en excursion à la journée, notamment si vous avez une voiture.

Beira-Mar Norte, Santa Catarina

Halte incontournable sur l'île

- Si vous avez peu de temps, allez directement sur l'**Ilha de Santa Catarina** (p. 521) et logez à proximité de **Lagoa da Conceição** (p. 517), au centre de l'île. De là, vous pourrez assez facilement rayonner pour visiter les principaux sites.

- Le premier jour, flânez sur la **Praia da Joaquina** (p. 518) pour goûter à la vie balnéaire brésilienne, avant d'aller dîner à **Barra da Lagoa** (p. 520). Le deuxième jour, louez un transat et un parasol à la **Praia do Campeche** (p. 519) et éventuellement, testez le surf. Le troisième jour, partez en direction de l'ouest, vers le ravissant village de **Santo Antônio de Lisboa** (p. 516) pour profiter de sa tranquillité et savourer sa cuisine de poisson et fruits de mer.

Au fil des saisons

Nombreux festivals au programme dans l'État de Santa Catarina, dont plusieurs autour de la bière. En été (nov-mars), la foule est dense sur les plages.

JANVIER

La **Sommerfest** de Blumenau (p. 533), la version estivale de l'Oktoberfest, débute en janvier et se prolonge jusqu'en février.

MARS

Après le carnaval, le soleil brille encore haut et fort à **Florianópolis** (p. 514), mais avec moins de touristes.

JUIN

Participez aux célébrations brésiliennes dans la **Serra Geral** (p. 562), où on fête l'arrivée de l'hiver avec un certain goût du kitsch.

Une semaine sur la côte

- Accordez-vous quatre ou cinq jours sur l'**Ilha de Santa Catarina** (p. 521), "l'île magique". Vous noterez la différence entre l'animation au nord, du côté de la Praia dos Ingleses et la tranquillité du sud, à **Ribeirão da Ilha**. Consacrez un peu de temps au **Centro Floripa** (p. 516), avec une promenade le long de la Beira-Mar Norte.

- Passez les deux jours suivants dans la luxueuse ville de **Balneário Camboriú** (p. 524), au nord. Grimpez dans le téléphérique du **Parque Unipraias** (p. 527) et faites un tour sur la **FG Big Wheel** (p. 525), la grande roue à l'extrémité nord de la plage. Sinon, testez la déclinaison sud-américaine de Disneyland au **Beto Carrero World** (p. 529), tout proche.

Un Grand Tour de 10 jours

- Prenez un vol pour **Florianópolis** (p. 514) et rejoignez directement les plages côté est, comme **Joaquina** (p. 518), **Mole** (p. 518) et **Moçambique** (p. 518). Quatre jours à paresser sur la plage devraient suffire, agrémentés de sorties culturelles en ville dans les **musées** et les parcs (p. 515) de Floripa, avant de franchir le pont pour **Balneário Camboriú** (p. 524) pour deux jours à admirer les plus hauts gratte-ciel du Brésil.

- Continuez vers l'ouest, jusqu'à la ville allemande de **Blumenau** (p. 530), dont vous apprécierez la bière, les *schnitzels* (escalopes panées) et l'exubérance de ses festivals. Ajoutez-y un soupçon d'Italie en découvrant à vélo le Vale Europeu et les villes de **Pomerode** (p. 535) et **Timbó** (p. 535).

JUILLET

Joinville organise son **Festival de dança** (p. 535), les plus grandes rencontres de la danse du monde par le nombre de participants.

SEPTEMBRE

La **Parada da Diversidade** de Floripa, un des plus grands festivals LGBTQI+ du Brésil, se tient dans l'Avenida Beira-Mar Continental.

OCTOBRE

Pendant près de 20 jours, **l'Oktoberfest** de Blumenau (p. 533) est placé sous le signe de la musique folklorique, de la danse et de la bière.

DÉCEMBRE

Les fêtes de **Noël** sont l'occasion de fioritures supplémentaires à Blumenau et son **Parque Vila Germânica** (p. 532) est décoré avec ostentation.

FLORIANÓPOLIS ET L'ILHA DE SANTA CATARINA

Florianópolis, souvent abrégée en Floripa, est la ville balnéaire, dynamique et insouciante, qui occupe toute l'Ilha de Santa Catarina et déborde sur une partie du continent, en face. En plus du centre-ville, elle regroupe une grande diversité de "districts" complètement différents, chacun possédant un caractère et des infrastructures distincts. Ces quartiers sont séparés par des étendues de campagne éparses, restées relativement peu développées. Les célèbres plages – 42 en tout – de l'île sont incontournables, mais ce ne sont pas les seuls attraits ! Des bosquets de pins ponctuent la côte est, avant de céder le terrain à un petit désert de dunes près de la Praia da Joaquina. Le centre de l'île se démarque par ses montagnes de faible altitude, recouvertes de forêts, qui plongent dans la plus grande étendue d'eau de l'île, la Lagoa da Conceição. Le centre-ville de Floripa (Centro), qui donne accès au reste de l'île, en plus d'être la capitale politique du Santa Catarina, est aussi considérée comme la capitale culturelle du sud du Brésil.

Pour les infos pratiques, voir le Carnet d'adresses p. 536

À SAVOIR

Ne logez pas dans le centre-ville et rapprochez-vous des lagunes et des plages où la vue est plus jolie et l'ambiance plus douce. Lagoa de Conceição, située au centre de l'île, est un excellent choix comptant de nombreux hébergements.

MARCOS CAMPOS/SHUTTERSTOCK ©

Largo da Alfândega, Florianópolis

INCONTOURNABLES
1 Museu Histórico de Santa Catarina
2 Praia do Campeche

VOIR
voir 1 Catedral Metropolitana
3 Igreja Nossa Senhora da Lapa do Ribeirão
4 Ilha do Campeche
5 Lagoa da Conceição
voir 1 Museu de Florianópolis
6 Ponte Hercílio Luz
voir 1 Praça XV de Nov.
7 Praia da Joaquina
8 Praia Mole
9 Projeto Tamar
10 Santo Antônio de Lisboa
voir 10 Igreja da Nossa Senhora das Necessidade

ACTIVITÉS, COURS ET CIRCUITS ORGANISÉS
11 Lagoa da Peri

SE RESTAURER
12 Restaurante Lagoa Azul
voir 10 Santo Appetito Bistrô & Café

PRENDRE UN VERRE ET FAIRE LA FÊTE
voir 5 LayBack Park

Histoire dans le Centro de Floripa

PONTS, MUSÉES ET PARCS

Si vous arrivez à quitter la plage, le centre de Floripa mérite une flânerie avec son mélange improbable de gratte-ciel huppés et d'histoire. La ville a deux facettes : la zone industrielle sur le continent, qui n'a que peu d'attraits pour les voyageurs, et le centre historique (Centro) sur les rivages du centre-ouest de l'île, de l'autre côté de la baie. Trois ponts franchissent ce bras de mer, dominés par l'emblématique pont suspendu, **Ponte Hercílio Luz**, construit en 1926 et rouvert à la circulation en 2019, après 28 ans de fermeture. La plupart des curiosités de la ville bordent la **Praça XV de Novembro**. Cette place ombragée est ancrée autour de son figuier âgé de 130 ans,

COPACABANA, VERSION FLORIPA

Évoquant à s'y méprendre la plage de Copacabana à Rio, l'immense promenade en front de mer de Balneário Camboriú, baptisée Avenida Atlântica, est parallèle à la plage urbaine de **Praia Central** (p. 525) qui s'étend sur près de 7 km.

OÙ SE LOGER À LAGOA DA CONCEIÇÃO

Hotel Boutique Quinta das Videiras
Hôtel de luxe aménagé dans un palais portugais de style colonial. **$$$**

Lagoa Nômade Hostel
Ravissante adresse au bord du lac. Chambres lumineuses et impeccables. Jardin intimiste léché par les vagues. **$$**

Janela de Márcia
Chambres d'hôtes accueillantes dans un quartier résidentiel huppé, avec hamacs, piscine et jardin clos. **$$$**

LE LITTORAL NORD DÉVELOPPÉ DE L'ÎLE

Santo Antônio de Lisboa est un bourg assoupi unique en son genre dans la partie nord de l'Ilha de Santa Catarina. Cette petite enclave autonome conserve l'ambiance paisible d'un village açoréen d'antan. Le reste du littoral nord est largement plus urbanisé, avec des immeubles d'habitation et des résidences hôtelières sans charme ; des quartiers qui s'apparentent davantage à des villes et contrastent avec l'atmosphère de village qui domine plus au sud. Pour autant, le nord n'est pas dépourvu d'atouts. Les belles plages de **Praia do Santinho** et de **Praia dos Ingleses** conservent une certaine lenteur et décontraction. Pour faire la fête, direction **Jurerê Internacional** et ses boîtes de nuit renommées qui attirent les clubbeurs du monde entier jusqu'à l'aube.

ODAIRSON ANTONELLO/SHUTTERSTOCK ©

Église de Santo Antônio de Lisboa

planté lorsque la ville s'appelait encore Desterro. Elle a été rebaptisée Florianópolis en 1893, en l'honneur du dirigeant de l'époque, Floriano Peixoto.

À l'angle nord-ouest du parc, impossible de manquer le Palacio Cruz e Sousa de couleur rose, érigé au XVIIIe siècle et ancien palais du gouvernement de l'État, qui ressemble à un gâteau de mariage. Il abrite le **Museu Histórico de Santa Catarina**, dont les exubérants décors intérieurs – en premier lieu l'impressionnant escalier en marbre blanc du hall, orné de statues en bronze – sont à l'image de sa façade éclectique. Le musée porte le nom du poète symboliste brésilien, João da Cruz e Sousa. Un blason contenant sa photo est d'ailleurs apposé sur un mur extérieur, à côté d'un cygne noir (le surnom du poète), dont seuls les contours sont esquissés. Des tableaux, du mobilier d'époque et les cendres du poète composent les collections du musée.

De l'autre côté du parc, le **Museu de Florianópolis**, qui a ouvert ses portes en 2021 dans un des plus anciens bâtiments de la ville, retrace l'histoire de Floripa, cartes, maquettes et expositions multimédias à l'appui. Sur le côté nord de la place, la **Catedral Metropolitana** est réputée pour son ensemble de cloches, lequelles forment le plus imposant du genre au Brésil.

Ambiance açoréenne à Santo Antônio de Lisboa

QUARTIER AÇORÉEN À L'ANCIENNE

Si vous ne souhaitez pas dîner dans des bars de plage, partez en direction de la côte ouest, moins branchée, de l'Ilha de Santa Catarina. Le bourg de **Santo Antônio de Lisboa** vous attend pour un retour dans le passé. À son ambiance de vieux village de pêcheurs s'ajoute le charme des rues pavées et de l'architecture açoréenne. Il est tout indiqué aux amateurs d'histoire, de patrimoine ainsi que de poisson et fruits de mer.

OÙ PRENDRE UN VERRE À LA PLAGE SUR L'ILHA DE SANTA CATARINA

Bar do Deca
Adresse très appréciée de la communauté LGBTQI+ à la Praia Mole. Les soirées y sont mémorables. **$**

Pedra Careca
Clientèle locale à la Praia da Joaquina, servant du poisson frais grillé. Bières Eisenbahn fraîches sur place. **$$**

Zeca Restaurante
Restaurant raffiné réputé pour ses crevettes panées et ses bières fraîches à déguster face au spectacle des surfeurs. **$$**

L'édifice le plus visible est l'**Igreja da Nossa Senhora das Necessidades**, qui remonte aux années 1750. Ses portes sont aussi bleues que la mer ; ses planchers craquent sous les pieds et les peintures aux murs s'écaillent. On la doit aux Portugais. Des boutiques d'artisanat et des galeries d'art ont envahi les rues adjacentes. Dans le patio de **Santo Appetito Bistrô & Café**, les gourmands cèderont à la tentation du *sobremesa* ("dessert") en choisissant un traditionnel *pastel de nata* (gâteau à la crème) et un café. Jetez un coup d'œil à la galerie d'art sur place. La boutique propose aussi des céramiques, du textile et des vêtements de couleurs vives réalisés par des artistes et artisans locaux.

Le bourg est devenu une référence sur l'île pour ses produits de la mer (huîtres, morue salée et calamars). Le week-end, les familles de Floripa s'y rendent à l'heure du déjeuner ou du dîner.

Une demi-douzaine de restaurants de poisson et fruits de mer s'étirent le long du front de mer. Leurs terrasses restent fraîches, à l'ombre des arbres et des parasols. Avec leurs tables bancales et leurs traditionnels carreaux de céramique portugaise bleu et blanc, ces établissements à l'ancienne, tenus par des familles, contrastent avec les cabanes de plage plus bruyantes, plus à l'est. La vue sur le centre de Florianópolis scintille entre les mâts des voiliers amarrés au port. Faisant face à l'ouest, le "village" est en outre idéal pour observer le coucher du soleil sur la baie.

Lagoa da Conceição et son animation

PETITE VILLE FESTIVE EN BORDURE DE LAGUNE

Entourée de lagunes et de collines, **Lagoa da Conceição**, au centre de l'île, est connue pour ses sports nautiques et sa vie nocturne. Il s'agit du meilleur endroit pour boire un verre, faire la fête et loger dans un hôtel décontracté, les pieds dans l'eau. Ses pentes boisées forment une fabuleuse toile de fond à la jolie lagune, tandis que la ville basse, prise d'assaut par les touristes, est posée sur un étroit banc de sable divisant le plan d'eau en deux.

Il y a de quoi satisfaire tous les palais. Dans Lagoa, bars et restaurants restent ouverts jour et nuit. Pour plus de tranquillité, éloignez-vous un peu le long de la côte ouest de la lagune, moins développée. Du centre-ville, une randonnée de 6 km le long d'un sentier rocheux mène au minuscule village de **Costa da Lagoa**, inaccessible en voiture. Nombreux s'y rendent pour dîner au **Restaurante Lagoa Azul**, avant de repartir en bateau.

Ce statut de carrefour fait de Lagoa un bon endroit pour louer un vélo et sortir des sentiers battus, à la découverte des plages de la côte est. La plupart des routes ont une seule voie de circulation et sont dotées de larges bords, voire de pistes cyclables. Il est facile d'atteindre la **Praia da Joaquina** (p. 518), de même que la **Praia**

J'HABITE ICI : MES ADRESSES PRÉFÉRÉES À FLORIANÓPOLIS

Manoela Karam, chercheuse et professeure de yoga, vit à Florianópolis.

Une plage préférée ? Joaquina, avec son étendue de dunes, ses lagunes et sa forêt proche de la mer.

Une adresse favorite ? J'adore **Armada Cervejeira** et **Spitfire Pizza** à Santa Monica, un quartier où les adresses sympas ne manquent pas. On y côtoie des habitués en sirotant une bonne bière devant une pizza aux saveurs inédites.

Une activité que vous aimez ? J'aime sillonner l'île sur tous les sentiers de randonnée : les circuits les plus longs, tels celui de la Lagoinha do Leste, comme les plus courts, tels celui de Costa da Lagoa (où d'excellents restaurants vous attendent à l'arrivée) ou celui du Morro do Lampião, pour sa vue sur la plage de Campeche.

OÙ MANGER POISSONS ET FRUITS DE MER SUR L'ILHA DE SANTA CATARINA

Ostradamus
Décor de cinéma pour savourer poisson et fruits de mer dont des huîtres à Ribeirão da Ilha. **$$$**

Arante Bar e Restaurante
Copieux plats de poisson et de crevettes tout juste pêchés à Pântano do Sul. **$$**

Marisqueira Sintra
Restaurant portugais de front de mer qui concocte des merveilles à base de calamar et de morue salée. **$$**

LES AUTRES PLAGES DE L'ÎLE

Praia do Moçambique
La plus longue plage de l'île est protégée dans un "parc" boisé. Pas de vendeurs ambulants ni de bars de plage pour troubler votre tranquillité.

Praia da Galheta
Magnifique plage du côté est de l'île, Galheta accepte les nudistes. Accès possible uniquement par des sentiers.

Praia do Santinho
Peu fréquentée, protégée et bordée de dunes herbeuses, la meilleure plage du nord de l'île pour le surf est appréciée pour la régularité de ses vagues.

Praia da Armação
Paradis pour surfeurs, notamment à son extrémité nord. Les plus aventuriers suivront le sentier sinueux le long de la côte rocheuse jusqu'à la Praia do Matadeiro.

Mole (ci-dessous) et le village de pêcheurs de **Barra da Lagoa** (p. 520) (malgré une montée, courte mais raide, entre les deux). Le **LayBack Park** est l'adresse pour passer une agréable soirée. L'insouciance règne dans cette ancienne brasserie organisée autour d'un bar central, avec musique *live*. Dans les locaux, les skateurs du coin viennent peaufiner leur technique sur une rampe.

Culture de la plage à Praia da Joaquina

AMBIANCE SABLE, SURF ET FÊTE

Difficile de faire mieux que l'effervescence qui règne sur les plages brésiliennes. Au palmarès des "meilleures *praias*", rares sont celles qui égalent **Joaquina**. On n'y vient pas que pour prendre un bain de soleil ; on peut aussi y mener une étude anthropologique détaillée des Brésiliens en pleine représentation.

À l'extrémité nord de Joaquina, les voitures s'accumulent et une joyeuse cohue se bouscule pour obtenir une *cadeira* ("transat") et un *guarda-sol* ("parasol"). Vous ne saurez plus où donner de la tête : les vendeurs ambulants et leurs chariots de jus de fruits colorés, les surfeurs voguant sur les vagues, les familles pique-niquant, des groupes de jeunes à l'eau, des Neymar et autres Casemiro de demain maniant avec habileté le ballon rond sur la plage... Les amoureux se posent sur les rochers lisses à l'extrémité nord de la plage ; quelques solitaires marchent vers le sud, le long d'une bande de 5 km de sable immaculé où la foule ne se presse pas et la solitude n'est plus qu'à une dune de distance. Le long de la partie nord de Joaquina s'alignent les bars de plage décontractés, avec code vestimentaire de rigueur ! Les convives dégustent poissons et caïpirinhas, vêtus d'un simple caleçon ou maillot de bain. Le reste de cette bande de terre est occupé par d'immenses dunes, visibles à des kilomètres, où le surf des sables remplace celui des mers. Il est possible de louer des planches auprès d'une cahute de fortune sur la route d'approche de la plage, accessible depuis Lagoa da Conceição.

Praia Mole, la solitaire

LA PLAGE LA PLUS HÉTÉROGÈNE DE FLORIPA

Mole est une des plages les plus reculées et au sable le plus fin du Santa Catarina. Située à 4,2 km à l'est de Lagoa da Conceição, elle est cachée de la grand-route par une végétation basse et l'accès se fait par un court sentier de sable. L'extrémité nord autour de **Bar do Deca** est très réputée auprès de la communauté LGBTQI+.

La puissance des vagues et leur qualité font de la Praia Mole une des plages les plus dangereuses de Floripa ; en atteste la hauteur du poste de secours, le plus haut de l'île.

OÙ FAIRE DE LA RANDONNÉE SUR L'ILHA DE SANTA CATARINA

Caminho da Costa da Lagoa
Sentier en bordure de la Lagoa da Conceição, mènant à un restaurant de fruits de mer. Retour possible en bateau.

Lagoinha do Leste via Morro da Coroa
5 km aller-retour, dans les bois, jusqu'à une plage du sud de l'île via un promontoire.

Trilha Barra Galheta et Boa Vista
Sentier côté est, entre la Praia Mole et Barra da Lagoa, via la plage nudiste de Galheta.

GUAXINIM/SHUTTERSTOCK ©

Praia Mole

Surfer à Praia do Campeche

AMBIANCE PLAGE

Sur 3,5 km le long de la côte sud de l'île, Campeche est une plage splendide, réunissant les conditions idéales pour le surf et le kitesurf. Ancien avant-poste prisé des artistes et autres esprits bohèmes, des masseurs et des hippies aux fans de surf et autres libres penseurs, le secteur a évolué dans un sens plus urbain et plus aisé. La plage étant protégée par une étroite bande de dunes et de *restinga* (forêt humide de feuillus), les promoteurs ont réussi à construire des immeubles d'habitation aussi près que la loi les y autorisait, notamment dans le quartier florissant de Nova Campeche.

Au large, l'**Ilha do Campeche** compte une autre magnifique plage, un restaurant ouvert uniquement en été et plus de 100 pétroglyphes répartis sur dix sites. Seuls 400 visiteurs y sont autorisés chaque jour.

Bijou ecclésiastique à Ribeirão da Ilha

ÉGLISE DE L'ÉPOQUE COLONIALE

Comme arrivée tout droit du Portugal, l'adorable **Igreja Nossa Senhora da Lapa do Ribeirão**, d'inspiration baroque, fut construite en 1806. Elle a été restaurée sur ordre de l'empereur Dom Pedro II, qui, après une visite en 1845, réunit lui-même les fonds pour que les travaux démarrent. L'église trône au centre de la place principale de **Ribeirão da Ilha**, un petit village aux rues pavées et maisons colorées aux toits de tuiles datant de l'époque coloniale, renommé pour ses ostréiculteurs.

AÇAÏ

L'**Ilha de Santa Catarina** est le foyer d'un superaliment brésilien consommé en guise d'en-cas : l'**açaï**, obtenu à partir de baies écrasées et gelées du palmier pinot. L'açaï est servi dans une coupelle ou un bol, avec du granola, du lait concentré, et parsemé de morceaux de fruits (banane ou fraise, par exemple). De couleur violet profond, les baies d'açaï ont un goût de myrtilles acidulées. Riches en antioxydants, ces baies ont fait l'objet d'une intense promotion pour vanter leurs bienfaits alimentaires. Cela explique leur adoption dans de nombreuses autres parties du monde. Parfaite pour le goûter d'après-midi, cette spécialité locale est vendue dans les magasins, les échoppes, ou par les vendeurs ambulants dans tout Florianópolis.

OÙ PRENDRE UN CAFÉ SUR L'ILHA DE SANTA CATARINA

Café Cultura
Vaste établissement décontracté de Lagoa da Conceição où siroter votre café.

Arbor Café
Café du commerce équitable dans le Centro. Autres choix possibles et véritable expresso issu des meilleurs producteurs.

Pães e Papos
Boulangerie-buffet sur la route de la Praia do Campeche, pour (re)prendre des forces avant ou après une séance de surf.

EXPLORER BARRA DA LAGOA

Village de pêcheurs situé à 8 km au nord de Lagoa da Conceição, sur la rive est du lac, Barra da Lagoa plaira aux voyageurs au budget serré. Posé au bord du **Canal da Barra** alimenté en eau de mer, il jouit d'un cadre pittoresque avec ses bateaux de pêche colorés et ses formations rocheuses qui jalonnent le canal serpentant jusqu'à la mer. La **Praia de Barra da Lagoa** est la plage communale où s'organisent des parties de volley et de foot de plage. Elle se fond, au nord, avec la **Praia do Moçambique**, la plus grande de l'île avec ses 8,5 km de long. La passerelle qui enjambe le canal marque le départ d'un sentier de 1 km qui part dans la direction opposée pour rejoindre des *piscinas naturais* (piscines naturelles) isolées, à côté d'un affleurement de rochers massifs.

Les eaux calmes de la Lagoa da Peri

LAC DANS UN PARC PROTÉGÉ

Moins connue et moins visitée que la Lagoa da Conceição, Peri est un placide lac d'eau douce bordé de collines et adossé à la Praia de Armação, en bord d'océan. Ses eaux chaudes et calmes, protégées au sein d'un parc communal et appréciées des familles, se prêtent au kayak et au paddle. La réserve qui, à la différence des plages voisines, est ombragée, veille au maintien de diverses espèces telles que les loutres et les singes hurleurs. Juste après la barrière d'accès se trouvent un centre d'information, une aire de jeu, un snack-bar et une petite plage. Plusieurs sentiers s'enfoncent dans la forêt côtière de buissons, en passant par une cascade et des moulins de l'époque coloniale en ruine. Le point d'accès à la lagune se situe sur la route principale menant en ville, à 1 km au sud de la Praia de Armação. Il y un arrêt de bus juste à côté.

Les tortues du Projeto Tamar

PROJET DE CONSERVATION ANIMALE

Appartenant à l'Association de conservation des tortues de mer qui possède plusieurs centres sur les côtes du Brésil, le centre du Santa Catarina jouxte la plage dans la ville de **Barra da Lagoa**. Cinq bassins contiennent quatre espèces de tortues (tortues vertes, caouannes, olivâtres et à écailles) à différents stades de leur vie. Le repas (l'après-midi) et le bain (le matin en week-end) sont des moments privilégiés. Ici sont menées des campagnes de sensibilisation et d'éducation à l'environnement auprès des populations. Le centre est bien adapté pour accueillir des visiteurs, notamment les enfants, avec des maquettes, des statues et des tas de panneaux d'information illustrés. Tamar a été fondé en 1980 ; la branche de Florianópolis fonctionne depuis 2005. L'Ilha de Santa Catarina, un secteur où les tortues viennent se ravitailler, n'est cependant pas un lieu de ponte. Le projet a pour principaux objectifs de sauver les tortues échouées et de les relâcher. Le programme travaille aussi avec les populations locales pour alléger les conséquences de la pêche sur les tortues marines.

VILLAGES DE PÊCHEURS

L'ambiance açoréenne qui règne à **Ribeirão da Ilha** (p. 519) est comparable à celle de **Santo Antônio de Lisboa** (p. 516) sur la côte nord-ouest de l'île. Des endroits parfaits pour déguster poisson et fruits de mer frais.

COMMENT CIRCULER

L'île de Santa Catarina possède un bon réseau de bus desservant une demi-douzaine de gares routières (TICEN, TILAG...) et des arrêts intermédiaires menant aux plages. Ils circulent au moins toutes les 30 minutes à destination du moindre recoin de l'île. Prenez un forfait journalier.

Le vélo est un bon moyen de se déplacer sur les routes du sud et de l'est. La location est possible à Lagoa da Conceição. Les routes pouvant être très encombrées, la voiture est déconseillée.

Pour savoir comment rejoindre Florianópolis, voir p. 510.

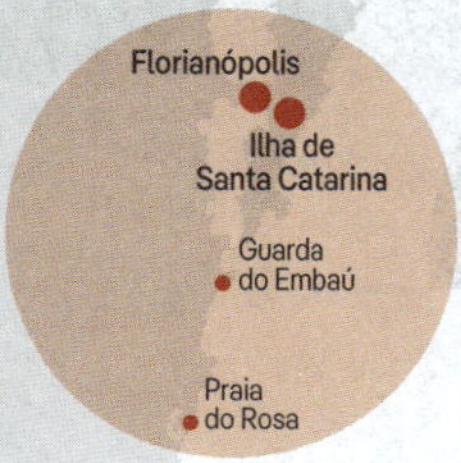

Environs de Florianópolis et de l'Ilha de Santa Catarina

Et si les meilleures plages du Santa Catarina ne se trouvaient pas sur l'île ? Pour le savoir, traversez le pont et faites un tour sur le continent.

Pour les infos pratiques, voir le Carnet d'adresses p. 538

À SAVOIR

Ne vous arrêtez pas aux *pousadas* en bord de plage de Praia do Rosa. Dirigez-vous vers la route la plus en hauteur de la ville, le Caminho do Rei, où les hôtels jouissent tous d'une superbe vue plongeante.

Les visiteurs dans le Santa Catarina sont nombreux à ne jamais mettre un pied en dehors de l'île. Cela peut s'entendre : l'Ilha compte 42 des meilleures plages du Brésil, les unes à côté des autres. Cependant, sur le continent, plusieurs enclaves sauvages vous attendent, à l'esprit plus bohème.

Connu pour son excellente "gauche" à l'embouchure du fleuve, Guarda do Embaú, à 50 km au sud de Florianópolis, est la seule "réserve mondiale de surf" du Brésil, dans le cadre d'un programme qui a pour mission de préserver les écosystèmes mythiques de surf. Cette longue plage à l'ambiance décontractée est accessible en bateau ou en traversant une rivière à gué.

Quarante kilomètres plus au sud, Praia do Rosa figure parmi les destinations balnéaires de rêve du Brésil, avec différents hébergements au charme rustique.

Guarda do Embaú (p. 523)

BALEINES FRANCHES AUSTRALES

Tous les hivers, entre juillet et novembre, des centaines de baleines franches australes rejoignent la côte du Santa Catarina. Ces imposants mammifères peuvent atteindre 18 m de long et peser plus de 60 tonnes. Délaissant les eaux froides de l'Antarctique, elles regagnent des mers plus chaudes et plus clémentes pour se reproduire. À la naissance, les baleineaux mesurent entre 3 et 4 m et pèsent déjà 5 tonnes. Les baleines franches étaient menacées d'extinction dans les années 1970. Grâce aux efforts de l'**Instituto Baleia Franca** (baleiafranca.org.br) d'Imbituba pour les suivre et les protéger, on dénombrerait actuellement 7 000 individus. Les baleines s'ébattent dans l'eau à proximité du rivage. Elles sont visibles depuis la plage de **Praia do Rosa**.

Praia do Rosa

Des baleines et des vagues à Praia do Rosa

PLAGE NATURELLE ET DÉCONTRACTÉE

Praia do Rosa pourrait figurer comme l'exact opposé de la **Praia Central** (p. 525) à Balneário Camboriú ou de Copacabana à Rio. Il règne dans ce village paisible et rustique, à une heure et demie de route au sud de Florianópolis en voiture, une ambiance à l'esprit hippie chic et surfeurs. Rosa est un paradis pour amateurs de balades côtières vivifiantes, de baleines à bosse et de nature vierge.

Sa plage splendide est depuis longtemps le terrain de jeu des surfeurs athlétiques et des néo-troubadours, la guitare en bandoulière. Adossée à de petites dunes et caressée par des vapeurs omniprésentes de marijuana, cette bande de sable de 3 km est gardée par des promontoires verdoyants couverts de forêt touffue, parcourue de sentiers sinueux. La particularité

OÙ SE LOGER À PRAIA DO ROSA

Hostel Albergue Explorer
Dortoirs en parfait état avec sdb privative, couchettes astucieuses et douches extérieures inventives. **$**

Pousada Rêmora
Ambiance hôtel avec services personnalisés d'une *pousada*. Piscine à débordement et bains à remous privatifs. **$$$**

Quinta do Bucanero
Adresse la plus charmante de Rosa. Douze chambres au confort d'un cinq étoiles dans un cadre chaleureux. **$$$**

de Rosa tient avant tout à son souci de l'environnement, mais aussi à la qualité de ses vagues, qui, depuis les années 1970, ont fait de cet ancien village de pêcheurs un des spots de surf les plus courus du Brésil.

Ici, ne vous attendez pas à des infrastructures urbaines tapageuses ! La "bourgade" regroupe quelques *pousadas* en bois de faible hauteur et des échoppes pour se restaurer, le tout relié par un lacis d'étroites ruelles pavées. La plage se divise en deux ambiances. Une population jeune et festive préfère le côté nord ; au sud, la plage est plus près de la ville et plus accessible par la route. L'hiver, des baleines franches australes viennent se reproduire dans la baie, et l'on peut voir les mères et leurs baleineaux depuis la plage.

Paradis pour surfeurs à Guarda do Embaú

UN HAVRE POUR SURFEURS GORGÉS DE SOLEIL

Connu pour ses vagues vigoureuses qui viennent s'écraser non loin de l'embouchure du Rio da Madre, **Guarda do Embaú**, à une heure de route au sud de Florianópolis, est un village de surfeurs à l'esprit bohème, régulièrement inscrit sur la liste des meilleurs spots de surf du Brésil.

La **Praia Guarda** est une bande de sable de 6 km adossée à des dunes basses. Elle est séparée du village par le Rio da Madre qui s'écoule paisiblement. Pour rejoindre la plage, traversez à gué l'embouchure du fleuve à marée basse ou empruntez, moyennant une modique somme, une petite embarcation en bois dirigée au moyen d'un bâton long. Sur la plage de Guarda, le sable propre et fin est doré par le soleil et l'atmosphère est détendue, en mode surfeur (pas l'ombre d'un gratte-ciel dans cette zone). À la haute saison, quelques *barracas* (échoppes) à sandwichs s'installent le long de la plage.

Le village est, quant à lui, un lacis de ruelles assoupies, attenant à une minuscule plage sur la rive nord du fleuve. Plusieurs *pousadas* à petits prix y accueillent les voyageurs. La haute saison voit ici fleurir des *chopperias* (bars à bière à la pression) et d'autres repaires pour surfeurs en mal de cocktails. À la basse saison, le choix se limite à une bouteille de Brahma dénichée au supermarché local.

Le sentier dit de la **Trilha da Pedra do Urubu** ("le sentier de la pierre du vautour"), court mais escarpé, mène du côté est du village, jusqu'à un point de vue panoramique qui domine la plage, le fleuve et l'océan. La balade s'accompagne d'un peu d'escalade sur les rochers, non loin du sommet, mais vous serez récompensé de vos efforts. Ne partez pas en tongs !

RÉSERVE MONDIALE DE SURF

Le monde du surf est étroitement associé à la défense de l'environnement. Lancée en 2003, la **Save the Waves Coalition** (savethewaves.org) est une ONG internationale qui vise à protéger les écosystèmes sur les spots de surf, à préserver la biodiversité marine et sa complexité par la création de réserves mondiales de surf. En 2019, Guarda do Embaú est devenu la neuvième des onze réserves ainsi désignées par l'ONG et la seule du Brésil. En labellisant ce périmètre, l'ONG a récompensé Guarda comme l'ensemble de sa communauté de surfeurs, soucieuses de préserver l'environnement. Elle a été influencée par l'audace du surfeur brésilien Ricardo Dos Santos (24 ans), disparu en 2015 à Florianópolis, tué par un policier qui n'était pas en service.

COMMENT S'Y RENDRE ET CIRCULER

Guarda do Embaú et Praia do Rosa sont accessibles en bus depuis le centre de Florianópolis (gare routière TICEN). Pour rejoindre Guarda do Embaú, il faut changer de bus à Estação Palhoça, sur le continent (comptez 45 minutes de trajet). Pour gagner Praia do Rosa, changez de bus à Garopaba ou prenez un taxi pour parcourir les derniers kilomètres.

BALNEÁRIO CAMBORIÚ

Avec sa statue géante du Christ, ses plages superbes, sa vie nocturne trépidante et sa longue avenue jalonnée de gratte-ciel en bord de mer, Balneário Camboriú, souvent qualifiée à tort de Rio du pauvre, a sa propre déclinaison du luxe. Si la ville est la réplique de Copacabana, elle a l'avantage d'être bien plus récente, avec des hôtels, des bars à la mode et des infrastructures en meilleur état. Cependant, certains trouvent l'ambiance qui y règne quelque peu surfaite. Pour une excursion à la journée, la réserve forestière d'Unipraias et le lot d'aventures en pleine nature qu'elle garantit est parfaite. Elle se double d'un parc touristique, plus récent et moins ambitieux, organisé autour de sa grande roue, inauguré en 2020 à l'extrémité opposée de la plage municipale.

Camboriú est aussi réputée pour être accueillante pour la communauté LGBTQI+ et propose un choix varié de boîtes de nuit et de DJ internationaux.

Pour les infos pratiques, voir le Carnet d'adresses p. 539

À SAVOIR

Les chaînes d'hôtels longent l'Avenida Atlântica. Des auberges de jeunesse et *pousadas* de charme sont installées à quelques pâtés de maisons, en retrait du front de mer. En hiver, les prix sont divisés par deux. Vous pouvez aussi venir en excursion à la journée depuis Florianópolis.

FG Big Wheel

INCONTOURNABLES
1 Parque Unipraias
2 Yoohooo!

VOIR
3 Cristo Luz
4 Deck do Pontal Norte
5 Morro do Careca
6 Praia Central
7 Praia das Laranjeiras

SORTIR
8 FG Big Wheel
9 ZipRider

TRANSPORT
10 Barco Pirata

Praia Central côté nord

GRANDE ROUE, PLAGE, SENTIERS ET POINTS DE VUE

Alors que l'extrémité sud de Praia Central est occupée par Unipraias, l'extrémité nord offre plusieurs points de vue.

Comptant parmi les nombreuses grandes roues Ferris installées dans différentes villes du Brésil ces dernières années, la **FG Big Wheel** a été inaugurée fin 2020. Du haut de ses 82 m,

OÙ SE LOGER À BALNEÁRIO CAMBORIÚ

Felissimo Exclusive Hotel
Pousada de 12 chambres avec bain japonais extérieur et piscine chauffée. Restaurant type bistrot et jolis jardins. **$$$**

Bonabrigo Hostel
Boutique-auberge, avec piscine, lits en dortoirs séparés par des rideaux et prises électriques individuelles. **$$**

Pousada Villa Atlântica
Agréable *pousada*, à deux pâtés de maisons de la plage. Chambres simples soulignées de couleurs vives. **$$$**

elle domine les abords boisés d'un petit promontoire à la limite nord de la plage. À bord de l'une des 36 cabines climatisées, le tour d'une vingtaine de minutes offre une vue impressionnante. Au pied de la roue, le **Deck do Pontal Norte**, une promenade en planches le long du rivage, contourne un promontoire couvert de forêts sur 800 m et rejoint la Praia do Buraco. En chemin, vous aurez de magnifiques vues sur la ville. Buraco est une plage isolée dont les vagues rafraîchissantes sont au goût des surfeurs. Un peu plus au nord, la colline du **Morro do Careca** culmine à 104 m. En forme de plateau, elle ressemble à un fort de l'âge du fer et fait le bonheur des amateurs de deltaplane et de parapente. Un escalier rudimentaire grimpe depuis la Praia do Buraco jusqu'à une route bitumée permettant de rejoindre ensuite le sommet.

L'ÎLE AUX CHÈVRES

Éclipsée par les énormes gratte-ciel modernes de la ville, la minuscule **Ilha das Cabras** ("île aux chèvres"), inhabitée, émerge à 600 m au large de la Praia Central de Balneário, semblable à une modeste forteresse de verdure qui garderait la baie. Jusque dans les années 1970, Marciano Cavalheiro, ancien maître-nageur sauveteur, y vécut pendant 12 ans avec sa famille et un troupeau de chèvres que l'on apercevait souvent depuis la plage principale de la ville. Depuis le départ de Marciano Cavalheiro en 1977, l'île est devenue une zone protégée et l'emblème très *cartão postal* ("carte postale") de la ville. Le soir, elle s'illumine sous les rayons colorés du Cristo Luz. Le jour, des bateaux d'excursion naviguent à proximité, dévoilant un rivage rocheux et l'épaisse canopée de ses arbres.

Détente sur la Praia Central

PLAGE PRINCIPALE DE LA VILLE

Allongé sur la longue plage soigneusement ratissée de la **Praia Central**, on vous pardonnera sans mal si vous vous croyez à Copacabana. Cette belle plage urbaine de forme incurvée s'étire le long de l'Avenida Atlântica sur près de 7 km, entre Barra Norte et Barra Sul. Elle est adossée à une rangée de magasins et restaurants, une piste cyclable et un large trottoir pavé. La plage elle-même est propre et aménagée selon les standards brésiliens : filets de volley-ball, vendeurs ambulants avec leurs chariots de nourriture, parasols à louer et douches extérieures. Les vagues sont plus grosses côté nord ; la foule est moins nombreuse au sud.

Spectacle lumineux du Cristo Luz

STATUE DU CHRIST SUR LA COLLINE

Inspiré du Corcovado de Rio, le Cristo Luz de Balneário Camboriú est une statue géante du Christ qui domine la plage de la ville. Fabriqué dans un alliage de fer, d'acier et de ciment, elle est plus petite que le monument de Rio – 33 m de haut. Ce "phare" forme un complexe contenant un restaurant, un espace événementiel et une petite grotte consacrée à la Madone noire vénérée au Brésil, Nossa Senhora Aparecida (l'Immaculée Conception).

Le Christ de Camboriú tient un cercle symbolisant le soleil dans sa main gauche, d'où s'échappe un puissant rayon de 6 600 watts qui illumine la ville la nuit. Ajoutant de la luminescence, le corps de la statue est éclairé de sept couleurs différentes, une pour chaque soir de la semaine, chacune évoquant un message précis : vert pour l'environnement, rouge pour l'amour, bleu pour la santé... Inauguré en 1997, le Cristo Luz est l'œuvre du sculpteur brésilien Genésio Gomes de Moura, qui depuis a moulé une statue encore plus grande à Encantado, dans l'État du Rio Grande do Sul.

OÙ SE RESTAURER À BALNEÁRIO CAMBORIÚ

Maple Steakhouse
Excellentes pièces de viande, mais aussi saumon fin mariné au sirop d'érable. Grand choix de plats végétariens. **$$**

O Pharol
Un *rodízio* (buffet à volonté) de poisson et fruits de mer. **$$$**

Vikings Restaurante
Bière et poisson frais. Localisation pratique, au pied du téléphérique d'Unipraias. **$$**

À bord d'un bateau de pirates

CROISIÈRE ET DIVERTISSEMENTS À LA CLÉ

Pourquoi ne pas naviguer à bord d'un bateau de pirates dans les environs de la péninsule du Morro da Aguada, jusqu'à la **Praia das Laranjeiras** ? Certes, les animations à bord ne sont pas extraordinaires et le capitaine Sparrow n'a rien d'un Johnny Depp. Mais la croisière de 45 minutes qui va de l'embouchure du Rio Camboriú jusqu'à la plage baignée de soleil de Laranjeiras, en longeant les côtes de l'Ilha das Cabras, est plutôt agréable (notamment si vous avez des enfants). Des bateaux font la navette dans les deux sens toute la journée. Vous pouvez donc flâner sur la plage et prendre un bateau plus tard pour revenir à quai. Réservations auprès de **Barco Pirata**.

Manèges de haute volée au Parque Unipraias

RÉSERVE DE FORÊT ET MANÈGES À SENSATIONS FORTES

En journée et en soirée, le **Parque Unipraias** et sa dose d'adrénaline sont une bonne raison de se rendre à Balneário Camboriú. Cette réserve de forêt de 6 hectares relie deux plages au moyen d'un téléphérique avec une vue spectaculaire. Des attractions impressionnantes y font le bonheur des amateurs de sensations fortes.

Au départ de la pointe de la plage du centre-ville, le *teleférico* survole tranquillement la mer et la forêt pour atteindre le Morro da Aguada (240 m). Vous débarquez au milieu d'un parc de loisirs qui se fond dans la végétation au sommet de la colline. Suivez les sentiers pavés qui vous mènent à différents points de vue plongeants. Les redoutables montagnes russes **Yoohooo!** dévalent dans la forêt tropicale atlantique à 60 km/h tandis que la tyrolienne **ZipRider** de 750 m suit le tracé du téléphérique, tout le long d'une formidable descente jusqu'à la Praia das Laranjeiras.

Inauguré en 1999, ce téléphérique de conception italienne compte trois stations : Barra Sul, à côté de la marina de la ville, Morro da Aguada et Praia Laranjeiras. Il parcourt un total de 3,2 km en 15 minutes environ. Les passagers font étape au sommet du Morro, avant la redescente. Frissons garantis lors de la montée escarpée à bord des *bondinhos* ("téléphériques") à huit places, au fur et à mesure que vous vous élevez au-dessus des hautes tours de Balneário, en glissant en douceur au-dessus de la *mata atlântica* aux allures de jungle.

La qualité des attractions justifie le prix des tickets. La **Praia das Laranjeiras** est une étendue de sable, bordée d'échoppes à l'ombre, où règne l'ambiance habituelle d'une plage brésilienne.

LES PLUS HAUTS IMMEUBLES DU BRÉSIL

Avec son trio de gratte-ciel flambant neufs, Balneário Camboriú se targue de posséder les trois plus hautes tours du pays. Lors de son achèvement en décembre 2022, **One Tower** s'est hissée à la première place de ce classement national et à la deuxième du continent sud-américain, derrière la Gran Torre de Santiago du Chili. Du haut de ses 290 m et 70 étages, cet édifice en forme d'aiguille est à peine plus petit que la tour Eiffel et dépasse de 9 m les tours jumelles voisines du **Yachthouse Residence Club**, deuxième immeuble de Balneário (et du Brésil) par la taille. Ces deux constructions toisent donc dorénavant la tour **Infinity Coast** dont les 238 m de hauteur lui ont valu un bref règne sur la ligne d'horizon du pays, entre 2019 et 2020.

COMMENT S'Y RENDRE ET CIRCULER

Depuis la gare routière (Av. Santa Catarina 81), de nombreux bus assurent la liaison pour Florianópolis, Joinville et Blumenau, tous à 1 heure 30 de trajet. Le large trottoir longeant sur 7 km l'Avenida Atlântica invite à la flânerie ; une piste cyclable court en parallèle. Le réseau de bus urbain est restreint. Vous devrez utiliser une voiture ou faire appel à un taxi pour rejoindre les curiosités en périphérie, comme le Cristo Luz.

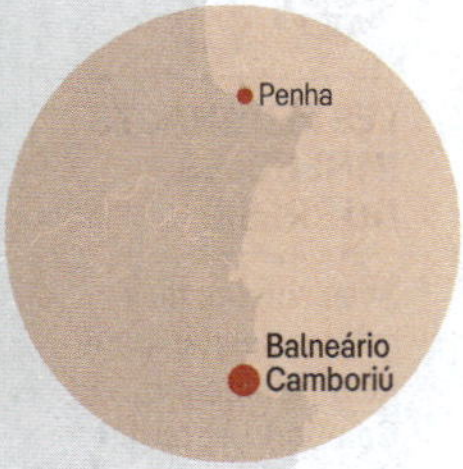

Environs de Balneário Camboriú

Des plages urbaines et le plus grand parc à thème d'Amérique latine bordent la côte du Santa Catarina après Balneário Camboriú.

Pour les infos pratiques, voir le Carnet d'adresses p. 539

À SAVOIR

Avant de vous rendre à Beto Carrero World, achetez un billet coupe-file (*fast pass*) au moment de la réservation : vous éviterez ainsi plusieurs heures de queue devant chaque manège.

Au-delà de Balneário Camboriú, les plages se prolongent au nord et au sud, le long de la côte. La ville est enserrée entre les villes balnéaires d'Itajaí et d'Itapema, connues pour leurs immenses tours d'habitation et leur sable fin.

La ville musicale bien nantie d'Itajaí se dresse à 10 km au nord, à l'embouchure d'une rivière éponyme. Itapema, aux accents açoréens, est à 17 km au sud. La Praia de Atalaia à Itajaí se prête bien au surf. Davantage tournée vers le volley-ball, Itapema compte une demi-douzaine de plages, la Meia Praia en tête, adossée à une piste cyclable et piétonne de 6 km.

En remontant la côte jusqu'à Penha, Beto Carrero World est un immense parc de loisirs qui attire le plus grand nombre de visiteurs de la région par an (plus de deux millions).

Beto Carrero World

Amusements sans fin au Beto Carrero World

GIGANTESQUE PARC À THÈME

Baptisé du nom de son fondateur brésilien, le défunt João Batista Sérgio Murad – mieux connu sous son surnom de Beto Carrero (voir ci-contre) –, ce gigantesque parc d'attractions s'étend sur 1 400 hectares, ce qui en fait le troisième plus grand du monde, derrière Disney World à Orlando et le parc Disneyland à Paris. Aménagé dans la petite commune de **Penha**, à 35 minutes de route au nord de Balneário Camboriú en voiture, il a ouvert ses portes en 1991 avant de connaître plusieurs agrandissements au fil des ans. L'ambiance cow-boy des débuts a cédé la place à une dizaine d'univers thématiques, entre une île de pirates, une ville "allemande" et un zoo.

L'attraction emblématique de Beto, l'équivalent du château de Cendrillon à Disney, est le **Castelo das Nações** ("le château des Nations"), haut en couleur, qui accueille les visiteurs à l'entrée. Une fois à l'intérieur, à vous de choisir entre une foule de boutiques, restaurants, spectacles, manèges, artistes, files d'attente et autres kitscheries.

Parmi les manèges à retenir, le **Firewhip**, sorte de montagnes russes inversées, vous laisse les jambes ballantes dans les airs et l'estomac à l'envers. La **Big Tower** est la promesse d'une prodigieuse chute à la verticale de 100 m en cinq secondes. **Star Mountain**, montagnes russes plus traditionnelles, n'en est pas moins impressionnant.

Parmi les spectacles vivants, le spectacle de voitures **Hot Wheels** est un véritable cirque d'acrobates mécaniques, très habiles en conduite.

Il y en a pour tous les goûts et tous les âges. Comme dans la plupart des parcs à thème, la patience est de mise avec la queue interminable (jusqu'à trois heures !) qui s'allonge devant les attractions les plus courues.

PARCS À THÈME

Le **Parque Vila Germânica** (p. 532), situé à Blumenau, est un autre parc à thème, à la tonalité plus allemande cette fois. Il est particulièrement festif au moment de l'Oktoberfest.

LE COW-BOY DES DÉBUTS

Beto Carrero World est parti d'une idée originale de **João Batista Sérgio Murad** (1937-2008). Ce fils d'une mère brésilienne et d'un père libanais a vu le jour au sein d'une famille pauvre, dans l'État de São Paulo. Poussé par l'envie d'échapper à sa condition, il grandit en caressant ce rêve alimenté par la culture cow-boy de son enfance. Lancé dans une carrière théâtrale, il crée un personnage de cow-boy, dénommé Beto Carrero, pourfendeur des opprimés, très proche des animaux. Pendant 16 ans, Murad sillonna le pays en jouant le rôle de Carrero dans un numéro de cirque à grand succès. Après une visite à Disneyland aux États-Unis, Murad ouvrit Beto Carrero World en 1991, autour de sa thématique fondatrice : l'univers des cow-boys.

COMMENT S'Y RENDRE

Plusieurs agences de voyages à Balneário Camboriú et Florianópolis organisent des sorties à la journée au Beto Carrero World. N'hésitez pas à utiliser leurs services car le réseau de bus ne dessert pas la destination jusqu'au bout. Des bus assurent régulièrement le trajet entre Balneário et la ville balnéaire d'Itajaí.

BLUMENAU

Blumenau cultive une forme d'ambigüité en donnant l'air d'avoir été transplantée d'un autre pays. Sous certains angles, ses rues bien ordonnées font plus allemandes que brésiliennes. La Rua de XV Novembro en centre-ville est bordée de maisons à colombages, de restaurants spécialisés dans le *eisbein* (jarret de porc) et de bars débordant de clients qui commandent des chopes de *pilsner*. Au mois d'octobre, vous trinquerez à grand renfort de *prost* lors de la plus grande fête de la bière en dehors de Munich, l'Oktoberfest. Teutonique dès l'origine, la ville fut fondée par 18 colons allemands en 1850, conduits par Hermann Blumenau, un chimiste natif de Brunswick. Même si son climat subtropical et ses parcs verdoyants sont aujourd'hui de vrais atouts pour les visiteurs, la ville reste surtout connue pour son ambiance germano-brésilienne inimitable et sa très joyeuse fête de la bière.

Pour les infos pratiques, voir le Carnet d'adresses p. 539

À SAVOIR

À Blumenau, la culture tourne autour de la bière et de sa fête. Réservez votre hébergement bien à l'avance pour l'Oktoberfest, car plus de 600 000 amateurs de *cerveja* déferlent sur la ville à cette période.

Oktoberfest, Blumenau

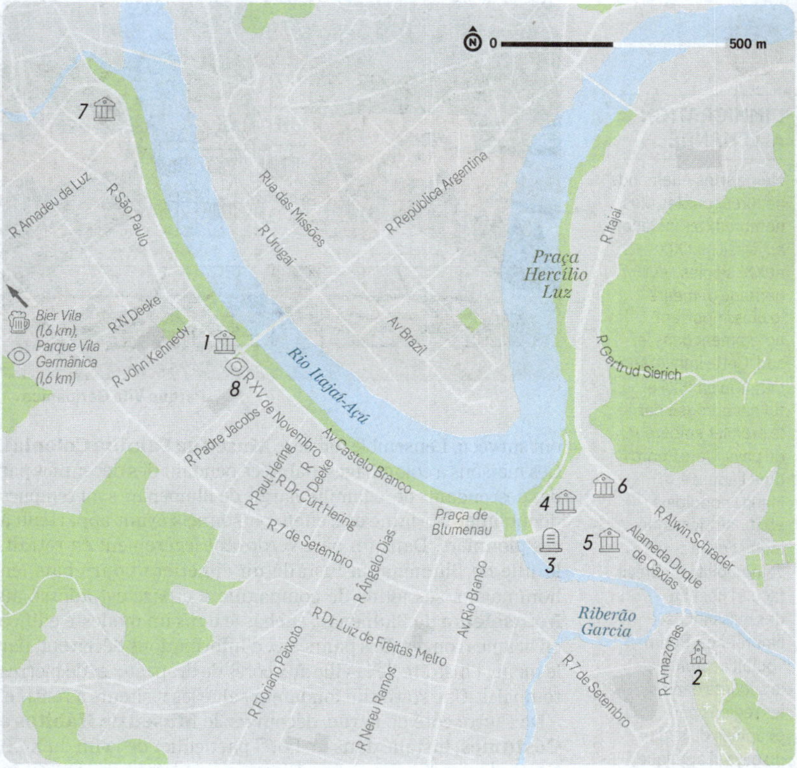

Histoire des pionniers

LA RUE QUI MARQUA LA NAISSANCE DE BLUMENAU

Blumenau fut fondée par un chimiste allemand épris d'aventures en septembre 1850, Hermann Blumenau. Les modestes débuts de la ville se révèlent dans un ensemble de maisons de la Rua das Palmeiras, à l'extrémité est de la **Rua XV de Novembro**, où des palmiers bordent, tels des sentinelles, cette large rue comme autant de colonnes dans la nef d'une église.

La maison d'origine du fondateur de la ville, construite dans les années 1850, se dressait autrefois du côté sud de la rue. Elle fut détruite par une inondation 30 ans plus tard (une plaque indique l'emplacement). À côté, vous pourrez voir trois habitations mitoyennes de pionniers édifiées entre 1858 et 1920, qui, elles,

VOIR

1 Castelinho da Havan
2 Igreja Luterana do Espírito Santo
3 Mausoleum
4 Museu da Cerveja
5 Museu da Família Colonial
6 Museu de Hábitos e Costumes
7 Prefeitura
8 Rua XV de Novembro

OÙ SE LOGER À BLUMENAU

Hotel Glória
Entrée lambrissée, vitraux et café dans la pure tradition allemande. Mélange de modernité et de charme. **$$**

Slaviero Blumenau
Chambres élégantes et modernes, parées de motifs beige et gris apaisants. Hall très tendance. **$$**

Hotel Hermann
L'idéal pour les voyageurs à petit budget, dans une demeure historique à colombages. **$**

L'IMMIGRATION ALLEMANDE

Même si les Allemands ne furent pas les plus nombreux à s'installer au Brésil aux XIXe et XXe siècles, leur héritage demeure le plus important, notamment dans le sud. Cette immigration démarra en 1824 et fut encouragée par le premier empereur du pays, Dom Pedro I, dont l'épouse, Maria Leopoldina était... autrichienne. Inquiet de la vulnérabilité du Brésil face à l'hostilité des puissances limitrophes, Pedro voulait accroître la sécurité dans les régions peu peuplées du sud du pays. Il applique alors une politique de peuplement à destination des populations allemandes. La rareté des terres et la pauvreté généralisée dans la Confédération germanique au lendemain des guerres napoléoniennes avaient instillé, chez de nombreux fermiers et paysans, le rêve d'un ailleurs et d'une vie meilleure.

WILLIAM AVILA/SHUTTERSTOCK ©

Parque Vila Germânica

ont survécu. L'ensemble forme le **Museu da Família Colonial**. Ces maisons à colombages, habitées pendant des décennies par des descendants de la famille élargie de Blumenau, sont remplies de mobilier d'origine et d'effets personnels ayant appartenu à ces pionniers. Dans un parc verdoyant légèrement en retrait, la fille de Blumenau a installé un cimetière pour chats, en hommage à ses félins de compagnie. Le parc est adossé au **Mausoleum** de Blumenau, enchâssé dans un modeste édifice en briques rouges. Des panneaux d'informations décrivent, par le menu, l'histoire de la ville aux côtés de drapeaux et de pierres tombales. Une statue du fondateur salue les visiteurs à l'entrée.

De l'autre côté de la rue, découvrez le **Museu de Hábitos e Costumes**, installé dans un hôtel particulier de la fin du XIXe siècle. À travers une riche collection de vêtements, jouets ou objets ménagers, vous pourrez vous immerger dans le quotidien, les distractions et les modes vestimentaires des immigrés germaniques de Blumenau, selon leurs contextes historiques et socioculturels, de la fin du XIXe au XXe siècle.

Festivités à l'allemande lors de l'Oktoberfest

FÊTE DE LA BIÈRE D'INSPIRATION MUNICHOISE

Pour mesurer la germanité de Blumenau, il est préférable de venir en octobre, lorsque la ville organise la deuxième plus grande fête de la bière, après celle de Munich, et le plus grand festival allemand du continent américain. Les festivités s'étalent sur 19 jours dans le **Parque Vila Germânica**, la reconstitution d'une ville allemande en miniature, aménagée dans le Barrio Velha de la ville, vaste centre de congrès évoquant un village alpin.

OÙ PRENDRE UN VERRE À BLUMENAU

Basement English Pub
Sans doute l'un des meilleurs bars du Brésil, dans un cadre authentiquement britannique.

Bier Vila
Épicentre de l'animation dans la Vila Germânica où l'on sert une excellente *chope* (bière à la pression).

Stannis Pub
Magasin en centre-ville de la microbrasserie Catarinense. Grande variété de bières sur place.

Si les racines allemandes de Blumenau remontent aux années 1850, l'**Oktoberfest** est un ajout ultérieur au calendrier culturel. Une première édition fut organisée en 1984. Il s'agissait de remonter le moral de la ville frappée par une inondation catastrophique. L'opération a, de toute évidence, atteint son but. En quelques années, la fête a attiré plus d'un million de personnes vêtues du costume traditionnel allemand et venues partager chants, danses et autres concours de bière.

Parades, danses folkloriques et concours de tir rythment les journées, accompagnées d'une consommation enthousiaste de *sauerkraut*, de saucisses et de *schnitzel*.

La Vila Germânica reste ouverte toute l'année. Les rayons des boutiques sont remplis de pantalons de cuir, de chapeaux tyroliens et de chocolats. Pour la meilleure *chope*, foncez directement à la **Bier Vila** et commandez une bière blonde brassée sur place.

Monuments de la rue principale

HÉRITAGE ARCHITECTURAL SOUS INFLUENCE ALLEMANDE

Les racines allemandes de Blumenau sont une source de grande fierté pour ses habitants, et la ville n'a pas ménagé ses efforts pour les préserver. Des panneaux disséminés dans le centre vous guident dans une promenade historique le long de la rue principale, **Rua XV de Novembro**.

Le **Castelinho da Havan**, prétendument le site le plus photographié dans le sud du Brésil après les chutes d'Iguaçu, est un des édifices les plus remarquables. Cet étonnant bâtiment aux frontons très marqués, réplique de la mairie de style néogothique de Michelstadt, dans le sud de l'Allemagne, fut construit en 1978. Il est occupé depuis 2008 par le célèbre grand magasin brésilien Havan. La **Prefeitura** (mairie) pourrait passer pour un immense chalet de montagne, sans le palmier planté devant et les capybaras sur les pelouses. Un exposé de la vie du darwiniste germano-brésilien Fritz Müller, qui émigra à Blumenau en 1854, orne le porche du rez-de-chaussée. La rue principale est ensuite bordée d'exemples notoires d'architecture germanique, pour la plupart à colombages (*enxaimel*). Différents panneaux cartographiques indiquent les bâtiments les plus remarquables, sans compter les renseignements en portugais et en anglais devant chacun. Le minuscule **Museu da Cerveja**, consacré à la bière, se cache dans le petit parc après le pont Pedro Silva. L'histoire et le processus de fabrication de la bière vous seront présentés, ainsi que des objets liés à la culture brassicole. Intéressant pour les amateurs de bière comme pour les moins connaisseurs ! Si la cathédrale consacrée à São Paulo Apóstolo, de style moderniste, n'est pas très attrayante, l'**Igreja Luterana do Espírito Santo**, juchée au sommet d'une colline légèrement à l'est du centre et inaugurée en 1877, est en revanche bien plus charmante.

POURQUOI J'AIME BLUMENAU

Brendan Sainsbury, auteur

Je me suis toujours intéressé aux villes multiculturelles. Avec sa forte tonalité germano-brésilienne, Blumenau fait partie des destinations les plus hybrides de ce pays. Des brasseurs locaux y fabriquent une bière à l'allemande. On boit le café produit au Brésil accompagné d'une forêt-noire. Le sens de la discipline, propre aux européens du Nord, est ici tempéré par un sens palpable de la fanfaronnade, typique des Sud-Américains. Pour le visiteur européen, la Rua XV de Novembro a de véritables airs d'Allemagne. Puis on est soudain frappé par la majesté des colombages du Castelinho da Havan et par l'animation d'un restaurant installé à même la rue, où l'on sert un *churrasco* (grillade de viande) avec une *pilsner*. Le meilleur des deux mondes, en quelque sorte.

COMMENT S'Y RENDRE ET CIRCULER

Le centre-ville de Blumenau se visite à pied. Les seules exceptions sont le Parque Vila Germânica, à 3 km à l'ouest, et la gare routière des bus longue distance située à 4 km vers le nord. Un bon réseau de bus relie les deux au centre. Pour rejoindre Blumenau depuis Florianópolis, comptez 3 heures de bus.

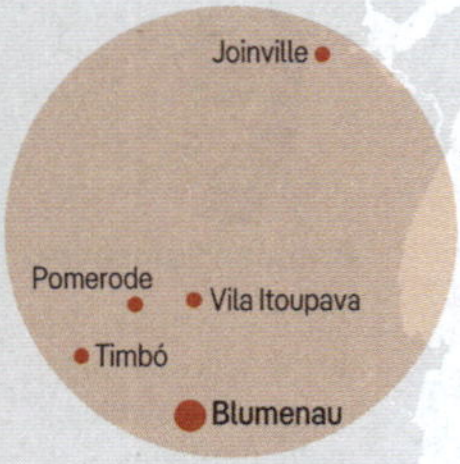

Environs de Blumenau

De la bière, des maisons à colombages... Non, vous ne rêvez pas, vous êtes bien dans la campagne bucolique près de Blumenau.

Pour les infos pratiques, voir le Carnet d'adresses p. 539

À SAVOIR

Le Vale Europeu se prête à la découverte à vélo. La location d'un deux-roues est un excellent moyen de se déplacer. Le Circuito Vale Europeu (www.circuitovaleeuropeu.com.br), notamment, constitue un excellent itinéraire à suivre.

Les villes et villages fondés par des immigrants italiens et allemands entre le milieu et la fin du XIXe siècle autour de Blumenau forment ce que l'on appelle le Vale Europeu. Leurs descendants sont encore très attachés à leur culture européenne. Pendant les 19 jours de l'Oktoberfest, de nombreuses villes organisent leur propre fête. Toute l'année, cette vallée subtropicale mérite la visite, avec son atmosphère pastorale ponctuée de maisons à colombages allemandes traditionnelles, aux toits à forte pente et aux façades de briques rouges. Cette terre est avant tout agricole, le tabac étant la principale culture. Au sud de Blumenau, les villages se rapprochent davantage de leurs racines italiennes, avec une mention spéciale à la ville de Nova Trento, haut lieu de pèlerinage catholique. Au nord, la densément peuplée Joinville affiche son héritage allemand.

Parque dos Hemerocallis, Joinville

Culture allemande à Pomerode

UNE VILLE DANS UNE VALLÉE BUCOLIQUE

Pour appréhender les racines germaniques de la région, direction Pomerode, à 40 minutes de route au nord de Blumenau, autoproclamée "ville la plus allemande du Brésil". 70% de la population y parle encore allemand ou un dialecte allemand. Fondée en 1861, la ville a été baptisée d'après la région de Poméranie, sur la mer Baltique. La **Festa Pomerana** célèbre chaque année, en janvier, son héritage d'Allemagne du Nord. Le **Museo Pomerano** évoque son histoire au moyen d'objets du quotidien et d'une vaste collection de charrettes du XXe siècle.

Douceur de vivre à Timbó

UNE HISTOIRE D'IMMIGRATION DANS UN VILLAGE

À 45 minutes de route au nord-ouest de Blumenau, Timbó, avec ses jardins verdoyants, est considéré comme un des endroits où vivre les plus agréable du Brésil. Le **Museu do Imigrante** expose cet héritage mi-allemand, mi-italien. Installé dans une maison à colombages de 1890, il présente des objets de la vie quotidienne, dont de la vaisselle ayant appartenu à Frederico Donner, le fondateur de la ville en 1869.

Vue sur Joinville

VUE À 360° SUR LA VILLE ET LA CÔTE

À 1 heure 30 de voiture au nord de Blumenau et à mi-chemin entre Blumenau et Curitiba (dans l'État du Paraná), Joinville est la plus grande ville du Santa Catarina. Les visiteurs y font souvent étape, en route vers le nord ou le sud, à moins d'y venir à l'occasion du **Festival de Dança**, en juillet, le plus grand événement de danse au monde par le nombre de participants. Grimpez au **Mirante de Joinville**, un point de vue à 250 m au-dessus de cette ville aux airs de petite bourgade.

Saveurs d'Europe à Abendbrothaus

LA TABLE LA PLUS CONVOITÉE DU SANTA CATARINA

À 30 minutes de route au nord de Blumenau, l'Abendbrothaus titille les papilles des habitants depuis 1986 avec son festin de *marreco* (canard farci), uniquement préparé le dimanche. Suivant une vieille recette d'influence allemande, la viande est cuite dans des feuilles de bananier pendant deux heures et demie, jusqu'à ce qu'elles croustillent et prennent une couleur brune. Le restaurant, qui est une destination à part entière, se situe à **Vila Itoupava**. Réservation vivement conseillée.

LA PREMIÈRE SAINTE DU BRÉSIL

Nova Trento (60 km au sud de Blumenau) accueille le **Santuário Santa Paulina**, un important lieu de pèlerinage enchâssé dans une église moderne, tout en courbes, achevée en 2006. Quelque 70 000 pèlerins et touristes se rendent à l'église tous les mois, pour rendre hommage à Santa Paulina (1865-1942). Cette religieuse native d'Italie devint la première sainte du Brésil lors de sa canonisation par le pape Jean-Paul II en 2002. Paulina fut chargée de fonder l'ordre des Petites Sœurs de l'Immaculée Conception, qui vient en aide aux pauvres et aux malades.

COMMENT S'Y RENDRE ET CIRCULER

Blumenau est la principale porte d'accès au Vale Europeu. Des bus desservent Pomerode et Timbó au nord, Nova Trento au sud. Les visiteurs préfèrent souvent louer un véhicule. Il est aussi plaisant de circuler à vélo dans la campagne environnante. À Blumenau, il est possible de louer une voiture et des vélos. De très nombreux bus relient Joinville à Blumenau et Florianópolis.

Carnet d'adresses

FLORIANÓPOLIS ET L'ILHA DE SANTA CATARINA

Catedral Metropolitana
Voir p. 516 (48 3224-3357 ; catedralflorianopolis.org.br ; Rua Padre Miguelinho 55, Florianópolis)

Igreja da Nossa Senhora das Necessidades
Voir p. 517 (Caminho dos Açores 2450, Santo Antônio de Lisboa)

Igreja Nossa Senhora da Lapa do Ribeirão
Voir p. 519 (48 3233-8078 ; nossasenhoradalapa.org.br ; Rua Alberto Cavalheiro 238, Ribeirão da Ilha ; 8h-12h lun-sam, 13h30-17h30 lun-ven, 13h-18h dim)

Museu de Florianópolis
Voir p. 516 (48 3222-1333 ; sesc-sc.com.br/museude-florianopolis/portal/index.php ; Praça XV de Novembro 214, Florianópolis ; tarif plein/réduit 10/5 R$; mars-nov 9h-19h lun et mer-ven et 10h-16h sam-dim, déc-fév 10h-20h lun et mer-ven et 10h-16h sam-dim)

Museu Histórico de Santa Catarina
Voir p. 516 (Palácio Cruz e Sousa ; 48 3665-6363 ; cultura.sc.gov.br/espacos/mhsc ; Praça XV de Novembro 227, Florianópolis ; 10h-18h mar-ven, 10h-14h sam)

Projeto Tamar
Voir p. 520 (48 3236-2015 ; tamar.org.br ; Rua Professor Ademir Francisco s/n, Barra da Lagoa ; tarif plein/réduit 30-15 R$; 10h-17h mer-lun)

Hotel Boutique Quinta das Videiras
Voir p. 515 (48 3232-3005 ; quintadasvideiras.com.br ; Rua Afonso Luis Borba 81, Lagoa da Conceição)

Janela de Márcia
Voir p. 515 (48 99958-1782 ; janelademarcia.com ; Rua do Beija Flor 112, Lagoa da Conceição)

Lagoa Nômade Hostel
Voir p. 515 (lagoanomade.com.br/2 ; Rua Recanto das Garças 50, Lagoa da Conceição)

Arante Bar e Restaurante
Voir p. 517 (48 3237-7022 ; www.facebook.com/arantebarerestaurante ; Rua Abelardo Otácilio Gomes 254, Florianópolis ; 11h30-23h30)

Armada Cervejeira
Voir p. 517 (Rua Jonas Alves Messina 94, Florianópolis ; 18h-minuit mar-sam, 18h-23h dim-lun)

Marisqueira Sintra
Voir p. 517 (48 3234-4219 ; facebook.com/marisqueirasintra ; Rua XV de Novembro 147, Florianópolis ; 12h-15h et 19h30-23h30 lun et mer-ven, 12h-16h et 19h30-23h30 sam-dim)

Ostradamus
Voir p. 517 (48 3337-5711 ; ostradamus.com.br ; Rod. Baldicero Filomeno 7640, Florianópolis ; 12h-22h30 mar-sam, 12h-17h dim)

Santo Appetito Bistrô & Café
Voir p. 517 (48 99641-8770 ; instagram.com/santo.appetito ; Rua Cônego Serpa 30, Santo Antônio de Lisboa ; 13h-20h lun et jeu-ven, 12h-21h sam, 12h-20h dim)

Spitfire Pizza
Voir p. 517 (48 99121-9200 ; spitfirepizzaria.com.br ; Rua Jonas Alves Messina 94, Florianópolis ; 18h-23h30 lun-jeu, 18h-minuit ven-sam, 18h-23h dim)

Restaurante Lagoa Azul
Voir p. 517 (48 3335-3009 ; facebook.com/restaurantelagoaazul-CostadaLagoa ; Servidão Caminho Costa da Lagoa 177, Ponto 17, Lagoa da Conceição ; 10h-18h30)

Arbor Café
Voir p. 519 (48 99103-5283 ; arbor.cafe ; Av. Osmar Cunha 251, Florianópolis ; 9h-19h lun-ven)

Bar do Deca
Voir p. 518 (48 3232-2052 ; bardodeca.com.br ; Rod. Jorn. Manoel de Menezes, Praia Mole ; 9h-minuit déc-fév, 10h-20h jeu-mar mars-nov)

Café Cultura
Voir p. 519 (48 3771-1861 ; cafeculturabrasil.com ; Rua Manoel Severino de Oliveira 635, Lagoa da Conceição ; 8h30-20h)

LayBack Park
Voir p. 518 (48 99184-8626 ; monocard.com.br/u/lbpark_floripa ; Rua Henrique Veras do Nascimento 190, Lagoa da Conceição ; 18h-minuit)

Pães e Papos
Voir p. 519 (48 4009-3364 ; facebook.com/paesepapos ; Rua Otávio Cruz 216, Florianópolis ; 7h-19h lun-sam)

Pedra Careca
Voir p. 516 (48 3232-5075 ; Praia da Joaquina 2500, Lagoa da Conceição ; 9h30-18h)

Zeca Restaurante
Voir p. 516 (48 3237-2681 ; facebook.com/zecabar-campeche ; Av. Pequeno Príncipe 3348, Florianópolis ; 10h-18h lun-ven, 10h-19h sam-dim)

FRANCESCO / STOCK.ADOBE.COM ©

Surfeurs, Ilha de Santa Catarina

ENVIRONS DE FLORIANÓPOLIS ET DE L'ILHA DE SANTA CATARINA

Instituto Baleia Franca
Voir p. 522 (48 3255-0634 ; baleiafranca.org.br ; Av. Atlântica s/n, Imbituba ; 9h-12h et 14h-17h mar-sam)

Hostel Albergue Explorer
Voir p. 522 (48 3355-7403 ; hostelexplorer.com.br ; Rua Francisco M. Marques s/n, Praia do Rosa)

Pousada Rêmora
Voir p. 522 (48 99912-9667 ; pousadaremora.com.br ; Caminho do Rei 803, Praia do Rosa)

Quinta do Bucanero
Voir p. 522 (48 3355-6056 ; bucanero.com.br ; Av. Porto Novo s/n, Praia do Rosa)

Barra da Lagoa

BALNEÁRIO CAMBORIÚ

Cristo Luz
Voir p. 526 (47 3367-4042 ; cristoluz.com.br ; Rua Indonésia 800 ; tarif plein/réduit 55/27,50 R$; 16h-minuit lun-sam, 10h-minuit dim)

Parque Unipraias
Voir p. 527 (47 3404-7600 ; unipraias.com.br ; Av. Atlântica 6006 ; téléphérique bondinho tarif plein/réduit 60/30 R$, Youhooo! 46 R$, ZipRider 68 R$; 9h-20h déc-fév, 9h30-17h30 mars-nov)

Barco Pirata
Voir p. 527 (47 3367-2815, 47 3361-0587 ; barcopirata.com.br ; Av. Normando Tedesco 6020)

FG Big Wheel
Voir p. 525 (47 3081-6090 ; fgbigwheel.com.br ; Estrada Da Rainha 1009 ; tarif plein/réduit en ligne 58/29 R$; 9h-21h)

Bonabrigo Hostel
Voir p. 525 (47 3514-7471 ; bonabrigohostel.com ; Rua 500, 501)

Felissimo Exclusive Hotel
Voir p. 525 (47 3360-6291 ; felissimoexclusivehotel.com.br ; Rua Lindolf Bell 201, Praia dos Amores)

Pousada Villa Atlântica
Voir p. 525 (47 3081-3333 ; villa-atlantica.com.br ; Rua 3300, 415)

Maple Steakhouse
Voir p. 526 (47 3311-1697 ; facebook.com/maplebaregrill ; Av. Brasil 1780 ; 11h30-23h)

O Pharol
Voir p. 526 (47 3367-3800 ; opharol.com.br ; Av. Atlântica 2.554 ; 11h30-0h30)

Vikings Restaurante
Voir p. 526 (47 3366-8027 ; vikingsrestaurantes.com.br ; Av. Atlântica 6006 ; 9h-18h)

ENVIRONS DE BALNEÁRIO CAMBORIÚ

Beto Carrero World
Voir p. 529 (47 3261-2222 ; betocarrero.com.br ; Rua Inácio Francisco de Souza 1597, Penha ; 10h-19h)

BLUMENAU

Igreja Luterana do Espírito Santo
Voir p. 533 (47 3322-0587 ; luteranosblumenau.com.br ; Rua Amazonas 119)

Mausoleum
Voir p. 532 (47 3381-6178 ; Rua XV de Novembro 161 ; 10h-16h mar-dim)

Museu da Cerveja
Voir p. 533 (47 3326-7714 ; museudacervejadeblumenau.com.br ; Rua XV de Novembro 160 ; à partir de 30 R$; 9h-19h lun-sam, 9h-17h dim)

Museu da Família Colonial
Voir p. 532 (47 3381-7516 ; Alameda Duque de Caxias 78 ; 10 R$; 10h-16h mar-dim)

Museu de Hábitos e Costumes
Voir p. 532 (47 3381-7979 ; Rua XV de Novembro, 25 ; 15 R$; 10h-16h mar-dim)

Parque Vila Germânica
Voir p. 532 (47 3381-7700 ; parquevilagermanica.com.br ; Rua Alberto Stein 199 ; 8h-23h lun-ven, 10h-23h sam, 11h-23h dim)

Hotel Glória
Voir p. 531 (47 3326-1988 ; hotelgloria.com.br ; Rua VII de Setembro 954)

Hotel Hermann
Voir p. 531 (47 3322-4370 ; hotelhermann.com.br ; Rua Floriano Peixoto 213)

Slaviero Blumenau
Voir p. 531 (47 3326-5877 ; slavierohoteis.com.br/hoteis/slaviero-blumenau ; Rua VII de Setembro 640)

Basement English Pub
Voir p. 532 (47 99261-0035 ; basementpub.com.br ; Rua Paul Hering 35 ; 18h-minuit lun-mer, 18h-2h jeu-sam)

Bier Vila
Voir p. 532 (47 3329-0808 ; www.biervila.com.br ; Rua Alberto Stein 199, Parque Vila Germânica ; 10h-23h)

Stannis Pub
Voir p. 532 (47 3308-5969 ; stannis.com/bnu ; Rua Padre Jacobs 15B ; 18h-minuit mar-sam)

Castelinho da Havan
Voir p. 533 (47 4052-9480 ; havan.com.br ; Rua XV de Novembro 1050 ; 9h-20h lun-sam)

ENVIRONS DE BLUMENAU

Mirante de Joinville
Voir p. 535 (47 3431-3233 ; Rua Pastor Guilherme Ráu s/n, Joinville ; 5h30-20h30)

Museo Pomerano
Voir p. 535 (47 3387-0408 ; Rua Hermann Weege 111, Pomerode ; 10h-11h30 et 13h-17h mar-ven, 10h-16h sam, 13h-17h dim)

Museu do Imigrante
Voir p. 535 (47 3380-7632 ; Av. Getúlio Vargas 211, Timbó ; tarif plein/réduit 5/2,50 R$; 8h30-11h30 et 13h30-17h30 mar-dim)

Santuário Santa Paulina
Voir p. 535 (48 3267-3030 ; santuariosantapaulina.org.br ; Rua Madre Paulina 3988, Nova Trento ; 7h-18h)

Abendbrothaus
Voir p. 535 (47 3378-1157 ; abendbrothaus.blogspot.com ; Rua Henrique Conrad 1194, Vila Itoupava ; 11h30-15h30 dim)

RIO GRANDE DO SUL

LE BERCEAU DE LA CULTURE GAUCHO AU BRÉSIL

Sans doute l'État le plus singulier et le plus libre d'esprit du Brésil, le Rio Grande do Sul est connu pour son vin, sa bière, son thé et sa culture gaucho.

L'État le plus méridional du pays est à cheval sur deux cultures, celle du *futebol* et du carnaval, et celle, héritée de l'Uruguay et de l'Argentine dont il est frontalier, des gauchos. Les Rio Grandenses d'ici partagent avec leurs cousins une passion pour le *maté* (dénommé au Brésil *chimarrão*) et les viandes grillée au charbon de bois (à déguster dans les fameuses *churrascarias*), et ponctuent toutes leurs conversations de l'interjection "*tché*".

LISANDRO LUIS TRARBACH/SHUTTERSTOCK ©

Bienvenue dans une des régions parmi les plus singulière et diversifiées du pays ! Gorges époustouflantes, araucarias en forme d'éventail, villages italo-allemands tapissés d'hortensias et vues à couper le souffle rappelant la Toscane dans le Vale dos Vinhedos, là où l'on déguste l'un des meilleurs produits sud-américains, le vin brésilien : voici le Brésil comme vous ne l'avez jamais vu.

Les habitants de cette région, comme leurs frères d'Argentine et d'Uruguay, se qualifient eux-mêmes de "*gaúchos*", fiers gardiens d'une culture transfrontalière qui se caractérise par l'élevage de bétail et la pratique de l'équitation. En dehors des villes, vous verrez des habitants coiffés de chapeaux à large bord et vêtus de ponchos siroter de grandes quantités de *chimarrão* à l'aide d'une *bombilla* (paille pour boire le *maté*).

Avec une superficie faisant presque le double de l'Uruguay, pays frontalier au sud, cet État attire rarement des touristes étrangers, qui lui préfèrent l'Argentine, pour son vin, ou Rio, pour ses plages. Pourtant, cette terre fertile mêlant vignobles, culture gaucho et influences d'Europe centrale vaut le détour.

SITES PRINCIPAUX

PORTO ALEGRE
Ville animée de l'esprit gaucho. p. 546

SERRA GAÚCHA
Région viticole aux influences alpines. p. 553

CAMBARÁ DO SUL
Randonnée à cheval dans les gorges. p. 562

SÃO MIGUEL DAS MISSÕES
Mission jésuite du XVIIIe siècle en ruine. p. 568

CAIO PEDERNEIRAS/SHUTTERSTOCK ©

Ci-dessus : Un gaucho à Cambará do Sul (p. 562) ; à gauche : vignoble de la Serra Gaúcha (p. 553)

BUS

Excellentes routes et réseau de bus régionaux efficace rendent les déplacements relativement faciles. La plupart des bus longue distance partent de Porto Alegre. Préférez les services locaux ou les taxis pour les courtes distances près de São Miguel das Missões, Bento Gonçalves et Cambará do Sul.

VOITURE

Louer une voiture vaut le coup si vous partez au nord, notamment pour explorer les deux parcs nationaux aux abords de Cambará do Sul, où les transports publics sont limités. Être motorisé est aussi très pratique pour bien explorer les sites des missions jésuites.

AVION

Avec son aéroport international moderne, Porto Alegre est une importante plateforme aéroportuaire brésilienne. Pressé par le temps ? Les vols Azul assurent une liaison aérienne entre Porto Alegre et Santo Ângelo (1 heure 15, contre 7 heures en bus).

São Miguel das Missões, p. 568
Des sites archéologiques, vestiges des missions jésuites du XVIIIe siècle, préservent un intrigant mélange de cultures espagnole, indigène et portugaise.

S'orienter

Comme la plupart des régions du sud, le Rio Grande do Sul dispose d'un bon réseau routier. De nombreuses compagnies de bus privées y relient entre elles les villes principales et les localités les plus intéressantes pour les visiteurs. Les trajets sont bon marché.

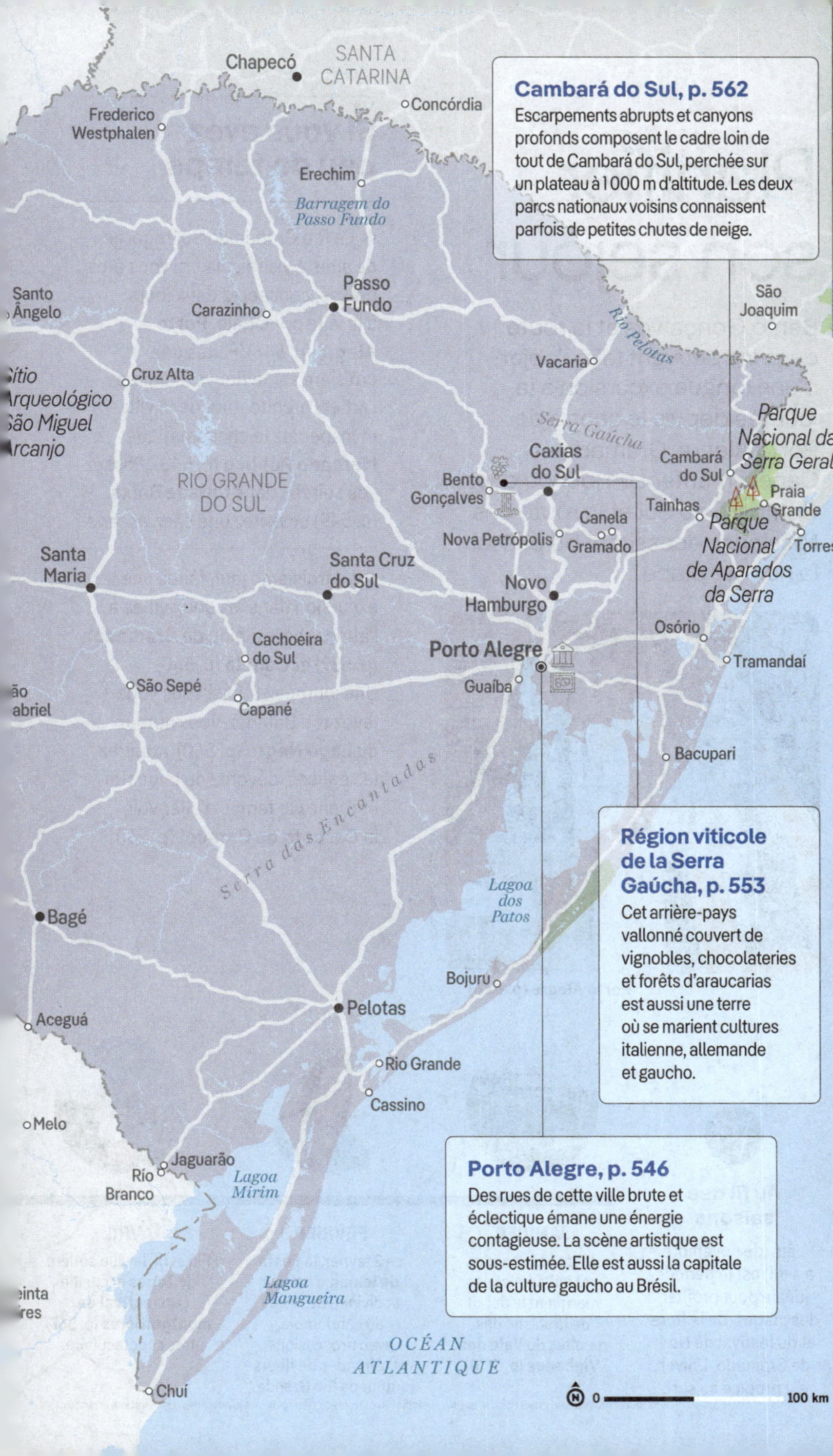

Cambará do Sul, p. 562

Escarpements abrupts et canyons profonds composent le cadre loin de tout de Cambará do Sul, perchée sur un plateau à 1 000 m d'altitude. Les deux parcs nationaux voisins connaissent parfois de petites chutes de neige.

Région viticole de la Serra Gaúcha, p. 553

Cet arrière-pays vallonné couvert de vignobles, chocolateries et forêts d'araucarias est aussi une terre où se marient cultures italienne, allemande et gaucho.

Porto Alegre, p. 546

Des rues de cette ville brute et éclectique émane une énergie contagieuse. La scène artistique est sous-estimée. Elle est aussi la capitale de la culture gaucho au Brésil.

Planifier son séjour

Bento Gonçalves et la route des vins peuvent faire l'objet d'une longue excursion à la journée depuis le centre de Porto Alegre. Gramado et Canela méritent un jour ou deux. Cambará do Sul et la route des Missions nécessitent de passer la nuit sur place.

EDUARDO ROCHA PAZ/SHUTTERSTOCK ©

Porto Alegre (p. 546)

Si vous avez peu de temps

- Le Rio Grande do Sul regorge de sites à visiter, mais si vous êtes pressé, consacrez deux jours à la ville principale, **Porto Alegre** (p. 546). Faites une croisière sur le fleuve, admirez l'art et l'architecture de la ville et inspectez le charismatique **Mercado Público** (p. 548). Passez vos soirées dans **Cidade Baixa** (p. 549) et visitez une *churrascaria*.

- Le troisième jour, faites une excursion dans les deux villes à l'atmosphère alpine de **Gramado** (p. 559) et **Canela** (p. 560). Une journée suffit si vous vous levez tôt. Baladez-vous autour du **Lago Negro** (p. 560), admirez les églises, dévorez du chocolat et prenez le temps d'aller voir la **Cascata do Caracol** (p. 561).

Au fil des saisons

L'été (de novembre à avril) est la période idéale pour profiter des plages, de la flore et du festival de Noël de Gramado. L'hiver est propice au surf.

JANVIER

Journées chaudes et nuits fraîches marquent le début de la saison des récoltes du **Vale dos Vinhedos** (p. 555).

FÉVRIER

Le 2 février, la **Festa de Iemanjá** honore la divinité des mers du candomblé, avec processions et offrandes de fleurs autour du Rio Grande.

AVRIL

Fin avril, la ville côtière de Torres accueille un **festival de montgolfières** (p. 567) très spectaculaire.

LUIZ BARRIONUEVO/SHUTTERSTOCK ©, BRUNO MARTINS IMAGENS/SHUTTERSTOCK ©, GIOVANE HENNEMANNS/SHUTTERSTOCK ©

Semaine du vin et des canyons

- Réveillez-vous à **Porto Alegre** (p. 546) et passez un jour à profiter de l'architecture et de l'ambiance unique de cette ville gaucho méconnue. Dirigez-vous vers les vignobles du **Vale dos Vinhedos** (p. 555) avant de passer la nuit au domaine Don Giovanni, près de Pinto Bandeira.

- Le troisième jour, roulez jusqu'à **Gramado** (p. 559) et **Canela** (p. 560) pour une immersion chocolatée et une virée shopping. Faites un détour bien mérité par la splendide **Skyglass Canela** (p. 561) et terminez par une excursion au nord, sur les plateaux froids de Cambará do Sul, où vous vous baladerez le long des gorges du **Cânion da Fortaleza** (p. 565) et du **Cânion do Itaimbezinho** (p. 563).

En 10 jours

- Commencez par **Porto Alegre** (p. 546) et faites le tour des sites qui entourent ses trois places. Passez plusieurs jours dans la Serra Gaúcha, dégustez des vins à **Bento Gonçalves** (p. 554) et des bières et du chocolat à **Gramado** (p. 559). Dirigez-vous au nord vers **Cambará do Sul** (p. 562) pour faire de la randonnée pédestre, cycliste et équestre près des gorges imposantes.

- Faites un long voyage vers l'ouest (en voiture ou en avion) jusqu'à **Santo Ângelo** (p. 573) pour découvrir l'histoire des missions jésuites. Passez au moins une journée et une nuit près des ruines de **São Miguel Arcanjo** (p. 568), où le passé jésuite est palpable.

JUIN

Les prix grimpent, mais vous apercevrez peut-être **Cambará do Sul** (p. 562) sous la neige.

AOÛT

Pendant 9 jours, **Gramado** (p. 559) héberge le festival de cinéma le plus prestigieux du Brésil, le **Festival de Gramado**.

SEPTEMBRE

Une semaine durant, la **Semana Farroupilha** célèbre la culture gaucho dans les grandes villes de l'État.

DÉCEMBRE

Tous les ans à Noël, Gramado (p. 559) organise le **Natal Luz**, festival le plus important du Brésil et l'un des plus longs au monde.

PORTO ALEGRE

Bordée par la Lagoa dos Patos, Porto Alegre, ville portuaire animée et anarchique, est un creuset de la culture gaucho. Bien qu'elle figure rarement parmi les coups de cœur des voyageurs, il y a beaucoup à dire sur cette ville mésestimée au centre-ville empreint d'une atmosphère particulière, où le nombre de gratte-ciel a toujours été strictement contrôlé. Bon nombre de bâtiments magnifiques et éclectiques, notamment de style néoclassique, ont été soigneusement préservés. Dans le domaine culturel, une politique progressiste de longue date a contribué à l'avènement d'une scène artistique et musicale non conventionnelle, tandis que la communauté LGBTQI+, bien organisée, est à l'avant-garde de la lutte pour les droits.

Porto Alegre est une ville authentique sans prétention. Son *centro histórico* est un endroit où il fait bon se promener en quête de détails architecturaux inhabituels, à moitié cachés parmi les édifices modernes sans cachet. Ensuite, retirez-vous dans Cidade Baixa, ville basse bohème qui vous réserve une soirée divertissante.

Pour les infos pratiques, voir le Carnet d'adresses p. 574

À SAVOIR

Bien que le Rio Grande do Sul soit considéré comme un État sûr par rapport aux normes brésiliennes, le niveau de criminalité est inquiétant à Porto Alegre. Certains quartiers sont sinistres, surtout la nuit. Attention aux pickpockets et aux vols à l'arraché, et évitez les quartiers mal éclairés.

Catedral Metropolitana (p. 548)

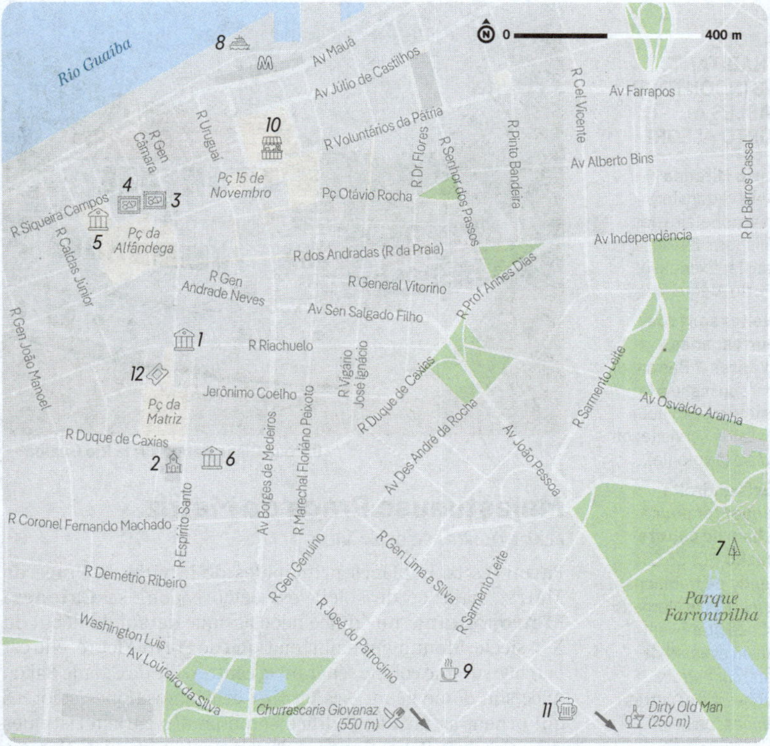

VOIR
1 Biblioteca Pública
2 Catedral Metropolitana
3 Farol Santander
4 Memorial do Rio Grande do Sul
5 Museu de Arte do Rio Grande do Sul
6 Museu Histórico Júlio de Castilhos
7 Parque Farroupilha

ACTIVITÉS, COURS ET CIRCUITS ORGANISÉS
8 Cisne Branco

SE RESTAURER
9 Agridoce Café
voir 10 Banca 40
voir 10 Café do Mercado
10 Mercado Público
voir 10 Restaurante Gambrinus

PRENDRE UN VERRE ET FAIRE LA FÊTE
11 IN Sano Pub

SORTIR
12 Teatro São Pedro

OÙ SE LOGER À PORTO ALEGRE

Eko Residence Hotel
Service impeccable, design écoresponsable et emplacement idéal, entre le centre-ville et Cidade Baixa. **$**

Hotel Laghetto Viverone
Boutique-hôtel installé dans un manoir de 1937. Atrium en verre relié à une tour moderne de 132 chambres. **$$**

Porto Alegre Eco Hostel
Auberge de jeunesse écoresponsable remplie de mobilier en bois de récup. Joli jardin à l'arrière. **$**

PAROLE D'HABITANT : LES INCONTOURNABLES À PORTO ALEGRE

Flávio Miranda (@ellevetransfer) est propriétaire des transports Elleve Transfer Executivo, à Porto Alegre.

Quelles sont vos churrascarias favorites ? Barranco, pour son menu à la carte, Braseiro pour sa viande servie façon *rodízio* (à volonté).

Quels endroits fréquenter pour un bain de culture gaucho ? Le 35 CTG (Centre de traditions gaucho) et le Mercado Público proposent tout un éventail de *maté/chimarrão*, calebasses et autres *bombas* (pailles).

Si l'on ne passe qu'une nuit sur place, quelles adresses fréquenter ? Les pubs du 4e district (pour les jeunes) et les bars, cafés, pubs et restaurants de la Rua Padre Chagas de Dinarte Ribeiro. Les deux sont aux abords de Moinhos de Vento.

Bateau Cisne Banco sur le Rio Guaiba

Majestueuse Praça da Matriz

PLACE CENTRALE DE LA VILLE

Parmi les trois places principales de la ville, la Praça da Matriz, baignée de soleil, est célèbre pour sa **Catedral Metropolitana**, un édifice néoclassique datant du début du XXe siècle. Monument emblématique de Porto Alegre, elle est perchée sur une colline séparant le centre-ville de Cidade Baixa. Avec son dôme géant, ses vitraux et les mosaïques colorées qui ornent sa façade, l'édifice combine des caractéristiques typiques de la Renaissance et des éléments baroques. Ne vous y trompez pas : la construction débuta en 1921 et s'acheva au début des années 1970. Elle s'inspire d'une église baroque authentique érigée là trois siècles plus tôt.

Au nord, les amateurs de théâtre se rassemblent devant le beau **Teatro São Pedro** (milieu du XIXe siècle) tandis que les amoureux des livres se glissent sous la façade sculptée de la **Biblioteca Pública**, datant de 1912.

Au centre de la place, le parc affiche un monument grandiloquent à la gloire de l'ancien président de l'État, Júlio de Castilhos (1860-1903). Il est adossé à un grand obélisque couronné par une statue représentant la République se tenant sur un globe. Au pied de l'obélisque, Castilhos est assis et entouré de diverses alégories de nobles qualités humaines (courage, prudence et civilité). À côté de la place, le **Museu Histórico Júlio de Castilhos** présente des artefacts gauchos dans une maison typique du XIXe siècle.

OÙ SE RESTAURER À PORTO ALEGRE

Atelier de Massas
Bar à pâtes avec serveurs à l'ancienne et délicieux plats faits maison. Délicieux buffet d'*antipasti*. **$$**

Churrascaria Barranco
Dans cette terre de *churrascarias*, les locaux viennent ici pour leur dose de viande. **$$**

Raven
Cuisine franco-italienne gourmande dans Cidade Baixa. Son nom est tiré d'un poème d'Edgar Allan Poe. **$$$**

Croisière sur le Cisne Branco

AU FIL DE L'EAU

Découvrez la ville d'un nouvel œil en montant à bord du confortable **Cisne Branco** ("cygne blanc"), petit bateau semi-couvert qui fait des croisières d'une heure sur le Rio Guaíba (un lac). Admirez les îles, la faune et la ville, commentaires historiques à l'appui. Les bateaux partent du quai de l'Usina do Gasômetro deux fois par jour. Une croisière plus animée d'une heure et demie (avec musique *live*) a lieu le week-end et fait profiter du coucher de soleil sur le lac – horaires différents en fonction de la saison. La billetterie se trouve au Terminal Hidroviário de Porto Alegre, derrière le Mercado Público.

Nourriture et boissons dans Cidade Baixa

CAFÉS, BARS ET ANIMATION NOCTURNE

La "ville basse", au pied de la colline surmontée de la cathédrale de Porto Alegre, abrite tout un ensemble de boutiques psychédéliques, de *botecos* (bars) animés, de cafés rétro, de *churrascarias* à l'ancienne et de petites salles de sport. En bordure est s'étend le **Parque Farroupilha**, le plus bel espace vert de Porto Alegre, doté de lacs et de fontaines. On y accède depuis son angle sud-est, en passant sous une arche grandiose. Enfoncez-vous dans le quartier : vous tomberez sur des bars et des commerces aux façades énigmatiques. L'**Agridoce Café**, un café sombre et mystérieux, regorge d'antiquités en tout genre et semble tout droit sorti de l'époque Art nouveau. Le café est ici une affaire sérieuse, et les gâteaux se distinguent par leur qualité. Les végans auront pour leur part l'embarras du choix.

Dans la **Churrascaria Giovanaz**, des serveurs ultra-efficaces servent des viandes grillées façon *rodízio* plus vite que ne le ferait n'importe quel fast-food. De nombreux accompagnements vous sont servis à table, dont de succulentes frites de polenta. Ailleurs, les bars de quartier sont légion. **IN Sano Pub** et **Dirty Old Man** sont des institutions locales. On trouve aussi des restaurants proposant tantôt de la cuisine italienne maison tantôt des viandes et alcools brésiliens. Commencez la soirée à l'intersection de la Rua Lima e Silva et de la Rua República, point névralgique du quartier.

Repas bon marché au Mercado Público

MARCHÉ COUVERT HISTORIQUE

La Praça XV de Novembro, centre névralgique de la ville, abrite depuis 1869 le Mercado Público, dont le bâtiment néoclassique est parvenu à survivre à quatre grands incendies. L'endroit fourmille d'activité en journée, avec ses étals de produits frais, mêlant viandes, poissons et fruits de mer ou encore *erva mate*, indispensable à la préparation du *chimarrão*. Les gourmets se tourneront vers le **Banca 40** et son incomparable *super bomba royal* (composition spectaculaire de glace et de salade de fruits),

CHURRASCARIAS

Pratiquement sacrées dans le Rio Grande do Sul et fortement liées à la culture gaucho du sud du Brésil, de l'Argentine et de l'Uruguay, les *churrascarias* sont spécialisées dans la viande cuite au barbecue sur un gril à charbon de bois, puis servie à volonté, façon *rodízio*, par des serveurs portant de longues broches. Le bœuf est le plat de prédilection, mais porc, agneau et autres viandes méritent aussi d'être goûtées.

ACCRO AU BARBECUE

Si vous développez un appétit dévorant pour les *churrascarias* (chose aisée), goûtez aux portions généreuses de **Bufalo Branco** (p 499), à Foz do Iguaçu.

THEODOR WIEDERSPAHN

Une grande partie de la beauté cachée de Porto Alegre reflète l'ingéniosité et la sensibilité artistique de l'architecte germano-brésilien Theodor Wiederspahn. Né en Allemagne en 1878, il arriva à Porto Alegre en 1908 et s'attela vite à la conception d'une série de bâtiments municipaux dans un style éclectique très décoratif. Son projet le plus intéressant fut la singulière **Casa de Cultura Mario Quintana**, construite entre 1916 et 1933 de part et d'autre d'une étroite ruelle, les édifices se faisant face et étant reliés par deux passerelles surélevées soutenues par des colonnes. Aujourd'hui, il s'agit d'un centre culturel rendant hommage à l'architecte.

JFDIORIO/SHUTTERSTOCK ©

Erva mate

le **Restaurante Gambrinus**, un restaurant de poisson en place depuis près de 130 ans, ou le **Café do Mercado**, comptant parmi les meilleurs cafés de la ville.

Trio de musées

DES MUSÉES DÉDIÉS À L'ART

Une promenade piétonne s'étend du marché public de Porto Alegre à l'espace boisé de la Praça da Alfândega. Au nord du parc, les deux édifices néoclassiques impressionnants signés Theodor Wiederspahn, architecte d'origine allemande, furent bâtis dans les années 1910. Aujourd'hui, ils abritent le **Memorial do Rio Grande do Sul**, centre artistique et culturel, et le **Museu de Arte do Rio Grande do Sul** (MARGS), principal musée d'art de l'État, qui présente essentiellement des œuvres brésiliennes. À une rue à l'est, le **Farol Santander**, autre centre artistique et culturel, est niché dans une ancienne banque de style rococo-néoclassique bâtie dans les années 1930 (aussi signée Wiederspahn). Le grand hall est doté d'immenses verrières, de galeries sur plusieurs niveaux et de hautes colonnes corinthiennes. Il accueille des expositions temporaires et a récemment hébergé des rétrospectives de Miró et Picasso. Au sous-sol, des expositions permanentes relatent l'histoire de la ville via des supports multimédias.

COMMENT S'Y RENDRE ET CIRCULER

L'aéroport (www.portoalegre-airport.com.br) n'est qu'à environ 6 km du centre-ville. Outre les destinations principales dans le pays, les liaisons internationales desservent, entre autres villes, Buenos Aires, Lima, Lisbonne, Miami, Montevideo et Panama City.

La gare des bus longue distance (www.rodoviaria-poa.com.br ; Largo Vespasiano Júlio Veppo 70) est située à 1,5 km au nord-est du centre. À titre indicatif, comptez 6 heures pour rejoindre Cambará do Sul, 19 heures pour São Paulo et 21 heures pour Buenos Aires.

Si vous logez dans le centre, les principaux sites du *centro histórico* et de Cidade Baixa sont accessibles à pied. Le métro de Porto Alegre, Trensurb (www.trensurb.gov.br ; ticket 4,50 R$), comporte des stations pratiques : Estação Mercado (à côté du port), Estação Rodoviária (la suivante) et celle de l'aéroport (trois arrêts plus loin).

Environs de Porto Alegre

Depuis Porto Alegre, faites cap au sud, jusqu'au port historique de Rio Grande et à la plage la plus longue du monde.

Pour les infos pratiques, voir le Carnet d'adresses p. 575

À SAVOIR

Si vous vous rendez en Uruguay, ne vous arrêtez pas trop longtemps dans la ville frontalière de Chuí/Chuy, réputée pour attirer escrocs et joueurs.

De nombreuses villes de la région de Porto Alegre ont été fondées et colonisées par les Allemands, héritage qui se reflète dans les noms des lieux. Novo Hamburgo, São Leopoldo, Nova Hartz et Dois Irmãos (anciennement Baumschneis) qui se situent directement au nord de la capitale de l'État sont néanmoins moins intéressantes que Gramado et Canela, plus haut dans la Serra Gaúcha. Rio Grande mérite une halte si vous allez au sud, vers l'Uruguay. La ville servit brièvement de capitale régionale à la place de Porto Alegre pendant la Guerra dos Farrapos (1835-1845). Bien que distantes de 300 km, les deux métropoles sont situées sur les affluents de la Lagoa dos Patos, la plus grande lagune d'Amérique du Sud.

GUILHERMESPENGLER/SHUTTERSTOCK ©

Histoire de Rio Grande

ANCIENNE CAPITALE DISCRÈTE

À l'embouchure de la Lagoa dos Patos et à 4 heures au sud de Porto Alegre en voiture, Rio Grande fut fondée en 1737 pour défendre la frontière méridionale de l'empire portugais. Plus ancienne cité de la région (Porto Alegre est née 35 ans après), elle prospéra au XIXe siècle, quand elle endossa brièvement le rôle de capitale régionale (1835-1845) et que son port devint un pôle d'exportation de viande de bœuf.

Rio Grande possède un charmant centre historique où sont érigés quelques beaux bâtiments des XIXe et XXe siècles. Le **Sobrado dos Azulejos** (1862) est un remarquable édifice néoclassique entièrement couvert d'azulejos (carreaux de céramique) bleu et blanc de style portugais.

La superbe **Igreja Nossa Senhora do Carmo** de style néogothique, dotée de deux flèches, fut construite en 1938 par les Carmelitas Descalças (ordre des Carmes déchaux). Sa façade est ornée de trois portes presque identiques, chacune présentant un arc en ogive distinctif. L'intérieur, richement orné, dispose de vitraux en forme de dôme et de pierres taillées autour des fenêtres.

Face au port d'un côté et face à la belle Praça Xavier Ferreira de l'autre, le bâtiment de l'Alfândega (1875), ancien poste de douane du port, héberge le **Museu da Cidade do Rio Grande**, consacré à l'histoire de la ville. Il conserve des collections d'art historique et sacré. Autre musée important : le **Museu Oceanográfico**, qui abrite l'une des plus grandes collections de mollusques du continent, ainsi que des photos, des squelettes marins et de petites expositions (en portugais).

LA PLUS LONGUE PLAGE AU MONDE

S'étendant au sud de Rio Grande sur la distance stupéfiante de 230 km, la **Praia do Cassino**, qui rejoint la frontière uruguayenne, est la plus longue plage de sable ininterrompue au monde. Elle est accessible à son extrémité nord via la ville de Cassino, à 20 km au sud-est de Rio Grande, où elle est gardée par une statue d'Iemanjá, divinité afro-brésilienne de la mer et de la fertilité. La plage est connue pour sa population de phoques (qui serait la plus importante au monde), pour ses épaves et pour son Ultra Race éprouvante (mais sans dénivelé) qui se déroule sur 230 km chaque année en septembre.

COMMENT S'Y RENDRE ET CIRCULER

Depuis la gare routière (Estação Rodoviária), des bus relient Rio Grande à toutes les grandes villes du sud du Brésil. Il y a des départs quotidiens réguliers pour Porto Alegre (comptez 5 heures de trajet), et quelques bus rejoignent Chuí (comptez 4 heures), à la frontière uruguayenne.

RÉGION VITICOLE DE LA SERRA GAÚCHA

La région au nord de Porto Alegre est connue sous le nom déroutant de Serra Gaúcha. Loin d'être le royaume des ranchs, le paysage se déploie en une mer ondulée de collines vertes ponctuées de vignobles, de cascades et de massifs d'hortensias bleu pourpre.

Contrairement aux plaines du nord-est du Brésil, les montagnes densément boisées du Rio Grande do Sul ne se prêtaient pas à une agriculture de plantations à grande échelle, ce qui conduisit le gouvernement à promouvoir ces terres comme un terrain idéal pour les agriculteurs européens indépendants au milieu du XIXe siècle. La région attira surtout des Italiens de Vénétie, qui arrivèrent dans les années 1870 et plantèrent des vignes pour produire du vin. Dans des endroits comme Bento Gonçalves et les vignobles voisins du Vale dos Vinhedos et de Pinto Bandeira, les descendants des premiers immigrants affichent fièrement leur héritage italien et travaillent pour une industrie viticole de plus en plus robuste.

Pour les infos pratiques, voir le Carnet d'adresses p. 575

À SAVOIR

Envisagez de visiter la région viticole à vélo. Collines douces, routes plates avec de larges accotements, conducteurs courtois admirant le paysage : le Vale dos Vinhedos est un excellent terrain pour les cyclistes.

Bento Gonçalves (p. 554)

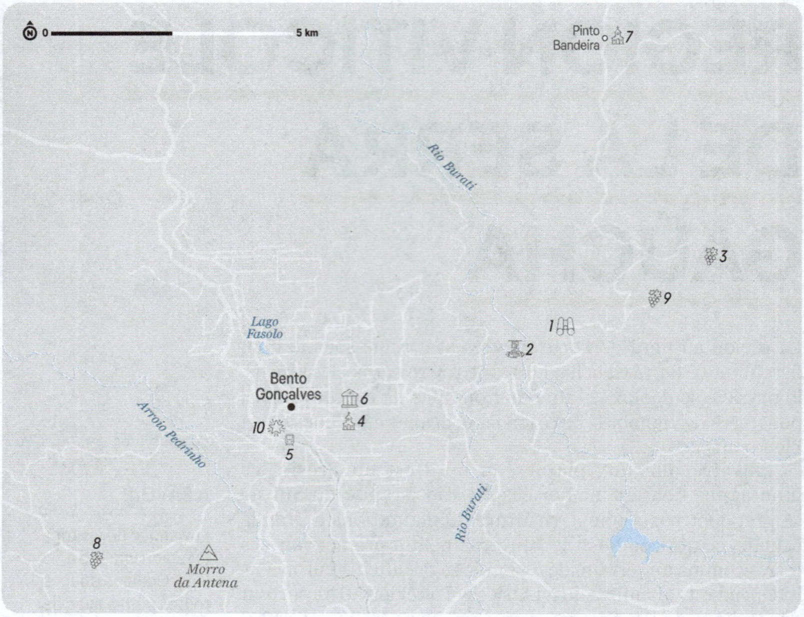

VOIR
1 Belvédère de la Cascata dos Amores
2 Cascata dos Amores
3 Cave Geisse
4 Igreja São Bento
5 Maria Fumaça
voir 4 Monumento aos Imigrantes
6 Museu do Imigrante
7 Santuário Nossa Senhora do Rosário de Pompeia
8 Vale dos Vinhedos
9 Vinícola Don Giovanni

SORTIR
10 Parque Cultural Epopeia Italiana

L'histoire des immigrants à Bento Gonçalves

UNE VILLE QUI CÉLÈBRE SES ORIGINES ITALIENNES

La plupart des visiteurs quittent assez rapidement Bento Gonçalves au profit de la route des vins du Vale dos Vinhedos. Pourtant, la ville a un riche passé d'immigration : elle est devenue l'épicentre de l'industrie viticole brésilienne grâce aux Italiens arrivés dans la région dans les années 1870. Essentiellement originaires de Trente et de Vénétie, ils fuyaient l'Italie à cause des impôts trop élevés et de la pauvreté causée par les guerres d'unification. Ils s'installèrent sur de petites parcelles dans le Rio Grande do Sul, où ils plantèrent blé, raisin et autres cultures.

LES MEILLEURS CAFÉS DE BENTO GONÇALVES

Quiero Café
Café, chocolat chaud, baguettes, gâteaux et options véganes dans un café-restaurant épuré.

Altezza Coffeehouse
Belle adresse près de l'église. Expresso et *blondies brownies* délicieux.

Dolce Gusto
Derrière de grandes vitrines, gâteaux intrigants et cafés préparés par des maîtres du café latte.

Train à vapeur Maria Fumaça

Les premières années furent difficiles. Devant l'**Igreja São Bento**, en forme de bouteille de vin, le **Monumento aos Imigrantes** représente de manière hyperréaliste un groupe d'agriculteurs du XIXᵉ siècle, leur labeur et les difficultés endurées. D'autres histoires, vieux outils de vinification et instruments musicaux à l'appui, sont racontées dans le petit, mais poignant, **Museu do Imigrante** voisin.

Pour une mise en scène plus théâtrale et kitsch de l'héritage italien, montez à bord des **Maria Fumaça** ("Marie la Fumeuse"), trains à vapeur maintenus en activité pour le tourisme viticole, entre Bento Gonçalves et Carlos Barbosa (au sud). Tandis que le train file dans la campagne bucolique et bien entretenue, le voyage d'une heure et demie (23 km) comprend dégustations de vin, musique d'accordéon et danses avec des guides costumés. La plupart des touristes visitent le **Parque Cultural Epopeia Italiana** de Bento, où des acteurs en costume d'époque racontent l'histoire des immigrés par le biais du théâtre et du cinéma.

Dégustation œnologique dans le Vale dos Vinhedos

LA MEILLEURE RÉGION VITICOLE DU BRÉSIL

Quand les connaisseurs parlent des meilleures productions viticoles mondiales, en général, le Brésil n'est pas immédiatement évoqué. Pourtant, les palais avertis commencent à apprécier les différentes notes des nouveaux millésimes issus de cette région chaude et sèche du Sud. En 2023, le Brésil est devenu le 14ᵉ producteur mondial en la matière,

SENTIERS DE PIERRE

Parmi les manifestations de la culture italienne dans la Serra Gaúcha, citons la route historique de 12 km dénommée **Caminhos de Pedra** ("chemins de pierre"). Commençant à 15 minutes à l'est de Bento Gonçalves, elle longe la frange sud des terres viticoles des vins de Pinto Bandeira et relie entre elles une série de maisons en pierre et en bois construites par des immigrants italiens à la fin du XIXᵉ siècle et au début du XXᵉ siècle. La **Casa da Ovelha** abrite un petit élevage de moutons ; la **Casa do Tomate** cultive et cuisine des tomates pour en faire des sauces, des gelées et des boissons ; la **Casa das Cucas** propose des gâteaux aux fruits brésiliens traditionnels ; et la **Casa da Erva Mate** divulgue les secrets de la boisson régionale préférée, le *chimarrão*, dans un vieux moulin de 1884.

LES MEILLEURS RESTAURANTS ITALIENS DES RÉGIONS VITICOLES

Pizza entre Vinhos
Pizzas salées ou sucrées généreuses et bière fraîche. $$

Casa di Paolo
Buffet de *comida típica italiana* à ne pas manquer, avec soupe, pâtes, saucisses de porc, polenta et fromage frit. $$$

Casa Vanni
Magnifique bâtiment sur le Caminhos de Pedra. Vins et plats bien accordés.

LES MEILLEURS DOMAINES VITICOLES

Vinícola Almaúnica
Superbe vignoble bordé de cyprès, réputé pour ses syrahs et ses assemblages *quatro castas* d'exception, parmi les plus primés de la région. Des visites et des dégustations sont proposées.

Vinícola Miolo
Immense domaine autour d'un lac artificiel produisant des vins pétillants, des cabernets sauvignons et des merlots.

Casa Valduga
Un des grands producteurs brésiliens, qui abrite cinq *pousadas* permettant de profiter de la belle vue sur le vignoble. Au programme : cours, dégustations ou découverte du processus de fabrication des vins.

LISANDRO LUIS TRARBACH/SHUTTERSTOCK ©

Vignobles de Pinto Bandeira

l'essentiel de cette production provenant du Rio Grande do Sul. Le **Vale dos Vinhedos**, principal foyer de cette production, accueille des centaines de milliers de visiteurs dans plus de 30 vignobles, auberges rurales et restaurants le long de l'**Estrada do Vinho** et de la **Via Trento**, route des vins partant à l'ouest de Bento Gonçalves. Difficile de s'imaginer encore au Brésil dans cette vallée évoquant plutôt la France, l'Italie ou le nord de la Californie.

La gamme de mousseux, cabernets et chardonnays fermentés dans la région résulte de générations de travail acharné et d'innovation, notamment de la part de familles d'immigrés italiens (à partir des années 1870), ainsi que de la qualité des sols et des cultures.

Le meilleur moyen de visiter les vignobles est de participer à un circuit, qui permet de profiter du cadre somptueux - et de boire du vin - sans avoir à se soucier de conduire. Si vous y allez en solo, sachez que la plupart des vignobles réputés proposent leurs propres visites et dégustations.

Avec ses collines douces et ses belles routes, le Vale dos Vinhedos est propice au cyclisme, qui permet de profiter du cadre depuis sa selle.

Les vins pétillants de Pinto Bandeira

LE PARADIS DES BULLES

La bourgade assoupie de Pinto Bandeira, à 15 km au nord-est de Bento Gonçalves, a une appellation vinicole distincte du Vale dos Vinhedos, plus connu. La subtilité de son terroir convient mieux à la production de vins pétillants. Fondé par des immigrants italiens en 1876 sous le nom de Silva Pinto, ce petit village est répertorié comme municipalité indépendante depuis 2012. Centré sur une belle église à un clocher, le **Santuário Nossa Senhora do Rosário de Pompeia**, il est entouré de collines striées de vignes évoquant la Toscane. Depuis Bento, ne manquez pas de faire halte au **belvédère** de l'Estrada Bento Gonçalves, avec vue sur la **Cascata dos Amores**.

Les deux meilleures caves de l'appellation sont à environ 7 km au sud du village, en direction de Bento Gonçalves.

La **Vinícola Don Giovanni**, à la fois exploitation viticole de 50 hectares et *pousada* ("auberge") accueillante de sept chambres, est surtout réputée pour ses vins pétillants. Le pinot noir et le chardonnay sont ses cépages de prédilection. Participez à des visites et dégustations dans ses caves bien charpentées, tapissées de lierre à l'extérieur. Dînez ensuite sur place, au restaurant **Nature** (sur réservation), où le chef Rafael Jacobi propose une carte avec des plats aux saveurs inspirées par le monde viticole. Le tout, accompagné par des vins Don Giovanni.

Fondée par le célèbre vigneron chilien Mario Geisse, la **Cave Geisse** produit les mousseux brésiliens les plus réputés et fait l'objet d'un véritable culte à l'étranger. Le week-end, l'**Open Lounge**, patio extérieur couvert au cœur du vignoble, sert des empanadas chiliennes et des planches de charcuteriesprovenant d'un food-truck.

UNE RÉPUBLIQUE DE COURTE DURÉE

Le Rio Grande do Sul fit sécession de l'Empire brésilien et s'établit en tant que république pendant neuf ans. La sécession fut proclamée après la victoire gaucho lors de la bataille de Seival (1836). Cette dernière avait pour cadre la révolution Farroupilha, déclenchée lorsque les importations de viande bon marché menacèrent la principale source de revenus du Rio Grande, le bœuf. La République riograndense, dont le premier Président fut l'officier de l'armée brésilienne Bento Gonçalves, reçut un soutien de taille de l'État naissant de l'Uruguay, avec lequel elle partageait la culture gaucho. Les rebelles rejoignirent les rangs de l'Empire en 1845, à la signature d'un traité de paix leur offrant la pleine amnistie et un droit de douane de 25% sur le bœuf importé.

COMMENT S'Y RENDRE ET CIRCULER

Si elle est dépourvue d'aéroport, Bento Gonçalves, l'épicentre de la région, est facilement accessible en bus depuis Porto Alegre (125 km au sud ; comptez 2 heure 30 de trajet). La gare routière des bus longue distance (www.rodoviariabento.com.br ; Rua Gomes Carneiro 19) est à 1 km au nord du centre. Pour profiter pleinement des régions viticoles, beaucoup de touristes louent une voiture ou participent à un circuit, comme le Vale das Vinhas Tur (valedasvinhastur.com.br).

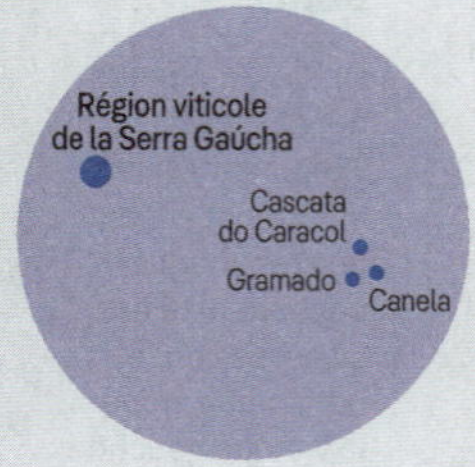

Environs de la région viticole de la Serra Gaúcha

Dans les collines à l'est de Bento Gonçalves, le vin doux côtoie la bière amère et le chocolat doux-amer.

Pour les infos pratiques, voir le Carnet d'adresses p. 576

À SAVOIR

Goûtez aux spécialités locales, notamment la fondue suisse, les *capeletti* (pâtes farcies à la viande), le *galeto* (poulet rôti), le chocolat artisanal et le *café colonial* – consistant en un assortiment de plats (voir p. 560).

Au revoir l'Italie, bonjour l'Allemagne ! Plus on se dirige à l'est de la Serra Gaúcha, plus la couleur locale prend des accents allemands. Les routes sinueuses s'ourlent de maisons à colombages bien alignées et décorées d'une profusion d'hortensias, fleur locale tenant le haut du pavé.

Le cadre est encore plus somptueux entre Nova Petrópolis et Gramado ; le tronçon fait partie de la Rota Romântica (Route romantique), qui évoque la Romantische Straße de Bavière.

Bien que les montagnes ne dépassent pas les 1 000 m et que la neige soit rare, l'architecture et l'atmosphère des deux centres régionaux – Gramado, le paradis du chocolat, et sa jumelle Canela – rappellent le Tyrol.

Igreja Matriz de Nossa Senhora de Lourdes (p. 560)

LGCTR/SHUTTERSTOCK ©

Chocolat chaud au brandy et à la chantilly

Saveurs alpines à Gramado

CHOCOLAT, BIÈRE ET HORTENSIAS

Ressemblant à un village traditionnel du Tyrol du Sud que l'on aurait tiré d'une brochure touristique, Gramado, à deux heures de bus ou de voiture à l'est de Bento Gonçalves, offre une immersion brésilienne teintée de culture italo-allemande. Ici, les boutiques vendent de la verrerie sophistiquée et du chocolat de qualité, tandis que les restaurants ont pour spécialités la fondue et les escalopes à la viennoise. Les hôtels, de leur côté, arborent toits à pignon et balcons en bois typiques des villages alpins d'Autriche et de Suisse. Les touristes brésiliens affluent pour se délecter de ces Alpes miniatures, surtout pendant l'été, quand elles accueillent, deux mois durant, un grand festival de Noël.

De novembre à janvier, la ville se pare d'un manteau d'hortensias, qui habille les maisons en bois de violet.

Gramado forme un bel ensemble harmonieux. La plupart des gens passent l'après-midi à flâner entre les boutiques de souvenirs, les bars à bière et les chocolateries. Ne manquez pas la **Rua Coberta**, rue commerciale couverte au charme européen. Admirez l'**Igreja Matriz São Pedro**, une belle église néogothique (plus petite que la cathédrale de Canela, mais plus jolie à l'intérieur). Visitez l'**O Reino do Chocolate**, usine de bonbons à la Willy Wonka ressemblant à un parc à thème kitsch. Le café sert un chocolat chaud très gourmand.

PETITE ÉGLISE, GRAND EFFET

Murs en pierre nue, plafond aux décorations géométriques et lustres de style médiéval : une simplicité typique d'un petit village émane de l'Igreja Matriz São Pedro, la petite église catholique de Gramado. Construite avec 78 000 pierres basaltiques acheminées par des charrettes tirées par des bœufs depuis les carrières voisines, elle est dotée de vitraux retraçant la vie de l'apôtre saint Pierre, conçus par l'artiste allemand Peter Dobmeier. Devant l'église, 12 statues grandeur nature des apôtres s'illuminent à la nuit venue. En 1917, on consacra tout d'abord une église en bois, qui fut remplacée par un édifice en pierre en 1943, après huit années de construction.

OÙ GOÛTER UN CAFÉ COLONIAL À GRAMADO

Gramado Café Colonial
Géré en famille depuis 1984, café apprécié pour ses tartines sucrées et salées généreuses. **$$**

Bela Vista Café Colonial
À son ouverture, en 1972, il proposait le premier *café colonial* du Brésil. Aujourd'hui, il sert 80 délices différents. **$$**

Colonial Coelho Coffee
Sur la route principale, à mi-chemin vers Canela. Table couverte d'assiettes variées. **$$**

CAFÉ COLONIAL

Gramado et Canela débordent d'échoppes proposant un *café colonial*, repas copieux propre au sud du Brésil, marqué d'un fort héritage européen, notamment allemand. S'il peut se prendre à différents moments, on le savoure surtout en fin d'après-midi et il se compose d'innombrables pains sucrés et salés, de conserves, miel, gâteaux, biscuits, tartes, tranches de viande, saucisses et cornichons. À Gramado, la nourriture est servie à table dans une farandole d'assiettes que des serveurs remplissent avec une efficacité fulgurante. Ailleurs, le *café colonial* peut prendre la forme d'un buffet en libre-service. Côté boissons, on trouve en général du café, du chocolat et du thé. Les clients paient un tarif fixe ou (parfois) au kilo.

CAUEHESS/SHUTTERSTOCK ©

Cascata do Caracol

À l'orée de la ville, le **Lago Negro**, petit lac artificiel d'une grande beauté, rappelle les toiles de Monet. Promenez-vous sur l'eau grâce à un pédalo en forme de cygne ou baladez-vous entre les hortensias sur l'une des boucles autour du lac.

Chocolat et kitsch à Canela

DOUCEURS TYROLIENNES ET PARCS À THÈME

À 2 heures 15 de bus de Bento Gonçalves et à 15 minutes de sa voisine Gramado, Canela dégage une atmosphère tyrolienne similaire et est animée du même penchant pour la bière et le chocolat. À tel point qu'au premier abord, il est difficile de distinguer les deux villes. Toutes deux arborent aussi une église gothique, bien que celle de Canela soit plus imposante. Autour d'une place verdoyante, le centre-ville est ponctué à une extrémité par l'imposante **Igreja Matriz de Nossa Senhora de Lourdes**, aussi surnommée Catedral de Pedra ("cathédrale de pierre"), bien qu'il ne s'agisse pas d'une cathédrale. Bâtie en 1953, cette église néogothique aux arcs brisés est dotée d'une tour haute de 65 m et d'un carillon de 12 cloches en bronze italien. À l'intérieur, l'autel sur le thème de la Cène a été sculpté dans du bois par l'artiste uruguayen Júlio Tixe.

Toujours pas repu après un passage à Gramado ? Canela regorge aussi de chocolats, bières et fondues. Elle dispose en général de logements moins chers que dans sa jumelle de l'ouest et, les week-ends d'été, elle est légèrement moins fréquentée. Au nord, accédez rapidement au **Parque Estadual do Caracol**

PARCS À THÈME À CANELA ET GRAMADO

Alpen Park
Petit parc d'attractions à Canela destiné aux enfants : montagnes russes, tyrolienne, autos-tamponneuses et quads.

Mundo a Vapor
À Canela, un hommage kitsch aux trains à vapeur. Superbe reconstitution d'une locomotive accidentée.

Dreamland Museu de Cera
Visite incontournable du musée de Cire de Gramado, avec statues de personnages horrifiques et de célébrités.

et à sa spectaculaire cascade (ci-dessous). Véritable royaume du kitsch, une série de parcs à thème et de pseudo-musées offrent un étrange contrepoint aux sites naturels.

La subtile splendeur de la Cascata do Caracol

PARC FORESTIER ET CASCADE GRACIEUSE

Certes, ce ne sont pas les chutes d'Iguaçu, mais la **Cascata do Caracol**, située dans le parc d'État éponyme à 8 km au nord de Canela, a aussi de quoi faire rêver avec son voile d'eau qui plonge d'une falaise en basalte à 131 m de hauteur dans des bassins et sur des rochers en contrebas. L'endroit resplendit sous le soleil du matin, lorsque l'eau scintille sur le rebord de granit.

Le **Parque Estadual do Caracol** fut créé en 1973 pour favoriser la reconstitution des forêts locales après des décennies d'exploitation forestière dévastatrice. Les infrastructures (ligne de chemin de fer et pulperie) ont entraîné l'abattage des arbres et causé l'éradication d'espèces animales, telles que le loup à crinière. Depuis 50 ans, le parc est confronté à une menace du XXIe siècle plus subtile : le surtourisme. Avec 2,5 millions de visiteurs par an, il est le deuxième site touristique du sud du Brésil, derrière les chutes d'Iguaçu. Le centre d'accueil principal du parc a été équipé d'un **observatoire écologique** de 27 m de haut (avec ascenseur) et d'une plateforme extérieure permettant d'admirer les chutes. Un petit réseau de sentiers traverse la forêt d'araucarias, qui se reconstitue. Voilà plusieurs années que le sentier menant au pied de la cascade (plus de 900 marches) est fermé.

À quelques kilomètres de l'entrée principale, un petit **téléphérique** offre une vue aérienne sur la cascade et s'accompagne d'une pincée de tourisme kitsch (boutique de souvenirs et service photo). La cabine survole un tapis d'hortensias et atteint une station en altitude, où un sentier naturel très court (200 m, 5 minutes) descend vers le point de vue principal sur les chutes. Les jours d'affluence, on passe plus de temps dans la file d'attente que dans les *bondinhos* (cabines téléphériques), mais la vue époustouflante en vaut sans doute la peine.

VIE DANS LE PARC

Le Parque Estadual do Caracol est un des nombreux parcs d'État du sud du Brésil. Il y en a d'autres à **Vila Velha** (p. 490) et sur l'**Ilha do Mel** (p. 494).

MARCHER SUR LE VERRE

La **Skyglass Canela**, qui a ouvert en décembre 2020, ressemble à un pont inachevé qui ne mène nulle part et surplombe une vallée profonde. Ce point de vue sur le Vale da Ferradura, vallée verdoyante où les méandres du Rio Caí scintillent 360 m plus bas, est spectaculaire, bien qu'un peu clinquant. Une passerelle arrondie en verre s'avance sur le précipice. En dessous, six chaises suspendues permettent de faire un court trajet (3 minutes), les jambes dans le vide. La Skyglass est à 15 km au nord de Canela, derrière la Cascata do Caracol.

COMMENT S'Y RENDRE ET CIRCULER

La petite taille de Gramado et Canela les rend faciles à parcourir à pied. Des bus les relient toutes les 20 minutes environ ; ils sont moins réguliers pour le Parque Estadual do Caracol. Les deux villes sont reliées à Porto Alegre par des bus réguliers. Gramado dispose d'une gare routière (Av. Borges de Medeiros, 2100). De nombreux voyageurs optent pour la voiture, pour plus de flexibilité.

CAMBARÁ DO SUL

Ranchs, chevaux attachés, ciel bleu et gauchos sirotant leur *maté* : Cambará do Sul a l'aspect d'une ville frontalière des États-Unis. Elle sert de base pour rejoindre les deux parcs nationaux voisins, le Parque Nacional de Aparados da Serra et le Parque Nacional da Serra Geral, réputés pour leurs canyons.

Établie à 1 000 m d'altitude, Cambará est une des destinations les plus froides du Brésil, et il n'est pas rare qu'il y neige en hiver (de mai à octobre). Cette particularité, combinée à la géologie fascinante de la région et à l'écotourisme qui l'anime, fait de Cambará une ville attrayante. Théoriquement une "ville", elle n'est toutefois pas bien plus grande qu'un village (600 habitants). Elle abrite plusieurs auberges familiales bon marché, ainsi que quelques charmants cafés et bistrots. Cambará do Sul est aussi connue pour son miel blanc unique, fabriqué par des abeilles sans dard des forêts alentour.

Pour les infos pratiques, voir le Carnet d'adresses p. 577

À SAVOIR

Des agences locales, comme Aparados da Serra Adventure et Cânion Turismo, proposent transports et guides pour les canyons. On peut aussi faire des expéditions d'équitation et d'escalade.

Trilha da Cachoeira do Tigre Preto (p. 565)

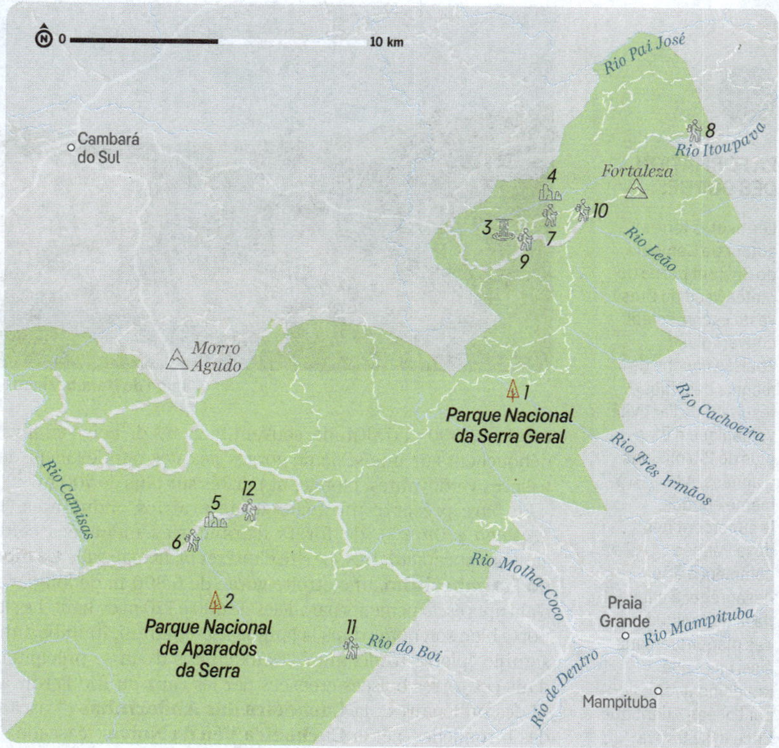

INCONTOURNABLES
1 Parque Nacional da Serra Geral
2 Parque Nacional de Aparados da Serra

VOIR
3 Cachoeira do Tigre Preto
4 Cânion da Fortaleza
5 Cânion do Itaimbezinho

ACTIVITÉS, COURS ET CIRCUITS ORGANISÉS
6 Trilha Cotovelo
7 Trilha da Borda Sul
8 Trilha da Cachoeira do Tigre Preto
9 Trilha da Pedra do Segredo
10 Trilha do Mirante
11 Trilha do Rio do Boi
12 Trilha do Vértice

Marche dans le Cânion do Itaimbezinho

SENTIERS ET POINTS DE VUE SPECTACULAIRES

À 40 minutes de Cambará do Sul, via une piste cahoteuse traversant des pâturages vallonnés entrecoupés de massifs forestiers, le **Parque Nacional de Aparados da Serra** est un parc national de 10 250 hectares sur la frontière tortueuse entre le Rio Grande do Sul et le Santa Catarina. Ici, les vastes plateaux

OÙ SE LOGER À CAMBARÁ DO SUL

Parador Casa da Montanha
Inspiré des luxueux camps de safari africains, avec tentes chauffées sur pilotis. Paysages de carte postale. **$$$**

Vila Ecológica
Bon rapport qualité-prix, chambres avec chauffage/climatisation, construites en matériaux écologiques. **$$**

Pousada Corucacas
Hébergement à la ferme, au cœur des grands espaces. En option : chalet, équitation et pêche. **$$**

LA FORMATION DES GORGES

Les hautes terres autour de Cambará do Sul font partie du plateau sud du Brésil, vaste escarpement couvert d'une épaisse couche de magma basaltique résultant de l'activité volcanique d'il y a plus de 150 millions d'années. À la même époque, le supercontinent de la Pangée commença à se désagréger à cause de la tectonique des plaques, créant ainsi une faille rapidement remplie par l'océan Atlantique. L'océan se trouva alors enserré par de magnifiques falaises et plateaux : ainsi fut constituée la Serra Geral au Brésil. Au fil du temps, l'eau des rivières Pedra et Boi entraîna l'érosion des falaises basaltiques de la Serra, sculpta la roche et la fractura pour creuser les canyons de Fortaleza et Itaimbezinho.

ITORMARIGO/SHUTTERSTOCK ©

Cânion do Itaimbezinho

érigés à 1 000 m d'altitude, souvent tachetés de neige en hiver, débouchent sur une série de gorges béantes qui dévoilent des fissures verdoyantes, plongeant parfois sur plus de 700 m.

Le parc préserve un mélange de prairies ondulantes (la "*gaúcho pampa*"), de forêts d'araucarias menacées et de canyons spectaculaires. Le site d'intérêt principal est le **Cânion do Itaimbezinho**, une étroite gorge de 5 800 m de long avec d'abrupts escarpements parallèles de 600 à 720 m de haut. Le site porte bien son nom : dans la langue tupi-guarani, Itaimbezinho signifie "pierre tranchante". Deux chutes d'eau se précipitent dans ces terres boisées creusées par les eaux du Rio Perdiz au fil des millénaires : la **Cachoeira das Andorinhas** ("cascade des hirondelles") et la **Cachoeira Véu da Noiva** ("cascade du voile de la mariée"), mesurant toutes deux plus de 200 m de haut.

Cambará do Sul et Itaimbezinho sont reliés par une étroite piste de terre. Le canyon dispose d'un parking et d'un centre d'accueil des visiteurs dispensant, en portugais exclusivement, des informations sur la flore, la faune et la topographie des lieux. Deux chemins partent d'ici. La **Trilha do Vértice** court sur 2 km jusqu'à un belvédère sur le canyon et les splendides cascades Andorinhas et Véu da Novia. La **Trilha Cotovelo**, quant à elle, serpente sur 3 km à l'aller, le long d'une piste plate et praticable en voiture qui traverse une forêt basse parsemée d'araucarias. Après la cascade Véu da Novia, les arbres laissent place à des pâturages offrant une vue spectaculaire sur le canyon. Le sentier est faisable à vélo. Comptez deux heures aller-retour à pied.

Pour explorer le fond des canyons, organisez une randonnée guidée par un professionnel depuis la ville de Praia Grande, dans le Santa Catarina. Depuis l'entrée du parc Posto Rio do Boi, le sentier principal, la **Trilha do Rio do Boi**, s'enfonce à l'ouest

OÙ SE RESTAURER À CAMBARÁ DO SUL

Galpão Costaneira
Buffet copieux dans une ferme rustique en bois. *Picanha* (bœuf) cuit sur la table et *queijo colonial* (fromage). $

Galeteria O Casarão
Dans une salle chaleureuse ornée de boiseries, on sert la cuisine réconfortante des immigrants italiens. $$

Restaurante do Lago
Restaurant en bord de lac avec pour spécialité la truite, préparée de diverses façons. $$

sur 7 km ; rocailleux et difficile, il traverse la rivière plusieurs fois. Comptez au moins 7 heures pour couvrir les 14 km aller-retour. Préparez-vous à être mouillé. En cas de pluie importante, le sentier peut être fermé en raison d'un risque d'inondation.

Si vous visitez le parc et le canyon, arrivez tôt : l'après-midi, le soleil est souvent masqué par un ciel maussade et la brume.

Falaises et cascades du Cânion da Fortaleza

CANYON PROFOND

Au nord-est du Parque Nacional de Aparados da Serra se trouve le **Parque Nacional da Serra Geral** ; sa topographie et ses sites d'intérêt ressemblent étrangement à ceux de son voisin. Son attraction phare est le **Cânion da Fortaleza**, une série d'escarpements abrupts avec des chutes vertigineuses plus longues et plus profondes que celles du plus célèbre canyon d'Itaimbezinho au sud, avec des failles atteignant les 900 m.

Le principal pôle de Serra Geral ? un petit parking situé à l'extrémité d'un chemin de terre de 23 km à l'est de Cambará do Sul. Plus morne et plus ouvert que le Cânion do Itaimbezinho, le parc compte surtout des prairies broussailleuses peu arborées. Légèrement pentue, la **Trilha do Mirante** quitte le parking et mène en 2 km (aller) au bord du canyon, offrant une vue époustouflante sur plus de 70% des gorges, notamment sur la **Cachoeira do Tigre Preto**, la plaine côtière au loin et – par temps clair – sur l'Atlantique et la ville de Torres.

À environ 2,5 km à l'ouest du parking, un accotement marque le début de la **Trilha da Pedra do Segredo**, qui conduit au sommet de la **Cachoeira do Tigre Preto** et à ses 250 m de hauteur (attention en la traversant à pied), ainsi qu'à un point de vue en contrebas. Faites encore 500 m et vous atteindrez la **Pedra do Segredo**, une tour de rochers de 5 m de haut qui semble sur le point de basculer dans le précipice. Aller-retour, la balade fait environ 3,5 km.

La **Trilha da Borda Sul** relie les sentiers de Mirante et Pedra do Segredo en longeant le sud du canyon et en offrant des points de vue sur ce gigantesque ravin. Aller-retour, le sentier fait 14 km. On peut aussi marcher au fond du canyon sur la **Trilha da Cachoeira do Tigre Preto**, qui suit le Rio da Pedra sur 10 km aller-retour, lors d'une expédition qui fait traverser la rivière jusqu'à 15 fois. Accessible en voiture en suivant une route cahoteuse depuis Cambará do Sul, la piste commence près de Jacinto Machado et présente des difficultés rendant la présence d'un guide indispensable.

AUTRES ACTIVITÉS DANS LE CANYON

La randonnée est l'activité la plus populaire des deux parcs, mais elle est loin d'être la seule ! Grâce aux agences de Cambará do Sul, organisez des randonnées à vélo, des excursions en bateau, des promenades à cheval et des descentes en rappel. Pour la descente en rappel, direction la Cachoeira do Tio França, à l'ouest de Cambará, dont vous ne ressortirez pas sec. Les excursions en bateau ont lieu sur le Rio Camisa, au nord, tandis que les randonnées à vélo peuvent s'effectuer sur la Trilha Cotovelo et dans le Cânion do Itaimbezinho. Plusieurs agences proposent ces activités, notamment les excellentes **Aparados da Serra Adventure** (aparadosdaserra-adventure.com.br) et **Cânion Turismo** (canionturismo.com.br).

COMMENT S'Y RENDRE ET CIRCULER

La petite gare routière de Cambará se situe en plein centre. Depuis Porto Alegre, comptez 5 heures 30 de trajet. En sens inverse, prenez un bus pour São Francisco de Paula (1 heure), où vous trouverez une correspondance pour Porto Alegre (3 heures), Canela (1 heure) ou Gramado (1 heure).

Les parcs, eux, ne sont pas desservis par les bus publics. Malgré les routes accidentées, déplacez-vous en taxi ou, mieux, faites appel à un tour-opérateur local, qui vous intégrera à un petit groupe.

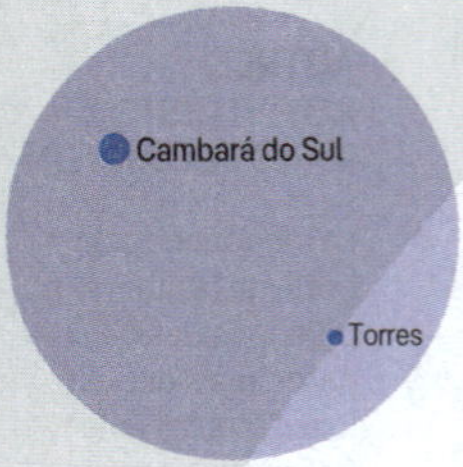

Environs de Cambará do Sul

À l'est de Cambará do Sul, les prodigieux canyons laissent soudain place aux falaises des tours rocheuses de Torres.

Pour les infos pratiques, voir le Carnet d'adresses p. 577

À SAVOIR

De mars à novembre, les prix des hébergements à Torres connaissent une baisse comprise entre 20 et 40%, tandis que les prix grimpent de 25% lors du festival de montgolfières (avril).

Cambará do Sul est proche de la frontière sud du Santa Catarina. La ligne de démarcation suit le contour des canyons de Fortaleza et d'Itaimbezinho : leurs falaises se trouvent dans le Rio Grande do Sul, tandis que leurs vallées verdoyantes sont dans le Santa Catarina.

Partez à l'est de Serra Geral et Aparados da Serra et vous atteindrez la ville intérieure à l'étrange nom de Praia Grande. Il s'agit d'une autre base pour explorer les canyons, parfaite pour accéder aux vallées fluviales encaissées.

Quand vous apercevrez des montgolfières dans le ciel, vous saurez que vous vous rapprochez de Torres, station balnéaire discrète réputée en la matière ainsi que pour ses spots de surf.

TICIANA GIEHL/SHUTTERSTOCK ©

Parque Estadual da Guarita

Montgolfières, Torres

Plages et surf à Torres

GRANDES PLAGES ET HAUTES FALAISES

À la frontière du Santa Catarina et à deux heures de route à l'est de Cambará do Sul, Torres se targue de larges plages (bondées) ponctuées de falaises basaltiques, de dunes couvertes de végétation et de promenades animées, où l'on peut acheter crêpes et *churros*. Cette culture balnéaire des gauchos est singulière au Brésil. De mai à novembre, les courants antarctiques apportent sur la côte des vents froids et rudes et de grosses vagues, créant ainsi les conditions parfaites pour les surfeurs (nombreux et enthousiastes). Les amateurs de farniente, eux, se tiennent à l'écart. Plutôt calme, **Praia Grande**, la plage principale de la ville, est bordée par la petite **Prainha** au sud et par la **Praia dos Molhes**, célèbre spot de surf où le Rio Mampituba se jette dans la mer, au nord. **Praia da Cal**, à 2 km au sud de Praia Grande, attire aussi des surfeurs expérimentés. Encore au sud se trouvent les jardins de 350 hectares du **Parque Estadual da Guarita**, promontoire rocheux ourlé de falaises et de grottes, où les montagnes de la Serra Geral descendent dans la mer. Sentiers, pistes cyclables et plages bordent le littoral accidenté tout en tours rocheuses abruptes et vagues écumantes. Le ciel devient tacheté de couleurs en avril, lorsque la petite Torres accueille le plus grand festival de montgolfières d'Amérique latine.

MONTGOLFIÈRES

Chaque année, en avril, une soixantaine d'aérostiers du monde entier se réunissent à Torres pour le **Festival Internacional de Balonismo**. Les organisateurs aménagent un parc de montgolfières en ville, avec un espace restauration, de la musique *live* et un espace où les spectateurs peuvent admirer ces gracieux dirigeables, certains en forme de cœur, d'autres représentant un personnage de bande dessinée ou des pots de café. Sont aussi organisés divers concours. Le reste de l'année, profitez des brises côtières grâce aux compagnies de montgolfières locales qui proposent des vols au-dessus de Torres et des gorges voisines de Cambará do Sul. **Trip Balonismo Aventura** (tripbalonismo.com.br) offre un service de qualité.

COMMENT S'Y RENDRE ET CIRCULER

Se déplacer entre Cambará do Sul et Torres peut être difficile. La plupart des bus empruntent la longue route qui passe à Tainhas (où il faut faire un changement après 2 heures de route), évitant ainsi les chemins de terre des parcs nationaux. Comptez ensuite environ 1 heure de trajet en bus supplémentaire. Être motorisé est souvent utile (et plus rapide) dans ces régions. La ville de Porto Alegre, elle, est à 3 heures de bus de Torres. Une fois à Torres, tout peut se faire à pied, y compris rejoindre la gare routière (Estação Rodoviária, Av. José Bonifácio 524).

SÃO MIGUEL DAS MISSÕES

Pour les infos pratiques, voir le Carnet d'adresses p. 577

Le petit village de São Miguel das Missões, à 53 km au sud-ouest de Santo Ângelo, abrite la mission jésuite la plus grande et la mieux préservée du Brésil, São Miguel Arcanjo. Elle fait partie des 30 missions de la région des trois frontières (sept sont au Brésil) inscrites depuis 1983 au patrimoine mondial de l'Unesco sous le nom des "missions jésuites des Guarani".

Le village lui-même n'a rien de remarquable, mais il dispose des meilleures infrastructures touristiques de la région brésilienne des missions. L'église ocre, les vestiges de la réduction (ou mission) jésuite et le musée attenant se trouvent sur un vaste domaine herbeux à l'ouest du village.

Le XVIIe siècle marqua fortement l'histoire de cette partie sud du Brésil, où se développa une culture indépendante des influences portugaises, dominantes sur la côte.

À SAVOIR

À São Miguel Arcanjo, un spectacle son et lumière un peu kitsch relate l'histoire des missions. Le dernier bus pour Santo Ângelo partant avant le spectacle, cela vaut la peine de passer la nuit sur place. Nous vous conseillons la Pousada das Missões ou le Tenondé Park Hotel.

Site archéologique de São Miguel Arcanjo

Sítio Arqueológico São Miguel Arcanjo

LA MISSION JÉSUITE LA MIEUX CONSERVÉE

Mission la plus saisissante, cette **église** gracieuse en ruine, conçue par un jésuite et architecte italien, fut inscrite au patrimoine mondial de l'Unesco en 1984. Elle est entourée des **ruines** d'un ancien village jésuite fondé en 1687 par le prêtre tyrolien Anton Sepp, et évoque un "paradis perdu".

Construites par les jésuites espagnols et connues sous le nom de San Miguel Arcanjo, la plupart des ruines actuelles, dont l'église, furent bâties entre 1735 et 1745. Comme les autres réductions jésuites, cette mission semi-indépendante avait pour but de convertir les Guarani au christianisme, de leur fournir un toit et de les protéger des trafiquants d'esclaves. Pendant une courte période, la mission fut une communauté bien organisée et prospère, où les cultures européenne et indigène s'allièrent à merveille. Les Guarani se gouvernaient d'ailleurs eux-mêmes, sous l'autorité spirituelle des Jésuites. Toutefois, quand la région passa des mains des Espagnols aux Portugais après la signature du traité de Madrid en 1750, qui expropriait les Guarani de leurs terres, ces derniers refusèrent de partir et résistèrent, avec l'aide de certains jésuites. Cela provoqua une guerre, connue sous le nom de "guerre des Guarani" ou de "guerre des sept réductions".

Museu das Missões

MISSION AU CINÉMA

Si vous vous intéressez aux missions de la région des trois frontières et à leur passé tumultueux, ne manquez pas le film *Mission* (1986) de Roland Joffé, avec Robert De Niro et Jeremy Irons. Situé en Amérique du Sud dans les années 1750, le film raconte l'histoire d'un prêtre jésuite (joué par J. Irons) et de sa relation avec un ancien mercenaire et esclavagiste pénitent (rôle tenu par R. De Niro).

Une force armée hispano-portugaise attaqua et détruisit finalement la mission. Elle fut brièvement réinstallée dans les années 1760, mais l'expulsion des Jésuites des Amériques en 1767 marqua définitivement sa fin.

Seules des ruines fantomatiques demeurent aujourd'hui : le corps principal de l'église, le clocher, la sacristie, les parties d'un ancien couvent et les fondations d'habitations indigènes. Le site comprend aussi le **Museu das Missões**, qui présente une impressionnante collection d'objets cultuels mis au jour dans les ruines.

La mission se trouve à environ 500 m à l'ouest de la gare routière de São Miguel das Missões. Un petit centre commercial se trouve entre les deux.

COMMENT S'Y RENDRE ET CIRCULER

Il vous faudra un véhicule pour visiter l'une des ruines en dehors de São Miguel Arcanjo. Antonello Turismo propose quatre bus quotidiens entre São Miguel das Missões et la ville centrale de Santo Ângelo. Vous pourrez louer une voiture à Santo Ângelo. Depuis/vers Santo Ângelo, des bus fréquents permettent de rallier Bento Gonçalves et Porto Alegre, respectivement à 7 heures 30 et 7 heures de route de trajet. La ville est aussi desservie par avion. Son aéroport, baptisé Sepé Tiaraju (du nom d'un guerrier guarani), est situé à 8 km à l'est.

Environs de São Miguel das Missões

Les magnifiques ruines des missions jésuites s'étendent sur plus de 230 km. Sur les sept recensées, au moins cinq peuvent être facilement visitées.

São Miguel est le principal centre des missions. Si ce fascinant chapitre de l'histoire sud-américaine vous intéresse et que vous avez le temps de l'approfondir davantage, vous aurez ici de quoi faire, d'autant plus si vous disposez de votre propre véhicule.

Deux ruines – São Lourenço Mártir et São Nicolau – se situent à l'ouest. À moitié oubliés, les vestiges de São João Batista, la sixième des sept missions fondées en 1697 par les réfugiés de São Miguel, se trouvent à 40 km au nord-est. Santo Ângelo, le pôle régional par lequel passeront presque tous les voyageurs, disposait de sa propre mission, dont les vestiges sont à présent conservés sous verre autour de la cathédrale moderne.

Pour les infos pratiques, voir le Carnet d'adresses p. 577

À SAVOIR

En dehors de São Miguel das Missões, peu d'autres missions disposent de logements décents où passer la nuit. Santo Ângelo est la meilleure base.

Catedral Angelopolitana (p. 573), Santo Ângelo

ENCLAVE IDÉALISTE

Dès 1608, les Jésuites établirent des missions dans une vaste région au sud du Brésil, au Paraguay et au nord de l'Argentine. Contrairement à d'autres colonisateurs des Amériques, ils s'efforcèrent de convertir les populations tupi et guarani *sans* détruire leur culture et leur langue. Les missions devinrent des centres culturels, érudits et religieux. Les arts s'y développèrent, combinant des éléments de musique et peinture européens et guarani. Les érudits créèrent une forme écrite de la langue tupi-guarani et publièrent plusieurs ouvrages avec l'une des premières presses à imprimer d'Amérique du Sud. Les missions produisirent aussi des sculptures, de la métallurgie, des céramiques et des instruments de musique sophistiqués.

GIOVANI DRESSLER/SHUTTERSTOCK ©

Erva mate, chimarrão

Autres ruines sur la route des Missions

VESTIGES DE RÉDUCTIONS JÉSUITES DU XVIIIe SIÈCLE

Au XVIe siècle, les rois portugais et espagnols autorisèrent les ordres catholiques à créer des missions pour convertir les indigènes. Les Jésuites réussirent le mieux : ils établirent des réductions à travers le Paraguay, la Bolivie, le Brésil et l'Argentine. À son apogée, dans les années 1720, cette "nation" prospère comptait 30 villages habités par plus de 150 000 Guarani.

Aujourd'hui, les 30 missions sont en ruine. Ensemble, elles forment la **Rota Missões**, (la "route des Missions"), un réseau de sites de pèlerinage pour les fidèles et les curieux. Sept se situent au Brésil (dans le nord-ouest du Rio Grande do Sul), huit dans le sud du Paraguay et quinze dans le nord-est de l'Argentine.

Outre São Miguel Arcanjo, plusieurs autres missions brésiliennes en ruine méritent d'être visitées, si vous en avez le temps. **São Lourenço Mártir** se trouve à 20 minutes de route à l'ouest de l'embranchement vers São Miguel das Missões,

OÙ SE LOGER À SANTO ÂNGELO

Villas Hotel
Ouvert en 2019, en périphérie. Chambres très propres, piscine et salle de sport. **$$**

Hotel Maerkli
Pour touristes d'affaires et groupes, service attentif et petit-déjeuner copieux. **$$**

Turis Hotel
Hôtel bon marché à deux pas de la place principale, chambres simples et intérieur un peu vieillot. **$**

et à 10 minutes au sud de la route vers São Luiz Gonzaga. Elle fut fondée en 1690 par un groupe de la réduction argentine de Santa Maria, et l'église, le cimetière et l'école sont encore visibles. Il existe aussi une petite exposition sur les objets découverts lors des fouilles.

À environ 1 heure 30 de route à l'ouest de Santo Ângelo, le site archéologique de la **mission São Nicolau** était autrefois un centre artistique où l'on créait peintures, céramiques et sculptures sur bois. Désormais, il ne reste qu'une cave à vin en pierre et quelques ruines. On a retrouvé quatre images sacrées de Santo Antônio, Santo Izidro, Senhor dos Passos et São Nicolau ; elles sont exposées dans l'actuelle **Igreja Matriz**, en face des ruines.

Église et musée de Santo Ângelo

ANNEXE AU RÉCIT DES MISSIONS

Cette petite ville ensoleillée au nord-ouest du Rio Grande do Sul, à 50 minutes en voiture de São Miguel das Missões, fait office de carrefour régional et de base pour l'exploration des missions brésiliennes de la **Rota Missões**. Elle possède aussi une poignée de sites liés aux missions.

Il émane des rues et avenues de Santo Ângelo une culture gaucho – *chimarrão* (*maté*), *churrasco* (barbecue) et *música sertaneja* (musique country du sud du Brésil) – très prégnante. La superbe **Catedral Angelopolitana** en grès, sur la Praça da Catedral, est une réplique moderne de l'église de São Miguel das Missões. Au lever du soleil, elle illumine le centre-ville d'une magnifique lueur orangée. Ne vous fiez pas à son apparence très XVIIIe siècle : elle fut construite en 1929 et est le résultat d'un étrange mélange de styles architecturaux (baroque, Renaissance et guarani). Elle arbore des sculptures de l'artiste autrichien Valentim Von Adamovich honorant les patrons des *Sete Povos das Missões* ("sept peuples des missions") et est entourée de présentoirs vitrés abritant des objets trouvés lors des fouilles de la mission jésuite originale, **Santo Ângelo Custódio**, bâtie ici en 1706.

Sur la place principale, le **Museu Municipal Dr José Olavo Machado**, petit mais bien fourni, renferme plusieurs salles d'artefacts historiques, dont une machine à calculer, des outils agricoles, des sculptures et des poteries. La maquette de l'ancienne mission de Santo Ângelo Custódio occupe une place de choix.

À quelques rues au nord de la cathédrale, le **Monumento ao Índio** rend hommage à Sepé Tiaraju, chef de la résistance indigène pendant la guerre des Guarani.

LA SEPTIÈME MISSION

Nombreux sont ceux qui quittent Santo Ângelo pour rejoindre les célèbres ruines de São Miguel das Missões sans savoir que la ville accueillait autrefois une mission. La septième des *Sete Povos das Missões* fut fondée sur le site de l'actuelle cathédrale en 1706 par un jésuite belge du nom de Diogo de Haze. La mission prospère se développa, jusqu'à abriter près de 8 000 habitants (essentiellement des indigènes). Tout s'arrête en 1756 pendant la guerre des Guarani, lorsqu'elle est détruite sans cérémonie. Le site resta abandonné pendant des décennies, avant de renaître de ses cendres sous l'impulsion des immigrants européens de la fin du XIXe siècle : ils aidèrent à construire la ville moderne d'aujourd'hui sur les ruines en perdition.

COMMENT S'Y RENDRE ET CIRCULER

Vous aurez besoin d'un véhicule ou des services d'un taxi pour visiter les ruines en dehors de São Miguel Arcanjo. Antonello Turismo propose 4 bus quotidiens entre Santo Ângelo et São Miguel das Missões.

Carnet d'adresses

PORTO ALEGRE

35 CTG
Voir p. 548 (51 3336-0035 ; facebook.com/35Ctg ; Av. Ipiranga 5300 ; 11h-19h30 lun-ven, 11h-23h sam, 11h-15h dim)

Biblioteca Pública
Voir p. 548 (51 3224-5045 ; bibliotecapublica.rs.gov.br ; angle Rua Riachuelo et Rua General Câmara ; 10h-18h lun-ven, 10h-17h sam)

Catedral Metropolitana
Voir p. 548 (51 3228-6001 ; catedralpoa.com.br ; Rua Duque de Caxias 1047 ; 8h30-12h et 13h-19h lun-ven, 9h-11h30 et 15h-19h sam, 9h-12h et 16h-19h30 dim)

Farol Santander
Voir p. 550 (51 3287-5898 ; farolsantander.com.br ; Rua Sete de Setembro 1028 ; 10h-19h mar-sam, 11h-18h dim)

Memorial do Rio Grande do Sul
Voir p. 550 (51 3224-7159 ; instagram.com/memorial_rs ; Rua Sete de Setembro 1020 ; 10h-18h mar-dim)

Museu de Arte do Rio Grande do Sul
Voir p. 550 (MARGS ; 51 3226-3604 ; margs.rs.gov.br ; Praça da Alfândega ; 10h-19h mar-dim)

Museu Histórico Júlio de Castilhos
Voir p. 548 (51 3221-3959 ; www.museujuliodecastilhos.rs.gov.br ; Rua Duque de Caxias 1205 ; 10h-17h mar-sam)

Cisne Branco
Voir p. 549 (51 3224-5222 ; barcocisnebranco.com.br ; Av. Mauá 1050 ; à partir de 50 R$; 10h45, 15h et 16h30)

Eko Residence Hotel
Voir p. 547 (51 3215-7600 ; ekoresidence.com.br ; Av. Des André da Rocha 131)

Hotel Laghetto Viverone
Voir p. 547 (51 3421-8191 ; laghettohoteis.com.br/hotel/viverone-moinhos ; Rua Dr Vale 579)

Porto Alegre Eco Hostel
Voir p. 547 (51 3377-8876 ; poaecohostel.com.br ; Rua Luiz Afonso 276)

Atelier de Massas
Voir p. 548 (51 3225-1125 ; atelierdemassas.com.br ; Rua Riachuelo 1482 ; 11h-14h30 et 18h-23h lun-sam)

Banca 40
Voir p. 549 (51 3226-3207 ; facebook.com/Banca40 ; Galeria Mercado Público Central s/n ; 9h-18h30 lun-sam)

Churrascaria Barranco
Voir p. 548 (51 3331-6172, 51 3331-3962, 51 3330-8853 ; churrascariabarranco.com.br ; Av. Protásio Alves 1578 ; 11h30-minuit)

Churrascaria Braseiro
Voir p. 548 (51 3023-2322, 51 3337-2333 ; churrascariabraseiro.com.br ; Av. Pernambuco 569 ; 11h30-15h et 18h-23h mar-sam, 11h30-16h dim)

Churrascaria Giovanaz
Voir p. 549 (51 3227-4217 ; Av. Venâncio Aires 10 ; 11h-14h30 et 19h-23h mar-ven, 11h-15h et 19h-23h sam, 11h-15h30 dim)

Mercado Público
Voir p. 548 (mercadopublico.com.br ; Galeria Mercado Público Central s/n ; 7h30-19h30 lun-ven, 7h30-18h30 sam)

Raven
Voir p. 548 (51 3072-2882 ; Rua Sarmento Leite 969 ; 19h-22h30 mar-jeu, 19h-23h ven, 12h-15h et 19h-23h sam, 12h-15h dim)

Restaurante Gambrinus
Voir p. 550 (51 3226-6914 ; Galeria Mercado Público Central s/n ; 11h-21h lun-ven, 11h-16h sam, 11h-15h dim)

Agridoce Café
Voir p. 549 (51 3392-7746 ; agridocecafe.com.br/site ; Rua Sarmento Leite 1024 ; 12h-21h mar-ven, 11h-21h sam-dim)

Café do Mercado
Voir p. 550 (51 3325-1616 ; cafedomercado.com.br ; Galeria Mercado Público Central s/n ; 8h-19h lun-ven, 8h-17h sam)

Dirty Old Man
Voir p. 549 (51 3085-8227 ; instagram.com/dirtyoldmanbar ; Rua Lima e Silva 956 ; 18h-minuit dim-jeu, 18h-1h ven-sam)

IN Sano Pub
Voir p. 549 (51 3286-6940 ; facebook.com/insanopub ; Rua Lima e Silva 621 ; 18h-1h mar-jeu, 18h-2h ven, 19h-2h sam, 14h-1h dim)

Casa de Cultura Mario Quintana
Voir p. 550 (51 3221-7147 ; ccmq.com.br ; Rua dos Andradas 736 ; 10h-20h mar-dim)

Teatro São Pedro
Voir p. 548 (51 3227-5100 ; teatrosaopedro.com.br ; Praça Marechal Deodoro s/n ; billetterie 13h-18h30 lun-ven, 15h-début spectacle sam-dim)

GIOVANI DRESSLER / STOCK.ADOBE.COM ©

São Miguel das Missões

ENVIRONS DE PORTO ALEGRE

Igreja Nossa Senhora do Carmo
Voir p. 552 (53 2125-7987 ; facebook.com/igrejadocarmorg ; Rua Gen. Bacelar 224, Rio Grande)

Museu da Cidade do Rio Grande
Voir p. 552 (53 3232-6111 ; museucrg.com.br ; Rua Riachuelo s/n, Rio Grande ; 2 R$; 9h-17h lun-ven)

Museu Oceanográfico
Voir p. 552 (53 3231-3496 ; museu.furg.br/museus/museu-oceanografico ; Rua Capitão Heitor Perdigão 10, Rio Grande ; 5 R$; 9h-11h30 et 14h-18h mar-dim)

Sobrado dos Azulejos
Voir p. 552 (Secretaria Municipal de Educação ; 53 3233-8470 ; Rua Mal. Floriano Peixoto 103, Rio Grande)

RÉGION VITICOLE DE LA SERRA GAÚCHA

Casa da Erva Mate
Voir p. 555 (54 99952-5110 ; ervamateferrari.com.br ; Estrada Linha Palmeiro 190, Caminhos de Pedra ; 9h-18h)

Casa da Ovelha
Voir p. 555 (54 3455-6320 ; parquedaovelha.com.br ; Rodovia Linha Palmeiro 400, Caminhos de Pedra ; tarif plein/réduit 140/70 R$; 9h-17h)

Casa das Cucas
Voir p. 555 (54 3698-1162 ; facebook.com/vitiacericasa-dascucas ; Estrada Linha Palmeiro, Caminhos de Pedra ; 10h-18h30 mar-dim)

Casa do Tomate
Voir p. 555 (54 3455-6292 ; casadotomate.com.br ; Rua Angela Bertarello 687, Caminhos de Pedra ; 8h30-17h30)

Casa Valduga
Voir p. 556 (54 2105-3154 ; casa-valduga.com.br ; Via Trento 2355, Vale dos Vinhedos ; dégustation et visite 150 R$; 9h30-17h)

Cave Geisse
Voir p. 557 (54 3455-7461 ; familiageisse.com.br ; Linha Jansen s/n, Pinto Bandeira ; dégustation 150 R$; 9h- 11h30 et 13h-17h lun-ven, 10h-17h sam, 10h-16h dim)

Igreja São Bento
Voir p. 556 (Rua Xingu 610, Bento Gonçalves)

Museu do Imigrante
Voir p. 555 (54 3771-4230 ; museudoimigrante.org.br ; Rua Herny Hugo Dreher 127, Bento Gonçalves ; 8h-17h mar-ven, 8h-12h et 13h-17h sam)

Parque Cultural Epopeia Italiana
Voir p. 555 (54 3455-2788 ; giordaniturismo.com.br ; Rua Visc. de São Gabriel 507, Bento Gonçalves ; à partir de 47 R$; 8h-17h45)

Santuário Nossa Senhora do Rosário de Pompeia
Voir p. 555 (54 3468-0000 ; Rua Almirante Barroso 60, Pinto Bandeira)

Vinícola Almaúnica
Voir p. 555 (54 3459-1384 ; almaunica.com.br ; RS-444, Km 17.35, Vale dos Vinhedos ; visite et dégustation 115 R$; 8h-17h30 lun-ven, 10h-17h30 sam, 10h-13h dim)

Vinícola Don Giovanni
Voir p. 557 (54 3455-6293 ; dongiovanni.com.br ; Linha Amadeu, Km 12, Pinto Bandeira ; dégustation 75 R$; 8h-11h30 et 13h-17h30 lun-ven, 9h-17h30 sam-dim)

Vinícola Miolo
Voir p. 556 (54 2102-1540 ; miolo.com.br ; Estrada do Vinho, Km 21, Vale dos Vinhedos ; visite et dégustation 50 R$; 9h-16h30)

Maria Fumaça
Voir p. 555 (54 3455-2788 ; giordaniturismo.com.br/grupo/passeioscommariafumaca ; Rua Duque de Caxias s/n, Bento Gonçalves)

Casa di Paolo
Voir p. 555 (54 3453-1099 ; dipaolo.com.br ; Km 217, Rodovia BR-470, Bento Gonçalves ; 11h30-22h)

Casa Vanni
Voir p. 555 (54 3455-6383 ; casavanni.com.br ; Linha Palmero 795, Pinto Bandeira ; 11h30-15h30 ven-dim)

Pizza entre Vinhos
Voir p. 555 (54 3698-6563 ; pizzaentrevinhos.com.br ; Estrada RS-444, Km 18,9, Vale dos Vinhedos ; 19h-22h30 mar-jeu, 19h-23h ven, 18h30-23h sam)

Altezza Coffeehouse
Voir p. 554 (54 93300-3229 ; facebook.com/altezzacoffee ; Rua Dr. José Mário Mônaco 333, Bento Gonçalves ; 6h45-19h lun-ven, 7h-12h sam)

Dolce Gusto
Voir p. 554 (54 3055-3366 ; dolcegusto.com.br ; Rua Herny Hugo Dreher 463, Bento Gonçalves ; 8h-19h15 lun-sam)

Quiero Café
Voir p. 554 (54 99629-4715 ; quierocafe.com.br ; Rua Quinze de Novembro 8, Bento Gonçalves ; 10h-23h lun-ven, 10h-22h30 sam)

ENVIRONS DE LA RÉGION VITICOLE DE LA SERRA GAÚCHA

Igreja Matriz de Nossa Senhora de Lourdes
Voir p. 560 (Cathedral de Pedra ; 54 3282-1132 ; Praça da Matriz 69, Canela ; 8h30-11h30 et 13h30-17h30)

Igreja Matriz São Pedro
Voir p. 559 (54 3286-1187 ; saopedrogramado.com.br ; Av. Borges de Medeiros 2659, Gramado)

O Reino do Chocolate
Voir p. 559 (Av. das Hortênsias 5382, Gramado ; 29 R$; 9h-19h)

Parque Estadual do Caracol
Voir p. 560 (54 3282-5199 ; parquedocaracol.com ; RS-466, Km 0, Canela ; tarif plein/réduit 75/37 R$; 9h-17h30)

Skyglass Canela
Voir p. 561 (54 3699-9200 ; skyglasscanela.com.br ; Rua Constante Felix Orsolin, Estr. Mun. CNL 350, 9800, Canela ; à partir de 130 R$; 9h-18h)

Alpen Park
Voir p. 560 (54 3282-9752 ; alpenpark.com.br ; Rodovia

@TRABALHO.PARAISSO / STOCK.ADOBE.COM ©

Skyglass Canela

Arnaldo Oppitz 901, Canela ; 15 R$; 9h-17h20)

Dreamland Museu de Cera
Voir p. 560 (54 99665-3276 ; grupodreams.com.br/gramado/dreamland-museu-de-cera-gramado ; Av. das Hortênsias 5507, Gramado ; tarif plein/réduit/enfant 155/77/90 R$; 8h-19h)

Mundo a Vapor
Voir p. 560 (54 99146-9680 ; mundoavapor.com.br ; Av. Don Luiz Guanella 1247, Canela ; tarif plein/réduit/enfant 100/50/45 R$; 9h-17h)

Bela Vista Café Colonial
Voir p. 559 (54 3286-1608, 54 3286-2097 ; belavista.tur.br ; Av. das Hortênsias 3500, Gramado ; 11h-23h lun-ven, 10h-23h sam-dim)

Colonial Coelho Coffee
Voir p. 559 (54 3286-2538 ; cafecoelho.com.br ; Av. das Hortênsias 5433, Gramado ; 11h-20h lun et mer-ven, 10h30-20h sam-dim)

Gramado Café Colonial
Voir p. 559 (54 3282-2317 ; Av. Don Luiz Guanella 1168, Gramado ; 11h30-20h)

CAMBARÁ DO SUL

Parque Nacional de Aparados da Serra
Voir p. 563 (54 3251-1227 ; icmbio.gov.br/parnaaparadosdaserra ; RS-429, Km 18 ; tarif plein/réduit 94/65 R$; 8h-18h mar-dim)

Parque Nacional da Serra Geral
Voir p. 565 (54 3251-1277 ; RS-429, Km 18 ; tarif plein/réduit 94/65 R$; 8h-18h)

Aparados da Serra Adventure
Voir p. 565 (54 98447-6347, 54 98447-9651 ; aparadosdaserraadventure.com.br ; Rua da Tradição 53 ; 8h-20h)

Cânion Turismo
Voir p. 565 (54 98117-1017, 54 98424-1027 ; canionturismo.com.br ; Av. Getúlio Vargas 876 ; 8h-18h)

Parador Casa da Montanha
Voir p. 563 (54 3295-7575 ; paradorcasahoteis.com.br ; Estrada do Faxinal, RS-429)

Pousada Corucacas
Voir p. 563 (54 99618-6806, 54 99956-7042 ; corucacas.com.br ; RS-020, Km 1)

Vila Ecológica
Voir p. 563 (54 98121-1175 ; vilaecologica.blogspot.com.br ; Rua João Paza 1166)

Galeteria O Casarão
Voir p. 564 (54 3251-1711 ; galeteriaocasarao.com.br ; Rua João Francisco Ritter 969 ; 11h30-15h et 18h30-22h)

Galpão Costaneira
Voir p. 564 (54 3251-1005 ; Rua Dona Úrsula 1069 ; 11h30-15h dim-jeu, 11h30-15h et 19h20-22h30 ven-sam)

Restaurante do Lago
Voir p. 564 (54 99989-9422 ; facebook.com/RestauranteDoLagoCambara ; Estrada do Faxinal, RS-427 ; 11h-14h30 et 19h-22h lun-jeu, 11h-15h et 19h-22h ven-sam, 11h-14h30 e 19h-23h dim)

ENVIRONS DE CAMBARÁ DO SUL

Parque Estadual da Guarita
Voir p. 567 (torres.rs.gov.br/vivatorres/parque-da-guarita ; Rua Benjamin Constant 154 ; accès voiture haute/basse saison 20/10 R$; 8h30-17h30 déc-fév, 7h-19h mars-nov)

Trip Balonismo Aventura
Voir p. 567 (51 98425-5374 ; tripbalonismo.com.br ; Rua Cabo Braga 430, Torres)

SÃO MIGUEL DAS MISSÕES

Museu das Missões
Voir p. 570 (55 3381-1291 ; museudasmissoes.museus.gov.br ; Rua São Luiz s/n°, Sítio Histórico São Miguel Arcanjo ; 9h-12h et 13h-18h mar-dim)

Sítio Arqueológico São Miguel Arcanjo
Voir p. 569 (55 3381-1291 ; Rua São Luiz s/n°, adulte/enfant 14/7 R$; 9h-12h et 13h-18h mar-dim)

Pousada das Missões
Voir p. 568 (55 3381-1202 ; pousadadasmissoes.com.br ; Rua São Nicolau 601)

Tenondé Park Hotel
Voir p. 568 (55 3381-2000 ; tenonde.com.br ; Rua São Miguel 664)

ENVIRONS DE SÃO MIGUEL DAS MISSÕES

Catedral Angelopolitana
Voir p. 573 (55 3312-1416 ; diocesedesantoangelo.org ; Praça da Catedral, Santo Ângelo ; 8h-11h30 mar-sam, 13h30-17h30 lun-ven)

Igreja Matriz
Voir p. 573 (51 3655-1324 ; Rua David Canabarro s/n, São Nicolau ; 8h-12h mar-ven, 14h-16h mer-ven)

Mission São Nicolau
Voir p. 573 (São Nicolau ; 24h/24)

Museu Municipal Dr José Olavo Machado
Voir p. 573 (55 3312-0104 ; Av. Antônio Manoel 789, Santo Ângelo ; h9h-12h et 14h-17h mar-dim)

São Lourenço Mártir
Voir p. 572 (São Luiz Gonzaga ; 7h-12h et 13h30-19h)

Hotel Maerkli
Voir p. 572 (55 3320-2127 ; maerkli.com ; Av. Brasil 1000, Santo Ângelo)

Turis Hotel
Voir p. 572 (55 3313-5255 ; Av. Antônio Manoel 726, Santo Ângelo)

Villas Hotel
Voir p. 572 (55 3312-3131 ; villashotelrs.com.br ; RS 344, Km 98,5, Santo Ângelo)

STEFAN NEHLS/SHUTTERSTOCK ©

Jaguar dans le Pantanal (p. 599). À droite : loutre géante dans le Pantanal (p. 601)

SITES PRINCIPAUX

PARQUE NACIONAL DA CHAPADA DOS GUIMARÃES
Un paradis pour la rando. p. 584

AMAZONIE DU SUD
Splendeurs de l'Amazonie et de sa vie sauvage. p. 592

LE PANTANAL
Meilleur spot d'Amérique du Sud où observer la faune sauvage. p. 596

BONITO
Snorkeling en rivière et grottes géantes. p. 608

MATO GROSSO ET MATO GROSSO DO SUL

LA PLUS GRANDE RÉSERVE DE FAUNE SAUVAGE D'AMÉRIQUE DU SUD

Dans le Mato Grosso et le Mato Grosso do Sul, où la nature est reine, vous entrez sur le territoire des jaguars.

Sous la forêt amazonienne humide et couvrant une zone absolument immense de l'ouest du Brésil, le Mato Grosso et le Mato Grosso do Sul englobent le Pantanal, la plus grande plaine alluviale du monde, où vivent les jaguars. Avec pléthore de ces félins, de caïmans, capybaras, loutres géantes, cerfs et singes, mais aussi des loups à crinière, les très étranges tamanoirs et des centaines d'oiseaux et de poissons, il n'y a pas meilleure région en Amérique du Sud où observer la vie sauvage. Dans ce Serengeti brésilien, toutes sortes de formules exaltantes sont proposées : sorties très matinales en bateau, marches dans la brousse l'après-midi, safaris à cheval plusieurs jours, guides spécialisés, écolodges luxueux… Vous êtes sûr de vivre une expérience inoubliable.

Après votre escapade dans le Pantanal, d'autres aventures vous attendent : snorkeling dans les eaux turquoise des rivières tropicales, parmi des millions de poissons colorés, observation d'oiseaux, descente en rappel des immenses grottes de Bonito, Bom Jardim ou alentour, ou randonnée sur des sentiers de montagne parmi les plus grandioses du Brésil, dans le Parque Nacional da Chapada dos Guimarães.

Dans un autre genre, mais tout aussi fascinant, le carnaval de Corumbá, méconnu sur le plan international, est une des plus impressionnantes manifestations du genre au Brésil.

S'orienter

À eux deux, le Mato Grosso et le Mato Grosso do Sul couvrent une telle surface que la plupart des gens en visitent juste le nord ou le sud. Par chance, l'un comme l'autre offrent de superbes terrains d'observation de la vie sauvage.

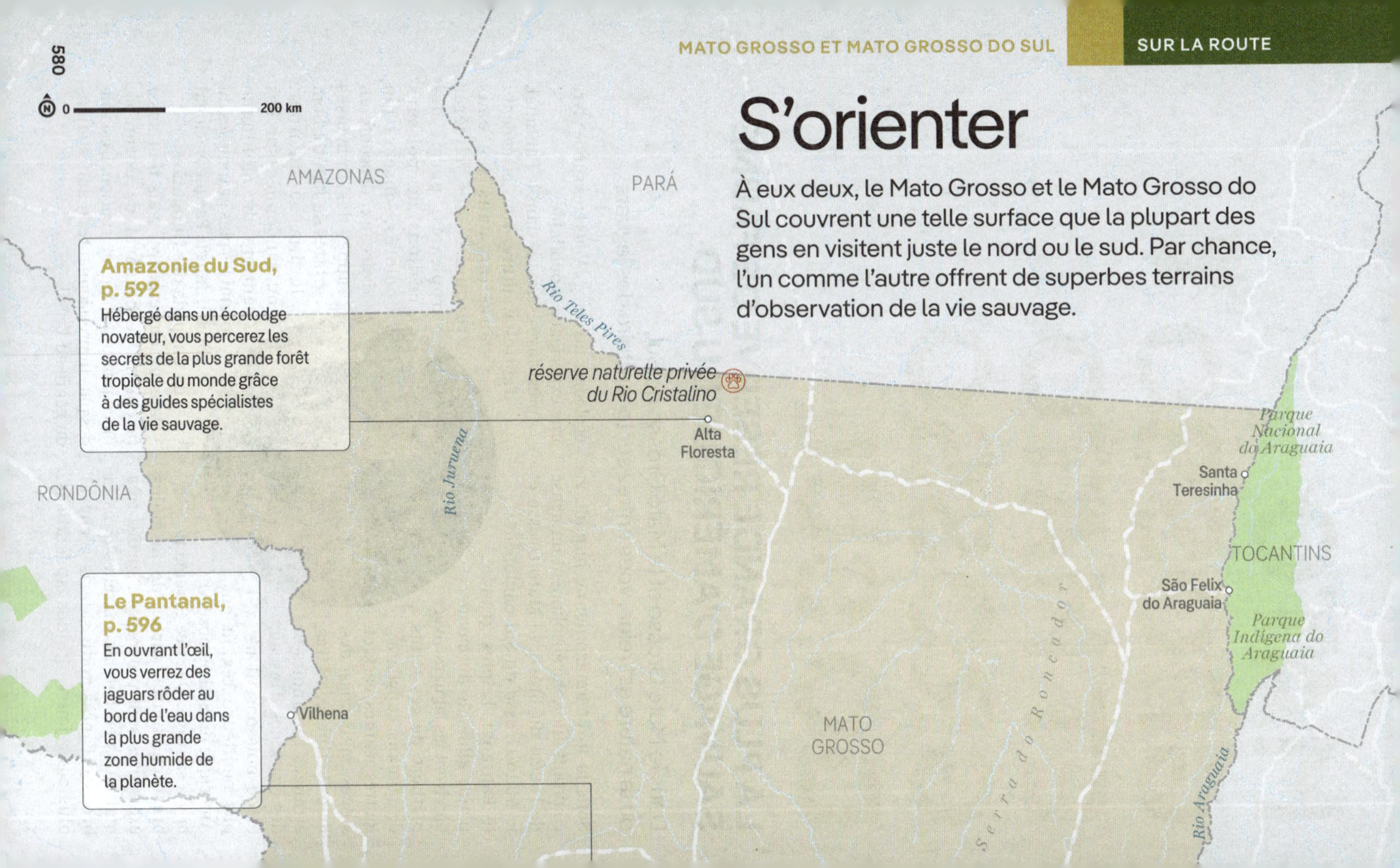

Amazonie du Sud, p. 592
Hébergé dans un écolodge novateur, vous percerez les secrets de la plus grande forêt tropicale du monde grâce à des guides spécialistes de la vie sauvage.

Le Pantanal, p. 596
En ouvrant l'œil, vous verrez des jaguars rôder au bord de l'eau dans la plus grande zone humide de la planète.

BUS

Des liaisons de bus desservent la plupart des grandes villes, mais les durées sont parfois très longues. Visiter le Pantanal exclusivement en bus est résolument exclu.

AVION

Des vols réguliers relient Cuiabá et Campo Grande, capitales du Mato Grosso et du Mato Grosso do Sul, entre elles et avec beaucoup de grandes villes du pays. Certains desservent aussi l'Amazonie du Sud. L'avion offre un gain de temps inestimable dans cette immense région.

VOITURE

Une fois à Cuiabá ou Campo Grande, l'idéal pour explorer les sites de région est une voiture privée, mais les routes vers et dans le Pantanal sont parfois inondées à la saison des pluies.

Parque Nacional da Chapada dos Guimarães, p. 584

Si de colossales chutes d'eau dégringolent d'immenses escarpements de grès rouge, des sentiers calmes de toute beauté sillonnent la région.

Bonito, p. 608

Plongez dans les eaux cristallines de rivières poissonneuses ou dans les entrailles de la terre.

Planifier son séjour

Comme tout tourne ici autour de l'observation de la vie sauvage, il ne faut pas partir avec un chronomètre en tête. Laissez-vous vraiment un maximum de temps pour vivre au mieux cette expérience unique dans une vie.

Aras

Week-end en pleine nature

● Tenter de visiter le Pantanal en un week-end est un non-sens. Mieux vaut atterrir à **Cuiabá** (p. 591) et rejoindre directement le **Parque Nacional da Chapada dos Guimarães** (p. 584), pas très loin, où vous aurez juste le temps d'une marche ou deux le long d'escarpements spectaculaires, ponctués de magnifiques chutes d'eau. De Cuiabá, vous pouvez aussi aller à **Bom Jardim** (p. 590), dont les rivières aux eaux cristallines offrent un environnement de snorkeling aussi palpitant que bien des récifs coralliens, avec en plus la chance de voir des aras macaos au plumage chatoyant. Troisième option : prendre un vol jusqu'à Alta Floresta pour un week-end sous le charme de la superbe **faune amazonienne** (p. 599).

Au fil des saisons

S'il fait chaud toute l'année, quasi tout le Pantanal est sous l'eau de novembre à mars (saison des pluies), avec des rivières plutôt boueuses.

JANVIER

Alors que les inondations submergent une bonne partie du **Pantanal** (p. 592), les **oiseaux** migrateurs et résidents abondent.

AVRIL

Corumbá (p. 607) accueille un des **carnavals** les plus bruyants et hauts en couleur du pays, les touristes étrangers en moins.

MAI

La campagne reverdit joliment après la saison des pluies, sans être envahie de touristes : idéal pour la **rando** !

Une semaine dans le Pantanal

- Les amoureux de nature tiendront à passer un maximum de temps dans le **Pantanal** (p. 596). Une semaine est un minimum pour en explorer le nord et le sud. Commencez par le nord : prenez un vol pour **Cuiabá** (p. 591), puis la **Transpantaneira** (p. 604) jusqu'à un écolodge où vous passerez 4 nuits. Il faut prévoir un jour complet pour la découverte des jaguars autour de **Porto Jofre** (p. 600).

- Les deux derniers jours, prenez l'avion de Cuiabá à **Campo Grande** (p. 614) pour arpenter le sud du Pantanal : peut-être aurez-vous la chance d'y croiser un loup à crinière.

Deux semaines en pleine nature

- Un bref séjour au cœur de la jungle **sud-amazonienne** (p. 592), jumelles en bandoulière, vous ravira à coup sûr. Après avoir atterri à **Cuiabá** (p. 591), enfilez vos chaussures de marche pour quelques jours de rando dans le proche **Parque Nacional da Chapada dos Guimarães** (p. 584), puis quittez l'air de la montagne pour du snorkeling dans les eaux cristallines autour de **Bom Jardim** (p. 590).

- Passez ensuite des journées inoubliables à observer la vie sauvage dans le nord du **Pantanal** (p. 596), notamment près de **Porto Jofre** (p. 600) pour maximiser vos chances d'apercevoir un jaguar. Dirigez-vous ensuite vers **Campo Grande** (p. 614), au sud, et bouclez votre aventure par **Bonito** (p. 608), véritable paradis aquatique.

JUILLET

La **haute saison** débute. Bonito et le Pantanal étant pris d'assaut, mieux vaut réserver vos activités.

OCTOBRE

C'est un mois fantastique pour le **snorkeling** en rivière, car l'eau est basse et claire, et les touristes plus rares.

NOVEMBRE

Malgré le début de la saison des pluies, la première moitié du mois se prête bien à un **safari** plus calme dans le Pantanal (p. 587).

DÉCEMBRE

Le niveau des rivières monte, et beaucoup d'hôtels et de lodges du Pantanal des environs sont fermés.

PARQUE NACIONAL DA CHAPADA DOS GUIMARÃES

Malgré ses tout petits 3 300 hectares et le Pantanal qui attire tous les regards, le Parque Nacional da Chapada dos Guimarães (classé en 1989) mérite que l'on s'y arrête, tant ses paysages sont variés et sublimes. Des contreforts rocheux se détachent du vert de la vallée, tels des îlots, des chutes d'eau grandioses dévalent des falaises de grès rouge, et des forêts inextricables créent des zones ombragées et humides en bord de rivière et autour d'étangs profonds. La faune intéressante qui vit dans ces environnements, notamment des oiseaux, fait du parc un terrain privilégié pour les ornithologues, mais il reste aussi particulièrement propice à la randonnée – avec des sentiers parmi les plus beaux du Brésil –, au snorkeling en eau douce, voire à la spéléologie. Deux jours complets ne sont pas de trop pour bien apprécier ce parc.

Pour les infos pratiques, voir le Carnet d'adresses p. 616

À SAVOIR

L'absence d'hébergement dans le parc national oblige à se loger dans ou près de la ville voisine, Chapada dos Guimarães. Mieux vaut aussi le découvrir en semaine, car les touristes locaux affluent le week-end.

REISEGRAF.CH/SHUTTERSTOCK ©

Véu de Noiva

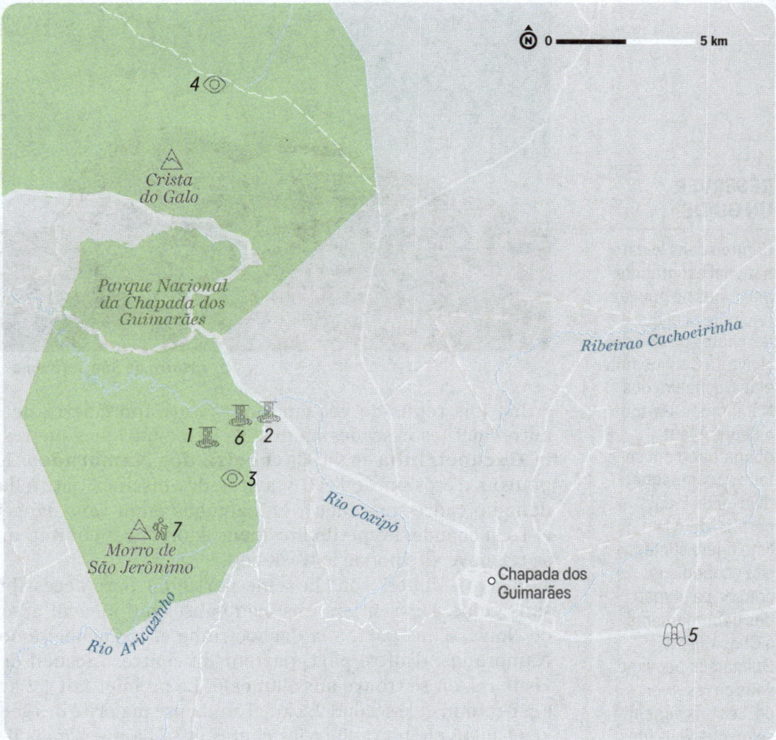

VOIR
1 Cachoeira da Prainha
voir 1 Cachoeira das Andorinhas
2 Cachoeira dos Namorados
voir 2 Cachoeirinha
3 Casa de Pedra
4 Cidade de Pedra
5 Mirante da Chapada
6 Véu de Noiva

ACTIVITÉS
voir 1 Circuito das Cachoeiras
7 Morro de São Jerônimo

Chute d'eau aux airs préhistoriques

UNE CASCADE QUI LAISSE SANS VOIX

Parmi les plus impressionnantes chutes d'eau de cette région du Brésil, la **Véu de Noiva** ("voile de la mariée") dégringole en chute libre sur 86 m le long de falaises calcaires rouge orangé. Vous pourrez l'admirer d'une plateforme d'observation ; elle n'est pas sans évoquer une scène du Jurassique. Alentour, la dense forêt verte est survolée par de bruyants aras macaos, aux couleurs incroyablement vives.

OÙ SE LOGER À CHAPADA DOS GUIMARÃES

Casa da Quineira
Ambiance calme et artistique, avec possibilité de fainéanter dans un hamac face à la forêt. **$$$**

Pousada Cambará
Situation centrale pour cette *pousada* de bonne facture, avec de jolis jardins. **$$**

Pousada do Parque
Écolodge en bordure du parc national qui ravira tous les naturalistes. **$$**

GABRIEL GRISOLI/SHUTTERSTOCK ©

Morro de São Jerônimo

RÉSERVER UN GUIDE

L'entrée dans le parc national est gratuite, mais vous ne pouvez rejoindre seul que les chutes de Véu de Noiva, la Cachoeirinha et la Cachoeira dos Namorados. Partout ailleurs, il faut obligatoirement se faire accompagner d'un guide local certifié, dont la liste figure sur le site ecobooking.com.br. La plupart des hébergements à Chapada dos Guimarães peuvent vous en réserver un. Les prix varient selon que vous êtes motorisé ou non, et si vous souhaitez un guide bilingue ou spécialisé dans un domaine particulier.

Une fois remis de vos émotions, vous apprécierez deux autres petites cascades hautes d'à peine quelques mètres : la **Cachoeirinha** et la **Cachoeira dos Namorados**. Le pouvoir d'érosion de l'eau y a créé des piscines naturelles dans un cadre somptueux. La baignade étant sans danger, et l'eau chaude, les petits Brésiliens adorent cet endroit, qui se retrouve vite bondé le week-end.

Ces trois chutes sont la seule partie du parc accessible sans guide. Les sentiers très bien balisés qui mènent à Véu de Noiva, d'une part, à la Cachoeirinha et la Cachoeira dos Namorados, d'autre part, partent du centre d'accueil des visiteurs, où se trouve aussi un café. Le premier fait 1,2 km aller-retour, et le second 2,2 km. L'immense majorité des gens vient juste photographier les chutes et se baigner, mais il y a de belles opportunités pour qui aime observer les oiseaux. Pour apercevoir leurs dernières activités à l'aube, il faut être là juste à l'ouverture du parc, car celui-ci pratique des horaires restreints (voir *Carnet d'adresses* p. 616).

Marche vers une “Cité de pierre”

SUR DES SENTIERS DE RANDONNÉE VARIÉS

Avec son nom évocateur, la **Cidade de Pedra** (“Cité de pierre”) est le site le plus enchanteur du parc. De là à dire qu'il s'agit vraiment d'une ville sculptée dans la pierre… tout dépend de votre pouvoir d'imagination. Après avoir soulevé la poussière rouge en parcourant les quelque 300 m de sentier depuis le parking, vous arrivez brusquement au bord d'un précipice. En observant prudemment l'à-pic, vous verrez d'étranges formations gréseuses émerger progressivement des badlands chauds et broussailleux en contrebas. Une légende

OÙ SE RESTAURER À CHAPADA DOS GUIMARÃES

Bistrô da Mata
Table la plus créative de la ville, où les saveurs sont aussi soignées que la présentation. $$$

Restaurante Popular
Endroit chaleureux et bon marché, très prisé par les amateurs de plats simples et copieux. $

Morro dos Ventos
Restaurant situé à côté d'un splendide point de vue, qui revisite volontiers les classiques régionaux. $$$

veut qu'il s'agisse des tours d'une ancienne ville transformée en pierre, mais ne seraient-elles pas plutôt l'œuvre de géants en colère qui auraient fracassé et taillé le sol à coups de hache ? Peu importe l'origine avancée, une chose est sûre : le spectacle est extraordinaire. La marche qui mène sur place n'est pas longue, mais pour rejoindre le départ du sentier, il faut parcourir 20 km chaoteux sur un chemin de terre, où votre véhicule fera pas mal d'embardées et soulèvera des nuages de poussière. C'est au petit matin que le site est le plus beau, illuminé par le soleil levant.

Si la courte balade de la Cidade de Pedra est le fleuron du parc, les amateurs de marche plus soutenue adoreront le Circuito das Cachoeiras ou, encore plus sportif, le Morro de São Jerônimo, deux itinéraires bien moins fréquentés.

Le **Circuito das Cachoeiras** ("circuit des Chutes") ne présente aucune difficulté. La plupart des gens parcourent cette boucle de 8 km dans la journée, en faisant une pause baignade dans les piscines naturelles formées par les 7 cascades sur le trajet. Ils commencent et finissent d'ordinaire par la plus grande, la **Cachoeira das Andorinhas**, mais chacune a un charme particulier. Ainsi, avec sa plage de sable et son grand bassin pour la baignade, la **Cachoeira da Prainha** fait le bonheur des familles locales, tandis que la **Cachoeira Sonrisal** crée un Jacuzzi naturel. Autre curiosité du circuit à ne pas rater : la **Casa de Pedra** ("maison de pierre"), grotte où se cachèrent autrefois les opposants au régime militaire.

Le circuit le plus ardu du parc grimpe au sommet tout plat du **Morro de São Jerônimo** ("mont Saint-Jérôme"). Malgré l'absence de difficulté technique, cette longue boucle de 14 km s'adresse aux randonneurs déjà un peu expérimentés. Elle commence par une longue portion sur le plat à travers les broussailles de la plaine, où vous découvrirez différentes plantes et leurs usages médicinaux traditionnels si vous avez un bon guide. S'ensuit une ascension courte et raide jusqu'au sommet du mont, à juste 800 m d'altitude, qui s'apparente donc plus à une colline qu'à une montagne. Pourtant, une fois en haut, en regardant l'à-pic des falaises abruptes en contrebas, vous aurez l'impression d'être sur un promontoire rocheux bien plus grand qu'il ne l'est en réalité.

LE CENTRE DE L'AMÉRIQUE DU SUD... DÉCENTRÉ

Dans la grande capitale régionale de **Cuiabá**, un obélisque en marbre marque ce qui fut le centre géographique de l'Amérique du Sud, d'après les calculs réalisés en 1909 par le maréchal Cândido Rondon, ingénieur militaire et explorateur brésilien. Bien sûr, les habitants de la ville furent très fiers de cette découverte. Seulement, avec le développement des satellites et autres nouvelles technologies, nous savons désormais que le centre de l'Amérique du Sud se trouve en réalité à 45 km de là, près de la ville de Chapada dos Guimarães, à **Mirante da Chapada**, précisément, avancée rocheuse en grès qui offre un panorama à perte de vue sur les zones en contrebas et les plaines au loin, jusqu'à Cuiabá.

Snorkeling dans le Rio Claro

RENCONTRES SUBAQUATIQUES AVEC DES PIRAPUTANGAS

Avec les jeux d'ombre et de lumière à la surface de l'eau mêlés au bleu turquoise intense des bassins jouxtant le vert jade foncé de la végétation, le snorkeling dans le Rio Claro est d'une beauté féerique. Descendez tranquillement la rivière au gré

OÙ SE RESTAURER À CUIABÁ

Mahalo
Une des meilleures tables du Brésil, qui propose à la fois des plats créatifs et un menu déjeuner abordable. **$$$**

Coco Bambu
Réputé à juste titre pour ses plats de poisson et fruits de mer (les crevettes sont extra) et ses bons cocktails. **$$**

Lélis Peixaria
Rodízio (buffet à volonté) de bonne qualité déclinant de nombreuses recettes de poissons locaux. **$$**

PASTENAGUES ET PIRAPUTANGAS

Dans les eaux de ce parc, vous verrez surtout des *piraputangas* (*Brycon*), gros poissons allongés, exclusivement végétariens. De couleur dorée, avec des nageoires orangées et une bande noire sur le flanc, ils se déplacent en bancs énormes. Les raies pastenagues, dont il existe plusieurs espèces, sont plus difficiles à observer. Néanmoins, cela vaut la peine de les guetter, tout en gardant vos distances, car si elles ne sont pas agressives par nature, leur piqûre peut être très douloureuse, voire mortelle.

ALENA / STOCK.ADOBE.COM ©

Chapada dos Guimarães

du courant en contemplant les bancs de poissons scintillants or et argent, et les plantes aquatiques ondulant dans les eaux limpides, et levez les yeux de temps en temps vers la canopée pour y voir des oiseaux aux couleurs tropicales.

Le Parque Nacional da Chapada dos Guimarães est moins connu pour cette activité que ne le sont les rivières et bassins autour de Bom Jardim, pas loin, et plus ecore autour de Bonito, au sud de la région. Certes, les possibilités pour le snorkeling sont bien moindres dans le parc, mais en contrepartie, il y a de fortes probabilités pour que vous ayez ces eaux pour vous seul.

Rejoindre le spot de départ est déjà la moitié de l'aventure. Après 28 km de voiture depuis l'entrée du parc, une montée très raide mène à un point de vue surplombant la superbe vallée de la rivière. Vous n'avez plus ensuite qu'à redescendre vers celle-ci et à vous glisser doucement dans ses eaux calmes. Votre guide (obligatoire) vous accompagnera vers l'aval sur un kilomètre, vous nommant les poissons rencontrés plus d'une heure durant. Chaque participant se voit remettre des sandales, et les moins bons nageurs un gilet de sauvetage.

Pendant la saison des pluies, les rivières peuvent déborder, et la visibilité sous l'eau est très réduite. La direction du parc suspend donc l'activité de snorkeling.

AUTRES SPOTS DE SNORKELING

Le snorkeling dans des bassins et rivières d'eau douce et cristalline est aussi possible à **Bom Jardim** (p. 598) et, plus au sud, **Bonito** (p. 608).

COMMENT S'Y RENDRE ET CIRCULER

Des bus réguliers relient Cuiabá à la ville de Chapada dos Guimarães. Comptez 1 heure 15 de trajet. La gare routière (Rua Fernando Correa) est à deux rues de la grand-place. L'entrée du parc national se trouve quant à elle à 11 km au nord-ouest de la ville. Si vous n'avez pas de véhicule, des guides peuvent organiser votre trajet.

Environs du Parque Nacional da Chapada dos Guimarães

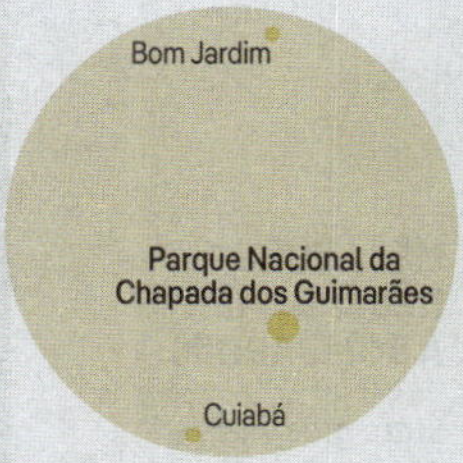

Bienvenue dans un paradis tropical méconnu, avec des rivières chaudes et poissonneuses !

Bom Jardim et la jungle alentour offrent un cadre tropical digne d'une carte postale. Vous pourrez vous baigner sous des chutes d'eau dont la configuration est juste idéale, nager aux côtés d'une myriade de poissons colorés dans des rivières incroyablement claires et, où que se pose votre regard, voir des perroquets, des singes, des fleurs étonnantes et des habitants se relaxant dans des hamacs.

L'ensemble fait presque trop cliché tropical pour être vrai. Pourtant si ! Et mieux encore, pour le moment, il échappe relativement aux hordes de touristes.

Il est aisé de visiter Bom Jardim en se rendant dans le nord du Pantanal ou au Parque Nacional da Chapada dos Guimarães.

Pour les infos pratiques, voir le Carnet d'adresses p. 616

À SAVOIR

Réservez une visite guidée des curiosités de Bom Jardim par le biais d'agences basées dans cette ville ou à Chapada dos Guimarães.

Sapajou du Paraguay

Lagoa Azul

MEILLEURS HÉBERGEMENTS À BOM JARDIM

Entre gros village et petite ville, Bom Jardim offre largement de quoi bien se loger.

Pousada Rota das Águas
Pension qui allie charme et qualité, jardins magnifiques et agence de voyages. $$

Pousada Cantinho de Casa
Charmante *pousada* tenue par des hôtes à la main verte, avec des chambres agencées autour d'une piscine. $$

Pousada Bom Jardim
Pension au centre de Bom Jardim, dans un endroit sympathique et tranquille, à savourer lové dans un hamac. $$

Flotter au-dessus des jardins aquatiques de Bom Jardim

LE PARADIS SUBAQUATIQUE SECRET DU BRÉSIL

Le snorkeling dans les eaux cristallines des rivières et bassins autour de la bourgade de Bom Jardim a quelque chose de totalement magique. Des groupes de petits poissons nerveux filent entre les racines immergées des arbres, et des bancs serrés de *piraputangas* géants se précipitent sur le moindre aliment à avaler. Le soleil fait scintiller ici et là le lit sablonneux des rivières et des feuilles énormes, mais des coins sombres demeurent, masquant peut-être des prédateurs de poissons à l'affût (sans danger pour l'homme).

Avec des spots plus variés que dans l'enceinte du parc national, mais nettement moins courus que Bonito, plus connu, Bom Jardim est sans conteste le meilleur endroit du Brésil pour le snorkeling en eau douce. Le site phare est la bien nommée **Lagoa Azul** ("lagune bleue") ou l'**Aquario Encantado** ("aquarium enchanté"), où l'on peut voir jusqu'à 6 m de profondeur. Admirer les poissons n'est toutefois pas

OÙ SE LOGER À CUIABÁ

Dom Bosco Hostel
Auberge de jeunesse simple et bien située, avec des murs aux couleurs vives et de petits dortoirs. $

Hotel Deville Prime Cuiabá
Tarifs compétitifs pour cet hôtel chic et central avec piscine, spa et bon restaurant. $$

Hotel Amazon Cuiabá
Complexe hôtelier moderne, doté d'une piscine dans un décor tropical. $$$

le seul attrait. La cascade **Cachoeira da Serra Azul** forme une piscine naturelle d'un bleu limpide très apaisante pour le snorkeling, tandis qu'une tyrolienne offre le grand frisson entre deux arbres de la jungle. Outre la faune sous l'eau, il y a une vraie vie terrestre. Ainsi, la **Lagoa das Araras**, lac marécageux d'où émergent moult palmiers, se prête merveilleusement bien à l'observation d'oiseaux. Chaque soir, notamment, une multitude d'aras investissent les lieux pour y passer la nuit.

Beaucoup des meilleurs sites de snorkeling se trouvent sur des terrains privés à quelques kilomètres de la ville, accessibles uniquement avec un guide officiel. Seul, vous ne pourrez vous rendre qu'à la Lagoa das Araras. Le guide se charge d'organiser le transport et fournit l'équipement de sécurité, dont un gilet de sauvetage.

Plongée dans l'atmosphère de Cuiabá

LE PATRIMOINE DE LA VILLE MODERNE

Bien qu'au cœur d'une région incroyablement sauvage, Cuiabá est une ville qui est entrée de plain-pied dans le monde moderne. Très peu de visiteurs prennent le temps de la découvrir. Pourtant, quelques bâtiments coloniaux à demi délabrés sont dispersés parmi les immeubles d'habitation, et la ville a de quoi ravir les amateurs de bonne chère et de vie nocturne.

L'épicentre de Cuiabá est une petite place pavée, avec quelques palmiers : la **Praça da República**. Autour se dressent plusieurs édifices imposants de l'époque coloniale, dont le **Palacio da Instrução**, jaune moutarde. Dans ses murs se trouvent la bibliothèque municipale et, à l'étage, une petite galerie d'art qui accueille des expositions temporaires. Juste à côté, la **cathédrale** est une construction beaucoup plus moderne, avec deux tours et, à l'intérieur, une immense peinture murale du Christ et quelques vitraux insolites. Le **Museu Histórico de Mato Grosso** se trouve, lui aussi, sur cette place centrale, mais il était encore fermé pour rénovation au moment de notre passage, sans date annoncée de réouverture. La Praça da República est toujours animée, notamment grâce à ses stands de glaces, de jus de fruits et d'artisanat, auxquels s'ajoutent parfois des musiciens pour doper l'ambiance. Le début de soirée est le meilleur moment pour fréquenter l'endroit. Juste au nord-est de la place, quelques ruelles anciennes forment aujourd'hui une zone piétonne et commerçante pleine de caractère.

OÙ PRENDRE UN VERRE À CUIABÁ

Il y a une vraie vie nocturne à Cuiabá, ne serait-ce que grâce à la Praça Eurico Gaspar Dutra et son vaste choix de bars et de restaurants.

Hookerz
Bières artisanales et burgers copieux dans ce bar très populaire au nom osé.

Choppão
Bar renommé qui sert des bières bien (et même très !) fraîches et une délicieuse soupe au poulet.

Bar do Edgare
Bar tout simple à l'ouest du centre-ville, avec des concerts rock le week-end.

COMMENT S'Y RENDRE ET CIRCULER

L'aéroport de Cuiabá (voir p. 581), bien relié au reste du pays, est situé à Várzea Grande, à 7 km de la ville. La gare routière (Jules Rimet) est à 3 km au nord du centre.

Le nombre de bus quotidiens de Cuiabá à Bom Jardim est limité, mais si vous réservez un circuit organisé, le transport est inclus. Comptez 4 heures de trajet. Une fois à Bom Jardim, un véhicule s'impose pour rejoindre la plupart des spots de snorkeling. Si vous n'en avez pas, des guides peuvent organiser le trajet pour vous.

AMAZONIE DU SUD

Pour les infos pratiques, voir le Carnet d'adresses p. 617

Bien loin du cœur du Mato Grosso, en allant vers le nord, le terrain devient plus montagneux, l'humidité s'accentue et les arbres gagnent en hauteur. Vous vous trouvez aux portes de la plus grande forêt tropicale du monde : l'Amazonie. En vous y enfonçant, vous vivrez des aventures exaltantes, au milieu d'une faune exotique et d'une végétation exubérante.

Clairement, cela réclame un investissement physique et/ou financier conséquent. Néanmoins, pour quiconque s'intéresse un tant soit peu à la nature sud-américaine, cette région sud de l'Amazonie est une expérience incontournable.

Les excursions partent d'Alta Floresta, ville à environ 873 km au nord de Cuiabá, mais parcourir le trajet jusque-là n'est qu'un début : ce n'est qu'ensuite, seulement, que vous vous enfoncerez réellement dans la jungle.

À SAVOIR

À la saison des pluies (de décembre à avril), une grande partie du Mato Grosso peut s'avérer difficilement praticable. Cette région d'Amazonie du Sud ne fait pas exception, mais si vous voulez faire du kayak dans les forêts inondées, il n'y a pas d'autre saison possible.

Ara hyacinthe (p. 601)

Vue plongeante sur l'Amazonie

DU HAUT DE LA CANOPÉE

Depuis la terre ferme, la forêt peut apparaître sombre et opaque : enchevêtrements de racines, amoncellements de feuilles mâchonnées par des nuées d'insectes, arbres morts investis par une multitude de champignons... Accompagné par votre guide dans la sublime **réserve naturelle privée du Rio Cristalino**, un des meilleurs endroits – un des plus exclusifs –de l'Amazonie pour observer la faune, vous découvrirez quelque chose de totalement saugrenu dans cette mer d'arbres : un immense poste d'observation tout en métal s'élevant au-dessus de la canopée. Marche après marche, vous prendrez alors de la hauteur, laissant le sol humide de la forêt 50 m plus bas. L'opportunité de découvrir nombre d'espèces animales emblématiques et une grande variété d'oiseaux.

Au début, vous n'aurez face à vous qu'une multitude de troncs rectilignes, mais en montant deux ou trois volées de marches, vous atteindrez les premières branches couvertes de mousse, où poussent des orchidées et d'autres plantes parasites. Vous commencerez aussi à voir des oiseaux, insectes et amphibiens (peut-être une rainette aux grands

MEILLEURS HÉBERGEMENTS EN AMAZONIE DU SUD

Cristalino Lodge
Écolodge de luxe parmi les meilleurs du Brésil, dans un lieu retiré, où vivre des expériences inoubliables. **$$$**

Caleche Park Hotel
Hôtel d'affaires moderne en périphérie d'Alta Floresta, de qualité très honorable. **$$**

Hotel Mandino
Établissement convenable et très sobre de type motel à Alta Floresta. **$$**

INSECTES D'AMAZONIE

Lors d'un voyage en Amazonie, on peut aisément rester focalisé sur les espèces vedettes de sa forêt, comme les jaguars, les alouates, les paresseux et les toucans. Cependant, ce sont des animaux nettement plus petits qui font l'essence même de cet écosystème : les insectes. Selon les scientifiques, la quantité d'espèces différentes dans le bassin amazonien atteindrait le nombre faramineux de 2,5 millions. On répertorie ici un tiers des espèces de papillons du monde, et les fourmis représentent pas moins de 30% de toute la biomasse animale de la forêt. En fait, le monde des insectes est si riche que si vous passez une heure à fouiner des feuilles mortes, il n'est pas exclu que vous découvriez une espèce encore inconnue des scientifiques !

WILDNERDPIX/SHUTTERSTOCK ©

Scarabée zombie à Alta Floresta

yeux, qui sait ?). Encore plus haut, vous aurez devant vous la canopée et toute la vie qui l'anime. Des écosystèmes autonomes entiers se sont développés dans les branches, au point que certains animaux foulent rarement le sol. Des sakis, alouates et divers ouistitis partagent l'espace avec plus de 500 espèces d'oiseaux, dont six sortes d'aras. Mais le sommet de la tour d'observation surplombe la cime des arbres, et vous n'y êtes pas encore ! En l'atteignant, vous pénétrerez dans l'espace de la harpie féroce ; même si ce puissant rapace ne se montre pas, le panorama sur l'Amazonie qui s'étend à perte de vue est tout bonnement à couper le souffle.

Outre savourer des yeux cet environnement unique, vous pouvez pratiquer d'autres activités mémorables dans cette réserve naturelle privée novatrice, comme le kayak. Pagayer doucement sur des rivières lentes et paisibles, tout en guettant les tapirs et les jaguars toujours fugaces, et en admirant les hérons et les ibis comme statufiés à la surface des eaux calmes, est une expérience sans égale au cœur de la vie sauvage. Elle le sera plus encore si vous planifiez votre séjour au moment où la forêt est inondée, vous offrant un cadre aussi beau que surréaliste pour le kayak.

Si vous préférez la terre ferme, la réserve est sillonnée d'une multitude de chemins de randonnée de longueurs variées. Les guides experts accompagnateurs vous montreront alors les merveilles naturelles de la forêt, comme une nuée de papillons multicolores extrayant les sels minéraux d'une mare boueuse ou un nid de fourmis "balles de fusil", dont il ne faut pas trop s'approcher, car avec une taille parfois voisine de 3 cm, leur morsure est très douloureuse. Ils vous indiqueront aussi les vertus médicinales des différentes plantes et identifieront les oiseaux cachés grâce à leur chant. Un safari pédestre est un mode d'exploration fantastique.

La réserve naturelle privée du Rio Cristalino n'est pas facile d'accès, mais une fois sur place, gageons que vous aurez sans doute envie d'y rester beaucoup plus longtemps que prévu.

BERNARDORIBBE/SHUTTERSTOCK ©

Singe-araignée à joues blanches

ANIMAUX EMBLÉMATIQUES

La réserve naturelle privée du Rio Cristalino abrite une faune d'une incroyable diversité, certaines espèces comptant parmi les plus emblématiques d'Amazonie.

Saki à nez blanc
Singe extrêmement sociable, mais en voie d'extinction.

Tapir du Brésil
Plus gros mammifère d'Amérique du Sud, dont le poids peut atteindre 300 kg.

Harpie féroce
Un des plus grands aigles du monde, les femelles pouvant peser jusqu'à 10 kg (les mâles sont plus petits).

Paresseux
Singes à trois ou deux doigts, qui se déplacent avec une extrême lenteur.

Panthère noire
Le plus emblématique des grands félins, bien présent... mais très rarement visible.

COMMENT S'Y RENDRE ET CIRCULER

Au départ de Cuiabá, des bus en direction du nord desservent Alta Florest (14 heures). Depuis Alta Floresta, il faut 90 minutes de bateau pour rejoindre le Cristalino Lodge, seul hébergement possible dans la réserve. Ce trajet est inclus dans le prix élevé des séjours tout compris.

LE PANTANAL

Une heure dans un petit bateau à se laisser porter par le faible courant des rivières au moment où le soleil pointe à l'horizon suffit pour mesurer le caractère exceptionnel et incontournable du Pantanal. Dans cette sérénité ambiante, vous apercevrez peut-être une loutre géante louvoyer dans l'eau en quête de piranhas pour son repas, ou un pécari pataugeant dans la boue, sur la rive, au grand dam d'une famille de capybaras qui se glissera alors dans l'eau pour nager jusqu'à la berge opposée, au risque d'y être attendue par un prédateur à l'affût. Si vous voyez une masse jaune et noire passer furtivement, aucun doute : le roi de la jungle du Pantanal, le magnifique jaguar, sera passé à l'attaque ! De telles scènes et un million d'oiseaux vous attendent dans le Pantanal, la région d'Amérique du Sud par excellence où observer la vie sauvage et l'une des plus grandes zones humides de la planète.

Pour les infos pratiques, voir le Carnet d'adresses p. 617

À SAVOIR

C'est dans la moitié sud du Pantanal que vous avez le plus de chances de voir des loups à crinière, et autour de Porto Jofre, au nord, des jaguars. Le nord est aussi propice pour le caurale soleil et le cerf des marais. La plupart des autres animaux stars peuvent s'observer un peu partout.

INCONTOURNABLES
1 Parque Nacional do Pantanal Matogrossense
VOIR
voir 3 Birding Pantanal
ACTIVITÉS
2 Campo Grande
3 Cuiabá
voir 3 Pantanal Explorer
4 Porto Jofre

MOONSTONE IMAGES/GETTY IMAGES ©

Barque dans les zones humides du Pantanal

Safaris en bateau au coucher du soleil

OBSERVER LA MÉGAFAUNE DEPUIS LES RIVIÈRES

Avec les traînées de lumière dorée rasante et le reflet violet des nuage cotonneux sur le miroir que forme la surface de l'eau, mais aussi les libellules posées sur des fleurs d'un blanc très pur, au milieu des disques verts des nénuphars géants (la Victoria d'Amazonie), le coucher de soleil est un moment privilégié pour une sortie en bateau dans le Pantanal. Moteur coupé, vous dériverez paisiblement en écoutant les derniers chants d'oiseaux de la journée et repérerez à quelques mètres de vous les yeux vitreux d'un caïman, vous fixant, impassible, la tête à peine sortie de l'eau. Le batelier vous invitera alors à trinquer au coucher du soleil et à savourer cette incroyable quiétude… laquelle risque néanmoins d'être perturbée par une famille entière de capybaras (de la taille d'un cochon) se jetant bruyamment dans l'eau à votre arrivée.

Ces safaris en bateau sont de loin la formule favorite pour découvrir le Pantanal. La vie se concentre dans le dédale des cours d'eau qui débordent ou regagnent le fond de leur lit selon les saisons, et la côtoyer depuis cet entrelacs donne une perspective radicalement différente d'une observation depuis

PAROLE D'HABITANT : AVENTURES DE RÊVE DANS LE PANTANAL

Andre von Thuronyi est le propriétaire du superbe Araras Eco Lodge et de l'agence de tourisme responsable Pantanal Explorer (@pantanalexplorer).

À cheval
Le safari équestre est le plus sûr et le plus rapide pour découvrir la vie sauvage à la saison sèche comme à celle des pluies. Il permet aussi d'approcher les animaux.

En bateau
Ce type de safari est très relaxant, car vous voguez silencieusement sur les rivières en observant les animaux se rassembler sur les berges.

À pied
Empreintes, nids d'oiseaux, insectes… Un tel safari offre une proximité fantastique à la nature.

MEILLEURS ÉCOLODGES DANS LE PANTANAL

Araras Eco Lodge
Joli lodge confortable, tenu par un couple chaleureux, impliqué dans des projets de conservation. **$$$**

Pantanal Jaguar Camp
Lodge intime, certifié écologique (énergie solaire), en pleine nature, au cœur du territoire du jaguar. **$$$**

Refúgio Ecológico Caiman
Écolodge très investi. Ici, chaque client paie une taxe visant à compenser son empreinte écologique. **$$$**

QUAND VISITER

Le Pantanal peut se visiter toute l'année, mais la saison sèche (de mai à septembre) est considérée comme la période optimale, car la faune est concentrée autour des points d'eau plus restreints. Même si les inondations compliquent les déplacements, la saison des pluies (de novembre à avril) reste intéressante : outre la multitude d'oiseaux à observer, la montée des eaux contraint les animaux à se déplacer sur des parcelles de terrain sec plus petites, et la faune se retrouve donc beaucoup plus concentrée. Si vous venez à cette saison, privilégiez novembre, mois de transition favorable. Les plus fortes pluies tombent en février et mars, et la chaleur atteint des sommets entre décembre et février, avec des températures couramment au-dessus de 40 °C. Beaucoup d'hôtels ferment à cette période.

JAMI TARRIS/GETTY IMAGES ©

Grandes aigrettes

un véhicule ou lors d'une marche. Vous pouvez ainsi croiser un grand nombre d'animaux aquatiques sinon difficiles à voir et percevoir l'agitation de certains, angoissés par la présence, au bord de l'eau, d'un jaguar venu s'abreuver. Tous les lodges organisent des safaris en bateau, et beaucoup en proposent aussi en kayak.

Safaris pédestres grisants

AU PLUS PRÈS DE LA VIE SAUVAGE

Pour les spécialistes locaux des safaris, la marche à pied est la seule et unique façon d'aborder le Pantanal de manière plus intime, car elle permet de voir, entendre, toucher et sentir l'environnement d'une façon qui serait totalement impossible en véhicule motorisé. Un guide expert vous aidera à repérer pléthore de petits animaux que vous auriez assurément ratés en bateau ou en jeep et vous renseignera à leur sujet. Au gré de faits et d'histoires incroyables, il vous expliquera aussi que les insectes impactent bien plus cet environnement que n'importe quel gros mammifère et vous apprendra à identifier diverses plantes, parfois dotées d'importantes vertus médicinales. Une myriade d'oiseaux hauts en couleur sont également à découvrir, et peut-être pourrez-vous approcher un troupeau de cerfs ou, en gardant vos distances, un énorme anaconda. En revanche,

OÙ SE LOGER DANS LE NORD DU PANTANAL

Flotel & Jaguar Suites
Magnifique *house boat* dans un endroit isolé, d'où sont menées des études sur le jaguar. **$$$**

Pousada Piuval
Pension familiale dans un ranch avec piscine. Les tarifs incluent des excursions en bateau et à cheval. **$$$**

SouthWild Pantanal Lodge
Établissement très à l'écart, au bord d'une rivière où viennent souvent s'ébattre des loutres géantes. **$$$**

vous n'avez guère de chances de croiser le roi jaguar sur ce type de safari. Enfin, le guide vous apprendra à identifier les empreintes de nombreux animaux du Pantanal.

Les safaris pédestres ne durent généralement qu'une demi-journée, toujours aux heures les plus fraîches, mais il existe des formules plus longues pour les passionnés. Dans tous les cas, prévoyez un chapeau, de l'écran solaire, de l'eau en abondance et des jumelles, et portez un pantalon et de bonnes chaussures de marche.

Safaris motorisés en pleine nature

À L'AFFÛT DES ANIMAUX DES VASTES PRAIRIES

Imaginez une prairie et, avançant lourdement mais avec détermination vers une termitière proche, un animal de 2 m de long, avec une queue hirsute et un énorme museau tubulaire édenté : vous voici face à un tamanoir, une des plus étranges créatures terrestres. Depuis votre véhicule à proximité, vous le regardez subjugué éventrer la termitière d'un puissant coup de griffes, puis aspirer littéralement les termites et les fourmis, en déployant et rentrant sa longue langue très souple jusqu'à 150 fois par minute. C'est ce type de scène étonnante que vous réserve un safari en jeep dans le Pantanal.

Aussi étrange que cela paraisse, globalement, la présence d'un véhicule ne perturbe pas du tout les animaux vivant dans cette région, qui se comportent comme si de rien n'était. Un safari motorisé est donc une très bonne solution pour approcher d'assez près les plus grosses espèces et couvrir de grands espaces en peu de temps. La plupart se déroulent dans les plaines semi-arides comme la savane, où vous pourrez espérer voir beaucoup de cerfs et d'oiseaux, comme des nandous. Avec un peu de chance, un fourmilier, un tatou, voire un loup à crinière pourrait se montrer. Les capybaras, eux, sont fréquents près des grands points d'eau.

Les safaris nocturnes motorisés rencontrent un franc succès. Au moyen d'un projecteur puissant, le guide vous permet de repérer des renards crabiers, des chouettes, etc.

Le jaguar, roi incontesté de la jungle

RENCONTRE AVEC LE PLUS GRAND PRÉDATEUR D'AMÉRIQUE DU SUD

Malgré ses couleurs vives, le jaguar échappe aisément au regard s'il ne bouge pas. Même quand il se met furtivement en mouvement sur la rive, il faut parfois un œil expert pour le remarquer se faufiler entre les buissons et les branches. Mais quelle émotion lorsque vous le repérez enfin ! Le temps de reprendre votre souffle, et votre bateau se rapproche

LE PANTANAL EN CHIFFRES

S'étendant sur presque 170 000 km² entre les frontières du Brésil, de la Bolivie et du Paraguay, le Pantanal est la plus grande zone humide tropicale du monde et une région vitale d'un point de vue écologique.

Le Pantanal, qui était un désert il y a entre 23 000 et 13 000 ans, comprend aujourd'hui environ 3% des zones humides de la planète.

À la **saison des pluies**, environ 80% de sa surface sont inondés, soit l'équivalent de la Belgique, des Pays-Bas, du Portugal et de la Suisse cumulés.

Le Pantanal abrite près de 3 500 espèces de plantes, de 475 à 656 d'oiseaux, 325 de poissons, 159 de mammifères, 53 d'amphibiens et 98 de reptiles.

Avec quelque **10 millions de caïmans**, c'est aussi là que se trouve la plus grande concentration de crocodiles au monde.

OÙ SE LOGER DANS LE SUD DU PANTANAL

Pousada & Camping Santa Clara
Ranch proposant safaris, excursions et hébergements pour tous les budgets. **$$**

Barra Mansa Pantanal Hotel
Chambres soignées et bonne cuisine dans ce lodge familial au bord de l'eau, qui organise d'excellents safaris. **$$$**

Fazenda Barranco Alto
Lodge très chic au bord du Rio Negro, avec une terrasse d'où l'on peut voir une multitude d'animaux. **$$**

prudemment de lui. Face à ses yeux jaunes perçants qui vous fixent, difficile de ne pas être parcouru d'un frisson et de ne pas ressentir une peur primaire : le plus redoutable prédateur de l'Amérique du Sud est devant vous !

Le jaguar est de loin le plus grand félin des Amériques, et le troisième au monde après le lion et le tigre. Pour beaucoup de gens, avoir la chance de regarder cet animal d'une beauté et d'une puissance exceptionnelles les yeux dans les yeux est la principale motivation d'un séjour dans le Pantanal (et même au Brésil). Cette région est effectivement le meilleur endroit de la planète où voir ce félin à l'état sauvage. Bien que présent dans tout l'écosystème, il s'est quelque peu habitué aux humains en bateau autour de Porto Jofre et les ignore royalement, vacant à ses occupations sur la berge ou dans l'eau comme si personne ne le regardait.

Les safaris en bateau près de **Porto Jofre** centrés sur l'observation du jaguar ont lieu à la saison sèche, entre mai et novembre. Toute agence, ou presque, spécialiste des safaris dans le Pantanal proposent des formules express sur une journée ou de plusieurs jours avec hébergement (coûteux) inclus.

Voir un vrai jaguar en liberté est une expérience absolument unique, mais les aspirants à cette rencontre sont nombreux. Tous les bateaux opérant dans cette région communiquent entre eux par radio, et dès qu'un jaguar est repéré, chacun se précipite sans un regard ou presque pour les autres animaux croisés en chemin. Vous êtes donc quasi sûr de voir ce félin, surtout si vous passez plusieurs jours dans la région. Cependant, la rencontre risque fort de s'apparenter à une foire d'empoigne de 10 ou 20 bateaux désireux d'être aux premières loges, le tout dans des vrombissements de moteur perturbant les animaux.

Si les jaguars ont la vedette, la faune sauvage présente dans la zone ne s'y résume évidemment pas. Quiconque s'intéresse vraiment à la nature du Pantanal adorera découvrir d'autres animaux ainsi que la flore présente. Pour engager ce type de découverte, n'hésitez pas à demander au batelier de couper sa radio ; sinon, les conducteurs sont tellement habitués aux touristes n'aspirant qu'à voir un jaguar que le vôtre risque de devoir se faire violence pour ne pas se précipiter là où un collègue en signale un. Outre les nombreux caïmans et capybaras, et pléthore d'oiseaux extraordinaires, vous pourrez apercevoir des loutres géantes, des alouates, voire des tapirs. Avec cette approche plus responsable du safari, votre expérience à Porto Jofre sera bien plus riche, tout en étant également plus tranquille.

POURQUOI J'AIME LE PANTANAL

Stuart Butler, auteur

Paysages somptueux, lumière magique, grands espaces ouverts où vivent des animaux plutôt indifférents à la présence humaine, excellents lodges et campings en pleine nature, initiatives écologiques admirables : le Pantanal réunit tout ce que j'aime dans les safaris. Mais ce que j'apprécie encore plus, c'est la diversité des activités proposées. Au lieu de passer tout le séjour à admirer les animaux depuis un véhicule, vous pouvez prévoir aussi une sortie en bateau, du kayak, de la rando ou juste une journée tranquille sur le territoire d'un animal, à attendre que celui-ci se montre.

HÉBERGEMENT AVEC LE MEILLEUR RAPPORT QUALITÉ-PRIX

Pantanal Jungle Lodge
Dortoirs chaleureux et chambres de qualité dans cette auberge qui propose pléthore d'activités. **$$**

Pousada Rio Clarinho
Fazenda (ranch) de caractère au bord du Rio Clarinho, où vous serez réveillé par le chant des oiseaux. **$**

Lontra Pantanal Hotel
Lodge simple au bord de l'eau, très prisé des pêcheurs, avec de petites chambres très correctes. **$$**

Jaguar dans le Rio Cuiaba

Virevolter avec les oiseaux

OBSERVATION D'OISEAUX DE HAUTE VOLÉE

Les jaguars, caïmans et loutres géantes occupent tellement le devant de la scène que les oiseaux n'attirent pas forcément les foules. Pourtant, cette immense zone humide est un des endroits du monde les plus propices à leur observation, puisque l'on y recense officiellement entre 475 et 656 espèces (il n'y a pas de consensus sur le nombre exact). Ainsi, on peut facilement en apercevoir 130 dans une même journée. En fait, que vous parcouriez les sous-bois ou regardiez dans les airs au-dessus d'une rivière, vous verrez forcément une paire d'ailes. Vous pourrez même admirer de magnifiques oiseaux sans quitter votre lodge. Les ornithologues guetteront l'ara hyacinthe bleu cobalt, plus grand psittacidé du monde – mais pas le plus lourd, qui est le kakapo. Le grand ibijau nocturne est doublement intéressant, car il ressemble à un bout de branche et a un cri bizarre. Citons aussi le caurale soleil, avec des ailes dignes d'un papillon, le grisin du Mato Grosso, oiseau discret qui ne vit qu'ici et dans certains endroits de Bolivie, la buse couronnée, menacée de disparition, et l'onoré agami, héron hélas vulnérable, d'une beauté et d'une élégance rares.

Si les oiseaux vous intéressent, voire vous passionnent, faites-le bien savoir à vos guides. Sinon, ceux-ci se concentreront sur les gros mammifères et les seuls oiseaux qu'il est courant d'apercevoir. Les passionnés auront aussi tout intérêt à s'offrir *Birds of the Pantanal*, un guide pratique en vente dans la plupart des lodges.

CIRCUITS ORGANISÉS DANS LE PANTANAL

Beaucoup de gens arrivent au Brésil avec un séjour dans le Pantanal intégralement planifié via une agence locale ou un tour-opérateur international, spécialisé dans les safaris. Pourtant, rien ne vous empêche de tout organiser seulement une fois sur place, depuis l'une des principales villes d'accès : **Cuiabá** au nord pour la Transpantaneira, **Campo Grande** au sud pour l'Estrada Parque, et **Corumbá** à la frontière bolivienne (même si elle n'a plus la cote d'antan). Par rapport à ceux de Campo Grande et Corumbá, les circuits depuis Cuiabá sont souvent un peu plus chers, mais plus professionnels, avec des groupes de moindre taille et des guides plus expérimentés. Ils vont aussi dans des zones plus reculées du Pantanal.

SAFARIS À CHEVAL DANS LE PANTANAL

Brazil Nature Tours
Agence réputée, qui propose des safaris équestres de 7 jours et 6 nuits extraordinaires.

Entre Orejas
Agence avec une longue expérience, qui organise des safaris de 8 jours pour des cavaliers confirmés.

Ride in Brazil
Agence spécialisée de longue date dans les aventures équestres. Vacances à cheval proposées dans tout le Brésil.

CIRCUITS D'OBSERVATION DES OISEAUX

Presque tous les guides du Pantanal spécialistes de la faune pourront vous montrer les espèces d'oiseaux les plus communes et visibles, mais si les bêtes à plumes vous intéressent vraiment, mieux vaut réserver un circuit dédié.

Birding Pantanal
Agence locale spécialisée dans l'observation des oiseaux. Elle est gérée par certains des plus éminents ornithologues du Brésil.

Pantanal Explorer
Guides formidables, très investis dans l'écotourisme et notamment impliqués dans des projets de conservation de l'ara hyacinthe.

Naturetrek
Agence internationale spécialisée dans l'observation de la vie sauvage, avec un circuit dédié aux oiseaux se déroulant dans le Pantanal et en Amazonie.

JAMI TARRIS/GETTY IMAGES ©

Pantaneiros (cow-boys) au travail dans le Pantanal

À la pêche aux piranhas

UN POISSON À LA RÉPUTATION TERRIFIANTE

La pêche est une activité très populaire dans le Pantanal, notamment celle des piranhas, une des espèces de poissons dont la réputation est la plus erronée. Vous pouvez la pratiquer juste pour le plaisir, en relâchant le vorace aux dents pointues après l'avoir attrapé, ou pour votre consommation personnelle, en faisant frire votre prise pour un déjeuner au bord de la rivière. Dans les deux cas, l'expérience est vraiment excitante : piquer un petit morceau de bœuf sur l'hameçon, lancer la ligne, guetter les ondulations et éclaboussures indiquant que les piranhas s'agitent et tirer la ligne d'un coup sec quand la proie est ferrée. Si vous rejetez le poisson à l'eau, prenez d'abord le temps de l'examiner. Votre guide devrait pouvoir ouvrir délicatement la mâchoire du piranha, afin de vous laisser admirer ses petites dents aiguisées, un peu inclinées vers l'arrière pour empêcher la proie de s'échapper trop facilement.

Bien que cette espèce de poisson soit naturellement au centre de l'attention, les aficionados de la pêche s'intéresseront sans

PRESTATAIRES D'ACTIVITÉS DU PANTANAL

Pantanal Nature
Prestataire très renommé pour ses circuits professionnels et ses guides experts.

SouthWild
Pionnier du tourisme local, lié à la vie sauvage et avec des biologistes sur place : pour les passionnés.

Biodiverse Brazil Tours
Agence très respectueuse de l'environnement, dirigée par un biologiste expert en ornithologie.

doute davantage aux énormes *pintados* et *cacharas*, deux poissons-chats à tête plate. Certains de ces monstres ont la taille d'un humain et pèsent jusqu'à 100 kg. Quoi que vous pêchiez, il faut garder un œil sur les opportunistes inattendus à l'affût, car un caïman attiré par l'agitation du poisson peut tout à fait subtiliser votre dîner. Et sa mâchoire est autrement plus impressionnante que celle d'un piranha...

La pêche n'est autorisée que de mars à octobre, et il faut un permis, que vous pouvez acquérir via votre tour-opérateur ou votre hôtel.

Les cow-boys du Pantanal

GALOPER AU CŒUR DE LA VIE SAUVAGE

Bien avant de devenir une destination de rêve pour les naturalistes et les touristes amateurs de faune sauvage, le Pantanal était un territoire de bétail et de cow-boys (*pantaneiros*). Ceux-ci surveillaient de vastes ranchs dans ces étendues sauvages, montés sur des chevaux rapides, robustes et maniables. Cette tradition persiste aujourd'hui, mais certains cow-boys organisent désormais des safaris à cheval palpitants dans des coins extrêmement sauvages de la région. Traversant au galop les plaines inondables et la campagne, vous atteindrez les endroits les plus reculés des zones marécageuses, avec l'avantage indéniable d'être à cheval : moins effrayés par votre présence que si vous arriviez en véhicule motorisé ou à pied, les animaux sauvages, comme les capybaras, se laisseront approcher de beaucoup plus près.

De nombreux lodges organisent des safaris équestres d'une journée ou demi-journée, souvent accessibles à ceux qui ne montent pas forcément très bien à cheval. Néanmoins, quelques opérateurs spécialisés proposent des formules nettement plus longues de plusieurs jours, avec certaines nuits en lodge et d'autres à la belle étoile, dans un hamac à côté des chevaux. Souvent, pour vous éviter trop d'heures de selle, des activités plus classiques de safari dans le Pantanal sont aussi prévues. Certaines formules incluent même des visites de ranchs, où vous observez et accompagnez les cow-boys de métier maniant le lasso pour regrouper le bétail. Seul un cavalier très aguerri peut participer à un safari à cheval de plusieurs jours.

DES PIRANHAS ASSASSINS ?

Après les requins, les piranhas sont les poissons dont on a la plus fausse image. Il en existe 39 espèces différentes, d'apparences et de mœurs extrêmement variées. Cependant, la plupart du temps, lorsque nous évoquons ce poisson, nous pensons au piranha à ventre rouge, avec un corps arrondi brillant, orangé et argenté, dont la mâchoire légèrement en saillie est dotée d'une rangée de petites dents très aiguisées, orientées vers l'arrière. Chaque année, des humains sont certes victimes de morsures aux orteils et aux doigts, mais elles restent bénignes : seuls quelques cas d'attaque mortelle ont été enregistrés. En revanche, il n'est pas rare que des piranhas dévorent le corps de personnes mortes dans l'eau pour d'autres raisons.

COMMENT S'Y RENDRE ET CIRCULER

Pas bitumées et peu nombreuses, les routes du Pantanal sont souvent fermées à cause de la pluie. Les lodges étant les seuls endroits où se loger et se restaurer, et les transports en commun très limités, voyager seul est difficile. À moins d'avoir une très grande expérience en conduite tout-terrain, louer une voiture n'est envisageable qu'à la saison sèche. Seuls la Transpantaneira dans le Mato Grosso et l'Estrada Parque dans le Mato Grosso do Sul s'enfoncent vraiment dans les terres. Le meilleur moyen d'explorer la région est donc un circuit organisé par un tour-opérateur spécialisé dans l'observation de la vie sauvage. Cela vaut alors la peine de casser sa tirelire pour s'en offrir un de niveau supérieur, avec des guides, véhicules et lodges de qualité. Pour connaître les meilleurs point de départ pour réserver un circuit sur place à la découverte du Pantanal, voir p. 601.

ROAD TRIP

En voiture sur la Transpantaneira

La partie nord du Pantanal est traversée par la Transpantaneira, piste de terre surélevée reliant Poconé à Porto Jofre, le long de laquelle se sont installés la plupart des hébergements de la région. L'emprunter pour rejoindre le lodge d'où part votre safari vous donnera déjà un avant-goût d'aventure, en vous plongeant dans une nature sauvage spectaculaire. En chemin, il y a de grandes chances que vous y croisiez caïmans et nandous.

1. Poste de garde

Bien que la route commence officiellement à Poconé (pensez à faire le plein d'essence, car la station-service suivante est loin), la plupart des gens considèrent la grande pancarte en bois au 17e kilomètre au sud de la ville comme le début du voyage. Presque aussitôt après, la campagne devient plus sauvage, et il n'est pas rare d'apercevoir déjà un caïman ou un perroquet.
L'itinéraire : 2 km à peine, au sud, soit au Km 18 depuis Poconé, se trouve le premier lieu réellement intéressant pour la faune.

2. As Torda

Après le poste de garde, la zone humide d'As Torda est le premier endroit où vous avez toutes les chances de voir une vie animale très riche : les caïmans, notamment, y sont souvent très nombreux, de même que les oiseaux.
L'itinéraire : En ignorant les bifurcations sur des chemins menant à des ranchs ou des lodges départs de safaris, continuez à rouler vers le sud sur 14 km, au travers de broussailles et le long de cours d'eau tortueux.

3. Barara

L'arrêt suivant, Barara, est surtout connu comme lieu où refaire le plein. Ce petit bar à l'ombre d'immenses arbres vous permet de manger une *galinhada* (fricassée de poulet avec du riz) ou du poisson frit accompagné d'une bière, tout en guettant de charmants aras rouges.
L'itinéraire : Poursuivez dans la même direction durant 23 km, à vitesse modérée et en ouvrant l'œil, pour ne pas rater les animaux en bord de route.

4. Zones humides

Au Km 55 depuis Poconé, juste après Barrinha, le grand entrelacs de zones humides entourées de bois de part et d'autre de la route constitue l'habitat favori d'une pléthore d'espèces animales. Donc garez-vous, sortez les jumelles et guettez patiemment le premier individu qui viendra se désaltérer. N'hésitez pas à rester longtemps, car c'est un des meilleurs endroits du trajet où observer la faune sauvage.

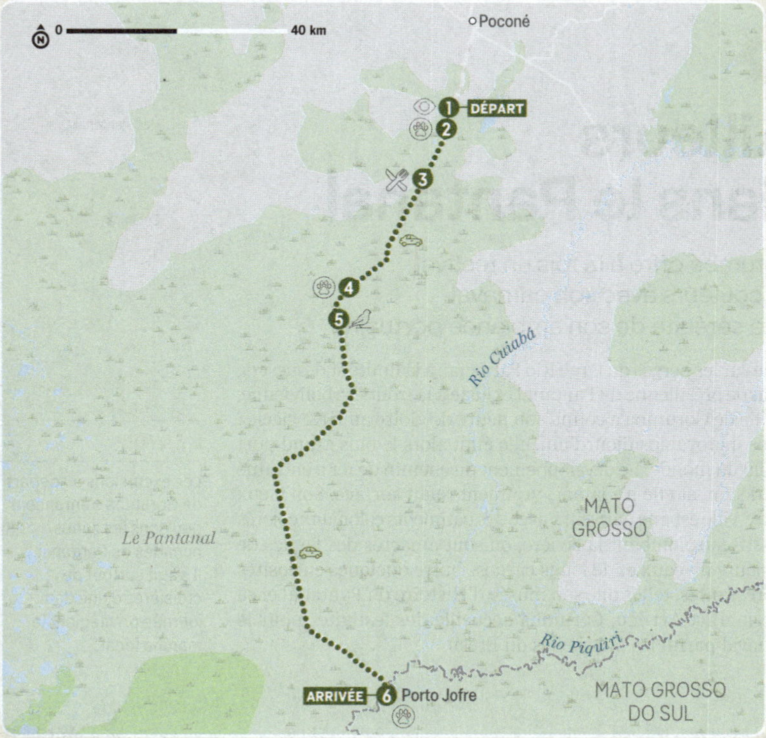

L'itinéraire : L'eau est de plus en plus présente 7 km au sud et au-delà, mais avant, vous traversez une zone broussailleuse sauvage, où vous verrez sans doute divers oiseaux et mammifères terrestres.

5. Rio Sararé

Au Km 55 depuis Poconé, après avoir passé un pont sur le tortueux Rio Sararé, arrêtez-vous pour observer les oiseaux sur la berge, voire prendre un verre au Pantanal Mato Grosso Hotel, côté sud. Hormis quelques lodges pour les safaris, les habitations privées se raréfient au-delà de cette rivière : vous pénétrez au cœur même du Pantanal et du territoire du jaguar, bien qu'il faille avoir beaucoup de chance pour en apercevoir un sur votre trajet.
L'itinéraire : La Transpantaneira se termine par 80 km somptueux dans un cadre presque totalement sauvage. Levez le pied pour admirer la faune abondante.

6. Porto Jofre

La route s'arrête à 145 km de Poconé, au petit village de Porto Jofre, bâti au bord du boueux Rio São Lourenço, parmi les marécages et les prairies. Au-delà commence le territoire des grands félins, accessible uniquement en bateau ou à pied. Si vous tenez à voir des jaguars, installez-vous ici, dans un lodge.

Ailleurs dans le Pantanal

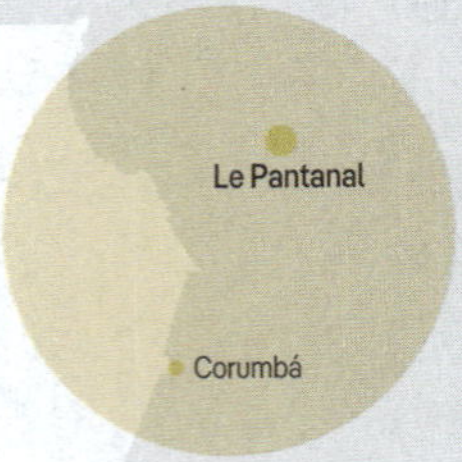

Corumbá offre à la fois un festival de couleurs avec son carnaval et la sérénité de son ambiance portuaire.

Bâtie sur les berges du large Rio Paraguai, à la limite sud-ouest de la partie brésilienne du Pantanal et juste à la frontière bolivienne, la ville de Corumbá a connu son heure de gloire au XIXe siècle : chose incroyable aujourd'hui, elle était alors le plus grand port fluvial du monde. Le développement du chemin de fer a entraîné son déclin, et elle n'a jamais vraiment refait surface. Son vieux centre-ville est une merveille, avec des bâtiments coloniaux colorés massifs surplombant la rivière, où sont amarrés des ferries de plusieurs niveaux et de longs cargos. Outre quelques curiosités intéressantes, telles que son musée d'Histoire du Pantanal et sa galerie d'art Art Izu, Corumbá accueille des festivités pour le carnaval parmi les plus belles du Brésil.

Pour les infos pratiques, voir le Carnet d'adresses p. 619

À SAVOIR

Les excursions au départ de Corumbá s'enfoncent peu dans les zones humides du Pantanal. Il s'agit surtout de croisières d'une demi-journée privilégiant le marché local.

Corumbá

MAURICIO COSTA JR/SHUTTERSTOCK ©

Carnaval de Corumbá

Carnaval à Corumbá

FASTE ET GLAMOUR

Strass et paillettes, musique et tenues légères : le carnaval de Rio est souvent la première chose qui vient à l'esprit quand on pense au Brésil. Pourtant, s'il est le plus grand et le plus célèbre du pays, il y en a bien d'autres. Contre toute attente, l'ancienne petite bourgade de Corumbá tire si bien son épingle du jeu que le sien est considéré comme l'un des meilleurs du Brésil par les aficionados du genre. Sa tradition du carnaval remonte au XIXe siècle : elle fut amenée par les militaires et les officiers de marine de Rio affectés ici pour garder la frontière. Le carnaval se tient durant 6 semaines avant le carême, essentiellement dans la rue de la vieille ville qui longe la rivière. Il dure 7 jours, mais les défilés principaux n'ont lieu que deux soirs. Les festivités débutent avec l'élection du roi, de la reine et des princesses du carnaval, qui sont chargés d'ouvrir et clore l'événement et d'accueillir les différentes écoles de samba sur la scène où elles seront jugées. Durant toute la semaine ont lieu des concerts et des fêtes de quartier, où tout le monde est le bienvenu. Des écoles de samba amateurs se produisent le premier soir des défilés, remplacées le second par des troupes professionnelles, avec des costumes, chars et danses plus sophistiqués. Certaines performances sont dédiées au carnaval des enfants, tandis que des communautés locales organisent leurs propres fêtes et parades. Les touristes étrangers étant beaucoup moins nombreux au carnaval de Corumbá qu'à ceux de Rio et São Paulo, vous êtes au plus près de l'action et pourrez même parfois entrer dans la danse !

OÙ SE RESTAURER À CORUMBÁ

Corumbá compte quelques bonnes tables où manger de la vraie cuisine locale, sans chichi. Voici nos préférées.

Miguéis
Bar-restaurant décontracté, servant des plats avec une présentation soignée. Mention spéciale pour leur viande ! $$

Laço do Ouro
Churrascaria (restaurant-grill) familiale, où se régaler du meilleur *rodízio* (buffet à volonté) carné de la ville pour le déjeuner. Dîner à la carte. $$

Rodeio do Pantanal
Restaurant populaire sur le mode buffet, qui est un des rares à proposer des légumes verts. $$

COMMENT S'Y RENDRE ET CIRCULER

L'aéroport de Corumbá est installé à 3 km à l'ouest du centre-ville. Azul (www.voeazul.com.br) assure une liaison avec Campinas dans l'État de São Paulo. Depuis la gare routière longue distance (Rua Porto Carreiro), des bus réguliers rejoignent Campo Grande en 7 heures de trajet. Mieux vaut acheter son billet en amont. À raison d'au moins un par heure entre 6h et 19h, le bus 102 relie la Praça da Independência de Corumbá à la frontière bolivienne. Sinon, il existe aussi des taxis et motos-taxis. Toutes les formalités de sortie sont à accomplir à la frontière avec la Polícia Federal.

BONITO

Petite ville verdoyante et paisible, Bonito regorge de structures d'accueil pour les touristes. Néanmoins, son véritable attrait tient à la nature environnante. Au cœur d'épaisses forêts tropicales et de prairies ouvertes accueillant des ranchs, vous pourrez vivre des expériences aquatiques passionnantes, comme du snorkeling dans des rivières chaudes et limpides au milieu de gros bancs de poissons. Autres aventures palpitantes : la descente en rappel dans des grottes féeriques, l'exploration de dolines peuplées d'aras perchés et des randonnées en forêt jusqu'à des chutes d'eau vertigineuses.

Bonito complète parfaitement un safari dans le Pantanal, car elle offre une perspective radicalement différente sur un écosystème pourtant équivalent.

Sa visite et les activités qui lui sont liées requièrent une bonne planification préalable : trois jours sur place ne sont vraiment pas de trop. Beaucoup de gens quittent cette ville à regret, tant ils ont été ravis de leur séjour et aimeraient rester plus longtemps.

Pour les infos pratiques, voir le Carnet d'adresses p. 619

À SAVOIR

En haute saison, les circuits les plus prisés doivent être réservés bien en avance (parfois des mois avant pour des sites de petite capacité, comme Abismo Anhumas). Prévoyez absolument plusieurs jours pour bien profiter de Bonito.

CACIO MURILO/SHUTTERSTOCK ©

Forêt tropicale à Bonito

INCONTOURNABLES
1 Abismo Anhumas

VOIR
2 Buraco das Araras

ACTIVITÉS
3 Bonitour
4 Lagoa Misteriosa
5 Nascente Azul
6 Rio da Prata
voir 6 Rio Olho d'Agua
7 Rio Sucuri
voir 3 Agência Ygarapé

SNORKELING À BONITO : INFORMATIONS PRATIQUES

La visite des sites naturels de Bonito est soumise à une règlementation locale très stricte, à la fois pour minimiser l'impact du tourisme et parce que beaucoup se trouvent sur des propriétés privées. Aucun n'est accessible sans un guide agréé – attention, certains parlent juste portugais –, et le nombre de visiteurs quotidiens est limité quasi partout. Le tarif d'entrée est fixé par les propriétaires, peu importe le prestataire auprès duquel vous réservez le circuit. Généralement, il inclut le transport uniquement quand vous réservez via votre hôtel, mais cela varie parfois selon la taille du groupe. Pour préserver la limpidité et la pureté de l'eau, la crème solaire et l'antimoustique sont interdits.

OÙ SE LOGER À BONITO

Pousada Surucuá
Chambres calmes et modernes, réparties autour d'une piscine bordée de palmiers. Petit-déjeuner de qualité inclus. **$$$**

Bonito HI Hostel
Belles chambres privées et dortoirs confortables dans cette excellente auberge de jeunesse avec piscine. **$**

Pousada Muito Bonito
Une *pousada* très chic, aussi agence de tourisme réputée, avec chambres lumineuses et raffinées, et petite piscine. **$$**

LES EAUX MAGIQUES DE BONITO

Avec une visibilité sous l'eau avoisinant les 10 m, la clarté des rivières autour de Bonito semble surréaliste. Cette limpidité vient des sources souterraines profondes et de leur environnement calcaire. Celui-ci libère du carbonate de calcium dans l'eau, qui calcifie les impuretés, lesquelles retombent alors au fond de la rivière. Ce processus explique à la fois cette pureté extraordinaire et pourquoi il est demandé aux snorkeleurs et aux nageurs de ne pas toucher le lit des rivières. La végétation sous et au-dessus de l'eau joue également un rôle dans la purification de celle-ci. C'est donc un écosystème parfaitement équilibré, qu'il faut absolument veiller à ne pas dérégler par un comportement humain inapproprié.

Vie aquatique à Bonito

SNORKELING DANS UN AQUARIUM NATUREL

Le snorkeling dans les eaux cristallines autour de Bonito vous permet de croiser tant de poissons que vous pourriez croire faire partie d'un banc. Vous verrez notamment de gros *pacus* noirs qui, bien que cousins des piranhas tant redoutés, sont totalement végétariens, ou encore des *dourados* d'un mètre de long et d'apparence assez effrayante, qui ont une réputation de batailleurs auprès des pêcheurs, mais sont plutôt zen avec les plongeurs. Comme tous les pratiquants de snorkeling à Bonito, vous serez en permanence entouré d'une multitude de *piraputangas*, poissons allongés, jaune orangé et brillants, qui évoluent en bancs énormes.

Outre ces espèces imposantes bien visibles, il en existe des milliers de plus petites. Si vous immobilisez vos jambes quelques instants, les plus rikiki viendront peaufiner votre pédicure en grignotant les peaux mortes ! Néanmoins, l'aspect extraordinaire du snorkeling dans les rivières de Bonito ne tient pas qu'à ces rencontres. La végétation subaquatique est aussi d'une rare beauté. Sous l'eau poussent pléthore d'herbes et de plantes de couleurs très vives, et des troncs d'arbres tombés sur le sable blanc du lit de la rivière évoquent des œuvres d'art naturelles. En sortant la tête de l'eau turquoise, vous serez tout aussi émerveillé par le paysage alentour, qu'il s'agisse de cascades dégringolant de falaises parsemées de bosquets ou des oiseaux tropicaux virevoltant au-dessus de votre tête.

Il existe plusieurs spots de snorkeling autour de Bonito. La plupart se trouvent sur des terrains privés, et la présence d'un guide est obligatoire pour tous.

Le plus connu se situe sur le **Rio da Prata** et son affluent, le **Rio Olho d'Agua**, à environ 50 km au sud de Bonito. Depuis le parking, accompagné d'un guide qui vous montrera les plantes et animaux intéressants, vous rejoindrez à pied à travers la forêt le lieu de plongée dans le Rio Olho d'Agua. De là, les doux courants de la rivière vous porteront sur 3 km, jusqu'au Rio da Prata.

Autre spot encore meilleur pour le snorkeling : les eaux bleu azur du **Rio Sucuri**, à 19 km au sud de Bonito, pour 1,8 km de descente tranquille, accompagnée d'un guide, dans un milieu subaquatique magique. Vous pourrez aussi explorer les eaux bleu électrique de la source de la rivière.

À environ 33 km au nord de Bonito, une marche de 2 km dans la forêt vous mènera à la source **Nascente Azul**. Après vous être glissé dans ses eaux chaudes et limpides couleur indigo, vous regagnerez paisiblement le point de départ de votre marche à la nage, escorté par des centaines de poissons.

OÙ SE RESTAURER À BONITO

Casa do João
Table très prisée des habitants, qui sert des spécialités de poisson du Pantanal, comme du *pintado* (poisson-chat) rôti. **$$$**

Juanita
Renommé pour son *pacu*, un poisson d'eau douce sans arêtes, cuit au feu de bois et servi avec des câpres. **$$**

Cantinho de Peixe
Restaurant bon marché et très populaire, servant un délicieux poisson-chat et moult autres poissons. **$**

RAFAELA PORTELA/SHUTTERSTOCK ©

Rio de Prata à Bonito

À 45 km au sud de Bonito, au cœur d'une forêt très dense, le petit cénote (gouffre rempli d'eau) circulaire de la **Lagoa Misteriosa** ("lagune mystérieuse") est aussi sublime qu'effrayant. Sa profondeur exacte est inconnue, car les chercheurs ne sont descendus qu'à 200 m, et nul ne sait de combien il s'enfonce encore dans les entrailles de la terre. Des marches en bois permettent aux snorkeleurs de s'aventurer progressivement dans ses eaux très poissonneuses, mais les plongeurs qualifiés nageront directement vers les fonds obscurs.

CIRCUITS ORGANISÉS À BONITO

La visite des curiosités autour de Bonito ne s'improvise pas : il y a souvent un nombre maximal de visiteurs quotidiens, la présence d'un guide officiel est presque toujours obligatoire, et il faut souvent prévoir un mode de transport, car la plupart des sites sont assez éloignés de la ville. C'est pourquoi la majorité des touristes optent pour un circuit organisé. Ces deux prestataires sont particulièrement recommandés :

Bonitour
Circuits pour tous les sites classiques, plus quelques formules spéciales proposées par des influenceurs.

Agência Ygarapé
Circuits d'un ou plusieurs jours dans la région et cours de plongée.

Descente en rappel dans l'obscurité

VOYAGE DANS UN AUTRE MONDE

Descendre 72 m en rappel dans les ténèbres du gouffre géant d'**Abismo Anhumas** pour aller nager dans un profond lac souterrain entouré d'immenses stalagmites et stalactites est une aventure inoubliable. Si vous êtes très chanceux, un rayon de soleil se frayera un chemin dans l'obscurité : l'humidité ambiante produira alors de petits arcs-en-ciel, et le lac deviendra d'un bleu étrange, rendant l'expérience quasiment mystique.

La visite d'Abismo Anhumas commence par un petit trou a priori anodin dans la roche à vos pieds. Après avoir reçu les dernières instructions de sécurité et avoir été équipé d'un harnais avec puce électronique, vous vous glisserez dans ce trou si banal d'apparence… et découvrirez en fait une immense cavité ténébreuse. La descente en rappel de ses 72 m de haut, accompagné d'un guide expérimenté, ne prend que quelques minutes. Une fois au sol, vous embarquerez dans un petit bateau pour un lent circuit sur le lac, qui vous permettra d'admirer le décor féerique créé par les stalagmites et stalactites. Ensuite, vous pourrez enchaîner par du snorkeling dans l'eau glacée, d'où émergent des pitons rocheux. Les plongeurs qualifiés pourront s'aventurer encore plus bas dans les profondeurs effrayantes.

Après cette expédition, vous serez convaincu que l'Abismo Anhumas est de loin la plus incroyable curiosité de la région de Bonito. Il faut néanmoins énormément anticiper, car l'accès à la grotte est limité à 20 personnes par jour, et les places sont réservées des mois à l'avance. La veille du grand jour, vous devrez suivre un cours de rappel au centre d'entraînement de Bonito.

La doline aux aras

OBSERVER LES ARAS SE NICHER POUR LA NUIT

Le **Buraco das Araras**, une des plus grandes dolines du monde, attire pléthore de visiteurs qui, crispés sur leurs jumelles ou leur appareil photo, scrutent le ciel depuis la plateforme d'observation en bois pour repérer l'arrivée des premiers aras. Quand celle-ci

OÙ PRENDRE UN VERRE ET SORTIR À BONITO

Projeto Jibóia
Centre créé par un homme désireux de faire aimer les serpents si redoutés. Spectacle hélas uniquement en portugais.

Bonito Beer
Superbe microbrasserie où vous vous servez votre pression depuis les tireuses à disposition.

Taboa Bar
Une référence sur l'artère principale, aux murs couverts de graffitis, où se pressent habitants et touristes.

Aras chloroptères

tarde trop, l'impatience se fait sentir, et le doute s'installe. Pourtant, même en l'absence de perroquets, cette vaste doline au cœur de la forêt, ceinte d'immenses falaises rouges qui plongent dans un bassin vert pomme, est absolument sublime, surtout sous la lumière douce de la fin de journée. Mais un criaillement finit toujours par retentir dans les airs, accompagné d'une volée de plumes aux couleurs de l'arc-en-ciel : un premier ara macao géant pique dans la doline pour se percher à flanc de falaise, très vite suivi par une nuée d'autres. En un éclair, le ciel devient un kaléidoscope de couleurs, celles du soleil couchant se mêlant à celles des oiseaux. Au fur et à mesure que ceux-ci se nichent sur la paroi monte une chorale dissonante de cris aigus, parfois assourdissante, la doline faisant office de caisse de résonnance.

L'habitude de ces aras macaos de venir nicher ici par centaines pour la nuit est un spectacle animalier hors du commun, et pas seulement pour les ornithologues.

La visite du Buraco das Araras, situé à 55 km au sud de Bonito, est généralement couplée à une excursion au Rio da Prata et à la Lagoa Misteriosa tout proches. Une fois sur le site, deux plateformes d'observation distinctes sont accessibles par une balade de 1 km.

OBSERVATION DES OISEAUX À BONITO

Si la découverte de la vie aquatique est l'attraction vedette autour de Bonito, la population des oiseaux n'est pas en reste, car elle se compose de nombreuses espèces à la fois du Pantanal et du *cerrado* (savane), dont certaines régionales, comme la conure de Deville. Outre la doline du Buraco das Araras, le **Rio Sucuri** est très réjouissant, lui aussi : les observateurs les plus aguerris y repéreront des aras hyacinthes, des anabates et des pics à tête pâle. Les prairies parsemées de termitières aux abords de Bonito méritent également le détour : on peut y voir des sarcoramphes rois, des conures de Deville et pas mal de tamanoirs.

COMMENT S'Y RENDRE ET CIRCULER

Azul (www.voeazul.com.br) assure des liaisons aériennes hebdomadaires (1 heure 40) entre Bonito et l'aéroport de Campinas (État de São Paulo, à 100 km de São Paulo). Certains vols passent par Corumbá. Plusieurs liaisons par jour sont assurées en bus et minibus à destination de Campo Grande (5 à 6 heures de trajet). Les bus et minibus pour Corumbá (5 à 6 heures de trajet) sont quotidiens, mais moins fréquents.

La desserte des sites intéressants autour de Bonito par des transports en commun est quasi nulle. Visitez-les dans le cadre d'un circuit organisé ou réservez un véhicule via votre hôtel.

Environs de Bonito

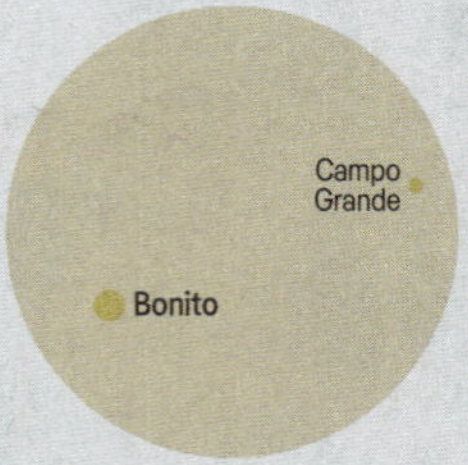

C'est une jungle urbaine, cette fois, qui vous attend à Campo Grande, la capitale du Mato Grosso do Sul, mais elle a ses charmes aussi.

Pour la plupart des gens, la capitale du Mato Grosso do Sul, Campo Grande, est juste une ville étape où ils se contentent de changer de moyen de transport sur leur trajet pour ou depuis le sud du Pantanal et Bonito. Néanmoins, il ne faut pas voir cette vaste métropole moderne comme une simple escale entre deux bus ou deux avions. Avec ses gratte-ciel surplombant des galeries marchandes et ses rues flanquées de restaurants, parmi lesquels de vraies pépites, Campo Grande possède quelques curiosités intéressantes, dont un nouvel aquarium ultramoderne et un musée impressionnant. Le tout dans une ambiance d'ordinaire très affairée, qui rend cette ville idéale pour découvrir la vie brésilienne provinciale.

Pour les infos pratiques, voir le Carnet d'adresses p.619

À SAVOIR

Au-delà du n°3900 de l'Avenida Afonso Pena, une concentration de bars permet de faire la fête toute la nuit.

Campo Grande

RAFAPRESS/SHUTTERSTOCK ©

Bioparque Pantanal

Les parcs de Campo Grande

LES PARCS CENTRES DE VIE, AVEC UN AIR DE PANTANAL

À 6 km à l'est des briques et du béton du centre-ville de Campo Grande, le **Parque das Nações Indígenas** est une immense zone de verdure jouxtant un lac encore plus étendu. Bel endroit pour un simple moment de détente, avec de multiples arbres et pelouses, il compte aussi deux curiosités fantastiques. Énorme bâtiment évoquant un vaisseau spatial, le tout nouveau **Bioparque Pantanal** abrite un aquarium dernier cri, présentant la vie aquatique riche et diversifiée de la région. Au cours de la visite, vous découvrirez l'histoire naturelle préhistorique et actuelle de cette partie du Brésil, et évoluerez dans des tunnels de verre au travers de milieux aquatiques peuplés de centaines de poissons et caïmans, d'un énorme anaconda et d'un banc effrayant de piranhas voraces – un ensemble parfaitement réussi d'aquariums et d'expositions relatives aux différents écosystèmes du Pantanal. Autre incontournable du parc, le **Museu das Culturas Dom Bosco** est un musée en deux parties, construit sur le site d'un cimetière bororo. L'une expose une collection de plus de 10 000 insectes. L'autre, à voir absolument, est une introduction aux peuples indigènes du Mato Grosso visuellement saisissante, qui présente de manière originale, soulignée par un éclairage au sol tamisé, l'attirail des chamans, avec des armes, de splendides parures en plumes et des objets funéraires. Si vous quittez le parc en fin d'après-midi, ouvrez l'œil, car des groupes de capybaras viennent souvent brouter au bord du lac.

OÙ SE RESTAURER À CAMPO GRANDE

Campo Grande recèle quelques excellentes tables où vous êtes sûr de faire un bon repas. En voici trois parmi nos préférées.

Coco Bambu
Élégant restaurant près du Parque das Nações Indígenas, qui sert des plats originaux de poisson et fruits de mer. **$$$**

Cantina Romana
Cantina italienne classique à l'ancienne, pour savourer des pâtes et pizzas dignes de ce nom. **$$**

Casa do Peixe
Restaurant de poisson et fruits de mer extrêmement réputé : l'endroit par excellence où découvrir le *pintado* (poisson-chat) et le *pacu* (gros poisson de rivière). **$$$**

COMMENT S'Y RENDRE ET CIRCULER

Campo Grande est le principal nœud de transports de la région. L'aéroport est implanté à 7 km à l'ouest de la ville. Des vols quotidiens y sont assurés pour le reste du pays. Peu pratique d'accès, la gare routière (Av. Gury Marques 1215) de Campo Grande se trouve à 6 km au sud du centre. De là, comptez 6 heures pour rejoindre Bonito, 7 heures pour Corumbá et 11 à 14 heures pour Cuiabá. Les bus de ville 61 et 87 relient le centre-ville à la gare routière longue distance, et le 409 à l'aéroport. Pour en prendre un, vous devez acheter un *passe de ônibus* (carte de bus) à un arrêt, dans un kiosque à journaux ou dans une pharmacie.

Carnet d'adresses

PARQUE NACIONAL DA CHAPADA DOS GUIMARÃES

Cachoeirinha et Cachoeira dos Namorados
Voir p. 586 (www.gov.br/icmbio ; 9h-16h30, dernière entrée 12h)

Cidade de Pedra
Voir p. 586 ("Cité de pierre" ; www.gov.br/icmbio ; uniquement avec un guide agréé ; 9h-17h dim-ven, 15h-17h sam)

Circuito das Cachoeiras
Voir p. 587 ("circuit des Chutes" ; www.gov.br/icmbio ; uniquement avec un guide agréé ; 8h30-16h, dernière entrée 12h)

Morro de São Jerônimo
Voir p. 587 (www.gov.br/icmbio ; uniquement avec guide agréé ; 8h30-17h30, dernière entrée 11h)

Vale do Rio Claro
Voir p. 587 ("circuit de la vallée du Rio Claro" ; www.gov.br/icmbio ; uniquement avec guide agréé ; 8h30-17h30, dernière entrée 11h)

Véu de Noiva
Voir p. 585 ("Voile de la mariée" ; www.gov.br/icmbio ; 8h30-16h)

Casa da Quineira
Voir p. 585 (65 99964-4001 ; casadaquineira.com.br ; Rua Frei Osvaldo 191, Chapada dos Guimarães)

Pousada Cambará
Voir p. 585 (65 3301-1330 ; facebook.com/pousadacambarachapada ; Av. Catarino Rodrigues de Campos s/n, Chapada dos Guimarães)

Pousada do Parque
Voir p. 585 (65 99671-6876 ; pousadadoparque.com.br ; Estrada do Parque Ecológico, Km 52, Chapada dos Guimarães)

Bistrô da Mata
Voir p. 586 (65 3301-3483 ; facebook.com/bistrodamataMT ; Av. Morro dos Ventos, Chapada dos Guimarães ; 18h-minuit ven, 11h-16h et 18h-minuit sam, 11h-16h dim)

Coco Bambu
Voir p. 587 (65 3056-3052 ; cocobambu.com ; Rua Miguel Sutil 9300, Cuiabá ; 11h30-15h et 17h-minuit lun-jeu, 11h30-1h ven-sam, 11h30-minuit dim)

Lélis Peixaria
Voir p. 587 (65 3322-9195 ; www.lelispeixaria.com.br ; Rua Marechal Mascarenhas de Morães 36 ; 11h30-15h et 18h30-23h lun-sam, 11h30-15h dim)

Mahalo
Voir p. 587 (65 3028-7700 ; mahalocozinhacriativa.com.br ; Rua Presidente Castelo Branco 359, Cuiabá ; 11h30-14h lun-ven, 11h30-14h30 sam, 19h30-minuit lun-sam)

Morro dos Ventos
Voir p. 586 (65 3301-1030 ; morrodosventos.com.br ; Estrada do Mirante, Km 1, Chapada dos Guimarães ; 8h-15h lun-ven, 8h-18h sam-dim ;)

Restaurante Popular
Voir p. 586 (65 99301-7225 ; facebook.com/Restaurante-PopularChapada ; Rua Cipriano Curvo 683, Chapada dos Guimarães ; 11h-14h et 18h-22h lun-sam, 11h-14h dim)

ENVIRONS DU PARQUE NACIONAL DA CHAPADA DOS GUIMARÃES

Cachoeira da Serra Azul
Voir p. 591 (SESC Serra Azul ; 65 99939-1030 ; facebook.com/cachoeiraserraazul ; Marzagão, Rosário Oeste ; 90 R$; 9h-17h)

Cathédrale de Cuiabá
Voir p. 591 (65 3321-2729 ; arquidiocesecuiaba.org.br ; Praça da República s/n ; Cuiabá)

Lagoa Azul
Voir p. 590 (65 99238-5090 ; Bom Jardim ; 75 R$; 7h30-16h30)

Lagoa das Araras
Voir p. 591 (65 3102-2039 ; Bom Jardim ; 30 R$; 16h-20h lun-sam, 7h-17h dim)

Museu Histórico de Mato Grosso
Voir p. 591 (65 2136-9234 ; secel.mt.gov.br/museu-historico ; Praça da República 131, Cuiabá)

Palacio da Instrução
Voir p. 591 (65 3613-9240 ; bibliotecapublica.mt.gov.br ; Rua Antônio Maria Coelho 151 ; Cuiabá ; 8h-18h lun-ven)

Dom Bosco Hostel
Voir p. 590 (65 99245-1007 ; Rua Cândido Mariano 1390, Cuiabá)

Hotel Amazon Cuiabá
Voir p. 590 (65 2121-1000 ; hoteisamazon.com.br ; Av. Pres. Getúlio Vargas 600, Cuiabá)

Hotel Deville Prime Cuiabá
Voir p. 590 (65 3319-3000 ; deville.com.br ; Av. Isaac Póvoas 1000, Cuiabá)

GUSTAVO CASTELLON/SHUTTERSTOCK ©

Nascente Azul (p. 610)

Pousada Bom Jardim
Voir p. 590 (65 3102-2018 ; pousadabomjardim.com ; Rodovia MT-241, Km 65, Bom Jardim)

Pousada Cantinho de Casa
Voir p. 590 (65 99965-6655 ; instagram.com/pousada-cantinhodecasa ; Vila Bom Jardim, Município de Nobres, Bom Jardim)

Pousada Rota das Águas
Voir p. 590 (65 3102-2019 ; rotadasaguas.tur.br ; Rodovia MT-241, Km 65, Bom Jardim)

Bar do Edgare
Voir p. 590 (65 99287-9328 ; facebook.com/bardoedgare ; Rua Traçaia 280, Cuiabá ; 17h-2h mar-ven, 11h-23h sam)

Choppão
Voir p. 590 (65 3623-9101, 65 3623-5005 ; choppao.com.br ; Praça 8 de Abril 44, Cuiabá ; 17h-minuit lun, 11h-minuit mar-dim)

Hookerz
Voir p. 590 (65 99308-7277 ; facebook.com/hookerzbar ; Av. Sen. Filinto Müller 1398, Cuiabá ; 18h-1h mar-sam)

AMAZONIE DU SUD

Caleche Park Hotel
Voir p. 593 (66 3521-4008, 66 3521-6511 ; calechehotel.com.br ; Av. Perimetral Deputado Rogério Silva 1850, Alta Floresta)

Cristalino Lodge
Voir p. 593 (66 3521-2221 ; cristalinolodge.com.br ; Cristalino Private National Heritage Reserve)

Hotel Mandino
Voir p. 593 (66 3512-2900, 66 3521-2246 ; hotelmandinoafl.com.br ; Rua G-2 215 – Setor G, Alta Floresta)

PANTANAL

Biodiverse Brazil Tours
Voir p. 602 (65 99985-3151, 65 98123-9897 ; biodiversebrazil-tours.com ; Rua Tiradentes 333, Galeria Nativa sala 1, Chapada dos Guimarães)

Birding Pantanal
Voir p. 602 (65 3359-4395, 65 99982-1294 ; birdingpantanal.com ; Rua Senegal 134, Cuiabá)

Brazil Nature Tours
Voir p. 601 (67 3042-4659 ; brazilnaturetours.com ; Rua Terenos 117, sala 15, Grande)

Entre Orejas
Voir p. 601 (47 99789-8001 ; entreorejas.org)

Naturetrek
Voir p. 602 (+44 01962 733051 ; naturetrek.co.uk)

Pantanal Explorer
Voir p. 602 (65 3682-2800 ; pantanalexplorer.com.br ; Av. Presidente Artur Bernardes 251, sala 02 Jardim Aeroporto, Várzea Grande)

Pantanal Nature
Voir p. 602 (65 99925-2265, 65 3322-0203 ; pantanalnature.com.br ; Av. Republica do Libano 10, Cuiabá)

Ride in Brazil
Voir p. 601 (11 99970-9697 ; rideinbrazil.com ; Rua Saldanha da Gama 85, São Paulo)

SouthWild
Voir p. 602 (44 3660-6303 ; southwild.com)

Araras Eco Lodge
Voir p. 597 (65 3682-2800 ; araraslodge.com.br ; Estrada Parque Transpantaneira, Km 32)

Barra Mansa Pantanal Hotel
Voir p. 599 (67 3325-6807, 67 99801-6807 ; hotelbarramansa.com.br ; Estrada Aquidauana, Rodovia)

Fazenda Barranco Alto
Voir p. 599 (fazendabarrancoalto.com ; Estrada Aquidauana)

Flotel & Jaguar Suites
Voir p. 598 (southwild.com ; Rio Piquirí)

Lontra Pantanal Hotel
Voir p. 600 (67 99633-9735 ; lontrapantanalhotel.com.br ; Passo do Lontra, Estrada Parque, MS 184 Km 8)

Pantanal Jaguar Camp
Voir p. 597 (65 99994-2265 ; pantanaljaguarcamp.com.br ; Transpantaneira, Km 145, Porto Jofre)

Pantanal Jungle Lodge
Voir p. 600 (67 2020-0927 ; pantanaljunglelodge.com.br ; Estrada Parque, Km 8)

Bonito

Pousada & Camping Santa Clara
Voir p. 599 (☎ 67 99665-1394 ; pantanalsantaclara.com.br ; Estrada Parque, Km 22)

Pousada Piuval
Voir p. 598 (☎ 65 9983-7425, 65 4042-0460 ; pousadapiuval.com.br ; Transpantaneira, Km 10)

Pousada Rio Clarinho
Voir p. 600 (☎ 65 99950-3036 ; pousadarioclarinho.com.br ; Transpantaneira, Km 40)

Refúgio Ecológico Caiman
Voir p. 597 (☎ 11 3706-1800 ; caiman.com.br ; Estância Caiman s/n)

SouthWild Pantanal Lodge
Voir p. 598 (☎ 65 3682-3175 ; Fazenda Santa Tereza ; southwild.com ; Transpantaneira, Km 66)

AILLEURS DANS LE PANTANAL

Art Izu
Voir p. 606 (Av. Cuiabá 558, Corumbá ; 13h-17h lun-ven)

Museu de História do Pantanal
(MUHPAN ; ☎ 67 3232-0303 ; Rua Manoel Cavassa 275, Corumbá ; 13h-17h30 mar-sam).

Laço do Ouro
Voir p. 607 (☎ 67 3232-5555 ; facebook.com/RestauranteLaco-DeOuro ; Rua Frei Mariano 556, Corumbá ; 11h-23h)

Miguéis
Voir p. 607 (☎ 67 3231-2922 ; restaurantemigueis.com.br ; Rua Quinze de Novembro 732, Corumbá ; 10h-minuit lun-sam, 10h-14h dim)

Rodeio do Pantanal
Voir p. 607 (☎ 67 3231-6477 ; facebook.com/ChurrascariaRodeioDoPantanal ; Rua Treze de Junho 760, Corumbá ; 11h-15h et 18h-23h lun-sam, 11h-16h dim)

BONITO

Abismo Anhumas
Voir p. 609 (☎ 67 3255-3313 ; abismoanhumas.com.br ; Km 23, Bonito ; descente en rappel et snorkeling à partir de 962 R$, avec plongée 1 808 R$)

Bonitour
Voir p. 609 (☎ 67 3255-1628 ; bonitour.com.br ; Rua Filinto Müler 831, Vila Santa Cristina ; 7h-19h lun-ven)

Buraco das Araras
Voir p. 612 (☎ 67 3255-4344 ; buracodasararas.com.br ; 83 R$)

Lagoa Misteriosa
Voir p. 612 (☎ 67 98403-5204 ; lagoamisteriosa.eco.br ; Km 50 Bonito)

Nascente Azul
Voir p. 610 (☎ 67 3255-2297 ; nascenteazul.com.br ; Km 22 Bonito ; tarif plein/réduit 220/185 R$; haute saison 7h-17h tlj, basse saison 8h-16h mer-lun)

Rio da Prata
Voir p. 610 (riodaprata.eco.br ; 7h30-17h)

Rio Sucuri
Voir p. 610 (☎ 67 99831-3371 ; riosucuri.com.br)

Agência Ygarapé
Voir p. 609 (☎ 67 3255-1733 ; agenciaygarape.com.br ; Rua Colonel Pilad Rebuá 1853 ; 7h-22h)

Bonito HI Hostel
Voir p. 609 (☎ 67 3255-1022, 67 3255-1462 ; bonitohostel.com.br ; Rua Dr Pires 850)

Pousada Muito Bonito
Voir p. 609 (☎ 67 3255-4851 ; muitobonito.com.br ; Rua Coronel Pilad Rebuá 1444)

Pousada Surucuá
Voir p. 609 (☎ 67 3255-2337 ; pousadasurucua.com.br ; Rua Bongiovani 860)

Cantinho de Peixe
Voir p. 610 (cantinhodopeixe.com ; Rua Coronel Pilád Rebuá 1437)

Casa do João
Voir p. 610 (☎ 67 3255 1212 ; facebook.com/restaurante-casadojoao ; Rua Nelson Felício dos Santos 664 ; 11h-15h et 18h-23h)

Juanita
Voir p. 610 (☎ 67 3255-1924 ; juanita.com.br ; Rua Nossa Senhora da Penha 854 ; 11h30-14h30 et 18h30-22h30 mer-lun)

Bonito Beer
Voir p. 612 (☎ 67 99994-3605 ; facebook.com/bonitobeer ; Rua Coronel Pilad Rebuá 2052 ; 18h-23h ven-mer)

Taboa Bar
Voir p. 612 (☎ 67 3255-1862 ; taboa.com.br ; Rua Coronel Pilad Rebuá 1837 ; 17h-minuit)

Projeto Jibóia
Voir p. 612 (☎ 67 8419-0313 ; projetojiboia.com.br ; Rua Nestor Fernandes 610, Vila Donaria ; 18h30-21h lun-sam)

ENVIRONS DE BONITO

Bioparque Pantanal
Voir p. 615 (☎ 67 99217-8189 ; bioparquepantanal.ms.gov.br ; Av. Afonso Pena 6001, Campo Grande ; 8h30-12h et 13h30-17h30 mar-sam)

Museu das Culturas Dom Bosco
Voir p. 615 (☎ 67 3312-3903 ; mcdb.org.br ; Parque das Nações Indígenas, Av. Afonso Pena 7000, Campo Grande ; tarif plein/réduit 20/10 R$; 8h-16h30 mar-sam)

Cantina Romana
Voir p. 615 (☎ 67 3324-9777 ; cantinaromana.com.br ; Rua da Paz 237, Campo Grande ; 11h-14h et 18h-23h lun-ven, 11h-14h30 et 18h-23h sam-dim)

Casa do Peixe
Voir p. 615 (☎ 67 3382-7121 ; casadopeixe.com.br ; Av. Dr João Rosa Pires 1030, Campo Grande ; 11h-14h lun-ven, 11h-15h sam-dim, 18h-22h30 lun-sam)

Coco Bambu
Voir p. 615 (☎ 67 2107-7990 ; cocobambu.com ; Av. Afonso Pena 4909, Campo Grande ; 11h-15h et 17h-23h)

CARNET PRATIQUE

Ce chapitre présente toutes les informations pratiques essentielles dont vous aurez besoin pour voyager au Brésil.

Bar sur la plage de Copacabana (p. 71)

Arriver au Brésil

La plupart des voyageurs commencent leur odyssée brésilienne en atterrissant à Rio de Janeiro, mais ce n'est pas l'unique porte d'entrée. Le Brésil compte plusieurs aéroports internationaux et une frontière commune avec plusieurs pays d'Amérique du Sud.

Visas

Les ressortissants de l'UE, de la Suisse, du Canada et de nombreux autres pays n'ont pas besoin de visa pour un séjour touristique d'une durée maximale de 90 jours.

Douane

Les contrôles sont plutôt stricts, notamment en ce qui concerne l'électronique. Chaque voyageur a le droit d'apporter un ordinateur, un téléphone, une caméra et un appareil photo.

Distributeurs automatiques de billets

Le hall des arrivées compte de nombreux DAB. Citibank, Banco do Brasil et Bradesco acceptent généralement les cartes non brésiliennes (évitez les machines aux frais élevés type Banco 24 Horas).

Wi-Fi

L'opérateur Boingo offre un accès Wi-Fi gratuit, limité en temps ; une fois le délai écoulé, il propose un abonnement à l'heure ou au mois. Connectez-vous au réseau "GRU WI-FI".

Depuis/vers l'aéroport

	São Paulo	Brasília	Rio de Janeiro
TRAIN	90 min 4,40 R$	N/A	N/A
BUS	60 min 40 R$	35 min 12 R$	90 min 19 R$
UBER	45 min 115 R$	25 min 30 R$	30 min 60 R$

CARTES SIM

Acheter une carte SIM au Brésil lorsqu'on est étranger est étonnamment éprouvant. La plupart des opérateurs vous demanderont votre CPF (le numéro d'identification fiscal brésilien dont, bien sûr, les touristes ne disposent pas), malgré une loi passée en 2014, autorisant les étrangers à ne présenter que leur passeport. Pour obtenir votre puce, il vous faudra donc frapper à plusieurs portes (privilégiez les boutiques des zones touristiques) ou demander à une connaissance brésilienne de l'acheter pour vous.

Voie aérienne

Les aéroports internationaux les plus fréquentés sont le **RIOgaleão-Aeroporto internacional Tom Jobim** (www.riogaleao.com) à Rio de Janeiro, et le **GRU Airport-Aeroporto Internacional de São Paulo** (Aeroporto Guarulhos ; www.gru.com.br) à São Paulo. Des vols desservant tout le pays partent régulièrement de ces deux aéroports. Salvador et Recife accueillent aussi quelques vols réguliers venus d'Europe.

Pendant la saison la plus touristique, c'est-à-dire de mi-décembre à fin février et pendant le carnaval, les billets coûtent plus cher que le reste de l'année. De mi-juin à mi-août, les tarifs sont assez élevés également. Il est conseillé de réserver tôt, car les sièges les moins chers se vendent très vite.

La **LATAM** (www.latamairlines.com), bien que basée au Chili, est le principal transporteur international du Brésil. La Federal Aviation Administration américaine a classé la LATAM en catégorie 1, ce qui signifie qu'elle est en conformité avec les normes de l'aviation internationale.

FORFAITS AÉRIENS INTERNATIONAUX

Vous envisagez de visiter d'autres pays d'Amérique du Sud ? Plusieurs forfaits aériens sont intéressants si vous parcourez de grandes distances en 30 jours et si un itinéraire fixe ne vous rebute pas. Le forfait aérien Visit South America proposé par les compagnies aériennes de la Oneworld Alliance (www.oneworld.com) permet des étapes dans plus de 60 villes de 10 pays d'Amérique du Sud. Les prix sont calculés sur le nombre de vols et la distance parcourue. Le forfait proposé par Gol (www.voegol.com.br) est valable sur tout le réseau aérien de la compagnie, notamment entre le Brésil et le Chili, l'Argentine, le Paraguay, l'Uruguay, le Pérou et la Bolivie.

DEPUIS LA FRANCE

Rio de Janeiro et São Paulo sont les deux destinations les plus fréquemment desservies. Comptez respectivement 11 et 12 heures de trajet pour un vol sans escale à l'aller. Les tarifs fluctuent beaucoup selon la période de l'année : comptez à partir de 750 € environ le vol aller-retour direct. Air France (www.airfrance.fr) assure des vols directs tous les jours vers Rio de Janeiro et São Paulo depuis Paris-CDG, et, moins fréquemment, pour Fortaleza. Sachez que des vols, moins fréquents, entre Lisbonne et certaines villes du Nordeste sont aussi assurés par la TAP (www.flytap.com) et ses compagnies partenaires (notamment la LATAM). De Lisbonne, on peut ainsi rejoindre Salvador, Recife, Fortaleza et Natal.

DEPUIS LA BELGIQUE ET LA SUISSE

Il n'y a pas de vols directs. Les vols A/R Bruxelles-Rio (ou Bruxelles-São Paulo) débutent aux alentours de 750 €, avec escale. Depuis Genève et Zurich comptez à partir d'environ 800 FS.

DEPUIS LE CANADA

Il existe des vols directs entre Montréal et São Paulo assurés par Air Canada (vols directs plus fréquents depuis Toronto). Plusieurs vols sont effectués par des compagnies américaines et impliquent une escale aux États-Unis (pensez à l'ESTA, voir l'encadré ci-dessous). Au départ de Montréal, comptez à partir de 700 $CA.

DEPUIS L'AMÉRIQUE DU SUD

En plus des vols entre les capitales sud-américaines et les grandes villes du Brésil, des vols entre les villes frontalières permettent de se déplacer depuis/vers le Brésil.

Argentine Gol, LATAM et Aerolíneas Argentinas (www.aerolineas.com.ar) proposent des vols aller-retour entre

TRANSIT PAR LES ÉTATS-UNIS

Depuis 2016, même pour un simple transit aux États-Unis, il est obligatoire de posséder un passeport biométrique (généralisé maintenant en France) et de faire une demande d'autorisation de voyage électronique, appelée ESTA. Connectez-vous au site https://esta.cbp.dhs.gov/esta pour remplir le formulaire en ligne. La réponse est en général fournie immédiatement par le système électronique ; néanmoins il est conseillé de s'acquitter de cette formalité au moins 72 heures avant le départ. Une taxe de 21 $US est exigée (payable en ligne).

Buenos Aires et Rio ou São Paulo. D'autres vols partent de Buenos Aires à destination de Porto Alegre, Curitiba, Florianópolis et Puerto Iguazú en Argentine, non loin de Foz do Iguaçu, au Brésil.

Bolivie Gol décolle de Santa Cruz pour Campo Grande et São Paulo. La LATAM dessert également São Paulo (avec escale) au départ de Santa Cruz.

Chili La LATAM assure la liaison entre São Paulo et Santiago (Chili).

Colombie Avianca, Copa Airlines (www.copaair.com) et LATAM assurent la liaison entre Bogotá et Leticia, d'où l'on peut gagner la ville frontalière de Tabatinga (Brésil) à pied, en taxi ou en Combi (minibus). Avianca et LATAM assurent des vols directs entre Bogotá et São Paulo. Les vols pour Rio s'arrêtent généralement à São Paulo également.

Guyane Française, Guyana et Suriname La compagnie Surinam Airways (www.flyslm.com) assure des vols entre Belém et Cayenne et Belém et Georgetown (Guyana).

Paraguay LATAM et Gol proposent des vols directs entre São Paulo et Asunción (Paraguay).

Pérou LATAM et Avianca assurent des vols entre Lima et São Paulo.

Uruguay Gol et LATAM proposent des vols directs de Montevideo à São Paulo.

Venezuela Gol assure des vols directs entre Caracas et São Paulo. Avianca (www.avianca.com) et Copa relient Rio à Caracas (avec escale). Gol, Copa et LATAM proposent des liaisons (avec escale) entre Manaus et Caracas.

Voie terrestre

Vous pouvez rejoindre le Brésil depuis neuf pays. Plusieurs villes frontalières sont également accessibles par bateau depuis la Bolivie et le Pérou. Les voyageurs en provenance de la Guyane française, de la Bolivie, de la Colombie, de l'Équateur, du Pérou et/ou du Venezuela n'ont plus à fournir un certificat de vaccination contre la fièvre jaune. Pour les conditions d'entrée des pays frontaliers, consultez leurs services consulaires dans votre pays.

BUS

Des bus internationaux voyagent sur des routes correctes entre le Brésil et l'Argentine, le Paraguay et l'Uruguay. Les prix des billets d'un pays à l'autre sont plus élevés que si vous empruntez un bus jusqu'à la frontière, puis traversez à pied et reprenez un bus de l'autre côté, mais le trajet direct fait gagner du temps. Assurez-vous que vos papiers sont en règle.

VOITURE ET MOTO

Si vous envisagez de venir au Brésil avec votre propre véhicule, on vous demandera à la frontière de remplir un document (*termo de responsabilidade*) renseignant sur l'identité du propriétaire du véhicule et son adresse, la destination et la description du véhicule (marque, modèle, année, numéro de série, couleur et numéro d'immatriculation). Vous devrez également verser une caution (déterminée par la douane) et signer un document certifiant que si vous restez plus de 90 jours, vous contacterez la douane de la zone où vous êtes entré afin d'obtenir une extension de permis. Vous devrez présenter ce document à la douane en partant. Si vous dépassez la date autorisée sur le permis, votre véhicule peut être saisi et votre caution perdue. Il est illégal de vendre son véhicule au Brésil.

Au Brésil, tous les véhicules doivent disposer de papiers d'identification et d'assurance. Pour faire entrer ou sortir un véhicule du Brésil, on vous demandera peut-être un "carnet de passage en douane", une sorte de passeport pour véhicule, ou une *libreta de pasos por aduana*, une brochure douanière. Contactez votre assurance pour en savoir plus sur toutes les formalités.

PASSER LES FRONTIÈRES

Depuis/vers l'Argentine Le poste-frontière le plus fréquenté par les voyageurs est celui de Puerto Iguazú/Foz do Iguaçu, à 20 heures en bus de Buenos Aires. Plus au sud, celui de Paso de Los Libres (Argentine)/Uruguaiana (Brésil) est également desservi par des bus depuis Buenos Aires. Des bus directs circulent entre Buenos Aires et Porto Alegre (21 heures), ainsi que Rio de Janeiro (42 heures). Parmi les autres destinations desservies : Florianópolis (25 heures), Curitiba (32 heures) et São Paulo (44 heures).

Depuis/vers la Bolivie La plus longue frontière brésilienne traverse des terres marécageuses et des forêts reculées. Elle est très empruntée par les contrebandiers. Les principaux points de passage sont Corumbá, Cáceres, Guajará-Mirim et Brasiléia. La frontière la plus fréquentée, entre Quijarro (Bolivie) et Corumbá (Brésil), constitue un bon accès au Pantanal. Au départ de Quijarro, un train dessert quotidiennement Santa Cruz, en Bolivie.

Corumbá dispose de liaisons en bus avec Bonito, Campo Grande, São Paulo, Rio de Janeiro et le sud du Brésil.
Au départ de Cáceres, dans le Mato Grosso (Brésil), un bus relie quotidiennement Santa Cruz (Bolivie) via la ville frontalière bolivienne de San Matías.

La simple traversée d'un fleuve permet de se rendre de Guajará-Mirim (Brésil) à Guayaramerín (Bolivie). Dans les deux villes, on trouve des bus pour d'autres destinations dans chaque pays (des avions partent également de Guayaramerín) ; toutefois, de fin décembre à fin février, les fortes pluies rendent les routes du nord de la Bolivie quasi impraticables.

Brasiléia (Brésil), à 4 heures 30 en bus de Rio Branco, se tient en face de Cobija (Bolivie), d'où des bus et des avions partent pour d'autres destinations boliviennes. Les bus boliviens sont confrontés aux mêmes difficultés de circulation à la saison des pluies.

Depuis/vers le Chili Bien que le Brésil n'ait pas de frontière commune avec le Chili, des bus directs circulent entre Santiago et certaines villes brésiliennes (via l'Argentine) comme Porto Alegre (40 heures), São Paulo (57 heures) et Rio de Janeiro (63 heures).

Depuis/vers la Colombie Leticia, sur le Rio Amazonas à la limite sud-est de la Colombie, jouxte Tabatinga, au Brésil. On peut traverser la frontière à pied, en Combi ou en taxi. De l'intérieur de la Colombie, Leticia n'est vraiment accessible que par avion, et Tabatinga reliée par avion à Manaus ou à Tefé (mais à plusieurs jours de voyage en bateau sur l'Amazone).

Depuis/vers la Guyane Française La ville brésilienne d'Oiapoque, à 560 km d'un trajet mouvementé en bus de Macapá, se trouve sur l'autre rive du Rio Oiapoque, en face de Saint-Georges (Guyane française). Une route relie Saint-Georges à la préfecture de la Guyane française, Cayenne. Des minibus l'empruntent et font la navette entre les deux villes (soyez sur place tôt le matin pour en prendre un).

Depuis/vers le Guyana et le Suriname De Boa Vista, des bus se rendent tous les jours à Bonfim, dans l'État du Roraima (1 heure 30), à la frontière guyanaise, qui se trouve à une courte distance en pirogue à moteur de Lethem, au sud-ouest du Guyana.

Se rendre du Suriname au Brésil par voie terrestre nécessite de passer d'abord soit par la Guyane française, soit par le Guyana.

Depuis/vers le Paraguay Les deux principales frontières sont Ciudad del Este (Paraguay)/ Foz do Iguaçu (Brésil) et Pedro Juan Caballero (Paraguay)/Ponta Porã (Brésil). Des bus directs relient Asunción et des villes brésiliennes comme Florianópolis (22 heures), Curitiba (14 heures), São Paulo (20 heures) et Foz do Iguaçu (6 heures 30).

Depuis/vers le Pérou Il y a au moins un bus par jour entre Rio Branco (Brésil) et Puerto Maldonado (Pérou) via la frontière Assis (Brésil)/ Iñapari (Pérou) sur la route interocéanique sud-américaine. On peut aussi rejoindre Assis grâce aux bus qui partent quotidiennement d'Epitácio-lândia (2 heures) et franchissent le Rio Acre en direction d'Iñapari.

Depuis/vers l'Uruguay Le point de passage le plus fréquenté par les voyageurs est celui de Chuy (Uruguay)/Chuí (Brésil). La frontière internationale passe au milieu de la rue principale.

En longeant la frontière par l'ouest, on trouve d'autres points de passage comme Rio Branco (Uruguay)/Jaguarão (Brésil), Isidoro Noblia (Uruguay)/Aceguá (Brésil), Rivera (Uruguay)/ Santana do Livramento (Brésil), Artigas (Uruguay)/Quaraí (Brésil) et Bella Unión (Uruguay)/Barra do Quaraí (Brésil).

Des bus circulent entre Montevideo et des villes brésiliennes comme Porto Alegre (12 heures), Florianópolis (18 heures) et São Paulo (32 heures).

Depuis/vers le Venezuela De Manaus, 5 bus se rendent chaque jour à Boa Vista (12 heures), d'où un bus rejoint Pacaraíma (3 heures 30), sur la frontière vénézuélienne.

Voie fluviale

Depuis la Bolivie De Trinidad en Bolivie, comptez 5 jours de navigation sur le Rio Mamoré pour atteindre Guayaramerín, en face de la ville brésilienne de Guajará-Mirim.

Depuis le Pérou Des bateaux de passagers rapides font le trajet de 400 km (10 heures) sur le Rio Amazonas entre les villes d'Iquitos au Pérou et de Tabatinga au Brésil. De Tabatinga, on peut descendre le fleuve sur 3 000 km jusqu'à son embouchure.

Voie maritime

En dehors de quelques croisières commerciales qui effectuent des escales au Brésil, il n'existe pas de voyages réguliers reliant le pays à d'autres destinations internationales.

Comment circuler

Le Brésil est immense. Les trajets longue distance s'y font principalement en avion ou en bus, bien qu'en Amazonie, le bateau soit roi.

BUDGET

Location
100 R$/jour

Essence
env. 5 R$/L

Vol Brasília-Salvador
à partir de 800 R$

Bus de São Paulo à Rio de Janeiro
à partir de 65 R$

Louer une voiture

Localiza est la principale compagnie de location du pays, mais on trouve aussi toutes les agences internationales habituelles. Pour louer une voiture, il faut avoir au moins 21 ans, posséder une carte bancaire, un permis valide de son pays d'origine et un permis international.

État des routes

Conduire au Brésil est un sport dangereux : de nombreux automobilistes conduisent de façon irresponsable, dans le culte de la vitesse. Les routes du Sud et du Sud-Est sont généralement en bon état, et il est possible d'y conduire de jour sans trop de craintes (quoiqu'en restant vigilant).

À SAVOIR

Sans CPF (le numéro d'identification fiscal brésilien), les étrangers ne peuvent pas acheter de billets d'avion ou de bus en ligne. Il faut les acheter en personne au guichet, ou par le biais d'une agence.

MISES EN GARDE AU VOLANT

Les routes sont jalonnées de **radars** (signalés par des panneaux annonçant *fiscalização eletrônica*) et de ralentisseurs.

Sur les **parkings** et autres places de stationnement, il n'est pas rare d'être abordé par des extorqueurs professionnels (surnommés *flanelinhas*) qui vous proposeront de "surveiller" votre voiture contre quelques reais... et prennent très mal les refus.

Les agressions n'étant pas rares, de nombreux automobilistes ne s'arrêtent pas aux **feux rouges** la nuit et ne font que ralentir.

CODE DE LA ROUTE

60

La vitesse est généralement limitée à 110 km/h sur autoroute, à 60 km/h sur les routes secondaires et à 20 km/h dans les zones résidentielles.

0

Le Brésil applique une tolérance zéro en ce qui concerne l'alcool au volant.

CI-DESSUS, DE HAUT EN BAS : JERO SENNEGS/SHUTTERSTOCK ©, ODUA IMAGES/SHUTTERSTOCK ©

À VÉLO

Les cyclotouristes sont rares au Brésil pour diverses raisons : longues distances, chauffards, routes sans bas-côtés, vol, etc. Si vous êtes décidé à pédaler, passez votre petite reine au peigne fin avant de partir, emportez avec vous des pièces de rechange et procurez-vous de bonnes cartes. Il existe plusieurs magasins de cycles à Rio où se procurer matériel et équipement, ou louer un vélo (environ 60 R$/jour).

Transports urbain

BUS DE VILLE

Les services de bus locaux sont très convenables au Brésil. Comme la plupart des Brésiliens prennent le bus pour aller travailler, les bus municipaux sont fréquents et leurs itinéraires nombreux.

Pour la plupart des bus urbains, l'entrée se fait par l'avant et la sortie par l'arrière, même si l'inverse est possible. Un contrôleur, assis à l'entrée, près d'un tourniquet, délivre le billet et actionne le tourniquet.

La délinquance est un problème dans les bus : n'emportez aucun objet de valeur sur vous, et réfléchissez à deux fois avant de prendre un minibus à Rio et dans d'autres zones urbaines, les attaques s'étant multipliées ces derniers temps.

MÉTRO

Les métros de Rio et de São Paulo sont excellents. Celui de Rio a été prolongé pour les Jeux olympiques de 2016. C'est une façon sûre, efficace et peu onéreuse de circuler.

TAXI ET VTC

Les taxis pratiquent des tarifs assez abordables et sont un moyen sûr de se déplacer en ville la nuit. Dans les petites villes, les taxis n'ont souvent pas de compteur, il vous faudra alors convenir d'un prix à l'avance.

Si possible, ayez une idée assez précise de l'itinéraire à parcourir avant de prendre un taxi, et suivez le trajet sur un plan de la ville pour éviter de vous faire embarquer dans des détours superflus.

99 (99app.com) est l'appli VTC la plus utilisée au Brésil. Il est préférable de l'utiliser plutôt que de héler un taxi dans la rue. Uber (www.uber.com) est également largement répandu dans le pays.

Bus régionaux et interrégionaux

Le bus est le principal mode de transport. Un réseau dense et étendu de lignes allant du *comun* (car classique) au *leito* (bus grand confort, avec semi-couchette) sillonne le pays. Vous trouverez les diverses compagnies et leurs horaires sur le site Busca Ônibus (www.buscaonibus.com.br).

Bateau

L'Amazonie est un des derniers bastions du transport fluvial de passagers au monde. Lents et inconfortables, les bateaux relient entre elles les localités de la région. Les trajets durent généralement plusieurs jours, mais offrent d'inoubliables aventures. Prévoyez hamac, en-cas, eau et antimoustique.

Avion

LATAM, Gol et Azul (et, dans une moindre mesure, Voepass) assurent l'essentiel des vols intérieurs. Compte tenu des distances (et du mauvais état des routes dans le centre, l'ouest et le nord du pays), il est difficile d'explorer le Brésil sans prendre l'avion.

Argent

MONNAIE : **REAL (R$)**

Cartes bancaires

Elles sont acceptées dans la plupart des lieux. Payer en ligne lorsqu'on est étranger, en revanche, peut être difficile, car les sites exigent souvent le CPF de leurs clients (numéro d'identification fiscal brésilien). Les cartes Visa et MasterCard sont les plus répandues ; sélectionnez l'option *crédito* et non *débito* lorsque vous payez.

Paiements mobiles

Le paiement mobile est en plein essor au Brésil, depuis que la Banque centrale a lancé son propre système de virement instantané : Pix. Les services Apple Pay, Samsung Pay et Google Wallet sont également largement acceptés.

TVA

La TVA varie, en fonction des régions, entre 17% et 20%. Elle est toujours comprise dans le prix affiché. Il n'existe aucun système de remboursement de la TVA pour les achats effectués au Brésil.

Pourboires

Dans les restaurants, le service (10%) est généralement inclus dans la note, et le personnel n'attend pas spécialement de pourboire. Les taxis n'acceptent pas les pourboires, mais la plupart des clients arrondissent au real supérieur. Les guides touristiques apprécient un pourboire (environ 10%), surtout pour les parcours gratuits.

COMBIEN COÛTE…

un match de football
à partir de 30 R$

une entrée au musée
20-50 R$

une carte SIM
15 R$

un ticket de métro
à partir de
4,40-6,50 R$

BONS PLANS ...Payer sans contact

Au moment de passer en caisse, un nouveau mot s'est récemment ajouté au lexique des consommateurs brésiliens. Une fois que vous aurez répondu à la traditionnelle question *crédito ou débito?* (crédit ou débit ?), dites *aproximação* si vous souhaitez régler par paiement mobile ou sans contact avec votre carte.

À SAVOIR

Le piratage de carte (*clonagem*) est la forme la plus courante de fraude bancaire. N'utilisez que les distributeurs automatiques de billets installés à l'intérieur des agences bancaires durant leurs heures d'ouverture et évitez les DAB isolés.

LE "COÛT DU BRÉSIL"

Après le boom des années 2000, le déclin de l'économie brésilienne offre aux touristes un taux de change favorable, mais le pays n'en demeure pas moins une destination coûteuse. Pourquoi ? À cause de sa lourdeur fiscale, législative et administrative, qui contribue au *custo Brasil* (coût du Brésil). Avec une des politiques les plus protectionnistes de la planète, les Brésiliens paient souvent plus cher des produits locaux, parfois de moindre qualité, que ce que le pays pourrait importer. Du prix des biens et des services aux tarifs des restaurants et des hôtels, toute l'économie se trouve ainsi affectée.

Hébergement

Une nuit en lodge dans la jungle

Les lodges disséminés à travers l'Amazonie permettent de dormir au cœur de la plus grande forêt tropicale de la planète. Les prix sont parfois élevés, et l'on paie davantage pour l'expérience que pour le confort des équipements, qui sont, au mieux, de catégorie moyenne (bien qu'il existe des hébergements haut de gamme). C'est dans les environs de Manaus que l'on en trouve le plus grand nombre, mais il existe aussi des lodges intéressants près de Belém et d'Alta Floresta.

Le charme local d'une pousada

Les *pousadas*, ces petites pensions de famille, sont le meilleur moyen de découvrir la chaleur de l'hospitalité brésilienne. Comptez 160 R$ pour une chambre double rustique et jusqu'à 800 R$ pour une option luxueuse (voire 2 000 R$ sur Fernando de Noronha !). Au programme : accueil convivial, petits-déjeuners généreux et immersion dans la vie locale.

Séjour abordable en auberge de jeunesse

Au Brésil, les auberges de jeunesse se nomment *albergues da juventude*. C'est à Rio qu'elles sont les plus nombreuses. Hostelling International Brasil (www.hihostelbrasil.com.br) en gère une vingtaine dans le pays, mais il en existe quantité d'autres. La qualité varie beaucoup, mais ce sont souvent de bons endroits pour rencontrer d'autres voyageurs. Une nuit en dortoir coûte entre 40 et 100 R$. Mieux vaut réserver, surtout en période de fêtes ou de vacances.

COMBIEN COÛTE UNE NUIT DANS...

une *pousada* bon marché
300 R$

un ranch du Pantanal
à partir de 450 R$

un lodge luxieux en Amazonie
à partir de 5 800 R$

Surprises du Pantanal

Loger dans un lodge en bord de rivière ou une *fazenda* du Pantanal permet d'admirer au plus près la faune brésilienne (plus visible dans ce qui est la plus vaste zone humide de la planète que dans la dense forêt amazonienne) tout en savourant les généreuses spécialités de la *cozinha pantaneira*. Les lodges sont nombreux le long de la Transpantaneira, près de Cuiabá et dans l'Estrada Parque, non loin de Corumbá.

Une chambre à la ferme

L'intérieur des terres prête ses vastes étendues aux *fazendas* (fermes), où cuisine rustique et vie rurale dévoilent une facette méconnue du Brésil. Ces exploitations de café, ranchs d'élevage et plantations de canne à sucre, notamment dans les régions de São Paulo, du Minas Gerais et dans le *sertão* (arrière-pays) du Nordeste, méritent le détour.

CHOISIR SON LODGE DANS LA JUNGLE

Passer quelques nuits en Amazonie est un rêve pour beaucoup de personnes ; c'est pourquoi il est important de bien choisir son hébergement. L'Amazonie étant un milieu fragile, constamment menacé par l'urbanisation, la pression démographique et l'exploitation des matières premières, le premier critère à prendre en compte est l'impact écologique de votre venue. Ensuite, tout dépend de ce que vous recherchez : confort ou aventure, richesse de la faune, types d'excursions...

DOBRYJ/SHUTTERSTOCK © ; PAGE DE GAUCHE, DE HAUT EN BAS : TACIO PHILIP SANSONOVSKI/SHUTTERSTOCK © ; CI-DESSUS : THALESANTONIO/SHUTTERSTOCK © ; CI-CONTRE : ORLANDO NETO/SHUTTERSTOCK ©

Avec des enfants

Si le Brésil est un pays très accueillant pour les familles, les longues distances peuvent rendre les trajets éprouvants. Mais le jeu en vaut la chandelle : plages ensoleillées, marches dans la forêt tropicale, trajets pittoresques en bateau et en train, faune abondante... les occasions de s'émerveiller ne manquent pas, et ce d'autant plus que les Brésiliens portent aux enfants une attention bienveillante.

Destinations pour les enfants

Avec 8 000 km de littoral, le Brésil ne manque pas de plages, notamment à Rio de Janeiro, à Búzios, sur l'Ilha Grande et à Arraial d'Ajuda. Ailleurs, les sites naturels et activités abondent, que vous choisissiez d'observer la faune dans le Pantanal et en Amazonie ; de monter à bord d'un train mémorable (le *Serra Verde Express*, dans le Paraná) ; d'admirer les chutes d'Iguaçu ou d'explorer les rivières et grottes de Bonito.

Au restaurant

Les enfants sont rarement lésés dans les restaurants brésiliens, où les burgers, glaces et pizzas (classiques ou au chocolat) abondent. Les restaurants *por kilo*, qui proposent un large choix de plats (vendus au poids) sous forme de buffet, rendent les repas plus simples pour tout le monde. La plupart des restaurants disposent de *cadeiras altas* (chaises hautes), mais peu ont un menu enfant.

Se déplacer

Sur les vols intérieurs, les enfants voyagent gratuitement jusqu'à 2 ans, puis bénéficient d'une réduction de 10% à 15% jusqu'à 12 ans. Dans les bus, les bambins de moins de 5 ans peuvent voyager gratuitement sur les genoux d'un parent.

Pratique

Les espaces à langer sont rares en dehors des aéroports, des centres commerciaux et des restaurants. Si les trottoirs sont plutôt mal entretenus, les promenades en bord de plage sont idéales en poussette. Les restaurants ont rarement de quoi divertir les petits.

NOTRE SÉLECTION

Beto Carrero World (p. 529)
Le plus grand parc d'attractions d'Amérique latine.

Parque das Aves (p. 499)
La réserve ornithologique des chutes d'Iguaçu ; aussi instructive que divertissante.

Parque Lage (p. 60)
Un parc aux airs de forêt vierge à Rio de Janeiro.

Parque Nacional dos Lençóis Maranhenses (p. 285)
De spectaculaires dunes ponctuées de centaines de piscines naturelles.

Train touristique de São João del Rei à Tiradentes (p. 401)
Un amusant trajet à bord d'un train à vapeur, dans le Minas Gerais.

VOYAGER EN FAMILLE À TRAVERS LE PAYS

Compte tenu de la superficie du pays, mieux vaut se limiter à une ou deux régions, sous peine de passer de longues heures en bus ou de recourir au transport aérien, plus onéreux. Louer une voiture est parfois intéressant financièrement et permet d'être plus libre de ses mouvements (mais prévoyez d'apporter votre siège auto), mais attendez-vous à de longs trajets.

En somme, le Brésil est une belle destination familiale, à condition de planifier ses déplacements avec soins.

Santé et sécurité

SERVICES MÉDICAUX

Des soins de qualité sont dispensés dans les établissements privés des grandes villes, mais peuvent être difficiles à obtenir dans les zones rurales. L'Hospital das Clínicas, l'Hospital Israelita Albert Einstein et l'Hospital Sírio-Libanês, à São Paulo, ainsi que l'Hospital Moinhos de Vento de Porto Alegre sont réputés. Mieux vaut éviter les hôpitaux publics.

VACCINS

La vaccination contre la **fièvre jaune** n'est pas obligatoire pour entrer dans le pays mais fortement recommandée.

Tactiques de vol

Certains voleurs n'hésitent pas à pointer une arme sur leurs victimes pour les détrousser ; ne résistez jamais. D'autres recourent à une technique baptisée *Boa noite, Cinderela* ("bonne nuit, Cendrillon"), consistant à droguer leur proie en lui offrant une boisson, une cigarette, un bonbon, etc. Les pickpockets emploient aussi diverses techniques de diversion. Kidnapping express et carjacking ont également cours.

Moustiques et maladies infectieuses

Les moustiques, omniprésents, peuvent être vecteurs de maladies graves, dont le paludisme, la fièvre jaune, la dengue et le virus Zika. Il est recommandé de se munir d'un bon antimoustique (la marque locale Exposis est très efficace) et de prendre des cachets antipaludéens dans certains États (Acre, Amapá, Amazonas, Rondônia et Roraima notamment).

ASSURANCE

Il est conseillé de souscrire une assurance voyage qui vous couvrira en cas de vol, de perte et de frais médicaux (les soins privés coûtent cher).

BAIGNADE SÛRE

Drapeau vert
Baignade sans risque.

Drapeau jaune
Risque modéré ; ne pas se baigner seul si l'on n'est pas bon nageur.

Drapeau rouge
Risque élevé de noyade.

Drapeau noir
Baignade non surveillée.

Drapeau violet
Présence de méduses.

Catastrophes naturelles

Le Brésil est épargné par la plupart des catastrophes naturelles (séismes, cyclones, tornades...), mais des pluies torrentielles y sèment le chaos chaque année. Des crues éclair emportent les véhicules sur leur passage, tandis que les inondations et les glissements de terrain rayent des villages entiers de la carte, surtout dans la région d'Angra dos Reis et dans le Nordeste.

CRIMINALITÉ : PRÉCAUTIONS À PRENDRE

La criminalité étant un sujet de préoccupation au Brésil, ayez un minimum d'argent sur vous. Habillez-vous avec discrétion (sans bijoux) et ne sortez pas votre téléphone. Promenez-vous avec prudence. N'utilisez que les distributeurs de billets situés dans les banques et en journée. N'emportez rien de précieux à la plage et n'y allez pas la nuit.

Manger, boire et sortir

Les repas

Café da manhã (petit-déjeuner, de 8h à 10h). Il est généralement modeste : un *cafezinho* (espresso) et un *pão de queijo* (gougère au fromage) font l'affaire.

Almoço (déjeuner, de 12h à 15h). Il s'agit souvent d'un *prato feito* (plat du jour) ou d'un repas pris rapidement dans un self-service.

Jantar (dîner, de 20h à 22h). Il se compose de plats plus élaborés (et légèrement plus onéreux) ou d'une sélection de *petiscos* (sortes de tapas).

Où se restaurer

Padaria Boulangerie vendant souvent aussi des sucreries, des jus, du café, des sandwichs et quelques plats.

Por kilo Self-service au buffet varié, où l'on paie au poids ; on en trouve de toutes les sortes dans tout le pays.

Lanchonete Snack-bar ou restaurant de style cafétéria pour un repas simple.

Boteco/botequim Pub à la brésilienne, servant *petiscos* et *chopes* (bières à la pression).

Rodízio Restaurants à volonté (servant généralement des sushis ou des pizzas).

Churrascaria Restaurant de viandes grillées servies à volonté, à mesure que les morceaux sortent de la cuisine.

COMPRENDRE LA CARTE

arroz riz

aves volaille

azeite huile d'olive

bebida boisson

carne viande

churrasco barbecue

comida caseira cuisine familiale

dendê huile de palme

entrada entrée

farofa farine de manioc sautée au beurre

feijão haricots

frutos do mar fruits de mer

grelhadas grillades de viande ou de poisson

lanche en-cas salé ou goûter

molho sauce

peixe poisson

prato plat principal

prato feito plat du jour ; généralement copieux et bon marché

pratos típicos plats locaux

refeição repas

sobremesa dessert

L'ART DE… Manger comme les Brésiliens

Vous remarquerez rapidement que les Brésiliens n'aiment pas beaucoup toucher ce qu'ils mangent. Les aliments habituellement mangés avec les doigts dans d'autres pays n'entrent jamais en contact avec leurs mains. Les pizzas sont découpées avec des couverts. Les burgers et autres en-cas, comme le *pão de queijo* (gougère au fromage) ou les *coxinhas* (croquette de poulet) sont tenus avec une serviette. Les *petiscos* se mangent à avec une fourchette et un cure-dent. Et ainsi de suite. Alors, si vous voulez montrer à tout le monde que vous êtes un touriste, n'hésitez pas et mangez votre pizza avec vos dix *dedos*. Autrement, faites comme vos hôtes, et empoignez vos couverts.

COMBIEN COÛTE...

un espresso
5-9 R$

un *pao de queijo*
14 R$

une *coxinha*
14 R$

une *moqueca* (pour deux)
185 R$

un menu dégustation dans un restaurant deux étoiles
690 R$ (1 140 R$ avec du vin)

une *chope*
12,50 R$

une caïpirinha
33 R$

L'ART DE...

Savourer une feijoada

Plat national brésilien, la *feijoada* est un ragoût de haricots noirs cuisinés avec divers morceaux de porc et de bœuf, de l'ail, des oignons, du laurier et même de la cachaça (alcool de canne à sucre utilisé dans la caïpirinha). Ce plat, qui mijote des heures entières, est traditionnellement servi le samedi, car trop copieux pour être mangé en semaine (les établissements touristiques le proposent toutefois au quotidien et certains Brésiliens le consomment le mercredi). Quelques restaurants servent leur *feijoada* en portion individuelle (*na cumbuca*, "dans un bol"), mais la plupart la proposent plutôt sur le principe du self-service à volonté et à prix fixe.

Vous vous trouverez alors face à une dizaine de marmites bouillonnantes. Ouvrez-vous l'appétit avec un *caldinho de feijão* (soupe de haricots noirs, parfois pimentée) et un verre de cachaça ou de *batidinha* (une sorte de caïpirinha mixée) – généralement compris dans la formule. Puis, prenez une assiette. Les choses sérieuses commencent ici ! Servez-vous en riz, puis déposez dessus une couche de haricots noirs sur laquelle vous empilerez vos morceaux de viande préférés. Oreilles, pieds ou langue de porc et *carnes nobres* (morceaux nobles) : saucisse fumée (*paio*), bœuf séché (*carne seca*), côtes rôties, etc. Agrémentez de chou kale sauté et de quartiers d'orange (pour apporter de la fraîcheur à ce plat riche), saupoudrez d'un peu de *farofa* (farine de manioc poêlée) et, si vous l'osez, arrosez de sauce pimentée. Régalez-vous. Et recommencez.

Aux origines de la feijoada

Elle aurait été inventée par les esclaves pour cuisiner les morceaux de viande dont les maîtres ne voulaient pas. Une légende peu crédible du fait de la ressemblance de ce plat avec certains ragoûts européens et de la popularité que rencontraient autrefois les abats.

UN PLAT POUR DEUX

Au moment de commander, une difficulté inattendue peut se poser à ceux qui souhaitent manger seul ou à deux dans un restaurant brésilien : à l'exception des tables gastronomiques, la plupart des grandes spécialités du pays ne sont disponibles que sous forme de plat à partager entre deux convives, *para duas pessoas*. C'est le cas, notamment, des *moquecas* de crustacés, des *caldeiradas* (sorte de bouillabaisse), des risottos, des plats de poisson et des *picanhas* (pièces de bœuf) en dehors des *churrascarias*. Si votre moitié, ami ou collègue a les mêmes envies que vous, bingo ! En revanche, les choses se compliquent lorsque l'un rêve d'une *moqueca* (ragoût) de crevettes et que l'autre est allergique aux crustacés. Le plus simple est alors de trouver un plat qui mette tout le monde d'accord. Si ce n'est pas possible, vous pouvez toujours demander s'il est possible d'obtenir le plat pour une seule personne. Certains établissements refuseront, mais beaucoup accepteront de vous servir une portion simple pour 60% à 70% du prix de base (préparez-vous à faire quelques calculs mentaux).

Voyage responsable

Voyage et changement climatique

L'impact des voyages sur l'environnement est aujourd'hui bien connu, et impose de faire ce qui est en notre pouvoir pour le limiter. Lonely Planet recommande ainsi aux voyageurs de se renseigner sur l'empreinte carbone de leurs déplacements. Divers outils en ligne permettent de calculer les émissions de CO_2 générées par chaque trajet, notamment celui de l'Ademe. De nombreuses plateformes de réservation et compagnies aériennes proposent de compenser leurs émissions de gaz à effet de serre par une contribution financière à des projets respectueux de l'environnement, partout dans le monde. Chez Lonely Planet, nous continuons à compenser l'empreinte carbone de tous nos auteurs, tout en étant conscients que ce n'est qu'une solution partielle.

Scannez pour accéder au calculateur d'émissions de carbone de l'Ademe

Souvenirs éthiques

Lors de vos achats, privilégiez les objets fabriqués localement, et les produits issus du commerce équitable. Artesol (www.artesol.org.br), BRFAIR (www.brfair.org.br) et l'Associação Zagaia Amazônia (www.amazonzagaia.com.br) soutiennent ce type d'initiatives.

Tour-opérateurs responsables

Réservez vos excursions et activités auprès d'agences répertoriées par l'Abeta (www.abeta.tur.br), une association de tour-opérateurs spécialisés dans l'écotourisme, qui s'engagent à suivre des règles strictes en la matière.

Préservation de l'environnement

Contactez des organismes œuvrant pour la protection de l'environnement au Brésil, tels Amigos da Terra (www.amigosdaterrabrasil.org.br) et Amazon Conservation Team (www.amazonteam.org), pour participer à leurs projets.

Déplacements

Difficile de parcourir le Brésil sans prendre l'avion, mais le voyage peut aussi s'envisager autrement. Les longs trajets en bus peuvent être une aventure en soi, et s'en tenir à une région permet souvent une découverte plus en profondeur.

Bénévolat

Atados (www.atados.com.br). Plateforme répertoriant des centaines d'associations engagées dans les domaines du social, de l'écologie et de la santé.

Iko Poran (www.ikoporan.org). Organisme basé à Rio, qui met en contact bénévoles et associations.

Regua (www.regua.org). Accueille des bénévoles du monde entier pour aider à son programme de reboisement.

Passez quelques jours dans la remarquable **réserve de développement durable de Mamirauá** (mamiraua.org), une des meilleures destinations écotouristiques d'Amazonie. À 1 heure 30 de Tefé, cette jungle préservée dévoile une faune remarquable.

CI-DESSUS : BJOERN WYLEZICH/SHUTTERSTOCK ©, GAZLAST92/SHUTTERSTOCK © ; PAGE DE DROITE : ROSA JAY/SHUTTERSTOCK ©

Le site de **Rainforest Alliance** (www.rainforest-alliance.org) répertorie diverses initiatives alliant reboisement et écotourisme au Brésil. Parmi les autres ONG agissant pour la protection de la nature dans le pays, citons **Conservation International** (www.conservation.org), **WWF** (www.worldwildlife.org) et l'**International Ecotourism Society** (ecotourism.org).

Préserver l'Amazonie

L'Amazonie est menacée de toutes parts par l'urbanisation, la déforestation illégale, les politiques écocides, l'expansion agricole, etc. En optant pour un tourisme responsable, au sein de communautés indigènes et avec des agences respectueuses de l'environnement, vous contribuez à sa préservation.

Hébergement durable

Réservez dans un lodge écoresponsable au cœur des contrées les plus riches en biodiversité du pays, tels l'Amazonie ou le Pantanal. Le **Cristalino Lodge** (cristalinolodge.com.br), l'**Uakari Lodge** (www.uakarilodge.com.br) et l'**Araras Eco Lodge** (www.ararаslodge.com.br) font figure d'exemples dans leurs régions respectives.

Visitez un **quilombo** (communauté rurale fondée à l'origine par des esclaves évadés) comme celui de **Campinho** (Rio de Janeiro) ou de **Barra da Estiva** (Bahia).

Achetez des articles issus du commerce équitable et d'initiatives socioculturelles au **Ponto Solidário** (www.pontosolidario.org.br) de São Paulo.

50 000

Le Brésil est le pays le plus riche en biodiversité de la planète. Il abrite le plus grand nombre d'espèces de mammifères et de poissons d'eau douce connues, et plus de 50 000 espèces végétales.

Tourisme rural

Partez à la découverte de l'Amazonie profonde dans l'ouest du Pará. L'initiative locale Projeto Saúde & Alegria (www.saudeealegria.org.br) y promeut le tourisme durable dans le secteur de Santarém, tout en accompagnant le développement et l'accès à l'éducation des communautés de la forêt environnante.

SITES UTILES

www.taskbrasil.org.uk Association britannique aidant les enfants des rues de Rio.

www.sosma.org.br Une des principales ONG brésiliennes agissant pour la forêt tropicale.

www.ipe.org.br Organisme de protection de la biodiversité à l'échelle nationale.

Trinquez en soutenant les nombreuses brasseries artisanales du pays, dont **Dogma** (www.cervejariadogma.com.br) et Trilha (www.trilhacervejaria.com.br) à São Paulo ; **2 Cabeças** (www.facebook.com/2cabecas) à Rio de Janeiro ; et **Unika** (cervejariaunika.com.br) dans le Sud.

Voyageurs LGBTQI+

Les Brésiliens sont dans l'ensemble ouverts sur les questions sexuelles. L'homosexualité est ici légale (entre individus de plus de 18 ans) et mieux acceptée qu'ailleurs en Amérique latine, surtout dans les grandes villes. Rio est considérée comme la capitale gay du continent sud-américain, mais São Paulo et, dans une moindre mesure, Salvador et Florianópolis, ont aussi des scènes très dynamiques.

Gays, lesbiennes e *Simpatizantes* (GLS)

Avec l'émergence d'applications de rencontres comme Grindr, les bars gays et lesbiens sont devenus moins nombreux qu'ils ne l'étaient à une époque. Ceux qui restent sont des établissements très accueillants fréquentés par des gays, lesbiennes et sympathisants (GLS), soit une foule d'homosexuels et d'hétérosexuels dont le but premier est de faire la fête. Un lieu dit "GLS" est donc un établissement ouvert à tous, fréquenté par la communauté LGBTQI+ autant que par des hétérosexuels.

GAY PRIDE DE SÃO PAULO

Accrochez-vous : chaque année en juin, la plus grande marche des fiertés du monde (avec plus de 4 millions de participants en 2022) envahit l'Avenida Paulista à l'occasion d'une gigantesque fête au départ du **Museu de Arte de São Paulo** (MASP).

PLAGES

Les superbes étendues de sable du Brésil sont généralement gay-friendly, mais celles de Boa Viagem à Recife, de Porto da Barra et Jardim dos Namorados à Salvador, de Praia Mole à Florianópolis, d'Ipanema (vers le Posto 9) à Rio et de Pinho à Balneário Camboriú sont connues pour être des plages queer.

Carnaval

Les carnavals de Rio, São Paulo et Florianópolis sont ceux où s'affichent le plus de drapeaux arc-en-ciel. Parmi les *blocos* (cortèges musicaux) gays et GLS qui y paradent, citons la Banda de Ipanema (à Rio), ainsi que le Bloco da Diversidade et les Minhoqueens (à São Paulo). Le carnaval gay de Florianópolis (et son concours Pop Gay) est un des plus grands événements LGBTQI+ du pays et attire chaque année 50 000 fêtards.

SITES UTILES

Mix Brasil (www.mixbrasil.org.br). Le principal site Web LGBTQI+ du Brésil.
ABGLT (www.abglt.org). La plus grande association du pays.
Aliança Nacional LGBTI+ (www.aliancalgbti.org.br). Défend les droits des personnes LGBTQI+.
Antra (www.antrabrasil.org). La plus grande association de personnes transgenres du pays.
Brazil Ecojourneys (www.brazilecojourneys.com). Agence de voyages anglo-brésilienne LGBTQI+.
Viaje entre Iguais (www.viajeentreiguais.com.br). Agence de voyages sur mesure.

Si, dans les grandes métropoles, on peut vivre sa sexualité et son identité de façon relativement libre, le degré de tolérance varie beaucoup selon les régions. En 2013, une enquête réalisée par **LGBTQ Nation**, révélait que 44% des actes transphobes et homophobes recensés dans le monde étaient commis au Brésil. Prudence, donc.

Voyage et handicap

Si dans les grandes villes des efforts sont faits pour favoriser la mobilité, les voyageurs en fauteuil roulant n'auront pas la vie facile au Brésil. Ils se heurteront notamment au problème de l'irrégularité des trottoirs, des bus bondés et des restaurants précédés de marches. Vous avez tout intérêt à organiser votre voyage avec l'aide d'un organisme.

Rues pavées

Nombre de villes et villages brésiliens sont sillonnés de rues anciennes et pavées, éprouvantes à parcourir en fauteuil. Dans la plupart des cas, il vous faudra une voiture ou un autre mode de transport adapté pour les explorer.

À l'aéroport

L'aéroport GRU de São Paulo est pourvu de toilettes adaptées, de revêtements podotactiles, d'ascenseurs avec barre d'appui, de signalétiques en braille, de 400 places réservées et d'un service d'assistance (à réserver auprès de votre compagnie).

Hébergement

La plupart des établissements récents ont des chambres accessibles aux personnes à mobilité réduite (PMR). Depuis 2018, la loi impose un quota de 5% de chambres aménagées dans les hôtels et *pousadas* du pays. Certaines chaînes de TV câblée ont des sous-titres.

VOYAGEURS SENIORS

La culture brésilienne cultive le respect de ses aînés. Une loi impose même aux établissements privés comme publics d'accorder une assistance aux personnes de plus de 60 ans.

Rio de Janeiro

Le métro compte des ascenseurs (parfois en panne) et bandes podotactiles. Des artères du front de mer sont aménagées pour les fauteuils. Especial Coop Taxi (www.especialcoop.com.br) a un service dédié aux PMR.

São Paulo

Le réseau de bus et de métros de São Paulo est accessible aux PMR, tout comme la plupart des sites touristiques. Acessível SP (www.acessivelsp.com.br) et d'autres compagnies proposent des taxis adaptés.

PARADIS ACCESSIBLES

Parmi les destinations phares pour les visiteurs à mobilité réduite : Bonito (avec des circuits comme l'Abismo Anhumas et l'Aquario Natural), Brotas (avec des guides formés), Foz do Iguaçu (avec ses doubles rampes, ses larges passerelles, son Cicuito inferior 100% accessible et son Cicuito superior aménagé à 90%) et Uberlândia (la première ville brésilienne entièrement accessible aux PMR).

SITES UTILES

Centro de Vida Independente (www.vidaindependente.org). Fournit des conseils sur le voyage au Brésil aux personnes en situation de handicap.

Programa Turismo Acessível (www.turismoacessivel.gov.br). Site national officiel de promotion du tourisme accessible.

Ricardo Shimosakai (www.ricardoshimosakai.com.br). Ce pionnier a fondé, à São Paulo, une agence de voyages spécialisée.

SATH (Society for Accessible Travel & Hospitality ; www.sath.org). Une source de renseignements pour les voyageurs en situation de handicap.

Wheel the World (www.wheeltheworld.com). Organise des voyages adaptés aux PMR.

Favelas du Brésil

À SAVOIR AVANT DE VISITER LES FAVELAS DU PAYS

Les favelas sont animées par des écoles de samba, une énergie créative débordante, des fêtes endiablées et un accueil chaleureux. Mais elles sont aussi grevées par les trafics de drogue et, dans les pires cas, les guerres de gangs et les fusillades. Malgré tout, les touristes s'y rendent de plus en plus, non sans se demander parfois si le risque en vaut la peine. Ces quartiers surpeuplés ont longtemps été délaissés par les pouvoirs publics. Là-bas, pas de bureau de poste ni d'égouts ; les centres médicaux sont rares et souffrent du manque de moyens, et les ambulances refusent souvent d'y pénétrer par peur des violences. Les favelas sont des bidonvilles qui souffrent, et dont le Brésil peine à endiguer les maux.

CHRONIQUES DES FAVELAS

Vous vous demandez comment se déroule la vie dans une favela ? Lisez l'autobiographe de Carolina Maria de Jesus, ***Le Dépotoir : le journal intime de Carolina Maria de Jesus***, dans lequel elle livre le récit détaillé de son quotidien dans une favela de São Paulo. Bien qu'écrit en 1960, ce livre acclamé (et traduit dans 13 langues, dont le français) décrit une réalité encore bien trop actuelle.

SI VOUS VISITEZ UNE FAVELA

Soyez bien accompagné. Il est essentiel d'avoir un guide. Allez-y avec quelqu'un qui y travaille ou y vit.

Respectez les limites. Les résidents des favelas sont généralement accueillants. En revanche, certaines rues, contrôlées par les trafiquants, sont dangereuses. Restez à l'écart des zones que l'on vous désignera ainsi.

Demandez de l'aide si vous êtes perdu. Si vous perdez votre guide, présentez-vous auprès d'un habitant, dites-lui ce que vous faites là et qui vous accompagne. Les résidents seront alors disposés à vous aider.

Demandez avant de photographier. Les photos sont généralement acceptées, mais ne photographiez pas les gens sans leur permission. Dans certaines favelas, les gangs interdisent tout cliché ; dans d'autres, les résidents craignent l'intervention de la police s'ils sont immortalisés en train de fumer du cannabis ou de consommer de l'alcool avant l'âge légal.

FAVELAS DE RIO

Morro da Mangueira
Dans la Zona Norte, cette favela est le fief de la GRES Estação Primeira de Mangueira, la toute première école de samba de la ville, et l'une des plus célèbres. Durant le carnaval, on peut y visiter la Cidade do Samba (Ville de la Samba), le lieu où les écoles répètent leur défilé.

À **Rio de Janeiro**, les bidonvilles côtoient certains des quartiers les plus chics du pays. Certaines favelas ont donc créé leur propre circuit touristique pour faire découvrir aux visiteurs les auberges, restaurants et projets sociaux fondés par leurs habitants. Le tourisme dans les favelas peut ainsi aider à modifier le regard porté sur ces zones, en soulignant la créativité de leurs résidents, en promouvant leur culture et en participant à l'économie locale.

Vidigal et Chácara do Céu
Prises en sandwich entre les quartiers huppés de Leblon et São Conrado, ces deux favelas occupent les flancs des monts Dois Irmãos. On y trouve notamment deux bars-restaurants voisins et très animés, l'Alto Vidigal et le Bar da Laje, ainsi que le Restaurante Flor do Céu (sur réservation uniquement), la troupe de théâtre Nós do Morro, le Parque Ecológico Sitiê et le chemin menant au sommet des Dois Irmãos.

Morro da Babilônia et Chapéu Mangueira
Ces deux favelas dominant le quartier de Leme font face à l'océan, à l'extrémité est de la plage de Copacabana, donnent accès à la forêt atlantique et cachent d'excellents bars. On s'y rend pour y admirer le Mural Babilônia (une mosaïque de 140 m de long) ; pour boire des cocktails en contemplant les vagues à l'Estrelas da Babilônia ; et pour le Bar do David, qui sert l'une des meilleures cuisines de bar de Rio.

IMMERSION CULTURELLE

La culture des favelas ne s'exprime pas que dans leurs étroites ruelles. Si vous souhaitez en savoir plus sans courir aucun risque, rendez-vous dans le quartier de Lapa, à Rio, pour assister aux concerts de funk carioca de la Fundição Progresso ; joignez-vous à une traditionnelle *roda de samba* à Pedra do Sal ; ou visitez, à São Paulo, le Museu das Favelas, consacré à ces lieux phares de l'identité brésilienne.

ART ET FAVELAS À SÃO PAULO

La favela de **Paraisópolis**, la deuxième de São Paulo par sa superficie, abrite près de 100 000 habitants, parmi lesquels Estevão Silva da Conceição, surnommé le "Gaudí brésilien" en référence à l'architecture originale de sa maison. En 2019, le collectif Paraisópolis das Artes a créé un circuit de visite artistique dans la favela, passant notamment par la demeure de cet artiste, ainsi que par le Ballet Paraisópolis, la Biblioteca BECEI et la Casa de PET, une habitation construite à partir de bouteilles en plastique. Malheureusement, l'épidémie de Covid-19 a mis un terme au projet, mais des visites sont toujours menées par des guides locaux et des associations, afin de mettre en lumière le talent des résidents de Paraisópolis.

SÉCURITÉ

Malheureusement, la criminalité reste élevée dans les favelas. "Lorsque vous visitez une favela, l'argent que vous y dépensez va à ses habitants, ce qui est positif, explique Micael Amarante, un ancien employé de la municipalité de Rio, qui a travaillé à la mise en place d'unités de police pacificatrices (UPP) dans ces quartiers. Le problème, c'est qu'on ne peut jamais être sûr d'y être en sécurité : un conflit peut toujours éclater entre deux factions rivales ou avec la police, et le risque est d'être fauché par une balle perdue." En ce moment, les relations entre les principaux cartels sont relativement paisibles, ce qui permet aux commerçants locaux d'accueillir les touristes.
Les Brésiliens des classes moyenne et supérieure déconseillent aux étrangers de se rendre dans les favelas, mais leurs habitants, les *favelados*, sont heureux de s'ouvrir au tourisme. Victor Oliveira, producteur de spectacles, a longtemps hébergé chez lui des CouchSurfers, dans la favela de Manguinhos. "Du moment qu'ils entraient dans le quartier avec moi et qu'ils savaient où aller et quelles rues éviter, tout se passait bien. Tout le monde savait qu'ils logeaient chez moi. C'est toujours un plaisir de faire découvrir aux gens le vrai Rio."

L'Amazonie en bateau

Les fleuves sont les routes de l'Amazonie, et une croisière fluviale équivaut aux *road trips* les plus légendaires. Lenteur et langueur caractérisent ces voyages qui se comptent en jours plutôt qu'en heures, sur des navires transportant passagers et marchandises. Des options plus luxueuses allient confort et excursions à la découverte de la faune. Dans tous les cas, une aventure inoubliable vous attend au cœur de la plus vaste jungle du monde.

Variations saisonnières

L'Amazonie compte une saison humide et une saison sèche, chacune ayant ses avantages et ses inconvénients. La saison sèche (de juillet à décembre) apporte des températures moins étouffantes et une faune plus visible lors des excursions à terre. La saison des hautes eaux (de janvier à juin), chaude et humide, s'accompagne de pluies fréquentes ; les moustiques sont alors nombreux et il y a moins de ports où accoster. Les prix sont plus bas en dehors de l'été brésilien (de décembre à février).

Niveaux de confort

La plupart des croisières ont lieu dans les environs de Manaus, là où le fleuve est assez large pour accueillir toutes sortes de bateaux, des petits yachts aux ferries rustiques, généralement employés pour rejoindre des hôtels flottants plus luxueux. À vous de choisir si vous voulez suspendre votre hamac sur un navire à l'ancienne ou observer la forêt depuis le confort d'une cabine moderne. Dans le premier cas, vous passerez la majeure partie du trajet sur le pont supérieur, à regarder le paysage défiler et à enchaîner les discussions arrosées au son d'une musique assourdissante. Sur le pont intermédiaire, où les hamacs se balancent, vous vous reposerez, lirez ou pratiquerez le portugais avec votre voisin. Les autres types de croisières offrent toute une gamme de confort et de services.

TEMPS DE TRAJET

À moins d'opter pour une croisière de luxe, un voyage de deux ou trois jours suffit le plus souvent : aussi dépaysant soit-il, le séjour à bord devient vite lassant, surtout en raison du bruit constant de la musique et des moteurs. Les bateaux naviguent en principe loin des berges, ce qui réduit à néant les chances d'apercevoir des animaux.

CONSEILS À BORD

Apportez un **hamac**, une corde pour l'accrocher et un "sac à viande".

Montez tôt à bord pour choisir un bon emplacement pour votre hamac (à l'écart des toilettes). Prévoyez de l'eau, des en-cas et du papier hygiénique.

Ne laissez jamais votre appareil photo, portable ou autre **objet de valeur** sans surveillance dans votre hamac et cadenassez les fermetures de vos sacs.

Soyez vigilant – surtout lors des escales. Apportez un câble fin et un cadenas pour attacher votre sac à l'un des piliers au centre du bateau.

Les **repas servis à bord** sous forme de buffet pèchent par manque d'hygiène. Commandez plutôt les hamburgers et sandwichs préparés à la commande au gril.

IMPACT ÉCOLOGIQUE

Les bateaux à l'ancienne sont ce qu'ils sont, mais si vous préférez un mode de transport plus confortable, choisissez une compagnie s'inscrivant dans une démarche durable et éthique. En explorant la forêt de façon responsable, vous limiterez l'impact écologique de votre voyage et soutiendrez les communautés locales.

Bon à savoir

HEURES D'OUVERTURE

Banques 9h-15h du lundi au vendredi

Bars 18h-2h

Boîtes de nuit 22h-4h du jeudi au samedi

Bureaux de poste 9h-17h du lundi au vendredi et samedi matin pour certains

Cafés 8h-22h

Commerces 9h-18h du lundi au vendredi et 9h-13h le samedi

Restaurants 12h-14h30 et 18h-22h30

Eau

En principe, l'eau du robinet est potable dans les grandes villes (São Paulo, Rio de Janeiro, Belo Horizonte, Brasília, etc.), mais son goût ne plaît pas à tout le monde. Ailleurs, ne la buvez pas.

Cigarettes

Fumer est interdit dans les restaurants et les bars ; certains hôtels ont des chambres fumeurs.

Toilettes

Les toilettes publiques sont peu courantes en dehors des gares routières et des aéroports. Le papier toilette ne se jette pas dans la cuvette, mais dans une poubelle.

EN BREF

Fuseau horaire
Le Brésil possède quatre fuseaux horaires ; la majeure partie du pays se trouve à GMT -3 heures.

Indicatif du pays
55

Numéro d'urgence
190

Population
216 millions d'habitants

Électricité 127 V / 220 Hz / 60 Hz

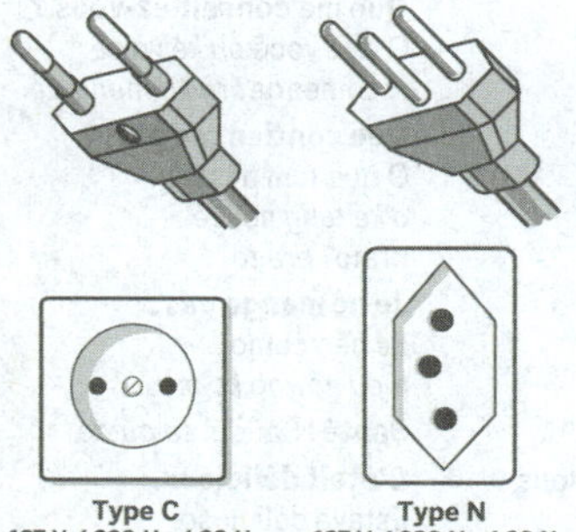

Type C
127 V / 220 Hz / 60 Hz

Type N
127 V / 220 Hz / 60 Hz

JOURS FÉRIÉS

Dia dos Povos Indígenas (jour des Peuples indigènes), le 19 avril, n'est pas un jour férié, mais est célébré dans toutes les communautés amérindiennes du pays.

Jour de l'An 1er janvier

Carnaval février/mars (les quatre jours précédant le mercredi des Cendres)

Vendredi saint et dimanche de Pâques mars/avril

Jour de Tiradentes 21 avril

Fête du Travail 1er mai

Corpus Christi fin mai/juin (60 jours après le dimanche de Pâques)

Fête de l'Indépendance 7 septembre

Notre-Dame-d'Aparecida 12 octobre

Jour des Morts 2 novembre

Proclamation de la République 15 novembre

Noël 25 décembre

Langue

Près de 190 millions de personnes parlent le portugais dans le monde, dont 90% au Brésil. Les différences entre le portugais du Brésil et celui du Portugal portent sur l'orthographe, la prononciation et, dans une certaine mesure, le vocabulaire.

La plupart des sons portugais ont leur équivalent en français. Au Brésil, toutes les syllabes se prononcent, souvent de façon traînante. Une voyelle est nasalisée lorsqu'elle est surmontée d'un tilde ou lorsqu'elle est suivie des lettres **m** ou **n**. Ces sonorités existent en français dans les sons : **an**, **on**, **in**, **ou**, un **ou gne**. Nous signalons les voyelles nasales par **aoum**, un accent circonflexe ou des trémas. Les syllabes accentuées figurent en italique. Le **r** est soit doucement roulé, soit légèrement raclé comme en français. Les voyelles sont ouvertes et toujours prononcées. Le "e" final se prononce légèrement i. Ailleurs, le "e" se prononce **é**. Le "o" final est souvent prononcé comme un léger **ou**. Lorsque les deux lettres **al** sont associées en fin de mot, le son vient du fond de la gorge (proche de **aou**). En gardant ces quelques règles en tête et en lisant notre guide de conservation comme si vous lisiez du français, vous n'aurez aucun mal à vous faire comprendre. Les abréviations (m) et (f) indiquent le genre masculin ou féminin, (sing) et (pl) le singulier et le pluriel.

Phrases clés

Bonjour. Olá. *o·laa*

Au revoir. Tchau. *t·chao*

Comment allez-vous ?
Como vai? *ko·mo vaï*

Bien, et vous ?
Bem, e você?
Beïn i vo·sé

Excusez-moi.
Com licença.
kom li·seng·sa

Pardon.
Desculpa. *dés·koul·pa*

Oui./Non.
Sim./Não. *sïm/nowng*

S'il vous plaît.
Por favor. *por fa·vor*

Merci.
Obrigado. (m) *o·bri·ga·do*
Obrigada. (f) *o·bri·ga·da*

De rien. De nada. *dé na·da*

Comment vous appelez-vous ?
Qual é o seu nome?
koual é o sé·ou no·mé

Je m'appelle...
Meu nome é ... *me·ou no·mé è...*

Parlez-vous français ?
Você fala francês?
vo·sé fa·la fran·cês

Je ne comprends pas.
Não entendo. *nowng én·teng·do*

Se restaurer et prendre un verre

Que me conseillez-vous ?
O que você *ou ké vo·sé*
recomenda? *ré·ko·meng·da*

Que contient ce plat ?
O que tem neste
o ké teng nes·té
prato? *pra·to*

Je ne mange pas...
Eu não como...
e·ou nowng ko·mo...

Santé ! Saúde! *sa·ou·de*

C'était délicieux.
Estava delicioso.
es·ta·va dé·li·si·o·zo

SIGNALÉTIQUE

Banheiro
Toilettes

Entrada
Entrée

Não tem vaga
Complet

Pronto socorro
Urgences

Saída
Sortie

Tem Vaga
Libre

L'addition, s'il vous plaît.
Por favor traga *por fa·vor tra·ga* a conta. *a kong·ta*

Je voudrais réserver une table pour...
Eu gostaria de *e·o gos·ta·ri·a dé* reservar uma *re·zer·var ou·ma* mesa para... *mé·za pa·ra...*
(huit) (às oito) *(as oï·to)*
heures horas *o·ras*
(deux) (duas) *(dou·as)*
personnes pessoas *pé·sso·aas*

Shopping

Je voudrais acheter...
Gostaria de *gos·ta·ri·a dé* comprar... *kong·prar...*

Je regarde seulement.
Estou só olhando. *es·to sô o·lyang·do*

Est-ce que je peux voir ?
Posso ver? *po·sso ver*

Combien ça coûte ?
Quanto custa? *kwang·to kous·ta*

C'est trop cher.
Está muito caro. *es·ta mouï·to ka·ro*

Pouvez-vous baisser le prix ?
Pode baixar *pô·dé baï·char* o preço? *o pré·sso*

Il y a une erreur sur l'addition.
Houve um erro *ou·ve oum é·ro na* na conta. *kong·ta*

Horaires et dates

Quelle heure est-il ?
Que horas são? *ké ôras sowng*

matin manhã *ma·na*
après-midi tarde *tar·dé*
soir noite *noï·té*
hier ontem *ong·teïm*
aujourd'hui hoje *o·je*
demain amanhã *a·ma·gna*

Urgences

Au secours ! Socorro! *so·ko·ro*

Laissez-moi tranquille !
Me deixe em paz! *me deï·che eng pas*

Appelez...!
Chame ...! *cha·mée ...*
un docteur
um médico *oum mé·di·ko*
la police
a polícia *a po·li·ssia*

C'est une urgence.
É uma *é ou·ma* emergência. *é·mer·jeng·sia*

Je suis perdu(e).
Estou perdido. (m) *es·tou per·di·do*
Estou perdida. (f) *es·tou per·di·da*

Je suis malade.
Estou doente. *es·to do·eng·té*

Où sont les toilettes ?
Onde tem um *on·dé teng oum* banheiro? *ba·nieï·ro*

Le parler brésilien

Connaître quelques rudiments de la langue sera grandement apprécié des Brésiliens. Voici quelques mots du quotidien, dont un peu d'argot :

babaca *ba·ba·ka* – idiot

bunda *boun·da* – fesses/popotin

Eu gosto de você. *e·ou gos·tou di vo·sé* – Je t'aime bien.

Falou! *fa·loou* – Absolument ! C'est clair !

Fique à vontade. *fiké a von·tazh* – Fais comme chez toi.

fio dental *fi·ou den·taou* – bikini (lit. : fil dentaire)

gata/gato *ga·ta/ga·tou* – belle nana/beau mec

Nossa! *no·ssa* – Mince ! Ça alors ! Ouah ! (lit. : nôtre)

sunga *soung·ga* – boxer de bain apprécié par les Cariocas

Ta ótimo!/Ta legal! *ta o·ti·mo/ta lé·gaou* – Super ! Cool !/OK !

Tudo bem? *tou·dou beïn* – Tout va bien ? Ça va ?

Tudo bem. *tou·dou beïn* – Tout va bien. Ça va.

Valeu. *va·le·o* – Merci.

Vamu nessa! *va·mou·ne·sa* – Allons-y !

GLOSSAIRE

açaï – jus issu d'une baie d'Amazonie

aipim – manioc

aldeia – à l'origine, village construit par les Jésuites pour évangéliser les Indios ; désigne aujourd'hui n'importe quel hameau, indien en général

baía – baie (anse)

baile – bal dans les favelas

baile funk – danse, bal

bairro – quartier

banda – fanfare, défilé, regroupement de personnes lors du carnaval

bandeirantes – bandes d'hommes armés, originaires des colonies portugaises de la côte ; ils ont exploré l'arrière-pays dès le XVIIe siècle à la recherche d'or et d'Indiens à réduire en esclavage. Ils ont souvent massacré les communautés indiennes qu'ils rencontraient et commis d'innombrables exactions. Ces hommes étaient souvent des métis, de mère indienne et de père portugais, ce qui facilitait dans un premier temps leurs contacts avec les tribus indiennes

banzo – profond mal du pays des esclaves africains, qui finissaient souvent par se laisser mourir de mélancolie

barraca – cabane ou paillote vendant à manger

berimbau – instrument de musique à cordes accompagnant la *capoeira*

bestas – nom donné dans le Nordeste à des minibus qui empruntent une route spécifique et s'arrêtent dès qu'un passager le demande

bloco – voir *banda*

bonde – tramway

boteco – petit bar de quartier

botequim – bar avec service à table

cachaça – alcool de canne à sucre

cachoeira – cascade, chute d'eau

caïpirinha – cocktail à base de *cachaça*

candomblé – culte d'origine africaine

capela – chapelle

capoeira – art martial afro-brésilien

Carioca – habitant de Rio

celular – téléphone portable

cerrado – plaine herbeuse parsemée de petits arbres, espace ouvert parfois couvert de savane

chapada – plateau qui s'étend entre des bassins fluviaux

chope – bière pression

choro ou chorinho – musique populaire instrumentale

churrascaria – restaurant traditionnel de grillades

Cidade Maravilhosa – surnom de Rio de Janeiro (" Ville merveilleuse")

convento – couvent

correios – poste

escola de samba – école de samba

estrada – route

fantasia – costume de carnaval

favela – bidonville

feijoada – ragoût de porc et haricots noirs

feira – marché

festa – fête

forró – musique traditionnelle rythmée du Nordeste

frescobol – jeu de plage avec deux raquettes en bois et une balle en caoutchouc

futebol – football

futevôlei – footvolley

gafieira – salle de bal, salle de danse

garimpeiro – orpailleur ou mineur ; désignait à l'origine un chercheur d'or ou de diamants clandestin

gaucho – gardien de troupeau du sud du Brésil, ou vaqueiro

Iemanjá – divinité de la Mer dans le culte afro-brésilien

igapó – forêt amazonienne inondable lors de la crue des fleuves

igarapé – lac et bras de rivière formés par le lit changeant des fleuves d'Amazonie

igreja – église

ilha – île

jardim – jardin

lagoa – lac, lagune

largo – place

livraria – librairie

mandioca – manioc

mar – mer

mata – forêt

mata atlântica – forêt tropicale atlantique

maté - infusion de feuilles de *erva mate*, aux vertus réputées énergisantes, servie chaude ou froide

mineiro - mineur ou habitant du Minas Gerais

mirante - belvédère

moqueca - ragoût de crevettes au lait de coco et à l'huile de palme (*dende*) cuit dans un plat en terre cuite

morro - colline

mulatto - mulâtre, né de l'union d'un parent blanc et d'un parent noir

museu - musée

onibus - bus

orixás - esprits et divinités des religions afro-brésiliennes

pagode - variante rythmique et détendue de la samba, popularisée pour la première fois à Rio dans les années 1970

parque - parc

pau brasil - bois-brésil ou bois de Pernambouc, arbre qui produit une teinture rouge, utilisée au XVIe siècle pour colorer les tissus ; il fut la première marchandise exportée vers l'Europe et a donné son nom au pays ; du fait de son exploitation intensive, le *pau brasil* est très rare aujourd'hui

Paulista - habitant de l'État de São Paulo

Paulistano - habitant de la ville de São Paulo

por kilo - nourriture vendue au poids, présentée sous forme de buffet en self-service ; de nombreux restaurants sont dits *por kilo* quand ils proposent des buffets au déjeuner

posto - poste de secours ; désigne les numéros de poste des maîtres-nageurs sur les plages

pousada - auberge, pension

praça - place

praia - plage

quilombo - communauté d'esclaves évadés

quimbanda - magie noire

reais - pluriel de *real*

real - la monnaie brésilienne

rio - fleuve, rivière

rodízio - buffet d'entrées suivi d'un plat de résistance servi à volonté (des viandes grillées dans le cas d'une churrascaria)

rodoviária - gare routière

rua - rue

salgados - en-cas salés

s/n - abréviation de *sem número* (sans numéro) utilisée dans certaines adresses

serrá - chaîne de montagnes

sertão - région de l'arrière-pays du Nordeste, au climat très sec et au sol aride, couvert d'épineux

sobreloja - local à l'étage d'une boutique

supermercado - supermarché

tacacá - soupe relevée à base de pâte de manioc, de feuilles de *jambú* et de crevettes séchées

tambores - tambours

terreiro - lieu de culte afro-brésilien

Tupi - peuple indien et langue dominante le long de la côte à l'époque de la conquête européenne ; la plupart des animaux et des toponymes portent des noms tupi

umbanda - magie blanche, mêlant le candomblé et le spiritualisme

vaqueiro - gardien de bétail ou gaucho, sorte de cow-boy du Nordeste

Zona Norte - Zone nord

Zona Sul - Zone sud et plus particulièrement les quartiers en bord de mer et de baie de Leblon, Ipanema, Copacabana, Botafogo, Flamengo et Glória

COMPRENDRE LE BRÉSIL

Nos auteurs proposent une découverte des multiples facettes du Brésil.

Le Christ Rédempteur, p. 59

UNE HISTOIRE DU BRÉSIL EN 15 LIEUX

Le Brésil est une terre d'abondance faite de paysages époustouflants, de vieilles villes et de marchés colorés, où résonne la musique et où s'épanouissent les danses de rue. Cette culture vivante et aux multiples influences est à la base de son identité. Visiter les sites de cet étonnant pays permet de mieux appréhender l'histoire qui l'a façonné. Par MARISA PASKA.

ABRITANT LE POUMON de la planète et le berceau de la civilisation indienne, le Brésil est longtemps resté un paradis intact. Les intérêts des Européens, le commerce des esclaves, les guerres, l'immigration et un désir insatiable de modernisation ont par la suite à jamais altéré ce haut lieu naturel. Aussi défavorables soient-elles, toutes ces influences ont cependant également menées à l'avènement de celui qui est aujourd'hui l'un des pays les plus diversifiés au monde. Mais qu'est-ce qui a exactement fait du Brésil le pays qu'il est aujourd'hui ?

Quand on aborde le sujet, le premier élément de réponse qui vient en tête est le rôle joué par les Portugais. Le Brésil a pourtant été également façonné par les tribus autochtones qui vivaient sur ses terres avant l'arrivée des colons, mais aussi par les Africains réduits à l'esclavage et par une foule d'autres immigrants, des Allemands aux Hollandais, en passant par les Français, les Italiens, les Juifs et même des Japonais. Tous sont arrivés avec leurs traditions et ont concouru à former ce qui est aujourd'hui la plus grande nation d'Amérique latine, qu'il soit question de richesse ou de superficie.

Dans un pays de la taille d'un continent, dont la superficie égale sans difficulté deux fois celle de l'Union européenne, rien d'étonnant à observer une telle diversité. Il en découle une histoire elle-même très variée, laquelle reste souvent méconnue hors de ses frontières. Les sites touristiques les plus connus du Brésil participent à la diffusion de cette histoire nationale, grâce aux nombreux récits qu'ils portent en eux. N'hésitez pas à vous y plonger pour mieux appréhender ce fascinant pays.

1. Parque Estadual de Monte Alegre

LES PREMIERS HABITANTS D'AMÉRIQUE DU SUD

Dans le Parque Estadual de Monte Alegre, dans les basses terres amazoniennes de l'État du Pará, non loin de Santarém, vous pouvez découvrir les vestiges des premiers peuplements d'Amérique du Sud. Le site archéologique compte parmi les plus anciennes peintures rupestres du continent, qui remontent à plus de 13 000 ans. Le parc regroupe plusieurs sites comportant des inscriptions paléolithiques, dont la célèbre Pedra Pintada ("la pierre peinte") ; dans cette caverne, diverses salles sont ornées de dessins d'oiseaux et de formes géométriques réalisés à l'aide de pigments rouges et jaunes. Facile d'accès, la Serra da Lua est décorée, sur 200 m, de peintures de forme circulaire datant de l'époque préhistorique.

Pour en savoir plus sur le Parque Estadual de Monte Alegre, voir p. 648

2. Salvador

PREMIÈRE CAPITALE DES PORTUGAIS EN AMÉRIQUE

En 1549, Salvador da Bahia fut déclarée première capitale coloniale des Amériques, sur ordre de la Couronne portugaise. Ce titre honorifique, mis en place par le gouverneur Tomé de Sousa, fut accordé à la ville en raison de sa position stratégique, au carrefour des grandes régions de production de bois du Brésil et de la principale culture agricole de la colonie, la canne à sucre. Sa localisation côtière fit également de la ville le port d'exportation des ressources naturelles du Brésil vers l'Europe. Salvador conserva son titre jusqu'en 1763, lorsque la découverte de métaux précieux renforça l'importance économique des régions méridionales. La capitale fut alors déplacée à Rio de Janeiro.

Pour en savoir plus sur Salvador, voir p. 348

3. São Miguel Arcanjo

LES MISSIONNAIRES JÉSUITES

Du milieu des années 1500 au milieu des années 1700, les missionnaires jésuites étaient le groupe d'évangélistes le plus puissant du Brésil. Forts du soutien de la Couronne portugaise, les Jésuites essayèrent de convertir un grand nombre d'Indiens, notamment les Guarani des régions du sud du Brésil, à proximité du Paraguay. La petite municipalité de São Miguel das Missões, qui comptait sept missions, abrite les vestiges les plus importants de cette époque. Les Guarani y furent contraints de se conformer aux croyances des jésuites, qui les privèrent de liberté et leur transmirent des maladies. Aujourd'hui, le site de la mission de São Miguel Arcanjo se compose d'un ensemble de ruines issues des missions qui furent détruites lors de la guerre des Guarani dans les années 1750.

Pour en savoir plus sur São Miguel Arcanjo, voir p. 568

São Miguel Arcanjo (p. 568)

ANACOTRIN/SHUTTERSTOCK ©

4. Parque Memorial Quilombo dos Palmares

UN REFUGE D'ESCLAVES

Durant la période de l'esclavage, les esclaves en fuite ont constitué des communautés cachées, appelées *quilombos*, où ils pouvaient vivre librement. Il existait des *quilombos* dans tout le pays. Le plus connu est le Quilombo dos Palmares dans l'État de l'Alagoas, qui compta jusqu'à 20 000 habitants. Son dernier chef, Zumbi dos Palmares, se tailla une réputation pour avoir repoussé les attaques des Portugais jusqu'en 1694, date de destruction du *quilombo*. Zumbi en personne fut tué le 20 novembre 1695, une date aujourd'hui célébrée au Brésil comme le Jour de la conscience noire. Un écomusée a été construit sur le site de cet ancien *quilombo* pour commémorer le plus grand refuge du continent américain et le mieux organisé pour accueillir ces fugitifs.

Pour en savoir plus sur le Parque Memorial Quilombo dos Palmares, voir p. 338

5. Ouro Preto

L'ÉPICENTRE DE LA RUÉE VERS L'OR

Au début de la période coloniale, Ouro Preto (aujourd'hui dans l'État du Minas Gerais) était une des villes les plus influentes de l'intérieur du Brésil et l'épicentre de l'extraction minière d'or. Initialement baptisée Vila Rica, la ville connut la prospérité durant le *Ciclo de Ouro* (la ruée vers l'or) dans les années 1700, lorsque l'extraction et l'exportation d'or devinrent les principales activités économiques de la colonie. Ouro Preto aurait également alors compté l'une des plus importantes populations d'esclaves. Selon certains chercheurs, la prospérité des mines – et celle de leurs riches propriétaires – seraient à mettre au crédit des esclaves venus d'Afrique qui auraient apporté au Brésil leurs connaissances et leur savoir-faire en matière d'exploitation des gisements.

Pour en savoir plus sur Ouro Preto, voir p. 397

6. São Luís

APPARITION DE FESTIVALS POPULAIRES

São Luís dans le Maranhão compte l'une des plus importantes populations afro-autochtones (d'ascendance mixte, africaine et indienne) du Brésil. Il n'est donc pas surprenant que l'un des plus grands festivals afro-indiens du pays ait vu le jour sur son rivage. Le Bumba Meu Boi (ou Boi-Bumbá) est un événement folklorique à l'immense popularité qui date du XVIIIe siècle. Lors de sa première édition, cette fête à forte dimension satirique déconcerta les élites locales au point qu'elles s'efforcèrent de l'interdire. Toutefois, conformément à ce que l'on observe pour de nombreuses fêtes brésiliennes, le spectacle continua et Boi-Bumbá – qui a lieu tous les ans fin juin – témoigne de la pérennité de la culture afro-indienne brésilienne (il est aussi l'occasion d'immenses réjouissances).

Pour en savoir plus sur São Luís, voir p. 279

7. Cais do Valongo, Rio de Janeiro

L'AMPLEUR DU COMMERCE DES ESCLAVES

Construit en 1811, le Cais do Valongo ("le quai de Valongo") à Rio de Janeiro fut le point d'entrée principal des esclaves africains amenés au Brésil. Il resta en service jusqu'en 1831, date d'interdiction de la traite négrière dans le monde. Dès lors, les navires négriers devaient cacher leur cargaison et le quai de Valongo servit à réceptionner d'autres marchandises. Toutefois, pendant ces années de fonctionnement, on estime que près d'un million d'esclavisés d'origine africaine y ont débarqué. Mis en valeur en 2011 dans le cadre d'un projet de restauration architecturale du centre de Rio, le quai de Valongo fut d'abord classé en tant que monument historique de la ville, avant d'être inscrit au patrimoine de l'Unesco en 2017.

Pour en savoir plus sur le Cais do Valongo, voir p. 100

8. Diamantina, Estrada Real

LE TRANSPORT, SOURCE DE LIEN ENTRE DES RÉGIONS

Entouré de forêt tropicale atlantique, la Estrada Real ("route royale") fut la première route officiellement construite par les Portugais pour relier la région intérieure du Minas Gerais, ses mines d'or et de pierres précieuses, à la côte afin d'expédier ces matières premières vers l'Europe. On dénombre trois routes : le Caminho Velho ("l'ancienne route"), le Caminho Novo ("la nouvelle route") et le Caminho dos Diamantes ("la route des diamants"). L'ancienne route et la nouvelle partent d'Ouro Preto, celle des diamants rejoint la ville de Diamantina. Ces routes sont en bon état et des panneaux signalent les endroits d'importance historique. Il est maintenant courant de parcourir l'Estrada Real en vélo, en voiture ou en faisant de la randonnée.

Pour en savoir plus sur Diamantina, voir p. 396

9. Parque da Independência, São Paulo

QUAND LE BRESIL SE LIBÈRE DU JOUG DU PORTUGAL

Le 7 septembre 1822, un cri provenant des rives de l'Ipiranga, à São Paulo, résonna dans tout le pays. Le *grito do Ipiranga*, comme on l'appelle depuis, désigne la proclamation officielle de l'indépendance du Brésil par Dom Pedro I, par la suite proclamé empereur d'un Brésil nouvellement indépendant. Même si la rupture avec la Couronne portugaise était imminente, il fallut attendre que le roi du Portugal Dom João VI exige le retour de son fils au Portugal pour que Pedro se rebelle et déclare l'indépendance. Le site est aujourd'hui au cœur de l'actuel Parque da Independência, symbolisé par le monument le plus important du Brésil en hommage à ce fils rebelle.

Pour en savoir plus sur le Parque da Independência, voir p. 144

Museu Imperial de Petrópolis (p. 238)

10. Palácio da Princesa Isabel, Petrópolis

LE RÈGNE D'UNE ABOLITIONNISTE ET FÉMINISTE

La princesse Isabelle du Brésil fut la première femme à diriger le pays, la dernière héritière de la monarchie, mais aussi une féministe qui défendit les droits des femmes et un monarque abolitionniste, qui signa la loi abolissant l'esclavage au Brésil. Elle vota une première loi abolitionniste en 1871, la *Lei do Ventre Livre*, proclamant que tous les enfants nés après 1871 de parents esclaves seraient considérés comme libres. S'ensuivit la signature de la *Lei Áurea* ("la loi d'or"), le 13 mai 1888, abolissant l'esclavage au Brésil. La princesse fut contrainte de fuir le Brésil après l'abolition de la monarchie. Son ancienne demeure à Petrópolis est aujourd'hui un musée qui relate son histoire.

Pour en savoir plus sur le Palácio da Princesa Isabel, voir p. 238

11. Museu da República, Rio de Janeiro

LA RÉPUBLIQUE DU BRÉSIL

La monarchie brésilienne se termina par un bal, le *Baile da Ilha Fiscal*. Cet événement fastueux organisé par la famille royale en 1889 compta plus de 4 000 invités. Les dépenses furent telles que nombreux les jugèrent intenables au plan budgétaire. Six jours plus tard, le gouvernement déjà chancelant fut renversé par un coup d'État militaire, marquant le début de la république au Brésil. L'histoire de la République, entre la chute de la monarchie et la naissance de Brasília, est racontée au Palácio do Catete, ancienne résidence présidentielle de Rio transformée en Museu da República.

Pour en savoir plus sur le Museu da República, voir p. 90

12. Teatro Amazonas, Manaus

LE FORMIDABLE ESSOR DU CAOUTCHOUC

Le Teatro Amazonas est un opéra de style néo-Renaissance édifié à Manaus à la toute fin des années 1800. D'une beauté exceptionnelle, ce théâtre est aussi un important symbole du *Ciclo da Borracha* (l'époque du caoutchouc), lorsque la fortune de l'Amazonie se développa de manière exponentielle avec l'exploitation du caoutchouc. Belém et Manaus connurent alors un formidable développement culturel, social et architectural entre les années 1760 et le début des années 1900, qui sonnèrent le glas du monopole de l'Amazonie sur le caoutchouc. Protégé au titre du patrimoine national, le Teatro Amazonas, avec ses détails éclectiques et son architecture opulente, demeure un marqueur historique de cette période.

Pour en savoir plus le Teatro Amazonas, voir p. 169

13. Liberdade, São Paulo

IMMIGRATION JAPONAISE

Après l'abolition de l'esclavage, les plantations à l'intérieur des terres de la région de São Paulo manquaient de bras. Au début des années 1900, un contrat politique fut alors conclu avec le Japon, autorisant des travailleurs à immigrer au Brésil pour pallier cette main-d'œuvre. Cette immigration dura pendant près de 70 ans. Près de 200 000 Japonais s'installèrent dans le pays. Aujourd'hui, le Brésil compte la plus importante population japonaise en dehors du Japon. Certains quartiers, comme Liberdade à São Paulo, font rayonner la culture nippo-brésilienne. Le Museu Histórico da Imigração Japonesa permet de mieux appréhender l'héritage japonais de São Paulo.

Pour en savoir plus sur Liberdade, voir p. 138

14. Maracanã, Rio de Janeiro

UN STADE EMBLÉMATIQUE

Le Brésil peut se targuer d'avoir remporté un plus grand nombre de Coupes du monde de football que n'importe quel autre pays. Il a également vu grandir certains des meilleurs joueurs du monde – hommes et femmes confondus (Pelé et Marta) – de toute l'histoire. Il abrite de surcroît l'un des stades les plus emblématiques au monde, le Mário Filho, plus connu sous le nom de Maracanã. Situé dans la zone nord de Rio, le Maracanã, inauguré en 1950, était alors le plus grand stade du monde, avec une capacité de plus de 200 000 spectateurs. Les Coupes du monde de 1950 et 2014 s'y sont déroulées, de même que les Jeux panaméricains et un nombre indéfinissable de matchs de ligue, de spectacles et de festivals. Il reste l'un des monuments majeurs du sport national au Brésil.

Pour en savoir plus sur le Maracanã, voir p. 102

15. Brasília

LA CAPITALE DU BRÉSIL CONSTRUITE À DESSEIN

Sortie de terre en quatre ans, dans le but de regrouper le pouvoir politique à bonne distance des grands centres urbains et de concourir au développement des régions à l'intérieur du pays, la capitale du Brésil est considérée par beaucoup comme un des projets d'architecture urbaine les plus ambitieux de l'histoire. Brasília a été pensée par l'urbaniste Lúcio Costa, sous la direction architecturale d'Oscar Niemeyer. En l'absence de chiffre officiel quant au coût véritable de sa construction, on estime qu'elle aurait contribué à la crise financière que connut le pays après l'inauguration de la ville en 1960. Malgré les polémiques, Brasília est emblématique de la modernisation du Brésil.

Pour en savoir plus sur Brasília, voir p. 420

Le Maracanã (p. 102)

COLONISATION PORTUGUAISE ET RIVALITÉS EUROPÉENNES

Au Brésil, la période coloniale débute en 1500, moment où les portugais accostent sur des terres qu'ils pensaient d'abord être une île.

Arrivée de Cabral

En 1500, Pedro Álvares Cabral appareilla de Lisbonne pour l'Inde, avec 13 vaisseaux et 1 200 hommes. Suivant les instructions du pionnier Vasco de Gama, sa flotte prit la route du sud-ouest pour bénéficier des vents favorables de l'hémisphère Sud. Ses lentes caravelles furent entraînées par le fort courant équatorial et, finalement, Cabral mouilla dans l'actuel Porto Seguro, le 22 avril 1500.

Dans une lettre au roi portugais, Pero Vaz de Caminha décrivit un groupe d'une bonne vingtaine d'hommes à la peau foncée, ne portant aucun vêtement mais équipés d'arcs et de flèches. Selon le chroniqueur officiel de l'expédition, les Portugais restèrent neuf jours, le temps de se ravitailler, sur ce territoire qu'ils appelèrent Terra da Vera Cruz (terre de la Vraie Croix). Dans les années suivantes, les Portugais se désintéressèrent de ce nouveau territoire. Le Brésil avait peu à offrir aux marchands : les communautés indiennes ne produisaient aucun objet qui pût intéresser le marché européen, et le territoire, couvert de forêts épaisses presque impraticables, ne semblait receler nulle promesse de fortune.

Colonisation portugaise

En 1531, le roi João III (Jean III, 1502-1557) envoya les premiers colons au Brésil sous le commandement de Martim Afonso de Sousa. Après avoir exploré la côte, celui-ci choisit d'implanter sa petite colonie à São Vicente, près de l'actuel port de Santos (São Paulo). En 1534, pour contrer les tentatives d'implantation des autres pays européens, le roi créa une quinzaine de capitaineries, disposées parallèlement le long du littoral. Ces propriétés héréditaires furent données à des amis de la Couronne (*donatários*), promus seigneurs de leurs terres. Chaque capitainerie comptait 50 lieues (250 km) de côtes et un territoire illimité dans l'arrière-pays. Toutefois, il manquait aux *donatários* les moyens de surmonter les obstacles qui entravaient leur installation : le climat, l'hostilité des communautés indiennes et les concurrences hollandaise et française. Finalement, quatre capitaineries ne furent jamais habitées et quatre autres détruites par les Indiens. Seuls Pernambuco (Pernambouc) et São Vicente se révélèrent rentables.

En 1549, João III nomma Tomé de Sousa premier gouverneur du Brésil, à charge pour

Forte dos Reis Magos, Natal (p. 312)

lui de centraliser l'autorité et de sauver les capitaineries restantes. Bien que les Indiens aient récemment chassé les Portugais de la région, la Baía de Todos os Santos (baie de Tous les Saints) fut choisie pour implanter le siège de la nouvelle administration coloniale. Dix navires et 1 000 colons arrivèrent : officiels portugais, soldats, prisonniers exilés, nouveaux chrétiens (juifs convertis), ainsi que les six premiers prêtres jésuites. Un site surélevé fut choisi pour bâtir Salvador da Bahia, qui resta capitale du Brésil portugais jusqu'en 1763.

Rivalités européennes

Bien que le traité de Tordesillas (1494) ait formalisé une répartition du Nouveau Monde au bénéfice exclusif de l'Espagne et du Portugal, les autres puissances européennes – France et Hollande – ne furent pas pour autant découragées de se rendre en Amérique du Sud.

LA "FRANCE ANTARCTIQUE"

C'est le *pau brasil* qui suscita l'intérêt des Français à l'égard des terres brésiliennes. Les drapiers et les tisserands avaient besoin de ce bois pour la teinture rouge qu'on en extrayait. Dès l'année 1503, un navire français accosta au Brésil et des contacts furent établis avec les populations locales. En 1531, une expédition d'une centaine d'hommes tenta de s'implanter près de l'actuel Recife, sur l'île Saint-Alexis (Ilha Santo Aleixo), où ils construisirent un fort et établirent un comptoir. Ils furent délogés par les Portugais après quelques mois. Consécutivement à ce premier échec, les Français lancèrent trois autres tentatives, dont l'une a été popularisée par le roman de Jean-Christophe Rufin, *Rouge Brésil* : il s'agit de celle menée par Nicolas Durand de Villegagnon, en 1555, dans la baie de Guanabara, près de Rio de Janeiro. Cette expédition, dont l'objectif était de créer la "France antarctique", rien de moins, comptait près de 600 marins et colons. Chose paradoxale en cette époque où les guerres de Religion secouaient le royaume de France, les membres de l'expédition étaient calvinistes (dont Villegagnon) et catholiques. Ils s'installèrent sur une île déserte où fut construit un fort, baptisé Coligny (du nom de l'un des chefs protestants), et reçurent le renfort de plus d'une centaine d'hommes. La colonie se développa, et noua des relations avec les populations indiennes voisines. Seule ombre à ce tableau idyllique : le despotisme de Villegagnon, qui lui aliéna une bonne partie des colons. Certains choisirent d'abandonner le projet et de rembarquer pour la France. Leurs témoignages entamèrent la crédibilité de cette "France antarctique" auprès de la Cour. En 1560, le gouverneur général du Brésil, Mem de Sá, attaqua et détruisit, après deux jours de combats, cet embryon de colonie française. Sans beaucoup plus de succès, les Français tentèrent quelques années plus tard de prendre pied dans l'actuel Ceará (1590-1604) et à São Luís do Maranhão (1612-1615), avant de renoncer à tout projet de s'installer au Brésil.

LA NOUVELLE-HOLLANDE

Les marchands hollandais ont longtemps profité du commerce du sucre, mais l'union du Portugal et de l'Espagne (1580-1640) sonna le glas des échanges pacifiques. Ils mirent donc sur pied la Compagnie hollandaise des Indes occidentales pour se rendre maîtres d'une partie du commerce avec le Brésil. Ils conquirent Bahia en 1624, mais les Portugais reprirent la ville un an plus tard et repoussèrent deux autres attaques en 1627. Les Hollandais se tournèrent alors vers le Pernambuco (Pernambouc), qui fut conquis en 1630, contrôlèrent une région essentielle du Nordeste, allant du Sergipe au Maranhão, et fondèrent la Nouvelle-Hollande. Grâce à leur supériorité sur les mers, ils s'emparèrent par ailleurs d'une partie de l'Angola portugais, où ils capturèrent des esclaves pour leur nouvelle colonie. En 1637, le prince Maurice de Nassau devint le gouverneur de la Nouvelle-Hollande. Administrateur éclairé, il augmenta le nombre de plantations de canne à sucre, créa de vastes fermes d'élevage ovin et rétablit la discipline au sein de ses troupes et des administrateurs civils. Il fonda des hôpitaux et des orphelinats et, pour s'attirer la sympathie des populations locales, il garantit la liberté de culte.

Ce travail fut toutefois sapé par l'absence de soutien de la Hollande. Lorsque Nassau rentra en Europe en 1644, les problèmes débutèrent. Les marchands du Pernambuco, qui en voulaient aux envahisseurs protestants, armèrent des soldats noirs et indiens pour bouter les Hollandais hors de leurs terres. Le gouverneur portugais de Rio de Janeiro et d'Angola, Salvador de Sá, embarqua à Rio et chassa les Hollandais d'Angola. Finalement, les provisions tardant à venir, les troupes bataves se mutinèrent et retournèrent en Europe. Un traité de paix fut signé entre le Portugal et la Hollande en 1654.

LES INDIENS DU BRÉSIL AUJOURD'HUI

À l'arrivée des Portugais en 1500, entre 2 et 4 millions d'Indiens vivaient au Brésil, au sein de mille tribus différentes. Les explorateurs européens du XVIe siècle qui s'aventuraient au bord de l'Amazonie y rencontraient des populations importantes et étendues. Cinq siècles plus tard, on estime leur nombre à environ 900 000, répartis en un peu plus de 200 groupes. L'esclavage, la maladie, les conflits armés et la perte des territoires leur portèrent un coup fatal, au point que dans les années 1980, il restait moins de 300 000 d'entre eux, et on craignait leur disparition complète. Depuis, cette population remonte la pente, en partie grâce à des prises de conscience internationales concernant des peuples comme les Yanomami, menacés d'extinction par les maladies et la violence apportées par les prospecteurs d'or sur leur territoire. La politique gouvernementale s'est adoucie et de grandes parties du Brésil sont maintenant *Terra Indígena* (Terres indigènes). Plus de 1 million de kiomètres carrés, soit plus de 12% du pays, sont aujourd'hui officiellement enregistrés comme terre indienne ou en voie de le devenir.

En d'autres termes, cela signifie que 12% du territoire national sont réservés à environ 0,25% de la population. Naturellement, certains pensent que c'est trop. Des conflits entre groupes indiens et bûcherons, mineurs, colons, chasseurs, bâtisseurs de routes et constructeurs de réservoirs, parfois violents, sont encore courants.

On estime qu'il pourrait rester plus de 60 tribus inconnues, principalement des petits groupes, dans la forêt amazonienne qui abrite environ 60% des Indiens du Brésil (et comprend presque toutes les Terres indigènes).

La plupart des Indiens du Brésil ont encore un style de vie traditionnel, chassent (certains avec des sarbacanes et des flèches empoisonnées), cueillent et cultivent des plantes pour la nourriture, les soins et les outils. Leurs maisons sont souvent constituées de matériaux naturels comme du bois ou de l'herbe. Les activités rituelles sont très présentes, la peinture du corps et du visage très pratiquée, et la plupart des Indiens fabriquent poteries, vanneries, masques, coiffes, instruments de musique et autre artisanat avec talent.

Depuis la gauche, dans le sens horaire : supporteurs de foot au stade Maracanã ; le Bumba Meu Boi à São Luís ; groupe de capoeira à Barra ; festivités du Circus Day à São Paulo

À LA RENCONTRE DES BRÉSILIENS

Le Brésil, c'est une formidable diversité de coutumes, de traditions et de cuisines, portée par une population au caractère très chaleureux. LUCAS TERRIBILI nous présente son peuple.

LE BRÉSIL EST UN PAYS EXTRÊMEMENT VARIÉ. La majorité des habitants se considèrent comme afro-brésiliens, et l'essentiel de notre richesse culturelle et sociale est intimement lié à l'Afrique et à notre population indigène. On dit souvent que n'importe qui pourrait passer pour un Brésilien, sans doute parce que nous sommes le produit de tant de vagues d'immigration et de métissages. Tout d'abord, les colons portugais ont imposé leurs coutumes à nos peuples indigènes dont il faut aujourd'hui lutter pour protéger l'héritage. Les Européens, eux, ont amené des esclaves africains, qui réclament toujours réparation. Bien que chassés, des Espagnols sont restés. Les Hollandais, qui eurent des prétentions sur le Nord-Est du pays, y laissèrent leurs descendants, et, après la Seconde Guerre mondiale, des Italiens, Japonais, Juifs et Arabes se sont installés surtout dans le Sud et le Sud-Est, alors que les Allemands et Polonais ont privilégié le Sud. L'histoire pourrait sembler cruelle, mais c'est ainsi qu'est née l'une des cultures les plus riches et diversifiées du monde.

Les Brésiliens qui émigrent sont avant tout nostalgiques de la cuisine locale et de la chaleur des rapports humains : chez nous, bises et accolades sont permanentes. Les Brésiliens partagent tout ce qu'ils ont, même s'ils ont peu. São Paulo est le centre financier et commercial du Brésil, mais c'est bien dans le reste du pays que notre richesse et notre diversité culturelles s'expriment le plus.

MULTITUDE ET DIVERSITÉ

Le Brésil compte près de 900 000 indiens issus de 305 ethnies. Plus de 91 millions de personnes, soit quasi 50% de la population, sont noires ou métisses.

Le Brésil ne se résume pas à la samba, au carnaval et au *futebol* : vous devez aussi découvrir les spectacles de *maracatu*, la fête du bœuf dans le Maranhão ou la capoeira, mélange de danse et d'art martial. Sans parler de tous ses styles musicaux, du *sertanejo*, musique country adorée du Centre-Ouest, au *carimbó*, musique traditionnelle du Pará, en Amazonie. Beaucoup de cultes se côtoient aussi, comme le candomblé et l'*umbanda*, introduits par les descendants africains, avec toute la beauté et l'originalité de la mythologie des *orixás* (divinités). Si notre calendrier reste dicté par les fêtes catholiques, les saints correspondants sont parfois prétextes à fêter d'autres divinités, comme Iemanjá (divinité de la mer) ou Iansã (celle des vents et de la foudre), car nous avons une vision syncrétique de nos croyances. Notre année compte au demeurant tellement de fêtes et de célébrations spécifiques à chaque région que même un Brésilien peut se sentir étranger !

Nous partageons une culture plurielle, et l'incroyable variété des accents n'en est qu'un petit exemple. Néanmoins, des traits communs nous unissent, et pour moi, la joie de vivre, la générosité, l'amour de notre pays et de notre culture, la croyance indéfectible en un avenir meilleur et les sourires chaleureux et accueillants montrent que nous avons trouvé un mode de vie qui perdure malgré les lourds défis et les tensions que connaît le pays. L'illustre poète et parolier de la bossa-nova, Vinícius de Moraes, avait raison : "Mieux vaut être heureux que triste ; la joie est la meilleure chose qui existe."

JE SUIS FIER D'ÊTRE BRÉSILIEN

Mon histoire personnelle ressemble fort à celle d'autres Brésiliens que je connais. Mon père, originaire de la campagne, est le fils d'un mariage mixte type entre un Portugais et une indigène. Ma mère est la petite-fille d'immigrants italiens et espagnols. Ils se sont connus à l'université, et je suis né à São Paulo, une des plus grandes mégalopoles du monde, où j'ai grandi. Même si j'aime son effervescence, je préfère de loin les modes de vie brésiliens plus authentiques. En tant qu'employé dans les relations publiques pour des marques et entreprises liées à l'alimentation et à la cuisine, j'arpente mon propre pays pour dénicher le plus de saveurs et cultures possibles. Un voyage sans fin, a priori, mais peu importe, pour moi c'est une mission réjouissante. J'espère que vous serez aussi heureux de découvrir toute la richesse de notre culture que nous d'être nés Brésiliens.

Festival de Iemanjá, Salvador (p. 348)

LE CANDOMBLÉ : UN CATALYSEUR DE LA CULTURE AU BRÉSIL

Le candomblé fait partie intégrante de la culture brésilienne, ses principes et son héritage imprégnant l'ensemble de la société.
Par KATHLEEN ANAZA

QUE VOUS SAUTIEZ par-dessus sept vagues pour marquer le début de la nouvelle année, que vous dansiez sur les rythmes de *blocos afros* populaires comme Ilê Aiyê ou Olodum, ou que vous exécutiez des mouvements de capoeira au son du *berimbau* dans une *roda* (cercle), vous êtes en présence du candomblé. Ce dernier a accompagné différents moments cruciaux de la transition sociale du Brésil, des révoltes à la résistance contre la dictature militaire. Aujourd'hui, alors que le pays se transforme et se développe depuis la fin de la pandémie, le candomblé reste une force culturelle qui façonne la nation. Sa connaissance et sa compréhension sont essentielles aux voyageurs qui visitent le Brésil, en particulier dans le Nordeste, leur permettant de donner du contexte à leurs expériences et de côtoyer les communautés locales dans le respect de leurs croyances et de leurs coutumes.

Qu'est-ce que le candomblé ?

Vaste religion polymorphe mêlant de multiples cosmologies africaines apportées au Brésil par la traite des esclaves transatlantique, le candomblé fut créé par les Africains originaires de l'ouest et du centre du continent asservis et exploités sur les plantations brésiliennes dans des conditions déshumanisantes. C'est un chef-d'œuvre de résistance, perpétué grâce aux tactiques détournées de ses pratiquants. Ces derniers, tout en prétendant se convertir à la foi catholique des colons et des esclavagistes, développèrent un système syncrétique de correspondances entre leurs *orixás* (divinités) et les saints catholiques, leur permettant de préserver leurs religions et leurs traditions africaines.

Globalement, le candomblé provient en grande partie des divinités, des valeurs et des structures organisationnelles de la religion yoruba (les pratiquants du candomblé traditionnel communiquent avec les *orixás* en langue yoruba), entremêlées avec les pratiques des ethnies fon et bantoue. Au fil du temps et en fonction de leurs situations, les fidèles recentrèrent leur pratique sur certaines *orixás*, notamment Iemanjá, Oshun et Oxóssi, auxquelles ils faisaient correspondre des saints catholiques aux qualités et valeurs semblables. Par exemple, Oyá était vénérée sous l'apparence

de sainte Barbe, tandis que saint Georges servait de couverture à Oxóssi à Bahia. Les fidèles accomplissaient leurs rituels en l'honneur des *orixás* les jours où les saints correspondants étaient célébrés.

Propre au Brésil, le candomblé a également intégré des caractéristiques d'autres pratiques religieuses réunies à l'intérieur des frontières du pays. Les communautés de *vaqueiros* (gardiens de bétail afro-indigènes) qui se sont formées dans le Nordeste ont développé le candomblé *de caboclo*. Dans ce sous-ensemble de la religion, les fidèles vénèrent les *caboclos* – un ensemble de divinités qui comprend non seulement les *orixás* du candomblé traditionnel mais aussi des esprits amérindiens tupi –, et n'accomplissent pas leurs rituels en yoruba mais en portugais. Les fêtes jarê de la Chapada Diamantina, à Bahia, sont des exemples de ces célébrations.

Le candomblé traditionnel comporte différentes branches, ou *nacões* (littéralement "nations"), qui correspondent aux diverses racines africaines de ses pratiquants d'origine. Les principales sont le candomblé Ketu (aussi transcrit Queto), issu des esclaves d'ethnie yoruba, le candomblé Jejé, provenant des esclaves d'ethnies fon et éwé, et le candomblé Angola, transmis par les esclaves de l'ethnie bantoue. Quelle que soit la *nacõe*, la pratique est axée sur le culte des *orixás*, avec lesquelles les pratiquants communiquent par des rythmes, des danses et des chants, et la protection de la nature – les fidèles apprennent en effet à vivre en harmonie avec la nature (y compris la nature humaine) à travers les *orixás*.

Intolérance et persécution

À l'époque coloniale, les pratiquants du candomblé furent criminalisés et persécutés. Le Code pénal de 1890 interdisait les religions afro-brésiliennes et tous les autres aspects importants de leur culture. Ces lois permettaient d'incarcérer, de condamner à des amendes et de harceler les fidèles du candomblé. Les lieux de culte, les *terreiros*, étaient présentés comme des menaces, et la religion elle-même taxée de *macumba* (sorcellerie). Cette propagande diabolisa encore davantage les pratiques religieuses afro-brésiliennes ; lorsque le candomblé disparut de l'espace public, la clandestinité nécessaire à sa préservation ne fit que favoriser les idées fausses à son sujet et sa mauvaise compréhension. Les préjugés et les persécutions perdurèrent encore des décennies après la révision du Code pénal de 1940.

De nos jours, les communautés afro-brésiliennes se redéfinissent sur le plan religieux. Les quartiers se divisent entre ceux qui revendiquent le candomblé comme un droit ancestral et ceux qui ont rejoint les méga-églises évangéliques qui condamnent leur religion d'origine comme sorcellerie ; la tolérance religieuse dont font preuve les pratiquants du candomblé n'est hélas pas réciproque. Confrontés à des difficultés de toutes sortes comme les adeptes d'autres religions traditionnelles, ils sont notamment exclus des ressources allouées par l'État au titre de patrimoine culturel. Ces dernières années, certains *terreiros* ont été incendiés et les fidèles ont subi la rhétorique agressive des figures politiques évangéliques dans la presse. En réponse, la communauté s'est organisée et recourt à des outils académiques pour faire reconnaître leurs connaissances au niveau de l'État.

Le candomblé après la pandémie

Le candomblé connaît une résurgence dans l'espace public des villes du Nordeste, notamment à Salvador. Aujourd'hui, des symboles, des idoles et des images d'*orixás* sont vendues dans les magasins du Pelourinho et à la *Feira de São Joaquim*, les étrangers peuvent participer à des processions publiques comme le *Lavagem do Bonfim*, le *Lavagem de Itapúa* ou la *Festa de Iemanjá*, et les artistes font ouvertement référence à l'esthétique du candomblé dans leurs œuvres. Cela s'explique par l'essor du tourisme dans le Nordeste ; le candomblé fait désormais partie du patrimoine culturel que les visiteurs souhaitent découvrir. Le tourisme a favorisé l'acceptation publique du candomblé, créant une dynamique où la tolérance religieuse rencontre les exigences des consommateurs dans les destinations touristiques les plus importantes du Brésil. Sans les célébrations et les pratiques associées au candomblé, Salvador perdrait-il de son attrait pour les touristes ?

Depuis le retour au pouvoir de Lula da Silva, l'État fait preuve de tolérance et de soutien envers les adeptes du candomblé et d'autres religions indigènes. Le 5 janvier 2023, le nouveau Président a institué le 21 mars comme Journée nationale des traditions et des racines des matrices africaines et des nations du candomblé. Cette évolution représente une bouffée d'oxygène bienvenue pour celles et ceux qui ont été confrontés à un rejet et à une intolérance accrus au cours de la dernière décennie.

La tolérance religieuse prônée par l'administration Lula crée un espace dans lequel le candomblé peut se redéfinir. Les pratiquants remettent en question la syncrétisation de leur religion avec le catholicisme dans le cadre d'un débat sur sa "réafricanisation". Maintenant qu'ils pratiquent ouvertement le candomblé, doivent-ils célébrer Oyá à la Sainte-Barbe ? À quoi ressemble le candomblé sans le prisme du catholicisme ?

LE TOURISME A FAVORISÉ L'ACCEPTATION PUBLIQUE DU CANDOMBLÉ. CETTE RELIGION FAIT EN EFFET DÉSORMAIS PARTIE DU PATRIMOINE CULTUREL QUE LES VISITEURS SOUHAITENT DÉCOUVRIR.

La tolérance et l'inclusion dont bénéficie de plus en plus le candomblé permettent aux étrangers comme aux Brésiliens qui entretenaient des préjugés à l'égard de cette religion de la découvrir ou redécouvrir par eux-mêmes. Il faut espérer que ces changements apporteront une reconnaissance plus large de l'influence culturelle du candomblé. Ce dernier tient notamment une place prépondérante dans la musique populaire et le mouvement écologiste.

L'*axé*, même s'il mélange différents styles musicaux, est une extension directe du candomblé. Son nom même témoigne de ses racines bahianaises. Ilê Aiyê et les autres *blocos afros* qui ont créé et popularisé ce genre musical ont été constitués par des militants reliés entre eux par les *terreiros*. Ces groupes ont développé leurs sons autour des rythmes joués lors des cérémonies du candomblé et leurs costumes renvoient aux tenues portées par les pratiquants. L'*axé* a donné des superstars comme Carlinhos Brown, Ivete Sangalo et Daniela Mercury, qui ont manifestement puisé leur inspiration dans le candomblé. D'autres genres musicaux populaires brésiliens, comme la samba et le reggae-*forró*, ont emprunté au candomblé certains éléments caractéristiques.

Les liens culturels noués entre Bahia et Rio de Janeiro ont contribué à la naissance de la *samba carioca* (samba de Rio). Les *Tias baianas* ("tantes bahianaises", désignant les femmes bahianaises de Rio de Janeiro) comme Tia Ciata ou Tia Amélia do Aragão ont introduit le candomblé de l'arrière-pays de Bahia dans les communautés noires de Rio. Elles ont érigé les premiers *terreiros* de Rio en tant que centres d'échanges culturels et artistiques. Dans la *samba carioca* née de ces interactions, on entend des rythmes de percussion qui rappellent les performances des Ogã Alabê du candomblé, musiciens qui jouent de l'*atabaque* (tambour) pour les *orixás*. La musicalité, l'énergie et la satisfaction que ces derniers expriment lorsqu'ils jouent sont devenues synonymes de samba.

Le candomblé continue d'influencer les croyances et les tendances du Brésil. Le lien entre religion et nature influence notamment le mouvement local de défense de l'environnement. Ce n'est pas un hasard si de nombreuses communautés traditionnelles (*quilombos*, indigènes, *vaqueiros*, pêcheurs) du Nordeste qui mènent le mouvement écologiste au Brésil pratiquent également le candomblé ou l'une de ses variantes. Dans le candomblé, la nature est une extension des *orixás* (par exemple, Iemanjá représente la mer, Oyá le vent et les tempêtes), si bien que maltraiter la nature revient à maltraiter les divinités. C'est pourquoi les artistes de l'*axé* prennent la protection de la nature au sérieux. Ces perspectives pourraient s'avérer utiles alors que le Brésil s'engage dans des débats environnementaux fondamentaux sur ses terres et ses ressources.

Capoeira, Nazaré das Farihas (p. 348)

LA CAPOEIRA : UN ART MARTIAL PAS COMME LES AUTRES

Autrefois instrument de révolte contre l'oppression, la capoeira a façonné les corps et les esprits des Afro-Brésiliens, les a préparés au combat et a contribué à en souder la communauté.
Par KATHLEEN ANAZA.

ART MARTIAL avec des éléments de jeu et de danse, la capoeira a été créée par des esclaves afro-brésiliens il y a plus de 400 ans. C'est aujourd'hui l'un des fleurons de la culture bahianaise.

Conçue dans un environnement d'oppression et d'hostilité, la capoeira permettait aux esclaves de se défendre physiquement et psychologiquement face à leurs maîtres. Les mouvements sont si élégants et subtils que ces derniers prenaient souvent, à l'époque, leurs entraînements pour des danses ou des festivités. Au demeurant, la capoeira est bien plus qu'une technique de self-défense, elle a aussi permis aux esclaves de garder espoir et de rester sains d'esprit. En pratiquant la capoeira, les Afro-Brésiliens honoraient leurs ancêtres et imploraient la protection des *orixás* (divinités).

La capoeira est par essence stratégique, il faut toujours guetter les ouvertures de son adversaire et saisir sa chance pour se libérer. Les esclaves ont appris à exploiter toutes les failles de leurs maîtres pour mieux les manipuler et se soustraire à la servitude.

Déroulement d'une partie

Le *berimbau* – instrument avec une seule corde, un archet et une calebasse (des objets emblématiques d'Afrique de l'Ouest) – est au cœur de la pratique. C'est lui qui dicte la cadence et l'intensité des échanges entre les *capoeiristas* (joueurs) dans la *roda* (cercle). Une fois que les participants se sont salués, le *berimbau* lance le *jogo* (partie) dans le cercle.

Les *capoeiristas* entraînent leurs adversaires dans une fausse sensation de confort et de prévisibilité avec la *ginga* (mouvement de balancier) au rythme des percussions. Le *pandeiro* (tambourin), l'*agogô* (cloche), l'*atabaque* (tambour ; un instrument également joué dans le candomblé) et les chants accompagnent les combats. Les paroles des chanteurs commentent les échanges et mettent en garde les participants contre la police et les armes.

THALESANTONIO/SHUTTERSTOCK ©

ASSOCIAÇÃO DE CAPOEIRA GAMELO
MESTRE: SIMEY
NAZARÉ - BAHIA - BRASIL
PROFESSOR: SQUESH D'KYTT

Symbole de résistance

Avant que la capoeira ne soit divisée en deux écoles distinctes et qu'elle ne devienne un art martial connu dans le monde entier, il s'agissait simplement d'un art de combat avec des mouvements très fluides et gracieux. La pratique réclame beaucoup de force et d'endurance pour maîtriser des gestes même au ralenti. Les attaques, souvent imprévisibles et fulgurantes, prennent les adversaires comme le public au dépourvu. Certains pensent que la discipline est apparue dans les jungles au nord-est du pays, où les Africains s'entraînaient clandestinement. Pour d'autres, la capoeira est née dans les rues de Salvador, puis à Rio de Janeiro, où les esclaves auraient créé des techniques de combat pour défier leurs maîtres et échapper à la servitude. Des années plus tard, la pratique s'est étendue à tous les Afro-Brésiliens comme un symbole de protection, d'autonomie et de défiance face à l'oppression de la classe dominante.

La capoeira a même été interdite en 1890 (seulement 2 ans après l'abolition de l'esclavage). Mais déjà tout au long du XIXe siècle, la police menait des campagnes anti-capoeira. Les autorités arrêtaient des participants pour trouble à l'ordre public, ou non-respect du couvre-feu pour tenter d'empêcher la pratique de se répandre. La capoeira était un symbole de révolte et témoignait de l'incapacité du pouvoir en place à contrôler la population.

Bien qu'elle ait joué un rôle essentiel dans les rues de Rio de Janeiro comme dans celles de Salvador, la discipline n'est pas perçue de la même façon dans les deux villes. En tant qu'acte de résistance de la part des esclaves, elle constitue tout d'abord une menace pour la classe dominante. Mais les *capoeiristas* de Rio subirent davantage de persécutions et de propagande. Pendant plusieurs décennies, les policiers redoublèrent d'efforts pour arrêter, dissoudre et contrôler les groupes de pratiquants, qu'ils considéraient comme des criminels au même titre que les gangs (*mala*) qui s'affrontaient dans les rues. Malgré leurs tentatives d'éradiquer la discipline, la capoeira subsista et redevint légale dans les années 1930.

Changer les mentalités

Durant l'époque coloniale, la capoeira existait dans l'ombre. Elle était pratiquée à Rio de Janeiro et Salvador, dans le plus grand secret, pour éviter d'attirer l'attention des policiers. Les *Mestres* (enseignants) ne pouvaient transmettre l'histoire et la méthode qu'à l'oral dans des séances privées. Les *capoeiristas* utilisaient même des surnoms pour éviter toute détection. Pour l'essentiel, la capoeira a débuté comme une contre-culture.

Tout a basculé dans les années 1930, avec l'arrivée de Manuel dos Reis Machado, plus connu sous le nom de Mestre Bimba. Sa méthode et son nouveau style de capoeira, la capoeira *regional*, ont beaucoup popularisé l'art martial. Tous les Brésiliens s'intéressent alors à la pratique et à sa culture. Mestre Bimba théorise les mouvements et invente des exercices ludiques et des rythmes de percussion propres à son style. En 1932, il fonde le Centro de Cultura Física Regional à Salvador, la toute première académie de capoeira, qui enseigne à de nombreux pratiquants. Les démonstrations, souvent spectaculaires, ont permis de démystifier la pratique aux yeux des autorités. Très vite, la capoeira se popularise et acquiert une renommée internationale chez les amateurs d'arts martiaux.

Mais la méthode de Bimba ne fait pas l'unanimité et divise la communauté de *capoeiristas*. Beaucoup de pratiquants sont en désaccord avec les principes de la capoeira *regional* et leurs sous-entendus. Ils se revendiquent d'un enseignement plus traditionnel, sous le nom de capoeira *angola*. En 1941, Vicente Ferreira Pastinha, qu'on appelle également Mestre Pastinha, fonde à son tour une académie pour défendre sa vision de la capoeira, le Centro Esportivo de Capoeira Angola à Salvador. Malgré l'émergence de la capoeira *angola*, Mestre Bimba, lui, voyage dans tout le Brésil et multiplie les démonstrations pour répandre sa méthode. Ses travaux le font connaître comme un véritable ambassadeur de la culture bahienne et afro-brésilienne, y compris à l'international. Ses étudiants deviennent à leur tour des professeurs réputés. Mestre Bimba a joué un rôle clé dans le changement de mentalité vis-à-vis de la pratique et reste une des grandes figures de la capoeira.

La résonance culturelle de la capoeira

Qu'il s'agisse du football légendaire de Pelé ou de la samba séductrice des *passistas* (danseurs), le monde entier s'émerveille du talent des Brésiliens pour le mouvement. La capoeira n'y est peut-être pas pour rien, en particulier la *ginga*, qui consiste à se balancer gracieusement d'un côté à l'autre au rythme du *berimbau*. Ce mouvement de base aurait influencé le jeu de jambes très agile des footballeurs brésiliens ainsi que certains pas de la samba carioca. Tout comme dans la capoeira, la puissance et l'efficacité des gestes se cache derrière l'élégance du mouvement.

Le principe de *malícia*, tel qu'introduit dans la capoeira a également son impact sur la société brésilienne. On pourrait le traduire littéralement par "malice". C'est un ensemble de traits comme la ruse, la tromperie, la finesse, ou la manipulation – d'ordinaire souvent perçues négativement – qui font d'excellentes qualités chez les *capoeiristas*. Naturellement, le mot a été utilisé pour nuire à leur réputation, mais dans le cadre de la capoeira, cette "malice" correspond à toutes les compétences requises pour déjouer son adversaire avec intelligence et stratégie.

Mais la *malícia* s'inscrit également dans un héritage culturel de révolte. Elle représente tous les actes de résistance subversifs des esclaves : feindre la paresse ou l'ivresse pour saboter leur productivité, ou bien mettre en scène un accident pour détruire les biens de leurs maîtres. La *malícia* a donné aux Afro-Brésiliens la force mentale de résister à l'oppression et de chercher sans cesse à renverser le pouvoir. Elle consiste à toujours prendre le parti du plus faible. Par exemple, lors d'une partie, un *capoeirista* cherchera souvent à exploiter les préjugés de son adversaire pour mieux le surprendre. Cette approche encourage l'oppressé à redoubler d'ingéniosité pour inverser le rapport de force.

LA CAPOEIRA EST BIEN PLUS QU'UN ART MARTIAL. SA PRATIQUE A AUSSI PERMIS AUX ESCLAVES DE GARDER ESPOIR.

La *malícia* permet également à la capoeira de se dissimuler derrière une façade ludique. La terminologie montre bien que le sport cherche à apparaître passif et inoffensif aux yeux des autorités, notamment en désignant de violents combats par le terme de *jogos* (jeux) et les participants comme de simples "joueurs". C'est justement cette *malícia* qui donne à la capoeira un rôle majeur dans la justice sociale afro-brésilienne. L'impact de la discipline sur la culture brésilienne a des résonances dans le monde entier. La capoeira a contribué à bouleverser la société brésilienne et à inspirer sans cesse des avancées culturelles propres au pays. Malheureusement, de nombreux *mestres*, comme Mestre Pastinha et Mestre Waldemar, n'ont jamais pu bénéficier d'éventuelles retombées financières liées la popularité de la capoeira.

Aujourd'hui pratiquée dans le monde entier, la capoeira attire de nombreux amateurs au Brésil, désireux de rencontrer la communauté et de suivre les meilleures formations. Au-delà de l'essor de la discipline, il est aujourd'hui fondamental de soutenir ceux qui se sont battus pour sa survie et sa transmission. Dans cette optique, privilégiez un *mestre* afro-brésilien, et intéressez-vous à leur culture et à leur communauté dans le plus grand respect.

LE SURF AU BRÉSIL

Ses plages tropicales et ses superbes vagues font du Brésil une destination incontournable pour les amateurs de surf. Par STUART BUTLER.

IMAGINEZ UN INSTANT une longue plage de sable fin bordée de palmiers. À l'extrémité, une petite baraque en bois où l'on vend des boissons fraîches et du poisson grillé au barbecue. À l'autre bout, quelques formations de granite rose s'enfoncent dans la mer. De temps en temps, une vague vient s'écraser contre les rochers, puis forme une ligne parfaite qui progresse rapidement vers la plage. Avec presque 7 500 km de côtes, et une quantité impressionnante de criques et de baies, le Brésil est un véritable paradis pour surfeurs.

Ce n'est pourtant que depuis peu que le climat tropical, voire subtropical du pays et les vagues de l'Atlantique attirent les passionnés de glisse. Il faut dire que la discipline a mis du temps à séduire les Brésiliens. Très vite néanmoins, la pratique s'est répandue comme une traînée de poudre, et aujourd'hui les surfeurs du Brésil remportent de nombreuses compétitions internationales, Gabriel Medina en tête.

Il n'en reste pas moins que, malgré l'abondance de plages et le nombre grandissant d'athlètes reconnus, les surfeurs du reste du monde continuent à généralement lui préférer l'Australie ou l'Indonésie. Mais ne vous y méprenez pas ! La côte brésilienne offre largement de quoi satisfaire les plus aventureux de la glisse.

Plage d'Ipanema (p. 68)

Il y a des vagues adaptées à tous les niveaux, et des centaines de plages paisibles, idéales pour débuter et faire ses premières armes. D'ailleurs, vous trouverez sans difficulté une école de surf proposant des leçons et des séances de découverte. Pour ceux qui maîtrisent un peu plus leur planche, les possibilités sont tout aussi nombreuses. La plupart des surfeurs chevronnés commencent par les deux principaux spots de Rio de Janeiro, Itacoatiara (une superbe crique) et Arpoador, là où la discipline a pris son essor. Plus au sud, les plages de São Paulo sont très fréquentées, mais on trouve tout de même d'excellentes vagues à Maresias. Une des meilleures zones du pays est située sur l'Ilha de Santa Catarina. On trouve plus d'une vingtaine de spots sur l'île, où vous pourrez surfer quelles que soient les conditions. C'est sur la plage de Joaquina que la houle est la plus régulière. Attention à Matadeiro, où l'embouchure du fleuve rend parfois les vagues aussi impressionnantes qu'imprévisibles.

AU BRÉSIL, LA PRATIQUE A MIS DU TEMPS À SE POPULARISER, MAIS IL Y A DÉSORMAIS UNE COMMUNAUTÉ DE SURFEURS TRÈS ACTIVE SUR L'ENSEMBLE DE LA CÔTE.

Au nord de Rio, les principaux spots (une douzaine) sont concentrés autour de la ville d'Itacaré, notamment celui de Tiririca. En poursuivant vers le nord, vous trouverez la zone de Recife, où les vagues sont parfois très grandes. Malheureusement le surf y est souvent interdit à cause de nombreuses attaques de requins. Enfin, les vagues les plus élégantes ne sont pas à chercher sur la côte, mais sur les îles tropicales de Fernando de Noronha. Il peut être coûteux et difficile de rejoindre l'archipel au milieu de l'Atlantique, mais les vagues sont creuses, légères, régulières et d'un bleu profond.

Sur la majorité de la côte brésilienne, la houle provient du sud de l'Atlantique et des tempêtes qui se déchaînent près de l'Antarctique, ce qui signifie que les vagues sont plus importantes entre mai et septembre, période correspondant à l'hiver dans l'hémisphère Sud. Rassurez-vous, les températures restent chaudes tout au long de l'année, et vous n'aurez besoin que d'un maillot ou d'un short. En revanche, si vous allez à l'extrême sud du pays, près de la frontière uruguayenne entre juillet et août, il vaut mieux s'équiper d'une combinaison intégrale de 2 ou 3 mm d'épaisseur.

Les vagues sur la plage d'Itacoatiara

TOUS BRASILEIROS LORS DU CARNAVAL

Il y a des carnavals, et puis il y a *le* carnaval du Brésil, sans doute le plus grand spectacle existant à l'heure actuelle sur Terre. Par VICTORIA GILL.

DES DÉFILÉS D'OLINDA OÙ RÉSONNE le *frevo* aux *trio elétricos* (longs camions équipés d'enceintes) de Salvador, en passant par les chars fantasmagoriques du *Sambódromo* (terrain de parade de la samba) de Florianópolis, le carnaval déferle sur la nation chaque année 4 jours avant le Carême, pour culminer à midi le mercredi des Cendres. Alors qu'une personne se résigne à parcourir les fêtes de plage de la bourgade d'Arraial d'Ajuda à la recherche de son "coup de foudre du carnaval", un batteur arlequin se prépare à jouer au sambódromo pour un spectacle à plusieurs millions de dollars. Un groupe d'amis se joignent aux 2,5 millions de personnes pour danser autour des scènes du Desfile do Galo da Madrugada de Recife. Emportés par la ferveur du carnaval, ils ne reprennent contact qu'après être rentrés chez eux à midi… trois jours plus tard.

Le carnaval (terme issu du latin médiéval *carnelevare*, signifiant "enlever la viande" – comprenez "des repas"), est la plus grande importation du pays. Il a débuté comme une extension de la fête portugaise

Danseuse de samba au Sambódromo (p. 101)

d'Entrudo (ou Mardi gras), qui précède le Carême. Célébrées depuis le début du XVIIIe siècle, les festivités donnaient lieu à l'origine – malgré les efforts des autorités – à des projections de citrons verts, d'eau, de vinaigre et de colle entre les fêtards dans les rues. En 1822, les batailles de farine furent interdites, au profit de démonstrations fleuries qui visaient à rapprocher les célébrations brésiliennes des carnavals et mascarades de Venise et de Nice. Tandis que la population s'émerveillait à la vue de chars flamboyants tirés par des chevaux, la haute société se divertissait dans des bals masqués. Les bains de mer, le style dénudé et la pyrotechnie firent ensuite leur apparition dans les baies de Rio. Parallèlement, des *cordaões* (fêtes de rue et parades locales) s'organisèrent dans les quartiers défavorisés.

Tandis que des stars hollywoodiennes comme Rock Hudson, Lana Turner, Joan Fontaine ou Carmen Miranda recevaient tous les honneurs à Copacabana, samba, *axé* et *afoxé* insufflaient, au gré des trio elétricos, des rythmes nouveaux aux *cordaões*. Dans le nord du Brésil, les festivités évoluèrent parmi les anciens esclaves jusqu'à devenir une sorte de théâtre politique aux accents activistes, donnant pouvoir et identité à la culture africaine au sein de *ranchos carnavalescos*. Ces derniers voyagèrent de Bahia à Rio de Janeiro et prirent la succession des turbulents *cordaões* communautaires. Alors que les événements mondains de São Paulo et de Copacabana faisaient long feu dans les années 1960, les participants se rabattirent sur les fêtes de rue. C'est à ce moment que les *blocos* (groupes de musiciens et de danseurs animant les défilés de rue) émergèrent et tinrent le haut de l'affiche, et dans les années 1980, les *sambódromos* furent construits pour en contenir le trop-plein. On garde en mémoire les célèbres mots du baron de Rio Branco, ancien ministre des Affaires étrangères de 1902 à 1912, qui déclara à propos du carnaval qu'il n'y avait que deux choses bien organisées au Brésil : le désordre et ce dernier. D'aucuns ont également comparé les célébrations brésiliennes à la pratique "du pain et des jeux" ("*Panem et circenses*") de la Rome antique, façon de détourner l'attention de la population des problèmes socio-économiques à grands renforts de nourriture et de divertissements.

AUJOURD'HUI, IL EST DIFFICILE DE DIRE SI C'EST L'UTOPIE BRÉSILIENNE DE FUSION DES CLASSES, DES RACES ET DES ORIENTATIONS QUI A CRÉÉ LE CARNAVAL OU SI CE SONT CES CÉLÉBRATIONS QUI ONT DONNÉ UNE UNITÉ À SON PEUPLE.

Le carnaval est au Brésil un divertissement de grande ampleur particulièrement lucratif. L'événement annuel donne vie à toute une économie satellite de plusieurs milliards de réals soutenant créateurs de mode, folkloristes, balayeurs, sculpteurs, peintres scéniques, décorateurs, cuisiniers, modistes, chorégraphes et autres charpentiers. Dans cet espace, les couleurs de la communauté LGBTQI+ sont aussi portées haut et fort.

Il s'agit après tout de la nation la plus festive du monde, où magasins et bureaux ferment lorsque l'équipe nationale de *futebol* joue, dont les festivités rythment le calendrier annuel, et où des fêtes et des processions ont bloqué des rues entières lors des dernières élections présidentielles. Les écoles de samba des quartiers s'entraînent tout au long de l'année, des rues aux *sambódromos*, pour se produire pendant plus d'une heure lors de la compétition qui déterminera les participants à la Parade des champions.

Aujourd'hui, il est difficile de dire si c'est l'utopie brésilienne de fusion des classes, des races et des orientations qui a donné naissance au carnaval ou si ce sont ces célébrations qui ont donné une unité à son peuple. Ce qui est sûr, c'est que de Jericoacoara à Iguazú en passant par Manaus et Ouro Preto, une fois que le soleil se lève au lendemain du mercredi des Cendres, que les résidus des blocos ont été balayés, que les étudiants rentrent chez eux clopin-clopant et que les chars ont été démantelés, invariablement, tout recommence. Les danseurs dépoussièrent leurs costumes et reprennent les répétitions, les *sambistas* réfléchissent déjà à leur prochain numéro et le *carnavalesco* (directeur du carnaval) laisse déjà germer sa fantaisie allégorique pour l'année suivante.

INDEX

Référence des cartes **000**

Référence des cartes **000**

G

H

I

J

K

L

Référence des cartes **000**

Référence des cartes **000**

LES GUIDES LONELY PLANET

Une vieille voiture déglinguée, quelques dollars en poche et le goût de l'aventure, c'est tout ce dont Tony et Maureen Wheeler eurent besoin pour réaliser, en 1972, le voyage d'une vie : rallier l'Australie par voie terrestre via l'Europe et l'Asie. De retour après un périple harassant de plusieurs mois, et forts de cette expérience formatrice, ils rédigèrent sur un coin de table leur premier guide, *Across Asia on the Cheap*, qui se vendit à 1 500 exemplaires en l'espace d'une semaine. Ainsi naquit Lonely Planet, dont les guides sont aujourd'hui traduits dans le monde entier.

À PROPOS DE CET OUVRAGE

Cette 11e édition française du guide Brésil est la traduction-adaptation de la 13e édition du guide *Brazil* (en anglais), actualisée et rédigée par Kathleen Anaza, Stuart Butler, Victoria Gill, Michael Grosberg, Trent Holden, Marisa Paska, Kevin Raub, Brendan Sainsbury et Madelaine Triebe

Traduction Giuseppe Ardiri, Tommy Bonnevialle, Louise Cabanes, Naomi Defays, Hélène Demazure, Servane Heudiard, Rosein Kelly, Michèle Salvat, Laura Vaz

Direction éditoriale Dominique Bovet

Responsable prépresse Jean-Noël Doan

Adaptation française Carole Huon

Maquette Pauline Requier

Cartographie Cartes adaptées en français par Nicolas Chauveau

Couverture Adaptée en français par Laurent Briard

Merci à Vahagn Terzian pour la préparation du manuscrit, ainsi qu'à ce dernier et à Lisa Level et Marion Gautier pour les carnets d'adresses. Merci à Basile Mariton et à Vahagn Terzian pour leur travail de référencement.

Merci à Angélique Adagio, Michel Mac-Leod, Pierrine Mallette, Françoise Précy et Céline Raux-Samaan pour leur précieux travail sur le texte, et à Christophe François pour sa relecture attentive.

Merci à Stéphanie Rian à Paris. Enfin, merci à Luan Angel, Kim Else et Nigel Longuet à Londres, et à Jean-Pierre Masclef à Melbourne.

Brésil
11e édition
Traduit et adapté de l'ouvrage *Brazil, 13th edition, September 2023*

92 avenue de France - 75013 Paris

Dépôt légal Janvier 2024
ISBN 978-2-38492-408-0

Imprimé par Grafica Veneta, Trebaseleghe, Italie

En Voyage Éditions | un département édi8